해커스공무원

이훈엽
세법

단원별 기출문제집

 해커스공무원

이훈엽

약력

고려대학교 경영학부 졸업

현 | 해커스공무원 세법 강의
현 | 해커스 경영아카데미 세무회계 강의
현 | 세무회계 도우
전 | J&N 세무법인 근무

저서

해커스공무원 이훈엽 세법 기본서
해커스공무원 이훈엽 세법 단원별 기출문제집
해커스 세무회계연습 1·2, 해커스패스
세법엔딩 vol. 1·2·3, 탐진
객관식 세법, 탐진

공무원 시험의 해답
세법 시험 합격을 위한 필독서

방대한 기출문제의 학습을 앞두고 막막할 수험생 여러분을 위해 해커스가 쉽고 명료하게 풀어내고 암기할 수 있는 기출문제집을 만들었습니다.

세법 학습에 기본이 되는 기출문제를 효과적으로 학습할 수 있도록 다음과 같은 특징을 가지고 있습니다.

첫째, 최근 18개년 7·9급 국가직 공무원 세법 주요 기출문제를 수록하였으며, 최신 개정 법령을 반영하였습니다.

둘째, 문제마다 난이도(유형)를 파악할 수 있도록 이론형 Level 1, 2 / 계산형으로 구분하였습니다.

셋째, 상세한 해설과 다회독을 위한 다양한 장치를 수록·제공하였습니다.

최소한의 시간으로 최대한의 학습 효과를 낼 수 있는 다음의 학습 방법을 추천합니다.

첫째, 기본서와의 연계학습을 통해 각 단원에 맞는 기본 이론을 확인하고 쉽게 암기할 수 있습니다.

둘째, 정답이 아닌 선택지까지 모두 학습함으로써 다채로운 문제 유형에 대처할 수 있는 능력을 기를 수 있습니다.

셋째, 반복 회독학습을 통해 출제유형에 익숙해지고, 자주 출제되는 개념을 스스로 확인할 수 있습니다.

더불어, 공무원 시험 전문 사이트인 해커스공무원(gosi.Hackers.com)에서 교재 학습 중 궁금한 점을 나누고 다양한 무료 학습 자료를 함께 이용하여 학습 효과를 극대화할 수 있습니다.

부디 <해커스공무원 이훈엽 세법 단원별 기출문제집>과 함께 공무원 세법 시험의 고득점을 달성하고 합격을 향해 한 걸음 더 나아가시기를 바랍니다.

이훈엽

차례

I 국세기본법

II 국세징수법

III 소득세법

IV 법인세법

V 부가가치세법

VI 상속세 및 증여세법

회독을 통한 취약 부분 완벽 정복
다회독에 최적화된 **회독용 답안지** (PDF)
해커스공무원(gosi.Hackers.com) ▶
사이트 상단의 '교재·서점' ▶ 무료 학습 자료

이 책의 활용법

문제해결 능력 향상을 위한 단계별 구성

---

01 국세기본법 총칙

001 조세법률주의에 대한 설명으로 옳지 않은 것은? (단, 다툼이 있는 경우 판례에 의함) *2019년 국가직 9급*

① 조세의 과세요건 및 부과·징수절차는 입법부가 제정하는 법률로 정해져야 한다.
② 1세대 1주택에 대한 양도소득세 비과세요건(거주요건)을 추가하여 납세자가 양도소득세 비과세를 받기 어렵게 규정을 개정하였지만 경과규정을 두어 법령시행 후 1년간 주택을 양도한 경우에는 구법을 적용하도록 하였다면 이러한 법개정은 소급과세금지에 반하지 않는다.
③ 엄격해석으로 세법상 의미를 확정할 수 없는 경우 세법규정의 유추적용이 허용된다.
④ 조세법률주의는 과세권의 자의적 발동으로부터 납세자를 보호하기 위한 대원칙으로 헌법에 그 근거를 두고 있다.

STEP 1 기출문제로 문제해결 능력 키우기

공무원 세법 기출문제 중 재출제 가능성이 높은 문제들을 엄선하고, 공무원 시험과 연관성이 높은 회계사, 세무사 시험의 기출문제까지 수록하였습니다. 또한 각 문제마다 난이도(유형)를 파악할 수 있도록 이론형 Level 1, 2 / 계산형으로 구분하여 다양한 유형에 대한 문제해결 능력을 키울 수 있습니다.

▼

■ **상속세 과세가액**   이론형 Level 1

상속인이 부담한 채무를 합친 금액이 상속개시일 1년 이내에 2억 원 이상이거나, 2년 이내에 5억 원 이상인 경우에 해당하지 않으므로 상속세 과세가액에 산입하지 않는다.

상속세 및 증여세법 제15조【상속개시일 전 처분재산 등의 상속 추정 등】 ① 피상속인이 재산을 처분하였거나 채무를 부담한 경우로서 다음 각 호의 어느 하나에 해당하는 경우에는 이를 상속받은 것으로 추정하여 제13조에 따른 상속세 과세가액에 산입한다.
2. 피상속인이 부담한 채무를 합친 금액이 상속개시일 전 1년 이내에 2억 원 이상인 경우와 상속개시일 전 2년 이내에 5억 원 이상인 경우로서 대통령령으로 정하는 바에 따라 용도가 객관적으로 명백하지 아니한 경우

(선지분석)

①, ②   📖 상속세 과세가액에 가산하는 사전증여재산(증여일 현재의 시가로 평가함)
1. 상속개시일 전 10년 이내에 피상속인이 상속인에게 증여한 재산가액
2. 상속개시일 전 5년 이내에 피상속인이 상속인이 아닌 자에게 증여한 재산가액

STEP 2 상세한 해설로 개념 완성하기

문제풀이와 동시에 세법의 이론을 요약·정리할 수 있도록 상세한 해설을 수록하였습니다. 이를 통해 방대한 분량의 세법 내용 중 시험에서 주로 묻는 핵심 개념들이 무엇인지 확인하고, 이론을 다시 한 번 복습할 수 있습니다.

▼

---

04 조세채권의 보전

082 국세기본법상 납세의무의 승계에 대한 설명으로 옳지 않은 것은?   *2016년 국가직 7급 변형*

① 법인이 합병한 경우 합병 후 존속하는 법인 또는 합병으로 설립된 법인은 합병으로 소멸된 법인에 부과되거나 그 법인이 납부할 국세 및 강제징수비를 납부할 의무를 진다.
② 상속이 개시된 때에 그 상속인은 피상속인에게 부과되거나 그 피상속인이 납부할 국세 및 강제징수비를 상속으로 받은 재산의 한도에서 납부할 의무를 진다.
③ 피상속인에게 한 처분은 상속으로 인한 납세의무를 승계하는 상속인에 대해서도 효력이 있다.
④ 상속으로 납세의무를 승계함에 있어서 상속인이 2명 이상일 때에는 각 상속인은 피상속인이 납부할 국세 및 강제징수비를 상속분에 따라 나누어 계산하여 상속으로 받은 재산의 한도에서 분할하여 납부할 의무를 진다.

STEP 3 기출변형, 기출예상문제로 실전 대비하기

기존 기출문제들을 최신 법령 및 출제경향에 부합하도록 지문을 일부 변형하여 수록하였고, 신설된 최신 법조문 중 아직 출제되지 않은 내용과 출제가 예상되는 계산형 문제도 함께 수록하였습니다. 이를 통해 최신 법령 및 고난도 세법 문제에 대한 실전 대비가 가능합니다.

정답의 근거와 오답의 원인, 관련 법령까지 짚어 주는 정답 및 해설

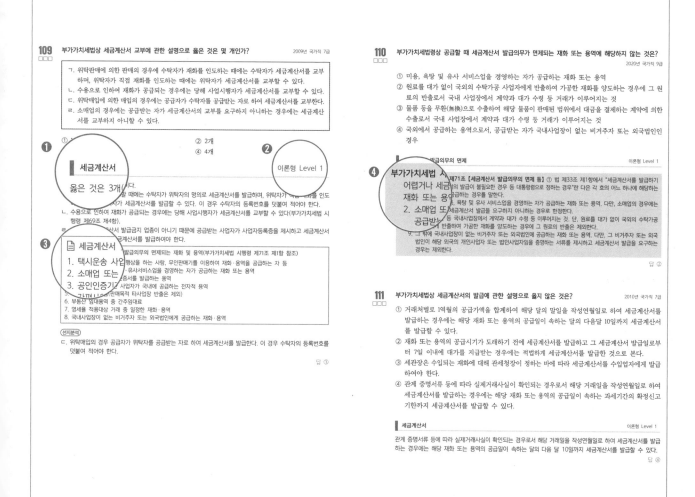

❶ 문항별 출제 KEYWORD

문항마다 문제의 핵심이 되는 출제 KEYWORD를 통해 각 문제가 묻고 있는 이론을 한눈에 파악할 수 있습니다.

❷ 문항별 난이도(유형)

문항별로 난이도 및 유형에 따라 이론형 Level 1, 2 / 계산형의 3가지로 구분하여 학습 진도 및 수준에 맞게 활용할 수 있습니다.

❸ 관련 이론

문제풀이에 필요한 관련 핵심 이론을 수록하였습니다. 취약한 개념을 바로 확인하여 이론의 효과적인 학습이 가능합니다.

❹ 관련 법령

문제풀이에 필요한 관련 법령을 수록하여 별도의 법령집 없이 해설만으로도 법령의 심도 있는 학습이 가능합니다.

I

국세기본법

01 국세기본법 총칙

001 조세법률주의에 대한 설명으로 옳지 않은 것은? (단, 다툼이 있는 경우 판례에 의함) 2019년 국가직 9급

① 조세의 과세요건 및 부과·징수절차는 입법부가 제정하는 법률로 정해져야 한다.
② 1세대 1주택에 대한 양도소득세 비과세요건(거주요건)을 추가하여 납세자가 양도소득세 비과세를 받기 어렵게 규정을 개정하였지만 경과규정을 두어 법령시행 후 1년간 주택을 양도한 경우에는 구법을 적용하도록 하였다면 이러한 법개정은 소급과세금지에 반하지 않는다.
③ 엄격해석으로 세법상 의미를 확정할 수 없는 경우 세법규정의 유추적용이 허용된다.
④ 조세법률주의는 과세권의 자의적 발동으로부터 납세자를 보호하기 위한 대원칙으로 헌법에 그 근거를 두고 있다.

| 조세법률주의 | 이론형 Level 1

조세법률주의원칙은 과세요건 등 국민의 납세의무에 관한 사항을 국민의 대표기관인 국회가 제정한 법률로써 규정하여야 하고, 법률을 집행하는 경우에도 이를 엄격하게 해석·적용하여야 하며, 행정편의적인 확장해석이나 유추적용을 허용하지 아니함을 뜻한다.

답 ③

002 국세기본법 제1조(목적)에 대한 설명으로 옳은 것을 모두 고른 것은? 2012년 국가직 9급

ㄱ. 국세에 대한 기본적이고 공통적인 사항을 규정
ㄴ. 위법 또는 부당한 국세처분에 대한 불복절차를 규정
ㄷ. 국세의 징수에 관하여 필요한 사항을 규정하여 국세수입을 확보
ㄹ. 납세자의 부담능력 등에 따라 적정하게 과세함으로써 조세부담의 형평을 도모
ㅁ. 국세에 대한 법률관계를 명확하게 함

① ㄱ, ㄴ, ㄹ ② ㄱ, ㄴ, ㅁ
③ ㄱ, ㄹ, ㅁ ④ ㄴ, ㄷ, ㄹ

| 국세기본법 총칙 | 이론형 Level 2

옳은 것은 ㄱ, ㄴ, ㅁ이다.
국세기본법은 ⓐ 국세에 관한 기본적이고 공통적인 사항과 ⓑ 납세자의 권리·의무 및 권리구제에 관한 사항을 규정함으로써 ⓒ 국세에 관한 법률관계를 명확하게 하고, ⓓ 과세를 공정하게 하며, ⓔ 국민의 납세의무의 원활한 이행에 이바지함을 목적으로 한다.

(선지분석)
ㄷ. 국세징수법의 목적에 대한 내용이다.
ㄹ. 소득세법의 목적에 대한 내용이다.

답 ②

003 국세기본법상 용어의 정의로 옳지 않은 것은?

① 국세란 국가가 부과하는 조세로서 소득세, 법인세, 부가가치세, 관세, 주세, 증권거래세 등을 말한다.

② 가산세란 국세기본법 및 세법에서 규정하는 의무의 성실한 이행을 확보하기 위하여 세법에 따라 산출한 세액에 가산하여 징수하는 금액을 말한다.

③ 과세표준이란 세법에 따라 직접적으로 세액산출의 기초가 되는 과세대상의 수량 또는 가액을 말한다.

④ 전자신고란 과세표준신고서 등 국세기본법 또는 세법에 따른 신고 관련 서류를 국세정보통신망을 이용하여 신고하는 것을 말한다.

▌용어의 정의　　　　　　　　　　　　　　　이론형 Level 1

국세란 국가가 부과하는 조세 중 관세를 포함하지 않는 내국세를 말한다.

🗐 국세의 여부에 따른 세목 구분	
국세 ○	소득세, 법인세, 상속세, 증여세, 부가가치세, 종합부동산세, 개별소비세, 교통·에너지·환경세, 주세, 인지세, 증권거래세, 교육세, 농어촌특별세
국세 ✕	지방세(취득세, 등록면허세, 재산세 등), 관세

(선지분석)
② 가산세란 의무위반에 부과되는 행정벌적 성격인 동시에 과태료와 유사한 성격이며, 국세에 포함된다.

답 ①

004 국세기본법에서 사용하는 용어의 뜻으로 옳지 않은 것은?

① '납세자'란 납세의무자(연대납세의무자를 제외함)와 세법에 따라 국세를 징수하여 납부할 의무를 지는 자를 말한다.

② '원천징수'란 세법에 따라 원천징수의무자가 국세(이와 관계되는 가산세는 제외함)를 징수하는 것을 말한다.

③ '보증인'이란 납세자의 국세 또는 강제징수비의 납부를 보증한 자를 말한다.

④ '제2차 납세의무자'란 납세자가 납세의무를 이행할 수 없는 경우에 납세자를 갈음하여 납세의무를 지는 자를 말한다.

▌용어의 정의　　　　　　　　　　　　　　　이론형 Level 1

납세자란 납세의무자(연대납세의무자와 납세자를 갈음하여 납부할 의무가 생긴 경우의 제2차 납세의무자 및 보증인을 포함함)와 세법에 따라 국세를 징수하여 납부할 의무를 지는 자를 말한다.

답 ①

005 국세기본법상 용어의 정의로 옳지 않은 것은?

① '원천징수'란 세법에 따라 원천징수의무자가 국세(이와 관계되는 가산세는 제외)를 징수하는 것을 말한다.

② '가산세'란 국세기본법 및 세법에서 규정하는 의무의 성실한 이행을 확보하기 위하여 세법에 따라 산출한 세액에 가산하여 징수하는 금액을 말한다.

③ '납세의무자'란 세법에 따라 국세를 납부할 의무(국세를 징수하여 납부할 의무를 포함)가 있는 자를 말한다.

④ '강제징수비'란 국세징수법 중 강제징수에 관한 규정에 따른 재산의 압류, 보관, 운반과 매각에 든 비용(매각을 대행시키는 경우 그 수수료를 포함)을 말한다.

▌용어의 정의

납세의무자라 함은 세법에 의하여 국세를 납부할 의무(국세를 징수하여 납부할 의무는 제외)가 있는 자를 말한다.

📄 납세의무자와 납세자의 구분	
납세의무자	세법에 따라 국세를 납부할 의무(국세를 징수하여 납부할 의무는 제외)가 있는 자 1. 본래 납세의무자 2. 연대납세의무자 3. 제2차 납세의무자, 납세보증인
납세자	납세의무자와 세법에 따라 국세를 징수하여 납부할 의무를 지는 자 1. 원천징수의무자 2. 대리납부의무자

(선지분석)

① 원천징수는 세법의 규정에 따라 납세자가 특정소득을 지급할 때 국가를 대신하여 그 소득을 지급받는 자로부터 일정한 세액을 징수하여 정부에 납부하는 절차로서 가산세는 제외한다는 점을 주의하여야 한다.

답 ③

006 국세기본법상 납세의무자에 관한 설명이다. 옳지 않은 것은?

① 납세의무자란 세법에 따라 국세를 납부할 의무가 있는 자를 말하며 국세를 징수하여 납부할 의무가 있는 자도 포함한다.

② 제2차 납세의무자란 납세자가 납세의무를 이행할 수 없는 경우에 납세자를 갈음하여 납세의무를 지는 자를 말한다.

③ 납부의 고지에 관한 서류는 연대납세의무자 모두에게 각각 송달하여야 한다.

④ 세무공무원이 국세의 과세표준을 조사·결정할 때에는 해당 납세의무자가 계속하여 적용하고 있는 기업회계의 기준 또는 관행으로서 일반적으로 공정·타당하다고 인정되는 것은 존중하여야 하나 세법에 특별한 규정이 있는 것은 그러하지 아니하다.

⑤ 제2차 납세의무자로서 납부고지서를 받은 자가 세법에 따른 처분으로 인하여 권리나 이익을 침해당하게 될 이해관계인에 해당하는 경우 위법 또는 부당한 처분을 받은 자의 처분에 대하여 불복청구를 할 수 있다.

▌용어의 정의

납세의무자란 세법에 따라 국세를 납부할 의무(국세를 징수하여 납부할 의무는 제외)가 있는 자를 말한다.

답 ①

007 국세기본법상 기간과 기한에 대한 설명으로 옳은 것은? 2011년 국가직 9급 변형

① 기간의 계산에 대한 국세기본법 또는 세법의 규정이 민법의 규정과 상충되면 민법의 규정에 따른다.

② 금융회사 등(한국은행 국고대리점 및 국고수납대리점인 금융회사 등만 해당함) 또는 체신관서의 휴무나 그 밖의 부득이한 사유로 정상적인 세금납부가 곤란하다고 국세청장이 인정하는 경우는 기한연장사유에 해당하지 않는다.

③ 과세표준신고서 등을 국세정보통신망을 이용하여 제출하는 경우에는 해당 신고서 등을 국세정보통신망에 전송된 때에 신고되거나 청구된 것으로 본다.

④ 증여세 신고기한이 4월 1일(금요일)이고 공휴일인 경우 4월 3일까지 신고하여야 한다.

기간과 기한	이론형 Level 1

과세표준신고서 등을 국세정보통신망을 이용하여 제출하는 경우에는 해당 신고서 등이 국세청장에게 전송된 때에 신고되거나 청구된 것으로 본다. 국세정보통신망 개편으로 과세표준신고서 등의 임시저장이 가능해짐에 따라 전자신고에 따른 신고시기를 전송된 때로 변경하였다.

선지분석

① 국세기본법 또는 세법에 규정하는 기간의 계산은 국세기본법 또는 그 세법에 특별한 규정이 있는 것을 <u>제외하고는 민법에 따른다.</u>

② 금융기관 등의 휴무로 인하여 정상적인 세금납부가 곤란하다고 국세청장이 인정하는 경우 기한연장사유에 <u>해당한다.</u>

④ 신고기한이 공휴일·토요일 및 근로자의 날에 해당하는 때에는 그 공휴일·토요일 및 근로자의 날의 다음 날을 기한으로 한다. 따라서 증여세 신고기한이 4월 1일(금요일)이고 공휴일인 경우 4월 4일까지 신고하여야 한다.

4월 1일	4월 2일	4월 3일	4월 4일
공휴일	토요일	일요일	신고기한

답 ③

---

008 국세기본법령과 소득세법의 기간 및 기한에 대한 설명으로 옳은 것은? 2022년 국가직 9급

① 수시부과 후 추가발생소득이 없는 거주자는 그 종합소득과세표준을 다음 연도 5월 1일부터 5월 31일까지 확정신고하고 종합소득 산출세액을 자진납부하여야 한다.

② 부담부증여의 채무액에 해당하는 부분으로서 양도로 보는 경우 그 양도일이 속하는 달의 말일부터 4개월 이내에 양도소득과세표준을 납세지 관할 세무서장에게 신고하여야 한다.

③ 세무조사의 결과에 대한 서면통지를 받은 자는 통지를 받은 날로부터 90일 이내에 과세전적부심사 청구를 할 수 있다.

④ 국세기본법 또는 세법에서 규정하는 납부기한 만료일에 정전으로 국세정보통신망의 가동이 정지되어 전자납부를 할 수 없는 경우 그 장애가 복구되어 납부할 수 있게 된 날의 다음 날을 기한으로 한다.

기간과 기한	이론형 Level 1

선지분석

① 수시부과 후 추가로 발생한 소득이 없을 경우에는 과세표준확정신고를 하지 아니할 수 있다.

② 부담부증여의 채무액에 해당하는 부분으로서 양도로 보는 경우 그 양도일이 속하는 달의 말일부터 3개월 이내에 양도소득과세표준을 납세지 관할 세무서장에게 신고하여야 한다.

③ 세무조사의 결과에 대한 서면통지를 받은 자는 통지를 받은 날로부터 30일 이내에 과세전적부심사 청구를 할 수 있다.

답 ④

009 국세기본법상 과세표준신고에 관한 설명으로 옳지 않은 것은? 2010년 국가직 7급 변형

① 전자신고를 하는 경우 동 전자신고를 할 때 제출하여야 할 관련 서류는 15일 범위에서 제출기한을 연장할 수 있다.

② 납세자가 과세표준신고서 등을 우편으로 제출한 경우에는 우편법에 따른 우편날짜도장이 찍힌 날에 신고된 것으로 본다.

③ 납세자가 과세표준신고서를 그 신고 당시 해당 국세의 납세지를 관할하는 세무서장이 아닌 다른 세무서장에게 제출한 경우에도 그 신고의 효력에는 영향이 없다.

④ 과세표준신고서 등을 국세정보통신망을 이용하여 제출하는 경우에는 해당 신고서 등이 국세청장에게 전송된 때에 신고되거나 청구된 것으로 본다.

▌과세표준의 신고　　　　　　　　　　　　　　　　　　　　　　이론형 Level 1

전자신고 또는 전자청구된 경우 과세표준신고 또는 과세표준수정신고와 관련된 서류 중 대통령령으로 정하는 서류에 대해서는 10일의 범위에서 제출기한을 연장할 수 있다.

（선지분석）
② 우편의 예기치 못한 지연으로부터 납세자의 보호를 위해 과세표준신고서 등 제출에 관해서는 발신주의를 채택한다.

③

납세자 → 관할 외 세무서장에게 제출	신고의 효력 ○
관할 외 세무서장 → 납세자 결정·경정	결정·경정의 효력 ×

답 ①

---

010 국세기본법상 기간과 기한에 대한 설명으로 옳지 않은 것을 모두 고르면? 2012년 국가직 7급 변형

> ㄱ. 우편으로 과세표준신고서를 제출한 경우로서 우편날짜도장이 찍히지 아니하였거나 분명하지 아니한 경우에는 신고서가 도달한 날에 신고된 것으로 본다.
> ㄴ. 세법에서 규정하는 신고기한 만료일 또는 납부기한 만료일에 국세정보통신망이 장애로 가동이 정지되어 전자신고나 전자납부를 할 수 없는 경우에는 그 장애가 복구되어 신고 또는 납부할 수 있게 된 날을 기한으로 한다.
> ㄷ. 천재지변 등의 사유로 세법에서 규정하는 신고 또는 납부를 정해진 기한까지 할 수 없다고 관할 세무서장이 인정하는 경우에는 납세자의 신청이 없는 경우에도 그 기한을 연장할 수 있다.
> ㄹ. 관할 세무서장은 천재지변이나 그 밖에 대통령령으로 정하는 사유로 국세기본법 또는 세법에서 규정하는 신고, 신청, 청구, 그 밖에 서류의 제출 또는 통지를 정하여진 기한까지 할 수 없다고 인정하는 경우나 납세자가 기한 연장을 신청한 경우에는 그 기한을 연장할 수 있다.

① ㄱ, ㄴ　　　　　　　　　　　　　　② ㄴ, ㄷ
③ ㄴ, ㄹ　　　　　　　　　　　　　　④ ㄷ, ㄹ

▌기간과 기한　　　　　　　　　　　　　　　　　　　　　　이론형 Level 1

옳지 않은 것은 ㄱ, ㄴ이다.
ㄱ. 우편으로 과세표준신고서를 제출한 경우 통신날짜도장이 찍히지 아니하였거나 분명하지 아니한 경우에는 통상 걸리는 배송일수를 기준으로 발송한 날로 인정되는 날에 신고된 것으로 본다.
ㄴ. 전자납부의 활성화를 유도하고 납세편의를 제고하기 위하여 전산시스템의 장애로 전자납부를 원하는 납세자가 납부를 못하는 경우 그 장애가 복구되어 신고 또는 납부할 수 있게 된 날의 다음 날을 기한으로 한다.

（선지분석）
ㄹ. 납부기한 연장과 징수유예의 제도의 목적, 절차 및 효과가 유사하여 납부기한 연장과 관련된 규정은 국세징수법으로 이관한다.

답 ①

011 국세기본법상 기간과 기한에 대한 설명으로 옳은 것은?

① 우편으로 과세표준신고서를 제출한 경우 그 신고서가 도달한 날에 신고된 것으로 본다.
② 국세기본법 또는 세법에서 규정하는 신고기한 만료일에 국세정보통신망이 대통령령으로 정하는 장애로 가동이 정지되어 전자신고를 할 수 없는 경우에는 그 장애가 복구되어 신고할 수 있게 된 날을 신고기한으로 한다.
③ 천재 등으로 인한 기한의 연장을 받으려는 자는 기한 만료일 3일 전까지 문서로 해당 행정기관의 장에게 신청하여야 한다. 이 경우 해당 행정기관의 장은 기한 연장을 신청하는 자가 기한 만료일 3일 전까지 신청할 수 없다고 인정하는 경우에는 기한의 만료일까지 신청하게 할 수 있다.
④ 천재 등으로 인한 신고기한의 연장은 3개월 이내로 하되, 해당 기한 연장의 사유가 소멸되지 않는 경우 관할 세무서장은 1개월의 범위에서 그 기한을 다시 연장할 수 있다.

▌ 기간과 기한　　　　　　　　　　　　　　　　　　　　　　　　　이론형 Level 1

기한에 임박하여 기한의 연장을 신청하는 경우 기한의 연장 허용 여부에 대한 검토가 어려운 점을 고려하여 기한 만료일 3일 전까지 신청하도록 하였다.

(선지분석)
① 우편으로 과세표준신고서를 제출한 경우 우편법에 따른 우편날짜도장이 찍힌 날(우편날짜도장이 찍히지 아니하였거나 분명하지 아니한 경우에는 <u>통상 걸리는 배송일수를 기준으로 발송한 날로 인정되는 날</u>)에 신고되거나 청구된 것으로 본다.
② 국세기본법 또는 세법에서 규정하는 신고기한 만료일 또는 납부기한 만료일에 국세정보통신망이 대통령령으로 정하는 장애로 가동이 정지되어 전자신고나 전자납부를 할 수 없는 경우에는 그 장애가 복구되어 신고 또는 납부할 수 있게 된 날의 다음 날을 기한으로 한다.
④ 신고와 관련된 기한 연장은 9개월을 넘지 않는 범위에서 관할 세무서장이 할 수 있다.

답 ③

012 국세기본법상 기한의 연장사유 중 납부의 경우만 해당하는 것은?

① 납세자가 화재, 전화, 그 밖의 재해를 입거나 도난을 당한 경우
② 납세자가 경영하는 사업에 현저한 손실이 발생하거나 부도 또는 도산의 우려가 있는 경우
③ 납세자 또는 그 동거가족이 질병이나 중상해로 6개월 이상의 치료가 필요하거나 사망하여 상중인 경우
④ 권한 있는 기관에 장부나 서류가 압수 또는 영치된 경우

▌ 기한의 연장사유　　　　　　　　　　　　　　　　　　　　　　　이론형 Level 1

납세자가 경영하는 사업에 현저한 손실이 발생하거나 부도 또는 도산의 우려가 있는 경우 국세징수법상 재난 등으로 인한 납부기한 등의 연장사유에 해당한다.

답 ②

013 국세기본법령상 기한에 대한 설명으로 옳지 않은 것은?

① 세법에서 규정하는 신고기한 만료일에 국세정보통신망이 프로그램의 오류로 가동이 정지되어 전자신고를 할 수 없는 경우에는 그 장애가 복구되어 신고를 할 수 있게 된 날의 다음날을 기한으로 한다.

② 과세표준신고서를 우편으로 제출 시 우편법에 따른 우편날짜 도장이 찍히지 않았거나 분명하지 않은 경우에는 통상 걸리는 배송일수를 기준으로 발송한 날로 인정되는 날에 신고된 것으로 본다.

③ 관할 세무서장은 납세자가 경영하는 사업에 현저한 손실이 발생하거나 부도 또는 도산의 우려가 있는 경우 세법에서 규정하는 신고기한을 연장할 수 있다.

④ 관할 세무서장은 납세자의 장부가 권한 있는 기관에 압수되어 세법에서 규정하는 신고를 정하여진 기한까지 할 수 없다고 인정하는 경우에는 그 기한을 연장할 수 있다.

▎기한

이론형 Level 1

관할 세무서장은 납세자가 경영하는 사업에 현저한 손실이 발생하거나 부도 또는 도산의 우려가 있는 경우 세법에서 규정하는 납부기한을 연장할 수 있으나, 신고기한은 연장할 수 없다.

답 ③

---

014 국세기본법상 서류의 송달에 관한 설명으로 옳지 않은 것은?

① 납부의 고지와 독촉에 관한 서류는 연대납세의무자 중 국세징수상 유리한 자에게만 송달하면 된다.

② 소득세법규정에 의한 중간예납세액의 납부고지서로서 50만 원 미만에 해당하는 납부고지서는 일반우편으로 송달할 수 있다.

③ 납세관리인이 있을 때에는 납부의 고지와 독촉에 관한 서류는 그 납세관리인의 주소 또는 영업소에 송달한다.

④ 납부의 고지·독촉·강제징수 또는 세법에 의한 정부의 명령에 관계되는 서류의 송달을 우편에 의하고자 할 때에는 등기우편에 의하여야 하는 것이 원칙이다.

▎서류의 송달

이론형 Level 1

연대납세의무자에게 납세의 <u>고지와 독촉</u>에 관한 서류는 연대납세의무자 모두에게 각각 송달하여야 한다.

(선지분석)

② 소득세법에 따른 중간예납세액의 납부고지서 및 부가가치세법 예정고지세액의 납부고지서로서 50만 원 미만에 해당하는 납부고지서는 일반우편으로 송달할 수 있다.

④ 등기우편 서류의 범위로는 고지(예외 존재), 독촉, 강제징수, 세법에 따른 정부의 명령에 관계되는 서류가 있다.

답 ①

015

국세기본법상 서류의 송달에 대한 설명으로 옳지 않은 것은? 2012년 국가직 9급

① 서류송달을 받아야 할 자의 주소가 분명하지 아니한 경우에는 서류의 주요 내용을 공고한 날부터 14일이 지나면 서류송달이 된 것으로 본다.

② 전자송달은 당사자가 그 방법을 신청한 경우에만 적법한 송달방법이 된다.

③ 전자송달은 송달받을 자가 지정한 전자우편주소에서 직접 출력한 때부터 효력이 발생한다.

④ 세무공무원이 고지서를 적법한 송달장소에서 교부송달을 시도하였는데 납세자가 부재중이었고, 대신 사리를 판별할 능력이 있는 종업원을 발견하여 송달을 시도하였으나, 그 종업원이 정당한 사유 없이 서류수령을 거부하는 경우 송달장소에 고지서를 두고 와도 적법한 송달이 된다.

┃ 서류의 송달
이론형 Level 1

전자송달의 경우에는 송달받을 자가 지정한 전자우편주소에 입력된 때(국세정보통신망에 저장하는 경우에는 저장된 때)에 그 송달을 받아야 할 자에게 도달한 것으로 본다.

📄 전자송달의 효력발생시기

신고안내문, 그 밖에 국세청장이 정하는 서류	전자우편주소에 입력된 때
국세환급금통지서, 납부고지서	국세정보통신망에 저장된 때

(선지분석)

① 공시송달사유는 서류송달을 받아야 할 자의 주소가 분명하지 아니한 경우에 해당되며, 공시송달의 효력발생시기는 서류의 주요 내용을 관보에 공고한 날부터 14일이 지난 때이다.

② 납부고지서가 송달되기 전에 납세자가 국세정보통신망을 통해 소득세 중간예납세액, 부가가치세 예정고지 · 예정부과세액을 계좌이체의 방법 또는 신용카드 등으로 국세를 전액 납부한 경우 납부한 세액에 대해서는 자진납부한 시점에 전자송달을 신청한 것으로 본다. → 전자송달 자동신청

④ 유치송달에 대한 옳은 내용이다.

답 ③

016

국세기본법상 서류의 송달에 대한 설명으로 옳은 것은? 2013년 국가직 7급

① 서류를 송달받아야 할 자 또는 그 사용인이나 그 밖의 종업원 또는 동거인으로서 사리를 판별할 수 있는 사람이 정당한 사유 없이 서류 수령을 거부할 때에는 송달할 장소에 서류를 둘 수 있다.

② 공시송달의 경우 서류의 공고일시가 2023년 4월 1일 오전 9시인 경우 서류송달의 효력발생시기는 2023년 4월 14일 오전 9시이다.

③ 등기우편에 의한 송달의 경우 당해 우편물이 보통의 경우 도달할 수 있었을 때에 도달한 것으로 추정한다.

④ 국세정보통신망을 이용하여 공시송달을 할 때에는 다른 공시송달 방법과 함께 할 필요가 없다.

┃ 서류의 송달
이론형 Level 1

송달장소에 서류를 두는 방법으로서 유치송달에 대한 설명이다.

(선지분석)

② 공시송달의 경우 서류의 공고일시가 2023년 4월 1일 오전 9시인 경우 서류송달의 효력발생시기는 초일불산입 원칙에 의해 4월 2일이 기산일이다. 따라서 공시송달의 효력발생시기는 기산일인 4월 2일부터 14일이 지난 때인 4월 16일이 된다.

③ 등기우편에 의한 송달의 경우 송달하는 서류는 그 송달을 받아야 할 자에게 도달한 때부터 효력이 발생한다. '도달'이란 송달받아야 할 자에게 직접 수교할 것까지를 필요하는 것은 아니고, 상대방의 지배권 내에 들어가 사회통념상 일반적으로 그 사실을 알 수 있는 상태를 말한다.

④ 국세정보통신망을 이용하여 공시송달을 할 때에는 다른 공시송달 방법과 함께 하여야 한다.

답 ①

017 국세기본법상 서류의 송달에 대한 설명으로 옳은 것은?

2014년 국가직 7급 변형

① 연대납세의무자에게 강제징수에 관한 서류를 송달할 때에는 연대납세의무자 모두에게 각각 송달하여야 한다.

② 소득세 중간예납세액이 100만 원인 납부고지서의 송달을 우편으로 할 때는 일반우편으로 하여야 한다.

③ 정보통신망의 장애로 납부고지서의 전자송달이 불가능한 경우에는 교부에 의해서만 송달을 할 수 있다.

④ 납부고지서를 송달받아야 할 자의 주소를 주민등록표에 의해 확인할 수 없는 경우, 서류의 주요 내용을 공고한 날부터 14일이 지나면 서류송달이 된 것으로 본다.

▌서류의 송달
이론형 Level 1

납부고지서를 송달받아야 할 자의 주소를 주민등록표에 의해 확인할 수 없는 경우(공시송달사유), 서류의 주요 내용을 공고한 날부터 14일이 지나면 서류송달이 된 것으로 본다(공시송달의 효력발생시기).

(선지분석)
① 연대납세의무자에게 납부의 고지와 독촉(강제징수 ×)에 관한 서류는 연대납세의무자 모두에게 각각 송달하여야 한다.

② 소득세 중간예납세액이 50만 원 미만에 해당하는 납부고지서는 일반우편으로 송달할 수 있다. 따라서 소득세 중간예납세액이 100만 원인 납부고지서는 반드시 등기우편으로 하여야 한다.

③ 정보통신망의 장애로 납부고지의 전자송달이 불가능한 경우에는 교부 또는 우편에 의하여 송달할 수 있다.

답 ④

018 국세기본법상 서류의 송달에 대한 설명으로 옳지 않은 것은?

2017년 국가직 9급

① 국세정보통신망에 접속하여 서류를 열람할 수 있게 하였음에도 불구하고 해당 납세자가 2회 연속하여 전자송달된 해당 서류의 납부기한까지 열람하지 아니한 경우에는 두 번째로 열람하지 아니한 서류의 납부기한의 다음 날에 전자송달 신청을 철회한 것으로 본다.

② 서류를 송달받아야 할 자의 주소 또는 영업소가 분명하지 아니한 경우에는 공시송달을 할 수 있고 서류의 주요 내용을 공고한 날부터 14일이 지나면 국세기본법 제8조에 따른 서류송달이 된 것으로 본다.

③ 전자송달은 송달받을 자가 지정한 전자우편주소에서 해당 서류를 열람한 것으로 확인되었을 때 그 송달받아야 할 자에게 도달한 것으로 본다.

④ 교부에 의한 서류송달은 해당 행정기관의 소속 공무원이 서류를 송달할 장소에서 송달받아야 할 자에게 서류를 교부하는 방법으로 해야 하지만 송달을 받아야 할 자가 송달받기를 거부하지 아니하면 다른 장소에서 교부할 수 있다.

▌서류의 송달
이론형 Level 1

전자송달은 송달받을 자가 지정한 전자우편주소에 입력된 때(국세정보통신망에 저장하는 경우에는 저장된 때)에 그 송달을 받아야 할 자에게 도달된 것으로 본다.

📄 전자송달의 효력발생시기	
신고안내문, 그 밖에 국세청장이 정하는 서류	전자우편주소에 입력된 때
국세환급금통지서, 납부고지서	국세정보통신망에 저장된 때

답 ③

019 국세기본법령상 서류의 송달에 대한 설명으로 옳지 않은 것은?

① 서류명의인, 그 동거인 등 법정된 자가 송달할 장소에 없는 경우로서 서류를 등기우편으로 송달하였으나 수취인이 부재중인 것으로 확인되어 반송됨으로써 납부기한 내에 송달이 곤란하다고 인정되는 경우에는 공시송달할 수 있다.

② 독촉에 관한 서류는 연대납세의무자 모두에게 각각 송달하여야 한다.

③ 송달할 장소에서 서류를 송달받아야 할 자가 부재중인 경우에는 송달할 장소에 서류를 둘 수 있다.

④ 상속이 개시된 경우 상속재산관리인이 있을 때에는 세법에서 규정하는 서류는 그 상속재산관리인의 주소 또는 영업소에 송달한다.

▎ 서류의 송달　　　　　　　　　　　　　　　　　　　　　　　　　이론형 Level 1

송달할 장소에서 서류를 송달받아야 할 자를 만나지 못하였을 때에는 그 사용인이나 그 밖의 종업원 또는 동거인으로서 사리를 판별할 수 있는 사람에게 서류를 송달할 수 있으며, 서류를 송달받아야 할 자 또는 그 사용인이나 그 밖의 종업원 또는 동거인으로서 사리를 판별할 수 있는 사람이 정당한 사유 없이 서류 수령을 거부할 때에는 송달할 장소에 서류를 둘 수 있다. 따라서 적법한 수령권자들이 송달장소를 이탈하여 부재중인 상태에서 이루어진 유치송달은 부적법하다.

답 ③

020 국세기본법령상 서류의 송달에 대한 설명으로 옳지 않은 것은?

① 연대납세의무자에게 납부의 고지에 관한 서류를 송달할 때에는 그 대표자를 명의인으로 한다.

② 납부의 고지와 관계되는 서류의 송달을 우편으로 할 때에는 등기우편으로 하여야 하나, 소득세법에 따른 중간예납세액이 50만 원 미만인 경우 납부고지서를 일반우편으로 송달할 수 있다.

③ 교부송달의 경우 서류를 송달할 장소에서 송달받아야 할 자를 만나지 못하였을 때에는 그 사용인이나 그 밖의 종업원 또는 동거인으로서 사리를 판별할 수 있는 사람에게 서류를 송달할 수 있다.

④ 서류를 송달받아야 할 자의 주소 또는 영업소가 분명하지 아니한 경우 서류의 주요 내용을 공고한 날부터 14일이 지나면 서류 송달이 된 것으로 본다.

▎ 서류의 송달　　　　　　　　　　　　　　　　　　　　　　　　　이론형 Level 1

연대납세의무자에게 서류를 송달할 때에는 그 대표자를 명의인으로 하며, 대표자가 없을 때에는 연대납세의무자 중 국세를 징수하기에 유리한 자를 명의인으로 한다. 다만, 납부의 고지와 독촉에 관한 서류는 연대납세의무자 모두에게 각각 송달하여야 한다.

답 ①

021 국세기본법상 서류의 송달에 관한 설명으로 옳지 않은 것은?

2013년 세무사 변형

① 소득세법에 따른 중간예납세액의 납부고지서는 금액에 관계없이 일반우편으로 송달할 수 있다.
② 연대납세의무자에게 서류를 송달할 때 대표자가 없으면 납부의 고지와 독촉에 관한 서류를 제외하고는 연대납세의무자 중 국세를 징수하기에 유리한 자를 명의인으로 한다.
③ 송달받아야 할 사람이 교정시설 또는 국가경찰관서의 유치장에 체포·구속 또는 유치된 사실이 확인된 경우에는 해당 교정시설의 장 또는 국가경찰관서의 장에게 송달한다.
④ 서류를 교부하였을 때에는 송달서에 수령인이 서명 또는 날인하게 하여야 하고, 수령인이 서명 또는 날인을 거부하면 그 사실을 송달서에 적어야 한다.
⑤ 교부에 의한 서류송달의 경우에 해당 행정기관의 소속 공무원은 송달을 받아야 할 자가 거부하지 않으면 송달할 장소 이외의 장소에서 서류를 교부할 수 있다.

┃ 서류의 송달

이론형 Level 2

소득세법에 따른 중간예납세액의 납부고지서는 50만 원 미만인 경우에 한하여 일반우편으로 송달할 수 있다. 납부고지서를 등기우편으로 발송할 경우 아파트 등 집단으로 거주하는 주택은 수취인 부재로 인한 반송이 많아 등기우편보다 일반우편송달이 더 효과적이다.

(선지분석)
③ 구속 등의 사유로 납부고지서를 직접 송달받지 못하는 사례를 방지하기 위해서 마련된 규정이다.

답 ①

022 국세기본법상 공시송달에 대한 설명으로 옳지 않은 것은?

2017년 국가직 7급

① 서류를 송달받아야 할 자의 주소 또는 영업소가 국외에 있고 송달하기 곤란한 경우에 서류의 주요 내용을 공고한 날부터 14일이 지나면 서류송달이 된 것으로 본다.
② 서류를 송달받아야 할 자의 주소 또는 영업소가 분명하지 아니한 경우에 서류의 주요 내용을 공고한 날부터 14일이 지나면 서류송달이 된 것으로 본다.
③ 국세정보통신망을 이용하여 공시송달을 할 때에는 다른 공시송달 방법과 함께 하여야 한다.
④ 세무서의 게시판이나 그 밖의 적절한 장소를 이용하여 공시송달을 할 때에는 다른 공시송달 방법과 함께 하여야 한다.

┃ 서류의 송달

이론형 Level 1

세무서의 게시판이나 그 밖의 적절한 장소를 이용하여 공시송달을 할 때에는 다른 송달방법과 함께 하지 않아도 된다.

> **국세기본법 제11조 【공시송달】** ② 제1항에 따른 공고는 다음 각 호의 어느 하나에 게시하거나 게재하여야 한다. 이 경우 국세정보통신망을 이용하여 공시송달을 할 때에는 다른 공시송달 방법과 함께 하여야 한다.
> 1. 국세정보통신망
> 2. 세무서의 게시판이나 그 밖의 적절한 장소
> 3. 해당 서류의 송달 장소를 관할하는 특별자치시 등의 홈페이지, 게시판이나 그 밖의 적절한 장소
> 4. 관보 또는 일간신문

(선지분석)
①, ② 공시송달의 사유와 공시송달의 효력발생시기에 대한 옳은 내용이다.

답 ④

023 국세기본법상 법인 아닌 단체에 대한 설명으로 옳지 않은 것은?

① 국세기본법에 의하여 법인으로 보는 법인 아닌 단체는 법인세법에서 비영리법인으로 본다.

② 주무관청의 허가 또는 인가를 받아 설립된 단체로서 수익을 구성원에게 분배하지 않는 경우에는 대표자나 관리인이 관할 세무서장에게 신청하여 승인을 받아야 법인으로 본다.

③ 법인 아닌 단체가 국세기본법에 의하여 법인으로 의제되지 않더라도 소득세법에 의하여 그 단체를 1거주자로 보아 과세할 수도 있다.

④ 법인으로 보는 법인 아닌 단체의 국세에 관한 의무는 그 대표자나 관리인이 이행하여야 한다.

▎법인 아닌 단체   이론형 Level 1

> 📄 **당연의제법인(국세기본법 제13조 제1항 참조)**
>
> 법인 아닌 단체 가운데 다음 중 어느 하나에 해당하는 것으로서 수익을 구성원에게 분배하지 아니하는 것은 법인으로 보아 국세기본법과 세법을 적용함. 즉, 다음 중 어느 하나에 해당하며, 수익을 구성원에게 분배하지 아니한 경우 과세관청의 승인 등과 같은 별도의 특정한 절차를 거침이 없이 당연히 법인으로 의제함
> 1. 주무관청의 허가 또는 인가를 받아 설립되거나 법령에 따라 주무관청에 등록한 사단, 재단, 그 밖의 단체로서 등기되지 않은 것
> 2. 공익을 목적으로 출연된 기본재산이 있는 재단으로서 등기되지 않은 것

(선지분석)

① 국세기본법상 법인으로 보는 단체는 구성원에게 수익을 분배하지 아니하므로 비영리법인으로 보아 법인세법·상속증여세법을 적용한다.

③ 법인으로 보는 단체 외의 단체가 구성원 간 이익의 분배방법이나 분배비율이 정하여져 있지 아니하거나 확인되지 아니하는 경우에는 1거주자 또는 1비거주자로 보아 소득세를 부과한다.

④ 법인으로 보는 단체의 의무이행규정에 대한 옳은 내용이다.

답 ②

---

024 법인으로 보는 단체 등에 대한 설명으로 옳지 않은 것은?

① 국세기본법에 따른 법인으로 보는 단체는 법인세법상 비영리내국법인에 해당한다.

② 소득세법상 법인으로 보는 단체 외의 법인 아닌 단체에 해당하는 국외투자기구를 국내원천소득의 실질귀속자로 보는 경우 그 국외투자기구는 1비거주자로서 소득세를 납부할 의무를 진다.

③ 국세기본법상 2020년 1월 1일 이후 성립하는 납세의무부터 전환 국립대학 법인이 해당 법인의 설립근거가 되는 법률에 따른 교육·연구 활동에 지장이 없는 범위 외의 수익사업을 하는 경우의 납세의무를 적용할 때에는 전환 국립대학 법인을 별도의 법인으로 보지 아니하고 국립대학 법인으로 전환되기 전의 국립학교 또는 공립학교로 본다.

④ 국세기본법에 따라 법인으로 보는 단체의 국세에 관한 의무는 그 대표자나 관리인이 이행하여야 한다.

▎법인으로 보는 단체   이론형 Level 1

세법에서 규정하는 납세의무에도 불구하고 전환 국립대학 법인에 대한 국세의 납세의무(국세를 징수하여 납부할 의무는 제외)를 적용할 때에는 전환 국립대학 법인을 별도의 법인으로 보지 아니하고 국립대학 법인으로 전환되기 전의 국립학교 또는 공립학교로 본다. 다만, 전환 국립대학 법인이 해당 법인의 설립근거가 되는 법률에 따른 교육·연구 활동에 지장이 없는 범위 외의 수익사업을 하는 경우의 납세의무에 대해서는 그러하지 아니하다. 위에서 국립학교 또는 공립학교로 본다는 것은 전환 국립대학 법인을 국가 또는 지방자치단체로 보아 그 소득에 대한 법인세를 비과세한다는 의미이다.

답 ③

025
□□□ 국세기본법, 법인세법 및 소득세법상 법인으로 보는 단체와 법인으로 보는 단체 외의 법인 아닌 단체에 대한 설명으로 옳지 않은 것은?

2023년 국가직 7급

① 주무관청의 허가 또는 인가를 받아 설립되거나 법령에 따라 주무관청에 등록한 사단, 재단, 그 밖의 단체로서 등기되지 아니하고 수익을 구성원에게 분배하지 아니한 것은 법인으로 본다.
② 국세기본법에 따라 법인으로 보는 단체의 국세에 관한 의무는 그 대표자나 관리인이 이행하여야 한다.
③ 국세기본법에 따라 법인으로 보는 단체는 법인세법에 따른 영리법인으로 보기 때문에 수익사업에서 발생하는 소득에 대해 법인세 납세의무를 진다.
④ 국세기본법 상 법인으로 보는 단체 외의 법인 아닌 단체로서 구성원 간 이익의 분배방법 및 비율이 정하여져 있지 않고 사실상 구성원별로 이익이 분배되지 않는 경우에는 해당 단체를 1거주자 또는 1비거주자로 본다.

┃ 법인 아닌 단체   이론형 Level 1

국세기본법에 따라 법인으로 보는 단체는 법인세법에 따른 <u>비영리법인</u>으로 보기 때문에 수익사업에서 발생하는 소득에 대해 법인세 납세의무를 진다.

답 ③

026
□□□ 국세기본법상 관할 세무서장에게 신청 후 승인을 받은 '법인으로 보는 단체'에 관한 설명으로 옳은 것을 모두 고른 것은?

2020년 세무사

ㄱ. 공익을 목적으로 출연된 기본재산이 있는 재단으로서 등기되지 아니할 것을 요건으로 한다.
ㄴ. 주무관청의 허가를 받아 설립된 단체로서 등기되지 아니할 것을 요건으로 한다.
ㄷ. 단체의 수익을 구성원에게 분배할 것을 요건으로 한다.
ㄹ. 단체 자신의 계산과 명의로 수익과 재산을 독립적으로 소유·관리할 것을 요건으로 한다.
ㅁ. 관할 세무서장의 승인을 받은 날이 속하는 과세기간과 그 과세기간이 끝난 날부터 3년이 되는 날이 속하는 과세기간까지는 원칙적으로 소득세법에 따른 거주자 또는 비거주자로 변경할 수 없다.
ㅂ. 단체의 조직과 운영에 관한 규정을 가지고 대표자나 관리인을 선임하고 있을 것을 요건으로 한다.

① ㄱ, ㄷ, ㅁ   ② ㄹ, ㅁ, ㅂ
③ ㄱ, ㄴ, ㄷ, ㅂ   ④ ㄱ, ㄴ, ㄹ, ㅂ
⑤ ㄴ, ㄷ, ㄹ, ㅁ

┃ 법인으로 보는 단체   이론형 Level 2

옳은 것은 ㄹ, ㅁ, ㅂ이다.

> **국세기본법 제13조 【법인으로 보는 단체 등】** ② 제1항에 따라 법인으로 보는 사단, 재단, 그 밖의 단체 외의 법인 아닌 단체 중 다음 각 호의 요건을 모두 갖춘 것으로서 대표자나 관리인이 관할 세무서장에게 신청하여 승인을 받은 것도 법인으로 보아 이 법과 세법을 적용한다. 이 경우 해당 사단, 재단, 그 밖의 단체의 계속성과 동질성이 유지되는 것으로 본다.
> 1. 사단, 재단, 그 밖의 단체의 조직과 운영에 관한 규정(規程)을 가지고 대표자나 관리인을 선임하고 있을 것
> 2. 사단, 재단, 그 밖의 단체 자신의 계산과 명의로 수익과 재산을 독립적으로 소유·관리할 것
> 3. 사단, 재단, 그 밖의 단체의 수익을 구성원에게 분배하지 아니할 것
> ③ 제2항에 따라 법인으로 보는 법인 아닌 단체는 그 신청에 대하여 관할 세무서장의 승인을 받은 날이 속하는 과세기간과 그 과세기간이 끝난 날부터 3년이 되는 날이 속하는 과세기간까지는 소득세법에 따른 거주자 또는 비거주자로 변경할 수 없다. 다만, 제2항 각 호의 요건을 갖추지 못하게 되어 승인취소를 받는 경우에는 그러하지 아니하다.

답 ②

027 다음은 국내에 거주하는 甲이 고교동창생들과 함께 결성한 A 동창회에 대한 자료이다. A 동창회에 대한
과세방법으로 적절한 것은?

2021년 국가직 7급

- A 동창회는 주사무소를 서울에 두고 있고, 매달 회비를 걷어서 친목모임에 사용하기로 하였다.
- A 동창회는 운영규정도 만들었으며, 수익은 분배하지 않기로 하고 甲이 대표가 되기로 하였다.
- A 동창회는 주무관청에 등록되지 않았고, 甲은 A 동창회와 관련된 사항을 관할 세무서장에게 신고하거나 신청한 적이 없다.

① A 동창회를 법인세법상 영리법인으로 보아 법인세를 과세한다.
② A 동창회를 법인세법상 비영리법인으로 보아 법인세를 과세한다.
③ A 동창회를 소득세법상 1거주자로 보아 소득세를 과세한다.
④ A 동창회의 소득을 대표자 甲의 소득으로 보아 소득세를 과세한다.

┃ 인격
이론형 Level 2

주무관청에 등록을 하지 않았으므로 당연의제법인에 해당하지 아니하며, 신청하여 승인받지 않았으므로 법인으로
보지 않는 단체이다. A 동창회는 이익을 구성원에게 분배하지 않으며, 국내에서 주사무소를 두고 있으므로 소득세
법에 따른 1거주자로 보아 소득세를 과세한다.

답 ③

02 국세부과와 세법적용의 원칙

028 거주자 甲이 A 회사와 판매수익의 귀속주체를 甲으로 하는 판매약정을 체결한 후 A 회사 영업이사 직함을 사용하여 A 회사가 생산한 정제유를 A 회사 명의로 판매하였다. 甲이 독자적으로 관리·사용하던 A 회사 명의의 계좌를 통한 거래 중 무자료 거래에서 확인된 매출누락 등에 따른 세금을 과세관청이 A 회사가 아닌 甲에게 부담시키기 위한 국세부과의 원칙은?　　　　　　2019년 국가직 7급

① 실질과세의 원칙
② 신의성실의 원칙
③ 근거과세의 원칙
④ 조세감면의 사후관리의 원칙

| ▌실질과세원칙 | 이론형 Level 1 |

과세의 대상이 되는 소득, 수익, 재산, 행위 또는 거래의 귀속이 명의일 뿐이고 사실상 귀속되는 자가 따로 있을 때에는 사실상 귀속되는 자를 납세의무자로 하여 세법을 적용한다.

답 ①

029 다음과 같이 부동산 양도에 따른 양도소득세 부과처분이 있는 경우, 명의자 乙이 양도소득세 납부의무를 면하기 위하여 주장할 수 있는 「국세기본법」상 국세 부과의 원칙은?　　　　2024년 국가직 9급

> • 甲이 부동산(X)을 乙에게 명의신탁하였다.
> • 甲이 부동산(X)을 A회사에게 양도하여 그 양도로 인한 소득이 甲에게 귀속되었다.
> • 세무서장이 乙에게 양도소득세 부과처분을 하였다.

① 실질과세
② 신의성실
③ 세무공무원의 재량의 한계
④ 조세감면의 사후관리

| ▌실질과세 | 이론형 Level 1 |

부동산을 제3자에게 명의신탁한 경우, 명의신탁자가 부동산을 양도하여 그 양도로 인한 소득이 명의신탁자에게 귀속되었다면, 실질과세의 원칙상, 해당 양도소득세의 납세의무자는 양도의 주체인 명의신탁자이지 명의수탁자가 그 납세의무자가 아니다.

답 ①

030 국세기본법상 실질과세의 원칙에 대한 설명으로 옳지 않은 것은?

2016년 국가직 9급 변형

① 세법 중 과세표준의 계산에 관한 규정은 소득, 수익, 재산, 행위 또는 거래의 명칭이나 형식과 관계없이 그 실질 내용에 따라 적용한다.

② 과세의 대상이 되는 소득, 수익, 재산, 행위 또는 거래의 귀속이 명의일 뿐이고 사실상 귀속되는 자가 따로 있을 때에는 명의자를 납세의무자로 하여 세법을 적용한다.

③ 제3자를 통한 간접적인 방법이나 둘 이상의 행위 또는 거래를 거치는 방법으로 국세기본법 또는 세법의 혜택을 부당하게 받기 위한 것으로 인정되는 경우에는 그 경제적 실질 내용에 따라 당사자가 직접 거래를 한 것으로 보거나 연속된 하나의 행위 또는 거래를 한 것으로 보아 국세기본법 또는 세법을 적용한다.

④ 세법에서 국세기본법상 실질과세원칙에 대한 특례규정을 두고 있는 경우에는 그 세법에서 정하는 바에 따른다.

▌실질과세원칙

이론형 Level 1

과세의 대상이 되는 소득, 수익, 재산, 행위 또는 거래의 귀속이 명의일 뿐이고 <u>사실상 귀속되는 자가 따로 있을 때에는 <u>사실상 귀속되는 자</u>를 납세의무자로 하여 세법을 적용한다.

(선지분석)
① 거래 내용에 관한 실질과세의 원칙에 대한 옳은 내용이다.
③ 조세회피 방지를 위한 실질과세의 원칙에 대한 옳은 내용이다.
④ 실질과세원칙에 대한 개별세법 특례규정에 대한 옳은 내용이다.

참고 국세기본법 < 개별세법   **예** 상증세법: 명의신탁증여의제

답 ②

031 국세기본법상 실질과세원칙에 관한 설명으로 옳지 않은 것은?

2013년 국가직 9급 변형

① 과세의 대상이 되는 거래의 귀속이 명의일 뿐이고 사실상 귀속되는 자가 따로 있는 때에는 사실상 귀속되는 자를 납세의무자로 본다.

② 사업자등록 명의자와는 별도로 사실상의 사업자가 있는 경우에는 사실상의 사업자를 납세의무자로 본다.

③ 세법 중 과세표준의 계산에 관한 규정은 소득, 수익, 재산, 행위 또는 거래의 명칭이나 형식과 관계없이 그 실질 내용에 따라 적용한다.

④ 제3자를 통한 간접적인 방법으로 거래한 경우 국세기본법 또는 세법의 혜택을 부당하게 받기 위한 것인지 여부와 관계없이 그 경제적 실질 내용에 따라 당사자가 직접 거래를 한 것으로 본다.

▌실질과세원칙

이론형 Level 1

제3자를 통한 간접적인 방법이나 둘 이상의 행위 또는 거래를 거치는 방법으로 <u>국세기본법 또는 세법의 혜택을 부당하게 받기 위한 것으로 인정되는 경우에는</u> 그 경제적 실질 내용에 따라 당사자가 직접 거래를 한 것으로 보거나 연속된 하나의 행위 또는 거래를 한 것으로 보아 국세기본법 또는 세법을 적용한다.

(선지분석)
① 귀속에 관한 실질과세원칙에 대한 옳은 내용이다.
② 실질과세원칙 관련 예에 해당한다.
③ 거래 내용에 관한 실질과세원칙에 대한 옳은 내용이다.

답 ④

032 국세기본법상 실질과세의 원칙에 관한 설명으로 옳지 않은 것은? 2009년 국가직 9급 변형

① 제3자를 통한 간접적인 방법으로 소득세법의 혜택을 부당하게 받기 위한 것으로 인정되는 경우에는 그 경제적 실질 내용에 따라 당사자가 직접 거래를 한 것으로 보아 소득세법을 적용한다.

② 상속세 및 증여세법상 명의신탁재산의 증여의제규정은 국세기본법상 실질과세의 원칙에 대한 세법상의 특례규정에 해당된다고 볼 수 없다.

③ 세법에 국세기본법상 실질과세의 원칙에 대한 특례규정을 두고 있는 경우에는 그 세법이 정하는 바에 의한다.

④ 세법 중 과세표준의 계산에 관한 규정은 소득·수익·재산·행위 또는 거래의 명칭이나 형식에 불구하고 그 실질 내용에 따라 적용한다.

▌실질과세원칙　　　　　　　　　　　　　　　　　　　　　　　　　　　이론형 Level 1

상속세 및 증여세법상 명의신탁재산의 증여의제규정은 국세기본법상 실질과세원칙에 대한 세법상의 특례규정에 해당한다.

> **상속세 및 증여세법 제45조의2【명의신탁재산의 증여 의제】** ① 권리의 이전이나 그 행사에 등기 등이 필요한 재산(토지와 건물은 제외한다)의 실제소유자와 명의자가 다른 경우에는 국세기본법 제14조(실질과세원칙)에도 불구하고 그 명의자로 등기 등을 한 날에 그 재산의 가액을 실제소유자가 명의자에게 증여한 것으로 본다.

답 ②

---

033 국세기본법상 신의성실의 원칙에 관한 판례의 내용으로 옳은 것은? 2009년 국가직 7급

① 과세관청이 납세의무자에게 부가가치세 면세사업자용 사업자등록증을 교부하였다면 그가 영위하는 사업에 관하여 부가가치세를 과세하지 아니함을 시사하는 언동이나 공적인 견해를 표명한 것으로 볼 수 있다.

② 조세법률주의에 의하여 합법성이 강하게 작용하는 조세 실체법에 대한 신의성실의 원칙 적용은 합법성을 희생하여서라도 구체적 신뢰보호의 필요성이 인정되는 경우에 한하여 허용된다.

③ 납세의무자가 자산을 과대계상하거나 부채를 과소계상하는 등의 방법으로 분식결산을 하고 이에 따라 과다하게 법인세를 신고·납부하였다가 그 과다납부한 세액에 대하여 취소소송을 제기하여 다툰다는 것만으로도 신의성실의 원칙에 위반될 정도로 심한 배신행위를 하였다고 할 수 있다.

④ 과세관청에게 신의성실의 원칙을 적용하기 위해서는 객관적으로 모순되는 행태가 존재하고, 그 행태가 납세의무자의 심한 배신행위에 기인하였으며, 그에 기하여 야기된 과세관청의 신뢰가 보호받을 가치가 있는 것이어야 한다.

▌신의성실의 원칙　　　　　　　　　　　　　　　　　　　　　　　　　　이론형 Level 1

조세법률주의는 조세법의 최고의 지도원리이므로 신의성실의 원칙은 합법성의 원칙을 훼손하지 않는 범위에서 제한적으로 적용되어야 한다.

> **📄 과세관청에 대한 신의성실의 원칙**
>
> 1. 과세관청이 납세자에게 신뢰의 대상이 되는 공적인 견해표명을 하여야 함
> 2. 과세관청의 견해표명이 정당하다고 신뢰한 데 대하여 납세자에게 귀책사유가 없어야 함
> 3. 납세자가 그 견해표명을 신뢰하고 이에 따라 세무처리 등의 행위를 하여야 함
> 4. 과세관청이 위 견해표명에 반하는 처분을 함으로써 납세자가 불이익을 받아야 함
>> **참고** 이때 처분은 반드시 적법한 처분이어야 함. 위법한 처분인 경우 무효이거나 취소되기 때문임

(선지분석)

① 과세관청이 납세의무자에게 부가가치세 면세사업자용 사업자등록증을 교부한 것은 그가 영위하는 사업에 관하여 부가가치세를 과세하지 아니함을 시사하는 언동이나 공적인 견해를 표명한 것으로 볼 수 없다.

③ 납세의무자가 자산을 과대계상하거나 부채를 과소계상하는 등의 방법으로 분식결산을 하고 이에 따라 과다하게 법인세를 신고, 납부하였다가 그 과다납부한 세액에 대하여 취소소송을 제기하여 다툰다는 것만으로는 신의성실의 원칙에 위반한 정도에 심한 배신행위를 하였다고 할 수 없다.

④ 납세자에게 신의성실의 원칙을 적용하기 위해서는 객관적으로 모순되는 행태가 존재하고, 그 행태가 납세의무자의 심한 배신행위에 기인하였으며, 그에 기하여 과세관청의 신뢰가 보호받을 가치가 있어야 한다.

답 ②

034

국세기본법상 신의성실의 원칙에 관한 설명으로 옳지 않은 것은? (다툼이 있으면 판례에 따름)

2017년 세무사

① 조세실체법에 대한 신의성실의 원칙 적용은 합법성을 희생하여서라도 구체적 신뢰보호의 필요성이 인정되는 경우에 한하여 허용된다.

② 세무서 직원들이 명시적으로 부가가치세 면제대상으로 세무지도를 하여 납세자가 이를 믿고 부가가치세를 거래징수하지 않았으나 그 이후에 과세관청이 한 부가가치세 과세처분은 신의성실의 원칙에 위반된다.

③ 신의성실의 원칙은 과세관청이 과거의 언동에 반하여 소급 처분하는 것을 금지하는 것으로 과세관청이 과거의 언동을 시정하여 장래에 향하여 처분하는 것은 허용된다.

④ 납세의무자가 인터넷 국세종합상담센터의 답변에 따라 세액을 과소신고·납부한 경우 그 답변은 과세관청의 공식적인 견해표명에 해당하지 않는다.

⑤ 납세의무자가 자산을 과대계상하는 방법으로 분식결산을 하고 이에 따라 법인세를 과다신고·납부한 후 그 과다납부한 세액에 대한 감액을 주장하는 경우 납세의무자에게 신의성실의 원칙이 적용된다.

| 신의성실의 원칙 | 이론형 Level 2 |

대법원은 법인세를 과다하게 신고·납부하였다가 그 과다납부한 세액에 대하여 취소소송을 제기하여 다툰다는 사정만으로 신의성실의 원칙에 위반될 정도로 심한 배신행위를 하였다고 볼 수는 없다고 판시하였다(대판 2006.1.26, 2005두6300).

답 ⑤

035

국세기본법상 국세부과의 원칙과 세법적용의 원칙에 대한 설명으로 옳지 않은 것은? (다툼이 있는 경우 판례에 의함)

2016년 국가직 7급

① 국세를 조사·결정할 때 장부의 기록 내용이 사실과 다르거나 장부의 기록에 누락된 것이 있을 때에는 그 부분에 대해서만 정부가 조사한 사실에 따라 결정할 수 있다.

② 과세기간 진행 중 법률의 개정이나 해석의 변경이 있는 경우 이미 진행한 과세기간 분에 대하여 소급과세 하는 것은 원칙적으로 허용되지 아니한다.

③ 납세자가 그 의무를 이행할 때에는 신의에 따라 성실하게 하여야 한다. 세무공무원이 직무를 수행할 때에도 또한 같다.

④ 과세의 대상이 되는 소득, 수익, 재산, 행위 또는 거래의 귀속이 명의일 뿐이고 사실상 귀속되는 자가 따로 있을 때에는 사실상 귀속되는 자를 납세의무자로 하여 세법을 적용한다.

▌ 국세부과와 세법적용의 원칙　　　　　　　　　　　　이론형 Level 1

과세기간 진행 중 법률의 개정이나 해석의 변경이 있는 경우 이미 진행한 과세기간 분에 대하여 소급과세하는 것은 원칙적으로 허용된다(부진정소급).

📄 **진정소급과 부진정소급의 구분에 따른 허용 여부**

구분	허용 여부
진정소급	금지
부진정소급	허용
유리한 소급효	허용

법인세는 과세기간인 사업연도 개시와 더불어 과세요건이 생성되어 사업연도 종료 시에 완성하고, 그 때 납세의무가 성립하며 그 확정절차도 과세기간 종료 후에 이루어지므로, 사업연도 진행 중 세법이 개정되었을 때에도 그 사업연도 종료 시의 법에 의하여 과세 여부 및 납세의무의 범위가 결정되는 바, 이에 따라 사업연도 개시 시부터 개정법이 적용된다고 하여 이를 법적 안정성을 심히 해하는 소급과세라거나 국세기본법 제18조 제2항이 금하는 납세의무 성립 후의 새로운 세법에 의한 소급과세라 할 수 없고, 신의성실의 원칙에 위배되는 것이라 할 수도 없다(대판 2006.9.8, 2005두50).

답 ②

036

국세기본법상 국세부과의 원칙과 관련이 없는 것은?

2015년 세무사

① 거래의 형식은 매매이나 그 실질이 증여이면 증여로 보아 증여세를 과세한다.

② 세무서장이 종합소득 과세표준과 세액을 경정하는 경우 거주자가 추계신고한 경우에도 소득금액을 계산할 수 있는 장부 기타 증빙서류를 비치·기장하고 있는 때에는 그 장부 기타 증빙서류에 근거하여 실지조사결정하여야 한다.

③ 세무공무원이 재량으로 직무를 수행할 때에는 과세의 형평과 해당 세법의 목적에 비추어 일반적으로 적당하다고 인정되는 한계를 엄수하여야 한다.

④ 명의신탁부동산을 매각처분한 경우에는 양도의 주체 및 납세의무자는 명의수탁자가 아니고 명의신탁자이다.

⑤ 납세자가 그 의무를 이행할 때에는 신의에 따라 성실하게 하여야 한다. 세무공무원이 그 직무를 수행할 때에도 또한 같다.

세무공무원의 재량한계는 세법적용의 원칙과 관련된 내용이다.

(선지분석)

①, ④ 국세부과의 원칙 중 실질과세의 원칙에 대한 옳은 내용이다.

② 국세부과의 원칙 중 근거과세의 원칙에 대한 옳은 내용이다.

⑤ 국세부과의 원칙 중 신의성실의 원칙에 대한 옳은 내용이다.

답 ③

037

국세부과와 세법적용에 관한 설명으로 옳은 것은? 2014년 세무사

① 기획재정부장관, 국세청장(지방국세청장 포함) 및 세무서장은 세법의 해석과 관련된 질의에 대하여 국세기본법에 따른 세법해석의 기준에 따라 해석하여 회신하여야 한다.

② 기획재정부장관이 수립한 중장기 조세정책운용계획은 국가재정법상의 국가재정운용계획과 연계되어야 하며, 관계 중앙행정기관의 장과의 협의를 거쳐 국무회의의 심의를 통해 확정된다.

③ 세법 외의 법률 중 국세의 부과·징수·감면 또는 그 절차에 관하여 규정하고 있는 조항은 세법의 해석·적용에 있어서는 이를 세법으로 본다.

④ 국세를 납부할 의무가 확정된 소득, 수익, 재산, 행위 또는 거래에 대해서는 그 확정 후의 새로운 세법에 따라 소급하여 과세하지 아니한다.

⑤ 세무공무원은 국세의 과세표준을 결정·경정할 때에는 세법에 특별한 규정이 있는 경우에도 납세의무자가 계속하여 적용하고 있는 기업회계의 기준 또는 관행을 존중하여야 한다.

세법 외의 다른 법률도 세법의 법원이 될 수 있다.

(선지분석)

① 지방국세청장 및 세무서장은 세법의 해석과 관련된 질의에 대한 권한이 없다.

② 국무회의가 아닌 국회 소관 상임위원회에 보고하여야 한다.

④ 납세의무 성립시점을 기준으로 소급효를 다툰다.

⑤ 세법에 특별한 규정이 있는 경우에는 기업회계기준을 적용하지 아니한다.

답 ③

038 국세기본법상 국세부과 및 세법적용의 원칙에 관한 설명이다. 옳지 않은 것은? 2019년 회계사

① 둘 이상의 행위 또는 거래를 거치는 방법으로 세법의 혜택을 부당하게 받기 위한 것으로 인정되는 경우에는 각각의 행위 또는 거래를 기준으로 세법을 적용하여 과세한다.

② 세무공무원이 국세의 과세표준을 조사·결정할 때에는 세법에 특별한 규정이 없으면 납세의무자가 계속하여 적용하고 있는 기업회계의 기준 또는 관행으로서 일반적으로 공정·타당하다고 인정되는 것은 존중하여야 한다.

③ 세법을 해석·적용할 때에는 과세의 형평과 해당 조항의 합목적성에 비추어 납세자의 재산권이 부당하게 침해되지 않도록 하여야 한다.

④ 납세의무자가 세법에 따라 장부를 갖추어 기록하고 있는 경우에는 해당 국세 과세표준의 조사와 결정은 그 장부와 이에 관계되는 증거자료에 의하여야 한다.

⑤ 세무공무원이 재량으로 직무를 수행할 때에는 과세의 형평과 해당 세법의 목적에 비추어 일반적으로 적당하다고 인정되는 한계를 엄수하여야 한다.

국세부과와 세법적용의 원칙 이론형 Level 2

제3자를 통한 간접적인 방법이나 둘 이상의 행위 또는 거래를 거치는 방법으로 국세기본법 또는 세법의 혜택을 부당하게 받기 위한 것으로 인정되는 경우에는 그 경제적 실질 내용에 따라 당사자가 직접 거래를 한 것으로 보거나 연속된 하나의 행위 또는 거래를 한 것으로 보아 국세기본법 또는 세법을 적용한다.

답 ①

---

039 국세기본법상 국세부과 및 세법적용의 원칙에 관한 설명이다. 옳은 것은? 2023년 회계사

① 사업자등록의 명의자와는 별도로 사실상의 사업자가 있는 경우에는 법적 형식이 경제적 실질에 우선하므로 사업자등록의 명의자를 납세의무자로 하여 세법을 적용한다.

② 납세의무자가 세법에 따라 장부를 갖추어 기록하고 있으나 장부의 기록에 일부 누락된 것이 있을 때에는 당해 납세의무자의 과세표준 전체에 대해서 정부가 조사한 사실에 따라 결정할 수 있다.

③ 세법을 해석·적용할 때에는 과세의 형평과 해당 세법의 목적에 비추어 국가의 과세권이 침해되지 아니하도록 하여야 한다.

④ 세무공무원이 국세의 과세표준을 조사·결정할 때에는 세법에 특별한 규정이 있는 경우에도 해당 납세의무자가 계속하여 적용하고 있는 기업회계의 기준 또는 관행으로서 일반적으로 공정·타당하다고 인정되는 것은 존중하여야 한다.

⑤ 세법의 해석이나 국세행정의 관행이 일반적으로 납세자에게 받아들여진 후에는 그 해석이나 관행에 의한 행위 또는 계산은 정당한 것으로 보며, 새로운 해석이나 관행에 의하여 소급하여 과세되지 아니한다.

(선지분석)

① 사업자등록의 명의자와는 별도로 사실상의 사업자가 있는 경우에는 경제적 실질이 법적 형식에 우선하므로 사실상의 사업자를 납세의무자로 하여 세법을 적용한다.

② 국세를 조사·결정할 때 장부의 기록 내용이 사실과 다르거나 장부의 기록에 누락된 것이 있을 때에는 그 부분에 대해서만 정부가 조사한 사실에 따라 결정할 수 있다.

③ 세법을 해석·적용할 때에는 과세의 형평과 해당 조항의 합목적성에 비추어 납세자의 재산권이 부당하게 침해되지 아니하도록 하여야 한다.

④ 세무공무원이 국세의 과세표준을 조사·결정할 때에는 해당 납세의무자가 계속하여 적용하고 있는 기업회계의 기준 또는 관행으로서 일반적으로 공정·타당하다고 인정되는 것은 존중하여야 한다. 다만, 세법에 특별한 규정이 있는 것은 그러하지 아니하다.

답 ⑤

040 국세기본법상 세법적용의 원칙에 관한 설명으로 옳은 것은?

2008년 국가직 7급

① 2 이상의 행위 또는 거래를 거치는 방법으로 세법의 혜택을 부당하게 받기 위한 것으로 인정되는 경우에는 그 경제적 실질 내용에 따라 연속된 하나의 행위 또는 거래를 한 것으로 보아 세법을 적용한다.

② 납세자가 그 의무를 이행함에 있어서는 신의에 좇아 성실히 하여야 한다. 세무공무원이 그 직무를 수행함에 있어서도 또한 같다.

③ 납세의무자가 세법에 의하여 장부를 비치·기장하고 있는 때에는 당해 국세의 과세표준의 조사와 결정은 그 비치·기장한 장부와 이에 관계되는 증빙자료에 의하여야 한다.

④ 세무공무원이 그 재량에 의하여 직무를 수행함에 있어서는 과세의 형평과 당해 세법의 목적에 비추어 일반적으로 적당하다고 인정되는 한계를 엄수하여야 한다.

세법적용의 원칙

이론형 Level 1

세법적용의 원칙 중 세무공무원의 한계에 대한 옳은 내용이다.

(선지분석)

① 국세부과의 원칙 중 실질과세의 원칙에 대한 옳은 내용이다.

② 국세부과의 원칙 중 신의성실의 원칙에 대한 옳은 내용이다.

③ 국세부과의 원칙 중 근거과세의 원칙에 대한 옳은 내용이다.

📄 **국세부과의 원칙과 세법적용의 원칙의 구분**

국세부과의 원칙	세법적용의 원칙
1. 실질과세의 원칙	1. 세법해석의 기준
2. 신의성실의 원칙	2. 소급과세의 금지
3. 근거과세의 원칙	3. 세무공무원의 재량의 한계
4. 조세감면의 사후관리	4. 기업회계의 기준의 존중

답 ④

041 국세기본법상 국세 부과의 원칙과 세법 적용의 원칙에 대한 설명으로 옳지 않은 것은? 2023년 국가직 9급

① 정부는 국세를 감면한 경우에 국가정책을 수행하기 위하여 필요하더라도 감면한 세액에 상당하는 자금 또는 자산의 운용 범위를 정할 수 없다.

② 세법을 해석·적용할 때에는 과세의 형평과 해당 조항의 합목적성에 비추어 납세자의 재산권이 부당하게 침해되지 아니하도록 하여야 한다.

③ 제3자를 통한 간접적인 방법이나 둘 이상의 행위 또는 거래를 거치는 방법으로 국세기본법 또는 세법의 혜택을 부당하게 받기 위한 것으로 인정되는 경우에는 그 경제적 실질 내용에 따라 당사자가 직접 거래를 한 것으로 보거나 연속된 하나의 행위 또는 거래를 한 것으로 보아 국세기본법 또는 세법을 적용한다.

④ 세법의 해석이나 국세행정의 관행이 일반적으로 납세자에게 받아들여진 후에는 그 해석이나 관행에 의한 행위 또는 계산은 정당한 것으로 보며, 새로운 해석이나 관행에 의하여 소급하여 과세되지 아니한다.

▌국세부과와 세법적용의 원칙   이론형 Level 1

정부는 국세를 감면한 경우에 그 감면의 취지를 성취하거나 국가정책을 수행하기 위하여 필요하다고 인정하면 세법에서 정하는 바에 따라 감면한 세액에 상당하는 자금 또는 자산의 운용 범위를 정할 수 있다.

답 ①

---

042 국세기본법상 세법해석의 기준 및 소급과세의 금지에 대한 설명으로 옳지 않은 것은? 2011년 국가직 9급

① 세법의 해석·적용에 있어서는 과세의 형평과 당해 조항의 합목적성에 비추어 납세자의 재산권이 부당하게 침해되지 아니하도록 하여야 한다.

② 국세를 납부할 의무가 성립한 소득·수익·재산·행위 또는 거래에 대하여는 그 성립 후의 새로운 세법에 의하여 소급하여 과세하지 아니한다.

③ 세법의 해석 또는 국세행정의 관행이 일반적으로 납세자에게 받아들여진 후에는 그 해석이나 관행에 의한 행위 또는 계산은 정당한 것으로 보며, 새로운 해석이나 관행에 의하여 소급하여 과세되지 아니한다.

④ 세법 이외의 법률 중 국세의 부과·징수·감면 또는 그 절차에 관하여 규정하고 있는 조항에 대해서는 세법해석의 기준에 대한 국세기본법 규정이 적용되지 아니한다.

▌세법적용의 원칙   이론형 Level 1

세법 외의 법률 중 국세의 부과·징수·감면 또는 그 절차에 관하여 규정하고 있는 조항은 세법해석의 기준 및 소급과세의 금지의 규정을 적용할 때에는 세법으로 본다. 따라서 세법 이외의 법률 중 국세의 부과·징수·감면 또는 그 절차에 관하여 규정하고 있는 조항에 대해서는 세법해석의 기준에 대한 국세기본법의 규정이 적용된다.

(선지분석)
① 세법적용의 원칙 중 세법해석의 기준에 대한 옳은 내용이다.
② 세법적용의 원칙 중 입법에 의한 소급과세의 금지에 대한 옳은 내용이다.
③ 세법적용의 원칙 중 세법의 해석·관행에 의한 소급과세의 금지에 대한 옳은 내용이다.

답 ④

043 소급과세에 관한 설명으로 옳지 않은 것은?

2012년 세무사

① 국세기본법은 입법에 의한 소급과세 이외에 해석에 의한 소급과세에 대해서도 규정하고 있다.
② 국세기본법은 새로운 입법에 의한 과세가 소급과세인지 여부를 판단하는 기준시점을 납세의무의 확정시점으로 규정하고 있다.
③ 부진정소급입법은 납세자에게 불리하더라도 통상의 경우에는 허용되지만, 납세자의 구법(舊法)에 대한 신뢰가 보호할 가치가 있다고 할 특단의 사정이 있는 경우에는 허용되지 않을 수 있다.
④ 개별 납세자에게 유리한 소급입법이라고 하더라도 그것이 전체적으로 조세공평을 침해할 수 있는 경우에는 허용되지 않을 수 있다.
⑤ 국민의 기득권을 침해하지 않고 당사자의 법적 안정성 또는 신뢰보호에 위배되지 않는 일정한 경우에는 소급과세금지원칙의 예외가 인정될 수 있다.

┃ 세법적용의 원칙 이론형 Level 2

소급과세 여부를 판단하는 시점은 납세의무의 성립시점이다.

답 ②

044 국세기본법령상 세법해석에 대한 설명으로 옳지 않은 것은?

2021년 국가직 7급

① 세법을 해석·적용할 때에는 과세의 형평(衡平)과 해당 조항의 합목적성에 비추어 납세자의 재산권이 부당하게 침해되지 아니하도록 하여야 한다.
② 기획재정부장관 및 국세청장은 세법의 해석과 관련된 질의에 대하여 세법해석의 기준에 따라 해석하여 회신하여야 한다.
③ 세법이 새로 제정되거나 개정되어 이에 대한 기획재정부장관의 해석이 필요한 경우 기획재정부장관이 직접 회신할 수 있으며, 이 경우 회신한 문서의 사본을 국세청장에게 송부하여야 한다.
④ 국세청장은 세법의 해석과 관련된 질의가 세법과 이와 관련되는 국세기본법의 입법취지에 따른 해석이 필요한 사항에 해당하는 경우 기획재정부장관에게 해석을 요청하지 않고 민원인에게 직접 회신할 수 있다.

┃ 세법 해석 이론형 Level 2

국세청장은 세법의 해석과 관련된 질의가 세법 및 이와 관련되는 입법취지에 따른 해석이 필요한 사항인 경우에는 기획재정부장관에게 의견을 첨부하여 해석을 요청하여야 한다.

답 ④

045 국세기본법상 납세의무의 성립시기로 옳지 않은 것은? 2010년 국가직 7급
□□□

① 부가가치세는 과세기간이 끝나는 때 납세의무가 성립한다. 단, 수입재화의 경우에는 세관장에게 수입신고를 하는 때 납세의무가 성립한다.
② 각 사업연도소득에 대한 법인세는 과세표준과 세액을 정부에 신고하는 때 납세의무가 성립한다.
③ 상속세는 상속이 개시되는 때 납세의무가 성립한다.
④ 인지세는 과세문서를 작성한 때 납세의무가 성립한다.

▌납세의무의 성립시기 이론형 Level 1

각 사업연도소득에 대한 법인세는 <u>과세기간이 끝나는 때</u> 납세의무가 성립한다.

> 📄 **법인세의 성립시기(국세기본법 제21조 제2항 제1호 참조)**
> 1. 원칙: 과세기간이 끝나는 때
> 2. 청산소득 법인세: 그 법인이 해산하는 때

(선지분석)

①
> 📄 **부가가치세의 성립시기(국세기본법 제21조 제2항 제4호 참조)**
> 1. 원칙: 과세기간이 끝나는 때
> 2. 수입재화 부가가치세: 세관장에게 수입신고하는 때

③
> 📄 **상속세·증여세의 성립시기(국세기본법 제21조 제2항 제2호·제3호 참조)**
> 1. 상속세: 상속이 개시되는 때(상속세 신고일 ×)
> 2. 증여세: 증여에 의하여 재산을 취득하는 때(증여계약일 ×)

④
> 📄 **인지세·증권거래세의 성립시기(국세기본법 제21조 제2항 제6호·제7호 참조)**
> 1. 인지세: 과세문서를 작성한 때(인지를 첩부할 때 ×)
> 2. 증권거래세: 해당 매매거래가 확정되는 때

답 ②

046 국세기본법상 납세의무의 성립에 대한 설명으로 옳지 않은 것은? 2012년 국가직 9급 변형
□□□

① 청산소득에 대한 법인세는 그 법인이 해산하는 때에 성립한다.
② 무신고가산세는 법정신고기한이 경과한 때에 성립한다.
③ 금융업자의 수익금액에 부과되는 교육세는 해당 금융업자의 법인세 납세의무가 확정하는 때에 성립한다.
④ 납세조합이 징수하는 소득세 또는 예정신고납부하는 소득세는 과세표준이 되는 금액이 발생한 달의 말일에 성립한다.

▌납세의무의 성립시기 이론형 Level 1

금융보험업자의 수입금액에 부과하는 교육세는 <u>과세기간이 끝나는 때</u> 납세의무가 성립한다.

📄 **과세기간이 끝나는 때 성립하는 국세**(국세기본법 제21조 제2항 제1호·제4호·제8호 참조)

1. 소득세
2. 법인세(단, 청산소득 법인세는 해산하는 때)
3. 부가가치세(단, 수입재화 부가가치세는 수입신고를 하는 때)
4. 금융보험업자의 수입금액에 부과하는 교육세

> 참고 국세에 부과되는 교육세는 해당 국세의 납세의무가 성립하는 때 납세의무가 성립함

(선지분석)

① 📄 **법인세의 성립시기**(국세기본법 제21조 제2항 제1호 참조)

1. 원칙: 과세기간이 끝나는 때
2. 청산소득 법인세: 그 법인이 해산하는 때

④ 📄 **예외적인 성립시기**(국세기본법 제21조 제3항 제2호·제3호 참조)

납세조합이 징수하는 소득세 또는 예정신고납부하는 소득세	과세표준이 되는 금액이 발생한 달의 말일
중간예납하는 소득세·법인세 또는 예정신고기간·예정부과기간에 대한 부가가치세	중간예납기간 또는 예정신고기간·예정부과기간이 끝나는 때

답 ③

047

국세기본법상 납세의무의 성립시기에 관한 설명으로 옳지 않은 것은?

2013년 국가직 9급

① 납세조합이 징수하는 소득세와 예정신고납부하는 소득세는 과세표준이 되는 금액이 발생한 달의 말일이 된다.
② 금융·보험업자의 수익금액에 부과되는 교육세는 과세기간이 끝나는 때가 된다.
③ 청산소득에 대한 법인세는 당해 법인이 해산하는 때가 된다.
④ 상속세는 상속신고를 완료하는 때가 된다.

▌납세의무의 성립시기

이론형 Level 1

상속세는 상속이 개시되는 때가 납세의무의 성립시기이다.

📄 **상속세와 증여세의 성립시기**(국세기본법 제21조 제2항 제2호·제3호 참조)

1. 상속세: 상속이 개시되는 때(상속세 신고일 ×)
2. 증여세: 증여에 의하여 재산을 취득하는 때(증여계약일 ×)

(선지분석)

① 📄 **예외적인 성립시기**(국세기본법 제21조 제3항 제2호·제3호 참조)

납세조합이 징수하는 소득세 또는 예정신고납부하는 소득세	과세표준이 되는 금액이 발생한 달의 말일
중간예납하는 소득세·법인세 또는 예정신고기간·예정부과기간에 대한 부가가치세	중간예납기간 또는 예정신고기간·예정부과기간이 끝나는 때

② 📄 **교육세의 구분에 따른 성립시기**(국세기본법 제21조 제2항 제8호 참조)

1. 국세에 부과되는 교육세: 해당 국세의 납세의무가 성립하는 때
2. 금융보험업자 수입금액에 부과되는 교육세: 과세기간이 끝나는 때

③ 📄 **법인세의 성립시기**(국세기본법 제21조 제2항 제1호 참조)

1. 원칙: 과세기간이 끝나는 때
2. 청산소득 법인세: 그 법인이 해산하는 때

답 ④

048 국세기본법상 납세의무의 성립시기에 대한 설명으로 옳지 않은 것은? 2015년 국가직 7급

① 종합부동산세를 납부할 의무는 과세기준일에 성립한다.
② 원천징수하는 소득세·법인세를 납부할 의무는 소득금액 또는 수입금액을 지급하는 때에 성립한다.
③ 수시부과하여 징수하는 국세를 납부할 의무는 수시부과할 사유가 발생한 때에 성립한다.
④ 수입재화의 경우 부가가치세를 납부할 의무는 과세기간이 끝나는 때에 성립한다.

▌ 납세의무의 성립시기 이론형 Level 1

수입재화의 경우 부가가치세를 납부할 의무는 세관장에게 수입신고하는 때에 성립한다.

> 📄 **부가가치세의 성립시기(국세기본법 제21조 제2항 제4호 참조)**
> 1. 원칙: 과세기간이 끝나는 때
> 2. 수입재화 부가가치세: 세관장에게 수입신고하는 때

(선지분석)
① 종합부동산세의 과세기준일은 매년 6월 1일이다.
② 원천징수하는 소득세·법인세를 납부할 의무는 소득금액 또는 수입금액을 지급하는 때에 성립한다.
③ 수시부과하여 징수하는 국세를 납부할 의무는 수시부과할 사유가 발생한 때(수시부과할 때 ×)에 성립한다.

> 📄 **성립과 동시에 확정되는 국세(국세기본법 제22조 제4항 참조)**
> 1. 인지세
> 2. 원천징수하는 소득세 또는 법인세
> 3. 납세조합이 징수하는 소득세
> 4. 중간예납하는 법인세(세법에 따라 정부가 조사·결정하는 경우는 제외)
> 5. 납부지연가산세 및 원청징수납부 등 불성실가산세(납부고지서에 따른 납부기한 후 가산세로 한정)

답 ④

---

049 국세기본법상 납세의무의 성립시기로 옳지 않은 것은? 2018년 세무사

① 인지세: 과세문서를 작성한 때
② 수시부과하여 징수하는 국세: 수시부과할 사유가 발생한 때
③ 상속세: 상속이 개시되는 때
④ 종합부동산세: 과세기준일
⑤ 무신고가산세 및 과소신고·초과환급신고가산세: 가산할 국세의 납세의무가 성립되는 때

▌ 납세의무의 성립시기 이론형 Level 1

무신고가산세 및 과소신고·초과환급신고가산세의 납부의무 성립시기는 법정신고기한이 경과하는 때이다.

답 ⑤

050 국세기본법상 납세의무 성립시기에 관한 내용으로 옳은 것을 모두 고른 것은?

> ㄱ. 원천징수하는 소득세·법인세: 과세기간이 끝나는 때
>
> ㄴ. 증권거래세: 해당 매매거래가 확정되는 때
>
> ㄷ. 수입재화에 대한 부가가치세: 세관장에게 수입신고를 하는 때
>
> ㄹ. 수시부과하여 징수하는 국세: 수시부과 납부일

① ㄱ, ㄴ   ② ㄱ, ㄷ

③ ㄴ, ㄷ   ④ ㄴ, ㄹ

⑤ ㄷ, ㄹ

┃ 납세의무의 성립시기　　　　　　　　　　　　이론형 Level 1

옳은 것은 ㄴ, ㄷ이다.

(선지분석)

ㄱ. 원천징수하는 소득세·법인세: 소득금액 또는 수입금액을 지급하는 때

ㄹ. 수시부과하여 징수하는 국세: 수시부과할 사유가 발생한 때

답 ③

---

051 다음의 거주자 甲의 납세의무 성립시기가 빠른 순서대로 나열한 것은?

> ㄱ. 부친이 20X1.4.1.에 사망하여 甲에게 부과된 상속세
>
> ㄴ. 甲이 20X1.2.1.에 취득한 부동산에 대한 종합부동산세
>
> ㄷ. 은행이 20X1.5.1.에 甲에게 지급한 이자소득에 대하여 원천징수한 소득세
>
> ㄹ. 甲이 20X1년에 중간예납한 소득세
>
> ㅁ. 甲이 금융업자로서 그 수익금액에 대하여 20X1년에 부과받은 교육세

① ㄱ - ㄷ - ㄴ - ㄹ - ㅁ   ② ㄴ - ㄱ - ㄷ - ㅁ - ㄹ

③ ㄷ - ㄱ - ㄴ - ㅁ - ㄹ   ④ ㄹ - ㄷ - ㄱ - ㄴ - ㅁ

⑤ ㅁ - ㄱ - ㄴ - ㄷ - ㄹ

┃ 납세의무의 성립시기　　　　　　　　　　　　이론형 Level 2

납세의무의 성립시기는 ㄱ - ㄷ - ㄴ - ㄹ - ㅁ 순이다.

ㄱ. 상속세의 납세의무 성립시기는 상속개시일인 20X1.4.1.이다.

ㄷ. 원천징수하는 소득세의 납세의무 성립시기는 소득금액 또는 수입금액을 지급하는 때인 20X1.5.1.이다.

ㄴ. 종합부동산세의 납세의무 성립시기는 과세기준일인 20X1.6.1.이다.

ㄹ. 중간예납하는 소득세의 납세의무 성립시기는 중간예납기간이 끝나는 때인 20X1.6.30.이다.

ㅁ. 금융·보험업자의 수익금액에 부과되는 교육세의 납세의무 성립시기는 과세기간이 끝나는 때인 20X1.12.31.이다.

답 ①

052 국세기본법상 납세의무에 대한 설명으로 옳지 않은 것은?

① 농어촌특별세는 본세의 납세의무가 성립하는 때에 납세의무가 성립한다.
② 신고납세제도가 적용되는 세목일지라도 과세표준과 세액을 정부가 결정한 경우에는 그 결정하는 때를 납세의무 확정시기로 한다.
③ 상속세의 경우 납세의무자의 신고는 세액을 확정시키는 효력이 있다.
④ 국세부과의 제척기간이 만료되면 부과권을 행사할 수 없고 징수권도 발생하지 아니한다.

▌납세의무의 성립과 확정

상속세와 증여세, 종합부동산세는 납세의무의 확정권을 과세권자에게 부여하고 있는 세목(정부부과세목)이다. 정부부과세목에서의 납세자의 신고는 일종의 협력의무이행에 불과할 뿐 납세의무를 확정시키는 효력은 없다. 다만, 종합부동산세를 신고납부방식으로 납부하고자 하는 납세의무자는 12월 1일부터 12월 15일까지 종합부동산세를 관할 세무서장에게 신고할 수 있다. 이 경우 관할 세무서장의 결정은 없었던 것으로 본다. 따라서 종합부동산세의 과세표준과 세액을 신고하는 경우에는 신고하는 때에 납세의무가 확정된다.

(선지분석)
② 신고납세제도는 납세의무자의 신고에 의해 납세의무가 1차적으로 확정되고, 무신고 또는 신고 내용에 오류나 탈루가 있는 경우 2차적으로 과세관청의 결정 또는 경정에 의해 납세의무가 확정되는 제도이다.
④ 국세부과의 제척기간이 만료하면 국세의 부과권이 장래를 향하여 소멸하기 때문에 더 이상 결정·경정·부과취소 등 부과처분을 할 수 없다. 제척기간이 만료되면 그 후속절차인 징수권이 발생할 여지가 없으므로 소급효 없이 장래를 향해 소멸한다.

답 ③

---

053 국세를 납부할 의무의 확정 또는 그 관련 쟁점에 대한 설명으로 옳은 것은?

① 기한 후 신고는 과세표준과 세액을 확정하는 효력을 가진다.
② 세법에 따라 당초 확정된 세액을 증가시키는 경정은 당초 확정된 세액에 관한 국세기본법 및 기타 세법에서 규정하는 권리·의무관계에 영향을 미치지 아니한다.
③ 과세표준신고서를 법정신고기한까지 제출한 자가 수정신고를 하는 경우, 당해 수정신고에는 당초의 신고에 따라 확정된 과세표준과 세액을 증액하여 확정하는 효력이 인정되지 아니한다.
④ 상속세는 상속이 개시되는 때, 증여세는 증여에 의하여 재산을 취득하는 때에 각각 납세의무가 성립하고, 상속세 및 증여세법에 따라 납부의무가 있는 자가 신고하는 때에 확정된다.

▌납세의무의 성립과 확정

(선지분석)
① 기한 후 신고는 가산세 부담을 일부 경감하기 위한 추가 신고·납부기회를 준 것에 불과할 뿐이므로 과세표준과 세액을 확정하는 효력이 없다.
③ 과세표준신고서를 법정신고기한까지 제출한 자가 수정신고를 하는 경우, 당해 수정신고에는 당초의 신고에 따라 확정된 과세표준과 세액을 증액하여 확정하는 효력을 가진다.
④ 상속세는 상속이 개시되는 때, 증여세는 증여에 의하여 재산을 취득하는 때에 각각 납세의무가 성립하고, 상속세 및 증여세법에 따라 해당 국세의 과세표준과 세액을 정부가 결정하는 때에 확정된다.

답 ②

054 국세기본법상 납세의무의 성립과 확정에 대한 설명으로 옳지 않은 것은? 2022년 국가직 9급

① 청산소득에 대한 법인세의 납세의무 성립시기는 그 법인이 해산을 하는 때이다.
② 원천징수하는 소득세의 납세의무 성립시기는 과세기간이 끝나는 때이다.
③ 소득세와 법인세는 납세의무자가 과세표준과 세액의 신고를 하지 아니한 경우에는 정부가 과세표준과 세액을 결정하는 때에 그 결정에 따라 확정된다.
④ 납세조합이 징수하는 소득세는 납세의무가 성립하는 때에 특별한 절차 없이 그 세액이 확정된다.

| 납세의무의 성립과 확정 | 이론형 Level 1 |

원천징수하는 소득세의 납세의무 성립시기는 소득금액 또는 수입금액을 지급하는 때이다.

답 ②

055 국세기본법상 납세의무의 확정에 대한 설명으로 옳지 않은 것은? 2023년 국가직 7급

① 상속세는 정부가 과세표준과 세액을 결정하는 때에 확정된다.
② 납세조합이 징수하는 소득세는 납세의무가 성립하는 때에 특별한 절차 없이 그 세액이 확정된다.
③ 부가가치세 과세표준신고서를 법정신고기한까지 제출한 자의 수정신고는 당초의 신고에 따라 확정된 과세표준과 세액을 증액하여 확정하는 효력을 가진다.
④ 세법에 따라 당초 확정된 세액을 감소시키는 경정은 그 경정으로 감소되는 세액 외의 세액에 관한 세법에서 규정하는 권리·의무관계에도 영향을 미친다.

| 납세의무의 확정 | 이론형 Level 1 |

세법에 따라 당초 확정된 세액을 감소시키는 경정은 그 경정으로 감소되는 세액 외의 세액에 관한 이 법 또는 세법에서 규정하는 권리·의무관계에 영향을 미치지 아니한다.

답 ④

056 국세기본법상 납세의무의 성립과 확정 등에 관한 설명이다. 옳지 않은 것은? 2016년 세무사

① 소득세법에서 과세대상으로 정하는 소득이 있으면 해당 과세기간이 끝나는 때에 소득세 납세의무가 성립한다.
② 상속세 및 증여세법에서 과세대상으로 정하는 증여가 있으면 그 증여에 의하여 재산을 취득하는 때에 증여세 납세의무가 성립한다.
③ 소득세의 납세의무자가 과세표준 및 세액을 신고하지 아니한 경우에는 정부가 이를 결정하는 때에 납세의무가 확정된다.
④ 소득세는 납세의무자가 과세표준 및 세액을 정부에 신고하는 때에 그 납세의무가 확정되지만, 신고의 내용에 잘못이 있는 경우에는 정부가 새로이 확정시킬 수 있으나 정부가 스스로 확정한 세액을 다시 고칠 수 없다.
⑤ 납세의무자가 적법한 소득세 신고를 하였으나 현금이 없다는 이유로 이를 납부하지 아니한 경우, 납세지 관할 세무서장은 국세징수법에 따라 해당 세금을 징수한다.

| 납세의무의 성립과 확정 | 이론형 Level 1 |

정부가 스스로 확정한 세액에도 오류가 있으면 이를 다시 경정할 수 있다(재경정).

답 ④

057 국세기본법상 납세의무가 성립하는 때에 특별한 절차 없이 그 세액이 확정되는 국세만을 모두 고르면?

2021년 국가직 9급

> ㄱ. 예정신고납부하는 소득세
> ㄴ. 납세조합이 징수하는 소득세
> ㄷ. 중간예납하는 법인세(세법에 따라 정부가 조사·결정하는 경우는 제외)
> ㄹ. 원천징수 등 납부지연가산세(납부고지서에 따른 납부기한 후의 가산세로 한정)
> ㅁ. 중간예납하는 소득세
> ㅂ. 수시부과하여 징수하는 국세

① ㄱ, ㄴ, ㄷ   ② ㄴ, ㄷ, ㄹ
③ ㄷ, ㄹ, ㅁ   ④ ㄴ, ㄹ, ㅁ, ㅂ

┃ 납세의무의 성립과 확정   이론형 Level 1

옳은 것은 ㄴ, ㄷ, ㄹ이다.

> **국세기본법 제22조【납세의무의 확정】**④ 다음 각 호의 국세는 납세의무가 성립하는 때에 특별한 절차 없이 그 세액이 확정된다.
> 1. 인지세
> 2. 원천징수하는 소득세 또는 법인세
> 3. 납세조합이 징수하는 소득세
> 4. 중간예납하는 법인세(세법에 따라 정부가 조사·결정하는 경우는 제외한다)
> 5. 납부지연가산세 및 원천징수 등 납부지연가산세(납부고지서에 따른 납부기한 후의 가산세로 한정한다)

답 ②

---

058 (주)A는 제23기(2023년 1월 1일 ~ 12월 31일) 귀속분 법인세 과세표준 및 세액을 신고하지 않았다(신고기한: 2024년 3월 31일). 이에 관할 세무서장은 과세표준과 세액을 결정하여 납부고지서를 발송하였다(고지서 발송일: 2025년 5월 2일, 고지서 받은 날: 2025년 5월 4일, 고지서상 납부기한: 2025년 5월 31일). (주)A의 제23기 귀속분 법인세 납세의무에 대한 설명으로 옳지 않은 것은? (단, 기한연장사유로서의 요일은 고려하지 아니함)

2009년 세무사 변형

① 법인세 납세의무는 제23기 과세기간이 종료하는 때에 성립한다.
② 법인세 납세의무는 2024년 3월 31일에 확정된다.
③ 법인세 부과제척기간의 기산일은 2024년 4월 1일이다.
④ 법인세 징수권의 소멸시효 기산일은 2025년 6월 1일이다.
⑤ 이의신청을 거치지 아니하고 심판청구를 하고자 할 때에는 2025년 5월 4일로부터 90일 이내에 제기하여야 한다.

┃ 납세의무의 성립과 확정   이론형 Level 2

신고납부방식의 세목을 법정신고기한 내에 신고하지 않은 경우에는 정부가 과세표준과 세액을 결정하거나 경정하는 때에 그 결정 또는 경정에 따라 확정된다.

답 ②

---

059 국세기본법상 당초처분과 경정처분 간의 관계에 대한 설명으로 옳지 않은 것은? (다툼이 있는 경우 판례에 의함)

2012년 국가직 7급

① 당초처분보다 증액하는 경정처분이 있는 경우 당초처분의 소멸시효는 영향을 받지 않고 진행된다.
② 당초처분보다 감액하는 경정처분이 있는 경우 당초처분에 대한 강제징수절차는 감액된 범위 안에서 계속 진행된다.
③ 감액경정처분은 당초처분과 별개의 독립된 과세처분이 아니라 그 실질은 당초처분의 변경이다.
④ 당초처분에 대해 전치절차를 거친 경우라 하더라도 경정처분은 형식적으로 별개의 행위이므로 전치절차를 생략할 수 없다.

┃ 당초처분과 경정처분 간의 관계   이론형 Level 2

증액경정의 경우 그에 대한 불복 시 당초처분에서 치유되지 않은 하자는 다시 이를 다툴 수 있으며 당초처분 시에 존재하고 있다고 주장하는 취소사유가 경정 시에도 계속 존재한다면 당초처분에 대하여 적법한 전심절차를 거친 이상 그 경정에 대하여 따로 전심절차를 거칠 필요없다(대판 1987.3.10, 86누911; 대판 1990.8.28, 90누1892).

(선지분석)

① 📄 **증액경정처분에 대한 일반적인 권리의무관계: 병존설**
  1. 당초처분에 따라 확정된 세액에 대해서 행해진 납부고지, 독촉, 가산금 과징, 압류 등의 강제징수절차는 경정처분에 따라 영향을 받지 않고 여전히 유효하게 됨
  2. 국세징수권의 소멸시효도 각각 별도로 진행함
  3. 불복청구기한도 당초처분과 경정처분별로 각각 판단함

② 📄 **감액경정처분: 역흡수설**
  1. 감액경정으로 감소된 세액 외의 세액에 대한 납부고지, 독촉, 가산금, 압류 등 강제징수절차는 감액경정에 영향을 받지 않고 그대로 존속함
  2. 국세징수권의 소멸시효는 잔존세액을 기준으로 기산함
  3. 당초처분의 통지를 받은 날부터 90일 이내에 불복청구를 하여야 함

③ 감액경정처분은 당초처분과 별개의 독립된 과세처분이 아니라 그 실질은 당초처분의 변경이다(대판 1995.8.11, 95누351).

답 ④

060
□□□ 국세기본법상 과세관청이 납세의무를 확정하는 결정을 한 후 이를 다시 경정하는 경우에 관한 설명으로 옳지 않은 것은? (단, 다툼이 있을 경우에는 판례에 의함)

2014년 국가직 7급

① 세법의 규정에 의해 당초 확정된 세액을 증가시키는 경정은 당초 확정된 세액에 관한 권리·의무관계를 소멸시킨다.
② 과세관청의 당초결정에 대하여 행정소송법에 따른 소송에 대한 판결이 확정된 경우, 판결확정일로부터 1년이 지나기 전까지는 판결에 따라 경정결정이나 기타 필요한 처분을 할 수 있다.
③ 납세의무자는 증액경정처분의 취소를 구하는 항고소송에서 당초결정의 위법사유도 주장할 수 있다.
④ 세법의 규정에 의해 당초 확정된 세액을 감소시키는 경정은 그 경정으로 감소되는 세액 외의 세액에 관한 권리·의무관계에 영향을 미치지 아니한다.

┃ 당초처분과 경정처분 간의 관계　　　　　　　　　　　　　　　이론형 Level 2

세법의 규정에 따라 당초 확정된 세액을 증가시키는 경정은 당초 확정된 세액에 관한 권리·의무관계에 영향을 미치지 아니한다.

(선지분석)
② 조세쟁송의 경우에는 특례제척기간에 대한 규정이 적용된다.
③ 증액경정처분이 있는 경우 원칙적으로는 당초 신고나 결정에 대한 불복기간의 경과 여부 등에 관계없이 그 증액경정처분만이 항고소송의 심판대상이 되고, 납세자는 그 항고소송에서 당초 신고나 결정에 대한 위법사유도 함께 주장할 수 있다. 다만, 불복기간 등의 도과로 당초 확정된 세액에 관하여는 취소를 구할 수 없고 증액경정처분에 의하여 증액된 세액의 범위 내에서만 취소를 구할 수 있는 것으로 본다.
④ 감액경정처분의 역흡수설에 대한 옳은 내용이다.

답 ①

061
□□□ 국세기본법상 국세납부의무의 소멸사유로 옳지 않은 것은?

2009년 국가직 7급 변형

① 납부·충당된 때
② 국세를 부과할 수 있는 기간에 국세가 부과되지 아니하고 그 기간이 끝난 때
③ 국세징수권의 소멸시효가 완성된 때
④ 체납자의 재산이 없다는 것이 판명되어 징수할 가망이 없다고 인정되는 사유로 결손처분을 한 경우

┃ 납세의무의 소멸사유　　　　　　　　　　　　　　　　　　　이론형 Level 1

체납자의 재산이 없다는 것이 판명되어 징수할 가망이 없다고 인정되는 사유로 결손처분을 한 경우는 국세기본법상 국세납부의무의 소멸사유에 해당하지 않는다.

📄 납세의무의 소멸사유	
1. 납부 2. 충당	조세채권 실현 후 소멸
3. 부과처분이 취소된 때(부과철회 ×) 4. 국세를 부과할 수 있는 기간에 국세가 부과되지 않고 그 기간이 끝난 때 5. 국세징수권의 소멸시효가 완성된 때	조세채권 미실현 소멸

답 ④

062 국세기본법상 국세를 납부할 의무가 소멸되는 사유로 옳지 않은 것은?

① 세무서장이 국세환급금으로 결정한 금액을 체납된 국세에 충당한 때
② 국세를 부과할 수 있는 기간에 국세가 부과되지 아니하고 그 기간이 끝난 때
③ 국세의 부과결정이 철회된 때
④ 국세징수권의 소멸시효가 완성된 때

| 납세의무의 소멸사유   이론형 Level 1

부과결정을 철회한 후 납세자의 행방 또는 재산을 발견한 때에는 지체없이 부과 또는 징수의 절차를 밟아야 한다. 따라서 부과결정의 취소는 납세의무의 소멸사유이나, 부과결정의 철회는 납세의무의 소멸사유가 아니다.

답 ③

063 국세기본법상 납부의무의 소멸에 대한 설명으로 옳지 않은 것은?

① 국세 및 강제징수비를 납부할 의무는 국세를 부과할 수 있는 기간에 국세가 부과되지 아니하고 그 기간이 끝난 때에 소멸한다.
② 교부청구가 있으면 국세징수권 소멸시효는 중단된다.
③ 납세자가 법정신고기한까지 부가가치세 과세표준신고서를 제출하지 않은 경우 부가가치세를 부과할 수 있는 날부터 5년을 부과제척기간으로 한다.
④ 체납자가 국외에 6개월 이상 계속 체류하는 경우 해당 국외체류기간에는 국세징수권의 소멸시효가 진행되지 않는다.

| 납부의무의 소멸   이론형 Level 1

납세자가 부가가치세를 법정신고기한까지 과세표준신고서를 제출하지 아니한 경우에는 해당 국세를 부과할 수 있는 날부터 7년(역외거래의 경우 10년)을 부과제척기간으로 한다.

답 ③

064 국세기본법상 납부의무의 소멸에 관한 설명 중 옳은 것을 모두 묶은 것은?

> ㄱ. 납세의무자의 납세의무는 해당 납세의무자는 물론 연대납세의무자, 제2차 납세의무자, 납세보증인, 물적 납세의무자의 납부에 의하여 소멸하지만, 그 밖에 이해관계가 있는 제3자가 해당 납세의무자의 명의로 납부한 경우에는 소멸하지 아니한다.
> ㄴ. 납세의무자가 자신의 물건이나 권리의 소유권을 국가에 이전하고 납세의무에서 벗어날 수 있게 하는 물납은 세법에서 정함이 없는 경우에도 인정된다.
> ㄷ. 납세의무자 갑이 100만 원의 증여세 납부고지서를 받았고 소득세 100만 원을 돌려받을 권리가 있는 경우, 갑이 이러한 권리를 납부고지서상의 세금에 충당할 것을 청구하면 그 청구한 날에 해당 세금을 납부한 것으로 본다.
> ㄹ. 납세의무자 을이 200만 원의 부가가치세를 체납하였고 소득세 200만 원을 돌려받을 권리가 있는 경우, 국가가 을에게 소득세 200만 원을 돌려주지 아니하고 이를 을의 체납된 부가가치세 200만 원에 충당하려면 을의 동의를 받아야 한다.

① ㄷ
② ㄹ
③ ㄱ, ㄴ
④ ㄱ, ㄷ
⑤ ㄷ, ㄹ

■ 납세의무의 소멸사유   이론형 Level 2

옳은 것은 ㄷ이다.
ㄷ. 체납상태에 있지 않으므로 납세자가 신청한 경우에는 충당 가능하다. 또한 충당할 것을 청구한 날에 세금을 납부한 것으로 본다.

(선지분석)
ㄱ. '납부'라 함은 해당 납세의무자는 물론 연대납세의무자, 제2차 납세의무자, 납세보증인, 물적 납세의무자 및 기타 이해관계가 있는 제3자 등에 의한 납부를 말한다.
ㄴ. 물납은 법률상 그 요건을 충족하는 경우에만 가능하다.
ㄹ. 체납액이 있는 경우 납세자의 의사와 관계없이 직권으로 충당한다.

답 ①

---

065 국세기본법령상 국세 부과제척기간에 대한 설명으로 옳지 않은 것은?

① 과세표준과 세액을 신고하는 국세(종합부동산세법에 따라 신고하는 종합부동산세는 제외)의 경우 해당 국세의 과세표준신고기한의 다음 날을 국세 부과제척기간의 기산일로 한다. 이 경우 중간예납·예정신고기한과 수정신고기한은 과세표준신고기한에 포함된다.
② 경정청구가 있는 경우 원칙적인 부과제척기간에도 불구하고 지방국세청장 또는 세무서장은 경정청구일부터 2개월이 지나기 전까지 해당 경정청구에 따라 경정이나 그 밖에 필요한 처분을 할 수 있다.
③ 소득공제를 받은 금액에 상당하는 세액을 의무불이행으로 인하여 징수하는 경우 국세 부과제척기간의 기산일은 해당 공제세액을 징수할 수 있는 사유가 발생한 날로 한다.
④ 상속세 및 증여세의 납세의무자가 해당 세액에 대한 연부연납을 신청하더라도 그 부과제척기간은 정지되지 않는다.

과세표준과 세액을 신고하는 국세(종합부동산세법에 따라 신고하는 종합부동산세는 제외)의 경우 해당 국세의 과세표준신고기한의 다음 날을 국세 부과제척기간의 기산일로 한다. 이 경우 중간예납·예정신고기한 및 수정신고기한은 과세표준신고기한에 <u>포함되지 아니한다</u>.

∵ 소득세, 법인세, 부가가치세 등 해당 중간예납·예정신고기간에 대하여 별도의 제척기간을 기산하지 않고 확정신고기한의 다음 날을 제척기간 기산일로 한다.

답 ①

066 국세기본법상 납세의무의 성립·확정 및 소멸에 관한 설명이다. 옳지 않은 것은?
2019년 회계사 변형

① 원천징수하는 소득세 또는 법인세는 소득금액 또는 수입금액을 지급하는 때에 납세의무가 성립하며, 동시에 특별한 절차 없이 납세의무가 확정된다.

② 세법에 따라 확정된 세액을 증가시키는 경정은 당초 확정된 세액에 관한 국세기본법 또는 세법에서 규정하는 권리·의무관계에 영향을 미치지 아니한다.

③ 국제조세조정에 관한 법률에 의한 역외거래 중 국외 제공 용역거래에서 발생한 부정행위로 법인세를 포탈하거나 환급·공제받은 경우, 그 법인세를 부과할 수 있는 날부터 10년이 지나면 부과할 수 없다.

④ 5억 원 이상인 국세의 징수를 목적으로 하는 국가의 권리는 10년 동안 행사하지 않으면 소멸시효가 완성된다.

⑤ 국세징수권의 소멸시효는 납부고지, 독촉, 교부청구 및 압류의 사유로 중단된다.

국제조세조정에 관한 법률에 의한 역외거래 중 국외 제공 용역거래에서 발생한 부정행위로 법인세를 포탈하거나 환급·공제받은 경우, 그 법인세를 부과할 수 있는 날부터 15년이 지나면 부과할 수 없다.

답 ③

067

국세기본법상 국세징수권 소멸시효의 기산일에 대한 설명으로 옳지 않은 것은?

2020년 국가직 7급 변형

① 과세표준과 세액을 정부가 결정, 경정 또는 수시부과결정하는 경우 납부고지한 세액에 대해서는 그 법정 신고납부기한의 다음 날부터 기산한다.
② 과세표준과 세액의 신고에 의하여 납세의무가 확정되는 국세의 법정 신고납부기한이 연장되는 경우 그 연장된 기한의 다음 날부터 기산한다.
③ 원천징수의무자로부터 징수하는 국세의 경우 납부고지한 원천징수세액에 대해서는 그 고지에 따른 납부기한의 다음 날부터 기산한다.
④ 인지세의 경우 납부고지한 인지세액에 대해서는 그 고지에 따른 납부기한의 다음 날부터 기산한다.

▌제척기간과 소멸시효 이론형 Level 1

> **국세기본법 제27조【국세징수권의 소멸시효】** ③ 제1항에 따른 국세징수권을 행사할 수 있는 때는 다음 각 호의 날을 말한다.
> 1. 과세표준과 세액의 신고에 의하여 납세의무가 확정되는 국세의 경우 신고한 세액에 대해서는 그 법정 신고납부기한의 다음 날
> 2. 과세표준과 세액을 정부가 결정, 경정 또는 수시부과결정하는 경우 납부고지한 세액에 대해서는 그 고지에 따른 납부기한의 다음 날

답 ①

068

국세기본법상 부과권의 제척기간에 관한 설명이다. 옳은 것은?

2015년 회계사

① 부담부증여에 따라 증여세와 함께 양도소득세가 과세되는 경우 증여세의 제척기간과 양도소득세의 제척기간은 다르다.
② 행정소송법에 따른 소송에 대한 판결이 있는 경우 그 판결이 확정된 날부터 3년이 지나기 전까지는 해당 판결에 따라 경정결정이나 그 밖에 필요한 처분을 할 수 있다.
③ 행정소송법에 따른 소송에 대한 판결에서 명의대여 사실이 확인된 경우 실제로 사업을 경영한 자에게 경정결정이나 그 밖에 필요한 처분을 할 수 없다.
④ 과세표준과 세액을 신고하는 국세(종합부동산세 제외)의 제척기간 기산일은 과세표준신고기한의 다음 날이며, 이 경우 중간예납·예정신고기한과 수정신고기한도 과세표준신고기한에 포함한다.
⑤ 국세기본법상 후발적 사유에 의한 경정청구가 있는 경우 경정청구일로부터 2개월이 지나기 전까지는 해당 경정청구에 따라 경정결정이나 그 밖에 필요한 처분을 할 수 있다.

▌제척기간과 소멸시효 이론형 Level 2

(선지분석)
① 부담부증여에 따라 증여세와 함께 양도소득세가 과세되는 경우 그 소득세는 증여세에 대하여 정한 기간을 제척기간으로 한다. 양도소득세의 부과제척기간을 증여세의 부과제척기간과 일치시켜 세무조사 등을 통한 부담부증여재산 파악 시 증여세와 함께 양도소득세도 부과할 수 있도록 한 것이다.
② 행정소송법에 따른 소송에 대한 판결이 있는 경우 그 판결이 확정된 날부터 1년이 지나기 전까지는 해당 판결에 따라 경정결정이나 그 밖에 필요한 처분을 할 수 있다.
③ 결정 또는 판결이 확정된 날부터 1년 이내에 명의대여자에 대한 부과처분을 취소하고 실제로 사업을 경영한 자에게 경정결정이나 그 밖에 필요한 처분을 할 수 있다.
④ 중간예납·예정신고기한과 수정신고기한은 과세표준신고기한에 포함되지 아니한다.

답 ⑤

069 국세기본법상 국세부과의 제척기간에 관한 설명으로 옳은 것은?

① 원칙적인 부과제척기간이 지났더라도 행정소송법에 따른 소송에 대한 판결이 확정된 경우 지방 국세청장 또는 세무서장은 그 확정된 날부터 1년이 지나기 전까지 경정이나 그 밖에 필요한 처분을 할 수 있다.

② 과세표준과 세액을 신고하는 국세(신고하는 종합부동산세는 제외)의 제척기간 기산일은 해당 국세의 과세표준신고기한(예정신고기한 포함)의 다음 날로 한다.

③ 조세쟁송에 대한 결정 또는 판결에서 명의대여 사실이 확인되는 경우 그 결정 또는 판결이 확정된 날부터 2년이 지나기 전까지는 명의자에 대한 부과처분을 취소하고 실제로 사업을 경영한 자에게 경정이나 그 밖에 필요한 처분을 할 수 있다.

④ 원칙적인 부과제척기간이 끝난 날이 속하는 과세기간 이후의 과세기간에 법인세법에 따라 이월 결손금을 공제하는 경우 그 결손금이 발생한 과세기간의 법인세의 부과제척기간은 이월결손금을 공제한 과세기간의 법정신고기한으로부터 2년으로 한다.

⑤ 부담부증여에 따라 증여세와 함께 양도소득세가 과세되는 때에 납세자가 법정신고기한까지 소득세 과세표준신고서를 제출하지 아니한 경우 그 양도소득세의 부과제척기간은 7년으로 한다.

┃ 제척기간과 소멸시효   이론형 Level 2

(선지분석)

② 과세표준과 세액을 신고하는 국세(신고하는 종합부동산세는 제외)의 제척기간 기산일은 해당 국세의 과세표준신고기한의 다음 날로 한다. 이 경우 중간예납·예정신고기한과 수정신고기한은 과세표준신고기한에 포함되지 아니한다.

③ 조세쟁송에 대한 결정 또는 판결에서 명의대여 사실이 확인된 경우 당초의 부과처분을 취소하고 그 결정 또는 판결이 확정된 날부터 1년 이내에 실제로 사업을 경영한 자에게 경정이나 그 밖에 필요한 처분을 할 수 있다.

④ 원칙적인 부과제척기간이 끝난 날이 속하는 과세기간 이후의 과세기간에 법인세법에 따라 이월결손금을 공제하는 경우 그 결손금이 발생한 과세기간의 소득세 또는 법인세의 부과제척기간은 이월결손금을 공제한 과세기간의 법정신고기한으로부터 1년으로 한다.

⑤ 부담부증여에 따라 증여세와 함께 양도소득세가 과세되는 경우에 그 소득세의 부과제척기간은 증여세의 제척기간으로 한다. 따라서 증여세 신고서를 제출하지 아니한 경우 제척기간은 국세를 부과할 수 있는 날부터 15년으로 한다.

답 ①

070 국세기본법상 국세 부과제척기간에 관한 설명이다. 옳은 것은?

① 납세자가 역외거래에서 이중장부를 작성하여 법인세를 포탈한 경우 부과제척기간은 그 법인세를 부과할 수 있는 날부터 10년이다.

② 납세자가 부정행위로 상속세를 포탈하는 경우로서 제3자의 명의로 되어 있는 피상속인의 재산을 취득한 상속인이 사망한 때에는 과세관청은 해당 재산의 상속이 있음을 안 날부터 1년 이내에 상속세를 부과할 수 있다.

③ 종합부동산세법에 따라 신고하는 종합부동산세의 부과제척기간 기산일은 과세표준신고기한의 다음 날이다.

④ 심사청구에 대한 결정이 확정됨에 따라 그 대상이 된 과세표준과 연동된 다른 세목의 과세표준조정이 필요한 경우 지방국세청장 또는 세무서장은 그 결정이 확정된 날부터 1년이 지나기 전까지 경정이나 그 밖에 필요한 처분을 할 수 있다.

⑤ 공제세액을 의무불이행의 사유로 징수하는 경우 해당 공제세액의 부과제척기간 기산일은 과세관청이 의무불이행이 있음을 안 날이다.

│ 제척기간과 소멸시효

(선지분석)

① 납세자가 역외거래에서 이중장부를 작성하여 법인세를 포탈한 경우 부과제척기간은 그 법인세를 부과할 수 있는 날부터 15년이다.

② 상속인이나 증여자 및 수증자가 사망한 경우와 포탈세액 산출의 기준이 되는 재산가액이 50억 원 이하인 경우에는 특례제척기간(안 날로부터 1년)을 적용할 수 없다.

③ 종합부동산세법에 따라 신고하는 종합부동산세의 부과제척기간 기산일: 납세의무 성립일

⑤ 공제, 면제, 비과세 또는 낮은 세율의 적용 등에 따른 세액(소득공제를 받은 경우에는 공제받은 소득금액에 상당하는 세액을 말하고, 낮은 세율을 적용받은 경우에는 일반세율과의 차이에 상당하는 세액)을 의무불이행 등의 사유로 징수하는 경우의 부과제척기간 기산일: 해당 공제세액등을 징수할 수 있는 사유가 발생한 날

답 ④

---

071 국세부과의 제척기간과 국세징수권의 소멸시효에 관한 설명으로 옳지 않은 것은?

① 일반적으로 국세의 징수를 목적으로 하는 국가의 권리는 이를 행사할 수 있는 때로부터 5년(또는 10년)간 행사하지 아니하면 소멸시효가 완성된다.

② 납부고지는 국세징수권 소멸시효의 중단사유이다.

③ 국세징수권 소멸시효는 세무공무원이 법령의 규정에 따른 사해행위취소의 소를 제기하여 그 소송이 진행 중인 기간동안에는 진행되지 아니한다.

④ 국세부과의 제척기간에는 제척기간의 중단 또는 정지가 가능하다.

국세징수권의 소멸시효는 진행기간의 중단이나 정지가 있지만 국세부과의 제척기간은 권리관계를 조속히 확정시키려는 것이므로 중단과 정지가 없다.

(선지분석)

① 📄 국세징수권의 소멸시효(국세기본법 제27조 제1항 참조)

1. 5억 원 이상의 국세: 10년
2. 1. 외의 국세: 5년

② 📄 소멸시효의 중단사유(국세기본법 제28조 제1항 참조)

1. 납부고지
2. 독촉
3. 교부청구
4. 압류

③ 📄 소멸시효의 정지사유(국세기본법 제28조 제3항 참조)

1. 분납기간·연부연납기간
2. 납부고지의 유예기간·압류·매각의 유예기간
3. 국세징수법에 따른 사해행위취소소송, 민법에 따른 채권자대위 소송을 제기하여 그 소송이 진행 중인 기간
    참고　사해행위취소소송 또는 채권자대위소송의 제기로 인한 시효정지의 효력은 소송이 각하·기각 또는 취하된 경우에는 효력이 없음
4. 체납자가 국외에 6개월 이상 계속 체류하는 경우 해당 국외체류기간

답 ④

---

072 국세기본법상 제척기간과 소멸시효에 대한 설명으로 옳지 않은 것은? 　　　2008년 국가직 9급

① 국세환급금에는 제척기간과 소멸시효가 적용되지 않는다.
② 제척기간에는 중단과 정지가 없지만, 소멸시효에는 중단과 정지가 있다.
③ 제척기간은 부과권에 관한 것이고, 소멸시효는 징수권에 관한 것이다.
④ 과세표준과 세액을 신고하는 상속세 및 증여세의 경우 제척기간과 소멸시효의 기산일은 서로 다르다.

국세환급금에는 제척기간은 적용되지 않지만 소멸시효는 적용된다. 납세자의 국세환급금과 국세환급가산금에 관한 권리는 행사할 수 있는 때부터 5년간 행사하지 아니하면 소멸시효가 완성된다.

(선지분석)

④ 📄 상속세와 증여세의 구분

구분	신고기한	제척기간의 기산일	소멸시효의 기산일
상속세	상속개시일의 속한 달의 말일부터 6개월 이내	신고기한의 다음 날	납부고지에 따른 납부기한의 다음 날
증여세	증여받은 날이 속하는 달의 말일부터 3개월 이내		

답 ①

073 국세기본법상 제척기간과 소멸시효에 관한 설명으로 옳은 것은? 2007년 국가직 9급 변형

① 국세의 제척기간은 모든 세목에 있어서 동일하다.
② 소멸시효에는 정지사유가 없으나, 제척기간은 정지되는 경우가 있다.
③ 납부고지, 독촉, 교부청구, 압류는 소멸시효의 중단사유이다.
④ 제척기간과 소멸시효기간의 기산일은 동일하다.

| 제척기간과 소멸시효 이론형 Level 1

(선지분석)
① 상속세·증여세는 10년 등의 장기간에 제척기간을 두고 상속세·증여세 이외의 국세는 5년 등의 제척기간을 두고 있다.

> 📄 **국세부과의 제척기간(국세기본법 제26조의2 제1항·제2항·제4항 참조)**
>
> 1. 상속세·증여세 외 국세: 5년, 7년, 10년, 15년 등
> 2. 상속세·증여세: 10년, 15년, 특례제척기간

② 국세징수권의 소멸시효는 진행기간의 중단이나 정지가 있지만 국세부과의 제척기간은 권리관계를 조속히 확정시키려는 것이므로 중단과 정지가 없다.
④ 제척기간의 기산일과 소멸시효의 기산일은 다르다.

> 📄 **제척기간과 소멸시효의 구분**
>
> | 국세부과권 제척기간의 기산일 | 국세징수권 소멸시효의 기산일 |
> | --- | --- |
> | 1. 신고의무 ○: 신고기한의 다음 날
2. 신고의무 ✕: 납세의무 성립일 | 1. 신고에 의해 확정: 법정신고납부기한의 다음 날
2. 정부결정에 의해 확정: 고지에 따른 납부기한의 다음 날 |

답 ③

---

074 국세기본법상 국세부과의 제척기간과 국세징수권의 소멸시효에 대한 설명으로 옳지 않은 것은? 2011년 국가직 9급 변형

① 국세부과의 제척기간이란 국세부과권의 법정존속기간을 말하며, 국세징수권의 소멸시효란 국가가 징수권을 일정기간 행사하지 아니하면 당해 권리를 소멸시키는 제도를 말한다.
② 국세부과의 제척기간이 만료된 경우와 국세징수권이 소멸시효의 완성에 의하여 소멸하는 경우 형식상 결손처분을 거치게 된다.
③ 국세징수권의 소멸시효의 중단사유는 납부고지·독촉·교부청구·압류가 있다.
④ 국세징수권의 소멸시효는 분납기간, 납부고지의 유예기간, 압류·매각의 유예기간, 연부연납기간 또는 세무공무원이 국세징수법에 따른 사해행위취소의 소를 제기하여 그 소송이 진행 중인 기간에는 진행되지 아니한다.

| 제척기간과 소멸시효 이론형 Level 1

국세부과의 제척기간이 만료된 경우와 국세징수권이 소멸시효의 완성 시 납세의무는 소멸하고 이 두 경우 모두 결손처분은 거치지 않는다.

(선지분석)
① 국세부과의 제척기간은 국세부과권의 법정 존속기간이고, 국세징수권의 소멸시효는 국세징수권의 불행사기간이다.
③ 소멸시효의 중단사유에 대한 옳은 설명이다.
④ 소멸시효의 정지사유에 대한 옳은 설명이다.

답 ②

---

075 국세기본법상 국세부과의 제척기간과 국세징수권의 소멸시효에 관한 설명으로 옳지 않은 것은?

2011년 국가직 7급 변형

① 국세부과의 제척기간은 권리관계를 조속히 확정시키려는 것이므로 국세징수권 소멸시효와는 달리 진행기간의 중단이나 정지가 없다.

② 주된 납세자의 국세가 소멸시효의 완성에 의하여 소멸한 때에는 제2차 납세의무자, 납세보증인과 물적납세의무자에도 그 효력이 미친다.

③ 납부고지, 독촉, 교부청구 및 연부연납의 허가는 국세징수권 소멸시효의 중단사유에 해당한다.

④ 국세의 소멸시효가 완성한 때에는 그 국세의 가산금, 강제징수비 및 이자상당세액에도 그 효력이 미친다.

▋ 제척기간과 소멸시효

이론형 Level 1

납부고지, 독촉, 교부청구는 국세징수권의 소멸시효 중단사유에 해당하나, 연부연납의 허가는 국세징수권의 정지사유에 해당한다.

선지분석

② 주된 납세자의 국세가 소멸시효의 완성에 따라 소멸한 경우 제2차 납세의무자, 납세보증인, 물적납세의무자에게도 그 효력이 미친다.

📄 소멸시효 중단과 정지(국세기본법 제28조 제1항·제3항 참조)	
소멸시효 중단사유	납부고지, 독촉, 교부청구, 압류
소멸시효 정지사유	1. 분납기간·연부연납기간 2. 납부고지의 유예기간·압류·매각의 유예기간 3. 국세징수법에 따른 사해행위취소소송, 민법에 따른 채권자대위소송을 제기하여 그 소송이 진행 중인 기간 　참고　사해행위취소소송 또는 채권자대위소송의 제기로 인한 시효정지의 효력은 소송이 각하·기각 또는 취하된 경우에는 효력이 없음 4. 체납자가 국외에 6개월 이상 계속 체류하는 경우 해당 국외체류기간

답 ③

076 국세기본법상 국세부과의 제척기간에 대한 설명으로 옳지 않은 것은?

2015년 국가직 9급

① 법정신고기한까지 소득세 과세표준신고서를 제출하지 아니한 경우에는 소득세를 부과할 수 있는 날부터 7년간을 부과의 제척기간으로 한다.
② 이중장부의 작성에 의하여 소득세를 포탈한 경우에는 소득세를 부과할 수 있는 날부터 10년간을 부과의 제척기간으로 한다.
③ 사기나 그 밖의 부정행위로 법인세를 포탈한 경우 법인세법 제67조에 따라 처분된 금액에 대한 소득세에 대해서도 그 소득세를 부과할 수 있는 날부터 10년간을 부과의 제척기간으로 한다.
④ 민사소송법에 따른 민사소송에서 명의대여 사실이 확인되는 경우에는 그 판결이 확정된 날부터 1년 이내에 언제든지 명의대여자에 대한 부과처분을 취소하고 실제로 사업을 경영한 자에게 경정결정이나 그밖에 필요한 처분을 할 수 있다.

제척기간과 소멸시효

이론형 Level 1

국세기본법에 따른 이의신청, 심사청구, 심판청구 또는 행정소송법에 따른 명의대여에 대한 소송(민사소송 ×)의 결정 또는 판결에서 명의대여 사실이 확인된 경우에는 그 결정 또는 판결이 확정된 날부터 1년 이내에 명의대여자에 대한 부과처분을 취소하고 실제로 사업을 경영한 자에게 경정결정이나 그 밖에 필요한 처분을 할 수 있다.

(선지분석)

①, ② 국세부과의 제척기간에 대한 옳은 설명이다.

> 📄 국세부과의 제척기간(국세기본법 제26조의2 제1항·제2항·제3항·제4항 참조)
> 1. 상속세·증여세 이외의 국세(소득세) 무신고 시 제척기간: 7년
> 2. 상속세·증여세 무신고 시 제척기간: 10년
> 3. 상속세·증여세 이외의 국세로서 사기나 그 밖의 부정한 행위로 국세를 포탈하거나 환급·공제받은 경우: 10년
> 4. 부정행위로 상속세·증여세를 포탈하거나 환급·공제받은 경우: 15년

③ 부정행위로 포탈한 법인세와 관련하여 상여, 배당 등으로 처분된 소득세 또는 법인세에 대한 부과제척기간도 포탈한 법인세와 마찬가지로 10년으로 한다.

답 ④

52 해커스공무원 학원·인강 gosi.Hackers.com

077 국세부과의 제척기간과 국세징수권의 소멸시효에 관한 설명으로 옳지 않은 것은? 2015년 세무사 변형

① 내국법인인 (주)서울이 역외거래에 대해서 이중장부 작성을 하고 법인세를 포탈한 경우, 국세부과제척기간은 법인세를 부과할 수 있는 날부터 15년간이다.

② 내국법인인 (주)평촌의 2025년 제1기 부가가치세 예정신고세액에 대한 국세부과제척기간의 기산일은 제1기 확정신고기한의 다음 날인 2025.7.26.로 본다.

③ 국세징수권은 이를 행사할 수 있는 때부터 5년(5억 원 이상의 국세는 10년) 동안 행사하지 아니하면 소멸시효가 완성된다.

④ 소멸시효는 납부고지, 독촉, 교부청구, 압류의 사유로 중단된다.

⑤ 부담부증여에 따라 증여세와 함께 양도소득세가 과세되는 경우로서 납세자가 부정행위로 해당 증여세를 포탈한 경우, 부담부증여와 관련되어 과세되는 양도소득세의 제척기간은 이를 부과할 수 있는 날부터 10년, 포탈한 증여세의 제척기간은 이를 부과할 수 있는 날부터 15년간이다.

▌제척기간과 소멸시효　　　　　　　　　　　　　　　　　　　이론형 Level 2

부담부증여에 따라 증여세와 함께 양도소득세가 과세되는 경우에는 양도소득세의 제척기간은 증여세의 제척기간과 동일하다. 따라서, 부정행위로 증여세를 포탈한 경우의 제척기간은 증여세와 양도소득세 모두 15년이다.

(선지분석)

① 역외거래에서 발생한 부정행위로 국세를 포탈하거나 환급·공제받은 경우의 제척기간은 15년이다.

② 제척기간의 기산일과 관련하여 중간예납·예정신고 및 수정신고기한은 과세표준의 신고기한에 포함되지 아니한다.

답 ⑤

---

078 국세기본법 및 국세징수법령상 지정납부기한과 관련된 설명으로 옳지 않은 것은? 2022년 국가직 9급

① 국세기본법에 따른 납부지연가산세 및 원천징수 등 납부지연가산세 중 지정납부기한이 지난 후의 가산세를 징수하는 경우에는 납부고지서를 발급하지 아니할 수 있다.

② 납세자가 국세를 지정납부기한까지 완납하지 아니하였다 하더라도 국세기본법 및 세법에 따라 물적납세의무를 부담하는 경우에는 독촉장을 발급하지 아니할 수 있다.

③ 납부고지서의 송달이 지연되어 도달한 날에 이미 지정납부기한이 지난 경우에는 도달한 날부터 14일이 지난 날을 지정납부기한으로 한다.

④ 국세징수권의 소멸시효는 지정납부기한의 연장으로 중단된다.

▌지정납부기한　　　　　　　　　　　　　　　　　　　　　　이론형 Level 1

국세징수권의 소멸시효는 지정납부기한의 연장기간에는 진행되지 아니한다. ∴ 정지사유

답 ④

079
□□□ 내국법인 (주)D는 제21기(2024년 1월 1일 ~ 12월 31일) 귀속분 법인세 과세표준 및 세액을 법정 신고기한까지 신고·납부하지 않았다. 관할 세무서는 2025년 4월 29일 과세표준과 세액을 결정하여 납부고지서를 발송하였다(발송일: 2025년 5월 2일, 도달일: 2025년 5월 4일, 고지서상 납부기한: 2025년 5월 31일). (주)D의 제21기 귀속분 법인세 납세의무의 소멸에 대한 견해 중 옳은 것만을 모두 고른 것은?

2016년 9급 국가직 변형

> 갑. 법정 신고기한의 다음 날 즉, 2025년 4월 1일이 법인세 부과 제척기간의 기산일이다.
> 을. 납부고지서를 발송하지 않았다면 제척기간이 만료된 후의 부과처분은 당연히 무효가 되므로, 납세고지를 2030년 3월 31일까지 하여야 한다.
> 병. 납부고지서 발송일의 다음 날(2025년 5월 3일)이 징수권 소멸시효의 기산일이다.
> 정. 소멸시효가 완성되는 경우 법인세의 가산금, 강제징수비 및 이자상당세액에도 그 효력이 미친다.

① 갑, 을　　　　　　　　　　② 갑, 정
③ 을, 병　　　　　　　　　　④ 병, 정

▌ 제척기간과 소멸시효　　　　　　　　　　이론형 Level 2

갑. 법인세 법정신고기한은 3월 31일이고, 부과권의 제척기간(법정신고기한의 다음 날)은 4월 1일이다.
정. 국세징수권의 소멸시효가 완성하면 기산일에 소급하여 징수권이 소멸한다. 따라서 국세는 물론이고 시효기간 중에 발생한 그 국세의 가산금, 강제징수비 및 이자상당세액도 함께 소멸하게 되는 것이다.

(선지분석)
을. 법인세 무신고 시 국세부과의 제척기간은 7년이다. 법인세는 과세표준과 세액을 신고하는 국세에 해당하므로 제척기간의 기산일은 과세표준의 신고기한의 다음 날이다. 따라서 관할 세무서는 제척기간 기산일 2025년 4월 1일부터 7년 뒤 제척기간 만료일인 2032년 3월 31일까지 납부고지를 하여야 한다.
병. 과세표준과 세액을 정부가 결정하는 경우 소멸시효의 기산일은 그 납부고지에 따른 납부기한의 다음 날이다. 따라서 2025년 5월 31일의 다음 날인 2025년 6월 1일이 소멸시효의 기산일이다.

답 ②

080
□□□ 거주자 甲의 2023년 귀속 종합소득세에 대한 자료이다. 국세기본법령상 국세의 부과제척기간과 국세징수권의 소멸시효에 대한 설명으로 옳지 않은 것은?

2021년 국가직 7급 변형

> • 거주자 甲이 2023년도 귀속 종합소득세를 신고하지 않자 관할 세무서장은 종합소득세 2,000만 원을 결정하여 2025년 2월 27일 납부고지서(납부기한: 2025년 3월 20일)를 우편송달하였고, 2025년 3월 2일 甲에게 도달되었다.
> • 납부고지된 종합소득세는 역외거래에서 발생한 것이 아니고, 부정행위로 포탈한 것도 아니다.
> • 甲은 2025년 12월 31일 현재 위 고지된 세액을 납부하지 않고 있다.
> • 甲은 성실신고확인대상사업자가 아니다.

① 甲의 2023년 귀속 종합소득세의 부과제척기간의 기산일은 2024년 6월 1일이다.
② 국세징수권의 소멸시효는 2025년 3월 3일부터 5년이 경과하면 완성된다.
③ 甲의 2023년 귀속 종합소득세 부과제척기간은 해당 국세를 부과할 수 있는 날부터 7년이다.
④ 관할 세무서장의 납부고지는 국세징수권의 소멸시효를 중단시키는 효력을 가진다.

▌ 제척기간과 소멸시효　　　　　　　　　　이론형 Level 2

과세표준과 세액을 정부가 결정, 경정 또는 수시부과결정하는 경우 납부고지한 세액에 대해서는 그 고지에 따른 납부기한의 다음 날(2025년 3월 21일)부터 국세징수권을 행사할 수 있다.

답 ②

081 국세기본법에 관한 설명으로 옳지 않은 것은?

2017년 회계사

① 국외에 있는 상속재산을 상속인이 취득하면서 사기나 그 밖의 부정한 행위로 상속세를 포탈한 경우, 상속인이 사망하였더라도 해당 재산의 상속이 있음을 안 날부터 1년 이내에 상속세를 부과할 수 있다.

② 종합부동산세는 부과과세제도가 원칙이지만, 납세의무자가 신고하는 경우 그 신고하는 때 납세의무가 확정된다.

③ 부담부증여에 따라 증여세와 함께 과세되는 양도소득세에 대해서는 조세조약에 따라 상호합의 절차가 진행 중인 경우가 아니라면 증여세와 동일한 제척기간을 적용한다.

④ 세법에 따라 당초 확정된 세액을 감소시키는 경정은 그 경정으로 감소되는 세액 외의 세액에 관한 국세기본법 또는 세법에서 규정하는 권리·의무관계에 영향을 미치지 아니한다.

⑤ 5억 원 이상의 국세에 대한 징수권은 이를 행사할 수 있는 때부터 10년 동안 행사하지 아니하면 소멸시효가 완성된다.

| 국세기본법 종합　　　　　　　　　　　　　　　　　　　　　이론형 Level 2

상속인이 사망한 경우와 포탈세액 산출의 기준이 되는 재산가액이 50억 원 이하인 경우에는 특례 제척기간이 적용되지 아니하고, 일반적인 상속세 제척기간인 10년(부정행위, 무신고 등의 경우 15년)이 적용된다.

답 ①

082 국세기본법에 관한 설명으로 옳은 것은?

2018년 회계사

① 납부지연가산세 및 원천징수납부 등 불성실가산세의 납세의무 성립시기는 가산할 국세의 납세의무가 성립되는 때이다.

② 원천징수하는 소득세·법인세는 소득금액 또는 수입금액을 지급 하는 달의 말일에 납세의무의 성립과 확정이 이루어진다.

③ 10억 원의 국세에 대한 징수권은 이를 행사할 수 있는 때부터 5년 동안 행사하지 않으면 소멸시효가 완성된다.

④ 역외거래를 제외한 사기로 법인세를 포탈한 경우 그 법인세의 납세의무가 성립한 날부터 15년의 기간이 끝난 날 이후에는 부과할 수 없다.

⑤ 세법에 따라 당초 확정된 세액을 증가시키는 경정은 당초 확정된 세액에 관한 국세기본법 또는 세법에서 규정하는 권리·의무관계에 영향을 미치지 아니한다.

| 국세기본법 종합　　　　　　　　　　　　　　　　　　　　　이론형 Level 2

(선지분석)

① 납부지연가산세 및 원천징수납부 등 불성실가산세의 성립시기는 법정납부기한 경과 후 1일마다 그 날이 경과하는 때이다.

② 원천징수하는 소득세·법인세는 소득금액 또는 수입금액을 지급하는 때에 납세의무의 성립과 확정이 이루어진다.

③ 국세의 징수를 목적으로 하는 국가의 권리는 이를 행사할 수 있는 때부터 다음의 구분에 따른 기간 동안 행사하지 아니하면 소멸시효가 완성된다.

> 📄 **소멸시효의 기간(국세기본법 제27조 제1항 참조)**
> 1. 5억 원 이상의 국세: 10년
> 2. 1. 외의 국세: 5년

④ 사기로 법인세를 포탈한 경우 그 법인세의 납세의무가 성립한 날부터 10년의 기간이 끝난 날 이후에는 부과할 수 없다.

답 ⑤

04 조세채권의 보전

083 국세기본법상 납세의무의 승계에 대한 설명으로 옳지 않은 것은?

2016년 국가직 7급 변형

① 법인이 합병한 경우 합병 후 존속하는 법인 또는 합병으로 설립된 법인은 합병으로 소멸된 법인에 부과되거나 그 법인이 납부할 국세 및 강제징수비를 납부할 의무를 진다.

② 상속이 개시된 때에 그 상속인은 피상속인에게 부과되거나 그 피상속인이 납부할 국세 및 강제징수비를 상속으로 받은 재산의 한도에서 납부할 의무를 진다.

③ 피상속인에게 한 처분은 상속으로 인한 납세의무를 승계하는 상속인에 대해서도 효력이 있다.

④ 상속으로 납세의무를 승계함에 있어서 상속인이 2명 이상일 때에는 각 상속인은 피상속인이 납부할 국세 및 강제징수비를 상속분에 따라 나누어 계산하여 상속으로 받은 재산의 한도에서 분할하여 납부할 의무를 진다.

납세의무의 승계

이론형 Level 1

상속인이 2명 이상일 때에는 각 상속인은 피상속인에게 부과되거나 그 피상속인이 납부할 국세 및 강제징수비를 상속분에 따라 나누어 계산하여 상속으로 받은 재산의 한도에서 <u>연대하여</u> 납부할 의무를 진다.

(선지분석)
① 납세의무의 승계 중 법인의 합병으로 인한 승계에 대한 옳은 설명이다.
② 납세의무의 승계 중 상속으로 인한 승계에 대한 옳은 설명이다.
③ 피상속인에 대해 행한 처분의 효력에 관한 규정에 대한 옳은 설명이다.

답 ④

---

084 연대납세의무에 관한 설명으로 옳지 않은 것은?

2016년 세무사 변형

① 공동사업에 관한 부가가치세는 공동사업자가 연대하여 납부할 의무를 진다.

② 법인이 분할 또는 분할합병한 후 소멸하는 경우 분할신설법인과 분할합병의 상대방 법인은 분할법인에 부과되거나 분할법인이 납부하여야 할 국세 및 강제징수비에 대하여 분할로 승계된 재산가액을 한도로 연대하여 납부할 의무가 있다.

③ 납부의 고지와 독촉에 관한 서류는 연대납세의무자 모두에게 각각 송달하여야 한다.

④ 법인이 해산하여 청산하는 경우에 원천징수를 하여야 할 소득세를 징수하지 아니하였거나 징수한 소득세를 납부하지 아니하고 잔여재산을 분배하였을 때에는 청산인은 그 분배액을 한도로 하여 그 법인과 연대하여 납부할 의무를 진다.

⑤ 법인이 채무자 회생 및 파산에 관한 법률에 따라 신회사를 설립하는 경우 기존의 법인에 부과되거나 납세의무가 성립한 국세 및 강제징수비는 신회사가 연대하여 납부할 의무를 진다.

연대납세의무

이론형 Level 1

법인이 해산하여 청산하는 경우에 원천징수하여야 할 법인세를 징수하지 아니하였거나 징수한 법인세를 납부하지 아니하고 잔여재산을 분배한 때에는 청산인과 잔여재산의 분배를 받은 자가 각각 그 분배한 재산의 가액과 분배받은 재산의 가액을 한도로 그 법인세를 <u>연대하여 납부할 책임을 진다.</u>

답 ④

085 국세기본법상 연대납세의무에 대한 설명으로 옳지 않은 것은?

2011년 국가직 9급 변형

① 공유물, 공동사업 또는 그 공동사업에 속하는 재산과 관계되는 국세 및 강제징수비는 공유자 또는 공동사업자가 연대하여 납부할 의무를 진다.

② 분할법인이 존속하는 경우 분할법인 등은 분할등기일 이전에 분할법인에 부과되거나 납세의무가 성립한 국세 및 강제징수비에 대하여 분할로 승계된 재산가액을 한도로 연대하여 납부할 의무가 있다.

③ 연대납세의 고지와 독촉에 관한 서류는 그 대표자를 명의인으로 하여 송달하여야 한다.

④ 상속인이 있는지 분명하지 아니할 때에는 상속인에게 하여야 할 납부의 고지·독촉이나 그 밖에 필요한 사항은 상속재산관리인에게 하여야 한다.

▌ **연대납세의무**   이론형 Level 1

연대납세의 <u>고지</u>와 <u>독촉</u>에 관한 서류는 <u>모두</u>에게 각자 송달하여야 한다.

(선지분석)

① 연대납세의무 중 공유물 등의 연대납세의무에 대한 옳은 설명이다.
② 연대납세의무 중 분할 시 연대납세의무에 대한 옳은 설명이다.

> 📑 **국세기본법상 연대납세의무(국세기본법 제25조 참조)**
> 1. 공유물, 공동사업의 연대납세의무
> 2. 분할 시 연대납세의무
> 3. 신회사 설립 시 연대납세의무

답 ③

---

086 국세기본법상 납세의무의 승계 및 연대납세의무에 관한 설명이다. 옳지 않은 것은?

2023년 회계사

① 상속이 개시된 때에 그 상속인은 피상속인에게 부과되거나 그 피상속인이 납부할 국세 및 강제징수비를 상속으로 받은 재산의 한도에서 납부할 의무를 진다.

② 법인이 합병한 경우 합병 후 존속하는 법인은 합병으로 소멸된 법인에 부과되거나 그 법인이 납부할 국세 및 강제징수비를 합병으로 승계된 재산가액을 한도로 납부할 의무를 진다.

③ 법인이 분할 또는 분할합병한 후 소멸하는 경우 분할신설법인과 분할합병의 상대방 법인은 분할법인에 부과되거나 분할법인이 납부하여야 할 국세 및 강제징수비에 대하여 분할로 승계된 재산가액을 한도로 연대하여 납부할 의무가 있다.

④ 공유물, 공동사업 또는 그 공동사업에 속하는 재산과 관계되는 국세 및 강제징수비는 공유자 또는 공동사업자가 연대하여 납부할 의무를 진다.

⑤ 법인이 채무자 회생 및 파산에 관한 법률에 따라 신회사를 설립하는 경우 기존의 법인에 부과되거나 납세의무가 성립한 국세 및 강제징수비는 신회사가 연대하여 납부할 의무를 진다.

▌ **납세의무의 승계 및 연대납세의무**   이론형 Level 2

법인이 합병한 경우 합병 후 존속하는 법인 또는 합병으로 설립된 법인은 합병으로 소멸된 법인에 부과되거나 그 법인이 납부할 국세 및 강제징수비를 납부할 의무를 진다. → 한도는 별도로 없음

답 ②

087 거주자 甲은 비상장법인인 (주)A의 발행주식총수 100,000주(20,000주는 의결권이 없음) 중 75,000주 (15,000주는 의결권이 없음)를 보유하고 있으며, 과점주주면서 그 법인의 경영에 대하여 지배적인 영향력을 행사하고 있다. (주)A가 10억 원의 국세를 체납하였고, (주)A의 재산으로 충당하여도 부족한 금액이 8억 원인 경우 甲이 제2차 납세의무자로서 부담하여야 할 한도는 얼마인가?   2011년 국가직 7급 변형

① 6억 원   ② 7.5억 원
③ 8억 원   ④ 10억 원

▌제2차 납세의무   이론형 Level 1

[시험장 풀이]

$8억 원 \times \dfrac{60,000주}{80,000주} = 6억 원$

[이해용 풀이]

ⓐ 제2차 납세의무는 주된 납세자의 재산으로 충당하여도 부족한 금액에 대해서만 진다.

ⓑ 과점주주의 한도액 = 징수부족액 $\times \dfrac{과점주주의 \ 소유주식수^*}{발행주식총수^*}$

  *의결권 없는 주식은 제외

답 ①

---

088 국세기본법상 출자자의 제2차 납세의무에 관한 설명으로 옳지 않은 것은?   2010년 국가직 9급 변형

① 비상장법인인 합자회사의 재산으로 그 법인이 납부할 국세에 충당하여도 부족한 경우에도 그 국세의 납세의무 성립일 현재 과점주주가 아닌 유한책임사원은 그 부족한 금액에 대하여 제2차 납세의무를 부담하지 않는다.

② 비상장주식회사의 재산으로 그 법인이 납부할 국세에 충당하여도 부족한 경우에도 그 국세의 납세의무 성립일 현재 과점주주로서 법인의 경영을 사실상 지배하는 자의 배우자는 그 부족한 금액에 대하여 제2차 납세의무를 부담하지 않는다.

③ 비상장주식회사의 재산으로 그 법인이 납부할 국세에 충당하여도 부족한 경우에는 과점주주로서 그 국세의 납세의무 성립일 현재 발행주식 총수의 100분의 50을 초과하면서 그 법인의 경영에 대하여 지배적인 영향력을 행사하는 자들은 그 부족한 금액에 대하여 제2차 납세의무를 진다.

④ 비상장주식회사의 재산으로 그 법인이 납부할 국세에 충당하여도 부족한 경우에는 그 국세의 납세의무 성립일 현재 명예회장, 회장, 사장, 부사장, 전무, 상무, 이사, 그 밖에 그 명칭에 관계없이 그 법인의 경영에 대하여 지배적인 영향력을 행사하는 과점주주는 그 부족한 금액에 대하여 제2차 납세의무를 진다.

▌제2차 납세의무   이론형 Level 1

비상장주식회사의 재산으로 그 법인이 납부할 국세에 충당하여도 부족한 경우에도 그 국세의 납세의무 성립일 현재 과점주주로서 법인의 경영을 사실상 지배하는 자의 배우자는 그 부족한 금액에 대하여 제2차 납세의무를 <u>부담한다</u>.
∵ 배우자도 특수관계인에 포함하기 때문이다.

(선지분석)

① 출자자의 제2차 납세의무는 납세의무 성립일 현재 무한책임사원과 과점주주가 진다. 과점주주가 아닌 유한책임사원은 제2차 납세의무를 부담하지 않는다.

③, ④ 과점주주의 제2차 납세의무를 부담시키기 위해서는 과점주주로서 법인의 운영을 실질적으로 지배할 수 있는 위치에 있음을 요하며 단순히 형식상 주주명부에 주주로 등재되어 있는 사실만으로 곧 과점주주로서의 납세의무를 부담시킬 수는 없는 것이다.

답 ②

---

089 국세기본법상 사업양수인의 제2차 납세의무에 대한 설명으로 옳은 것은? 2017년 국가직 9급 변형

① 사업이 양도·양수된 경우에 양도일 이전에 양도인의 납세의무가 성립된 그 사업에 관한 국세 및 강제징수비를 양도인의 재산으로 충당하여도 부족할 때에는 대통령령으로 정하는 사업의 양수인은 그 부족한 금액에 대하여 양수한 재산의 가액을 한도로 제2차 납세의무를 진다.

② 사업을 양도함에 따라 납부하여야 할 사업용 부동산(토지·건물 등)에 대한 양도소득세는 당해 사업에 관한 국세가 아니므로 사업양수인은 제2차 납세의무를 지지 않는다.

③ 사업의 양도인에게 둘 이상의 사업장이 있는 경우에 하나의 사업장을 양수한 자는 양수한 사업장 외의 다른 사업장과 관계되는 국세 및 강제징수비에 대해서도 제2차 납세의무를 진다.

④ 사업장별로 그 사업에 관한 모든 권리(미수금에 관한 것을 포함)와 모든 의무(미지급금에 관한 것을 포함)를 포괄적으로 승계한 사업양수인에 한하여 제2차 납세의무를 진다.

┃ 제2차 납세의무 이론형 Level 1

사업양수인이 부담해야 하는 제2차 납세의무대상 국세는 양도일 이전에 양도인의 납세의무가 확정된 그 사업에 관한 국세로서 사업용 부동산을 양도함으로 인하여 발생한 양도소득세 및 법인세법 제55조의2에 따라 납부하는 토지 등 양도소득에 대한 법인세는 포함하지 아니한다.

(선지분석)
① 납세의무가 성립된 경우가 아니라 확정된 경우이다.
③ 사업의 양도인에게 둘 이상의 사업장이 있는 경우에 하나의 사업장을 양수한 자는 양수한 사업장 외의 다른 사업장과 관계되는 국세 및 강제징수비에 대해서는 제2차 납세의무를 지지 않는다.
④ 사업장별로 그 사업에 관한 모든 권리(미수금에 관한 것 제외)와 모든 의무(미지급금에 관한 것 제외)를 포괄적으로 승계한 사업양수인에 한하여 제2차 납세의무를 진다.

답 ②

090 국세기본법상 사업양수인의 제2차 납세의무에 관한 설명이다. 옳지 않은 것은? 2015년 회계사 변형

① 사업이 양도·양수된 경우에 양도일 이전에 양도인의 납세의무가 확정된 당해 사업에 관한 국세 및 강제징수비를 양도인의 재산으로 충당하여도 부족한 경우 사업의 양수인이 제2차 납세의무를 진다.

② 사업의 양도인이 사업용 부동산을 양도함으로써 납부하여야 할 양도소득세에 대하여는 그 양수인이 제2차 납세의무를 진다.

③ 사업양수인의 제2차 납세의무는 양수한 재산의 가액을 한도로 한다.

④ 사업의 양수인이란 사업장별로 그 사업에 관한 모든 권리(미수금에 관한 것 제외)와 모든 의무(미지급금에 관한 것 제외)를 포괄적으로 승계한 자를 말한다.

⑤ 둘 이상의 사업장 중 하나의 사업장을 양수한 자의 제2차 납세의무는 양수한 사업장과 관계되는 국세 및 강제징수비에 대해서만 진다.

┃ 제2차 납세의무 이론형 Level 2

사업양수인은 양도인의 사업에 관한 국세에 대해서만 책임을 진다. 여기서 양도인의 사업에 관한 국세에는 사업의 포괄양도 과정에서 사업용 부동산을 양도함에 따라 발생한 양도소득세 및 법인의 토지 등 양도차익에 관한 법인세 등은 포함되지 아니한다.

답 ②

091 제2차 납세의무에 대한 설명으로 옳지 않은 것은?

① 제2차 납세의무를 지는 과점주주의 범위에는 당해 법인의 발행주식총수 또는 출자총액의 100분의 50 이상이면서 그 법인의 경영에 대하여 지배적인 영향력을 행사하는 자들을 포함한다.

② 청산인의 제2차 납세의무의 한도는 그가 분배 또는 인도한 재산의 가액으로 한다.

③ 법인의 제2차 납세의무의 한도는 그 법인의 자산 총액에서 부채총액을 공제한 가액을 그 법인의 발행주식총액 또는 출자총액으로 나눈 가액에 그 출자자의 소유주식금액 또는 출자액을 곱하여 산출한 금액을 한도로 한다.

④ 사업양도인의 재산으로 충당하고도 부족한 체납세액에 대하여 제2차 납세의무를 지는 사업양수인은 사업장별로 그 사업에 관한 모든 권리(미수금에 관한 것 제외)와 모든 의무(미지급금에 관한 것 제외)를 포괄적으로 승계한 자이다.

▌제2차 납세의무

이론형 Level 1

과점주주란 유한회사의 사원 등 1명과 그의 특수관계인으로서 그들의 소유주식 합계 또는 출자액 합계가 해당 법인의 발행주식 총수 또는 출자총액의 50%를 초과하면서 그 법인의 경영에 대하여 지배적인 영향력을 행사하는 자들을 포함한다.

(선지분석)

② 청산인 등의 제2차 납세의무의 한도에 대한 옳은 내용이다.

③ 법인의 제2차 납세의무의 한도에 대한 옳은 내용이다.

$$한도액 = (자산총액 - 부채총액) \times \frac{출자자의\ 소유주식금액(출자액)}{발행주식총액(출자액)}$$

참고 자산·부채총액의 평가: 납부기간 만료일 현재의 시가

답 ①

092 국세기본법상 제2차 납세의무자에 관한 설명으로 옳지 않은 것은?

① 법인이 해산한 경우 법인이 납부할 국세에 대하여 청산인은 제2차 납세의무를 질 수 있다.

② 합자회사의 재산으로 그 법인에 부과되거나 그 법인이 납부할 국세 및 강제징수비에 충당하여도 부족한 경우에는 그 법인의 무한책임사원은 제2차 납세의무를 질 수 있다.

③ 사업양도에서 양도일 이전에 확정된 국세에 대하여 법령으로 정하는 사업의 양수인은 제2차 납세의무를 질 수 있다.

④ 분할법인이 납부해야 할 분할등기일 이전에 부과된 국세에 대하여 분할로 신설된 법인은 제2차 납세의무를 질 수 있다.

▌제2차 납세의무

이론형 Level 1

분할 또는 분할합병으로 설립되는 법인은 분할등기일 또는 분할합병일 이전에 부과되거나 납세의무가 성립한 국세 및 강제징수비를 연대하여 납부할 의무를 진다(법인의 분할로 인한 연대납세의무).

(선지분석)

① 청산인 등의 제2차 납세의무에 대한 옳은 내용이다.

② 출자자 등의 제2차 납세의무에 대한 옳은 내용이다.

③ 사업양수인의 제2차 납세의무에 대한 옳은 내용이다.

답 ④

093

국세기본법상 제2차 납세의무에 대한 설명으로 옳지 않은 것은?

2013년 국가직 7급 변형

① 청산인 등의 제2차 납세의무는 청산인의 경우 분배하거나 인도한 재산의 가액을 한도로 하고, 그 분배 또는 인도를 받은 자의 경우에는 각자가 받은 재산의 가액을 한도로 한다.

② 자본시장과 금융투자업에 관한 법률에 따른 유가증권시장에 상장한 법인의 과점주주는 그 법인이 납부하는 국세에 대하여 제2차 납세의무를 지지 아니한다.

③ 법인의 출자자가 소유한 주식의 양도가 법률에 의해 제한된 경우에는, 그 출자자가 납부할 국세에 대하여 법인은 제2차 납세의무를 진다.

④ 사업양수인의 제2차 납세의무에 있어서 사업양수인이란 사업장별로 그 사업에 관한 미수금을 포함한 모든 권리와 모든 의무를 포괄적으로 승계한 자를 말한다.

제2차 납세의무

이론형 Level 1

사업양수인의 제2차 납세의무에 있어 사업양수인이란 사업장별로 그 사업에 관한 모든 권리(미수금에 관한 것 제외)와 모든 의무(미지급금에 관한 것 제외)를 포괄적으로 승계한 자를 의미한다. 미수금 및 미지급금은 해당 사업의 중요한 내용에 해당하지 않기 때문이다.

(선지분석)

① 📄 **청산인 등의 제2차 납세의무의 한도(국세기본법 제38조 참조)**
   1. 청산인: 분배하거나 인도한 재산의 가액
   2. 잔여재산을 분배 또는 인도를 받은 자: 각자가 받은 재산의 가액

② 📄 **출자자 등의 제2차 납세의무(국세기본법 제39조 참조)**
   1. 주된 납세의무자: 법인(유가증권시장 및 코스닥시장에 주권상당된 법인은 제외)
   2. 제2차 납세의무자: 납세의무 성립일 무한책임사원 및 과점주주

③ 법인의 제2차 납세의무에 대한 옳은 내용이다.

답 ④

094 국세기본법상 납세의무에 대한 설명으로 옳지 않은 것은? 2015년 국가직 7급 변형

① 합병 후 존속하는 법인은 합병으로 소멸된 법인이 납부할 국세 및 강제징수비를 납부할 의무를 진다.
② 공동사업에서 발생하는 부가가치세는 공동사업자가 연대하여 납부할 의무를 진다.
③ 법인(대통령령으로 정하는 증권시장에 주권이 상장된 법인은 제외)의 재산으로 그 법인에 부과되거나 그 법인이 납부할 국세 및 강제징수비에 충당하여도 부족한 경우에는 그 국세의 납세의무 확정일 현재 합자회사의 무한책임사원은 그 부족한 금액에 대하여 제2차 납세의무를 진다.
④ 사업이 양도·양수된 경우에 양도일 이전에 양도인의 납세의무가 확정된 그 사업에 관한 국세 및 강제징수비를 양도인의 재산으로 충당하여도 부족할 때에는 대통령령으로 정하는 사업의 양수인은 그 부족한 금액에 대하여 양수한 재산의 가액을 한도로 제2차 납세의무를 진다.

| 제2차 납세의무 | 이론형 Level 1 |

납세의무 확정일이 아닌 납세의무 성립일이다.

(선지분석)
① 법인의 합병으로 인한 납세의무의 승계에 대한 옳은 내용이다.
④ 사업양수인의 제2차 납세의무에 대한 옳은 내용이다.

> 📄 **국세기본법상 납세의무 성립시기가 쓰이는 규정**
> 1. 입법상의 소급과세금지의 원칙
> 2. 납세의무의 승계대상 국세
> 3. 분할 시 연대납세의무
> 4. 출자자에 대한 제2차 납세의무

답 ③

095 국세기본법상 제2차 납세의무에 대한 설명으로 옳지 않은 것은? 2017년 국가직 7급 변형

① 법인의 제2차 납세의무는 그 법인의 자산총액에서 부채총액을 뺀 가액을 그 법인의 발행주식 총액 또는 출자총액으로 나눈 가액에 그 출자자의 소유주식금액 또는 출자액을 곱하여 산출한 금액을 한도로 한다.
② 사업이 양도·양수된 경우에 양도일 이전에 양도인의 납세의무가 확정된 그 사업에 관한 국세 및 강제징수비를 양도인의 재산으로 충당하여도 부족할 때에는 대통령령으로 정하는 사업의 양수인은 그 부족한 금액에 대하여 양수한 재산의 가액을 한도로 제2차 납세의무를 진다.
③ 법인이 해산한 경우에 그 법인에 부과되거나 그 법인이 납부할 국세 및 강제징수비를 납부하지 아니하고 청산 후 남은 재산을 분배하거나 인도하였을 때에 그 법인에 대하여 강제징수를 집행하여도 징수할 금액에 미치지 못하는 경우에는 청산인 또는 청산 후 남은 재산을 분배받거나 인도받은 자는 그 부족한 금액에 대하여 제2차 납세의무를 진다. 이에 따른 제2차 납세의무는 청산인의 경우 분배하거나 인도한 재산의 가액을 한도로 하고, 그 분배 또는 인도를 받은 자의 경우에는 각자가 받은 재산의 가액을 한도로 한다.
④ 법인(대통령령으로 정하는 증권시장에 주권이 상장된 법인은 제외)의 재산으로 그 법인에 부과되거나 그 법인이 납부할 국세 및 강제징수비에 충당하여도 부족한 경우에는 그 국세의 납부기간 만료일 현재 과점주주는 그 부족한 금액에 대하여 제2차 납세의무를 진다.

납부기간 만료일이 아닌 납세의무 성립일이다.

> 📄 **제2차 납세의무를 지는 시기(국세기본법 제39조, 제40조 참조)**
>
> 1. 출자자 등의 제2차 납세의무자: 납세의무 성립일 무한책임사원 및 과점주주
> 2. 법인의 제2차 납세의무 중 주된 납세자: 납부기간 만료일 무한책임사원 또는 과점주주

답 ④

096

국세기본법상 제2차 납세의무에 관한 설명이다. 옳지 않은 것은? 2016년 회계사

① 사업이 일체로서 동일성을 유지한 채 양도되는 경우 양수인이 부담하는 제2차 납세의무는 양수인이 양수한 재산의 가액을 한도로 한다.

② 회사의 재산으로 회사의 세금을 충당하여도 부족한 경우 무한책임사원은 그 부족한 세금에 대하여 한도 없이 납세의무를 진다.

③ 과점주주가 회사의 조세채무에 관하여 자신의 고유재산으로 책임을 져야 하는 경우, 그 책임의 한도는 해당 과점주주가 실질적으로 권리를 행사하는 주식수를 발행주식 총수로 나눈 비율(의결권 없는 주식 제외)에 비례한다.

④ 법인이 무한책임사원의 조세채무에 대하여 부담하는 제2차 납세의무는 당해 법인의 순자산가액에 무한책임사원의 출자지분비율을 곱하여 산출한 금액을 한도로 한다.

⑤ 법인이 해산하여 청산하는 경우 그 법인에 부과된 세금을 다 내지 아니하고 잔여재산을 분배하였을 때에 해당 법인의 납세의무를 2차적으로 부담하는 자는 잔여재산의 분배 업무를 처리한 청산인이 아니라 그 잔여재산을 가져간 출자자이다.

제2차 납세의무 이론형 Level 2

해산하여 청산하는 경우, 잔여재산을 분배 받은 자뿐만 아니라 청산인도 제2차 납세의무를 진다.

답 ⑤

097 국세기본법령상 제2차 납세의무에 대한 설명으로 옳지 않은 것은?

① 청산인의 경우 분배하거나 인도한 재산의 가액을 한도로, 잔여재산을 분배받거나 인도받은 자의 경우에는 각자가 받은 재산의 가액을 한도로 제2차 납세의무를 진다.

② 사업양수인의 제2차 납세의무에 있어서 사업양수인이란 사업장별로 그 사업에 관한 모든 권리(미수금에 관한 것은 제외)와 모든 의무(미지급금에 관한 것은 제외)를 포괄적으로 승계한 자로서 양도인과 특수관계인인 자이거나 양도인의 조세회피를 목적으로 사업을 양수한 자를 말한다.

③ A법인의 과점주주가 아닌 유한책임사원 甲의 재산으로 甲이 납부할 국세에 충당하여도 부족한 경우에는 A법인은 법률에 의하여 甲의 소유주식의 양도가 제한된 경우에만 그 부족한 금액에 대하여 제2차 납세의무를 진다.

④ 유가증권시장에 상장된 법인의 과점주주는 그 법인의 재산으로 그 법인이 납부할 국세에 충당하여도 부족한 경우 그 부족한 금액에 대하여 제2차 납세의무를 지지 아니한다.

│ 제2차 납세의무

> **국세기본법 제40조【법인의 제2차 납세의무】** ① 국세(둘 이상의 국세의 경우에는 납부기한이 뒤에 오는 국세)의 납부기간 만료일 현재 법인의 <u>무한책임사원</u> 또는 과점주주(이하 "출자자"라 한다)의 재산(그 법인의 발행주식 또는 출자지분은 제외한다)으로 그 출자자가 납부할 국세 및 강제징수비에 충당하여도 부족한 경우에는 그 법인은 다음 각 호의 어느 하나에 해당하는 경우에만 그 부족한 금액에 대하여 제2차 납세의무를 진다.
> 1. 정부가 출자자의 소유주식 또는 출자지분을 재공매(再公賣)하거나 수의계약으로 매각하려 하여도 매수희망자가 없는 경우
> 3. 법률 또는 그 법인의 정관에 의하여 출자자의 소유주식 또는 출자지분의 양도가 제한된 경우(국세징수법 제66조 제4항에 따라 공매할 수 없는 경우는 제외한다)

답 ③

---

098 국세기본법상 제2차 납세의무에 관한 설명으로 옳은 것은?

① 청산인의 제2차 납세의무의 한도는 그가 받은 보수의 총액이며, 잔여재산을 분배받은 자의 제2차 납세의무의 한도는 그가 받은 재산의 가액으로 한다.

② 사업이 양도·양수된 경우에 양도일 이전에 양도인의 납세의무가 확정된 그 사업에 관한 국세 및 강제징수비를 양도인의 재산으로 충당하여도 부족할 때에는 사업의 양수인은 그 부족한 금액에 대하여 제2차 납세의무를 진다. 이때 사업의 양수인은 양도인과 특수관계인인 자에 한한다.

③ 법인의 재산으로 그 법인에 부과되거나 그 법인이 납부할 국세 및 강제징수비에 충당하여도 부족한 경우에는 그 국세의 납세의무 확정일 현재 무한책임사원 또는 과점주주는 그 부족한 금액에 대하여 제2차 납세의무를 진다.

④ 법인의 주주에 대하여 제2차 납세의무를 지우기 위해서는 과점주주가 주금을 납입하는 등 출자한 사실이 있거나 주주총회에 참석하는 등 운영에 참여하여 그 법인을 실질적으로 지배할 수 있는 위치에 있음을 요하며, 형식상 주주명부에 등재되어 있는 것만으로는 과점주주라 할 수 없다.

선지분석

① 청산인의 제2차 납세의무의 한도는 분배하거나 인도한 재산의 가액이며, 잔여재산을 분배받거나 인도받은 자의 제2차 납세의무의 한도는 각자가 받은 재산의 가액으로 한다.

② 종전의 제2차 납세의무를 지는 사업양수인의 범위에 별다른 제한이 없어 양수인에게 지나치게 가혹한 측면에 있었다. 이에 따라 법이 개정되어 양수인은 양도인과 특수관계인이거나 조세회피를 목적으로 사업을 양수한 자 둘 중 어느 하나에 해당하여야 한다.

③ 납세의무 확정일이 아닌 납세의무 성립일이다.

답 ④

099 국세기본법령상 제2차 납세의무의 한도에 대한 설명으로 옳지 않은 것은? 2023년 국가직 9급

① 잔여재산을 분배받거나 인도받은 자의 제2차 납세의무는 각자가 받은 재산의 가액을 한도로 한다.

② 과점주주의 제2차 납세의무는 법인의 재산으로 그 법인이 납부할 국세에 충당하여도 부족한 경우, 그 부족한 금액을 법인의 발행주식 총수(의결권이 없는 주식도 포함) 또는 출자총액으로 나눈 금액에 해당 과점주주가 실질적으로 권리를 행사하는 주식 수(의결권이 없는 주식도 포함) 또는 출자액을 곱하여 산출한 금액을 한도로 한다.

③ 법인의 제2차 납세의무는 법인의 자산총액에서 부채총액을 차감한 금액을 발행주식 총액 또는 출자총액으로 나눈 금액에 출자자의 소유주식 금액 또는 출자액을 곱하여 산출한 금액을 한도로 한다.

④ 사업장별로 그 사업에 관한 모든 권리(미수금에 관한 것은 제외한다)와 모든 의무(미지급금에 관한 것은 제외한다)를 포괄적으로 승계한 자로서 양도인과 특수관계인인 자의 제2차 납세의무는 양수한 재산의 가액을 한도로 한다.

제2차 납세의무 이론형 Level 1

과점주주의 경우에는 그 부족한 금액을 그 법인의 발행주식 총수(의결권이 없는 주식은 제외) 또는 출자총액으로 나눈 금액에 해당 과점주주가 실질적으로 권리를 행사하는 주식 수(의결권이 없는 주식은 제외) 또는 출자액을 곱하여 산출한 금액을 한도로 한다.

답 ②

100 「국세기본법」상 제2차 납세의무에 대한 설명으로 옳지 않은 것은? 2024년 국가직 9급

① 법인이 해산하여 청산하는 경우에 청산인의 제2차 납세의무는 분배하거나 인도한 재산의 가액을 한도로 한다.

② 법인이 해산하여 청산하는 경우에 잔여재산을 분배받거나 인도받은 자의 제2차 납세의무는 각자가 받은 재산의 가액을 한도로 한다.

③ 사업을 양도한 경우에 사업양도인은 양도한 대가를 한도로 제2차 납세의무를 진다.

④ 국세의 납세의무 성립일 현재 합명회사의 사원은 법인의 재산으로 그 법인에 부과되거나 그 법인이 납부할 국세 및 강제징수비에 충당하여도 부족한 경우에는 그 부족한 금액에 대하여 제2차 납세의무를 진다.

제2차 납세의무 이론형 Level 2

사업을 양도한 경우에 사업의 양수인은 양수한 재산의 가액을 한도로 제2차 납세의무를 진다.

답 ③

101 국세 납세의무에 관한 설명으로 옳지 않은 것은?

① 법인이 합병한 경우 합병 후 존속하는 법인은 합병으로 소멸된 법인에 부과되거나 그 법인이 납부할 국세 및 강제징수비를 납부할 의무를 진다.

② 피상속인에게 한 처분 또는 절차는 상속으로 인한 납세의무를 승계하는 상속인이나 상속재산관리인에 대해서도 효력이 있다.

③ 사업소득이 발생하는 소득세법에 따른 공동사업의 소득금액에 대해서는 공동사업자가 연대하여 소득세 납세의무를 진다.

④ 납세담보로서 금전을 제공한 자는 그 금전으로 담보한 국세 및 강제징수비를 납부할 수 있다.

⑤ 사업양수인은 사업양도일 이전에 양도인의 납세의무가 성립되었으나 사업양도일까지 확정되지 않은 국세 및 강제징수비에 대하여 제2차 납세의무를 지지 아니한다.

▌제2차 납세의무

이론형 Level 2

사업소득이 발생하는 소득세법에 따른 공동사업의 소득금액에 대해서는 해당 공동사업자별로 납세의무를 진다. 소득세는 개인별로 각자의 소득에 대하여 누진세율에 의한 세액의 계산과 인적 공제가 이루어지므로 공동사업으로부터 생긴 소득이라 하더라도 그 소득금액을 연대하여 공동으로 납세의무를 지기가 어렵기 때문이다.

답 ③

102 국세기본법상 국세의 법정기일로 옳지 않은 것은? (단, 확정 전 보전압류는 고려하지 않음)

① 양도담보재산에서 국세를 징수하는 경우: 그 납세의무의 확정일

② 과세표준과 세액의 신고에 따라 납세의무가 확정되는 국세의 경우: 신고한 해당 세액에 대해서는 그 신고일

③ 원천징수의무자나 납세조합으로부터 징수하는 소득세·법인세·농어촌특별세 및 인지세의 경우: 그 납세의무의 확정일

④ 국세징수법에 따라 납세자의 재산을 압류하는 경우 그 압류와 관련하여 확정된 국세: 그 압류등기일 또는 등록일

▌국세의 법정기일

이론형 Level 1

양도담보재산에서 징수하는 국세의 법정기일은 납부고지서의 발송일이다.

답 ①

103

국세기본법상 국세와 일반채권의 관계 및 국세 상호 간의 관계에 대한 설명으로 옳지 않은 것은?

2023년 국가직 7급

① 강제집행·경매 또는 파산 절차에 따라 재산을 매각할 때 그 매각금액 중에서 국세 및 강제징수비를 징수하는 경우의 그 강제집행, 경매 또는 파산 절차에 든 비용은 국세 및 강제징수비보다 우선하여 징수한다.

② 해당 재산에 대하여 부과된 상속세, 증여세 및 종합부동산세는 법정기일 전에 저당권이 설정된 경우에도 담보 있는 채권에 우선한다.

③ 과세표준과 세액의 신고에 따라 납세의무가 확정되는 국세(중간예납하는 법인세와 예정신고납부하는 부가가치세 및 예정신고 납부하는 양도소득세를 포함한다)의 경우 신고한 해당 세액의 법정기일은 그 신고일이다.

④ 조세 상호 간의 우선순위를 다툴 때에는 압류한 국세, 담보 있는 국세, 교부청구한 국세의 순서로 징수한다.

| 국세와 일반채권의 우선순위　　　　　　　　　　　　　　　　　이론형 Level 1

조세 상호 간의 우선순위를 다툴 때에는 담보 있는 국세, 압류한 국세, 교부청구한 국세의 순서로 징수한다.

답 ④

104

국세기본법상 국세우선과 관련한 법정기일로 옳지 않은 것은?

2019년 세무사 변형

① 중간예납하는 법인세, 예정신고납부하는 부가가치세 및 양도소득과세표준을 예정신고하는 소득세의 경우 신고한 해당 세액에 대해서는 그 신고일

② 양도담보재산에서 국세를 징수하는 경우에는 법령에 따른 납부고지서의 발송일

③ 원천징수의무자나 납세조합으로부터 징수하는 소득세·법인세 및 농어촌특별세와 인지세의 경우에는 그 납세의무의 확정일

④ 국세징수법상 납부기한 전 징수규정에 따라 납세자의 재산을 압류한 경우에 그 압류와 관련하여 확정된 세액에 대해서는 그 납세의무의 확정일

⑤ 부가가치세법에 따른 신탁 관련 수탁자의 물적납세의무규정에 따라 신탁재산에서 부가가치세 등을 징수하는 경우에는 법령에 따른 납부고지서의 발송일

| 국세의 법정기일　　　　　　　　　　　　　　　　　　　　　　이론형 Level 1

국세징수법상 납부기한 전 징수규정에 따라 납세자의 재산을 압류한 경우에 그 압류와 관련하여 확정된 세액에 대해서는 그 압류등기일 또는 등록일이 법정기일이 된다.

답 ④

105 국세의 우선에 대한 설명으로 옳지 않은 것은?

① 과세표준과 세액을 정부가 결정하는 경우 고지한 해당 세액 관련 법정기일은 그 납부고지서의 발송일이다.

② 납세자가 국세의 법정기일 전 1년 내에 저당권 설정계약을 한 경우에는 짜고 한 거짓계약으로 간주한다.

③ 임금채권(최종 3개월분의 임금채권, 재해보상금채권이 아님)에 우선하는 저당권부채권이 있고, 국세채권이 그 저당권부채권에 우선하는 경우에는, 국세채권이 임금채권에 우선한다.

④ 지방세 강제징수에 의하여 납세자의 재산을 압류한 경우에 국세 및 강제징수비의 교부청구가 있으면 교부청구된 국세 및 강제징수비는 압류에 관계되는 지방세의 다음 순위로 징수한다.

▌국세의 우선

납세자가 국세의 법정기일 전 1년 내에 <u>특수관계인 중 대통령령으로 정하는 자와</u> 전세권·질권 또는 저당권 설정계약, 임대차계약, 가등기 설정계약 또는 양도담보 설정계약을 한 경우에는 짜고 한 거짓계약으로 <u>추정</u>한다.

답 ②

106 국세기본법상 국세의 우선권에 관한 설명으로 옳지 않은 것은?

① 국세 상호간의 우선관계는 압류에 관한 국세, 교부청구한 국세, 납세담보 있는 국세 순이다.

② 세무서장은 대물변제의 예약에 의하여 권리이전 청구권의 보전을 위해 가등기된 재산을 압류할 때에는 그 사실을 가등기권리자에게 지체 없이 통지하여야 한다.

③ 과세표준과 세액을 정부가 결정하여 납부고지한 경우 법정기일은 그 납부고지서의 발송일이다.

④ 납세자의 재산을 압류한 경우에 그 압류와 관련하여 확정된 국세의 법정기일은 그 압류등기일 또는 등록일이다.

⑤ 공과금의 강제징수를 할 때 그 강제징수금액 중에서 국세를 징수하는 경우 그 공과금의 강제징수비는 국세에 우선한다.

▌국세의 우선

국세 상호간의 우선관계는 납세담보 있는 국세, 압류에 관한 국세, 교부청구한 국세 순이다.

> **국세기본법 제36조【압류에 의한 우선】** ① 국세 강제징수에 의하여 납세자의 재산을 압류한 경우에 다른 국세 및 강제징수비 또는 지방세의 교부청구가 있으면 압류에 관계되는 국세 및 강제징수비는 교부청구된 다른 국세 및 강제징수비와 지방세에 우선하여 징수한다.
> **제37조【담보 있는 국세의 우선】** 납세담보물을 매각하였을 때에는 제36조에도 불구하고 그 국세 및 강제징수비는 매각대금 중에서 다른 국세 및 강제징수비와 지방세에 우선하여 징수한다.

답 ①

국세기본법상 국세우선권에 관한 설명이다. 옳지 않은 것은?

① 공과금의 강제징수를 할 때 그 강제징수금액 중에서 국세 및 강제징수비를 징수하는 경우, 그 공과금은 국세 및 강제징수비보다 우선하여 징수된다.

② 납세담보물을 매각하였을 때에는 압류 순서에 관계없이 그 담보된 국세 및 강제징수비는 매각대금 중에서 다른 국세 및 강제징수비와 지방세에 우선하여 징수한다.

③ 소득세의 법정기일 전에 주택임대차보호법에 따른 대항요건과 확정일자를 갖춘 사실이 증명되는 재산을 매각할 때 그 매각금액 중에서 소득세를 징수하는 경우, 그 확정일자를 갖춘 임대차계약서상의 보증금은 소득세보다 우선 변제된다.

④ 사용자의 재산을 매각할 때 그 매각금액 중에서 국세를 징수하는 경우에 근로기준법상 최종 3월분 임금채권은 법정기일에 관계없이 국세에 우선하여 변제된다.

⑤ 세무서장은 납세자가 제3자와 짜고 거짓으로 재산에 저당권을 설정함으로써 그 재산의 매각금액으로 국세를 징수하기가 곤란하다고 인정할 때에는 그 행위의 취소를 법원에 청구할 수 있다.

▌ 국세의 우선

이론형 Level 2

국세 및 강제징수비는 원칙적으로 다른 공과금이나 그 밖의 채권에 우선하여 징수한다. 이는 조세채권은 국가 또는 지방자치단체가 공익을 실현하기 위한 재원으로서 공공성과 공익성이 있기 때문이다. 단, 담보권을 취득한 채권자들의 보호규정 등을 위한 국세우선에 대한 예외규정을 두고 있다.

답 ①

108 국세기본법상 국세와 다른 채권의 관계에 관한 설명이다. 옳은 것은?

① 경매절차에 따라 재산을 매각할 때 그 매각금액 중에서 국세를 징수하는 경우 국세는 경매절차에 든 비용에 우선하여 징수한다.

② 납세조합으로부터 징수하는 소득세를 납세의무의 확정일 전에 저당권이 설정된 재산을 매각하여 그 매각금액에서 징수하는 경우 그 소득세는 저당권에 의하여 담보된 채권에 우선하여 징수한다.

③ 국세 강제징수에 따라 납세자의 재산을 압류한 경우 다른 국세 및 강제징수비 또는 지방세의 교부청구가 있으면 압류와 관계되는 국세 및 강제징수비는 교부청구된 다른 국세 및 강제징수비 또는 지방세보다 우선하여 징수한다.

④ 강제집행절차에 의하여 경락된 재산을 양수한 자는 양도일 이전에 양도인의 납세의무가 확정된 국세 및 강제징수비를 양도인의 재산으로 충당하여도 부족할 경우 제2차 납세의무를 진다.

⑤ 납세자가 국세 및 강제징수비를 체납한 경우에 그 국세의 법정기일 전에 담보의 목적이 된 그 납세자의 양도담보재산으로써 국세 및 강제징수비를 징수할 수 있다.

| **국세와 일반채권의 우선순위** | 이론형 Level 2 |

선지분석

① 경매절차에 따라 재산을 매각할 때 그 매각금액 중에서 국세를 징수하는 경우 국세는 경매절차에 든 비용에 우선하지 아니한다.

② 납세조합으로부터 징수하는 소득세를 납세의무의 확정일 전에 저당권이 설정된 재산을 매각하여 그 매각금액에서 징수하는 경우 그 소득세는 저당권에 의하여 담보된 채권에 우선하지 않는다.

> **참고** 담보권 설정기일이 법정기일보다 빠르므로 피담보채권이 우선함

④ 📄 **사업의 양도·양수로 보지 않는 경우**

1. 영업에 관한 일부의 권리와 의무만을 승계한 경우
2. 강제집행절차에 의하여 경락된 재산을 양수한 경우
3. 보험업법에 의한 자산 등의 강제이전의 경우

⑤ 납세자가 국세 및 강제징수비를 체납한 경우에 그 납세자에게 양도담보재산이 있을 때에는 그 납세자의 다른 재산에 대하여 강제징수를 집행하여도 징수할 금액에 미치지 못하는 경우에만 국세징수법에서 정하는 바에 따라 그 양도담보재산으로써 납세자의 국세 및 강제징수비를 징수할 수 있다. 다만, 그 국세의 법정기일 전에 담보의 목적이 된 양도담보재산에 대해서는 그러하지 아니하다.

답 ③

109 국세기본법상 국세의 우선권에 관한 설명이다. 옳지 않은 것은?

2023년 회계사

① 과세표준과 세액의 신고에 따라 납세의무가 확정되는 국세의 경우 신고한 해당 세액의 법정기일은 법정신고납부기한의 다음 날이다.

② 강제집행에 따라 재산을 매각할 때 그 매각금액 중에서 국세 및 강제징수비를 징수하는 경우, 그 강제집행에 든 비용은 국세 및 강제징수비에 우선하여 변제된다.

③ 국세의 법정기일 전에 전세권이 설정된 재산을 매각하여 그 매각금액에서 해당 국세를 징수하는 경우, 그 전세권에 의하여 담보된 채권은 국세 및 강제징수비보다 우선하여 변제된다.

④ 국세 강제징수에 따라 납세자의 재산을 압류한 경우에 다른 국세 및 강제징수비의 교부청구가 있으면, 압류와 관계되는 국세 및 강제징수비는 교부청구된 다른 국세 및 강제징수비보다 우선하여 징수한다.

⑤ 납세담보물을 매각하였을 때에는 그 국세 및 강제징수비는 매각대금 중에서 다른 국세 및 강제징수비와 지방세에 우선하여 징수한다.

│ 국세의 우선　　　　　　　　　　　　　　　　　　　　　　이론형 Level 2

과세표준과 세액의 신고에 따라 납세의무가 확정되는 국세[중간예납하는 법인세와 예정신고납부하는 부가가치세 및 소득세(소득세법 제105조에 따라 신고하는 경우로 한정한다)를 포함한다]의 신고한 해당 세액의 법정기일: 그 신고일

답 ①

110 甲 세무서장은 법인세를 체납하고 있는 乙 회사에 대하여 회사 소유 A 부동산을 압류하고 이를 매각한 금액으로 법인세를 충당하려고 한다. 그런데 乙 회사에게는 체불임금도 있고, A 부동산을 담보로 한 丙 은행 대출채권도 있다. 이 경우 A 부동산의 매각대금에 대한 변제 순위가 빠른 순서대로 바르게 나열된 것은?

2014년 국가직 7급

① A 부동산에 법인세의 법정기일 이전에 저당권이 설정된 경우: 丙 은행 대출채권 > 법인세 > 최종 3월분 이외의 임금채권

② A 부동산에 법인세의 법정기일 이전에 저당권이 설정된 경우: 최종 3월분 이외의 임금채권 > 丙 은행 대출채권 > 법인세

③ A 부동산에 법인세의 법정기일 이후에 저당권이 설정된 경우: 법인세 > 丙 은행 대출채권 > 최종 3월분 이외의 임금채권

④ A 부동산에 법인세의 법정기일 이후에 저당권이 설정된 경우: 최종 3월분 이외의 임금채권 > 법인세 > 丙 은행 대출채권

│ 국세와 일반채권의 우선순위　　　　　　　　　　　　　이론형 Level 1

구분	법정기일 > 설정기일	법정기일 < 설정기일
1순위	국세채권(법인세)	피담보채권(은행 대출채권)
2순위	피담보채권(은행 대출채권)	3개월 이외의 임금채권
3순위	3개월 이외의 임금채권	국세채권

답 ③

111 관할 세무서장은 개인사업자인 甲에 대한 세무조사 결과, 종합소득세를 9,000만 원으로 경정하고 납부고지서를 2025년 5월 30일에 발송하여 2025년 6월 4일에 송달되었다. 그러나 甲이 종합소득세를 기한 내에 납부하지 않아 관할 세무서장은 甲 소유의 주택을 압류하여 공매하였으며, 매수인은 공매대금 1억 원을 전액 납부하였다. 공매과정에서 배당을 신청한 채권자 및 채권액이 다음과 같을 때, 관할 세무서장이 배당받을 수 있는 금액은?

2012년 국가직 7급 변형

- 주택임대차보호법에 따라 우선 변제받는 임차인의 임차보증금 중 일정액: 1,000만 원
- 종업원 乙에 대한 임금채권: 2,400만 원(월 200만 원 × 12개월, 퇴직금과 재해보상금은 없는 것으로 가정함)
- 압류된 주택에 대한 A은행의 채권: 4,000만 원(채권최고액 5,000만 원, 근저당권 설정등기일: 2025년 6월 2일)

---

① 44,000,000원
② 66,000,000원
③ 84,000,000원
④ 90,000,000원

국세와 일반채권의 우선순위 　　계산형

1순위	–	
2순위	법정 소액임차보증금 1,000만 원 + 최종 3월분 임금채권 200만 원 × 3월 = 1,600만 원	
3순위	–	
구분	Case 1. 법정기일(2025년 5월 30일) > 설정기일(2025년 6월 2일)	
4순위	국세와 가산금	8,400만 원

참고 정부가 경정·고지한 세액의 법정기일은 <u>고지서 발송일</u>(도달일 ×)

답 ③

---

112 한국세무서는 거주자 甲의 2024년도 귀속분 소득세 100,000,000원(가산금 제외)이 체납되어 거주자 甲 소유의 주택 D를 2025년 6월 1일에 압류하여 2025년 7월 20일에 매각하였다. 다음 자료에 따라 주택 D의 매각대금 100,000,000원 중 거주자 甲이 체납한 소득세로 징수될 수 있는 금액은?

2017년 국가직 9급 변형

- 거주자 甲의 소득세 신고일: 2025년 5월 30일
- 강제징수비: 3,000,000원
- 주택 D에 설정된 저당권에 따른 피담보채권(저당권 설정일: 2025년 3월 28일): 50,000,000원
- 주택 D에 대한 임차보증금: 25,000,000원(이 중 주택임대차보호법에 따른 우선변제금액은 12,000,000원)
- 거주자 甲이 운영하는 기업체 종업원의 임금채권: 30,000,000원(이 중 근로기준법에 따른 우선변제금액은 15,000,000원)
- 주택 D에 부과된 국세와 가산금은 없음

---

① 5,000,000원
② 17,000,000원
③ 20,000,000원
④ 70,000,000원

1순위	강제징수비 300만 원	
2순위	법정 소액임차보증금 1,200만 원 + 우선변제임금채권 1,500만 원 = 2,700만 원	
3순위	–	
구분	**Case 2. 법정기일(2025년 5월 30일) < 설정기일(2025년 3월 28일)**	
4순위	피담보채권	5,000만 원
5순위	그 밖의 임금채권	1,500만 원
6순위	소득세	500만 원
7순위	일반채권 및 공과금	–

답 ①

113 A 은행은 저당권에 의하여 담보된 채권(종합부동산세의 법정기일 전에 저당권 설정을 등기한 사실이 증명됨) 1억 7천5백만 원을 회수하기 위하여 의류업을 하는 채무자 甲의 주택을 강제경매신청하고 경매개시결정에 따라 압류하였다. 첫 매각기일까지 경매법원에 배당을 요구한 비용과 채권은 다음과 같다. 甲의 주택 매각대금이 3억 원일 경우 甲의 납세지 관할 세무서장이 배당받을 수 있는 금액은? 　2019년 국가직 7급

- A 은행이 해당 주택을 경매하는 데 든 비용 1천5백만 원
- 주택임대차에 관한 보증금 중 일정 금액으로서 주택임대차보호법 제8조에 따라 임차인 乙이 우선하여 변제받을 수 있는 금액 1천만 원
- 경매개시결정된 주택에 대하여 甲에게 부과된 종합부동산세 2천만 원
- 甲이 종업원에게 변제하여야 할 근로관계로 인한 채권 중 근로기준법에 따른 최종 3개월분의 임금과 재해보상금 1억 원
- 저당권에 의하여 담보된 A은행의 채권 1억 7천5백만 원

① 0원
② 1천만 원
③ 1천5백만 원
④ 2천만 원

해당 재산에 대하여 부과된 상속세, 증여세 및 종합부동산세는 법정기일 전에 설정된 권리에 의하여 담보된 채권 또는 임대차보증금반환채권보다 우선한다.

우선순위	내용	금액
1순위	경매비용	1천5백만 원
2순위 :	법정 소액임차보증금 + 우선변제임금채권	1억 1천만 원
3순위	종합부동산세	2천만 원
4순위	A은행채권	1억 5천5백만 원

답 ④

114 거주자 甲이 2023년 귀속 종합소득세를 납부하지 않아 관할 세무서장은 甲의 주택을 2024년 10월 7일에 압류하고, 2025년 4월 5일에 매각하였다. 다음 자료에 따라 주택의 매각대금 70,000,000원 중에서 종합소득세로 징수할 수 있는 금액은?

2021년 국가직 7급 변형

- 강제징수비: 7,000,000원
- 종합소득세: 80,000,000원(신고일: 2024년 5월 20일)
- 해당 주택에 설정된 저당권에 의해 담보되는 채권: 10,000,000원(저당권 설정일: 2024년 5월 25일)
- 해당 주택에 대한 임차보증금(확정일자: 2024년 5월 30일): 40,000,000원(이 중 주택임대차보호법에 따라 임차인이 우선하여 변제받을 수 있는 금액은 15,000,000원임)
- 甲이 운영하는 기업체 종업원의 임금채권: 30,000,000원(이 중 최종 3개월분의 임금은 18,000,000원임)

① 0원
② 20,000,000원
③ 30,000,000원
④ 53,000,000원

국세와 일반채권의 우선순위 계산형

법정기일 2024년 5월 20일(소득세 신고일)이 담보 설정기일보다 빠르므로 국세채권을 우선하여 징수한다.

우선순위	내용	금액
1순위	강제징수비	7,000,000원
2순위	소액임차보증금과 최종3개월 분 임금채권	33,000,000원
3순위	소득세	30,000,000원

답 ③

---

115 거주자 甲이 2020년 귀속 소득세 6,000만 원을 신고납부하지 않아 관할 세무서장이 납세고지서를 2022년 5월 30일 발송하였으나, 甲이 이를 체납하자, 관할 세무서장이 甲의 주택을 2022년 10월 1일 압류하여 2023년 4월 5일 매각하였다. 주택의 매각대금이 5,000만 원이고, 甲에 대한 채권명세가 다음과 같은 경우 매각대금 중 소득세에 배분할 수 있는 금액은?

2024년 국가직 9급

- 강제징수비: 500만 원
- 해당 주택의 등기부에 설정된 저당권에 의해 담보되는 채권: 1,000만 원(저당권 설정일 2021년 5월 20일)
- 甲이 운영하는 개인기업 근로자의 임금채권: 2,000만 원(국세에 우선하여 변제되는 금액이다)

① 1,500만 원
② 2,000만 원
③ 2,500만 원
④ 4,500만 원

소득세에 배분할 수 있는 금액은 1,500만 원이다.

구분	채권액	배당액
강제징수비	5,000,000원	5,000,000원
우선변제 임금채권	20,000,000원	20,000,000원
피담보채권(설정기일 21.5.20.)	10,000,000원	10,000,000원
소득세(법정기일 22.5.30.)	60,000,000원	15,000,000원
합계	95,000,000원	50,000,000원

답 ①

116
☐☐☐ 증여세 관할 세무서장이 갑의 토지(A)를 압류하여 2025년 12월 10일 180,000,000원에 매각하고 강제징수비 10,000,000원이 발생한 경우 다음 자료를 이용하여 부가가치세로 징수할 수 있는 금액을 계산한 것으로 옳은 것은?

2018년 회계사 변형

> (1) 증여세: 50,000,000원[갑은 토지(A)를 2024년 6월 1일에 증여받고 증여세를 신고·납부하지 않았으며, 관할 세무서장은 갑에게 2025년 6월 5일에 증여세 납부고지서를 발송하였으나 갑은 이를 체납함]
> (2) 대한은행 대출금: 60,000,000원[2024년 7월 5일 토지(A)에 저당권이 설정됨]
> (3) 갑의 사업체에 종사하는 근로자들의 임금채권
>   • 최종 3월분 임금채권: 10,000,000원
>   • 기타 임금채권: 20,000,000원
> (4) 부가가치세: 100,000,000원(2025년 7월 15일에 신고하였으나 납부하지 못함)
> (5) 부가가치세 관할 세무서장은 토지(A) 매각대금에 대해 증여세 관할 세무서장에게 부가가치세의 교부를 청구함

① 0원
② 30,000,000원
③ 50,000,000원
④ 90,000,000원
⑤ 100,000,000원

법정기일은 2025년 7월 15일(법정기일 < 설정기일)로, 징수할 수 있는 금액은 30,000,000원이다.

구분	채권액	배당액
강제징수비	10,000,000원	10,000,000원
소액임금채권	10,000,000원	10,000,000원
증여세	50,000,000원	50,000,000원
피담보채권	60,000,000원	60,000,000원
기타임금채권	20,000,000원	20,000,000원
부가가치세	100,000,000원	30,000,000원
합계	250,000,000원	180,000,000원

답 ②

117 세법상 양도담보와 관련된 규정에 대한 설명으로 옳지 않은 것은? 2012년 국가직 7급 변형

① 납세자가 국세 및 강제징수비를 체납한 경우에 그 납세자에게 양도담보재산이 있을 때에는 그 납세자의 다른 재산에 대하여 강제징수를 집행하여도 징수할 금액에 미치지 못하는 경우에만 국세징수법에서 정하는 바에 따라 그 양도담보재산으로써 납세자의 국세 및 강제징수비를 징수할 수 있다.

② 양도담보계약에 의하여 자산의 소유권을 이전하더라도 소득세법상 양도로 보지 아니한다.

③ 양도담보의 목적으로 동산이나 부동산을 제공하더라도 부가가치세법상 재화의 공급에 해당하지 아니한다.

④ 양도담보설정자인 사업자가 양도담보로 제공한 자산을 사업에 직접 사용하고 있는 경우에는 양도담보권자가 그 자산에 대한 감가상각비를 손금에 산입할 수 있다.

┃ 양도담보 이론형 Level 1

양도담보설정자인 사업자가 양도담보로 제공한 자산을 사업에 직접 사용하고 있는 경우에는 <u>양도담보설정자(양도담보권자 ×)</u>가 그 자산에 대한 감가상각비를 손금에 산입할 수 있다.

(선지분석)
① 양도담보권자의 물적납세의무에 대한 옳은 내용이다.

② ┃ 양도담보에 대한 소득세법 규정(소득세법 제88조 제1호, 소득세법 시행령 제151조 제2항 참조)
  1. 원칙: 양도 ×
  2. 채무불이행으로 인하여 자산을 변제에 충당한 때: 양도 ○

③ 부가가치세법령상 양도담보의 목적으로 부동산상의 권리를 제공하는 것은 형식적 소유권 이전에 불과하므로 재화의 공급으로 보지 아니한다.

답 ④

---

118 양도담보와 관련된 설명으로 옳지 않은 것은? 2020년 국가직 7급 변형

① 국세기본법상 납세자가 국세 및 강제징수비를 체납한 경우에 그 납세자에게 국세의 법정기일 후 담보의 목적이 된 양도담보재산이 있을 때에는 그 납세자의 다른 재산에 대하여 강제징수를 집행하여도 징수할 금액에 미치지 못하는 경우에만 국세징수법에서 정하는 바에 따라 그 양도담보재산으로써 납세자의 국세 및 강제징수비를 징수할 수 있다.

② 국세기본법상 세무서장은 납세자가 제3자와 짜고 거짓으로 재산에 양도담보 설정계약을 하고 그 등기를 함으로써 그 재산의 매각금액으로 국세를 징수하기가 곤란하다고 인정할 때에는 그 행위의 취소를 법원에 청구할 수 있다.

③ 국세기본법에서 양도담보재산이란 당사자 간의 계약에 의하여 납세자가 그 재산을 양도하였을 때에 실질적으로 양도인에 대한 채권담보의 목적이 된 재산을 말한다.

④ 부가가치세법령상 양도담보의 목적으로 부동산상의 권리를 제공하는 것은 재화의 공급으로 본다.

┃ 양도담보 이론형 Level 1

재화를 담보로 제공하는 것으로서 질권, 저당권 또는 양도담보의 목적으로 동산, 부동산 및 부동산상의 권리를 제공하는 것, 즉 부가가치세법령상 양도담보의 목적으로 부동산상의 권리를 제공하는 것은 형식적 소유권 이전에 불과하므로 재화의 공급으로 보지 아니한다.

답 ④

119 국세기본법상 양도담보권자의 물적납세의무에 관한 설명으로 옳지 않은 것은? 2008년 국가직 7급 변형

① 제2차 납세의무자의 소유재산에 대한 양도담보권자는 물적납세의무를 지지 아니한다.
② 양도담보권자가 물적납세의무를 부담하는가의 여부는 양도담보권의 설정일과 양도담보설정자가 체납한 국세의 법정기일의 선후(先後)와 밀접한 관련이 있다.
③ 양도담보권자의 물적납세의무에 있어서 양도담보재산이란 당사자 간의 계약에 의하여 납세자가 그 재산을 양도한 때에 실질적으로 양도인에 대한 채권담보의 목적이 된 재산을 말한다.
④ 양도담보권자에게 납부고지가 있은 후 납세자가 양도에 의하여 실질적으로 담보된 채무를 불이행하여 해당 재산이 양도담보권자에게 확정적으로 귀속되고 양도담보권이 소멸하는 경우에는 납부고지 당시의 양도담보재산이 계속하여 양도담보재산으로서 존속하는 것으로 본다.

▌**양도담보권자의 물적납세의무** 이론형 Level 1

납세자가 국세 및 강제징수비를 체납한 경우에 그 납세자에게 양도담보재산이 있을 때에는 그 납세자의 다른 재산에 대하여 강제징수를 집행하여도 징수할 금액에 미치지 못하는 경우에만 그 양도담보재산으로써 납세자의 국세 및 강제징수비를 징수할 수 있다. 이때 납세자에는 제2차 납세의무자도 포함한다.

(선지분석)
② 양도담보는 국세의 법정기일 이후에 양도담보로 설정되어야 한다. 만일 양도담보가 국세의 법정기일 전에 설정된 경우에는 양도담보권자의 피담보채권이 국세 등보다 우선변제되어야 하므로 물적납세의무는 성립할 수 없다.
③ 양도담보재산의 개념에 대한 옳은 설명이다.
④ 만일 납부고지서가 도달되기 전에 양도담보권자가 양도담보재산을 제3자에게 양도한 경우에 선의의 제3자는 유효하게 소유권을 취득하게 되므로 물적납세의무를 지울 수 없다.

답 ①

120 양도담보권자의 물적납세의무의 성립 및 존속요건에 대한 설명으로 옳지 않은 것은? 2019년 국가직 7급 변형

① 납세자의 양도담보재산으로써 납세자의 국세 및 강제징수비를 징수하려면 납세자가 국세 및 강제징수비를 체납하여야 한다.
② 양도담보권자에게 납부고지가 있은 후 납세자가 양도에 의하여 실질적으로 담보된 채무를 불이행하여 해당 재산이 양도담보권자에게 확정적으로 귀속되고 양도담보권이 소멸하는 경우에는 납부고지 당시의 양도담보재산이 계속하여 양도담보재산으로서 존속하는 것으로 본다.
③ 납세자의 재산(양도담보재산 제외)에 대하여 강제징수를 집행하여도 징수할 금액에 미치지 못하는 경우에 해당하여야 한다.
④ 양도담보재산이 납세자가 체납한 국세의 법정기일 전에 담보의 목적이 되어야 한다.

▌**양도담보권자의 물적납세의무** 이론형 Level 1

양도담보권자에게 물적납세의무를 지우기 위해서는 양도담보가 설정된 시기가 체납된 국세의 법정기일 이후여야 한다.

답 ④

121 국세기본법상 과세 관할에 관한 설명이다. 옳지 않은 것은?   2012년 회계사

① 관할 세무서장 외의 세무서장이 한 국세의 과세표준과 세액의 결정 또는 경정결정처분은 항상 적법하며 납세자는 소관 관할 세무서를 밝혀 납세의무를 이행하여야 한다.
② 전자신고를 하는 경우에는 납세지 관할 세무서장이 아닌 지방국세청장이나 국세청장에게 과세표준신고서를 제출할 수 있다.
③ 국세의 과세표준과 세액의 결정 또는 경정결정은 그 처분 당시 그 국세의 납세지를 관할하는 세무서장이 한다.
④ 과세표준신고서가 납세지 관할 세무서장 외의 세무서장에게 제출된 경우에도 그 신고의 효력에는 영향이 없다.
⑤ 과세표준신고서는 신고 당시 해당 국세의 납세지를 관할하는 세무서장에게 제출하여야 한다.

▮ 과세 관할   이론형 Level 1

관할을 위반한 처분은 원칙적으로 위법하므로 납세의무를 이행할 필요가 없다. 다만, 세법 또는 다른 법률에 의하여 권한 있는 세무서장이 결정 또는 경정결정하는 경우에는 효력이 있으므로 납세의무를 이행하여야 한다.

답 ①

122 국세기본법상 수정신고에 대한 설명으로 옳은 것은?   2009년 국가직 9급 변형

① 납부세액의 감액수정신고는 물론 증액수정신고도 허용된다.
② 세무조정과정에서의 누락으로 인하여 불완전한 신고를 한 경우에는 수정신고를 할 수 있다.
③ 수정신고에 의한 가산세의 감면에 있어 과소신고가산세는 전액, 납부지연가산세는 50%를 경감한다.
④ 당초 법정신고기한 내에 과세표준신고를 하지 않은 경우에는 수정신고를 할 수 없다.

▮ 수정신고   이론형 Level 1

세무조정 과정에서 법인세법에 따른 국고보조금 등과 공사부담금에 상당하는 금액을 익금과 손금에 동시에 산입하지 아니한 것 및 이와 유사한 사유로서 불완전한 신고를 하였을 때는 수정신고를 할 수 있다.

(선지분석)
① 증액수정신고만 가능하다. 감액하기 위해선 경정청구를 해야 한다.
③ 수정신고에 의한 가산세의 감면에 있어 과소신고가산세는 90%까지 가능하며, 납부지연가산세는 경감하지 않는다.
④ 과세표준신고서를 법정신고기한까지 제출한 자(과세표준확정신고의무가 면제된 자를 포함) 및 기한 후 과세표준신고서를 제출한 자는 수정신고를 할 수 있다.

답 ②

국세기본법상 수정신고와 경정청구에 대한 설명으로 옳지 않은 것은? 2014년 국가직 9급 변형

① 과세표준신고서를 법정신고기한까지 제출한 자는 과세표준신고서에 기재된 과세표준 및 세액이 세법에 따라 신고하여야 할 과세표준 및 세액보다 큰 경우 과세표준수정신고서를 제출할 수 있다.

② 국세의 과세표준 및 세액의 결정 또는 경정을 받은 자가 소득의 귀속을 제3자에게로 변경시키는 결정 또는 경정이 있을 때에는 그 사유가 발생한 것을 안 날부터 3개월 이내에 결정 또는 경정을 청구할 수 있다.

③ 과세표준신고서를 법정신고기한까지 제출한 자는 과세표준신고서에 기재된 환급세액이 세법에 따라 신고하여야 할 환급세액을 초과할 때는 법에 정한 바에 따라 과세표준수정신고서를 제출할 수 있다.

④ 결정 또는 경정의 청구를 받은 세무서장은 그 청구를 받은 날부터 2개월 이내에 과세표준 및 세액을 결정 또는 경정하거나 결정 또는 경정하여야 할 이유가 없다는 뜻을 그 청구를 한 자에게 통지하여야 한다.

▌수정신고, 경정청구 이론형 Level 1

과세표준신고서에 기재된 과세표준 및 세액이 세법에 따라 신고하여야 할 과세표준 및 세액을 초과하는 때에는 경정청구를 해야 한다.

📄 **수정신고와 경정청구의 사유 비교(국세기본법 제45조 제1항, 제45조의2 제1항 참조)**

수정신고 사유	1. 과세표준신고서에 기재된 과세표준 및 세액이 세법에 따라 신고하여야 할 <u>과세표준 및 세액에 미치지 못할 때</u> 2. 과세표준신고서에 기재된 결손금액 또는 환급세액이 세법에 따라 신고하여야 할 결손금액이나 <u>환급세액을 초과할 때</u>
경정청구 사유	1. 과세표준신고서에 기재된 과세표준 및 세액이 세법에 따라 신고하여야 할 <u>과세표준 및 세액을 초과할 때</u> 2. 과세표준신고서에 기재된 결손금액 또는 환급세액이 세법에 따라 신고하여야 할 결손금액 또는 <u>환급세액에 미치지 못할 때</u>

(선지분석)

④ 경정청구에 대한 결정통지는 청구를 한 자가 2개월 이내에 아무런 통지를 받지 못한 경우에는 통지를 받기 전이라도 그 2개월이 되는 날의 다음 날부터 이의신청, 심사청구, 심판청구 또는 감사원법에 따른 심사청구를 할 수 있다.

답 ①

124 국세기본법상 경정청구에 관한 설명으로 옳지 않은 것은?

① 법인세 납세의무자가 법정신고기한까지 과세표준확정신고를 한 후 다시 적법한 경정청구를 한 경우에는 그 금액에 대해 납세자의 경정청구만으로도 납세의무가 확정되는 효력이 있다.

② 납세자의 신고에 의하여 확정되는 국세뿐만 아니라 정부의 결정에 의하여 확정되는 국세도 경정청구를 할 수 있다.

③ 납세자가 과세표준신고서를 법정신고기한까지 제출하였으나 해당 국세를 자진 납부하지 않은 경우에도 경정청구를 할 수 있다.

④ 납세자가 과세표준신고서를 법정신고기한까지 제출한 후 관할 세무서장이 경정처분을 한 경우에도 납세자는 경정청구를 할 수 있다.

▌경정청구

경정청구는 자체만으로는 과세표준 및 세액을 확정시키는 효력이 없다. 경정청구 후 과세관청이 구체적인 결정 또는 경정의 조치를 하여야 확정력이 발생된다.

(선지분석)
③ 과세표준신고서를 법정신고기한까지 제출한 자(납부와는 관련 ×)가 통상적인 경정청구를 할 수 있는 자이다.
④ 증액경정처분을 받은 경우 처분이 있음을 안 날부터 90일 이내에 경정을 청구할 수 있다.

📄 **확정력의 유무 비교**

구분	수정신고		경정청구		기한 후 신고
	신고납세목	정부부과세목	통상적	후발적	
확정력	○	×	×	×	×

답 ①

125 국세기본법상 경정청구의 청구기간과 관련한 다음 제시문의 ㉠ ~ ㉢에 들어갈 내용을 바르게 연결한 것은?

> 납세자가 법정신고기한까지 과세표준신고서를 제출한 경우에는 국세기본법 제45조의2 제1항에 따라 경정청구를 할 수 있는데 이 경우 법정신고기한이 지난 후 (㉠) 이내에 관할 세무서장에게 그 경정청구를 해야 한다. 다만, 결정 또는 경정으로 인하여 증가된 과세표준 및 세액에 대하여는 해당 처분이 있음을 안 날(처분의 통지를 받은 때에는 그 받은 날)부터 (㉡) 이내[법정신고기한 이 지난 후 (㉢) 이내로 한정한다]에 경정을 청구할 수 있다.

	㉠	㉡	㉢
①	5년	60일	5년
②	3년	60일	3년
③	5년	90일	5년
④	3년	90일	3년

⊙은 5년, ⓒ은 90일, ⓒ은 5년이다.

📄 **경정청구기한(국세기본법 제45조2 제1항 참조)**

통상적 경정청구	법정신고기한이 지난 후 5년 이내
증액경정처분	해당 처분이 있음을 안 날부터 90일 이내(법정신고기한이 지난 후 5년 이내에 한정)
후발적 경정청구	후발적 사유가 발생한 것을 안 날부터 3개월 이내

답 ③

126 국세기본법상 경정청구제도에 대한 설명으로 옳지 않은 것은?

① 근로소득만 있어서 소득세 과세표준확정신고를 하지 않은 납세자도 일정한 경우에는 국세기본법 제45조의2 제1항에 따라 경정청구를 할 수 있다.
② 법정신고기한까지 과세표준신고서를 제출한 납세자가 국세기본법 제45조의2 제1항에 따라 경정청구를 하려면(결정 또는 경정처분을 받은 경우는 제외) 법정신고기한이 경과한 후 5년 이내에 청구를 해야 한다.
③ 최초의 신고를 할 때 과세표준 및 세액계산의 근거가 된 거래행위의 효력과 관계되는 계약이 해제권의 행사에 의하여 해제된 경우에는 후발적 사유에 의한 경정청구를 할 수 있다.
④ 후발적 사유에 의한 경정청구는 그 사유가 발생한 것을 안 날로부터 2개월 이내에 할 수 있다.

경정청구 이론형 Level 1

후발적 사유의 경정청구는 사유가 발생한 것을 안 날부터 <u>3개월 이내</u>에 할 수 있다.

(선지분석)
① 연말정산이나 원천징수로 과세가 종결되는 소득만 있어서 소득세 과세표준확정신고가 면제되는 자 또는 그 원천징수 의무자는 경정 등의 청구를 할 수 있다.
② 결정 또는 경정으로 인하여 증가된 과세표준 및 세액에 대하여는 해당 처분이 있음을 안 날부터 90일 이내(법정신고기한이 지난 후 5년 이내에 한정)에 경정을 청구할 수 있다.
③ 후발적 사유에 따른 경정청구에 대한 옳은 내용이다.

답 ④

127 경정 등의 청구에 관한 설명으로 옳은 것은?

① 과세표준신고서를 법정신고기한까지 제출한 자(기한 후 과세표준신고서를 제출한 자를 포함)는 과세관청의 결정 또는 경정으로 인하여 증가된 과세표준 및 세액에 대하여는 법정신고기한이 지난 후 5년이 경과 하였더라도 해당 처분이 있음을 안 날부터 90일 이내에 경정을 청구할 수 있다.

② 과세표준신고서를 법정신고기한까지 제출한 자라도 상속세 또는 증여세에 관하여는 결정 또는 경정을 청구할 수 없다.

③ 과세표준신고서를 법정신고기한까지 제출한 자는 과세표준신고서에 기재된 과세표준 및 세액이 세법에 따라 신고하여야 할 과세표준 및 세액에 미치지 못할 때에는 경정을 청구할 수 있다.

④ 원천징수대상자에게 근로소득만 있어서 원천징수의무자가 연말정산에 의하여 그에 관한 소득세를 납부하고 지급명세서를 제출기한까지 제출한 경우, 원천징수영수증에 기재된 과세표준 및 세액이 세법에 따라 신고하여야 할 과세표준 및 세액을 초과할 때에는 원천징수의무자뿐만 아니라 원천징수대상자도 경정을 청구할 수 있다.

⑤ 국세의 과세표준 및 세액의 결정을 받은 자는 해당 처분이 있음을 안 날부터 90일이 지난 경우라도 최초의 결정을 할 때 과세표준 및 세액의 계산 근거가 된 행위의 효력과 관계되는 계약이 해제권의 행사에 의하여 해제된 것을 안 날부터 1년 이내에 경정을 청구할 수 있다.

│ 수정신고, 경정청구 이론형 Level 2

(선지분석)

① 통상적인 경정청구의 경우 경정청구기한은 법정신고기한 경과 후 5년 이내이다. 다만, 결정 또는 경정으로 인하여 증가된 과세표준 및 세액에 대하여는 해당 처분이 있음을 안 날(처분의 통지를 받은 때에는 그 받은 날)부터 90일 이내(이 경우에도 법정신고기한이 지난 후 5년 이내에 한함)에 경정을 청구할 수 있다.

> [사례1] 20×2년 종합소득신고에 관하여 20×5년 정기세무조사에서 경정한 경우, 법정신고기한 경과 후 5년 이내이므로 20×4년 정기세무조사로 인하여 증가된 세액에 관하여 그 통지를 받은 날로부터 90일 이내 경정청구할 수 있다. 물론, 경정청구를 하지 아니하고 불복을 제기할 수도 있다.
> [사례2] 20×2년 종합소득신고에 관하여 20×9년 정기세무조사에서 경정한 경우(사기·기타 부정한 행위로 인해 제척기간 10년), 법정신고기한을 5년 경과하였으므로 경정청구할 수 없고, 곧바로 불복청구만 할 수 있다.

② 정부부과결정방식의 세목(상속세, 증여세 등)도 경정청구에는 제한이 없다.

③ 세액을 증액시키는 사유이므로 수정신고의 대상이 된다.

⑤ 후발적 사유가 발생한 날(계약이 해제권 행사에 의해 해제된 날)로부터 3개월 이내 행사하여야 한다.

답 ④

128 국세기본법령상 후발적 사유에 의한 경정청구에 대한 설명으로 옳지 않은 것은? 2021년 국가직 9급

① 과세표준신고서를 법정신고기한까지 제출한 자는 소득이나 그 밖의 과세물건의 귀속을 제3자에게로 변경시키는 결정 또는 경정이 있을 때에는 후발적 사유에 의한 경정을 청구할 수 없다.

② 국세의 과세표준 및 세액의 결정을 받은 자는 조세조약에 따른 상호합의가 최초의 신고·결정 또는 경정의 내용과 다르게 이루어졌을 때에는 후발적 사유에 의한 경정을 청구할 수 있다.

③ 과세표준신고서를 법정신고기한까지 제출한 자는 최초의 신고·결정 또는 경정에서 과세표준 및 세액의 계산 근거가 된 거래 또는 행위 등이 그에 관한 소송에 대한 판결에 의하여 다른 것으로 확정되었을 때에는 후발적 사유에 의한 경정을 청구할 수 있다.

④ 후발적 사유가 발생하였을 때에는 그 사유가 발생한 것을 안 날부터 3개월 이내에 결정 또는 경정을 청구할 수 있다.

┃ 후발적 사유에 의한 경정청구 이론형 Level 1

과세표준신고서를 법정신고기한까지 제출한 자 또는 국세의 과세표준 및 세액의 결정을 받은 자는 소득이나 그 밖의 과세물건의 귀속을 제3자에게로 변경시키는 결정 또는 경정이 있을 때에는 그 사유가 발생한 것을 안 날부터 3개월 이내에 결정 또는 경정을 청구할 수 있다.

답 ①

129 국세기본법령상 후발적 사유로 인한 경정 등의 청구가 가능한 사유에 해당하는 것만을 모두 고르면? 2023년 국가직 9급

> ㄱ. 최초의 신고·결정 또는 경정을 할 때 과세표준 및 세액의 계산 근거가 된 거래 또는 행위 등의 효력과 관계되는 관청의 허가나 그 밖의 처분이 취소된 경우가 해당 국세의 법정신고기한이 지난 후에 발생하였을 때
> ㄴ. 소득이나 그 밖의 과세물건의 귀속을 제3자에게로 변경시키는 결정 또는 경정이 있을 때
> ㄷ. 조세조약에 따른 상호합의가 최초의 신고·결정 또는 경정의 내용과 다르게 이루어졌을 때

① ㄱ, ㄴ
② ㄱ, ㄷ
③ ㄴ, ㄷ
④ ㄱ, ㄴ, ㄷ

┃ 후발적 사유에 의한 경정청구 이론형 Level 1

ㄱ, ㄴ, ㄷ 모두 후발적 경정청구 사유에 해당한다.

답 ④

130 국세기본법상 수정신고, 결정 또는 경정청구, 기한 후 신고에 관한 설명으로 옳지 않은 것은?

2008년 국가직 7급 변형

① 과세표준신고서를 법정신고기한 내에 제출한 자는 과세표준신고서에 기재된 과세표준 및 세액이 세법에 의하여 신고하여야 할 과세표준 및 세액에 미달하는 때에는 당해 국세의 과세표준과 세액을 결정 또는 경정하는 통지를 하기 전까지 과세표준수정신고서를 제출할 수 있다.

② 과세표준신고서를 법정신고기한 내에 제출하지 아니한 자가 기한 후 과세표준신고서를 관할 세무서장의 결정·통지 전까지 제출한 경우 관할 세무서장은 세법에 의하여 당해 국세의 과세표준과 세액을 결정하여야 한다.

③ 과세표준신고서를 법정신고기한 내에 제출한 자는 소득 기타 과세물건의 귀속을 제3자에게로 변경시키는 결정 또는 경정이 있은 때에는 법정신고기한 경과 후 3년 이내에 최초 신고 및 수정 신고한 국세의 과세표준과 세액에 대해 결정 또는 경정을 청구할 수 있다.

④ 과세표준신고서를 법정신고기한 내에 제출한 자로부터 과세표준 및 세액의 결정 또는 경정의 청구를 받은 세무서장은 그 청구를 받은 날부터 2월 이내에 이를 결정 또는 경정하거나 결정 또는 경정하여야 할 이유가 없다는 뜻을 그 청구를 한 자에게 통지하여야 한다.

| 수정신고, 경정청구, 기한 후 신고

이론형 Level 1

후발적 사유에 의한 경정청구: 소득이나 그 밖의 과세물건의 귀속을 제3자에게로 변경시키는 결정 또는 경정이 있을 때에는 그 후발적 사유가 발생한 것을 안 날부터 <u>3개월 이내</u>에 결정 또는 경정을 청구할 수 있다.

(선지분석)
① 수정신고에 대한 설명이다.
② 기한 후 신고에 대한 설명이다.
④ 경정청구에 대한 결정통지이다.

답 ③

---

131 국세기본법상 수정신고와 경정 등의 청구에 대한 설명으로 옳은 것만을 모두 고르면?

2021년 국가직 7급

ㄱ. 상속세의 수정신고는 당초의 신고에 따라 확정된 과세표준과 세액을 증액하여 확정하는 효력을 가진다.

ㄴ. 과세표준신고서를 법정신고기한까지 제출한 자 또는 국세의 과세표준 및 세액의 결정을 받은 자는 후발적 사유가 발생한 경우 그 사유가 발생한 것을 안 날부터 4개월 이내에 결정 또는 경정을 청구할 수 있다.

ㄷ. 과세표준신고서를 법정신고기한까지 제출한 자 및 기한 후 과세표준신고서를 제출한 자는 관할 세무서장이 과세표준과 세액을 결정 또는 경정하여 통지하기 전으로서 국세의 부과제척기간이 끝나기 전까지 수정신고를 할 수 있다.

ㄹ. 과세표준신고서를 법정신고기한까지 제출한 자뿐만 아니라 기한 후 과세표준신고서를 제출한 자도 과세표준 및 세액의 결정 또는 경정을 청구할 수 있다.

① ㄱ, ㄴ   ② ㄱ, ㄷ

③ ㄴ, ㄹ   ④ ㄷ, ㄹ

옳은 것은 ㄷ, ㄹ이다.

(선지분석)

ㄱ. 상속세의 수정신고는 당초의 신고에 따라 확정된 과세표준과 세액을 증액하여 확정하는 효력을 가지지 아니한다.
   ∵ 정부부과세목이기 때문이다.

ㄴ. 과세표준신고서를 법정신고기한까지 제출한 자 또는 국세의 과세표준 및 세액의 결정을 받은 자는 후발적 사유가 발생한 경우 그 사유가 발생한 것을 안 날부터 3개월 이내에 결정 또는 경정을 청구할 수 있다.

답 ④

132 국세기본법상 수정신고 및 경정청구 등에 관한 설명이다. 옳지 않은 것은?

2016년 회계사 변형

① 납세의무자 갑이 100만 원의 소득세를 법에서 정한 기한까지 신고하였는데, 그 후 300만 원으로 수정신고한 경우 세액이 300만 원으로 확정된다.

② 납세의무자 을이 300만 원의 소득세를 법에서 정한 기한이 지난 후 6개월 내에 신고한 경우 세액이 300만 원으로 확정된다.

③ 납세의무자 병이 200만 원의 소득세를 법에서 정한 기한까지 신고하였는데, 그 후 100만 원으로 감액경정을 청구한 경우 그 청구만으로는 세액이 100만 원으로 확정되지 아니한다.

④ 원래 신고하였어야 할 세액보다 더 많은 세액을 신고하여 감액경정을 청구하려면 법에서 정한 과세표준신고서(기한 후 과세표준신고서 포함)를 제출한 자이어야 한다.

⑤ 납세의무자 정이 2022년 한 해 동안의 소득에 대하여 2023년 5월 20일에 500만 원의 소득세를 신고 · 납부한 후 신고 내용에 계산 오류가 있어 감액경정을 청구하는 경우, 이 경정청구는 2028년 5월 31일까지 할 수 있다.

수정신고, 경정청구, 기한 후 신고

이론형 Level 2

기한 후 신고는 무신고 및 무납부 가산세의 부담을 일부 경감시키기 위하여 추가 신고 · 납부기회를 준 것에 불과할 뿐 납세의무를 확정하는 효력이 없다.

(선지분석)

① 신고납부세목에 대한 수정신고는 확정력이 있다.

③ 경정청구는 청구에 불과하며, 확정력이 없다.

④ 일반적인 감액경정 청구는 과세표준신고서(기한 후 신고서를 포함)를 제출한 자에 한하여 인정된다.

⑤ 통상적인 경정은 과세표준의 법정신고기한이 지난 후 5년 이내 가능하다.

답 ②

133 국세기본법상 후발적 사유로 인한 경정청구를 할 수 있는 경우에 해당하는 것은? 2009년 국가직 9급 변형

① 법인세법에 의한 국고보조금에 상당하는 금액을 익금과 손금에 동시에 산입하지 아니한 경우
② 최초의 신고에 있어서 과세표준 및 세액의 근거가 된 거래의 효력에 관계되는 계약이 해제권의 행사에 의하여 해제된 때
③ 과세표준신고서에 기재된 결손금액이 세법에 따라 신고하여야 할 결손금액에 미치지 못할 때
④ 과세표준신고서 또는 기한 후 과세표준신고서에 기재된 과세표준 및 세액이 세법에 따라 신고 하여야 할 과세표준 및 세액을 초과할 때

| **후발적 사유에 의한 경정청구** | 이론형 Level 1 |

> 후발적 사유(국세기본법 제45조의2 제2항 참조)
> 1. 최초의 신고·결정 또는 경정에서 과세표준 및 세액의 계산 근거가 된 거래 또는 행위 등이 그에 관한 소송에 대한 판결(판결과 같은 효력을 가지는 화해나 그 밖의 행위를 포함)에 의하여 다른 것으로 확정되었을 때
> 2. 소득이나 그 밖의 과세물건의 귀속을 제3자에게로 변경시키는 결정 또는 경정이 있을 때
> 3. 조세조약에 따른 상호합의가 최초의 신고·결정 또는 경정의 내용과 다르게 이루어졌을 때
> 4. 결정 또는 경정으로 인하여 그 결정 또는 경정의 대상이 되는 과세기간 외의 과세기간에 대하여 최초에 신고한 국세 의 과세표준 및 세액이 세법에 따라 신고하여야 할 과세표준 및 세액을 초과할 때
> 5. 최초의 신고·결정 또는 경정을 할 때 과세표준 및 세액의 계산 근거가 된 거래 또는 행위 등의 효력과 관계되는 계약이 해제권의 행사에 의하여 해제되거나 해당 계약의 성립 후 발생한 부득이한 사유로 해제되거나 취소된 경우 등

(선지분석)
① 불완전한 신고는 수정신고사유에 해당한다.
③, ④ 통상적인 경정청구사유이다.

답 ②

---

134 국세기본법상 후발적 사유에 의한 경정청구(제45조의2 제2항에 따른 경정청구)에 대한 설명으로 옳지 않은 것은? (다툼이 있는 경우 판례에 의함) 2015년 국가직 7급

① 최초에 결정한 과세표준 및 세액의 계산근거가 된 거래가 그에 관한 소송에 대한 판결에 의하여 다른 것으로 확정된 때에는 그 사유가 발생한 것을 안 날부터 3개월 이내의 경우라도, 납세의무 자는 해당 거래에 대한 국세부과제척기간이 경과하였다면 경정청구를 할 수 없다.
② 국세의 과세표준 및 세액의 결정을 받은 자는 소득이나 그 밖의 과세물건의 귀속을 제3자에게 로 변경시키는 경정이 있는 경우 국세기본법 제45조의2 제1항에서 규정하는 기간에도 불구하고 그 사유가 발생한 것을 안 날부터 3개월 이내에 경정을 청구할 수 있다.
③ 국세기본법에 따라 경정의 청구를 받은 세무서장은 그 청구를 받은 날부터 2개월 이내에 과세 표준 및 세액을 경정하거나 경정하여야 할 이유가 없다는 뜻을 그 청구를 한 자에게 통지하여야 한다.
④ 최초의 결정을 할 때 과세표준 및 세액의 계산 근거가 된 거래의 효력과 관계되는 계약이 국세 의 법정신고기한이 지난 후에 해제권의 행사에 의하여 해제된 경우도 경정청구사유가 된다.

| **후발적 사유에 의한 경정청구** | 이론형 Level 1 |

경정청구를 과세제척기간 내로 제한한다는 명문의 규정이 없으며, 납세의무자를 보호하기 위하여 둔 위에서 본 과세 제척기간의 예외규정의 취지 등에 비추어 보면, 후발적 사유가 있는 경우 납세의무자는 과세제척기간의 제한을 받지 아니하고 과세제척기간 이후에도 경정신청을 할 수 있다(서울고등법원 2005.6.2, 2004누9472).

답 ①

86 해커스공무원 학원·인강 gosi.Hackers.com

□□□ **위법소득의 과세에 관한 설명으로 옳지 않은 것은? (다툼이 있으면 판례에 따름)**　　　2017년 세무사

① 회사의 부사장이 회사소유 부동산을 매각하여 그 처분대금을 횡령한 경우 경제적 측면에서 보아 현실로 이득을 지배관리하면서 이를 향수하고 있어 담세력이 있는 것으로 판단되므로 과세소득에 해당한다.

② 매매가 위법한 것이어서 무효임에도 당사자 사이에서 그 매매계약이 유효한 것으로 취급되어 매도인이 매매대금을 수수하여 그대로 보유하고 있는 경우 양도소득세 과세대상이 된다.

③ 법인의 피용자의 지위에 있는 자가 법인의 자금을 횡령하여 법인이 그 자에 대한 손해배상채권을 취득하는 경우에는 그 금원 상당액이 곧바로 사외유출된 것으로 볼 수는 없어 소득처분에 의한 근로소득으로 과세될 수 없다.

④ 법인과 이사 사이에 이익이 상반되는 금전소비대차라 하더라도 그 소비대차에서 발생한 이자소득은 과세대상이 된다.

⑤ 위법소득에 대한 납세의무가 성립한 후에는 형법에 따른 몰수가 이루어진 경우라 하더라도 국세기본법상 후발적 경정청구의 대상이 되지 않는다.

█ 위법소득　　　이론형 Level 2

대법원은 "위법소득의 지배·관리라는 과세요건이 충족됨으로써 일단 납세의무가 성립하였다고 하더라도 그 후 몰수나 추징과 같은 위법소득에 내재되어 있던 경제적 이익의 상실가능성이 현실화되는 후발적 사유가 발생하여 소득이 실현되지 아니하는 것으로 확정됨으로써 당초 성립하였던 납세의무가 그 전제를 잃게 되었다면, 특별한 사정이 없는 한 납세자는 국세기본법 제45조의2 제2항 등이 규정한 후발적 경정청구를 하여 그 납세의무의 부담에서 벗어날 수 있다고 보아야 한다(대판 2015.7.16, 2014두5514 전합)."고 판시하였다.

답 ⑤

□□□ **국세기본법상 기한 후 신고에 대한 설명으로 옳지 않은 것은?**　　　2018년 국가직 9급

① 납세자가 적법하게 기한 후 과세표준신고서를 제출한 경우 관할 세무서장은 세법에 따라 신고일부터 30일 이내에 해당 국세의 과세표준과 세액을 결정하여야 한다.

② 적법하게 기한 후 과세표준신고서를 제출한 자로서 세법에 따라 납부하여야 할 세액이 있는 자는 그 세액을 납부하여야 한다.

③ 적법한 기한 후 신고가 있다고 하더라도 그 신고에는 해당 국세의 납세의무를 확정하는 효력은 없다.

④ 납세자가 적법하게 기한 후 과세표준신고서를 제출한 경우이지만, 세무서장이 과세표준과 세액을 결정할 것을 미리 알고 그러한 신고를 한 경우에는 기한 후 신고에 따른 무신고가산세 감면을 해주지 않는다.

█ 기한 후 신고　　　이론형 Level 1

기한 후 과세표준신고서를 제출하거나 수정신고에 따라 기한 후 과세표준신고서를 제출한 자가 과세표준수정신고서를 제출한 경우 관할 세무서장은 세법에 따라 신고일부터 3개월 이내에 해당 국세의 과세표준과 세액을 결정 또는 경정하여 신고인에게 통지하여야 한다. 다만, 그 과세표준과 세액을 조사할 때 조사 등에 장기간이 걸리는 등 부득이한 사유로 신고일부터 3개월 이내에 결정 또는 경정할 수 없는 경우에는 그 사유를 신고인에게 통지하여야 한다.

(선지분석)
② 단, 제출과 동시에 납부하지 않은 경우에도 적법한 기한 후 신고로 인정한다.
③ 기한 후 신고는 확정력이 없다.
④ 과세표준과 세액을 결정할 것을 미리 알고 신고서를 제출한 경우는 가산세를 감면해주지 아니한다.

답 ①

137 국세기본법상 기한 후 신고와 추가자진납부에 관한 설명으로 옳지 않은 것은? 2013년 회계사

① 법정신고기한까지 과세표준신고서를 제출하지 아니한 자는 관할 세무서장이 세법에 따라 해당 국세의 과세표준과 세액(가산세 포함)을 결정하여 통지하기 전까지 기한 후 과세표준신고서를 제출할 수 있다.

② 법정신고기한까지 과세표준신고서를 제출하지 아니한 자로서 기한 후 과세표준신고서를 제출할 수 있는 자는 납부할 세액이 있는 자만을 의미한다.

③ 기한 후 신고규정에 따라 기한 후 과세표준신고서를 제출한 자로서 세법에 따라 납부하여야 할 세액(가산세 포함)이 있는 자가 그 세액을 납부하지 아니한 경우에도 가산세는 감면될 수 있다.

④ 법정신고기한이 지난 후 1개월 이내에 기한 후 신고한 경우 무신고가산세의 50%를 감면한다. 다만, 과세표준과 세액을 결정할 것을 미리 알고 기한 후 과세표준신고서를 제출한 경우는 제외한다.

⑤ 과세표준신고서를 법정신고기한까지 제출하였으나 과세표준신고액에 상당하는 세액의 전부 또는 일부를 납부하지 아니한 자는 그 세액과 국세기본법 또는 세법에서 정하는 가산세를 세무서장이 고지하기 전에 납부할 수 있다.

기한 후 신고와 추가자진납부
이론형 Level 2

기한 후 신고는 과세표준신고서를 법정신고기한까지 제출하지 아니한 경우에 하는 것이며, 납부할 세액이 있는 경우뿐만 아니라 환급받을 세액이 있거나 결손이 발생하여 납부할 세액이 없는 경우에도 할 수 있다.

(선지분석)
③ 기한 후 신고 시 자진납부(본세 및 가산세)를 하지 아니하여도 무신고가산세를 감면한다.

답 ②

---

138 국세기본법상 과세와 환급에 관한 설명으로 옳지 않은 것은? 2018년 회계사 변형

① 과세표준신고서는 신고(전자신고 제외) 당시 해당 국세의 납세지를 관할하는 세무서장에게 제출하여야 하나, 관할 세무서장 외의 세무서장에게 제출된 경우에도 그 신고의 효력에는 영향이 없다.

② 세무서장이 국세환급금으로 결정한 금액을 세법에 따라 자진납부하는 국세에 충당 시 납세자가 그 충당에 동의하는 경우에 한하여 충당할 수 있다.

③ 결정 또는 경정의 청구를 받은 세무서장은 그 청구를 받은 날부터 2개월 이내에 과세표준 및 세액을 결정 또는 경정하거나 결정 또는 경정하여야 할 이유가 없다는 뜻을 그 청구를 한 자에게 통지하여야 한다.

④ 납세자가 상속세를 물납한 후 그 부과의 일부를 감액하는 경정결정에 따라 환급하는 경우에는 해당 물납재산으로 환급하여야 하며, 이 경우 국세환급가산금을 포함하여 지급한다.

⑤ 납세자의 국세환급금과 국세환급가산금에 관한 권리는 행사할 수 있는 때부터 5년간 행사하지 아니하면 소멸시효가 완성된다.

과세와 환급
이론형 Level 2

납세자가 상속세를 물납한 후 그 부과의 일부를 감액하는 경정결정에 따라 환급하는 경우에는 해당 물납재산으로 환급하여야 하며, 이 경우 국세환급가산금은 지급하지 아니한다.

답 ④

139 국세기본법상 가산세에 관한 설명으로 옳지 않은 것은?

① 소득세법상 지급명세서 제출의무를 부담하는 자가 이를 고의적으로 위반한 경우에는 가산세의 한도를 두지 아니한다.
② 정부가 국세기본법에 따라 가산세를 부과하는 경우 납세자가 의무를 이행하지 아니한 데 대한 정당한 사유가 있는 때에는 해당 가산세를 부과하지 아니한다.
③ 가산세는 해당 의무가 규정된 세법의 해당 국세의 세목(稅目)으로 한다. 다만, 해당 국세를 감면하는 경우에는 가산세는 그 감면대상에 포함시키지 아니하는 것으로 한다.
④ 납세의무자가 대법원 판결과 다른 조세심판원의 결정취지를 그대로 믿어 세법에 규정된 신고·납부의무를 해태한 경우에는 가산세를 부과하지 않는다.

▎가산세

이론형 Level 1

납세의무자가 대법원 판결과 다른 조세심판원의 결정취지를 그대로 믿어 세법에 규정된 신고, 납부의무를 해태한 경우에는 <u>가산세를 부과한다.</u> 이는 정당한 사유라고 할 수 없기 때문이다.

(선지분석)

① 국세기본법에서 정한 가산세에 대해여는 그 의무 위반 종류별로 각각 1억 원(중소기업은 5천만 원)을 한도로 한다. 다만, 해당 의무를 고의적으로 위반한 경우에는 그러하지 아니한다.
② 가산세 100% 감면사유에 해당한다.

답 ④

140 국세기본법상 가산세에 대한 설명으로 옳지 않은 것은?

① 세법에 따른 제출기한이 지난 후 1개월 이내에 해당 세법에 따른 제출의무를 이행하는 경우 제출의무 위반에 대하여 세법에 따라 부과되는 해당 가산세액의 100분의 50에 상당하는 금액을 감면한다.
② 납세자가 의무를 이행하지 아니한 데 대한 정당한 사유가 있는 때에는 해당 가산세를 부과하지 아니한다.
③ 가산세는 해당 의무가 규정된 세법의 해당 국세의 세목으로 하며, 해당 국세를 감면하는 경우에는 가산세도 그 감면대상에 포함한 것으로 한다.
④ 가산세 부과의 원인이 되는 사유가 국세기본법에 따른 기한연장사유에 해당하는 경우에는 해당 가산세를 부과하지 아니한다.

▎가산세

이론형 Level 1

가산세는 해당 의무가 규정된 세법의 해당 국세의 세목으로 하며, 해당 국세를 감면하는 경우에는 가산세는 그 감면대상에 <u>포함하지 아니한다.</u>

(선지분석)

① ▤ 세법에 따른 제출 등의 기한이 지난 후 1개월 이내에 해당 세법에 따른 제출 등의 의무를 이행하는 경우 가산세 감면(국세기본법 제48조 제2항 제3호 참조)
  1. 감면대상 가산세목: 제출 등의 의무 위반에 대하여 세법에 따라 부과되는 가산세
  2. 감면율: 50%

②, ④ 가산제 100% 감면사유에 해당한다.

답 ③

141 국세기본법상 가산세에 대한 설명으로 옳지 않은 것은?

① 가산세는 납부할 세액에 가산하거나 환급받을 세액에서 공제한다.

② 소득세법에 따라 소득세를 원천징수하여 납부할 의무를 지는 자에게 원천징수 등 납부지연가산세를 부과하는 경우에는 납부하지 아니한 세액의 100분의 20에 상당하는 금액을 가산세로 한다.

③ 과세전적부심사 결정·통지기간에 그 결과를 통지하지 아니한 경우 결정·통지가 지연됨으로써 해당 기간에 부과되는 납부불성실·환급불성실가산세액의 100분의 50에 상당하는 금액을 감면한다.

④ 제47조의5 제1항 제1호에 따른 원천징수 등 납부지연가산세 납세의무는 법정납부기한이 경과하는 때에 성립한다.

│ 가산세

이론형 Level 1

국세기본법 제47조의5 【원천징수 등 납부지연가산세】 ① 국세를 징수하여 납부할 의무를 지는 자가 징수하여야 할 세액을 법정납부기한까지 납부하지 아니하거나 과소납부한 경우에는 납부하지 아니한 세액 또는 과소납부분 세액의 100분의 50(제1호의 금액과 제2호 중 법정납부기한의 다음 날부터 납부고지일까지의 기간에 해당하는 금액을 합한 금액은 100분의 10)에 상당하는 금액을 한도로 하여 다음의 금액을 합한 금액을 가산세로 한다.
1. 납부하지 아니한 세액 또는 과소납부분 세액의 100분의 3에 상당하는 금액
2. 납부하지 아니한 세액 또는 과소납부분 세액 × 법정납부기한의 다음 날부터 납부일까지의 기간(납부고지일부터 납부고지서에 따른 납부기한까지의 기간은 제외) × 10만분의 22

(선지분석)

③ 📄 과세전적부심사 감면대상 가산세(국세기본법 제47조의5 제1항 참조)
1. 감면대상 가산세: 결정·통지가 지연됨으로써 해당 기간에 부과되는 납부불성실·환급불성실가산세
2. 감면세액: 가산세액 × 50%

답 ②

---

142 국세기본법령상 국제거래 등에 관련된 설명으로 옳지 않은 것은? (단, 조세조약과 국제조세조정에 관한 법률 관련 규정 등은 고려하지 아니함)

① 국세기본법 제26조의2 제1항에 따른 역외거래에서 발생한 부정행위로 국세를 포탈하거나 환급·공제받은 경우에는 국세는 그 국세를 부과할 수 있는 날부터 15년이 끝난 날 후에는 부과할 수 없다.

② 납세의무자가 역외거래에서 발생한 부정행위로 법정신고기한까지 세법에 따른 국세의 과세표준 신고를 하지 아니한 경우에는 국세기본법 제47조의2 제1항에 따른 무신고납부세액에 100분의 60을 곱한 금액을 가산세로 한다.

③ 납세의무자가 법정신고기한까지 세법에 따른 국세의 과세표준을 신고한 경우로서 역외거래에서 발생한 부정행위로 납부할 세액을 과소신고한 경우에는 국세기본법 제47조의3 제1항에 따른 과소신고납부세액 등에 100분의 40을 곱한 금액을 가산세로 한다.

④ 역외거래를 이용하여 세금을 탈루하거나 국내 탈루소득을 해외로 변칙유출한 혐의로 조사하는 경우에는 국세기본법 제81조의8 제2항에 따른 세무조사 기간의 제한 및 같은 조 제3항에 따른 세무조사 연장기간의 제한을 받지 아니한다.

│ 가산세

이론형 Level 1

과소신고가산세는 부정행위로 인한 과소신고납부세액 등의 100분의 40(역외거래에서 발생한 부정행위로 인한 경우에는 100분의 60)에 상당하는 금액이다.

답 ③

143

국세기본법상 가산세에 관한 설명이다. 옳지 않은 것은?

2015년 회계사

① 가산세란 세법에서 규정하는 의무의 성실한 이행을 확보하기 위하여 세법에 따라 산출한 세액에 가산하여 징수하는 금액을 말한다.

② 가산세는 해당 의무가 규정된 세법의 해당 국세의 세목으로 한다.

③ 본세가 감면되면 가산세도 감면된다.

④ 납세자가 의무를 이행하지 아니한 데 대한 정당한 사유가 있는 때에는 해당 가산세를 부과하지 아니한다.

⑤ 세법에서 규정하는 의무를 고의적으로 위반한 경우에는 가산세 한도규정을 적용하지 아니한다.

▌ 가산세   이론형 Level 1

가산세는 해당 의무가 규정된 세법의 해당 국세의 세목(稅目)으로 한다. 다만, 해당 국세를 감면하는 경우에는 가산세는 그 감면대상에 포함시키지 아니하는 것으로 한다. 예를 들면, 조세특례제한법에 따라 법인세가 면제되더라도 무신고가산세는 부과될 수 있다.

답 ③

144

국세기본법상 가산세에 관한 설명으로 옳지 않은 것은?

2017년 세무사

① 가산세는 해당 의무가 규정된 세법의 해당 국세의 세목으로 하나 해당 국세를 감면하는 경우 가산세는 감면대상에 포함되지 아니한다.

② 납세의무자가 역외거래에서 발생한 부정행위로 법정신고기한까지 법인세 과세표준신고를 하지 아니한 경우에는 그 신고로 납부하여야할 세액에 100분의 60을 곱한 금액을 가산세로 한다.

③ 납세의무자가 법정신고기한까지 법인세의 과세표준신고를 한 경우로서 착오에 의하여 과소신고를 한 때에는 과소신고납부세액의 100분의 10에 상당하는 금액을 가산세로 한다.

④ 납부지연가산세를 부과함에 있어 납세의무자가 법인세를 부정행위로 과소신고하면서 과세기간을 잘못 적용한 경우 실제 신고납부한 날에 실제 신고납부한 금액의 범위에서 신고납부하였어야 할 과세기간에 대한 법인세를 자진납부한 것으로 본다.

⑤ 정부는 납세자가 의무를 이행하지 아니한 데 대한 정당한 사유가 있는 때에는 해당 가산세를 부과하지 아니한다.

▌ 가산세   이론형 Level 2

법인세, 소득세 및 부가가치세를 과세기간을 잘못 적용하여 신고·납부한 경우 납부지연가산세의 부담을 완화하고 있으나, 부정행위로 과소신고한 경우에는 제외한다.

답 ④

145 국세기본법상 가산세에 관한 설명이다. 옳은 것은?

① 가산세는 해당 의무가 규정된 세법의 해당 국세의 세목으로 하며, 해당 국세를 감면하는 경우에는 가산세도 그 감면대상에 포함한다.

② 납세의무자가 법정신고기한까지 종합부동산세법에 따른 과세표준신고를 하지 아니한 경우 무신고가산세를 부과한다.

③ 신고 당시 소유권에 대한 소송으로 상속재산으로 확정되지 아니하여 상속세 과세표준을 과소신고한 경우 과소신고가산세를 부과한다.

④ 부가가치세법에 따른 사업자가 아닌 자가 부가가치세액을 환급받은 경우는 납부지연가산세의 적용대상에 해당하지 아니한다.

⑤ 법령에 따른 세법해석에 관한 질의·회신 등에 따라 신고·납부하였으나 이후 다른 과세처분을 하는 경우 가산세를 부과하지 아니한다.

| 가산세

이론형 Level 2

(선지분석)
① 가산세는 해당 의무가 규정된 세법의 해당 국세의 세목으로 하며, 해당 국세를 감면하는 경우에는 가산세도 그 감면대상에 포함하지 아니한다.

② 납세의무자가 법정신고기한까지 종합부동산세법에 따른 과세표준신고를 하지 아니한 경우 무신고가산세를 부과하지 아니한다.

③ 신고 당시 소유권에 대한 소송으로 상속재산으로 확정되지 아니하여 상속세 과세표준을 과소신고한 경우 과소신고가산세를 부과하지 아니한다.

④ 부가가치세법에 따른 사업자가 아닌 자가 부가가치세액을 환급받은 경우 납부지연가산세의 적용대상에 해당한다.

답 ⑤

146 국세기본법상 가산세 감면 등이 적용될 수 없는 것은?

① 납세자가 입은 화재로 인한 신고·납부의 지연이 가산세 부과의 원인인 경우로서 그 화재가 기한연장사유에 해당하는 경우

② 과세전적부심사 결정·통지기간 이내에 그 결과를 통지하지 아니하고 지연됨으로써 그 지연된 기간에 부과되는 가산세인 경우

③ 납세자가 세법에서 정한 의무를 이행하지 아니한 데 대한 정당한 사유가 있는 때

④ 과세표준수정신고서를 제출한 과세표준과 세액을 경정할 것을 미리 알고 법정신고기한이 지난 후 6개월 이내에 수정신고서를 제출한 경우

| 가산세 감면

이론형 Level 1

과세표준과 세액을 경정할 것을 <u>미리 알고</u> 과세표준수정신고서를 제출한 경우는 가산세를 <u>감면하지 아니한다.</u>

> **국세기본법 시행령 제29조 【가산세 감면 제외 사유】** 법 제48조 제2항 제1호 및 제2호에 따른 경정할 것을 미리 알고 제출한 경우는 다음 각 호의 어느 하나에 해당하는 경우를 말한다.
> 1. 해당 국세에 관하여 세무공무원이 조사에 착수한 것을 알고 과세표준수정신고서 또는 기한 후 과세표준신고서를 제출한 경우
> 2. 해당 국세에 관하여 관할 세무서장으로부터 과세자료 해명 통지를 받고 과세표준수정신고서를 제출한 경우

선지분석
① 천재 등으로 인한 기한연장사유에 해당하는 경우 해당 가산세를 부과하지 않는다(100% 감면사유).
② 과세전적부심사 결정·통지가 지연됨으로써 해당 기간에 부과되는 납부불성실·환급불성실가산세는 50% 감면 사유에 해당한다.
③ 가산세 100% 감면사유에 해당한다.

답 ④

147 국세기본법상 가산세의 감면에 대한 설명으로 옳지 않은 것은?　　　　2012년 국가직 7급 변형

① 납세자가 의무를 이행하지 아니한 데 대한 정당한 사유가 있는 경우에는 가산세를 부과하지 아니한다.
② 법정신고기한이 지난 후 1개월 이내에 수정신고한 경우에는 과소신고·초과환급신고가산세액의 90%에 상당하는 금액을 감면한다. 다만, 과세표준과 세액을 경정할 것을 미리 알고 과세표준수정신고서를 제출한 경우는 제외한다.
③ 법정신고기한이 지난 후 국세기본법 제45조의3에 따라 기한 후 신고납부를 한 경우에 그 신고납부가 법정신고기한이 지난 후 1개월 이내에 이루어진 경우에는 무신고가산세의 50%에 상당하는 금액을 감면한다. 다만, 과세표준과 세액을 결정할 것을 미리 알고 기한 후 과세표준신고서를 제출한 경우는 제외한다.
④ 국세기본법 제81조의15에 따른 과세전적부심사 결정·통지기간에 그 결과를 통지하지 아니한 경우에는 신고·납부 관련 가산세의 50%에 상당하는 금액을 감면한다.

┃ 가산세 감면　　　　이론형 Level 1

과세전적부심사 결정 통지기간에 그 결과를 통지하지 아니한 경우(결정 통지가 지연됨으로써 해당 기간에 부과되는 납부지연 가산세만 해당) 해당 가산세액의 50%에 상당하는 금액을 감면한다.

답 ④

148 국세기본법상 가산세 감면에 관한 설명으로 옳지 않은 것은?　　　　2018년 세무사 변형

① 가산세를 부과하는 경우 납세자가 의무를 이행하지 아니한 데 대한 정당한 사유가 있는 때에는 해당 가산세를 부과하지 아니한다.
② 법정신고기한이 지난 후 1개월 이내 기한 후 신고를 한 경우 무신고 가산세액의 100분의 90에 상당하는 금액을 감면한다.
③ 법정신고기한이 지난 후 3개월 초과 6개월 이내에 수정신고한 경우 과소신고 가산세액의 100분의 50에 상당하는 금액을 감면한다.
④ 과세전적부심사 결정·통지기간에 그 결과를 통지하지 아니한 경우 결정·통지가 지연됨으로써 해당 기간에 부과되는 납부지연가산세액의 100분의 50에 상당하는 금액을 감면한다.
⑤ 세법에 따른 제출의 기한이 지난 후 1개월 이내에 해당 세법에 따른 제출의무를 이행하는 경우 제출의무 위반 관련 가산세액의 100분의 50에 상당하는 금액을 감면한다.

┃ 가산세 감면　　　　이론형 Level 1

법정신고기한이 지난 후 1개월 이내에 기한 후 신고를 한 경우 무신고가산세액의 100분의 50에 상당하는 금액을 감면한다.

답 ②

149 국세기본법상 가산세액의 100분의 50에 상당하는 금액을 감면하는 사유에 해당하지 않는 것은?

2008년 국가직 9급 변형

① 과세표준과 세액을 신고하지 아니한 자가 법정신고기한 경과 후 1개월 이내에 법령의 규정에 따라 기한 후 신고를 한 경우(무신고가산세에 한함)

② 국세기본법 또는 세법에 따라 가산세를 부과하는 경우 그 부과의 원인이 되는 사유가 법령의 규정에 따른 기한연장사유에 해당하는 경우

③ 과세표준수정신고서를 제출한 과세표준과 세액에 관하여 경정이 있을 것을 미리 알고 제출한 경우를 제외하고 법정신고기한 경과 후 3개월 초과 6개월 이내에 법령의 규정에 따라 수정신고를 한 경우(과소신고가산세와 초과환급신고가산세에 한함)

④ 결정·통지가 지연됨으로써 해당기간에 부과되는 납부지연가산세에 있어서 법령의 규정에 따른 과세전적부심사 결정·통지기간 이내에 그 결과를 통지하지 아니한 경우

▌가산세 감면

이론형 Level 1

국세기본법 또는 세법에 따라 가산세를 부과하는 경우 중 ⓐ 납세자가 의무를 이행하지 아니한 데 대한 정당한 사유가 있는 때, ⓑ 천재지변 등으로 인한 기한연장사유에 해당하는 경우에 해당하는 경우 가산세를 부과하지 아니한다(국세기본법 제48조).

📄 **가산세 감면율이 50%에 해당하는 경우(국세기본법 제48조 참조)**

사유	감면대상 가산세
법정신고기한이 지난 후 3개월 초과 6개월 이내에 수정신고 시	과소신고·초과환급신고가산세
법정신고기한이 지난 후 1개월 이내에 기한 후 신고 시	무신고가산세
과세전적부심사 결정·통지기간에 그 결과를 미통지한 경우	결정·통지가 지연됨으로써 해당 기간에 부과되는 납부지연가산세
세법에 따른 제출등의 기한이 지난 후 1개월 이내에 해당 세법에 따른 제출등의 의무를 이행하는 경우	제출 등의 의무 위반에 대하여 세법에 따라 부과되는 가산세
세법에 따른 예정신고기한 및 중간신고기한까지 예정신고 및 중간신고를 하였으나 과소신고하거나 초과신고한 경우로서 확정신고기한까지 과세표준을 수정하여 신고한 경우	과소신고·초과환급신고가산세
세법에 따른 예정신고기한 및 중간신고기한까지 예정신고 및 중간신고를 하지 아니하였으나 확정신고기한까지 과세표준신고를 한 경우	무신고가산세

답 ②

150 국세기본법상 국세환급가산금에 관한 설명으로 옳지 않은 것은? 2010년 국가직 9급 변형

① 납세자의 국세환급가산금에 관한 권리는 행사할 수 있는 때로부터 5년간 행사하지 아니하면 소멸시효가 완성된다.

② 세무서장은 국세환급금을 충당하거나 지급할 때에는 대통령령으로 정하는 국세환급가산금 기산일부터 충당하는 날 또는 지급결정을 하는 날까지의 기간과 금융회사 등의 예금이자율 등을 고려한 국세환급가산금을 국세환급금에 가산하여야 한다.

③ 경정 등의 청구 또는 이의신청, 심사청구, 심판청구, 감사원법에 따른 심사청구 또는 행정소송법에 따른 소송에 대한 결정이나 판결 없이 고충민원의 처리에 따라 국세환급금을 충당하거나 지급하는 경우에는 국세환급가산금을 가산하여야 한다.

④ 납세자가 상속세를 물납한 후 그 부과의 일부를 감액하는 경정결정에 따라 환급하는 경우에는 국세환급가산금을 국세환급금에 가산하지 아니한다.

▎ 국세환급가산금 이론형 Level 1

경정청구, 이의신청, 심사청구, 심판청구 등의 권리구제절차를 거치지 아니한 고충민원의 처리에 따라 국세를 환급하는 경우에는 국세환급가산금 지급대상에서 제외하였다.

(선지분석)
① 국세환급금의 소멸시효에 대한 옳은 내용이다.
④ 물납재산으로 환급하는 경우 국세환급가산금은 지급하지 아니한다.

답 ③

---

151 국세기본법상 국세환급금에 대한 설명으로 옳지 않은 것은? 2014년 국가직 9급

① 납세자의 국세환급금 및 환급가산금에 관한 권리는 행사할 수 있는 때부터 5년간 행사하지 아니하면 소멸시효가 완성된다.

② 국세환급금으로 세법에 따라 자진납부하는 국세에 충당하는 경우에는 납세자가 그 충당에 동의해야 하는 것은 아니다.

③ 부가가치세 환급세액을 청구하는 소송은 행정소송법상 당사자소송의 절차에 따라야 한다.

④ 납세자는 국세환급금에 관한 권리를 법령에 정하는 바에 따라 타인에게 양도할 수 있다.

▎ 국세환급금 이론형 Level 1

납부고지에 의하여 납부하는 국세(납부기한 전 징수사유에 해당하는 경우는 제외) 및 자진납부하는 국세에의 충당은 납세자의 동의(의사표시)를 요구한다.

(선지분석)
① 국세환급금의 소멸시효에 대한 옳은 내용이다.
④ 국세환급금에 관한 권리를 타인에게 양도하려는 납세자는 세무서장이 국세환급금통지서를 발급하기 전에 문서로 관할 세무서장에게 양도를 요구하여야 한다.

답 ②

152 국세기본법상 국세환급금의 충당과 환급에 대한 설명으로 옳지 않은 것은? 2015년 국가직 7급 변형

① 세무서장이 국세환급금의 결정이 취소됨에 따라 이미 충당되거나 지급된 금액의 반환을 청구하는 경우에는 국세징수법의 고지·독촉 및 강제징수의 규정을 준용한다.

② 국세환급금으로 결정한 금액을 체납된 국세 및 강제징수비에 충당한 경우 체납된 국세 및 강제징수비와 국세환급금은 체납된 국세의 법정납부기한과 대통령령으로 정하는 국세환급금 발생일 중 늦은 때로 소급하여 대등액에 관하여 소멸한 것으로 본다.

③ 납세자가 세법에 따라 환급받을 환급세액이 있는 경우에는 그 환급세액을 납부고지에 의하여 납부하는 국세 및 세법에 따라 자진납부하는 국세에 충당할 것을 청구할 수 있다.

④ 원천징수의무자가 원천징수하여 납부한 세액에서 환급받을 환급세액이 있는 경우 원천징수의무자가 그 환급액을 즉시 환급해줄 것을 요구하는 때에는 그 원천징수의무자가 원천징수하여 납부하여야 할 세액에 충당하고 남은 금액을 즉시 환급한다.

│ 국세환급금의 충당과 환급 이론형 Level 1

원천징수의무자가 원천징수하여 납부한 세액에서 환급받을 환급세액이 있는 경우 그 환급액은 그 원천징수의무자가 원천징수하여 납부하여야 할 세액에 충당하고 남은 금액을 환급한다. 다만, 그 원천징수의무자가 그 환급액을 즉시 환급해줄 것을 요구하는 경우나 원천징수하여 납부하여야 할 세액이 없는 경우에는 즉시 환급한다.

오답 충당하고 남은 금액을 즉시 환급한다.

선지분석

① 국세환급금의 결정이 취소된 경우의 반환청구에 대한 규정에 대한 옳은 내용이다.

③ 📄 **동의충당(국세기본법 제51조 제2항 참조)**
세무서장이 국세환급금으로 결정한 금액을 다음의 국세에 충당하고자 하는 경우에는 납세자가 그 충당에 동의하는 경우에 한하여 충당할 수 있음
1. 납부고지에 의하여 납부하는 국세
2. 세법에 따라 자진 납부하는 국세

답 ④

---

153 국세기본법상 국세환급에 대한 설명으로 옳은 것은? 2016년 국가직 7급 변형

① 국세환급은 별도의 환급신청이 필요하지 않으며, 당초 물납했던 재산으로 환급받는 물납재산환급의 경우에도 국세환급가산금을 받을 수 있다.

② 세무서장은 국세환급금으로 결정한 금액을 납세자의 동의와 관계없이 대통령령으로 정하는 바에 따라 체납된 국세 및 강제징수비에 충당하여야 한다. 이는 다른 세무서에 체납된 국세 및 강제징수비에 충당하는 경우에도 같다.

③ 세무서장이 국세환급금의 결정이 취소됨에 따라 이미 충당되거나 지급된 금액의 반환을 청구하는 경우에는 고지와 독촉의 절차 없이 당해 납세자의 재산에 대하여 압류를 행한다.

④ 납세자의 국세환급금에 관한 권리는 행사할 수 있는 때부터 5년간 행사하지 아니하면 소멸시효가 완성되며 타인에게 양도할 수 없다.

📄 **직권충당(납세자의 동의 없이 충당하는 것, 국세기본법 제51조 제2항 참조)**
1. 국세징수법에 따른 납기 전 징수사유로 납부고지에 의한 납부세액
2. 체납된 국세 및 강제징수비(다른 세무서에 체납된 국세 및 강제징수비 포함)

(선지분석)
① 국세환급은 별도의 환급신청이 필요하지 않으며, 당초 물납했던 재산으로 환급받는 경우에는 해당 물납 재산으로 환급하여야 한다. 이 경우 국세환급가산금은 지급하지 아니한다.
③ 세무서장이 국세환급금의 결정이 취소됨에 따라 이미 충당되거나 지급된 금액의 반환을 청구하는 경우에는 국세징수법의 고지·독촉 및 강제징수의 규정을 준용한다. **오답** 고지와 독촉의 절차 없이
④ 국세환급금에 관한 권리는 국세환급금통지서를 발급하기 전에 문서로 세무서장에게 양도를 요구한 경우 양도할 수 있다.

답 ②

154 국세기본법상 국세의 환급에 대한 설명으로 옳지 않은 것은?
2020년 국가직 7급

① 국세환급금의 소멸시효는 세무서장이 납세자의 환급청구를 촉구하기 위하여 납세자에게 하는 환급청구의 통지로 인하여 중단되지 아니한다.
② 국세환급금과 국세환급가산금을 과세처분의 취소 또는 무효확인청구의 소 등 행정소송으로 청구한 경우 시효의 중단에 관하여 민법에 따른 청구를 한 것으로 본다.
③ 납세자가 상속세를 물납한 후 그 부과의 전부 또는 일부를 취소하거나 감액하는 경정 결정에 따라 환급하는 경우에는 해당 물납재산으로 환급하면서 국세환급가산금도 지급하여야 한다.
④ 2020년 1월 1일 이후 국세를 환급하는 분부터 과세의 대상이 되는 소득의 귀속이 명의일 뿐이고 실질귀속자가 따로 있어 명의대여자에 대한 과세를 취소하고 실질귀속자를 납세의무자로 하여 과세하는 경우 명의대여자 대신 실질귀속자가 납부한 것으로 확인된 금액은 실질귀속자의 기납부세액으로 먼저 공제하고 남은 금액이 있는 경우에는 실질귀속자에게 환급한다.

납세자가 상속세 및 증여세법에 따라 상속세를 물납한 후 그 부과의 전부 또는 일부를 취소하거나 감액하는 경정 결정에 따라 환급하는 경우에는 해당 물납재산으로 환급하여야 한다. 이 경우 국세환급가산금은 지급하지 아니한다.

답 ③

155 국세환급금에 관한 설명으로 옳지 않은 것은? (다툼이 있으면 판례에 따름)

① 납세자의 국세환급금과 국세환급가산금에 관한 권리는 행사할 수 있는 때부터 5년간 행사하지 아니하면 소멸시효가 완성된다.

② 국세환급금의 발생원인으로서 '잘못 납부한 금액(오납금)'이라 함은 납부 또는 징수의 기초가 된 신고(신고납세의 경우) 또는 부과처분(부과과세의 경우)이 부존재하거나 당연무효임에도 불구하고 납부 또는 징수된 세액을 말한다.

③ 국세환급금의 발생원인으로서 '초과하여 납부한 금액(과납금)'은 신고납세방식에 있어서 신고로 또는 부과과세방식에 있어서 부과결정으로 각 확정된다.

④ 국세환급금의 발생원인으로서 '환급세액'이라 함은 세법에 따라 적법하게 납부 또는 징수되었으나 그 후 국가가 보유할 정당한 이유가 없게 되어 각 개별세법에서 환급하기로 정한 세액을 말한다.

⑤ 원천징수의무자가 원천징수하여 납부한 세액에서 환급받을 환급세액이 있는 경우, 그 원천징수의무자가 그 환급액을 즉시 환급해줄 것을 요구하는 경우나 원천징수하여 납부하여야 할 세액이 없는 경우에는 즉시 환급한다.

국세환급금 이론형 Level 2

📄 국세환급금의 발생 원인	
오납금	납부 시부터 이에 대응하는 조세채무가 존재하지 않거나, 납부세액이 조세채무를 초과하는 경우에 생기는 세액을 말함 → 부존재 또는 당연무효
과납금	조세의 납부 시 이에 대응하는 확정된 조세채무가 존재하였으나, 후에 불복에 대한 결정·판결이나 과세관청의 취소결정 등의 사유로 채무가 소멸하게 된 경우에 생기는 세액을 말함 → 행정처분 취소
세법에 의한 환급세액	징세기술상의 이유로 납부 후에 최종적으로 세액이 확정되는 경우에 확정된 세액을 초과하는 납부세액을 말함. 개별세법에서 환급세액에 관한 내용을 규정

답 ③

---

156 국세기본법상 국세환급금에 관한 설명이다. 옳지 않은 것은?

① 국세환급금을 충당할 경우에는 체납된 국세 및 강제징수비에 우선 충당하여야 하나, 납세자가 세법에 따라 자진납부하는 국세에 충당하는 것을 동의한 경우에는 해당 국세에 우선 충당하여야 한다.

② 국세환급금 중 국세 및 강제징수비에 충당한 후 남은 금액이 10만 원 이하이고, 지급결정을 한 날부터 1년 이내에 환급이 이루어지지 아니하는 경우에는 납부고지에 의하여 납부하는 국세에 충당할 수 있다.

③ 체납된 국세 및 강제징수비에 국세환급금의 충당이 있는 경우, 체납된 국세 및 강제징수비와 국세환급금은 체납된 국세의 법정납부기한과 국세환급금 발생일 중 늦은 때로 소급하여 대등액에 관하여 소멸한 것으로 본다.

④ 국세환급금 중 국세 및 강제징수비에 충당한 후 남은 금액은 국세환급금의 결정을 한 날부터 30일 내에 납세자에게 지급하여야 한다.

⑤ 납세자가 상속세를 물납한 후 그 부과의 전부 또는 일부를 취소하거나 감액하는 경정결정에 따라 환급하는 경우에 해당 물납재산의 성질상 분할하여 환급하는 것이 곤란한 경우 금전으로 환급하여야 한다.

국세환급금

이론형 Level 2

국세환급금을 충당할 경우에는 체납된 국세 및 강제징수비에 충당하여야 한다. 다만, 납세자가 납부고지에 의하여 납부하는 국세에 충당하는 것을 동의하거나 신청한 경우에는 납부고지에 의하여 납부하는 국세에 우선충당 하여야 한다. 자진납부하는 국세에 우선 충당하여야 한다는 설명은 옳지 않다.

답 ①

---

157 국세환급금과 국세환급가산금에 관한 설명으로 옳은 것은?

① 세무서장이 국세환급금의 결정이 취소됨에 따라 이미 충당되거나 지급된 금액의 반환을 청구하는 경우에는 국세징수법의 고지·독촉 및 강제징수의 규정을 준용한다.
② 세무서장이 국세환급금으로 결정한 금액을 체납된 국세 및 강제징수비에 충당한 경우 체납된 국세 및 강제징수비와 국세환급금은 체납된 국세의 법정납부기한과 국세환급금 발생일 중 이른 때로 하여 대등액에 관하여 소멸한 것으로 본다.
③ 납세자가 국세를 납부한 후 세무서장이 그 납부의 기초가 된 부과를 취소하는 경우 국세환급금에 관한 권리는 국세납부일부터 5년간 행사하지 아니하면 소멸시효가 완성된다.
④ 납세자가 상속세를 물납한 후 그 부과의 전부를 취소하는 경정 결정에 따라 환급하는 경우에는 해당 물납재산과 국세환급가산금을 가산하여 환급한다.
⑤ 납세자의 국세환급금에 관한 권리는 타인에게 양도할 수 없다.

국세환급가산금

이론형 Level 2

(선지분석)
② 이른 때가 아닌 늦은 때이다.
③ 국세납부일로부터 5년간이 아닌, 행사할 수 있는 때로부터 5년간이다.
④ 물납의 경우 국세환급가산금 규정을 적용하지 아니한다.
⑤ 타인에게 양도할 수 있다.

답 ①

---

158 국세환급가산금의 기산일에 대한 설명으로 옳지 않은 것은? (단, 국세는 분할납부하지 않는다고 가정함)

① 법인세법, 소득세법, 부가가치세법, 개별소비세법, 주세법 또는 교통·에너지·환경세법에 따른 환급세액을 신고 또는 잘못 신고함에 따른 경정으로 인하여 환급하는 경우 - 경정결정일
② 적법하게 납부된 후 법률이 개정되어 발생한 국세환급금 - 개정된 법률의 시행일
③ 착오납부, 이중납부 또는 납부 후 그 납부의 기초가 된 신고 또는 부과를 경정하거나 취소함에 따라 발생한 국세환급금 - 국세 납부일
④ 적법하게 납부된 국세의 감면으로 발생한 국세환급금 - 감면결정일

국세환급가산금의 기산일

이론형 Level 1

법인세법·소득세법·부가가치세법·개별소비세법·주세법, 교통·에너지·환경세법 또는 조세특례제한법에 따른 환급세액의 신고, 환급신청, 경정 또는 결정으로 인하여 환급하는 경우의 기산일은 신고를 한 날(신고한 날이 법정신고기일 전인 경우에는 해당 법정신고기일) 또는 신청을 한 날부터 30일이 지난 날(세법에서 환급기한을 정하고 있는 경우에는 그 환급기한의 다음 날)이다. 다만, 환급세액을 법정신고기한까지 신고하지 않음에 따른 결정으로 인하여 발생한 환급세액을 환급할 때에는 해당 결정일부터 30일이 지난 날로 한다.

답 ①

159 국세기본법령상 국세환급금의 발생일로 옳지 않은 것은? 2021년 국가직 9급

① 적법하게 납부된 후 법률이 개정되어 환급하는 경우: 당초 과세표준신고일
② 원천징수의무자가 원천징수하여 납부한 세액을 국세기본법 제45조의2 제5항에 따른 경정청구에 따라 환급하는 경우: 원천징수세액 납부기한의 만료일
③ 조세특례제한법에 따라 근로장려금을 환급하는 경우: 근로장려금의 결정일
④ 적법하게 납부된 국세의 감면으로 환급하는 경우: 그 감면 결정일

▌국세환급금의 발생일 이론형 Level 1

적법하게 납부된 후 법률이 개정되어 환급하는 경우에는 그 개정된 법률의 시행일이 국세환급금의 발생일이 된다.

답 ①

06 심사와 심판

160 국세기본법과 다른 법률과의 관계에 대한 설명으로 옳은 것은? 2019년 국가직 9급

① 국세기본법은 국세기본법 또는 세법에 의한 위법·부당한 처분을 받은 경우에는 우선 행정심판법에 의한 심사청구·심판청구를 하도록 하고 있다.

② 재조사결정에 따른 처분청의 처분에 대한 행정소송은 국세기본법에 따른 심사청구 또는 심판청구와 그에 대한 결정을 거치지 아니하면 제기할 수 없다.

③ 국세에 관한 처분에 대하여는 국세기본법의 규정에 따른 불복방법과 감사원법의 규정에 따른 불복방법도 있기 때문에 두 가지 불복방법을 동시에 이용할 수 있다.

④ 국세환급금의 소멸시효에 관하여는 국세기본법 또는 세법에 특별한 규정이 있는 것을 제외하고는 민법에 따른다.

| 국세기본법과 다른 법률과의 관계 | 이론형 Level 1 |

선지분석

① 위법한 처분에 대한 행정소송은 행정소송법에도 불구하고 국세기본법에 따른 심사청구 또는 심판청구와 그에 대한 결정을 거치지 아니하면 제기할 수 없다. 즉, 국세기본법이 행정소송법에 우선하여 적용된다.

② 신속한 납세자 권리구제 및 국세행정 효율화를 위해 심사청구 및 심판청구의 재조사결정에 따른 처분청의 처분에 대해서는 원칙적으로 행정소송만을 허용하되 해당 재조사결정을 한 재결청에 대하여 심사청구 또는 심판청구를 선택적으로 제기할 수 있다.

③ 국세에 관한 처분에 대하여는 국세기본법의 규정에 따른 불복방법과 감사원법의 규정에 따른 불복방법이 있지만 두가지 불복방법을 동시에 이용할 수 없다.

> **참고** 불복에 의한 처분에 대하여 불복을 인정하면 불복제도의 순환을 가져와 불복절차를 불안정하게 함

답 ④

161 국세기본법상 다른 법률과의 관계에 대한 설명으로 옳지 않은 것은? 2021년 국가직 7급

① 국세에 관하여 세법에 별도의 규정이 있는 경우를 제외하고는 국세기본법에서 정하는 바에 따른다.

② 조세조약에 따른 상호합의절차가 개시된 경우 상호합의절차의 개시일부터 종료일까지의 기간은 심판청구의 청구기간에 산입하지 아니한다.

③ 심사청구 또는 심판청구에 대한 결정기간에 결정의 통지를 받지 못한 경우에는 결정의 통지를 받기 전이라도 그 결정기간이 지난 날부터 행정소송을 제기할 수 있다.

④ 위법 또는 부당한 처분에 대하여 감사원 심사청구를 거친 경우에는 바로 행정소송을 제기할 수 없다.

| 국세기본법과 다른 법률과의 관계 | 이론형 Level 1 |

위법 또는 부당한 처분에 대하여 감사원 심사청구를 거친 경우에는 행정소송을 제기할 수 있다.

답 ④

162 국세기본법상 불복절차에 관한 설명으로 옳지 않은 것은?

2007년 국가직 9급

① 국세기본법 또는 세법의 규정에 의한 처분이 국세청장이 조사·결정 또는 처리하거나 하였어야 할 것인 경우를 제외하고는 그 처분에 대하여 심사청구 또는 심판청구에 앞서 이의신청을 할 수 있다.

② 국세기본법상의 심판청구에 대한 결정이 있은 때에는 당해 행정청은 결정의 취지에 따라 즉시 필요한 처분을 하여야 한다.

③ 국세처분에 관한 행정소송은 행정소송법의 규정에 불구하고 심사청구 또는 심판청구에 대한 결정의 통지를 받은 날로부터 90일 이내에 제기하여야 한다. 결정기간 내에 결정의 통지를 받지 못한 경우에는 행정소송을 제기할 수 없다.

④ 국세청장은 심사청구의 내용이나 절차가 국세기본법 또는 세법에 적합하지 아니하나 보정할 수 있다고 인정하는 때에는 20일 이내의 기간을 정하여 보정할 것을 요구할 수 있다.

▌ **불복** 이론형 Level 1

국세처분에 관한 행정소송은 행정소송법의 규정에 불구하고 심사청구 또는 심판청구에 대한 결정의 통지를 받은 날로부터 90일 이내에 제기하여야 한다. 결정기간 내에 통지를 받지 못한 경우에는 결정의 통지를 받기 전이라도 그 결정기간이 지난 날부터 행정소송을 <u>제기할 수 있다.</u>

답 ③

---

163 국세기본법상 조세불복제도에 관한 설명으로 옳지 않은 것은?

2008년 국가직 7급

① 불복청구인의 대리인은 본인의 특별한 위임 없이도 불복의 신청 또는 청구의 취하를 할 수 있다.

② 조세심판관회의는 심판청구에 대한 결정을 함에 있어서 심판청구를 한 처분보다 청구인에게 불이익이 되는 결정을 할 수 없다.

③ 조세심판관합동회의는 심판청구에 대한 결정을 함에 있어서 심판청구를 한 처분 이외의 처분에 대하여는 그 처분의 전부 또는 일부를 취소 또는 변경하거나 새로운 처분의 결정을 하지 못한다.

④ 이의신청에 대한 결정기간 내에 결정통지를 받지 못한 경우에는 결정통지를 받기 전이라도 그 결정기간이 지난 날부터 심사청구를 할 수 있다.

▌ **불복** 이론형 Level 1

대리인은 본인을 위하여 그 신청 또는 청구에 관한 모든 행위를 할 수 있다. 다만, <u>그 신청 또는 청구의 취하는 특별한 위임을 받은 경우에만 할 수 있다.</u> 불복의 취하는 납세자에게 불리한 행위이므로 신중을 기하기 위함이다.

(선지분석)
② 불이익변경금지의 원칙에 대한 옳은 내용이다.
③ 불고불리의 원칙에 대한 옳은 내용이다.

답 ①

---

164 국세기본법상 불복절차에 대한 설명으로 옳지 않은 것은?

2013년 국가직 9급 변형

① 세법상의 처분에 의해 권리나 이익의 침해를 당한 자가 행정소송을 제기하기 위해서는 국세기본법상의 심사청구 또는 심판청구를 거치거나 감사원법상의 심사청구를 거쳐야 한다.

② 제2차 납세의무자로서 납부고지서를 받은 자나 보증인도 이해관계인으로서 위법한 처분을 받은 자의 처분에 대하여 취소 또는 변경을 청구할 수 있다.

③ 국세청장의 과세표준 조사·결정에 따른 처분에 대하여 불복하려는 자는 이의신청을 거친 후에 또는 이의신청을 거치지 아니하고, 심사청구 또는 심판청구를 제기할 수 있다.

④ 세법상의 처분에 대한 불복으로 행정심판법상의 행정심판을 청구할 수 없다.

불복

이론형 Level 1

국세청장의 과세표준 조사·결정에 따른 처분에 대하여 불복하려는 자는 심사청구 또는 심판청구를 제기할 수 있다.

> 📄 **이의신청이 배제되는 처분(국세기본법 시행령 제44조의2 참조)**
>
> 1. 국세청장의 과세표준 조사·결정에 따른 처분
> 2. 국세청의 감사결과로서의 시정지시에 따른 처분
> 3. 국세청의 세무조사결과에 따른 처분
> 4. 1.부터 3.까지의 처분 외에 국세청장의 특별한 지시에 따른 처분
> 5. 세법에 따라 국세청장이 하여야 할 처분

(선지분석)

① 행정심판 전치주의에 대한 옳은 내용이다.

② 불복청구인은 위법 또는 부당한 처분을 받거나 필요한 처분을 받지 못하여 권리 또는 이익을 침해당한 자(이해관계인 포함)이다.

④ 통상의 행정청의 처분 등에 대하여는 행정심판법에 의한 행정심판을 진행할 수 있으나, 사안의 전문성과 특수성을 살리기 위해 필요한 경우 다른 법률에서 행정심판을 정할 수 있는데, 이를 특별행정심판이라고 한다.

답 ③

165 국세기본법상 조세불복에 따른 권리구제에 대한 설명으로 옳지 않은 것은?　

① 세법에 따른 처분으로서 위법한 처분에 대한 행정소송은 국세기본법상의 심사청구 또는 심판청구와 그에 대한 결정을 거치지 아니하면 제기할 수 없다.

② 국세기본법상 불복청구의 대상인 '이 법 또는 세법에 따른 처분'에는 소득금액변동통지는 포함되나 세무조사결정은 포함되지 않는다.

③ 감사원법에 따라 심사청구를 한 처분이나 그 심사청구에 대한 처분은 국세기본법상 불복청구의 대상이 아니다.

④ 세법에 따른 처분에 의하여 권리를 침해당하게 될 제2차 납세의무자로서 납부고지서를 받은 자는 위법 또는 부당한 처분을 받은 자의 처분에 대하여 그 처분의 취소 또는 변경을 청구하거나 그 밖에 필요한 처분을 청구할 수 있다.

█ 불복　　　　　　　　　　　　　　　　　　　　　　　　　　　　　　이론형 Level 1

불복청구의 대상인 처분에는 소득금액변동통지와 세무조사결정이 모두 포함된다. 세무조사결정은 납세의무자의 권리·의무에 직접 영향을 미치는 공권력의 행사에 따른 행정처분에 해당하기 때문이다(대판 2011.3.10, 2009두23617 참조).

(선지분석)
① 행정심판 전치주의에 대한 옳은 내용이다.
③ 감사원법에 따른 심사청구는 행정소송의 전심절차에 해당한다. 따라서 감사원에 심사청구를 한 처분에 대해서는 국세기본법에 의한 불복청구를 중복으로 제기할 수 없다.
④ 불복청구인은 제2차 납세의무자를 포함한다.

답 ②

---

166 국세기본법상 불복에 대한 설명으로 옳지 않은 것은?　

① 이의신청을 하는 경우에 조사한 세무서장과 과세처분한 세무서장이 서로 다른 경우에는 과세처분한 세무서장의 관할 지방국세청장에게 하여야 한다.

② 이의신청, 심사청구 또는 심판청구의 재결청은 결정서에 그 결정서를 받은 날부터 90일 이내에 이의신청인은 심사청구 또는 심판청구를, 심사청구인 또는 심판청구인은 행정소송을 제기할 수 있다는 내용을 적어야 한다.

③ 대리인은 본인을 위하여 그 신청 또는 청구에 관한 모든 행위를 할 수 있으므로 그 신청 또는 청구의 취하에 있어서도 특별한 위임을 받을 필요는 없다.

④ 이의신청, 심사청구 또는 심판청구는 세법에 특별한 규정이 있는 것을 제외하고는 해당 처분의 집행에 효력을 미치지 아니하나 해당 재결청이 필요하다고 인정할 때에는 그 처분의 집행을 중지하게 하거나 중지할 수 있다.

대리인은 본인을 위하여 그 신청 또는 청구에 관한 모든 행위를 할 수 있다. 다만, <u>그 신청 또는 청구의 취하는 특별한 위임을 받은 경우에만 할 수 있다.</u>

(선지분석)

② 재결청은 결정기간 내에 그 이유를 기재한 결정서를 청구인에게 통지하여야 한다. 결정서에는 그 결정서를 받은 날부터 90일 이내에 이의신청인은 심사청구 또는 심판청구를, 심사청구인 또는 심판청구인은 행정소송제기를 할 수 있다는 내용을 적어야 한다.

④ 📄 **불복청구가 집행에 미치는 효력: 집행부정지(국세기본법 제57조 제1항 참조)**
1. 이의신청, 심사청구 또는 심판청구는 세법에 특별한 규정이 있는 것을 제외하고는 해당 처분의 집행에 효력을 미치지 아니함
2. 다만, 해당 재결청이 필요하다고 인정할 때에는 그 처분의 집행을 중지하게 하거나 중지할 수 있음
   [참고] 처분의 집행을 일시적으로 모면하기 위해 불복청구를 남용하는 것 방지하기 위함임

답 ③

167 국세기본법령상 조세불복의 대리인에 대한 설명으로 옳지 않은 것은? (단, 지방세는 고려하지 않음)
2019년 국가직 9급 변형

① 이의신청인 등과 처분청은 변호사를 대리인으로 선임할 수 있다.
② 이의신청인 등은 신청 또는 청구의 대상이 되는 금액이 5천만 원 미만인 경우 그 배우자도 대리인으로 선임할 수 있다.
③ 조세불복의 신청 또는 청구의 취하는 대리인이 본인으로부터 특별한 위임을 받은 경우에만 할 수 있다.
④ 법인이 아닌 심판청구인이 심판청구의 대상세목이 상속세이고, 청구금액이 5천만 원인 경우 조세심판원에 세무사를 국선대리인으로 선정하여 줄 것을 신청할 수 있다.

📄 **국선대리인 선정신청(국세기본법 제59조의2 제1항 참조)**

이의신청인, 심사청구인, 심판청구인 및 과세전적부심사 청구인은 재결청(과세전적부심사의 경우에는 통지를 한 세무서장이나 지방국세청장)에 다음의 요건을 모두 갖추어 국선대리인으로 선정하여 줄 것을 신청할 수 있음
1. 이의신청인 등이 개인인 경우 소득세법에 따른 종합소득금액이 5천만 원 이하 + 소유 재산의 가액이 5억 원 이하일 것
2. 이의신청인 등이 법인인 경우 수입금액이 3억원, 재산가액이 5억원 이하일 것
3. 5천만 원 이하인 신청 또는 청구일 것
4. 상속세, 증여세 및 종합부동산세가 아닌 세목에 대한 신청 또는 청구일 것

답 ④

국세기본법령상 조세불복제도에 대한 설명으로 옳은 것은? (다툼이 있는 경우, 판례에 의함)

2019년 국가직 7급

① 불복을 하더라도 압류 및 공매의 집행에 효력을 미치지 아니하는 것이 원칙이다.

② 조세범 처벌절차법에 따른 통고처분에 대해서는 불복할 수 없다.

③ 심판청구에 대한 재조사결정의 취지에 따른 후속처분이 심판청구를 한 당초처분보다 납세자에게 불리하더라도 불이익변경금지원칙이 적용되지 아니하므로 후속처분 중 당초처분의 세액을 초과하는 부분은 위법하지 않다.

④ 국세청장이 심사청구의 내용이나 절차가 국세기본법 또는 세법에 적합하지 아니하여 20일 이내의 기간을 정하여 보정을 요구한 경우 보정기간은 심사청구기간에 산입하지 아니하나 심사청구에 대한 결정기간에는 산입한다.

▌ **불복**   이론형 Level 1

(선지분석)

① 납세자의 불복에 대하여는 집행부정지원칙이 적용되므로 납세자가 국세를 납부하지 아니하고 불복하면 압류 등 강제징수가 행해질 수 있다. 다만, 국세기본법에 따른 이의신청·심사청구 또는 심판청구절차가 진행 중이거나 행정소송이 계속 중인 국세의 체납으로 압류한 재산은 그 신청 또는 청구에 대한 결정이나 소(訴)에 대한 판결이 확정되기 전에는 공매할 수 없는 것이 원칙이다.

③ 조세심판관회의 또는 조세심판관합동회의는 심판결정을 할 때 심판청구를 한 처분보다 청구인에게 불리한 결정을 할 수 없다는 것으로, 재조사결정도 불이익변경금지원칙을 적용받는다(대판 2010.6.25, 2007두12514).

④ 국세청장은 심사청구의 내용이나 절차가 이 법 또는 세법에 적합하지 아니하나 보정할 수 있다고 인정되면 20일 이내의 기간을 정하여 보정할 것을 요구할 수 있다. 보정기간은 심사청구기간에 산입하지 아니하며, 심사청구에 대한 결정기간에도 산입하지 아니한다.

답 ②

조세불복 및 그 관련 제도에 대한 설명으로 옳은 것은?

2020년 국가직 9급

① 조세심판관회의는 조세심판관회의 의장이 필요하다고 인정할 때 이외에는 공개하지 아니한다.

② 행정소송이 계속 중인 국세의 체납으로 압류한 재산(부패·변질·감량되기 쉬운 재산이 아님)은 소(訴)에 대한 판결이 확정되기 전에 공매할 수 있다.

③ 조세심판원의 재조사결정에 따른 후속처분에 대하여는 심사청구나 심판청구를 할 수 없다.

④ 납세의무자가 세법에 따른 과태료 부과처분의 취소를 구하는 심판청구를 한 경우 조세심판원은 그를 심리하여 인용 또는 기각의 결정을 하여야 한다.

▌ **불복**   이론형 Level 1

(선지분석)

② 행정소송이 계속 중인 국세의 체납으로 압류한 재산(부패·변질·감량되기 쉬운 재산이 아님)은 소(訴)에 대한 판결이 확정되기 전에 공매할 수 없다.

③ 재조사결정에 따른 처분청의 처분에 대해서는 해당 재조사결정을 한 재결청에 대하여 심사청구 또는 심판청구를 제기할 수 있다.

④ 납세의무자가 세법에 따른 과태료 부과처분의 취소를 구하는 심판청구를 한 경우 조세심판원은 각하결정을 하여야 한다. 세법에 따른 과태료 부과처분은 불복대상이 아니기 때문이다.

답 ①

170

국세기본법상 심판청구제도에 대한 설명으로 옳지 않은 것은?

① 조세심판관회의 또는 조세심판관합동회의는 결정을 할 때 심판청구를 한 처분보다 청구인에게 불리한 결정을 하지 못한다.

② 심판청구금액이 3천만 원 이상이고 청구기간 내에 심판청구를 받았을 때에는 조세심판관회의가 심리를 거쳐 결정한다.

③ 심판청구인은 자신의 심판청구와 관련하여 법령이 정하는 바에 따라 해당 재결청에 의견진술을 할 수 있지만, 처분청은 그러하지 않다.

④ 조세심판원장과 상임조세심판관 모두로 구성된 회의가 종전에 조세심판원에서 한 세법의 해석·적용을 변경하는 의결을 할 때에는 조세심판관합동회의가 심리를 거쳐 결정한다.

┃ 심판청구 이론형 Level 1

이의신청인, 심사청구인, 심판청구인 또는 <u>처분청</u>(처분청의 경우 심판청구에 한정)은 그 신청 또는 청구에 관계되는 서류를 열람할 수 있으며 대통령령으로 정하는 바에 따라 해당 <u>재결청에 의견을 진술할 수 있다.</u>

선지분석

② 📄 **주심조세심판관의 단독 심리(국세기본법 시행령 제62조 제1항 참조)**

심판청구금액이 3천만 원 미만인 것으로서 다음의 어느 하나에 해당하는 것은 조세심판관회의의 심리를 거치지 아니하고 주심조세심판관이 심리하여 결정할 수 있음
1. 청구사항이 법령의 해석에 관한 것이 아닌 것
2. 청구사항이 법령의 해석에 관한 것으로서 유사한 청구에 대하여 이미 조세심판관회의의 의결에 따라 결정된 사례가 있는 것

④ 심판청구결정의 공정성과 투명성을 제고하기 위하여 조세심판관합동회의 심리 여부를 조세심판원장이 아닌 조세심판원장과 상임조세심판관 모두로 구성된 회의에서 의결하도록 하였다.

답 ③

171

국세기본법상 조세심판에 관한 설명으로 옳지 않은 것은?

① 감사원법에 따라 심사청구를 한 처분이나 그 심사청구에 대한 처분은 심판청구의 대상이 되는 처분에 포함되지 아니한다.

② 심판청구인은 변호사 이외에도 세무사 또는 세무사법의 규정에 따라 등록한 공인회계사를 대리인으로 선임할 수 있다.

③ 심판청구는 세법에 특별한 규정이 있는 것을 제외하고는 그 결정이 있기 전까지 당해 과세처분의 집행을 중지시킨다.

④ 조세심판관회의는 심판청구에 대한 결정을 할 때 심판청구를 한 처분보다 청구인에게 불리한 결정을 하지 못한다.

┃ 조세심판 이론형 Level 1

이의신청, 심사청구 또는 심판청구는 세법에 특별한 규정이 있는 것을 제외하고는 해당 처분의 집행에 효력을 미치지 아니한다. 다만, 해당 재결청이 처분의 집행 또는 절차의 속행 때문에 이의신청인, 심사청구인 또는 심판청구인에게 중대한 손해가 생기는 것을 예방할 필요성이 긴급하다고 인정할 때에는 처분의 집행 또는 절차 속행의 전부 또는 일부의 정지를 결정할 수 있다.

선지분석

① 감사원법에 따른 심사청구는 행정소송의 전심절차이므로 감사원법에 따라 심사청구를 한 처분은 국세기본법에 의한 불복청구를 중복적으로 제기할 수 없다.

④ 불이익변경금지의 원칙에 대한 옳은 내용이다.

답 ③

172 국세기본법상 심사와 심판에 관한 설명으로 옳지 않은 것은?

2015년 세무사 변형

① 국세에 관한 행정소송은 국세기본법에 따른 심사청구나 심판청구 또는 감사원법에 따른 심사청구와 그에 대한 결정을 거치지 아니하면 제기할 수 없다.

② 이의신청인, 심사청구인 또는 심판청구인은 불복신청 또는 청구금액이 3천만 원(지방세의 경우는 1천만 원) 미만인 경우에는 그 배우자, 4촌 이내의 혈족 또는 그 배우자의 4촌 이내의 혈족을 대리인으로 선임할 수 있다.

③ 불복청구인의 이의신청과 관련하여 당초처분의 적법성에 관하여 재조사하여 그 결과에 따라 과세표준과 세액을 경정하거나 당초처분을 유지하는 등의 처분을 하도록 하는 결정에 따른 처분에 대하여는 심사청구 또는 심판청구가 가능하다.

④ 조세심판관회의는 심판청구에 관한 결정을 할 때 심판청구를 한 처분 외의 처분에 대해서는 그 처분의 전부 또는 일부를 취소 또는 변경하거나 새로운 처분의 결정을 하지 못한다.

⑤ 종합부동산세의 결정 고지세액 1천만 원에 대하여 심판청구를 하려는 자가 재결청에 변호사 등을 국선대리인으로 선정하여 줄 것을 신청하는 경우, 재결청은 지체 없이 국선대리인을 선정하고 신청을 받은 날부터 5일 이내에 그 결과를 심판청구인과 국선대리인에게 각각 통지하여야 한다.

| 심사와 심판 | 이론형 Level 2 |

상속세, 증여세 및 종합부동산세는 국선대리인 선임신청을 할 수 없다.

답 ⑤

---

173 국세기본법상 심사와 심판에 관한 설명으로 옳지 않은 것은?

2017년 세무사 변형

① 감사원법에 따라 심사청구를 한 처분이나 그 심사청구에 대한 처분에 대하여는 국세기본법상 불복청구를 할 수 없다.

② 심사청구의 대상이 된 처분에 대한 재조사결정에 따라 처분청의 처분이 있는 경우 해당 재조사결정을 한 재결청에 대하여 심사청구 또는 심판청구를 제기할 수 없다.

③ 해당 재결청이 처분의 집행 또는 절차의 속행 때문에 이의신청인, 심사청구인 또는 심판청구인에게 중대한 손해가 생기는 것을 예방할 필요성이 긴급하다고 인정할 때에는 처분의 집행 또는 절차 속행의 집행정지를 결정할 수 있다.

④ 조세심판관이 심판청구일 전 최근 5년 이내에 불복의 대상이 되는 처분, 처분에 대한 이의신청 또는 그 기초가 되는 세무조사에 관여하였던 경우에는 심판관여로부터 제척된다.

⑤ 심판청구사건에 대한 결정이 국세행정에 중대한 영향을 미칠 것으로 예상되어 국세청장의 요청이 있고 조세심판원장이 필요하다고 인정하는 경우에는 조세심판관합동회의가 심리를 거쳐 결정하여야 한다.

| 심사와 심판 | 이론형 Level 2 |

심사청구 또는 심판청구에 대한 처분에 대해서는 이의신청, 심사청구 또는 심판청구를 제기할 수 없으나, 재조사결정에 따른 처분청의 처분에 대해서는 해당 재조사결정을 한 재결청에 대하여 심사청구 또는 심판청구를 제기할 수 있다.

답 ②

국세기본법상 심사와 심판에 대한 설명으로 옳은 것으로만 묶은 것은?

> ㄱ. 심사청구가 이유 있다고 인정되어 행한 재조사결정에 따른 처분청의 처분에 대한 행정소송은 심사청구와 그에 대한 결정을 거치지 아니하면 제기할 수 없다.
> ㄴ. 감사원법에 따라 심사청구를 한 처분이나 그 심사청구에 대한 처분에 대해서는 국세기본법에 따른 처분의 취소 또는 변경을 청구하거나 필요한 처분을 청구할 수 없다.
> ㄷ. 국세청장은 심사청구의 내용이나 절차가 국세기본법 또는 세법에 적합하지 아니하나 보정(補正)할 수 있다고 인정되면 20일 이내의 기간을 정하여 보정할 것을 요구할 수 있고, 보정할 사항이 경미한 경우에는 직권으로 보정할 수 있다.
> ㄹ. 심판청구를 제기한 후 같은 날 심사청구를 제기한 경우에는 심사청구를 기각하는 결정을 한다.

① ㄱ, ㄴ   ② ㄱ, ㄹ
③ ㄴ, ㄷ   ④ ㄷ, ㄹ

| **심사와 심판** | 이론형 Level 1 |

옳은 것은 ㄴ, ㄷ이다.

(선지분석)
ㄱ. 위법한 처분에 대한 행정소송은 행정소송법에도 불구하고 국세기본법에 따른 심사청구 또는 심판청구와 그에 대한 결정을 거치지 아니하면 제기할 수 없다. 다만, 심사청구 또는 심판청구에 대한 재조사 결정에 따른 처분청의 처분에 대한 행정소송은 그러하지 아니하다.
ㄹ. 심판청구를 제기한 후 같은 날 심사청구를 제기한 경우에는 부적법한 청구로 보아 각하하는 결정을 한다.

답 ③

국세기본법상 심사와 심판에 관한 설명으로 옳지 않은 것은?

① 조세심판관은 심판청구에 관한 조사 및 심리의 결과와 과세의 형평을 고려하여 자유심증으로 사실을 판단한다.
② 조세심판관은 심판청구일 전 최근 5년 이내에 불복의 대상이 되는 처분의 기초가 되는 세무조사에 관여하였던 경우에는 그 심판관여로부터 제척된다.
③ 조세심판관의 임기는 2년으로 하고 한 차례만 중임할 수 있다.
④ 심판청구를 제기한 후 심사청구를 제기한 경우에는 그 심사청구를 각하하는 결정을 한다.
⑤ 국세의 심판청구금액이 3천만 원 미만인 것으로 청구사항이 법령의 해석에 관한 것이 아닌 경우 조세심판관회의의 심리를 거치지 아니하고 주심조세심판관이 심리하여 결정할 수 있다.

| **심사와 심판** | 이론형 Level 2 |

조세심판관의 임기는 3년으로 하고 한 차례만 연임할 수 있다.

답 ③

176 국세기본법상 국세불복에 관한 설명으로 옳지 않은 것은?

① 청구기한까지 우편으로 제출한 심사청구서가 청구기간을 지나서 도달한 경우에는 그 기간의 만료일에 적법한 청구를 한 것으로 본다.

② 이의신청, 심사청구 또는 심판청구는 세법에 특별한 규정이 있는 것을 제외하고는 해당 처분의 집행에 효력을 미치지 아니한다. 다만, 해당 재결청이 처분의 집행 또는 절차의 속행 때문에 이의신청인, 심사청구인 또는 심판청구인에게 중대한 손해가 생기는 것을 예방할 필요성이 긴급하다고 인정할 때에는 처분의 집행 또는 절차 속행의 집행정지를 결정할 수 있다.

③ 조세심판관회의는 심판청구에 대한 결정을 할 때 심판청구를 한 처분 외의 처분에 대해서는 그 처분의 전부 또는 일부를 취소 또는 변경하거나 새로운 처분의 결정을 하지 못한다.

④ 담당 조세심판관은 필요하다고 인정하면 여러 개의 심판사항을 병합하거나 병합된 심판사항을 여러 개의 심판사항으로 분리할 수 있다.

⑤ 심사청구 또는 심판청구에 대한 재조사결정에 따른 처분청의 처분에 대해서는 심사청구 또는 심판청구를 거치지 않을 경우 행정소송을 제기할 수 없다.

■ 조세불복

심사청구 또는 심판청구에 대한 재조사결정에 따른 처분청의 처분에 대해서는 심사청구 또는 심판청구를 거치지 않더라도 행정소송을 제기할 수 있다. 또한, 재조사결정에 따른 처분청의 처분에 대해서는 해당 재조사결정을 한 재결청에 대하여 심사청구 또는 심판청구를 제기할 수 있다.

답 ⑤

---

177 국세기본법상 조세불복제도에 관한 설명으로 옳은 것을 모두 묶은 것은?

ㄱ. 조세범 처벌절차법에 따른 통고처분은 국세기본법에 따른 불복을 할 수 없다.

ㄴ. 심사청구의 재결청은 그 청구에 대한 결정기간이 지나도 결정을 하지 못하였을 때에는 심사청구인은 결정의 통지를 받기 전이라도 그 결정기간이 지난 날부터 행정소송 제기를 할 수 있다는 내용을 서면으로 지체 없이 그 청구인에게 통지하여야 한다.

ㄷ. 이의신청, 심사청구 또는 심판청구는 세법에 특별한 규정이 있는 것을 제외하고는 해당 처분의 집행에 효력을 미치지 아니한다. 다만, 해당 재결청이 처분의 집행 또는 절차의 속행 때문에 이의신청인, 심사청구인 또는 심판청구인에게 중대한 손해가 생기는 것을 예방할 필요성이 긴급하다고 인정할 때에는 처분의 집행 또는 절차속행의 전부 또는 일부의 정지를 결정할 수 있다.

ㄹ. 조세심판관회의는 담당 조세심판관 과반수 이상의 출석으로 개의하고, 출석 조세심판관 과반수의 찬성으로 의결한다.

① ㄱ, ㄴ
② ㄱ, ㄷ
③ ㄱ, ㄴ, ㄷ
④ ㄴ, ㄷ, ㄹ
⑤ ㄱ, ㄴ, ㄷ, ㄹ

옳은 것은 ㄱ, ㄴ, ㄷ이다.

ㄱ. 통고처분이란 법률이 정하는 일정한 행정범을 범한 심증이 확실한 때에 그에 대한 벌금 등에 상당하는 금액을 일정한 장소에 납부하도록 통고하는 행정행위이다. 이러한 통고처분은 확정판결과 같은 효력을 지니므로 행정청은 원칙적으로 그 처분을 취소 또는 변경할 수 없다. 따라서 국세기본법은 통고처분을 불복의 대상에서 제외하고 있다.

(선지분석)

ㄹ. 조세심판관회의는 담당 조세심판관 3분의 2 이상의 출석으로 개의하고, 출석 조세심판관 과반수의 찬성으로 의결한다.

답 ③

178

국세기본법상 조세구제제도에 관한 설명이다. 옳지 않은 것은?

2020년 회계사

① 조세범 처벌절차법에 따른 통고처분에 대하여는 심사 또는 심판을 청구할 수 없다.

② 세법에 따라 국세청장이 하여야 할 처분에 대하여는 이의신청을 할 수 없다.

③ 심사청구는 세법에 특별한 규정이 있는 것을 제외하고는 해당 처분의 집행에 영향을 미치지 아니하므로 심사청구인이 심각한 재해를 입은 경우에만 집행정지를 결정할 수 있다.

④ 심사청구 또는 심판청구에 대한 재조사결정에 따른 처분청의 처분에 대한 행정소송은 심사청구 또는 심판청구와 그에 대한 결정을 거치지 아니하고 제기할 수 있다.

⑤ 과세전적부심사 청구인은 법령에서 정한 요건을 갖추어 국선대리인을 선정하여 줄 것을 신청할 수 있다.

| 조세구제제도 | 이론형 Level 2 |

이의신청, 심사청구 또는 심판청구는 세법에 특별한 규정이 있는 것을 제외하고는 해당 처분의 집행에 효력을 미치지 아니한다. 다만, 해당 재결청이 처분의 집행 또는 절차의 속행 때문에 이의신청인, 심사청구인 또는 심판청구인에게 중대한 손해가 생기는 것을 예방할 필요성이 긴급하다고 인정할 때에는 처분의 집행 또는 절차 속행의 전부 또는 일부의 정지를 결정할 수 있다.

답 ③

179 국세기본법령상 심사청구에 대한 설명으로 옳지 않은 것은?

① 심판청구를 제기한 후 심사청구를 제기한 경우에는 심사청구를 각하하는 결정을 한다.
② 국세청장은 심사청구를 받으면 심사청구기간이 지난 후에 제기된 심사청구에 해당하는 경우에도 국세심사위원회의 의결에 따라 결정을 하여야 한다.
③ 심사청구에 대한 결정에 잘못된 기재, 계산착오, 그 밖에 이와 비슷한 잘못이 있는 것이 명백할 때에는 국세청장은 직권으로 또는 심사청구인의 신청에 의하여 경정할 수 있다.
④ 취소·경정 또는 필요한 처분을 하기 위하여 사실관계 확인 등 추가적으로 조사가 필요한 경우에는 처분청으로 하여금 이를 재조사하여 그 결과에 따라 취소·경정하거나 필요한 처분을 하도록 하는 재조사 결정을 할 수 있다.

▌심사청구

이론형 Level 1

국세청장은 심사청구를 받으면 국세심사위원회의 의결에 따라 결정을 하여야 한다. 다만, 심사청구기간이 지난 후에 제기된 심사청구 등 대통령령으로 정하는 사유에 해당하는 경우에는 그러하지 아니하다.

답 ②

180 국세기본법상 재조사결정에 대한 설명으로 옳은 것은?

① 재조사결정은 국세기본법에 규정되어 있지 아니하나 실무상 사용하고 있는 결정의 한 방식이다.
② 과세전적부심사청구에 따른 재조사결정에 따라 조사를 하는 경우 과세전적부심사의 청구대상이 된다.
③ 재조사결정이 있는 경우 처분청은 재조사결정일로부터 60일 이내에 결정서 주문에 기재된 범위에 한정하여 조사하고, 그 결과에 따라 취소·경정하거나 필요한 처분을 하여야 한다.
④ 심사청구 또는 심판청구에 대한 재조사결정에 따른 처분청의 처분에 대해서는 해당 재조사결정을 한 재결청에 대하여 심사청구 또는 심판청구를 제기할 수 없다.

▌재조사결정

이론형 Level 1

(선지분석)
① 재조사결정은 국세기본법에 규정되어 있다.
② 과세전적부심사청구에 따른 재조사결정에 따라 조사를 하는 경우 과세전적부심사의 청구대상이 되지 아니한다.
④ 심사청구 또는 심판청구에 대한 재조사결정에 따른 처분청의 처분에 대해서는 해당 재조사결정을 한 재결청에 대하여 심사청구 또는 심판청구를 제기할 수 있다.

답 ③

181 국세기본법령상 재조사 결정에 대한 설명으로 옳은 것은?

① 심판청구에 대한 재조사 결정에 따른 처분청의 처분에 대해서는 심판청구와 그에 대한 결정을 거치지 아니하면 행정소송을 제기할 수 없다.

② 재조사 결과 심판청구인의 주장과 재조사 과정에서 확인한 사실관계가 다른 경우라 하더라도 심판청구의 대상이 된 당초의 처분을 취소·경정하여야 한다.

③ 재조사 결정이 있는 경우 처분청은 재조사 결정일로부터 90일 이내에 결정서 주문에 기재된 범위에 한정하여 조사하고, 그 결과에 따라 취소·경정하거나 필요한 처분을 하여야 한다.

④ 심판청구에 대한 재조사 결정에 따른 처분청의 처분에 대해서 심판청구를 거쳐 행정소송을 제기하는 경우 재조사 후 행한 처분청의 처분에 대하여 제기한 심판청구에 대한 결정의 통지를 받았다면 그 통지를 받은 날로부터 90일 이내에 행정소송을 제기하여야 한다.

| 재조사 결정　　　　　　　　　　　　　　　　　　　　　　　　　　　　이론형 Level 1

(선지분석)

① 심판청구에 대한 재조사 결정에 따른 처분청의 처분에 대해서는 심판청구와 그에 대한 결정을 거치지 않더라도 행정소송을 제기할 수 있다.

② 재조사 결과 심판청구인의 주장과 재조사 과정에서 확인한 사실관계가 다른 경우에는 해당 심사청구의 대상이 된 당초의 처분을 취소·경정하지 아니할 수 있다.

③ 재조사 결정이 있는 경우 처분청은 재조사 결정일로부터 60일 이내에 결정서 주문에 기재된 범위에 한정하여 조사하고, 그 결과에 따라 취소·경정하거나 필요한 처분을 하여야 한다.

답 ④

---

182 국세기본법상 심사청구에 대한 결정에 관한 설명으로 옳은 것만을 모두 고르면?

> ㄱ. 심판청구를 제기한 후 심사청구를 제기(같은 날 제기한 경우도 포함한다)한 경우에는 그 심사청구를 각하하는 결정을 한다.
> ㄴ. 심사청구 후 보정기간에 필요한 보정을 하지 아니한 경우에는 그 청구를 기각하는 결정을 한다.
> ㄷ. 심사청구가 이유 없다고 인정될 때에는 그 청구를 기각하는 결정을 한다.
> ㄹ. 심사청구가 적법하지 아니한 경우에는 그 청구를 각하하는 결정을 한다.

① ㄱ, ㄴ　　　　　　　　　　　　　　　　② ㄴ, ㄷ
③ ㄱ, ㄴ, ㄹ　　　　　　　　　　　　　　④ ㄱ, ㄷ, ㄹ

| 심사청구에 대한 결정　　　　　　　　　　　　　　　　　　　　　　　이론형 Level 1

옳은 것은 ㄱ, ㄷ, ㄹ이다.

(선지분석)

ㄴ. 심사청구 후 보정기간에 필요한 보정을 하지 아니한 경우 각하하는 결정을 한다.

답 ④

07 납세자의 권리 및 보칙

183 납세자의 권리에 대한 설명으로 옳은 것은? 2007년 국가직 7급 변형

① 거래상대방에 대한 조사가 필요한 경우에도 같은 세목, 같은 과세기간에 대해서는 재조사를 할 수 없다.
② 소득세의 결정을 위한 세무조사에는 조세전문가의 조력을 받을 수 있으나, 범칙사건의 세무조사에는 조력을 받을 수 없다.
③ 납세자가 지급조서의 작성·제출 등의 납세협력의무를 이행하지 아니했지만, 성실하다고 추정되는 경우에는 세무조사가 허용되지 않는다.
④ 과세전적부심사청구를 받은 세무서장·지방국세청장 또는 국세청장은 그 청구부분에 대하여 결정이 있을 때까지 원칙적으로 과세표준 및 세액의 결정이나 경정결정을 유보하여야 한다.

| 납세자의 권리 이론형 Level 1

과세전적부심사 제외대상사유의 어느 하나에 해당하는 경우 또는 조기결정의 신청이 있는 경우에는 결정 또는 경정결정을 유보하지 않아도 된다.

(선지분석)
① 세무공무원은 거래상대방에 대한 조사가 필요한 경우 같은 세목 및 같은 과세기간에 대한 재조사를 할 수 있다.
② 소득세의 결정을 위한 세무조사뿐만 아니라 범칙사건의 세무조사에도 조세전문가의 조력을 받을 수 있다.
③ 납세자가 지급조서의 작성, 제출 등의 납세협력의무를 이행하지 아니한 경우 성실하다고 추정하지 않는다.

답 ④

184 국세기본법상 납세자의 권리에 대한 설명으로 옳지 않은 것은? 2012년 국가직 9급 변형

① 세무공무원은 납세자 甲에 대한 구체적인 탈세제보가 있는 경우 甲이 제출한 신고서를 진실한 것으로 추정할 수 없다.
② 납세자는 세무조사 시에 변호사, 공인회계사, 세무사 등으로 하여금 조사에 참여하게 하거나 의견을 진술하게 할 수 있다.
③ 세무공무원은 조사대상 세목·업종·규모, 조사 난이도 등을 고려하여 세무조사기간이 최소한이 되도록 정하여야 하되, 거래처 조사가 필요한 경우에는 세무조사기간을 연장할 수 있다.
④ 세무공무원은 납세자 乙의 거래상대방에 대한 조사가 필요한 경우에도 乙의 같은 세목과 같은 과세기간에 대하여 재조사를 할 수 없다.

| 납세자의 권리 이론형 Level 1

세무공무원은 거래상대방에 대한 조사가 필요한 경우 같은 세목 및 같은 과세기간에 대한 재조사를 할 수 있다.

(선지분석)
① 수시조사사유는 납세자의 성실성 추정의 배제사유이다.
③ 세무조사기간은 최소한(최대 ✕)이 되도록 하여야 한다.

답 ④

국세기본법에서 규정하고 있는 납세자의 권리에 대한 설명으로 옳지 않은 것은?

2016년 국가직 9급

① 세무조사의 사전통지를 받은 납세자가 장기출장을 사유로 조사를 받기 곤란한 경우에는 조사의 연기를 신청할 수 있다.

② 세무공무원은 납세자가 세법에서 정하는 신고 등의 납세협력의무를 이행하지 아니한 경우에도 납세자가 성실하며 납세자가 제출한 신고서 등이 진실한 것으로 추정하여야 한다.

③ 납세자의 과세정보에 대한 비밀유지원칙에 불구하고 지방자치단체가 지방세 부과·징수 등을 위하여 사용할 목적으로 과세정보를 요구하는 경우 세무공무원은 이를 제공할 수 있다.

④ 납세자 본인의 권리행사에 필요한 정보를 납세자가 요구하는 경우 세무공무원은 이를 신속하게 제공하여야 한다.

| 납세자의 권리　　　　　　　　　　　　　　　　　　　　　　　이론형 Level 1

수시선정 세무조사사유에 해당하는 경우 납세자의 성실성 추정은 배제된다.

> 📄 **납세자의 성실성 추정의 배제사유 = 수시선정 세무조사사유(국세기본법 제81조의6 제3항 참조)**
>
> 세무공무원은 납세자가 다음의 어느 하나에 해당하는 경우를 제외하고는 납세자가 성실하며 제출한 신고서 등이 진실한 것으로 추정하여야 함
> 1. 납세자가 세법에서 정하는 신고, 성실신고확인서의 제출, 세금계산서 또는 계산서의 작성 등 납세협력의무를 이행하지 아니한 경우
> 2. 무자료 거래, 위장 등 거래 내용이 사실과 다른 혐의가 있는 경우
> 3. 납세자에 대한 구체적인 탈세제보가 있는 경우
> 4. 신고 내용에 탈루나 오류의 혐의를 인정할 만한 명백한 자료가 있는 경우
> 5. 납세자가 세무공무원에게 직무와 관련하여 금품을 제공하거나 금품의 제공을 알선한 경우

(선지분석)

① 세무조사 연기신청사유이다.

③ 원칙은 세무공무원은 납세자가 세법에서 정한 납세의무를 이행하기 위하여 제출한 자료나 국세의 부과·징수를 위하여 업무상 취득한 자료 등을 타인에게 제공 또는 누설하거나 목적 외의 용도로 사용해서는 안 된다. 보기지문은 과세정보를 제공할 수 있는 사유이다.

답 ②

국세기본법상 납세자의 권리에 대한 설명으로 옳지 않은 것은?

2019년 국가직 9급

① 세무공무원은 법령에서 정한 경우를 제외하고는 납세자가 성실하며 납세자가 제출한 신고서 등이 진실한 것으로 추정하여야 한다.

② 납세자는 세무조사를 받는 경우에 세무사로 하여금 조사에 참여하게 하거나 의견을 진술하게 할 수 있다.

③ 세무조사는 납세자의 사업과 관련하여 세법에 따라 신고·납부의무가 있는 세목별로 나누어 실시하는 것이 원칙이다.

④ 세무공무원은 납세자가 세무공무원에게 직무와 관련하여 금품을 제공한 경우에는 같은 세목 및 같은 과세기간에 대해서 재조사할 수 있다.

| 납세자의 권리　　　　　　　　　　　　　　　　　　　　　　　이론형 Level 1

세무조사는 납세자의 사업과 관련하여 세법에 따라 신고·납부의무가 있는 세목을 통합하여 실시하는 것을 원칙으로 하되, 특정세목을 조사하는 것이 합리적인 경우 등 통합조사원칙의 예외사유를 명시하여 제도의 신축적 운영을 도모한다.

답 ③

187 국세기본법상 납세자의 권리에 대한 설명으로 옳지 않은 것은?

① 세무공무원은 특정 항목의 명백한 세금탈루혐의 또는 세법 적용의 착오 등이 다른 과세기간으로 연결되어 그 항목에 대한 다른 과세기간의 조사가 필요한 경우에는 조사 진행 중 세무조사의 범위를 확대할 수 있다.

② 세무공무원은 무자료거래 등 거래 내용이 사실과 다른 혐의가 있어 실제 거래 내용에 대한 조사가 필요한 경우 관할 세무관서의 장의 승인을 받아 세무조사기간을 연장할 수 있으나, 그 기한은 20일 이내여야 한다.

③ 납세자에 대한 구체적 탈세제보가 있는 경우는 세무공무원이 납세자의 성실성을 추정해야 하는 경우에서 제외된다.

④ 세무공무원은 조세탈루의 혐의를 인정할 만한 명백한 자료가 있는 경우 같은 세목 및 같은 과세기간에 대해서 재조사를 할 수 있다.

│ 납세자의 권리

이론형 Level 1

> 📄 **세무조사기간 제한의 예외사유(국세기본법 제81조의8 제3항 참조)**
>
> 다음에 해당하는 경우에는 세무조사기간의 제한 및 세무조사 연장기간의 제한을 받지 아니함
> 1. 무자료거래, 위장·가공거래 등 거래 내용이 사실과 다른 혐의가 있어 실제 거래 내용에 대한 조사가 필요한 경우
> 2. 역외거래를 이용하여 세금을 탈루(脫漏)하거나 국내 탈루소득을 해외로 변칙유출한 혐의로 조사하는 경우
> 3. 명의위장, 이중장부의 작성, 차명계좌의 이용, 현금거래의 누락 등의 방법을 통하여 세금을 탈루한 혐의로 조사하는 경우
> 4. 거짓계약서 작성, 미등기양도 등을 이용한 부동산투기 등을 통하여 세금을 탈루한 혐의로 조사하는 경우
> 5. 상속세·증여세조사, 주식변동조사, 범칙사건조사 및 출자·거래관계에 있는 관련자에 대하여 동시조사를 하는 경우

답 ②

---

188 납세자의 권리에 관한 설명으로 옳지 않은 것은?

① 세무공무원이 부동산투기를 통한 세금탈루의 혐의가 있는 자에 대하여 일제조사를 하는 경우에는 같은 세목 및 같은 과세기간에 대하여도 재조사를 할 수 있다.

② 세무공무원은 세무조사를 마쳤을 때 납세자가 폐업한 경우에는 그 조사결과를 서면으로 납세자에게 통지하지 않을 수 있다.

③ 세무공무원은 세무조사를 함에 있어 거래처조사, 거래처 현지확인 또는 금융거래 현지확인이 필요한 경우에는 세무조사기간을 연장할 수 있다.

④ 납세자 본인의 권리 행사에 필요한 정보를 납세자가 요구하는 경우 세무공무원은 신속하게 정보를 제공하여야 한다.

⑤ 세무공무원은 적정하고 공평한 과세의 실현을 위하여 필요한 최소한의 범위 안에서 세무조사(조세범 처벌절차법에 따른 조세범칙조사 포함)를 하여야 하며, 다른 목적 등을 위하여 조사권을 남용해서는 아니 된다.

납세자 권익보호를 위하여 폐업한 경우라도 거주지 등으로 세무조사결과통지가 이루어질 수 있도록 세무조사결과통지 생략사유에서 '폐업한 경우'를 제외하였다.

(선지분석)

① 중복조사금지원칙에 관한 예외사항이다.

③ 세무조사기간 연장사유이다.

답 ②

189 국세기본법상 납세자의 권리에 관한 설명으로 옳지 않은 것은?

2017년 회계사

① 세무조사결과통지 및 과세예고통지를 하는 날부터 국세부과제척기간의 만료일까지의 기간이 6개월이 남은 경우에는 과세전적부심사를 청구할 수 없다.

② 거래상대방에 대한 조사가 필요한 경우 세무공무원은 같은 세목 및 같은 과세기간에 대하여 재조사를 실시할 수 있다.

③ 세무조사는 특정한 세목만을 조사할 필요가 있는 등 대통령령으로 정하는 경우를 제외하고는 납세자의 사업과 관련하여 세법에 따라 신고·납부의무가 있는 세목을 통합하여 실시하는 것을 원칙으로 한다.

④ 세무공무원은 법에 따라 세무조사의 범위를 확대하는 경우 그 사유와 범위를 납세자에게 문서로 통지하여야 한다.

⑤ 세무공무원은 사업자등록증을 발급하는 경우 납세자권리헌장의 내용이 수록된 문서를 납세자에게 내주어야 한다.

| 납세자의 권리

이론형 Level 2

세무조사결과통지 및 과세예고통지를 하는 날부터 국세부과제척기간의 만료일까지의 기간이 3개월 이하인 경우에는 과세전적부심사를 청구할 수 없다. 조세부과의 제척기간이 임박한 경우이기 때문이다.

답 ①

190 국세기본법상 세무공무원이 세무조사 시 같은 세목 및 같은 과세기간에 대하여 재조사를 할 수 있는 경우에 해당하지 않는 것은?

2011년 국가직 7급

① 조세탈루가 의심되는 경우

② 거래상대방에 대한 조사가 필요한 경우

③ 2개 이상의 사업연도와 관련하여 잘못이 있는 경우

④ 국세환급금의 결정을 위한 확인조사를 하는 경우

| 세무조사

이론형 Level 1

조세탈루의 혐의를 인정할 만한 명백한 자료가 있는 경우에는 재조사를 할 수 있다. 조세탈루가 의심되는 경우로는 재조사가 불가능하다.

답 ①

191 국세기본법상 정기선정 세무조사사유로 옳지 않은 것은?

① 국세청장이 납세자의 신고 내용에 대한 정기적인 성실도 분석결과 불성실혐의가 있다고 인정하는 경우
② 최근 4과세기간(또는 4사업연도) 이상 동일세목의 세무조사를 받지 아니한 납세자에 대하여 업종, 규모 등을 고려하여 대통령령이 정하는 바에 따라 신고 내용이 적정한지를 검증할 필요가 있는 경우
③ 신고 내용에 탈루나 오류의 혐의를 인정할 만한 명백한 자료가 있는 경우
④ 무작위추출방식에 의하여 표본조사를 하려는 경우

| 세무조사 | 이론형 Level 1

신고 내용에 탈루나 오류의 혐의를 인정할 만한 명백한 자료가 있는 경우는 정기선정 세무조사사유에 해당하지 않는다.

> 정기선정 세무조사사유(국세기본법 제81조의6 제2항 참조)
> 1. 국세청장이 납세자의 신고 내용에 대하여 과세자료, 세무정보 및 주식회사의 외부감사에 관한 법률에 따른 감사의견, 외부감사 실시 내용 등 회계성실도 자료 등을 고려하여 정기적으로 성실도를 분석한 결과 불성실혐의가 있다고 인정하는 경우
> 2. 최근 4과세기간 이상 같은 세목의 세무조사를 받지 아니한 납세자에 대한 업종, 규모, 경제력 집중 등을 고려하여 신고 내용이 적정한지를 검증할 필요가 있는 경우
> 3. 무작위추출방식으로 표본조사를 하려는 경우

답 ③

192 국세기본법상 납세자의 성실성 추정에서 제외되는 사유로 옳지 않은 것은?

① 무자료거래, 위장·가공거래 등 거래 내용이 사실과 다른 혐의가 있는 경우
② 납세자에 대한 구체적인 탈세제보가 있는 경우
③ 납세자가 세법이 정하는 신고를 이행하지 아니한 경우
④ 국세청장이 납세자의 신고 내용에 대한 정기적인 성실도 분석결과 불성실혐의가 있다고 인정하는 경우

| 세무조사 | 이론형 Level 1

세무공무원은 납세자가 수시선정 세무조사사유에 해당하는 경우를 제외하고는 납세자가 성실하며 납세자가 제출한 신고서 등이 진실한 것으로 추정하여야 한다. 국세청장이 납세자의 신고 내용에 대한 정기적인 성실도 분석결과 불성실혐의가 있다고 인정하는 경우 정기선정 세무조사사유로서 납세자의 성실정 추정에서 제외되는 사유에 해당하지 않는다.

(선지분석)
①, ②, ③ 수시선정 세무조사사유에 해당한다.

답 ④

193 국세기본법령상 세무조사기간의 연장사유에 해당하지 않는 것은?

□□□

① 납세자가 장부·서류 등을 은닉하거나 제출을 지연하거나 거부하는 등 조사를 기피하는 행위가 명백한 경우

② 거래처 조사, 거래처 현지확인 또는 금융거래 현지확인이 필요한 경우

③ 세금탈루의 혐의가 포착되거나 조사 과정에서 조세범 처벌절차법에 따른 조세범칙조사를 개시하는 경우

④ 국외자료의 수집·제출 또는 상호합의절차 개시에 따라 외국 과세기관과의 협의가 필요한 경우

│ 세무조사기간 연장사유 이론형 Level 1

세무공무원은 조사대상 세목·업종·규모, 조사 난이도 등을 고려하여 세무조사기간이 최소한이 되도록 하여야 한다. 다만, 세무조사기간 연장사유에 해당하는 경우에는 세무조사기간을 연장할 수 있다.

> 📄 **세무조사기간 연장사유(국세기본법 제81조의8 제1항 참조)**
> 1. 납세자가 장부·서류 등을 은닉하거나 제출을 지연하거나 거부하는 등 조사를 기피하는 행위가 명백한 경우
> 2. 거래처 조사, 거래처 현지확인 또는 금융거래 현지확인이 필요한 경우
> 3. 세금탈루의 혐의가 포착되거나 조사과정에서 조세범 처벌절차법에 따른 조세범칙조사를 개시하는 경우
> 4. 천재지변이나 노동쟁의로 조사가 중단되는 경우
> 5. 납세자보호관 등이 세금탈루의 혐의와 관련하여 추가적인 사실 확인이 필요하다고 인정하는 경우
> 6. 세무조사 대상자가 세금탈루의 혐의에 대한 해명 등을 위하여 세무조사 기간의 연장을 신청한 경우로서 납세자보호관등이 이를 인정하는 경우

답 ④

194 국세기본법상 세무조사에 관한 설명으로 옳지 않은 것은?

□□□

① 조사대상 과세기간 중 연간 수입금액 또는 양도가액이 가장 큰 과세기간의 연간 수입금액 또는 양도가액이 100억 원 미만인 납세자에 대한 세무조사기간은 20일 이내로 하는 것을 원칙으로 한다.

② 세무공무원은 구체적인 세금탈루의 혐의가 여러 과세기간 또는 다른 세목까지 관련되는 것으로 확인되는 경우에는 조사진행 중 세무조사의 범위를 확대할 수 있다.

③ 세무공무원은 세무조사(조세범 처벌절차법에 따른 조세범칙조사를 포함)의 목적으로 납세자의 장부 등을 세무관서에 임의로 보관할 수 없는 것이 원칙이다.

④ 납세자의 사업과 관련된 세목이 여러 가지인 경우 이를 통합하지 않고 특정한 세목만을 조사하는 것을 원칙으로 한다.

│ 세무조사 이론형 Level 1

세무조사는 납세자의 사업과 관련하여 세법에 따라 신고·납부의무가 있는 세목을 통합하여 실시하는 것을 원칙으로 한다.

(선지분석)

③ 세무공무원은 원칙적으로 세무조사의 목적으로 납세자의 장부 또는 서류 등을 세무관서에 임의로 보관할 수 없다. 다만, 수시선정사유에 해당하는 경우에는 조사 목적에 필요한 최소한의 범위에서 납세자, 소지자 또는 보관자 등 정당한 권한이 있는 자가 임의로 제출한 장부 등을 납세자의 동의를 받아 세무관서에 일시 보관할 수 있다.

답 ④

195 국세기본법상 세무조사에 관한 설명으로 옳은 것은? (다툼이 있으면 판례에 따름) 2017년 세무사 변형

① 납세자가 세무공무원에게 직무와 관련하여 금품제공을 알선한 경우에는 정기선정에 의한 조사 외에 세무조사를 할 수 있다.
② 세무공무원이 납세의무자의 2023년도분 소득세에 대한 임대료수입금액 누락에 대하여 세무조사를 마친 후 다시 2023년도분 소득세에 대한 음식점수입금액 누락에 대하여 세무조사를 하는 경우에는 세무조사의 내용이 중첩되지 않으므로 원칙적으로 국세기본법에서 금지하는 재조사에 해당하지 않는다.
③ 세무공무원은 세무조사 과정에서 조세범 처벌절차법에 따른 조세범칙조사로 전환하는 경우에는 납세자에게 별도의 통지 없이 세무조사의 범위를 확대할 수 있다.
④ 세무공무원은 국외자료의 수집에 따라 외국 과세기관과의 협의가 필요하여 세무조사를 진행하기 어려운 경우에는 세무조사를 중지할 수 있고 이 중지기간은 세무조사기간에 산입된다.
⑤ 세무조사의 적법요건으로 객관적 필요성, 최소성, 권한남용의 금지 등을 규정하고 있는 국세기본법 제81조의4 제1항은 그 자체로서는 구체적인 법규적 효력이 없다.

| 세무조사 이론형 Level 2

선지분석
② 어느 세목의 특정 과세기간의 특정 항목에 대해서만 세무조사를 하고, 다시 그 세목의 같은 과세기간의 다른 항목에 대해서만 세무조사를 한 경우에도 중복조사금지원칙에 위배된다. 다만, 2018년부터 부분조사 후 부분조사에 포함되지 않은 부분에 대한 조사를 중복조사금지의 예외항목에 추가함으로써 재조사가 가능해졌다.
③ 조세범칙조사로 전환함에 따라 세무조사의 범위를 확대하는 경우 세무공무원은 그 사유와 범위를 납세자에게 문서로 통지하여야 한다.
④ 세무조사 중지기간은 세무조사기간에 산입하지 아니한다.
⑤ 국세기본법 제81조의4 제1항은 국가권력의 자의적 행사를 막기 위한 법치국가의 원리를 조세법의 영역에서도 관철하기 위한 것으로서 그 자체로서 구체적인 법규적 효력을 가진다(대판 2016.12.15, 2016두47659).

답 ①

196 국세기본법상 세무조사에 대한 설명으로 옳지 않은 것은? 2014년 국가직 9급

① 정기선정하여 세무조사를 하는 경우 세무공무원은 객관적 기준에 따라 공정하게 그 대상을 선정하여야 한다.
② 세무공무원은 과세관청의 조사결정에 의하여 과세표준과 세액이 확정되는 세목의 경우 과세표준과 세액을 결정하기 위하여 세무조사를 할 수 있다.
③ 납세자가 조사를 기피하는 행위가 명백한 경우 세무공무원은 세무조사 기간을 연장할 수 있다.
④ 세무공무원은 거래상대방에 대한 조사가 필요한 경우에도 같은 세목에 대하여 재조사를 할 수 없다.

| 세무조사 이론형 Level 1

세무공무원은 거래상대방에 대한 조사가 필요한 경우 같은 세목 및 같은 과세기간에 대한 재조사를 할 수 있다.

선지분석
① 정기선정 세무조사 선정기준에 관한 내용이다.
② 정부부과세목의 세무조사에 대한 내용이다.
③ 세무조사를 연장하는 경우 최초로 연장하는 경우에는 관할 세무관서 장의 승인을 받아야 하고, 2회 이후 연장의 경우 관할 상급 세무관서 장의 승인을 받아 각각 20일 이내에서 연장할 수 있다.

답 ④

197 국세기본법상 세무조사에 관한 설명으로 옳은 것만을 모두 고른 것은? 2014년 국가직 7급

> ㄱ. 납세자가 세법이 정하는 신고 등의 납세협력의무를 이행하지 아니한 경우 정기선정에 의한 조사
> 외에 세무조사를 실시할 수 있다.
> ㄴ. 세무공무원은 납세자가 장부·서류 등의 제출 거부 등 조사를 기피하는 행위가 명백한 경우 세
> 무조사기간을 연장할 수 있다.
> ㄷ. 세무공무원은 거래상대방에 대한 조사가 필요한 경우 같은 세목 및 같은 과세기간에 대한 재조
> 사를 할 수 없다.
> ㄹ. 세무공무원은 사전통지를 하면 증거인멸 등으로 조사 목적을 달성할 수 없다고 인정되어 사전통
> 지를 하지 아니하고 세무조사를 하는 경우 세무조사를 개시할 때 세무조사통지서를 세무조사를
> 받을 납세자에게 교부하지 않아도 된다.

① ㄱ, ㄴ

② ㄱ, ㄴ, ㄹ

③ ㄷ

④ ㄷ, ㄹ

| **세무조사** | 이론형 Level 1 |

옳은 것은 ㄱ, ㄴ이다.
ㄱ. 수시선정 세무조사사유에 해당한다.
ㄴ. 세무조사 연장사유에 해당한다.

(선지분석)
ㄷ. 세무공무원은 거래상대방에 대한 조사가 필요한 경우 같은 세목 및 같은 과세기간에 대한 재조사를 할 수 있다.
ㄹ. 세무조사 사전통지를 생략한 경우 폐업 등의 사유가 있는 경우를 제외하고 세무조사를 개시할 때 사전통지사항
및 사전통지 생략사유를 담은 세무조사통지서를 납세자에게 교부하여야 한다.

답 ①

---

198 국세기본법상 납세자의 권리에 대한 설명으로 옳지 않은 것은? 2023년 국가직 7급

① 세무공무원은 거래 상대방에 대한 조사가 필요한 경우에도 같은 세목 및 같은 과세기간에 대하
여 재조사를 할 수 없다.
② 세무공무원은 납세자에 대한 구체적인 탈세 제보가 있는 경우 등 법 소정 사유에 해당하는 경
우를 제외하고는 납세자가 성실하며 납세자가 제출한 신고서 등이 진실한 것으로 추정하여야
한다.
③ 세무공무원은 적정하고 공평한 과세를 실현하기 위하여 필요한 최소한의 범위에서 세무조사를
하여야 한다.
④ 납세자 본인의 권리 행사에 필요한 정보를 납세자(납세자로부터 세무업무를 위임받은 자를 포
함한다)가 요구하는 경우 세무공무원은 신속하게 정보를 제공하여야 한다.

| **납세자의 권리** | 이론형 Level 1 |

세무공무원은 거래 상대방에 대한 조사가 필요한 경우 같은 세목 및 같은 과세기간에 대하여 재조사를 할 수 있다.
∵ 거래상대방에 대한 세무조사를 함에 있어 본인에게 협력의무가 있음을 이유로 본인에 대한 중복세무조사가 허용
된다는 뜻

답 ①

199 국세기본법령상 세무조사에 대한 설명으로 옳지 않은 것은?

① 국세청장이 심사청구에 대하여 처분청으로 하여금 사실관계를 재조사하여 그 결과에 따라 필요한 처분을 하도록 하는 재조사결정에 따라, 세무공무원이 재조사결정에 의한 조사를 마친 경우에는 세무조사 내용 등이 포함된 조사결과를 납세자에게 서면으로 통지할 의무가 있다.

② 세무공무원은 국세환급금의 결정을 위한 확인조사를 하는 경우에는 같은 세목 및 같은 과세기간에 대하여 재조사를 할 수 있다.

③ 세무공무원은 거래처 현지확인이 필요한 경우로서 국세기본법 제81조의8 제2항에 따라 기간을 정한 세무조사를 최초로 연장하는 경우에는 관할 세무관서의 장의 승인만으로 세무조사기간을 연장할 수 있다.

④ 증거인멸 등으로 조사 목적을 달성할 수 없다고 인정되는 경우를 제외하고, 세무공무원은 세무조사를 하는 경우에는 조사를 받을 납세자에게 조사를 시작하기 15일 전에 조사대상 세목, 조사기간 및 조사사유, 그 밖에 법령이 정하는 사항을 통지하여야 한다.

| 세무조사 | 이론형 Level 1 |

> 📄 **세무조사결과의 통지를 하지 않아도 되는 사유(국세기본법 시행령 제63조의13 제2항 참조)**
> 1. 납세관리인을 정하지 아니하고 국내에 주소 또는 거소를 두지 아니한 경우
> 2. 심판청구 등에 대해 취소·경정 또는 필요한 처분을 하기 위하여 사실관계 확인 등 추가적으로 조사가 필요한 경우에는 처분청으로 하여금 이를 재조사하여 그 결과에 따라 취소·경정하거나 필요한 처분을 하도록 하는 재조사결정에 의한 조사를 마친 경우
> 3. 세무조사결과통지서 수령을 거부하거나 회피하는 경우

답 ①

200 국세기본법상 세무조사권 남용금지에 대한 설명으로 옳지 않은 것은?

① 세무공무원은 부분조사를 실시한 후 해당 조사에 포함되지 아니한 부분에 대하여 조사하는 경우에는 같은 세목 및 같은 과세기간에 대하여 재조사를 할 수 있다.

② 세무공무원은 과세전적부심사청구가 이유 있다고 인정되어 행한 재조사결정에 따라 조사를 하는 경우에 결정서 주문에 기재된 범위의 조사를 넘어 같은 세목 및 같은 과세기간에 대하여 재조사를 할 수 있다.

③ 세무공무원은 세무조사를 하기 위하여 필요한 최소한의 범위에서 장부 등의 제출을 요구하여야 하며, 조사대상 세목 및 과세기간의 과세표준과 세액의 계산과 관련 없는 장부 등의 제출을 요구해서는 아니 된다.

④ 세무공무원은 적정하고 공평한 과세를 실현하기 위하여 필요한 최소한의 범위에서 세무조사(조세범 처벌절차법에 따른 조세범칙조사를 포함)를 하여야 하며, 다른 목적 등을 위하여 조사권을 남용해서는 아니 된다.

| 세무조사 | 이론형 Level 1 |

세무공무원은 과세전적부심사청구가 이유 있다고 인정되어 행한 재조사결정에 따라 조사를 하는 경우(결정서 주문에 기재된 범위의 조사에 한정) 같은 세목 및 같은 과세기간에 대하여 재조사를 할 수 있다.

답 ②

국세기본법령상 세무조사 관할 및 대상자 선정에 대한 설명으로 옳지 않은 것은?

① 세무공무원은 과세관청의 조사결정에 의하여 과세표준과 세액이 확정되는 세목의 경우 과세표준과 세액을 결정하기 위하여 세무조사를 할 수 있다.

② 정기선정에 의한 세무조사의 경우 세무공무원은 객관적 기준에 따라 공정하게 그 대상을 선정하여야 한다.

③ 국세청장이 납세자의 신고 내용에 대하여 정기적으로 성실도를 분석한 결과 불성실혐의가 있다고 인정하는 경우에 세무공무원은 정기적으로 신고의 적정성을 검증하기 위하여 대상을 선정하여 세무조사를 할 수 있다.

④ 납세자가 사업을 실질적으로 관리하는 장소의 소재지와 납세지가 관할을 달리하지만 각각을 관할하는 세무서가 같은 지방국세청 소관인 경우 국세청장이 세무조사의 관할을 조정하여야 한다.

▌ **세무조사** 이론형 Level 1

세무조사는 납세지 관할 세무서장 또는 지방국세청장이 수행한다. 다만, 납세자의 주된 사업장 등이 납세지와 관할을 달리하거나 납세지 관할 세무서장 또는 지방국세청장이 세무조사를 수행하는 것이 부적절한 경우 등 다음에 해당하는 경우에는 국세청장(같은 지방국세청 소관 세무서 관할 조정의 경우에는 지방국세청장)이 그 관할을 조정할 수 있다.

> 📄 **국세청장이 관할을 조정하는 사유(국세기본법 시행령 제63조의3 참조)**
> 1. 납세자가 사업을 실질적으로 관리하는 장소의 소재지와 납세지가 관할을 달리하는 경우
> 2. 일정한 지역에서 주로 사업을 하는 납세자에 대하여 공정한 세무조사를 실시할 필요가 있는 경우 등 납세지 관할 세무서장 또는 지방국세청장이 세무조사를 수행하는 것이 부적절하다고 판단되는 경우
> 3. 세무조사대상 납세자와 출자관계에 있는 자, 거래가 있는 자 또는 특수관계인에 해당하는 자 등에 대한 세무조사가 필요한 경우
> 4. 세무관서별 업무량과 세무조사 인력 등을 고려하여 관할을 조정할 필요가 있다고 판단되는 경우

(선지분석)
① 정부부과세목의 세무조사에 대한 옳은 내용이다.
② 정기선정 세무조사 선정기준에 해당한다.
③ 정기선정 세무조사사유에 해당한다.

답 ④

202 국세기본법상 세무조사에 대한 설명으로 옳지 않은 것은?

① 세무공무원은 조세범 처벌절차법에 따른 조세범칙조사를 시작할 때 납세자권리헌장을 교부하고 그 요지를 직접 낭독해 주어야 한다.

② 세무공무원이 조세범 처벌절차법에 따른 조세범칙조사를 함에 있어서는 조사를 시작하기 10일 전에 조사대상 세목 등을 사전통지하여야 한다.

③ 세무공무원은 세무조사를 마쳤을 때에는 대통령령으로 정하는 경우를 제외하고는 법률에 규정된 사항이 포함된 조사결과를 납세자에게 서면으로 통지하여야 하는데, 이때 서류를 송달받아야 할 자의 주소 또는 영업소가 분명하지 아니하다면 그 조사를 마친 날부터 40일 이내에 통지를 하여야 한다.

④ 세무공무원이 세무조사의 목적으로 납세자의 장부를 적법한 요건을 갖추어 일시 보관하려는 경우 납세자로부터 일시 보관 동의서를 받아야 하며, 일시 보관증을 교부하여야 한다.

| 세무조사

세무공무원은 세무조사를 하는 경우에는 조사를 받을 납세자(납세자가 납세관리인을 정하여 관할 세무서장에게 신고한 경우에는 납세관리인)에게 조사를 시작하기 15일 전에 사전통지를 하여야 한다. 2017년 개정세법 시 납세자 권익보호를 위하여 세무조사 사전통지기한을 조사 시작 10일 전에서 15일 전으로 연장하였다.

답 ②

203 국세기본법상 세무조사에 대한 설명으로 옳지 않은 것은?

① 과세전적부심사에 따른 재조사 결정에 의한 조사(결정서 주문에 기재된 범위의 조사에 한정)를 하는 경우 같은 세목 및 같은 과세기간에 대하여 재조사를 할 수 없다.

② 상속세·증여세조사, 주식변동조사, 범칙사건조사 및 출자·거래관계에 있는 관련자에 대하여 동시조사를 하는 경우에는 세무조사기간의 제한 및 세무조사 연장기간의 제한을 받지 아니한다.

③ 세무공무원은 납세자에 대한 구체적인 탈세 제보가 있는 경우에는 조사 목적에 필요한 최소한의 범위에서 납세자 등 정당한 권한이 있는 자가 임의로 제출한 장부 등을 납세자의 동의를 받아 세무관서에 일시 보관할 수 있다.

④ 세무조사는 납세지 관할 세무서장 또는 지방국세청장이 수행하지만, 납세자의 주된 사업장이 납세지와 관할을 달리하는 경우에는 국세청장(같은 지방국세청 소관 세무서 관할 조정의 경우에는 지방국세청장)이 그 관할을 조정할 수 있다.

| 세무조사

과세전적부심사에 따른 재조사결정에 의한 조사(결정서 주문에 기재된 범위의 조사에 한정)를 하는 경우 같은 세목 및 같은 과세기간에 대하여 재조사를 할 수 있다.

답 ①

204 국세기본법상 세무조사 중 통합조사의 원칙에 대한 설명으로 옳지 않은 것은? 2022년 국가직 9급

① 세금탈루혐의 등을 고려하여 특정 세목만을 조사할 필요가 있는 경우에는 특정한 세목만을 조사할 수 있다.

② 조세채권의 확보 등을 위하여 특정 세목만을 긴급히 조사할 필요가 있는 경우에는 특정한 세목만을 조사할 수 있다.

③ 명의위장, 차명계좌의 이용을 통하여 세금을 탈루한 혐의에 대한 확인이 필요한 경우에 해당하는 사유로 인한 부분조사는 같은 세목 및 같은 과세기간에 대하여 2회를 초과하여 실시할 수 있다.

④ 국세기본법에 따른 경정 등의 청구에 대한 처리를 위하여 확인이 필요한 경우에는 부분조사를 실시할 수 있다.

세무조사	이론형 Level 1

명의위장, 차명계좌의 이용을 통하여 세금을 탈루한 혐의에 대한 확인이 필요한 경우에 해당하는 사유로 인한 부분조사는 같은 세목 및 같은 과세기간에 대하여 2회를 초과하여 실시할 수 없다.

답 ③

---

205 「국세기본법」상 세무조사 중 부분조사가 허용되는 경우만을 모두 고르면? (단, 부분조사는 같은 세목 및 같은 과세기간에 대하여 2회를 초과하여 실시하지 아니함) 2024년 국가직 9급

> ㄱ. 납세자의 경정청구에 대한 처리를 위하여 확인이 필요한 경우
> ㄴ. 납세자가 자료를 기한까지 제출하지 않는 경우
> ㄷ. 조세심판원의 재조사 결정에 따라 사실관계의 확인 등이 필요한 경우
> ㄹ. 명의위장, 차명계좌의 이용을 통하여 세금을 탈루한 혐의에 대한 확인이 필요한 경우

① ㄱ, ㄴ, ㄷ   ② ㄱ, ㄴ, ㄹ

③ ㄱ, ㄷ, ㄹ   ④ ㄴ, ㄷ, ㄹ

부분조사	이론형 Level 1

(선지분석)

ㄴ. 납세자가 자료를 기한까지 제출하지 않는 경우는 부분조사사유에 해당하지 않는다.

답 ③

206 국세기본법상 세무조사에 관한 설명이다. 옳지 않은 것은?

① 세무공무원은 적정하고 공평한 과세를 실현하기 위하여 필요한 최소한의 범위에서 세무조사를 하여야 하며, 세무조사는 조세범 처벌절차법에 따른 조세범칙조사를 포함한다.

② 국세환급금의 결정을 위한 확인조사를 하는 경우에는 같은 세목 및 같은 과세기간에 대하여 재조사를 할 수 있다.

③ 세무공무원은 세무조사의 중지기간 중에는 납세자에 대하여 국세의 과세표준과 세액을 결정 또는 경정하기 위한 질문을 하거나 장부 등의 검사·조사 또는 그 제출을 요구할 수 없다.

④ 세무조사는 납세자의 사업과 관련하여 세법에 따라 신고·납부의무가 있는 세목을 통합하여 실시하는 것을 원칙으로 한다.

⑤ 세무공무원은 납세자가 납세관리인을 정하지 아니하고 국내에 주소 또는 거소를 두지 아니한 경우에도 세무조사결과를 통지하여야 한다.

▎세무조사 이론형 Level 2

📄 세무조사결과를 통지하지 않는 사유(국세기본법 시행령 제63조의13 제2항 참조)
1. 납세관리인을 정하지 아니하고 국내에 주소 또는 거소를 두지 아니한 경우
2. 불복청구 또는 과세전적부심사에 따른 재조사결정에 의한 조사를 마친 경우
3. 세무조사결과통지서 수령을 거부하거나 회피하는 경우

답 ⑤

---

207 국세기본법상 납세자로부터 세금 관련 서류를 받은 사실을 세무공무원이 확인해 주는 방법에 대한 설명으로 옳지 않은 것은?

① 세무공무원은 납세자로부터 과세표준신고서를 국세정보통신망에 의하여 제출받은 경우 당해 접수 사실을 전자적 형태가 아닌 우편으로 통보하여야 한다.

② 세무공무원은 납세자로부터 경정청구서를 팩스로 제출받는 경우에는 납세자에게 접수증을 교부하지 아니할 수 있다.

③ 세무공무원은 납세자로부터 과세표준수정신고서를 우편으로 제출받은 경우에는 납세자에게 접수증을 교부하지 아니할 수 있다.

④ 세무공무원은 납세자로부터 이의신청서를 직접 제출받는 경우에는 납세자에게 접수증을 교부하여야 한다.

▎세금관련서류 확인방법 이론형 Level 1

납세자 등으로부터 과세표준신고서를 국세정보통신망을 통해 받은 경우에는 그 접수 사실을 전자적 형태로 통보하여야 한다.

(선지분석)

②, ③ 📄 접수증을 발급하지 아니할 수 있는 경우(국세기본법 시행령 제65조의8 제2항 참조)
1. 납세자가 과세표준신고서 등의 서류를 우편이나 팩스로 제출 시
2. 납세자가 과세표준신고서 등의 서류를 세무공무원을 거치지 아니하고 지정된 신고함에 직접 투입하는 경우

④ 서류접수증 발급규정에 대한 옳은 내용이다.

답 ①

208 국세기본법상 과세전적부심사의 배제 사유로 옳지 않은 것은?

① 국세징수법 제9조에 규정된 납부기한 전 징수의 사유가 있거나 세법에서 규정하는 수시부과의 사유가 있는 경우

② 과세전적부심사 청구금액이 10억 원 이상인 것

③ 조세범 처벌법 위반으로 고발 또는 통고처분하는 경우

④ 세무조사 결과 통지 및 과세예고통지를 하는 날부터 국세부과제척기간의 만료일까지의 기간이 3개월 이하인 경우

▌ 과세전적부심사　　　　　　　　　　　　　　　　　　　이론형 Level 1

과세전적부심사 청구금액이 10억 원 이상인 것은 국세청장에게 과세전적부심사를 청구할 수 있다.

（선지분석）

①, ③, ④는 과세전적부심사청구대상에 해당하지 아니한다.

답 ②

---

209 국세기본법상 납세자의 권리 중 '장부 등의 보관금지'에 관한 설명으로 옳은 것은?

① 세무공무원은 조세범 처벌절차법에 따른 조세범칙조사를 제외하고는 세무조사의 목적으로 납세자의 장부 등을 세무관서에 임의로 보관할 수 없다.

② 세무공무원은 납세자에 대한 구체적인 탈세 제보가 있는 경우에는 조사 목적에 필요한 최소한의 범위에서 납세자, 소지자 또는 보관자 등 정당한 권한이 있는 자가 임의로 제출한 장부 등을 납세자의 동의 없이 세무관서에 일시 보관할 수 있다.

③ 납세자 등은 조사 목적이나 조사 범위와 관련이 없는 등의 사유로 일시 보관에 동의하지 아니하는 장부 등에 대해서는 세무공무원에게 일시 보관할 장부 등에서 제외할 것을 요청할 수 있다. 이 경우 세무공무원은 어떠한 사유로도 해당 장부 등을 일시 보관할 수 없다.

④ 세무공무원은 법령에 따라 일시 보관하고 있는 장부 등에 대하여 납세자가 반환을 요청한 날부터 14일 이내에 반환하여야 하나, 조사 목적 달성을 위해 필요한 경우에는 납세자보호위원회의 심의를 거쳐 한 차례만 14일 이내의 범위에서 보관기간을 연장할 수 있다.

⑤ 세무공무원은 법령에 따라 일시 보관하고 있는 장부 등의 반환을 납세자가 요청한 경우로서 세무조사에 지장이 없다고 판단될 때에는 요청한 장부 등을 7일 이내에 반환하여야 한다.

▌ 장부 등의 보관금지　　　　　　　　　　　　　　　　　이론형 Level 2

（선지분석）

① 세무공무원은 세무조사(조세범 처벌절차법에 따른 조세범칙조사를 포함)의 목적으로 납세자의 장부 등을 세무관서에 임의로 보관할 수 없다.

② 세무공무원은 납세자에 대한 구체적인 탈세 제보가 있는 경우에는 조사 목적에 필요한 최소한의 범위에서 납세자, 소지자 또는 보관자 등 정당한 권한이 있는 자가 임의로 제출한 장부 등을 납세자의 동의를 받아 세무관서에 일시 보관할 수 있다.

③ 납세자 등은 조사 목적이나 조사 범위와 관련이 없는 등의 사유로 일시 보관에 동의하지 아니하는 장부 등에 대해서는 세무공무원에게 일시 보관할 장부 등에서 제외할 것을 요청할 수 있다. 이 경우 세무공무원은 정당한 사유 없이 해당 장부 등을 일시 보관할 수 없다.

⑤ 세무공무원은 법령에 따라 일시 보관하고 있는 장부 등의 반환을 납세자가 요청한 경우로서 세무조사에 지장이 없다고 판단될 때에는 요청한 장부 등을 즉시 반환하여야 한다.

답 ④

210 다음은 국세청장에게 과세전적부심사청구를 할 수 있는 경우를 열거한 것이다. 틀린 것은? 2017년 세무사

① 과세전적부심사청구금액이 10억 원 이상에 해당하는 경우
② 법령과 관련하여 국세청장의 유권해석을 변경하여야 하는 경우
③ 세무조사결과에 대한 서면통지를 받은 자가 통지 내용에 대한 적법성 여부에 관하여 심사를 청구하는 경우
④ 국세청장의 업무감사결과에 따라 세무서장 또는 지방국세청장이 과세예고통지를 행하는 경우
⑤ 국세청장의 훈령·예규·고시 등과 관련하여 새로운 해석이 필요한 경우

▌과세전적부심사청구 이론형 Level 1

세무조사결과에 대한 서면통지를 받은 자가 통지 내용에 대한 적법성 여부에 관하여 심사를 청구하는 경우에는 원칙적으로 세무서장이나 지방국세청장에게 그에 대한 적법성 심사를 청구하여야 한다. 다만, 특별한 사정이 있는 경우에 한하여 예외적으로 국세청장에게 적부심사를 청구할 수 있다.

답 ③

---

211 국세기본법상 과세전적부심사의 청구를 할 수 있는 경우는 모두 몇 개인가? 2011년 국가직 7급 변형

- 국세징수법에 규정된 납기전징수의 사유가 있는 경우
- 납부고지하려는 세액이 500만 원인 과세예고통지를 받은 경우
- 조세범 처벌법 위반으로 통고처분하는 경우
- 세무조사결과에 대한 서면통지를 받은 경우
- 국세청장의 훈령·예규·고시 등과 관련하여 새로운 해석이 필요한 경우
- 국제조세조정에 관한 법률에 따라 조세조약을 체결한 상대국이 상호합의절차의 개시를 요청한 경우

① 2개 ② 3개
③ 4개 ④ 5개

▌과세전적부심사청구 이론형 Level 1

국세기본법상 과세전적부심사의 청구를 할 수 있는 경우는 3개이다.

> 📄 **과세전적부심사청구의 대상(국세기본법 시행령 제63조의15 제1항 참조)**
> 1. 세무조사결과에 대한 서면통지 또는 과세예고통지를 받은 경우
> 2. 법령과 관련하여 국세청장의 유권해석을 변경하여야 하거나 새로운 해석이 필요한 것
> 3. 세무서 또는 지방국세청에 대한 국세청장의 업무감사결과(현지에서 시정조치하는 경우를 포함)에 따라 세무서장 또는 지방국세청장이 하는 과세예고통지에 관한 것
> 4. 위 1.~3.의 규정에 해당하지 아니하는 사항 중 과세전적부심사청구금액이 10억 원 이상인 것
> 5. 감사원법에 따른 시정요구에 따라 세무서장 또는 지방국세청장이 과세처분하는 경우로서 시정요구 전에 과세처분 대상자가 감사원의 지적사항에 대한 소명안내를 받지 못한 것

답 ②

212 국세기본법상 과세전적부심사와 관련된 설명으로 옳지 않은 것은?

① 조세쟁송제도가 사후적 권리구제제도라면 과세전적부심사제도는 사전적 권리구제제도에 해당한다.

② 세무조사결과통지 및 과세예고통지를 하는 날부터 국세부과제척기간의 만료일까지의 기간이 4월인 경우에는 과세전적부심사를 청구할 수 없다.

③ 과세전적부심사를 받기 위해서는 세무조사결과에 대한 서면통지 또는 법령이 정하는 과세예고통지를 받은 날부터 30일 이내에 심사를 청구하여야 한다.

④ 과세전적부심사청구의 배제사유에 해당하는 경우가 아니라면 과세전적부심사의 청구부분에 대하여는 과세전적부심사에 대한 결정이 있을 때까지 과세표준 및 세액의 결정이나 경정결정이 유보된다.

┃ 과세전적부심사　　　　　　　　　　　　　　　　　　　　　이론형 Level 1

세무조사결과통지 및 과세예고통지를 하는 날부터 국세부과제척기간의 만료일까지의 기간이 3개월 이하인 경우 과세전 적부심사청구를 할 수 없다.

(선지분석)
③ 과세전적부심사의 청구기한에 대한 옳은 설명이다.
④ 과세전적부심사의 효력과 결정의 유보에 대한 옳은 설명이다.

답 ②

---

213 국세기본법상 과세전적부심사에 대한 설명으로 옳지 않은 것은?

① 세무서장으로부터 세무조사결과에 대한 서면통지를 받은 자는 과세전적부심사를 청구하지 아니한 채, 통지를 한 세무서장에게 통지받은 내용의 전부 또는 일부에 대하여 과세표준 및 세액을 조기에 결정하거나 경정결정해줄 것을 신청할 수 없다.

② 세무서장으로부터 세무조사결과에 대한 서면통지를 받은 자에게 국세징수법에 규정된 납기전징수의 사유가 있거나 세법에서 규정하는 수시부과사유가 있는 경우에는 과세전적부심사를 청구할 수 없다.

③ 과세전적부심사 청구를 받은 지방국세청장은 해당 국세심사위원회의 심사를 거쳐 결정을 하고 그 결과를 청구를 받은 날부터 30일 이내에 청구인에게 통지하여야 한다.

④ 과세전적부심사 청구기간이 지났거나 보정기간에 보정하지 아니한 경우에는 과세전적부심사청구를 받은 세무서장은 해당 국세심사위원회의 심사를 거쳐 심사하지 아니한다는 결정을 한다.

┃ 과세전적부심사　　　　　　　　　　　　　　　　　　　　　이론형 Level 1

과세전적부심사청구의사가 없는 경우에도 청구기간(30일) 경과 이후에 세액 등의 결정·고지가 이루어져 그 기간만큼 가산세 등을 추가납부해야 하는 불합리한 점을 해소하고자 과세전적부심사청구의 의사가 없는 경우 조기결정 등을 신청할 수 있도록 하였다.

답 ①

214 국세기본법상 과세전적부심사에 관한 설명이다. 옳지 않은 것은? 2019년 회계사

① 세무서장은 세무조사에서 확인된 것으로 조사대상자 외의 자에 대한 과세자료 및 현지 확인조사에 따라 세무서장이 과세하는 경우에는 미리 납세자에게 그 내용을 서면으로 통지하여야 한다.

② 세무서장에게 과세전적부심사를 청구할 수 있는 자가 법령과 관련하여 국세청장의 유권해석 변경이 필요한 경우 국세청장에게 과세전적부심사를 청구할 수 있다.

③ 세무조사결과통지 및 과세예고통지를 하는 날부터 국세부과제척기간의 만료일까지의 기간이 3개월 이하인 경우에는 과세전적부심사를 청구할 수 없다.

④ 과세전적부심사청구를 받은 세무서장은 국세심사위원회의 심사를 거쳐 결정을 하고 그 결과를 청구를 받은 날부터 30일 이내에 청구인에게 통지하여야 한다.

⑤ 과세예고통지를 받은 자가 과세전적부심사를 청구하지 아니하고 통지를 한 세무서장에게 통지받은 내용에 대하여 과세표준 및 세액을 조기에 결정해줄 것을 신청한 경우, 해당 세무서장은 신청받은 내용을 검토하여 2개월 이내에 결정하여야 한다.

| 과세전적부심사 이론형 Level 2

과세예고통지를 받은 자가 과세전적부심사를 청구하지 아니하고 통지를 한 세무서장에게 통지받은 내용에 대하여 과세표준 및 세액을 조기에 결정해줄 것을 신청한 경우, 해당 세무서장은 신청받은 내용대로 <u>즉시</u> 결정이나 경정결정을 하여야 한다.

답 ⑤

---

215 국세기본법령 보칙 및 국세징수법에 대한 설명으로 옳지 않은 것은? 2020년 국가직 7급 변형

① 고지할 국세(인지세는 제외) 및 강제징수비를 합친 금액이 1만 원 미만일 때에는 그 금액은 없는 것으로 본다.

② 국세청장은 국세기본법상 비밀 유지 규정에도 불구하고 체납발생일부터 1년이 지난 국세가 1억 원인 체납자의 인적사항, 체납액 등을 공개할 수 있으나, 체납된 국세가 이의신청·심사청구 등 불복청구 중에 있는 경우에는 공개할 수 없다.

③ 국세청장은 국제조세조정에 관한 법률에 따른 해외금융계좌 신고의무의 위반행위를 적발하는 데 중요한 자료를 제공한 자에게는 20억 원의 범위에서 포상금을 지급할 수 있으나, 해외금융계좌 신고의무의 불이행에 따른 과태료 금액이 2천만 원 미만인 경우에는 포상금을 지급하지 아니한다.

④ 납세자가 국외로 주소 또는 거소를 이전할 때에는 국세에 관한 사항을 처리하기 위하여 납세관리인을 정하여야 한다.

| 고액·상습체납자 등 명단 공개 이론형 Level 1

국세징수법 제114조 【고액·상습체납자의 명단 공개】 ① 국세청장은 국세기본법 제81조의13에도 불구하고 체납 발생일부터 1년이 지난 국세의 합계액이 <u>2억 원 이상</u>인 경우 체납자의 인적사항 및 체납액 등을 공개할 수 있다. 다만, 체납된 국세와 관련하여 심판청구 등이 계속 중이거나 그 밖에 대통령령으로 정하는 경우에는 공개할 수 없다.

답 ②

국세기본법상 납세자의 권리와 보칙에 관한 설명으로 옳지 않은 것은?

① 세무공무원은 2개 이상의 과세기간과 관련하여 잘못이 있는 경우에는 같은 세목 및 같은 과세기간에 대하여 재조사를 할 수 있다.

② 고지할 국세(인지세는 제외함) 및 또는 강제징수비를 합친 금액이 1만 원 미만일 때에는 그 금액은 없는 것으로 본다.

③ 역외거래를 이용하여 세금을 탈루하거나 국내 탈루소득을 해외로 변칙유출한 혐의로 조사하는 경우에는 세무조사기간의 제한 및 세무조사 연장기간의 제한을 받지 아니한다.

④ 세무공무원은 공공기관의 운영에 관한 법률에 따른 공공기관이 급부·지원 등을 위한 자격의 조사·심사 등에 필요한 과세정보를 당사자의 동의를 받아 요구하는 경우에는 그 사용 목적에 맞는 범위에서 납세자의 과세정보를 제공할 수 있다.

⑤ 국제조세조정에 관한 법률에 따른 해외금융계좌 신고의무 위반행위를 적발하는 데 중요한 자료를 제공한 자에게는 최대 30억 원의 포상금을 지급할 수 있다.

| 납세자의 권리와 보칙 이론형 Level 1

조세를 탈루한 자에 대한 탈루세액 또는 부당하게 환급·공제받은 세액을 산정하는 데 중요한 자료를 제공한 자의 경우 최대 40억 원까지 포상금을 지급할 수 있지만, 위 외의 사유에 해당하는 경우(해외금융계좌 신고의무를 위반한 자 등)에 대한 포상금은 20억 원(은닉재산신고자에 대해서는 30억 원) 한도 내에서 지급할 수 있다.

답 ⑤

II

국세징수법

01 국세징수법 총칙

001 국세징수법상 체납액의 징수 순서로 옳은 것은?
2012년 국가직 9급 변형

① 강제징수비, 국세, 가산세
② 가산세, 강제징수비, 국세
③ 국세, 가산세, 강제징수비
④ 국세, 강제징수비, 가산세

▌체납액 징수 순서
이론형 Level 1

체납액의 징수 순서는 강제징수비, 국세(가산세 제외), 가산세로 한다.

> 📑 **체납액의 징수 순서(국세징수법 제3조 참조)**
> 1. 강제징수비
> 2. 국세(가산세는 제외)
> 3. 가산세
>   참고 국세는 교육세, 농어촌특별세, 교통세, 기타 국세의 순으로 징수함

답 ①

002 국세징수법에 대한 설명으로 옳은 것은?
2019년 국가직 9급 변형

① 국세의 징수에 관하여 국세기본법이나 다른 세법에 특별한 규정이 있는 경우를 제외하고는 국세징수법에서 정하는 바에 따른다.
② 체납자란 납세자의 국세 또는 강제징수비의 납부를 보증한 자를 말한다.
③ 체납액의 징수 순위는 강제징수비, 가산세, 국세로 한다.
④ 관할 세무서장은 국세징수 또는 공익 목적을 위하여 필요한 경우로서 체납된 국세와 관련하여 국세기본법에 따른 심사청구가 계류 중인 경우라 하더라도 신용정보집중기관이 체납 발생일로부터 1년이 지나고 체납액이 5백만 원 이상인 자의 체납자료를 요구한 경우 이를 제공할 수 있다.

▌국세징수법 총칙과 보칙
이론형 Level 1

(선지분석)
② 체납자란 국세를 체납한 자를 말한다.
③ 체납액의 징수 순위는 강제징수비, 국세(가산세 제외), 가산세로 한다.
④ 관할 세무서장은 체납된 국세와 관련하여 심판청구 등이 계속 중이거나 그 밖에 대통령령으로 정하는 경우에는 체납자료를 제공할 수 없다.

답 ①

003 국세징수법의 용어의 정의에 관한 설명으로 옳지 않은 것은?

① 법정납부기한이란 국세의 종목과 세율을 정하고 있는 법률, 국세기본법, 조세특례제한법 및 국제조세조정에 관한 법률에서 정한 기한을 말한다.

② 지정납부기한이란 관할 세무서장이 납부고지를 하면서 지정한 기한을 말한다.

③ 체납이란 국세를 지정납부기한까지 납부하지 아니하는 것을 말한다.

④ 관할 세무서장이 소득세법에 따라 중간예납세액을 징수하여야 하는 기한은 법정납부기한으로 본다.

| 용어의 정의 | 이론형 Level 1 |

소득세법에 따라 중간예납세액을 징수하여야 하는 기한, 부가가치세법에 따라 부가가치세액을 징수하여야 하는 기한, 종합부동산세법에 따라 종합부동산세액을 징수하여야 하는 기한은 지정납부기한으로 본다.

답 ④

---

004 국세징수법상 납세증명서제도에 관한 설명으로 옳은 것은? 2013년 국가직 9급

① 납세증명서는 발급일 현재 독촉장에서 정하는 기한의 연장에 관계된 금액, 압류·매각의 유예액 및 그 밖에 대통령령으로 정하는 금액을 포함한 다른 체납액이 없다는 사실을 증명하는 문서를 말한다.

② 국내거소신고를 한 외국인이 체류기간 연장허가 등 체류 관련 허가를 법무부장관에게 신청하는 경우에는 납세증명서를 제출하여야 한다.

③ 지방자치단체가 국가로부터 대금을 지급받아 그 대금이 지방자치단체금고에 귀속되는 경우 납세증명서를 제출하여야 한다.

④ 법원의 전부명령에 따라 원래의 계약자 외의 자가 지방자치단체로부터 대금을 지급받는 경우 압류채권자와 채무자의 납세증명서를 제출하여야 한다.

| 납세증명서 | 이론형 Level 1 |

(선지분석)

① 납세증명서는 발급일 현재 독촉장에서 정하는 기한의 연장에 관계된 금액, 압류·매각의 유예액 및 그 밖에 대통령령으로 정하는 금액을 제외한 다른 체납액이 없다는 사실을 증명하는 문서를 말한다.

③ 지방자치단체가 국가로부터 대금을 지급 받아 그 대금이 지방자치단체금고에 귀속되는 경우 납세증명서를 제출하지 아니하여도 된다.

④ 법원의 전부명령에 따라 원래의 계약자 외의 자가 지방자치단체로부터 대금을 지급받는 경우 압류채권자의 납세증명서만 제출하여도 된다.

📑 **납세증명서 제출대상자(국세징수법 시행령 제90조 참조)**

원칙	계약자
특례	1. 채권양도로 인한 경우: 양도인과 양수인의 납세증명서 2. 법원의 전부명령에 따르는 경우: 압류채권자의 납세증명서 3. 하도급거래 공정화에 관한 법률에 따라 건설공사의 하도급대금을 직접 지급받는 경우: 수급사업자의 납세증명서

답 ②

005 국세징수법상 납세증명서에 대한 설명으로 옳지 않은 것은?

① 납세자가 계약대금 중 일부 금액으로 체납세액 전액을 납부하려는 경우에는 국가에게 납세증명서를 제출하지 아니하여도 된다.
② 납세증명서의 유효기간은 그 증명서를 발급한 날부터 30일간으로 한다. 다만, 발급일 현재 해당 신청인에게 납부고지된 국세가 있는 경우에는 해당 국세의 지정납부기한까지로 할 수 있다.
③ 납세증명서를 발급받으려는 내국법인은 본점 소재지를 관할하는 세무서장(단, 국세청장이 납세자의 편의를 위하여 발급세무서를 달리 정하는 경우에는 그 발급세무서의 장)에게 발급신청에 관한 문서를 제출하여야 한다.
④ 납세증명서를 관계 법령에 따라 의무적으로 제출해야 하는 경우 해당 주무관서 등은 납세자의 동의 없이 전자정부법 제36조 제1항에 따른 행정정보의 공동이용을 통하여 그 체납사실 여부를 확인하는 경우에는 납세증명서를 제출받은 것으로 볼 수 있다.

| 납세증명서   이론형 Level 1

납세자가 납세증명서를 의무적으로 제출해야 하는 경우 해당 주무관서 등이 국세청장 또는 관할 세무서장에게 조회(국세청장에게 조회하는 경우에는 국세정보통신망을 통한 방법으로 한정)하거나 <u>납세자의 동의를 받아</u> 행정정보의 공동이용을 통하여 그 체납사실 여부를 확인하는 경우에는 납세증명서를 제출받은 것으로 볼 수 있다.

(선지분석)

③

📄 납세증명서 발급신청에 대한 관할 세무서장

구분	발급 신청자	관할 세무서장
개인	원칙	주소지 또는 사업장 소재지
	주소가 없는 외국인	거소지 또는 사업장 소재지
법인	내국법인	본점 소재지
	외국법인	국내 주사업장

답 ④

---

006 국세징수법상 납세증명서에 관한 설명으로 옳은 것은?

① 국가가 발주하는 건설공사를 수주하고 건설공사계약을 체결하는 때에는 납세증명서를 제출하여야 한다.
② 국세에 대한 납부의무가 있는 외국인이 출국하거나 내국인이 해외이주 목적으로 해외이주법에 따라 외교부장관에게 해외이주신고를 하는 경우에는 납세증명서를 제출하여야 한다.
③ 국세 강제징수에 따른 채권 압류로 관할 세무서장이 그 대금을 지급받는 경우에도 납세증명서를 제출하여야 한다.
④ 국가로부터 대금을 지급받는 경우로서 채권양도에 의하여 대금을 지급받는 자가 원래의 계약자 외의 자인 경우에는 해당 채권의 양도인뿐만 아니라 양수인의 납세증명서를 함께 제출하여야 한다.
⑤ 발급일 현재 해당 신청인에게 납부고지된 국세가 있는 경우를 포함하여 납세증명서 유효기간은 그 증명서를 발급한 날부터 30일간으로 한다.

(선지분석)

① 국가와 계약을 체결하는 시점에는 납세증명서를 제출하지 않아도 된다.

② 출입국관리법에 따른 외국인등록 또는 재외동포의 출입국과 법적 지위에 관한 법률에 따른 국내거소신고를 한 외국인이 체류기간 연장허가 등 체류 관련 허가를 법무부장관에게 신청하는 경우에는 납세증명서를 제출하여야 한다. → 출국하는 경우 ✕

③ 국세 강제징수에 따른 채권 압류로 세무서장이 그 대금을 지급받는 경우 납세증명서를 제출하지 아니하여도 된다.

⑤ 납세증명서의 유효기간은 그 증명서를 발급한 날부터 30일간으로 한다. 다만, 발급일 현재 해당 신청인에게 납부고지된 국세가 있는 경우에는 해당 국세의 지정납부기한까지로 할 수 있다.

답 ④

007 국세징수법령상 납세증명서와 미납국세 등의 열람제도에 대한 설명으로 옳지 않은 것은? (단, 납세증명서 □□□ 발급과 미납국세 등의 열람을 위한 다른 요건은 모두 충족된 것으로 봄)   2020년 국가직 9급 변형

① 임차인이 미납국세 등을 열람하는 경우, 임대인이 각 세법에 따른 과세표준 및 세액의 신고기한까지 신고한 국세 중 납부하지 아니한 국세의 열람이 가능하다.

② 과세표준 및 세액을 신고하였으나 납부하지 아니한 소득(종합소득)세 납세의무는 과세표준 확정신고기한까지는 납세증명서를 통하여 확인할 수 없다.

③ 내국인이 해외이주 목적으로 해외이주법 제6조에 따라 외교부장관에게 해외이주신고를 하는 경우에는 대통령령으로 정하는 바에 따라 납세증명서를 제출하여야 한다.

④ 미납국세 등의 열람으로는 임대인에게 납부고지서를 발급한 후 납기가 도래하지 아니한 국세를 열람할 수 없다.

납세증명서와 미납국세 등 열람   이론형 Level 1

임차인이 열람할 수 있는 국세는 다음의 금액으로서 확정된 국세에 한정한다. 즉, 납부고지서 등을 발급한 후 납기가 도래하지 않은 국세도 열람이 가능하다.

> 📄 **미납국세 등의 열람(국세징수법 제109조 제1항 참조)**
> 1. 세법에 따른 과세표준 및 세액의 신고기한까지 신고한 국세 중 납부하지 아니한 국세
> 2. 납부고지서를 발급한 후 지정납부기한이 도래하지 아니한 국세
> 3. 체납액

답 ④

008 국세징수법령상 미납국세 등의 열람제도에 대한 설명으로 옳은 것은?

① 미납국세 등의 열람제도에 의하면 열람 신청할 수 있는 미납국세 등에는 납부고지서를 발급한 후 지정납부기한이 도래하지 아니한 국세도 포함된다.

② 「상가건물 임대차보호법」에 따른 상가건물을 보증금 1,000만 원에 임차하여 사용하려는 자는 해당 건물에 대한 임대차계약을 하기 전 임대인의 동의 없이 체납액의 열람을 전국 세무서장에게 신청할 수 있다.

③ 「주택임대차보호법」에 따른 주거용 건물을 보증금 3,000만 원에 임대차계약을 체결한 자는 임대차 기간이 시작하는 날까지 임대인의 동의를 받아야 그 자가 납부하지 아니한 국세 또는 체납액의 열람을 임차할 건물 소재지의 관할 세무서장에게 신청할 수 있다.

④ 열람 신청을 받은 세무서장은 신고 후 납부하지 아니한 종합소득세의 경우 신고기한부터 30일이 지났을 때부터 열람 신청에 따라 열람할 수 있게 해야 한다.

미납국세 등의 열람

이론형 Level 1

(선지분석)

② 임대인이 체납한 국세 등을 임대인의 동의 없이 열람할 수 있는 임차인은 임차보증금이 1천만 원을 초과하는 임대차계약을 체결한 임차인이다.

③ 임대차계약을 체결한 임차인으로서 해당 계약에 따른 보증금이 1천만 원을 초과하는 자는 임대차 기간이 시작하는 날까지 임대인의 동의 없이도 미납국세 열람을 신청을 할 수 있다.

④ 열람신청을 받은 세무서장은 각 세법에 따른 과세표준 및 세액의 신고기한까지 임대인이 신고한 국세 중 납부하지 않은 국세에 대해서는 신고기한부터 30일(종합소득세의 경우에는 60일)이 지났을 때부터 열람 신청에 따라 열람할 수 있게 해야 한다.

답 ①

009 다음은 국세징수법상 체납자료의 제공에 관한 설명이다. (   )에 들어갈 내용으로 옳은 것은?

관할 세무서장(지방국세청장을 포함)은 국세징수 또는 공익 목적을 위하여 필요한 경우로서 신용정보집중기관, 그 밖에 대통령령으로 정하는 자가 다음의 어느 하나에 해당하는 체납자의 체납자료를 요구한 경우 이를 제공할 수 있다.
1. 체납 발생일부터 (ㄱ)년이 지나고 체납액이 (ㄴ)만 원 이상인 자
2. 1년에 (ㄷ)회 이상 체납하고 체납액이 (ㄹ)만 원 이상인 자

	ㄱ	ㄴ	ㄷ	ㄹ		ㄱ	ㄴ	ㄷ	ㄹ
①	1	500	2	500	②	1	500	3	500
③	1	1,000	2	1,000	④	2	500	3	500
⑤	2	1,000	2	1,000					

체납자료의 제공

이론형 Level 1

📄 **체납자료의 제공대상 체납자(국세징수법 제110조 제1항 참조)**

1. 체납 발생일부터 <u>1년</u>이 지나고 체납액이 <u>500만 원</u> 이상인 자
2. 1년에 <u>3회</u> 이상 체납하고 체납액이 <u>500만 원</u> 이상인 자

답 ②

010 국세징수법상 납세자가 허가 등을 받은 사업과 관련된 소득세, 법인세 및 부가가치세를 체납한 경우 해당 사업의 주무관청에 그 납세자에 대하여 허가 등의 갱신과 그 허가 등의 근거 법률에 따른 신규 허가 등을 하지 아니할 것을 요구할 수 있다. 다만, 일정한 사유에는 허가 등을 하지 아니할 것을 요구할 수 없는 데 이러한 사유에 해당하지 않는 것은?

2010년 국가직 9급 변형

① 국세를 포탈하고자 하는 행위가 있다고 인정되는 경우
② 공시송달의 방법으로 납부고지된 경우
③ 납세자 또는 그 동거가족이 질병이나 중상해로 6개월 이상의 치료가 필요한 경우 또는 사망하여 상중인 경우
④ 납세자가 경영하는 사업에 현저한 손실이 발생하거나 부도 또는 도산의 우려가 있는 경우

▌ 사업에 관한 허가 등의 제한   이론형 Level 1

> 📄 사업에 관한 허가 등의 제한의 예외사유(국세징수법 시행령 제101조 제1항 참조)
> 1. 공시송달의 방법으로 납부고지된 경우
> 2. 민사집행법에 따른 강제집행 및 담보권 실행 등을 위한 경매가 시작되거나 채무자 회생 및 파산에 관한 법률에 따른 파산선고를 받은 경우
> 3. 어음법 및 수표법에 따른 어음교환소에서 거래정지처분을 받은 경우
> 4. 납세자가 재난 또는 도난으로 재산에 심한 손실을 입은 경우
> 5. 납세자가 경영하는 사업에 현저한 손실이 발생하거나 부도 또는 도산의 우려가 있는 경우
> 6. 납세자 또는 그 동거가족이 질병이나 중상해로 6개월 이상의 치료가 필요한 경우 또는 사망하여 상중인 경우
> 7. 부가가치세법에 따라 물적납세의무를 부담하는 수탁자가 그 물적납세의무와 관련한 부가가치세 또는 강제징수비를 체납한 경우
> 8. 종합부동산세법에 따라 물적납세의무를 부담하는 수탁자가 그 물적납세의무와 관련한 종합부동산세 또는 강제징수비를 체납한 경우

답 ①

011 국세징수법상 관할 세무서장은 납세자가 법령이 정하는 사유 없이 허가 등을 받은 사업과 관련한 소득세, 법인세, 부가가치세를 체납한 때에는 허가 등을 요하는 사업의 주무관청에 해당 납세자에 대하여 그 허가 등을 하지 않을 것을 요구할 수 있다. '법령이 정하는 사유'가 아닌 것은?

2010년 세무사 변형

① 공시송달의 방법으로 납부고지된 경우
② 민사집행법에 따른 강제집행 및 담보권 실행 등을 위한 경매가 시작된 경우
③ 채무자 회생 및 파산에 관한 법률에 따른 파산선고를 받은 경우
④ 납세관리인을 정하지 않은 경우
⑤ 납세자가 경영하는 사업에 현저한 손실이 발생하거나 부도 또는 도산의 우려가 있는 경우

▌ 사업에 관한 허가 등의 제한   이론형 Level 1

납세관리인을 정하지 않은 경우는 법령이 정하는 사유에 해당하지 아니한다.

답 ④

012 국세징수법상 사업에 관한 허가 등의 제한에 관한 설명으로 옳지 않은 것은? 2011년 국가직 7급 변형

① 납세자에게 공시송달의 방법으로 납부고지된 경우에는 납세자가 국세를 체납하였더라도 세무서장은 허가 등을 요하는 사업의 주무관서에 그 허가 등을 하지 아니할 것을 요구할 수 없다.

② 국세체납을 이유로 세무서장이 허가 등을 요하는 사업의 주무관서에 관허사업의 제한을 요구한 후 납세자가 당해 국세를 납부하더라도 세무서장이 그 관허사업의 제한요구를 반드시 철회하여야 하는 것은 아니다.

③ 관할 세무서장은 허가 등을 받아 사업을 경영하는 자가 해당 사업과 관련된 소득세, 법인세 및 부가가치세를 3회 이상 체납한 경우로서 그 체납된 금액의 합계액이 500만 원 이상인 경우 해당 주무관청에 사업의 정지 또는 허가 등의 취소를 요구할 수 있다. 다만, 재난, 질병 또는 사업의 현저한 손실, 그 밖에 대통령령으로 정하는 사유가 있는 경우에는 그러하지 아니하다.

④ 해당 주무관청은 관할 세무서장의 요구가 있는 경우 정당한 사유가 없으면 요구에 따라야 하며, 그 조치 결과를 즉시 관할 세무서장에게 알려야 한다.

▌ 사업에 관한 허가 등의 제한 　　　　　　　　　　　　　　　　　　　　　　　이론형 Level 1

관할 세무서장은 관허사업의 허가 등의 제한을 요구한 후 해당 국세를 징수한 경우 즉시 그 요구를 철회하여야 한다.

(선지분석)
① 공시송달의 방법으로 납부고지된 경우 정당한 사유에 해당하므로 사업에 관한 허가 등의 제한을 요구할 수 없다.

답 ②

013 국세징수법상 사업에 관한 허가 등의 제한에 대한 설명으로 옳지 않은 것은? 2015년 국가직 9급 변형

① 세금체납이 있었지만 그 원인이 납세자가 재난으로 재산에 심한 손실을 입은 경우로서 세무서장이 인정하는 경우에는 관할 세무서장은 인·허가 주무관서에 그 납세자에 대한 인·허가를 하지 아니할 것을 요구할 수 없다.

② 허가 등을 받아 사업을 경영하는 자가 국세를 3회 이상 체납한 경우로서 그 체납세액이 500만 원 이상이라고 하더라도 납세자의 동거가족이 질병이나 중상해로 6개월 이상의 치료가 필요한 경우로서 관할 세무서장이 인정하는 경우에는 관할 세무서장은 그 주무관서에 사업의 정지 또는 허가 등의 취소를 요구할 수 없다.

③ 인·허가 주무관서에 관허사업의 제한요구를 한 후 해당 국세를 징수한 경우 즉시 그 요구를 철회하여야 한다.

④ 세무서장이 관허사업의 제한요구를 함에 있어서 납세자의 세금 체납횟수가 문제되는 경우에는 그 체납세금은 관허사업 자체에 관한 것에 국한하지 아니한다.

▌ 사업에 관한 허가 등의 제한 　　　　　　　　　　　　　　　　　　　　　　　이론형 Level 1

3회 이상의 체납횟수계산의 기초가 되는 체납국세는 '해당 사업과 관련된 소득세, 법인세 및 부가가치세'로 국한한다. 2019년 법 개정 시 체납 국세의 세목을 소득세, 법인세 및 부가가치세로 한정함으로써 관허사업 제한대상을 축소하였다. 한편, 3회의 체납 횟수는 납부고지서 1통을 1회로 보아 계산한다.

답 ④

014 국세징수법령상 체납자에 대한 사업에 관한 허가 등의 제한과 출국금지에 대해 설명한 것으로 옳지 않은 것은?

2017년 국가직 7급 변형

① 관할 세무서장은 허가 등을 받아 사업을 경영하는 자가 해당 사업과 관련된 소득세, 법인세 및 부가가치세를 3회 이상 체납하고 그 체납된 금액의 합계액이 500만 원 이상인 경우 대통령령으로 정하는 경우를 제외하고 해당 주무관청에 사업의 정지 또는 허가 등의 취소를 요구할 수 있다.

② 납세자에게 공시송달의 방법으로 납부고지 되었으나 납세자가 국세를 체납하였을 경우 관할 세무서장은 허가 등이 필요한 사업의 주무관청에 그 납세자에 대하여 그 허가 등을 하지 아니할 것을 요구하여야 한다.

③ 대법원 판례는 재산을 해외로 도피할 우려가 있는지 여부 등을 확인하지 않은 채 단순히 일정 금액 이상의 조세를 미납하였고 그 미납에 정당한 사유가 없다는 사유만으로 바로 출국금지처분을 하는 것은 헌법상의 기본권 보장 원리 및 과잉금지의 원칙에 비추어 허용되지 않는다고 본다.

④ 국세청장은 체납액 징수, 체납자 재산의 압류 및 담보 제공 등으로 출국금지사유가 없어진 경우 즉시 법무부장관에게 출국금지의 해제를 요청하여야 한다.

▌ 사업에 관한 허가 등의 제한 및 출국금지   이론형 Level 1

국세청장은 공시송달의 방법으로 납부고지된 경우에는 허가 등이 필요한 사업의 주무관청에 그 납세자에 대하여 그 허가 등을 하지 아니할 것을 요구할 수 없다.

답 ②

015 세법상 체납자로 하여금 간접적으로 국세를 납부하도록 유인하는 제도에 대한 설명으로 옳지 않은 것은?

① 관할 세무서장은 허가 등을 받아 사업을 경영하는 자가 해당 사업과 관련된 소득세, 법인세 및 부가가치세를 3회 이상 체납하고 그 체납된 금액의 합계액이 500만 원 이상인 경우 해당 주무관청에 사업의 정지 또는 허가 등의 취소를 요구할 수 있다.

② 주택임대차보호법에 따른 주거용 건물을 임차하여 사용하려는 자는 해당 건물에 대한 임대차계약을 하기 전에 건물 소유자의 동의를 받아 그 자가 납부하지 아니한 국세 또는 체납액의 열람을 임차할 건물 소재지의 관할 세무서장에게 신청할 수 있다.

③ 국세청장은 정당한 사유 없이 5천만 원 이상의 국세를 체납한 자 중 배우자 또는 직계존비속이 국외로 이주(국외에 3년 이상 장기체류 중인 경우를 포함)하였고, 관할 세무서장이 압류 등으로 조세채권을 확보할 수 없고, 강제징수를 회피할 우려가 있다고 인정하는 자에 대하여 법무부장관에게 출국금지를 요청하여야 한다.

④ 체납된 국세와 관련하여 심사청구 등 불복청구 중에 있는 경우에도 체납 발생일부터 1년이 지나고 국세가 2억 원 이상인 체납자의 인적사항은 공개할 수 있다.

▌ 간접적 납부 유인제도　　　　　　　　　　　　　　　　　　　　　이론형 Level 1

국세청장은 체납 발생일부터 1년이 지난 국세의 합계액이 2억 원 이상인 경우 체납자의 인적사항 및 체납액 등을 공개할 수 있다. 다만, 체납된 국세와 관련하여 심판청구 등이 계속 중이거나 그 밖에 대통령령으로 정하는 경우에는 공개할 수 없다.

> 📄 **체납 발생일부터 1년이 지난 국세의 합계액이 2억 원 이상인 체납자의 불이익(국세징수법 제30조·제114조·제115조 참조)**
> 1. 고액·상습체납자의 명단 공개
> 2. 고액·상습체납자의 수입물품에 대한 강제징수의 위탁
> 3. 고액·상습체납자 규정에 따라 감치도 될 수 있음

답 ④

---

016 국세징수법령상 국세를 납부하도록 강제하는 제도에 대한 설명으로 옳지 않은 것은?

① 관할 세무서장은 허가 등을 받아 사업을 경영하는 자가 해당 사업과 관련된 소득세, 법인세 및 부가가치세를 3회 이상 체납하고 그 체납된 금액의 합계액이 500만 원 이상이면 공시송달의 방법으로 납부고지된 경우에도 그 주무관청에 사업의 정지를 요구할 수 있다.

② 납세자는 국가를 당사자로 하는 계약에 관한 법률 시행령에 따른 수의계약(비상재해가 발생한 경우에 국가가 소유하는 복구용 자재를 재해를 당한 자에게 매각하는 경우는 제외)과 관련하여 국가로부터 대금을 지급받는 경우 납세증명서를 제출하지 아니하여도 된다.

③ 관할 세무서장은 이자소득에 대한 지급명세서 등 금융거래에 관한 정보를 체납자의 재산조회와 강제징수를 위하여 사용할 수 있다.

④ 국세청장은 정당한 사유 없이 5천만 원 이상의 국세를 체납한 자 중 미화 5만 달러 상당액 이상의 국외자산이 발견되었으나, 관할 세무서장이 압류 등으로 조세채권을 확보할 수 없고, 강제징수를 회피할 우려가 있다고 인정되는 자에 대하여 법무부장관에게 법령에 따라 출국금지를 요청하여야 한다.

관할 세무서장은 허가 등을 받아 사업을 경영하는 자가 해당 사업과 관련된 소득세, 법인세 및 부가가치세를 3회 이상 체납하고 그 체납된 금액의 합계액이 500만 원 이상인 경우 해당 주무관청에 사업의 정지 또는 허가 등의 취소를 요구할 수 있다. 다만, 공시송달의 방법으로 납부고지된 경우에는 요구할 수 없다.

답 ①

017 국세징수법령상 고액·상습체납자의 감치에 대한 설명으로 옳지 않은 것은?

① 법원은 검사의 청구에 따라 체납자가 국세를 3회 이상 체납하고 있고, 체납 발생일부터 각 1년이 경과하였으며, 체납된 국세의 합계액이 2억 원 이상이면서 체납된 국세의 납부능력이 있음에도 불구하고 정당한 사유 없이 체납하였고, 국세정보위원회의 의결에 따라 해당 체납자에 대한 감치 필요성이 인정되면 결정으로 30일의 범위에서 체납된 국세가 납부될 때까지 그 체납자를 감치에 처할 수 있다.

② 국세청장은 체납자가 위 ① 사유에 모두 해당하는 경우 체납자의 주소 또는 거소를 관할하는 지방검찰청 또는 지청의 검사에게 체납자의 감치를 신청할 수 있다.

③ 국세청장은 체납자의 감치를 신청하기 전에 체납자에게 소명자료를 제출하거나 의견을 진술할 수 있는 기회를 주어야 한다.

④ 감치에 처하여진 체납자는 동일한 체납 사실로 인하여 다시 감치될 수 있다.

⑤ 감치에 처하는 재판을 받은 체납자가 그 감치의 집행 중에 체납된 국세를 납부한 경우 감치집행을 종료하여야 한다.

고액·상습체납자의 감치　　　　　　　　　　　　　　　　　　　　　　　　　이론형 Level 1

감치에 처하여진 체납자는 동일한 체납 사실로 인하여 다시 감치되지 아니한다.

답 ④

018 국세징수법상 고액·상습체납자의 감치사유와 관련이 없는 것은? (단, 체납된 국세는 2020년 1월 1일 이후 체납된 것으로 가정함)

2021년 국가직 7급

① 국세를 3회 이상 체납하고 있고, 체납 발생일부터 각 1년이 경과하였으며, 체납된 국세의 합계액이 2억 원 이상인 경우

② 체납된 국세의 납부능력이 있음에도 불구하고 정당한 사유 없이 체납한 경우

③ 국세정보위원회의 의결에 따라 해당 체납자에 대한 감치 필요성이 인정되는 경우

④ 5천만 원의 국세를 체납한 자로서 직계존비속이 국외로 이주한 경우

고액·상습체납자의 감치　　　　　　　　　　　　　　　　　　　　　　　　　이론형 Level 1

> **국세징수법 제115조 【고액·상습체납자의 감치】** ① 법원은 검사의 청구에 따라 체납자가 다음 각 호의 사유에 모두 해당하는 경우 결정으로 30일의 범위에서 체납된 국세가 납부될 때까지 그 체납자를 감치(監置)에 처할 수 있다.
> 1. 국세를 3회 이상 체납하고 있고, 체납 발생일부터 각 1년이 경과하였으며, 체납된 국세의 합계액이 2억 원 이상인 경우
> 2. 체납된 국세의 납부능력이 있음에도 불구하고 정당한 사유 없이 체납한 경우
> 3. 국세기본법 제85조의5 제2항에 따른 국세정보위원회의 의결에 따라 해당 체납자에 대한 감치 필요성이 인정되는 경우

답 ④

019 다음 거주자 甲의 자료에 따른 세법상 설명으로 옳지 않은 것은?

□□□

> • 허가받은 사업과 관련된 부가가치세 1억 원을 법령에서 정하는 정당한 사유 없이 체납하고 있음
> • 2025.4.1. 현재 체납 발생일부터 1년이 경과함
> • 체납된 국세와 관련하여 불복청구 중이거나 행정소송이 계류 중인 상태가 아님
> • 납부고지의 유예나 압류·매각유예를 받은 사실이 없음

① 국세청장은 비밀유지규정에 불구하고 甲의 인적사항·체납액 등을 공개할 수 있다.

② 국세청장은 甲의 은닉재산을 신고한 자에 대하여 30억 원의 범위에서 법령에 따라 계산한 포상금을 지급할 수 있다.

③ 세무서장은 관허사업의 주무관청에 甲에 대하여 그 허가의 갱신을 하지 아니할 것을 요구할 수 있다.

④ 세무서장은 국세징수를 위하여 필요한 경우로서 신용정보집중기관 등 일정한 자가 甲의 체납자료를 요구하는 경우에는 이를 제공할 수 있다.

⑤ 국세청장은 甲에 대하여 미화 5만 달러 이상의 국외자산이 발견된 경우로서 관할 세무서장이 압류·공매, 담보제공, 보증인의 납세보증서 등으로 조세채권을 확보할 수 없고, 강제징수를 회피할 우려가 있다고 인정되면 법무부장관에게 출국금지를 요청하여야 한다.

┃ 간접적 납부 유인제도   이론형 Level 2

국세청장은 체납 발생일부터 1년이 지난 국세의 합계액이 2억 원 이상인 경우 체납자의 인적사항 및 체납액 등을 공개할 수 있다. 다만, 체납된 국세와 관련하여 심판청구 등이 계속 중이거나 그 밖에 대통령령으로 정하는 경우에는 공개할 수 없다.

답 ①

02 신고납부, 납부고지 등

020 국세징수법상 징수절차에 관한 설명으로 옳지 않은 것은? (다툼이 있으면 판례에 따름) 2016년 세무사 변형

① 관할 세무서장은 납세자의 체납액을 물적납세의무를 부담하는 자로부터 징수하는 경우 징수하려는 체납액의 과세기간, 세목, 세액, 산출 근거, 납부하여야 할 기한(납부고지를 하는 날부터 30일 이내의 범위로 정함), 납부장소, 물적납세의무를 부담하는 자로부터 징수할 금액, 그 산출 근거, 그 밖에 필요한 사항을 적은 납부고지서를 물적납세의무를 부담하는 자에게 발급하여야 한다.

② 관할 세무서장은 납세자로부터 국세를 징수하려는 경우 국세의 과세기간, 세목, 세액, 산출 근거, 납부하여야 할 기한(납부고지를 하는 날부터 30일 이내의 범위로 정함) 및 납부장소를 적은 납부고지서를 납세자에게 발급하여야 한다.

③ 관할 세무서장은 납세자가 체납액 중 국세만을 완납하여 강제징수비를 징수하려는 경우 강제징수비의 징수와 관계되는 국세의 과세기간, 세목, 강제징수비의 금액, 산출 근거, 납부하여야 할 기한(강제징수비 고지를 하는 날부터 30일 이내의 범위로 정함) 및 납부장소를 적은 강제징수비 고지서를 납세자에게 발급하여야 한다.

④ 국세기본법에 따른 납부지연가산세 및 원천징수 등 납부지연가산세 중 지정납부기한이 지난 후의 가산세를 징수하는 경우에는 납부고지서를 발급하지 아니할 수 있다.

⑤ 과세관청이 과세표준과 세액을 결정 또는 경정하고 그 통지를 납부고지서에 의하는 경우의 납세고지는 징수고지로서의 성질은 있으나 부과고지로서의 성질은 없다.

▌ 징수절차   이론형 Level 2

과세관청이 과세표준과 세액을 결정 또는 경정하고 그 통지를 납부고지서에 의하는 경우의 납부고지는 징수고지로서의 성질도 있으며, 부과고지로서의 성질도 있다.

답 ⑤

021 국세징수법상 납부고지에 대한 설명으로 옳지 않은 것은? 2017년 국가직 9급 변형

① 관할 세무서장은 납세자로부터 국세를 징수하려는 경우 국세의 과세기간, 세목, 세액, 납부기한을 적은 과세안내서, 과세예고통지서, 납부고지서 등을 발급하여야 한다.
② 관할 세무서장은 제2차 납세의무자에게 납부고지서를 발급하는 경우 납세자에게 그 사실을 통지하여야 한다.
③ 납부고지서는 징수결정 즉시 발급하여야 한다. 다만, 납부고지를 유예한 경우 유예기간이 끝난 날의 다음 날에 발급한다.
④ 납세자가 국세의 체납으로 강제징수가 시작된 경우 관할 세무서장은 납부기한 전이라도 이미 납세의무가 확정된 국세를 징수할 수 있다.

▌징수절차 이론형 Level 1

관할 세무서장은 납세자로부터 국세를 징수하려는 경우 국세의 과세기간, 세목, 세액, 산출 근거, 납부하여야 할 기한(납부고지를 하는 날부터 30일 이내의 범위로 정함) 및 납부장소를 적은 납부고지서를 납세자에게 발급하여야 한다.
참고 고지서 필요적 기재사항 중 하나라도 누락된 경우 고지의 효력이 인정되지 아니함

답 ①

022 국세징수절차에 대한 설명으로 옳지 않은 것은? 2016년 국가직 9급 변형

① 납부고지는 일반적으로 부과처분으로서의 성질과 징수처분으로서의 성질을 동시에 가진다.
② 납부고지서는 징수결정 즉시 발급하는 것을 원칙으로 한다.
③ 관할 세무서장은 납부하여야 할 기한을 납부고지를 하는 날부터 30일 이내의 범위로 정한다.
④ 연대납세의무자에게 납부의 고지에 관한 서류를 송달할 때에는 그 대표자를 명의인으로 하며, 대표자가 없을 때에는 연대납세의무자 중 국세를 징수하기에 유리한 자를 명의인으로 한다.

▌징수절차 이론형 Level 1

연대납세의무자에게 납부고지와 독촉에 관한 서류를 송달할 때에는 연대납세의무자 모두에게 각각 송달하여야 한다.

답 ④

023 국세징수법상 신고납부, 납부고지 등에 관한 설명으로 옳지 않은 것은? 2020년 세무사 변형

① 납세자는 세법에서 정하는 바에 따라 국세를 관할 세무서장에게 신고납부하는 경우 그 국세의 과세기간, 세목, 세액 및 납세자의 인적사항을 납부서에 적어 납부하여야 한다.
② 관할 세무서장은 물적납세의무를 부담하는 자로부터 납세자의 체납액을 징수하기 위해 납부고지서를 발급하는 경우 납세자에게 그 사실을 통지하여야 하고, 물적납세의무를 부담하는 자의 주소 또는 거소를 관할하는 세무서장에게도 그 사실을 통지하여야 한다.
③ 납부고지를 유예한 경우 유예기간이 끝난 날에 납부고지서를 발급한다.
④ 관할 세무서장은 제2차 납세의무자에게 납부고지서를 발급하는 경우 납세자에게 그 사실을 통지하여야 한다.

▌신고납부, 납부고지 등 이론형 Level 1

납부고지서는 징수결정 즉시 발급하여야 한다. 다만, 납부고지를 유예한 경우 유예기간이 끝난 날의 다음 날에 발급한다.

답 ③

024 국세징수법령상 납부기한 전에 징수할 수 있는 국세가 아닌 것은? (단, 납부기한까지 기다려서는 해당 국세
를 징수할 수 없음)

2019년 국가직 7급 변형

① 납부고지에 의하지 아니하고 중간예납하는 소득세
② 원천징수한 법인세
③ 납부고지를 한 증여세
④ 과세표준결정을 통지한 상속세

| **납부기한 전 징수** | 이론형 Level 1 |

세무서장이 납기 전에 징수할 수 있는 국세는 다음 중 어느 하나에 해당하는 것으로서 납부기한까지 기다려서는 해당 국세를 징수할 수 없다고 인정하는 것으로 한정한다.

📄 **납부기한 전 징수 가능한 국세**

1. 납부고지를 한 국세
2. 과세표준결정을 통지한 국세
3. 원천징수한 국세
4. 납세조합이 징수한 국세
5. 중간예납하는 법인세
   > **참고** 중간예납하는 소득세는 납부기한 전 징수할 수 있는 국세에 해당하지 않음

답 ①

---

025 국세징수법상 납부기한 전 징수의 대상이 되는 국세가 아닌 것은?

2003년 세무사 변형

① 법인세 신고기한이 경과하였으나 신고하지 아니한 국세
② 원천징수한 국세
③ 납세조합이 징수한 국세
④ 중간예납하는 법인세
⑤ 과세표준결정통지를 한 국세

| **납부기한 전 징수** | 이론형 Level 1 |

신고기한이 경과하였으나 신고하지 아니한 국세는 납세의무는 성립하였으나 아직 확정되지 아니하였으므로 납부기한 전 징수대상이 아니다.

답 ①

026 국세징수법상 납세의무가 확정된 국세에 대하여 납부기한 전에 징수할 수 있는 사유로 옳지 않은 것은?

2009년 국가직 7급 변형

① 납세자가 경영하는 사업에 현저한 손실이 발생하거나 부도 또는 도산의 우려가 있는 경우
② 어음법에 따른 어음교환소에서 거래정지처분을 받은 경우
③ 국세를 포탈하려는 행위가 있다고 인정되는 경우
④ 지방세의 체납으로 강제징수가 시작된 경우

■ 납부기한 전 징수   이론형 Level 1

사업이 중대한 위기에 처한 때는 납부기한 전 징수사유에 해당하지 아니하며 납부고지의 유예사유에 해당한다.

> 📄 납부기한 전 징수사유(국세징수법 제9조 제1항 참조)
> 1. 국세, 지방세 또는 공과금의 체납으로 강제징수 또는 체납처분이 시작된 경우
> 2. 민사집행법에 따른 강제집행 및 담보권 실행 등을 위한 경매가 시작되거나 채무자 회생 및 파산에 관한 법률에 따른 파산선고를 받은 경우
> 3. 어음법 및 수표법에 따른 어음교환소에서 거래정지처분을 받은 경우
> 4. 법인이 해산한 경우
> 5. 국세를 포탈하려는 행위가 있다고 인정되는 경우
> 6. 납세관리인을 정하지 아니하고 국내에 주소 또는 거소를 두지 아니하게 된 경우

답 ①

---

027 국세징수법상 납부기한 전에 국세를 징수할 수 있는 사유에 해당하는 것은 모두 몇 개 인가?

2012년 국가직 7급 변형

> • 세무서장의 통고처분을 받은 경우
> • 법인이 해산한 경우
> • 민사집행법에 따른 강제집행을 위한 경매가 시작된 경우
> • 기업의 구조조정절차가 시작된 경우
> • 국세의 체납으로 강제징수를 받는 경우
> • 어음법 및 수표법에 따른 어음교환소에서 거래정지처분을 받은 경우
> • 납세자의 사업이 중대한 위기에 처한 경우
> • 채무자 회생 및 파산에 관한 법률에 따른 파산선고를 받은 경우

① 4개   ② 5개
③ 6개   ④ 7개

납부기한 전에 국세를 징수할 수 있는 사유는 총 5개이다.

> **납부기한 전 징수사유(국세징수법 제9조 제1항 참조)**
>
> 1. 국세, 지방세 또는 공과금의 체납으로 강제징수 또는 체납처분이 시작된 경우
> 2. 민사집행법에 따른 강제집행 및 담보권 실행 등을 위한 경매가 시작되거나 채무자 회생 및 파산에 관한 법률에 따른 파산선고를 받은 경우
> 3. 어음법 및 수표법에 따른 어음교환소에서 거래정지처분을 받은 경우
> 4. 법인이 해산한 경우
> 5. 국세를 포탈하려는 행위가 있다고 인정되는 경우
> 6. 납세관리인을 정하지 아니하고 국내에 주소 또는 거소를 두지 아니하게 된 경우

답 ②

028 국세징수법상 납부기한 전 징수와 교부청구의 공통된 사유에 해당하지 않는 것은? 2008년 국가직 9급 변형

① 국세의 체납으로 체납자에 대한 강제징수가 시작된 경우
② 민사집행법에 따른 강제집행 및 담보권 실행 등을 위한 경매가 시작된 경우
③ 법인이 해산한 경우
④ 국세를 포탈하고자 하는 행위가 있다고 인정되는 경우

국세를 포탈하고자 하는 행위가 있다고 인정되는 경우는 교부청구사유에만 해당한다.

> **납부기한 전 징수와 교부청구의 사유 비교(국세징수법 제9조 제1항·제59조 참조)**
>
> | 구분 | 납부기한 전 징수사유 | 교부청구사유 |
> | --- | :---: | :---: |
> | 1. 국세, 지방세 또는 공과금의 체납으로 체납자에 대한 강제징수 또는 체납처분이 시작된 경우
2. 민사집행법에 따른 강제집행 및 담보권 실행 등을 위한 경매가 시작되거나 체납자가 채무자 회생 및 파산에 관한 법률에 따른 파산선고를 받은 경우
3. 법인이 해산한 경우 | ○ | ○ |
> | 4. 어음법 및 수표법에 따른 어음교환소에서 거래정지처분을 받은 경우
5. 국세를 포탈하고자 하는 행위가 있다고 인정되는 때
6. 납세관리인을 정하지 아니하고 국내에 주소 또는 거소를 두지 아니하게 된 때 | ○ | × |

답 ④

029 국세징수법상 납부기한 전 징수사유와 교부청구사유에 공통으로 해당하는 것은? 2020년 국가직 7급 변형

① 국제조세조정에 관한 법률에 따른 상호합의절차가 진행 중인 경우
② 민사집행법에 따른 강제집행 등을 위한 경매가 시작된 경우
③ 국세를 포탈하려는 행위가 있다고 인정되는 경우
④ 납세관리인을 정하지 아니하고 국내에 주소 또는 거소를 두지 아니하게 된 경우

| 납부기한 전 징수 및 교부청구 | 이론형 Level 1 |

📄 납부기한 전 징수사유 및 교부청구에 대한 공통사유(국세징수법 제9조 제1항·제59조 참조)
1. 국세, 지방세 또는 공과금의 체납으로 체납자에 대한 강제징수 또는 체납처분이 시작된 경우
2. <u>민사집행법에 따른 강제집행 및 담보권 실행 등을 위한 경매가 시작</u>되거나 체납자가 채무자 회생 및 파산에 관한 법률에 따른 파산선고를 받은 경우
3. 법인이 해산한 경우

답 ②

---

030 납부기한 전 징수에 관한 설명으로 옳지 않은 것은? 2016년 세무사 변형

① 관할 세무서장은 납세자가 어음법 및 수표법에 따른 어음교환소에서 거래정지처분을 받은 경우 납부기한 전이라도 이미 납세의무가 확정된 국세를 징수할 수 있다.
② 관할 세무서장(법령이 정하는 체납자의 경우에는 지방국세청장을 포함)은 납세자가 납부기한 전 징수사유에 해당함에 따라 납부고지를 받고 단축된 기한까지 국세를 완납하지 아니한 경우 납세자의 재산을 압류한다.
③ 납부기한 전에 징수를 할 수 있는 국세에는 납부고지를 한 국세는 포함되나, 원천징수한 국세는 포함되지 않는다.
④ 납세자에게 채무자 회생 및 파산에 관한 법률에 따른 파산선고를 받은 경우에도 납부기한 전 징수사유에 해당한다.
⑤ 관할 세무서장은 납부기한 전에 국세를 징수하려는 경우 당초의 납부기한보다 단축된 기한을 정하여 납세자에게 납부고지를 하여야 한다.

| 납부기한 전 징수 | 이론형 Level 2 |

납부기한 전에 징수할 수 있는 국세는 확정된 국세로서 원천징수한 국세도 포함된다.

답 ③

---

031 국세징수법상 재난 등으로 인한 납부기한 등의 연장사유에 해당하지 않는 것은?

① 납세자가 재난 또는 도난으로 재산에 심한 손실을 입은 경우
② 납세자가 경영하는 사업에 현저한 손실이 발생하거나 부도 또는 도산의 우려가 있는 경우
③ 납세자 또는 그 동거가족이 질병이나 중상해로 6개월 이상의 치료가 필요한 경우 또는 사망하여 상중인 경우
④ 국세, 지방세 또는 공과금의 체납으로 강제징수 또는 체납처분이 시작된 경우
⑤ 권한 있는 기관에 장부나 서류 또는 그 밖의 물건이 압수 또는 영치된 경우 및 이에 준하는 경우

관할 세무서장은 납세자가 납부기한 등의 연장사유로 국세를 납부기한 또는 독촉장에서 정하는 기한까지 납부할 수 없다고 인정되는 경우 납부기한 등을 연장(세액을 분할하여 납부하도록 하는 것을 포함)할 수 있다.

📄 **납부기한 등의 연장사유(국세징수법 제13조 제1항 참조)**

1. 납세자가 재난 또는 도난으로 재산에 심한 손실을 입은 경우
2. 납세자가 경영하는 사업에 현저한 손실이 발생하거나 부도 또는 도산의 우려가 있는 경우
3. 납세자 또는 그 동거가족이 질병이나 중상해로 6개월 이상의 치료가 필요한 경우 또는 사망하여 상중인 경우
4. 권한 있는 기관에 장부나 서류 또는 그 밖의 물건이 압수 또는 영치된 경우 및 이에 준하는 경우
5. 정전, 프로그램의 오류, 그 밖의 부득이한 사유로 한국은행 등에 정보처리장치나 시스템을 정상적으로 가동시킬 수 없는 경우
6. 금융회사 등·체신관서의 휴무, 그 밖에 부득이한 사유로 정상적인 국세 납부가 곤란하다고 국세청장이 인정하는 경우
7. 세무사법에 따라 납세자의 장부 작성을 대행하는 세무사(등록 세무법인 포함) 또는 세무대리업무등록부에 등록한 공인회계사(공인회계사법에 따라 등록한 회계법인을 포함)가 화재, 전화, 그 밖의 재해를 입거나 해당 납세자의 장부(장부 작성에 필요한 자료를 포함)를 도난당한 경우

답 ④

032 재난 등으로 인해 납부기한을 연장하는 경우 관할 세무서장은 그 연장에 관계되는 금액에 상당하는 납세담보의 제공을 요구할 수 있다. 이러한 사유로 옳은 것은?   2013년 국가직 7급 변형

① 권한 있는 기관에 장부나 서류 또는 그 밖의 물건이 압수 또는 영치된 경우
② 납세자가 사업에서 심각한 손해를 입거나 그 사업이 중대한 위기에 처한 경우로서 관할 세무서장이 납부해야 할 금액, 납부기한 등의 연장기간, 납부고지의 유예기간 및 납세자의 과거 국세 납부명세 등을 고려하여 납세자가 그 연장 또는 유예기간 내에 해당 국세를 납부할 수 있다고 인정하는 경우
③ 정전으로 한국은행 및 체신관서의 정보처리장치나 시스템을 정상적으로 가동시킬 수 없는 경우
④ 금융회사의 휴무로 정상적인 국세 납부가 곤란하다고 국세청장이 인정하는 경우

권한 있는 기관에 장부나 서류 또는 그 밖의 물건이 압수 또는 영치된 경우에는 납세담보를 요구할 수 있다.

(선지분석)

📄 **납세담보요구 불가사유(국세징수법 시행령 제16조 참조)**

1. 납세자가 사업에서 심각한 손해를 입거나 그 사업이 중대한 위기에 처한 경우로서 관할 세무서장이 납부해야 할 금액, 납부기한 등의 연장기간, 납부고지의 유예기간 및 납세자의 과거 국세 납부명세 등을 고려하여 납세자가 그 연장 또는 유예기간 내에 해당 국세를 납부할 수 있다고 인정하는 경우
2. 납세자가 재난 또는 도난으로 재산에 심한 손실을 입은 경우
3. 정전, 프로그램의 오류, 그 밖의 부득이한 사유로 한국은행 등에 정보처리장치나 시스템을 정상적으로 가동시킬 수 없는 경우
4. 금융회사 등·체신관서의 휴무, 그 밖에 부득이한 사유로 정상적인 국세 납부가 곤란하다고 국세청장이 인정하는 경우
5. 1.~4.와 유사한 사유에 해당하는 경우

답 ①

033 국세징수법상 재난 등으로 인한 납부기한 등의 연장에 관한 설명으로 옳은 것은? (단, 고용재난지역 등 중
□□□ 소기업에 특례규정은 고려하지 아니함)   2007년 국가직 7급 변형

① 관할 세무서장은 납부기한 등 연장을 하는 경우 그 연장기간을 연장한 날의 다음 날부터 9개월
   이내로 정하며, 연장기간 중의 분납기한 및 분납금액을 정할 수 있다. 이 경우 관할 세무서장은
   연장기간이 6개월을 초과하는 경우에는 가능한 한 연장 또는 유예기간 시작 후 6개월이 지난
   날부터 3개월 이내에 균등액을 분납할 수 있도록 정해야 한다.
② 재난 등의 사유로 인하여 국세를 납부기한 또는 독촉장에서 정하는 기한까지 납부할 수 없다고
   인정되는 경우 납세자의 신청이 있는 경우에 한하여 연장할 수 있다.
③ 관할 세무서장은 납부기한 등을 연장을 한 경우에 그 연장기간 동안 국세기본법에 따른 납부지
   연가산세 및 원천징수 등 납부지연가산세는 부과한다.
④ 납세자는 납부기한 등의 연장을 신청하려는 경우 기한 만료일 10일 전까지 신청서를 관할 세무
   서장에게 제출(국세정보통신망을 통한 제출 포함)해야 한다. 다만, 관할 세무서장이 납세자가
   기한 만료일 10일 전까지 신청서를 제출할 수 없다고 인정하는 경우에는 기한 만료일까지 제출
   할 수 있다.

▌재난 등으로 인한 납부기한 등의 연장   이론형 Level 1

(선지분석)
② 재난 등으로 인한 납부기한 등의 연장은 관할 세무서장의 직권 또는 납세자의 신청으로 가능하다.
③ 관할 세무서장은 납부기한 등을 연장을 한 경우에 그 연장기간 동안 국세기본법에 따른 납부지연가산세 및 원천
   징수 등 납부지연가산세를 부과하지 아니한다.
④ 납세자는 납부기한 등의 연장을 신청하려는 경우 기한 만료일 3일 전까지 신청서를 관할 세무서장에게 제출(국
   세정보통신망을 통한 제출을 포함)해야 한다. 다만, 관할 세무서장이 납세자가 기한 만료일 3일 전까지 신청서를
   제출할 수 없다고 인정하는 경우에는 기한 만료일까지 제출할 수 있다.

답 ①

034 국세징수법상 납부고지의 유예에 관한 설명으로 옳지 않은 것은?   2017년 세무사 변형
□□□
① 관할 세무서장은 납세자 또는 그 동거가족이 질병이나 중상해로 6개월 이상의 치료가 필요하여
   국세를 납부할 수 없다고 인정되는 경우 납부고지를 유예(세액을 분할하여 납부고지하는 것을
   포함)할 수 있고, 이 경우 즉시 납세자에게 그 사실을 통지하여야 한다.
② 납부고지의 유예기간에는 국세징수권의 소멸시효가 진행되지 아니한다.
③ 관할 세무서장은 납부고지를 유예한 경우 그 유예기간 동안 국세기본법에 따른 납부지연가산세
   및 원천징수 등 납부지연가산세를 부과하지 않는다.
④ 관할 세무서장은 납부고지를 유예한 기간 중 체납액에 대하여 교부청구를 할 수 있다.
⑤ 납부고지의 유예를 한 후 해당 납세자가 재산 상황의 변동 등 대통령령으로 정하는 사유로 납부
   고지의 유예를 할 필요가 없다고 인정되어 관할 세무서장이 납부고지의 유예를 취소한 경우 그
   국세에 대하여 다시 납부고지의 유예를 할 수 없다.

▌납부고지의 유예   이론형 Level 2

재산 상황의 변동 등 대통령령으로 정하는 사유로 납부기한 등의 연장 또는 납부고지의 유예를 할 필요가 없다고
인정되는 경우에 따라 납부유예를 취소한 경우에는 그 국세에 대하여 다시 납부고지의 유예를 할 수 있다.

답 ⑤

035 납부고지의 유예를 한 후 납부고지의 유예를 취소하고 유예와 관계되는 국세를 한꺼번에 징수할 수 있는
사유가 아닌 것은? 2014년 세무사 변형

① 국세를 분할납부하여야 하는 각 기한까지 분할납부하여야 할 금액을 납부하지 아니한 경우
② 납세자가 재난 또는 도난으로 재산에 심한 손실을 입은 경우
③ 관할 세무서장의 납세담보물의 추가 제공 또는 보증인의 변경 요구에 따르지 아니한 경우
④ 재산 상황의 변동 등 대통령령으로 정하는 사유로 납부고지의 유예를 할 필요가 없다고 인정되
는 경우
⑤ 국세를 포탈하려는 행위가 있다고 인정되어 그 유예한 기한까지 유예와 관계되는 국세의 전액
을 징수할 수 없다고 인정되는 경우

| 납부고지의 유예 이론형 Level 1

관할 세무서장은 납부기한 등의 연장 또는 납부고지의 유예를 한 후 해당 납세자가 다음 중 어느 하나의 사유에
해당하게 된 경우 그 납부기한 등의 연장 또는 납부고지의 유예를 취소하고 연장 또는 유예와 관계되는 국세를 한꺼
번에 징수할 수 있다.

> 📄 **납부고지 유예의 취소사유(국세징수법 제16조 제1항 참조)**
> 1. 국세를 분할납부하여야 하는 각 기한까지 분할납부하여야 할 금액을 납부하지 아니한 경우
> 2. 관할 세무서장의 납세담보물의 추가 제공 또는 보증인의 변경 요구에 따르지 아니한 경우
> 3. 재산 상황의 변동 등 대통령령으로 정하는 사유로 납부기한 등의 연장 또는 납부고지의 유예를 할 필요가 없다고
>   인정되는 경우 → 취소된 후에 다시 연장 가능
> 4. 납부기한 전 징수사유가 있어 그 연장 또는 유예한 기한까지 연장 또는 유예와 관계되는 국세의 전액을 징수할 수
>   없다고 인정되는 경우

답 ②

036 국세징수법상 고지된 국세 등의 납부고지의 유예에 대한 설명으로 옳지 않은 것은? (단, 상호합의절차에
따른 특례는 고려하지 않음) 2018년 국가직 9급 변형

① 관할 세무서장은 납세자가 경영하는 사업에 현저한 손실이 발생하거나 부도 또는 도산의 우려
되어 국세를 납부할 수 없다고 인정되는 경우 대통령령으로 정하는 바에 따라 납부고지를 유예
할 수 있다.
② 납세자가 납부고지 예정인 국세의 납부하여야 할 기한의 만료일 10일 전까지 신청을 하였으나
관할 세무서장이 신청일부터 10일 이내에 승인 여부를 통지하지 아니한 경우에는 신청일부터
10일이 되는 날에 신청을 승인한 것으로 본다.
③ 관할 세무서장은 납부고지의 유예를 하는 경우 유예와 관계되는 금액에 상당하는 납세담보의
제공을 요구하여야 한다.
④ 관할 세무서장은 고지된 국세 등의 징수를 유예한 기간 중에 그 유예한 국세 또는 체납액에 대
하여 교부청구를 할 수 있다.

| 납부고지의 유예 이론형 Level 1

관할 세무서장은 납부고지의 유예를 하는 경우 유예와 관계되는 금액에 상당하는 납세담보의 제공을 요구할 수 있다.

답 ③

037 국세징수법상 납세담보에 대한 설명으로 옳은 것은?

2013년 국가직 7급 변형

① 금전, 보험에 든 등록된 자동차와 건설기계는 납세담보로 제공할 수 있다.
② 납세담보를 제공한 자는 그 담보를 임의로 변경할 수 있다.
③ 상장된 유가증권을 납세담보로 제공한 자는 그 담보물로 국세 및 강제징수비를 납부할 수 있다.
④ 납세보증보험증권으로 납세담보를 한 경우, 납세담보의 가액은 그 보험금액으로 한다.

납세담보	이론형 Level 1

(선지분석)
① 보석류, 보험에 든 등록된 자동차는 납세담보로 제공할 수 없다. 보험에 든 건설기계는 납세담보로 제공할 수 있다.
② 납세담보를 제공한 자는 관할 세무서장의 승인을 받아 그 담보를 변경할 수 있다.
③ 납세담보로서 금전을 제공한 자는 그 금전으로 담보한 국세 및 강제징수비를 납부할 수 있다.

답 ④

---

038 국세징수법상 납세담보에 대한 설명으로 옳지 않은 것은?

2014년 9급 국가직 변형

① 납세담보로서 금전을 제공한 자는 그 금전으로 담보한 국세 및 강제징수비를 납부할 수 있다.
② 납세보증보험증권의 납세담보의 가액은 보험금액이다.
③ 금전을 납세담보로 제공하는 경우에는 담보할 국세의 100분의 120 이상의 가액에 상당하는 현금을 제공하여야 한다.
④ 납세담보를 제공한 자는 관할 세무서장의 승인을 받아 그 담보를 변경할 수 있다.

납세담보	이론형 Level 1

금전, 납세보증보험증권 또는 은행법에 따른 은행의 납세보증서는 담보할 국세의 110% 이상의 가액에 상당하는 금액을 제공하여야 한다.

📄 **담보로 제공해야 하는 가액(국세징수법 제18조 제2항 참조)**

1. 금전 2. 납세보증보험증권 3. 은행법에 따른 은행의 납세보증서	담보할 국세의 110% 이상
위 1.~ 3. 외의 납세담보 재산	담보할 국세의 120% 이상

답 ③

국세징수법령상 납세담보에 대한 설명으로 옳지 않은 것은? 2017년 국가직 7급 변형

① 등록된 유가증권을 납세담보로 제공하려는 자는 그 유가증권을 공탁하고 그 공탁수령증을 세무서장(세법에 따라 국세에 관한 사무를 세관장이 관장하는 경우에는 세관장을 말함)에게 제출하여야 한다.

② 화재보험에 든 등기된 건물을 납세담보로 제공하려는 자는 그 화재보험증권을 제출하여야 한다. 이 경우 그 보험기간은 납세담보를 필요로 하는 기간에 30일 이상을 더한 것이어야 한다.

③ 납세담보를 제공한 자는 세무서장의 승인을 받아 그 담보를 변경할 수 있다.

④ 납세담보로서 금전을 제공한 자는 그 금전으로 담보한 국세 및 강제징수비를 납부할 수 있다.

│ 납세담보 이론형 Level 1

등록된 유가증권의 경우에는 담보 제공의 뜻을 등록하고 그 등록확인증을 제출하여야 한다.

📄 **유가증권의 담보 제공방법(국세징수법 제20조 제1항)**

원칙	공탁하고 그 공탁수령증을 제출
등록된 유가증권	담보 제공의 뜻을 등록하고 그 등록확인증을 제출

(선지분석)

② 화재보험에 든 건물, 공장재단, 광업재단, 선박, 항공기 또는 건설기계를 납세담보로 제공하려는 자는 그 화재보험증권을 제출해야 한다. 이 경우 그 보험기간은 납세담보를 필요로 하는 기간에 30일 이상을 더한 것이어야 한다.

③ 📄 **담보의 변경사유(국세징수법 시행령 제21조 제1항 참조)**
1. 보증인의 납세보증서를 갈음하여 다른 담보재산을 제공한 경우
2. 제공한 납세담보의 가액이 변동되어 지나치게 많아진 경우
3. 납세담보로 제공한 유가증권 중 상환기간이 정해진 것이 그 상환시기에 이른 경우

답 ①

국세징수법령상 납세담보에 대한 설명으로 옳지 않은 것은? 2022년 국가직 9급

① 증권시장에 상장된 유가증권으로서 매매사실이 있는 것은 납세담보로 인정하고 있다.

② 보석 또는 자동차와 같이 자산적 가치가 있는 것은 법에 열거되지 않더라도 납세담보로 인정한다.

③ 납세담보로서 금전을 제공한 자는 그 금전으로 담보한 국세 및 강제징수비를 납부할 수 있다.

④ 관할 세무서장은 납세담보를 제공받은 국세 및 강제징수비가 그 담보기간에 납부되지 않는 경우 납세담보가 납세보증서이면 보증인으로부터 징수절차에 따라 징수한 금전으로 해당 국세 및 강제징수비를 징수한다.

│ 납세담보 이론형 Level 1

납세담보는 보석 또는 자동차와 같이 자산적 가치가 있더라도 법에 열거되지 않은 경우 제공할 수 없다.

답 ②

041 국세징수법령상 납세담보에 대한 설명으로 옳은 것은?

① 납세보증서를 납세담보로 제공할 경우 공탁(供託)하고 그 공탁수령증을 관할 세무서장에게 제출해야 한다.

② 보험에 든 등기된 건물의 납세담보의 가액은 보험금액이다.

③ 납세보증서를 납세담보로 제공한 자는 그 납세보증서로 담보한 국세 및 강제징수비를 납부할 수 있다.

④ 납부해야 할 기한이 확정된 국세의 납세담보를 납세보증보험증권으로 제공할 경우에는 보험기간이 납세담보를 필요로 하는 기간에 30일을 더한 기간 이상이어야 한다.

| 납세담보 | 이론형 Level 1 |

(선지분석)

① 납세보증서를 납세담보로 제공하려는 자는 그 보증서를 관할 세무서장에게 제출하여야 한다.

② 보험에 든 등기된 건물의 납세담보의 가액은 「상속세 및 증여세법」 제60조 및 제61조에 따라 평가한 가액이다.

③ 납세담보로서 금전을 제공한 자만이 그 금전으로 담보한 국세 및 강제징수비를 납부할 수 있다.

답 ④

---

042 국세징수법령상 납세담보에 관한 설명으로 옳지 않은 것은?

① 자본시장과 금융투자업에 관한 법률에 따른 유가증권시장에 상장된 유가증권 중 2개월 이상 매매사실이 있는 것에 대한 납세담보의 평가는 담보로 제공하는 날 이전 2개월 동안 공표된 매일의 한국거래소 최종 시세가액의 평균액으로 한다.

② 보험에 든 건물을 납세담보로 제공하려는 자는 그 화재보험증권을 제출하여야 하는데, 이 경우 그 보험기간은 납세담보를 필요로 하는 기간에 30일 이상을 더한 것이어야 한다.

③ 납세의무자가 세법에 근거 없는 민사법상 보증계약에 의하여 과세관청에 제공한 납세보증은 과세관청에 대하여 그 효력이 없다.

④ 납세의무자가 보증인의 납세보증서를 담보로 제공하였다가 이에 갈음하여 다른 담보재산을 제공한 때에는 세무서장은 이를 승인하여야 한다.

⑤ 금전을 납세담보로 제공하려는 자는 이를 공탁하고 그 공탁수령증을 세무서장에게 제출하여야 한다.

| 납세담보 | 이론형 Level 2 |

자본시장과 금융투자업에 관한 법률에 따른 증권시장으로서 상장주식 평가기준일 이전·이후 각 2개월 동안 공표된 매일의 거래소 최종시세가액의 평균액과 평가기준일 이전 최근일의 최종 시세가액 중 큰 가액으로 한다.

답 ①

043 국세징수법령상 납세담보에 대한 설명으로 옳지 않은 것은? 2023년 국가직 9급

① 토지, 건물, 공장재단, 광업재단, 선박, 항공기 또는 건설기계를 납세담보로 제공하려는 자는 그 등기필증, 등기완료통지서 또는 등록필증을 관할 세무서장에게 제시하여야 한다.

② 관할 세무서장은 납세담보물의 가액 감소로 그 납세담보로는 국세 및 강제징수비의 납부를 담보할 수 없다고 인정할 때에는 담보를 제공한 자에게 담보물의 추가 제공을 요구할 수 있다.

③ 납세담보로서 유가증권을 제공한 자는 그 유가증권으로 담보한 국세 및 강제징수비를 납부할 수 있으며, 이 경우 납부하려는 자는 그 뜻을 적은 문서로 관할 세무서장에게 신청해야 한다.

④ 은행법 제2조 제1항 제2호에 따른 은행의 납세보증서로 납세담보를 제공하는 경우에는 담보할 국세의 100분의 110 이상의 가액에 상당하는 담보를 제공하여야 하되, 그 국세가 확정되지 아니한 경우에는 국세청장이 정하는 가액에 상당하는 담보를 제공하여야 한다.

┃ 납세담보 　　　　　　　　　　　　　　　　　　　　　　　　　　　　　　　이론형 Level 1

금전이나 유가증권을 납세담보로 제공하려는 자는 이를 공탁하고 그 공탁수령증을 관할 세무서장에게 제출하여야 한다. 다만, 등록된 유가증권의 경우에는 담보 제공의 뜻을 등록하고 그 등록확인증을 제출하여야 한다.

답 ③

044 국세징수법령상 신고납부 및 강제징수에 대한 설명으로 옳은 것은? 2021년 국가직 7급

① 국세의 징수에 관하여 국세기본법에 특별한 규정이 있는 경우에도 국세징수법에서 정한 바에 따른다.

② 금전을 납세담보로 제공하는 경우에는 담보할 확정된 국세의 100분의 120 이상의 가액에 상당하는 담보를 제공해야 한다.

③ 공매재산에 설정된 저당권은 매각으로 소멸되지 아니한다.

④ 여신전문금융업법에 따른 신용카드 또는 직불카드로 국세를 납부하는 경우에는 국세납부대행기관의 승인일을 납부일로 본다.

┃ 신고납부 및 강제징수 　　　　　　　　　　　　　　　　　　　　　　　이론형 Level 1

선지분석

① 국세의 징수에 관하여 국세기본법이나 다른 세법에 특별한 규정이 있는 경우를 제외하고는 국세징수법에서 정하는 바에 따른다.

② 금전, 납세보증보험증권 또는 은행법 제2조 제1항 제2호에 따른 은행의 납세보증서의 경우에는 100분의 110 이상의 가액에 상당하는 담보를 제공해야 한다.

③ 공매재산에 설정된 모든 질권·저당권 및 가등기담보권은 매각으로 소멸된다.

답 ④

045 국세징수법령상 납부기한 전 징수 및 납부의 방법에 대한 설명으로 옳지 않은 것은? 2023년 국가직 7급

① 관할 세무서장은 법인이 해산한 경우 납부기한 전이라도 이미 납세의무가 확정된 국세를 징수할 수 있다.

② 관할 세무서장은 납부기한 전에 국세를 징수하려는 경우 당초의 납부기한보다 단축된 기한을 정하여 납세자에게 납부고지를 하여야 한다.

③ 여신전문금융업법에 따른 신용카드 또는 직불카드로 국세를 납부한 경우 국세납부대행기관의 승인일을 납부일로 본다.

④ 제3자는 납세자를 위하여 납세자의 명의로 국세 및 강제징수비를 납부할 수 있으며, 국세 및 강제징수비를 납부한 제3자는 국가에 대하여 그 납부한 금액의 반환을 청구할 수 있다.

┃ 납부기한 전 징수 이론형 Level 1

제3자는 국세 및 강제징수비를 납부한 경우 국가에 대하여 그 납부한 금액의 반환을 청구할 수 없다.

답 ④

046

국세징수법상 강제징수에 관한 설명으로 옳지 않은 것은? 2009년 국가직 9급 변형

① 세무공무원은 납세자가 독촉을 받고 독촉장에서 정한 기한까지 국세를 완납하지 아니한 경우 납세자의 재산을 압류한다.

② 세무공무원은 압류·수색 및 질문·검사를 하는 경우 그 신분을 나타내는 증표 및 압류·수색 등 통지서를 지니고 이를 관계자에게 보여주어야 한다.

③ 세무공무원은 재산을 압류하기 위하여 필요한 경우에는 체납자의 주거 등을 수색할 수 있고, 해당 주거 등의 폐쇄된 문·금고 또는 기구를 열게 하거나 직접 열 수 있다. 다만, 체납자의 재산을 점유하는 제3자가 재산의 인도를 거부하는 경우 그러하지 아니하다.

④ 세무공무원은 체납자의 재산을 압류하는 경우 압류조서를 작성하여야 한다. 다만, 참가압류에 압류의 효력이 생긴 경우에는 압류조서를 작성하지 아니할 수 있다.

┃ 강제징수 이론형 Level 1

체납자의 재산을 점유하는 제3자가 재산의 인도를 거부하는 경우에도 세무공무원은 제3자의 주거 등을 수색하거나 해당 주거 등의 폐쇄된 문·금고 또는 기구를 열게 하거나 직접 열 수 있다.

> **국세징수법 제35조 【수색】** ② 세무공무원은 다음 각 호의 어느 하나에 해당하는 경우 제3자의 주거 등을 수색할 수 있고, 해당 주거 등의 폐쇄된 문·금고 또는 기구를 열게 하거나 직접 열 수 있다.
> 1. 체납자 또는 제3자가 제3자의 주거 등에 체납자의 재산을 감춘 혐의가 있다고 인정되는 경우
> 2. 체납자의 재산을 점유·보관하는 제3자가 재산의 인도를 거부하는 경우

(선지분석)

① 📄 **압류의 요건(국세징수법 제31조 제1항 참조)**
> 1. 납세자가 독촉을 받고 독촉장에서 정한 기한까지 국세를 완납하지 아니한 경우
> 2. 납세자가 납부기한 전 징수에 따라 납부고지를 받고 단축된 기한까지 국세를 완납하지 아니한 경우

답 ③

047 국세징수법상 강제징수에 대한 설명으로 옳지 않은 것은?

① 세무공무원이 재산을 압류하기 위하여 필요한 경우에도 해당 주거 등의 폐쇄된 문이나 금고를 직접 열 수 없다.

② 세무공무원은 제3자가 제3자의 주거 등에 체납자의 재산을 감춘 혐의가 있다고 인정되는 경우 제3자의 주거 등을 수색할 수 있고, 해당 주거 등의 폐쇄된 문·금고 또는 기구를 열게 하거나 직접 열 수 있다.

③ 주로 야간에 주류를 제공하는 영업을 하는 장소에 대해서는 해가 진 후에도 영업 중에는 수색을 시작할 수 있다.

④ 관할 세무서장은 압류재산을 선택하는 경우 강제징수에 지장이 없는 범위에서 전세권·질권·저당권 등 체납자의 재산과 관련하여 제3자가 가진 권리를 침해하지 아니하도록 하여야 한다.

▌강제징수
이론형 Level 1

세무공무원은 재산을 압류하기 위하여 필요한 경우에는 체납자의 주거 등을 수색할 수 있고, 해당 주거 등의 폐쇄된 문·금고 또는 기구를 열게 하거나 직접 열 수 있다.

(선지분석)

③ 📄 **수색의 시간적 제한(국세징수법 제35조 제3항·제4항 참조)**
   1. 수색은 해가 뜰 때부터 해가 질 때까지만 할 수 있다. 다만, 해가 지기 전에 시작한 수색은 해가 진 후에도 계속 할 수 있다.
   2. 단, 주로 야간에 영업을 하는 장소에 대해서는 해가 진 후에도 영업 중에는 수색을 시작할 수 있다.

답 ①

048 국세징수법상 국세의 강제징수에 관한 설명으로 옳지 않은 것은?

① 관할 세무서장은 국세를 징수하기 위하여 필요한 재산 외의 재산을 압류할 수 없다. 다만, 불가분물 등 부득이한 경우에는 압류할 수 있다.

② 체납자 또는 제3자가 압류재산의 사용 또는 수익을 하는 경우라도 그 재산으로부터 생기는 모든 천연과실에 대하여 압류의 효력이 미친다.

③ 관할 세무서장은 재판상의 가압류 또는 가처분 재산이 강제징수대상인 경우에도 강제징수를 한다.

④ 체납자의 재산에 대하여 강제징수를 시작한 후 체납자가 사망하였거나 체납자인 법인이 합병으로 소멸된 경우에도 그 재산에 대한 강제징수는 계속 진행하여야 한다.

▌강제징수
이론형 Level 1

체납자 또는 제3자가 압류재산의 사용 또는 수익을 하는 경우 그 재산의 매각으로 인하여 권리를 이전하기 전까지 이미 거두어들인 천연과실에 대해서는 압류의 효력이 미치지 아니한다.

(선지분석)

① 초과압류의 금지에 대한 옳은 설명이다.
③ 가압류·가처분 재산에 대한 강제징수에 대한 옳은 설명이다.
④ 상속 또는 합병의 경우 강제징수의 속행 등에 대한 옳은 설명이다.

답 ②

049 국세징수법상 강제징수에 대한 설명으로 옳지 않은 것은?

2021년 국가직 9급

① 관할 세무서장은 재판상의 가압류 또는 가처분 재산이 강제징수대상인 경우에는 국세징수법에 따른 강제징수를 할 수 없다.

② 관할 세무서장은 강제징수를 할 때 납세자가 국세의 징수를 피하기 위하여 한 재산의 처분이나 그 밖에 재산권을 목적으로 한 법률행위(신탁법 제8조에 따른 사해신탁을 포함)에 대하여 신탁법 및 민법을 준용하여 사해행위의 취소 및 원상회복을 법원에 청구할 수 있다.

③ 관할 세무서장은 납세자가 독촉 또는 납부기한 전 징수의 고지를 받고 지정된 기한까지 국세를 완납하지 아니한 경우 재산의 압류, 압류재산의 매각·추심 및 청산의 절차에 따라 강제징수를 한다.

④ 체납자의 재산에 대하여 강제징수를 시작한 후 체납자가 사망한 경우에도 그 재산에 대한 강제 징수는 계속 진행하여야 한다.

┃ 강제징수　　　　　　　　　　　　　　　　　　　　　　이론형 Level 1

관할 세무서장은 재판상의 가압류 또는 가처분 재산이 강제징수대상인 경우에도 강제징수를 한다.

답 ①

050 압류에 관한 설명으로 옳지 않은 것은?

2008년 국가직 7급 변형

① 체납자의 생계유지에 필요한 소액금융재산으로서 보장성보험의 해약환급금 중 250만 원 이하의 금액은 압류할 수 없다.

② 채권압류의 효력은 세무서장이 채권압류를 결정하는 때에 발생한다.

③ 관할 세무서장은 채권을 압류하려는 경우 그 뜻을 제3채무자에게 통지하여야 한다.

④ 압류는 국세징수권이라는 권리의 행사이므로 국세징수권의 소멸시효의 진행을 중단시킨다.

┃ 압류　　　　　　　　　　　　　　　　　　　　　　　　이론형 Level 1

관할 세무서장은 채권을 압류하려는 경우 그 뜻을 제3채무자에게 통지하여야 한다. 따라서 채권 압류의 효력은 채권 압류 통지서가 제3채무자에게 송달된 때에 발생한다.

📄 압류대상자산 분류에 따른 압류의 효력시기

압류대상자산	압류의 효력시기
동산과 유가증권	세무공무원이 점유한 때
부동산 등	그 압류등기 또는 압류의 등록이 완료된 때
채권	채권 압류 통지서가 제3채무자에게 송달된 때

답 ②

051 국세징수법상 압류에 관한 설명으로 옳은 것은 모두 몇 개인가?

□□□

> ㄱ. 관할 세무서장은 국세를 징수하기 위하여 불가분물등 부득이한 경우에도 필요한 재산 외의 재산을 압류할 수 없다.
> ㄴ. 관할 세무서장은 압류재산을 선택하는 경우 강제징수에 지장이 없는 범위에서 전세권·질권·저당권 등 체납자의 재산과 관련하여 제3자가 가진 권리를 침해하지 아니하도록 하여야 한다.
> ㄷ. 관할 세무서장은 체납자가 파산선고를 받은 경우라도 이미 압류한 재산이 있을 때에는 강제징수를 계속 진행해야 한다.
> ㄹ. 체납자가 사망한 후 체납자 명의의 재산에 대하여 한 압류는 그 재산을 상속한 상속인에 대하여 한 것으로 본다.
> ㅁ. 관할 세무서장은 신원보증금, 계약보증금 등의 조건부채권을 그 조건 성립 전에도 압류할 수 있다.

① 2개　　　　　　　　　　② 3개
③ 4개　　　　　　　　　　④ 5개

▌**압류**　　　　　　　　　　　　　　　　　　　　　　이론형 Level 1

옳은 것은 4개(ㄴ, ㄷ, ㄹ, ㅁ)이다.

(선지분석)

ㄱ. 관할 세무서장은 국세를 징수하기 위하여 필요한 재산 외의 재산을 압류할 수 없다. 다만, 불가분물 등 부득이한 경우에는 압류할 수 있다.

답 ③

---

052 국세징수법상 압류에 대한 설명으로 옳지 않은 것은?

□□□

① 관할 세무서장은 납세자에게 국세를 포탈하려는 행위가 있다고 인정되어 국세가 확정된 후 그 국세를 징수할 수 없다고 인정할 때에는 국세로 확정되리라고 추정되는 금액의 한도에서 납세자의 재산을 압류할 수 있다.
② 세무공무원은 재산을 압류하기 위하여 필요한 경우에는 체납자의 주거 등의 폐쇄된 문·금고 또는 기구를 열게 할 수는 있으나 직접 열 수는 없다.
③ 세무공무원은 강제징수를 하면서 압류할 재산의 소재 또는 수량을 알아내기 위하여 필요한 경우 체납자와 채권·채무관계가 있는 자에게 구두 또는 문서로 질문하거나 장부, 서류 및 그 밖의 물건을 검사할 수 있다.
④ 세무공무원은 수색을 하는 경우 그 신분을 나타내는 증표 및 수색 통지서를 지니고 이를 관계자에게 보여 주어야 한다.

▌**압류**　　　　　　　　　　　　　　　　　　　　　　이론형 Level 1

세무공무원은 재산을 압류하기 위하여 필요한 경우에는 체납자의 주거·창고·사무실·선박·항공기·자동차 또는 그 밖의 장소를 수색할 수 있고, 해당 주거 등의 폐쇄된 문·금고 또는 기구를 열게 하거나 직접 열 수 있다.

답 ②

053 국세징수법상 강제징수에 관한 설명으로 옳지 않은 것은? 2019년 세무사 변형

① 관할 세무서장은 압류한 동산을 체납자 또는 이를 사용하거나 수익할 권리를 가진 제3자에게 보관하게 한 경우 강제징수에 지장이 없다고 인정되더라도 그 동산의 사용 또는 수익을 허가할 수 없다.

② 압류재산을 보관하는 과정에서 작성하는 문서에 관하여는 인지세를 면제한다.

③ 주택임대차보호법 제8조에 따라 우선변제를 받을 수 있는 금액은 압류할 수 없다.

④ 급료, 임금, 봉급, 세비, 퇴직연금 또는 그 밖에 계속적 거래관계에서 발생하는 이와 유사한 채권에 대한 압류의 효력은 체납액을 한도로 하여 압류 후에 발생할 채권에도 미친다.

⑤ 압류의 효력은 압류재산으로부터 생기는 법정과실에도 미친다.

▌압류 이론형 Level 2

관할 세무서장은 압류한 동산을 체납자 또는 이를 사용하거나 수익할 권리를 가진 제3자에게 보관하게 한 경우 강제징수에 지장이 없다고 인정되면 그 동산의 사용 또는 수익을 허가할 수 있다.

답 ①

054 국세징수법상 세무공무원이 납세자의 체납된 세금 10억 원을 이유로 그의 재산을 압류하려고 함에 있어서 그 재산이 다음과 같은 경우 세무공무원이 압류할 수 있는 재산의 총액은? 2015년 국가직 7급

> • 법령에 따라 급여하는 상이급여금: 500만 원
> • 체납자의 생계유지에 필요한 소액금융재산: 보장성보험의 만기환급금 150만 원
> • 월급여(그에 대한 근로소득세와 소득세분 지방소득세 100만 원 포함): 800만 원

① 325만 원　　　　　　　　　　　② 350만 원
③ 375만 원　　　　　　　　　　　④ 450만 원

▌압류 이론형 Level 1

ⓐ 압류금지금액 = 300만 원 + [700만 원 − 600만 원] × 1/4 = 325만 원
ⓑ 압류가능금액 = 700만 원 − 325만 원 = 375만 원

참고 • 월급여총액은 근로소득에 대한 소득세 및 소득세분 지방소득세를 뺀 금액으로 함
　　　 • 법령에 따라 지급되는 사망급여금 또는 상이급여금은 전액 압류할 수 없음
　　　 • 체납자의 생계 유지에 필요한 소액금융재산으로서 보장성보험의 만기환급금 중 250만 원 이하의 금액은 압류할 수 없음

답 ③

055 체납자 甲의 재산이 다음과 같은 경우 국세징수법상 압류할 수 있는 재산의 총액은 얼마인가?

2016년 세무사 변형

> 1. 질병을 원인으로 甲이 보험회사로부터 지급받은 보장성 보험의 보험금은 아래와 같다.
>   (1) 치료를 위하여 진료비, 치료비, 수술비, 입원비, 약제비 등으로 실제 지출되는 비용을 보장하기 위한 보험금: 3,000,000원
>   (2) 치료 및 장애 회복을 위한 보험금 중 위 (1)에 해당하는 보험금을 제외한 보험금: 5,000,000원
> 2. 보장성보험의 해약환급금: 2,000,000원
> 3. 甲의 은행예금 잔액: 1,200,000원

① 500,000원
② 2,500,000원
③ 3,000,000원
④ 4,500,000원
⑤ 11,200,000원

│ 압류

이론형 Level 2

구분	압류금지 금액	압류가능 금액
1. (1) 치료비	3,000,000원	–
(2) 치료 및 장애 회복 보험금 중 (1)을 제외한 금액	5,000,000원 × 1/2 = 2,500,000원	5,000,000원 – 2,500,000원 = 2,500,000원
2. 해약환급금	2,500,000원	–
3. 은행예금 잔액	1,200,000원	–
합계	9,200,000원	2,500,000원

답 ②

---

056 국세의 강제징수절차 중 압류에 관한 설명으로 옳은 것은?

2015년 세무사 변형

① 납세자가 독촉장을 받고 지정된 기한까지 국세를 완납하지 아니한 경우 세무서장은 납세자의 재산을 압류한다. 압류에 의하여 압류재산의 처분권은 국가로 이전되며 압류 후에는 전세권 해제, 압류재산의 양도나 권리설정이 금지된다.

② 월급여 총액(지급받을 수 있는 급여금 전액에서 그 근로소득에 대한 소득세와 소득세분 지방소득세를 뺀 금액)이 800만 원인 경우 압류가능한 급여의 최대금액은 350만 원이다.

③ 압류할 재산이 공유물인 경우 각자의 지분이 정해져 있지 않으면 그 재산의 점유자 또는 실제 사용자의 것으로 보아 강제징수를 집행한다.

④ 압류한 재산에 대하여 소유권을 주장하고 반환을 청구하려는 제3자는 그 재산의 매각 5일 전까지 소유자로 확인할 만한 증거서류를 관할 세무서장에게 제출하여야 한다.

⑤ 관할 세무서장은 체납자가 압류할 수 있는 다른 재산을 제공하여 그 재산을 압류한 경우에는 기압류재산에 대한 압류를 즉시 해제하여야 한다.

(선지분석)

① 압류 후 국가에게 유리한 사항은 권리설정이 가능하다. 전세권의 해제는 체납액 징수에 유리한 사항이므로 허용된다.
② ⓐ 압류금지금액: 300만 원 + (800만 원 − 600만 원) × 1/4 = 350만 원
    ⓑ 압류가능금액: 800만 원 − 350만 원 = 450만 원
③ 압류할 재산이 공유물인 경우 각자의 지분이 정해져 있지 않으면 그 지분이 균등한 것으로 보아 압류한다.
⑤ 체납자가 압류할 수 있는 다른 재산을 제공하여 그 재산을 압류한 경우 압류재산의 전부 또는 일부에 대하여 압류를 해제할 수 있다.

답 ④

057 압류금지재산에 해당하지 않는 것은?

2012년 세무사 변형

① 체납자가 소장하고 있는 골동품
② 발명 또는 저작에 관한 것으로서 공표되지 아니한 것
③ 체납자의 생계유지에 필요한 소액금융재산으로서 개인별 잔액이 250만 원 미만인 예금
④ 체납자의 생활에 없어서는 아니 될 의복, 침구, 가구, 주방기구, 그 밖의 생활필수품
⑤ 인감도장이나 그 밖에 직업에 필요한 도장

압류금지재산   이론형 Level 1

제사·예배에 필요한 물건이라 함은 체납자 또는 그 동거가족의 제사 또는 예배에 실제로 사용되는 제구 등을 말하며, 단순히 상품 또는 골동품으로서 소장하고 있는 것은 제외된다.

답 ①

058 국세징수법상 압류금지재산이 아닌 것은?

2012년 국가직 9급 변형

① 주로 자기의 노동력으로 농업을 하는 사람에게 없어서는 아니 될 기구, 가축, 사료, 종자, 비료, 그 밖에 이에 준하는 물건
② 체납자 또는 그 동거가족에게 필요한 3개월간의 식료품 또는 연료
③ 직무 수행에 필요한 제복
④ 체납자 또는 그 동거가족의 학업에 필요한 서적과 기구
⑤ 체납자의 생계 유지에 필요한 소액금융재산으로서 개인별 잔액이 300만 원 미만인 예금

압류금지재산   이론형 Level 1

체납자의 생계 유지에 필요한 소액금융재산으로서 개인별 잔액이 250만 원 미만인 예금(적금, 부금, 예탁금과 우편대체를 포함함)은 압류할 수 없다.

답 ⑤

059

국세징수법상 압류의 효력에 대한 설명으로 옳지 않은 것은?

2013년 국가직 7급

① 압류의 효력은 압류재산으로부터 생기는 법정과실에도 미친다.
② 채권압류의 효력은 채권압류통지서가 제3채무자에게 송달된 때에 발생한다.
③ 유가증권에 대한 압류의 효력은 세무공무원이 그 재산을 점유한 때에 발생한다.
④ 부동산에 대한 압류의 효력은 그 압류대상을 점유한 때에 발생한다.

| 압류의 효력　　　　　　　　　　　　　　　　　　　　　　　　　　이론형 Level 1

부동산의 압류의 효력의 효력은 그 압류등기 또는 압류의 등록이 완료된 때에 발생한다.

답 ④

060

국세징수법상 압류의 효력에 대한 설명으로 옳지 않은 것은?

2011년 국가직 9급 변형

① 동산에 대한 압류의 효력은 세무공무원이 그 재산을 점유한 때에 발생한다.
② 부동산 압류의 효력은 해당 압류재산의 소유권이 이전되기 전에 국세기본법에 따른 법정기일이 도래한 국세의 체납액에 대해서도 미친다.
③ 관할 세무서장은 채권을 압류하는 경우 압류하려는 채권에 국세보다 우선하는 질권이 설정되어 있어 압류에 관계된 체납액의 징수가 확실하지 아니하더라도 체납액을 한도로 압류하여야 한다.
④ 관할 세무서장은 권리의 변동에 등기 또는 등록이 필요한 그 밖의 재산권을 압류하려는 경우 압류의 등기 또는 등록을 관할 등기소 등에게 촉탁하여야 한다. 그 변경의 등기 또는 등록에 관하여도 또한 같다.

| 압류의 효력　　　　　　　　　　　　　　　　　　　　　　　　　　이론형 Level 1

관할 세무서장은 채권을 압류하는 경우 체납액을 한도로 하여야 한다. 다만, 압류하려는 채권에 국세보다 우선하는 질권이 설정되어 있어 압류에 관계된 체납액의 징수가 확실하지 아니한 경우 등 필요하다고 인정되는 경우 채권 전액을 압류할 수 있다.

답 ③

061

국세징수법상 압류의 효력에 대한 설명으로 옳지 않은 것은?

2023년 국가직 9급

① 세무공무원이 재산을 압류한 경우 체납자는 압류한 재산에 관하여 양도, 제한물권의 설정, 채권의 영수, 그 밖의 처분을 할 수 없다.
② 압류의 효력은 압류재산으로부터 생기는 법정과실(法定果實)에도 미친다.
③ 체납자 또는 제3자가 압류재산의 사용 또는 수익을 하는 경우 그 재산의 매각으로 인하여 권리를 이전하기 전까지 이미 거두어들인 천연과실(天然果實)에 대해서도 압류의 효력이 미친다.
④ 세무공무원이 채권 또는 그 밖의 재산권을 압류한 경우 해당 채권의 채무자 및 그 밖의 재산권의 채무자 또는 이에 준하는 자는 체납자에 대한 지급을 할 수 없다.

| 압류의 효력　　　　　　　　　　　　　　　　　　　　　　　　　　이론형 Level 1

체납자 또는 제3자가 압류재산의 사용 또는 수익을 하는 경우 그 재산의 매각으로 인하여 권리를 이전하기 전까지 이미 거두어들인 천연과실에 대해서는 압류의 효력이 미치지 아니한다.

답 ③

062 국세징수법상 강제징수에 관한 설명으로 옳지 않은 것은?

2017년 세무사 변형

① 관할 세무서장은 납세자가 납부기한 전 징수에 따라 납부고지를 받고 단축된 기한까지 국세를 완납하지 아니한 경우 납세자의 재산을 압류한다.

② 관할 세무서장은 체납자가 국가 또는 지방자치단체의 재산을 매수한 경우 소유권 이전 전이라도 그 재산에 관한 체납자의 국가 또는 지방자치단체에 대한 권리를 압류한다.

③ 관할 세무서장은 재산을 압류한 경우 전세권, 질권, 저당권 또는 그 밖에 압류재산 위의 등기 또는 등록된 권리자에게 그 사실을 통지하여야 한다.

④ 관할 세무서장이 체납자의 채권을 압류할 때 채권의 채무자에게 압류의 통지를 한 경우 체납액을 한도로 하여 체납자인 채권자를 대위한다.

⑤ 부동산에 대한 압류는 압류재산의 소유권이 이전된 후 국세기본법에 따른 법정기일이 도래한 국세의 체납액에 대하여도 그 효력이 미친다.

▌ 압류의 효력 　　　　　　　　　　　　　　　　　　　이론형 Level 2

부동산 등에 대한 압류의 효력은 해당 압류재산의 소유권이 이전되기 전에 국세기본법에 따른 법정기일이 도래한 국세의 체납액에 대해서도 미친다.

답 ⑤

063 세무공무원 甲이 국세징수법령에 따라 판단한 것으로 옳은 것은?

2019년 국가직 7급 변형

① 납부기한 전 징수사유가 없는 A가 독촉을 받은 상태(독촉장에서 정한 기한이 지나지 않음)로 국세를 완납하지 않았으므로 A의 소유재산은 압류의 대상이 된다.

② 체납자 B의 퇴직금 총액(소득세 및 소득세분 지방소득세를 뺀 총액)이 1천만 원일 경우 5백만 원까지는 압류가 금지되므로 이를 제외한 퇴직금에 대한 압류를 집행할 수 있다.

③ 납부고지의 유예를 받은 C의 경우 납부고지의 유예기간 중에는 교부청구와 참가압류는 모두 불가능하다.

④ 체납 발생일부터 2년이 지나고 체납액이 300만 원인 D에 대한 체납자료를 신용정보회사에게 제공할 수 있다.

▌ 국세징수법 강제징수 등 　　　　　　　　　　　　　　　　이론형 Level 1

퇴직금에 대하여는 그 총액의 2분의 1에 해당하는 금액은 압류하지 못한다.

(선지분석)

① 납세자가 독촉을 받고 독촉장에서 정한 기한이 지나지 않았으므로 아직 압류할 수 없다.

③ 납부고지유예기간 중 그 유예한 국세 또는 체납액에 대하여 참가압류는 불가능하지만, 교부청구 가능하다.

④ 체납 발생일부터 1년이 지나고 체납액이 500만 원 이상인 자에 대한 체납자료를 신용정보집중기관에게 제공할 수 있다.

답 ②

064 국세징수법상 국세의 확정 전 보전압류에 관한 설명으로 옳지 않은 것은?

① 압류한 재산은 그 압류와 관계되는 국세의 납세의무가 확정되기 전에는 공매할 수 없다.

② 관할 세무서장은 납세자에게 납부기한 전 징수사유가 있어 국세가 확정된 후 그 국세를 징수할 수 없다고 인정할 때에는 국세로 확정되리라고 추정되는 금액의 한도에서 납세자의 재산을 압류할 수 있다. 이 경우 미리 지방국세청장의 승인을 받아야 한다.

③ 관할 세무서장은 압류를 한 후 압류에 따라 징수하려는 국세를 확정한 경우 압류한 재산이 금전, 납부기한 내 추심 가능한 예금 또는 유가증권인 경우 납세자의 신청이 있으면 압류한 재산의 한도에서 확정된 국세를 징수한 것으로 볼 수 있다.

④ 관할 세무서장은 압류를 한 날부터 3개월이 지날 때까지 압류에 따라 징수하려는 국세를 확정하지 아니한 경우에는 압류재산의 전부 또는 일부에 대하여 압류를 해제할 수 있다.

⑤ 관할 세무서장은 압류 후에는 납세자에게 문서로 그 압류 사실을 통지하여야 한다.

▌ 확정 전 보전압류

이론형 Level 2

압류를 한 날부터 3개월이 지날 때까지 압류에 따라 징수하려는 국세를 확정하지 아니한 경우에는 즉시 압류를 해제하여야 한다.

> 📄 **확정 전 보전압류의 해제(국세징수법 제31조 제4항 참조)**
>
> 관할 세무서장은 확정 전 보전압류에 따라 재산을 압류한 경우 다음 중 어느 하나에 해당하면 즉시 압류를 <u>해제하여야 함</u>
> 1. 납세자가 납세담보를 제공하고 압류 해제를 요구한 경우
> 2. <u>압류를 한 날부터 3개월이 지날 때까지 압류에 따라 징수하려는 국세를 확정하지 아니한 경우</u>

답 ④

---

065 국세징수법상 확정 전 보전압류에 관한 설명으로 옳은 것은?

① 세무서장은 납세자에게 납부기한 전 징수사유가 있어 국세가 확정된 후 국세를 징수할 수 없다고 인정할 때에는 납세자가 신청한 금액의 한도에서 납세자의 재산을 압류할 수 있다.

② 관할 세무서장은 납세자에게 납부기한 전 징수사유가 있어 국세가 확정된 후 국세를 징수할 수 없다고 인정하여 납세자의 재산을 압류하였지만, 압류를 한 날부터 3개월이 지날 때까지 압류에 따라 징수하려는 국세를 확정하지 아니하면 즉시 압류를 해제하여야 한다.

③ 관할 세무서장은 납부기한 전 징수사유가 있음을 이유로 납세자의 재산을 압류하고자 하는 경우 미리 지방국세청장의 승인을 받아야 하고, 압류 후에는 납세자에게 그 압류 사실을 통지할 의무는 없다.

④ 체납 발생 후 3개월이 지나고 체납액이 3천만 원인 체납자에 대하여는 지방국세청장도 납부기한 전 징수사유가 있음을 이유로 납세자의 재산을 압류할 수 있다.

⑤ 납부기한 전 징수사유가 있음을 이유로 압류를 한 후 압류에 따라 징수하려는 국세를 확정한 경우 압류한 재산이 금전인 경우 세무서장은 직권으로 확정된 국세를 징수할 수 있다.

선지분석

① 관할 세무서장은 납세자에게 납부기한 전 징수사유가 있어 국세가 확정된 후 그 국세를 징수할 수 없다고 인정할 때에는 국세로 확정되리라고 추정되는 금액의 한도에서 납세자의 재산을 압류할 수 있다.

③ 세무서장은 납부기한 전 징수사유가 있음을 이유로 납세자의 재산을 압류하고자 하는 경우 미리 지방국세청장의 승인을 받아야 한다. 이에 따라 재산을 압류하였을 때에는 해당 납세자에게 압류 후 문서로 통지하여야 한다.

④ 체납 발생 후 1개월 이상 지나고 체납액이 5천만 원 이상인 자는 지방국세청장이 압류할 수 있다.

⑤ 관할 세무서장은 납부기한 전 징수에 따라 압류를 한 후 압류에 따라 징수하려는 국세를 확정한 경우 압류한 재산이 금전, 납부기한 내 추심 가능한 예금 또는 유가증권에 해당하고 납세자의 신청이 있으면 압류한 재산의 한도에서 확정된 국세를 징수한 것으로 볼 수 있다.

답 ②

066 국세징수법상 세무서장이 압류를 즉시 해제하여야 하는 경우가 아닌 것은?

2013년 국가직 9급

① 체납자가 압류할 수 있는 다른 재산을 제공하여 그 재산을 압류한 경우
② 확정 전 보전압류의 통지를 받은 자가 납세담보를 제공하고 압류 해제를 요구한 경우
③ 압류한 재산에 대해 소유권을 주장하는 제3자의 주장이 상당한 이유가 있다고 인정하는 경우
④ 제3자가 체납자를 상대로 소유권에 관한 소송을 제기하여 승소판결을 받고 그 사실을 증명한 경우

압류 해제의 요건

이론형 Level 1

체납자가 압류할 수 있는 다른 재산을 제공하여 그 재산을 압류한 경우는 압류의 필요적 해제요건에 해당하지 않는다.

> 📄 **압류의 필요적 해제요건(국세징수법 제57조 제1항 참조)**
> 관할 세무서장은 다음 중 어느 하나에 해당하는 경우 압류를 즉시 해제하여야 함
> 1. 압류와 관계되는 체납액의 전부가 납부 또는 충당(국세환급금, 그 밖에 관할 세무서장이 세법상 납세자에게 지급할 의무가 있는 금전을 체납액과 대등액에서 소멸시키는 것)된 경우
> 2. 국세 부과의 전부를 취소한 경우
> 3. 여러 재산을 한꺼번에 공매하는 경우로서 일부 재산의 공매대금으로 체납액 전부를 징수한 경우
> 4. 총 재산의 추산가액이 강제징수비(압류에 관계되는 국세에 우선하는 국세기본법에 따른 담보된 채권 또는 임대차보증금반환채권 금액이 있는 경우 이를 포함)를 징수하면 남을 여지가 없어 강제징수를 종료할 필요가 있는 경우. 다만, 교부청구 또는 참가압류가 있는 경우로서 교부청구 또는 참가압류와 관계된 체납액을 기준으로 할 경우 남을 여지가 있는 경우는 제외함
> 5. 압류금지재산을 압류한 경우
> 6. 제3자의 재산을 압류한 경우
> 7. 그 밖에 1.~4.까지의 규정에 준하는 사유로 압류할 필요가 없게 된 경우

답 ①

067 국세징수법상 세무서장이 압류를 즉시 해제하여야 하는 경우에 해당하지 않는 것은? 2016년 국가직 7급 변형

① 압류와 관계되는 체납액의 전부가 납부 또는 충당된 경우
② 압류한 재산에 대하여 소유권을 주장하고 반환을 청구하려는 제3자의 소유권 주장 및 반환 청구가 정당하다고 인정되는 경우
③ 제3자가 체납자를 상대로 소유권에 관한 소송을 제기하여 승소판결을 받고 그 사실을 증명한 경우
④ 압류 후 재산가격이 변동하여 체납액 전액을 현저히 초과한 경우

| 압류 해제의 요건 | 이론형 Level 1 |

> 📄 **압류의 임의적 해제요건(국세징수법 제57조 제2항 참조)**
> 관할 세무서장은 다음 중 어느 하나에 해당하는 경우 압류재산의 전부 또는 일부에 대하여 압류를 해제할 수 있음
> 1. 압류 후 재산가격이 변동하여 체납액 전액을 현저히 초과한 경우
> 2. 압류와 관계되는 체납액의 일부가 납부 또는 충당된 경우
> 3. 국세 부과의 일부를 취소한 경우
> 4. 체납자가 압류할 수 있는 다른 재산을 제공하여 그 재산을 압류한 경우

답 ④

---

068 국세징수법상 압류를 즉시 해제하여야 하는 경우를 모두 고른 것은? 2018년 세무사 변형

> ㄱ. 압류 후 재산가격이 변동하여 체납액 전액을 현저히 초과한 경우
> ㄴ. 압류와 관계되는 체납액의 일부가 납부 또는 충당된 경우
> ㄷ. 여러 재산을 한꺼번에 공매하는 경우로서 일부 재산의 공매대금으로 체납액 전부를 징수한 경우
> ㄹ. 체납자가 압류할 수 있는 다른 재산을 제공하여 그 재산을 압류한 경우
> ㅁ. 총 재산의 추산가액이 강제징수비를 징수하면 남을 여지가 없어 강제징수를 종료할 필요가 있는 경우(교부청구 또는 참가압류가 있는 경우에 해당하지 않음)

① ㄱ, ㄹ
② ㄷ, ㅁ
③ ㄱ, ㄹ, ㅁ
④ ㄴ, ㄷ, ㄹ
⑤ ㄱ, ㄴ, ㄷ, ㅁ

| 압류 해제의 요건 | 이론형 Level 1 |

압류를 해제하여야 하는 사유는 ㄷ, ㅁ이다.

(선지분석)
ㄱ, ㄴ, ㄹ. 압류를 해제할 수 있는 사유이다.

답 ②

069 국세징수법상 압류의 해제에 관한 설명으로 옳지 않은 것은?

① 관할 세무서장은 제3자가 체납자를 상대로 소유권에 관한 소송을 제기하여 승소판결을 받고 그 사실을 증명한 경우 압류를 즉시 해제하여야 한다.

② 압류 또는 압류 말소의 등기 또는 등록에 관하여는 등록면허세를 면제한다.

③ 관할 세무서장은 재산의 압류를 해제한 경우 그 사실을 그 재산의 압류통지를 한 체납자, 제3채무자 및 저당권자 등에게 통지하여야 한다.

④ 관할 세무서장은 보관 중인 재산을 반환하는 경우 영수증을 받아야 하나, 체납자 또는 정당한 관리자에게 압류조서에 영수 사실을 적고 서명날인하게 함으로써 영수증을 받는 것에 갈음할 수 있다.

⑤ 체납자가 압류할 수 있는 다른 재산을 제공하여 그 재산을 압류한 경우에는 압류를 즉시 해제하여야 한다.

| 압류의 해제 | 이론형 Level 1 |

관할 세무서장은 체납자가 압류할 수 있는 다른 재산을 제공하여 그 재산을 압류한 경우 압류재산의 전부 또는 일부에 대하여 압류를 해제할 수 있다.

답 ⑤

070 국세징수법상 사해행위의 취소에 관한 설명으로 옳지 않은 것은?

① 납세보증인으로부터 국세의 전액을 징수할 수 있는 경우에는 사해행위취소권을 행사할 수 있다.

② 사해행위의 취소를 요구할 수 있는 경우는 국세의 징수를 면탈하려고 재산권을 목적으로 한 법률행위를 한 재산 이외에 다른 자력이 없어 국세를 완납할 수 없는 경우로 한다.

③ 징수하고자 하는 국세의 액이 사해행위의 목적이 된 재산의 처분예정가액보다 적은 때에는 사해행위의 목적이 된 재산이 분할 가능하면 국세에 상당하는 사해행위의 일부의 취소와 재산의 일부의 반환을 청구하는 것으로 한다.

④ 사해행위의 취소에 의해 반환받은 재산에 대하여 강제징수를 하고 국세에 충당한 후 잔여분이 있는 경우에는 그 재산을 반환한 수익자 또는 전득자에게 반환한다.

| 사해행위취소의 소 | 이론형 Level 1 |

사해행위의 취소를 요구할 수 있는 경우는 압류를 면하고자 양도한 재산 이외의 다른 자력이 없어 국세를 완납할 수 없는 경우로 한다. 제2차 납세의무자, 보증인 등으로부터 국세의 전액을 징수할 수 있는 경우에는 납세의무자를 무자력으로 인정하지 아니한다.

(선지분석)

③ 사해행위의 목적이 된 재산이 분할이 불가능한 때에는 사해행위의 전부취소와 재산의 반환을 청구하는 것으로 한다. 다만, 그 재산의 처분예정가액이 현저히 국세를 초과할 때는 그 재산의 반환 대신에 상당액의 손해배상을 청구하여도 무방하다.

④ 사해행위의 취소에 의해 반환받은 재산에 대하여 강제징수를 하고 국세에 충당한 후 잔여분이 있는 경우에는 그 재산을 체납자에게 주지 아니함을 주의해야 한다.

답 ①

071 사해행위취소제도에 관한 설명으로 옳지 않은 것은?

① 국세징수법은 세무공무원이 강제징수를 집행할 때 체납자가 국세의 징수를 면탈(免脫)하려고 재산권을 목적으로 하는 법률행위를 하면 사해행위의 취소를 청구할 수 있도록 규정하고 있다.
② 사해행위의 취소는 법원에 소송을 제기하는 방법에 의하지 않아도 된다.
③ 체납자에게 압류를 면하고자 양도한 재산 이외에 다른 자력이 있어 국세를 완납할 수 있는 경우는 사해행위의 취소를 요구할 수 없다.
④ 국세기본법은 납세자가 제3자와 짜고 거짓으로 저당권 설정계약을 하고 그 등기를 함으로써 그 재산의 매각금액으로 국세를 징수하기 곤란하다고 인정할 때에는 세무서장으로 하여금 그 행위를 대상으로 사해행위의 취소를 요구할 수 있도록 규정하고 있다.
⑤ 제2차 납세의무자, 보증인 등으로부터 국세의 전액을 징수할 수 있는 경우에는 납세의무자의 무자력이 인정되지 않으므로 사해행위의 취소를 요구할 수 없다.

> **사해행위취소의 소**　　　　　　　　　　　　　　　이론형 Level 2

사해행위의 취소는 법원에 청구하여야 하는 것이며, 법원에 소송을 제기하는 방법 이외의 다른 방법을 사용한다는 것은 일종의 자력구제를 의미하는 것인데 이는 인정되지 아니한다.

답 ②

072 조세채권자인 국가의 사해행위취소권 행사에 대한 설명으로 옳은 것은? (다툼이 있는 경우 판례에 의함)

① 납세자의 재산처분행위가 사해행위에 해당하는지 여부는 사해행위취소권 행사 당시를 기준으로 판단하여야 한다.
② 세무공무원은 강제징수를 집행할 때 납세자가 국세의 징수를 피하기 위하여 재산권을 목적으로 한 법률행위를 한 경우에는 직권으로 그 법률행위의 효력을 부인할 수 있다.
③ 세무공무원이 국세징수법 제30조에 따른 사해행위취소소송을 제기하여 그 소송이 진행 중인 기간 동안은 국세징수권의 소멸시효가 진행된다.
④ 세무공무원은 강제징수를 집행할 때 납세자가 국세의 징수를 피하기 위하여 신탁법에 따른 사해신탁을 한 경우에는 사해행위의 취소 및 원상회복을 법원에 청구할 수 있다.

> **사해행위취소의 소**　　　　　　　　　　　　　　　이론형 Level 1

(선지분석)
① 사해행위의 성립 여부는 사해행위 당시를 기준으로 판단할 것이므로, 연속하여 수개의 재산처분행위를 한 경우에도 원칙으로 각 행위별로 그로 인하여 무자력이 초래되었는지 여부에 따라 사해성 여부를 가려야 한다(대판 2001.4.27, 2000다69026).
② 세무공무원은 강제징수를 집행할 때 납세자가 국세의 징수를 피하기 위하여 재산권을 목적으로 한 법률행위를 한 경우에는 사해행위의 취소 및 원상회복을 법원에 청구할 수 있다.
③ 세무공무원이 국세징수법 사해행위취소소송을 제기하여 그 소송이 진행 중인 기간 동안은 국세징수권의 소멸시효가 진행되지 아니한다. ∵ 국세징수권 소멸시효의 정지사유
단, 사해행위취소소송 또는 채권자대위소송의 제기로 인한 시효정지의 효력은 소송이 각하·기각 또는 취하된 경우에는 효력이 없다.

답 ④

073 국세징수법상 압류재산의 매각에 대한 설명으로 옳지 않은 것은? 2015년 국가직 9급

① 압류한 재산이 자본시장과 금융투자업에 관한 법률에 따른 증권시장에 상장된 증권인 경우 해당 시장에서 직접 매각할 수 있다.

② 압류한 재산의 추산가격이 1천만 원 미만인 경우에는 수의계약으로 매각할 수 있다.

③ 체납자도 최고입찰가격 이상을 제시한 경우에는 압류재산을 매수할 수 있다.

④ 국세채권이 확정되기 전 적법하게 재산압류가 이루어진 경우라 하더라도 해당 재산을 매각하려면 우선 납세의무가 확정되어야 한다.

▌ 압류재산의 매각 이론형 Level 1

체납자는 자기 또는 제3자의 명의나 계산으로 압류재산을 매수하지 못한다.

> **국세징수법 제80조 【매수인의 제한】** ① 다음 각 호의 어느 하나에 해당하는 자는 자기 또는 제3자의 명의나 계산으로 압류재산을 매수하지 못한다.
> 1. 체납자
> 2. 세무공무원
> 3. 매각 부동산을 평가한 감정평가 및 감정평가사에 관한 법률에 따른 감정평가법인 등(같은 법 제29조에 따른 감정평가법인의 경우 그 감정평가법인 및 소속 감정평가사를 말한다)
> ② 공매재산의 매수신청인이 매각결정기일 전까지 공매재산의 매수인이 되기 위하여 다른 법령에 따라 갖추어야 하는 자격을 갖추지 못한 경우에는 공매재산을 매수하지 못한다.

(선지분석)

④ 확정 전 보전압류한 재산은 그 압류와 관계되는 국세의 납세의무가 확정되기 전에는 공매할 수 없다.

답 ③

---

074 국세징수법상 압류재산의 매각에 대한 설명으로 옳지 않은 것은? 2017년 국가직 7급 변형

① 공매를 집행하는 공무원은 공매예정가격 이상으로 매수신청한 자가 없는 경우 즉시 그 장소에서 재입찰을 실시할 수 있다.

② 압류재산이 법령으로 소지 또는 매매가 금지 및 제한된 재산인 경우에는 수의계약으로 매각할 수 있다.

③ 체납자는 자기 또는 제3자의 명의나 계산으로 압류재산을 매수하지 못한다.

④ 압류한 재산이 예술품 등인 경우라 하더라도 납세자의 신청이 없으면 세무서장은 전문매각기관을 선정하여 예술품 등의 매각 관련 사실행위를 대행하게 할 수 없다.

▌ 압류재산의 매각 이론형 Level 1

관할 세무서장은 압류한 재산이 예술품 등인 경우 직권이나 납세자의 신청에 따라 예술품 등의 매각에 전문성과 경험이 있는 기관 중에서 전문매각기관을 선정하여 예술품 등의 매각 관련 사실행위를 대행하게 할 수 있다.

답 ④

075 국세징수법상 압류재산의 매각에 관한 설명으로 옳지 않은 것은? 2018년 세무사 변형

① 관할 세무서장은 압류한 재산이 자본시장과 금융투자업에 관한 법률에 따른 증권시장에 상장된 증권인 경우 해당 시장에서 직접 매각할 수 있다.

② 심판청구절차가 진행 중인 국세의 체납으로 압류한 재산이 부패·변질 또는 감량되기 쉬운 재산으로서 속히 매각하지 아니하면 그 재산가액이 줄어들 우려가 있는 경우에는 그 청구에 대한 결정이 확정되기 전이라도 공매할 수 있다.

③ 관할 세무서장은 수의계약으로 매각하지 아니하면 매각대금이 강제징수비 금액 이하가 될 것으로 예상되는 경우 수의계약으로 매각할 수 있다.

④ 세무서장이 전문매각기관을 선정하여 압류한 예술품의 매각을 대행하게 하는 경우에는 전문매각기관은 그 압류한 예술품의 매각을 대행하거나 직접 매수할 수 있다.

⑤ 관할 세무서장이 여러 개의 재산을 일괄하여 공매하는 경우 그 재산 중 일부 재산의 매각대금만으로도 체납액을 변제하기에 충분하면 해당 체납자는 공매대상 재산을 지정할 수 있다.

▎ 압류재산의 매각 　　　　　　　　　　　　　　　　　　　　　　　　　이론형 Level 2

전문매각기관 및 전문매각기관의 임직원은 직접적으로든 간접적으로든 매각 관련 사실행위 대행의 대상인 예술품 등을 매수하지 못한다.

답 ④

076 납세의무자가 납부고지서에서 정한 지정납부기한까지 국세를 전액 납부하지 아니하는 경우 관할 세무서장이 납세의무자에 대하여 취할 수 있는 절차의 순서로 옳은 것은? (단, 납세의무자의 압류대상 재산은 자본시장과 금융투자업에 관한 법률에 의한 유가증권시장에 상장된 주식이며, 납부기한 전 징수사유에 의한 납부고지가 아닌 것으로 가정함) 2018년 세무사 변형

① 독촉 - 압류 - 공매
② 독촉 - 직접 매각
③ 독촉 - 최고 - 압류 - 공매
④ 독촉 - 압류 - 수의계약
⑤ 독촉 - 압류 - 직접 매각

▎ 압류재산의 매각 　　　　　　　　　　　　　　　　　　　　　　　　　이론형 Level 1

독촉과 압류 후 유가증권시장에 상장된 증권인 경우 해당 시장에서 직접 매각할 수 있다.

답 ⑤

077 □□□ 국세징수법상 강제징수에 대한 설명으로 옳지 않은 것은?

① 관할 세무서장은 압류재산을 선택하는 경우 강제징수에 지장이 없는 범위에서 전세권·질권·저당권 등 체납자의 재산과 관련하여 제3자가 가진 권리를 침해하지 아니하도록 하여야 한다.

② 압류의 대상이 되는 재산은 납세자의 소유가 아니더라도 무방하며, 금전적 가치를 가지고 양도성을 가져야 하고, 압류금지재산이 아니어야 한다.

③ 세무공무원이 재산을 압류한 경우 체납자는 압류한 재산에 관하여 양도, 제한물권의 설정, 채권의 영수, 그 밖의 처분을 할 수 없다.

④ 세무공무원이 채권 또는 그 밖의 재산권을 압류한 경우 해당 채권의 채무자 및 그 밖의 재산권의 채무자 또는 이에 준하는 자는 체납자에 대한 지급을 할 수 없다.

▌**강제징수** 이론형 Level 1

압류의 대상이 되는 재산은 납세자의 재산을 압류하는 것이므로 납세자의 소유가 아닌 것은 압류할 수 없다.

답 ②

078 □□□ 국세징수법상 압류재산의 매각에 대한 설명으로 옳지 않은 것은?

① 법률적으로 납세의무가 확정되기 전에 압류가 허용되어 압류한 재산의 경우에는 그 압류에 관계되는 국세의 납세의무가 확정되기 전이라도 공매할 수 있다.

② 압류재산이 제1회 공매 후 1년간 5회 이상 공매하여도 매각되지 아니한 경우 수의계약으로 매각할 수 있다.

③ 관할 세무서장은 공매 등에 전문지식이 필요하거나 그 밖에 직접 공매 등을 하기에 적당하지 아니하다고 인정되는 경우 대통령령으로 정하는 바에 따라 한국자산관리공사에 공매 등을 대행하게 할 수 있다.

④ 관할 세무서장은 압류한 부동산 등, 동산, 유가증권, 그 밖의 재산권과 체납자를 대위하여 받은 물건(금전은 제외)을 대통령령으로 정하는 바에 따라 공매한다.

▌**공매** 이론형 Level 1

국세가 확정된 후 그 국세를 징수할 수 없다고 인정할 때에는 국세로 확정되리라고 추정되는 금액의 한도에서 납세자의 압류재산은 그 압류에 관계되는 국세의 납세의무가 <u>확정되기 전에는 공매할 수 없다.</u>

답 ①

079 국세징수법상 공매에 대한 설명으로 옳지 않은 것은?

① 국세기본법에 따른 심판청구절차가 진행 중인 국세의 체납으로 압류한 재산이 부패·변질 또는 감량되기 쉬운 재산으로서 속히 매각하지 아니하면 그 재산가액이 줄어들 우려가 있는 경우에는 그 심판청구에 대한 결정이 확정되기 전에도 공매할 수 있다.

② 관할 세무서장은 경매의 방법으로 재산을 공매하는 경우 경매인을 선정하여 이를 취급하게 할 수 있다.

③ 최고가 매수신청가격이 둘 이상이면 재공매한다.

④ 공유자는 공매재산이 공유물의 지분인 경우 매각결정기일 전까지 공매보증을 제공하고 최고가 매수신청인이 있어 최고가 매수신청가격으로 공매재산을 우선매수하겠다는 신청을 하면 관할 세무서장은 그 공유자에게 매각결정을 하여야 한다.

▌공매 이론형 Level 1

공매를 집행하는 공무원은 최고가 매수신청인을 정한다. 이 경우 최고가 매수신청가격이 둘 이상이면 즉시 추첨으로 최고가 매수신청인을 정한다.

답 ③

080 국세징수법상 공매 시 공유자 및 배우자의 우선매수권에 대한 설명으로 옳지 않은 것은?

① 공유자는 공매재산이 공유물의 지분인 경우 매각결정기일 전까지 공매보증을 제공하고 최고가 매수신청가격 또는 공매예정가격으로 공매재산을 우선매수하겠다는 신청을 할 수 있다.

② 체납자의 배우자는 공매재산이 압류한 부부 공유의 동산 또는 유가증권인 경우 ①을 준용하여 공매재산을 우선매수하겠다는 신청을 할 수 있다.

③ 관할 세무서장은 여러 사람의 공유자가 우선매수신청을 하고 그 공유자 또는 체납자의 배우자에게 매각결정절차를 마친 경우 공유자 간의 특별한 협의가 없으면 공유지분의 비율에 따라 공매재산을 매수하게 한다.

④ 관할 세무서장은 매각결정 후 매수인이 매수대금을 납부하지 아니한 경우 매각대금이 완납될 때까지 공매를 중지하여야 한다.

▌공유자·배우자의 우선매수권 이론형 Level 1

관할 세무서장은 그 공유자 또는 체납자의 배우자에게 매각결정 후 매수인이 매수대금을 납부하지 아니한 경우 최고가 매수신청인에게 다시 매각결정을 할 수 있다.

(선지분석)

① **국세징수법 제79조【공유자·배우자의 우선매수권】** ① 공유자는 공매재산이 공유물의 지분인 경우 매각결정기일 전까지 공매보증을 제공하고 다음 각 호의 구분에 따른 가격으로 공매재산을 우선매수하겠다는 신청을 할 수 있다.
  1. 최고가 매수신청인이 있는 경우: 최고가 매수신청가격
  2. 최고가 매수신청인이 없는 경우: 공매예정가격

답 ④

081 공매재산이 공유자의 지분인 경우에 체납하지 않은 공유자에 관한 설명으로 옳지 않은 것은?

2013년 세무사 변형

① 관할 세무서장은 공매를 하려면 공유자에게 우선매수권이 있다는 사실을 공고하여야 한다.
② 관할 세무서장은 공매공고를 한 경우 즉시 그 내용을 공매공고의 등기 또는 등록 전날 현재의 공유자에게 통지하여야 한다.
③ 공유자는 매각결정기일 전까지 공매보증을 제공하고 공매재산을 우선매수하겠다는 신청을 할 수 있다.
④ 관할 세무서장은 우선매수하겠다는 신고를 한 공유자가 있음에도 불구하고 매각예정가격 이상인 최고액의 입찰자를 낙찰자로 하여 매각결정하여야 한다.
⑤ 관할 세무서장은 여러 사람의 공유자가 우선매수 신청을 하고 그 공유자에게 매각결정절차를 마친 경우 공유자 간의 특별한 협의가 없으면 공유지분의 비율에 따라 공매재산을 매수하게 한다.

｜ 공유자   이론형 Level 2

관할 세무서장은 공유자 또는 배우자의 우선매수신청이 있는 경우 최고가 매수신청이 있는 경우에도 그 공유자 또는 는 체납자의 배우자에게 매각결정을 하여야 한다.

답 ④

082 국세징수법 甲과 乙과 丙이 공유하고 있는 재산 중 甲의 지분을 국세징수법상 甲의 체납으로 공매하는 경우에 관한 설명으로 옳지 않은 것은?

2018년 세무사 변형

① 관할 세무서장은 공유자(체납자 제외)에게 우선매수권이 있다는 사실을 공고하여야 한다.
② 관할 세무서장은 공매공고를 하였을 때에는 즉시 그 내용을 공매공고의 등기 또는 등록 전일 현재의 공유자인 乙과 丙에게 통지하여야 한다.
③ 乙 또는 丙은 매각결정기일 전까지 공매보증금을 제공하고 매각예정가격 이상인 최고입찰가격과 같은 가격으로 공매재산을 우선매수하겠다는 신고를 할 수 있다.
④ 관할 세무서장은 乙과 丙이 우선매수하겠다는 신고를 하고, 그 공유자에게 매각결정을 하였을 때에는 특별한 협의가 없으면 공유지분의 비율에 따라 공매재산을 매수하게 한다.
⑤ 관할 세무서장은 공매재산을 우선매수하겠다고 신고한 乙 또는 丙에게 매각결정되었지만 그 매수인이 매각대금을 납부하지 아니한 경우에는 재공매하여야 한다.

｜ 공매   이론형 Level 2

관할 세무서장은 그 공유자에게 매각결정 후 매수인이 매수대금을 납부하지 아니한 경우 최고가 매수신청인에게 다시 매각결정을 할 수 있다.

답 ⑤

083 국세징수법상 공매에 관한 설명으로 옳지 않은 것은? (다툼이 있으면 판례에 따름) 2017년 세무사 변형

① 매수인은 매수대금을 완납한 때에 공매재산을 취득한다.

② 관할 세무서장은 압류한 재산이 예술품인 경우에는 직권으로 전문매각기관을 선정하여 예술품의 매각 관련 사실행위를 대행하게 할 수 있다.

③ 관할 세무서장이 체납자에게 공매통지를 하지 않은 공매처분은 위법하다.

④ 국세기본법에 따른 심판청구절차가 진행 중인 국세의 체납으로 압류한 재산이 부패·변질 또는 감량되기 쉬운 재산으로서 속히 매각하지 아니하면 그 재산가액이 줄어들 우려가 있는 경우에도 청구에 대한 결정이 확정되기 전에 공매할 수 없다.

⑤ 관할 세무서장은 국세기본법 제57조에 따라 강제징수에 대한 집행정지의 결정이 있는 경우 공매를 정지하여야 한다.

> **공매** 이론형 Level 2
>
> 심판청구 등이 계속 중인 국세의 체납으로 압류한 재산은 그 신청 또는 청구에 대한 결정이나 소에 대한 판결이 확정되기 전에는 공매할 수 없다. 다만, 그 재산이 부패·변질 또는 감량되기 쉬운 재산으로서 속히 매각하지 아니하면 그 재산가액이 줄어들 우려가 있는 경우에는 그러하지 아니하다.
>
> 답 ④

084 국세징수법령상 압류 또는 매각의 유예와 강제징수의 종료에 대한 설명으로 옳지 않은 것은? 2023년 국가직 7급

① 관할 세무서장은 압류 또는 매각이 유예된 체납세액을 압류 또는 매각의 유예기간 동안 징수할 수 없다.

② 관할 세무서장은 체납자가 국세청장이 성실납세자로 인정하는 기준에 해당하는 경우 직권으로 그 체납액에 대하여 강제징수에 따른 재산의 압류 또는 압류재산의 매각을 유예할 수 있다.

③ 관할 세무서장은 국세 부과의 전부를 취소한 경우 해당 재산의 압류를 즉시 해제하여야 한다.

④ 관할 세무서장은 총 재산의 추산가액이 강제징수비를 징수하면 남을 여지가 없어 강제징수를 종료하고자 압류를 해제하려는 경우에는 국세체납정리위원회의 심의를 거쳐야 한다.

> **압류·매각·유예** 이론형 Level 1
>
> 관할 세무서장은 압류 또는 매각이 유예된 체납세액을 압류 또는 매각의 유예기간 동안 분할하여 징수할 수 있다.
>
> 답 ①

□□□ **국세징수법상 압류·매각의 유예 등에 관한 설명으로 옳지 않은 것은?**

① 관할 세무서장은 압류·매각유예를 하는 경우 필요하다고 인정하면 이미 압류한 재산의 압류를 해제할 수 있다.

② 압류 또는 매각의 유예의 기간은 그 유예한 날의 다음 날부터 1년 이내로 한다. 단, 고용재난지역 등에 사업장이 소재하는 중소기업은 2년 이내로 정할 수 있다.

③ 관할 세무서장은 체납자가 국세청장이 성실납세자로 인정하는 기준에 해당하는 경우 체납자의 신청 또는 직권으로 그 체납액에 대하여 강제징수에 따른 재산의 압류 또는 압류재산의 매각을 유예할 수 있다.

④ 관할 세무서장은 압류 또는 매각이 유예된 체납세액을 압류 또는 매각의 유예기간 동안 분할하여 징수할 수 있다.

⑤ 성실납세자가 체납세액 납부계획서를 제출하고 국세체납정리위원회가 체납세액 납부계획의 타당성을 인정하는 경우로서, 관할 세무서장은 재산의 압류를 유예하거나 압류를 해제하는 경우 그에 상당하는 납세담보의 제공을 요구할 수 있다.

│ 압류·매각의 유예 이론형 Level 2

관할 세무서장은 재산의 압류를 유예하거나 압류를 해제하는 경우 그에 상당하는 납세담보의 제공을 요구할 수 있다. 다만, 성실납세자가 체납세액 납부계획서를 제출하고 국세체납정리위원회가 체납세액 납부계획의 타당성을 인정하는 경우에는 납세담보의 제공을 요구할 수 없다.

답 ⑤

III

소득세법

01 소득세법 총칙

001 소득세법에서 사용하는 용어의 뜻으로 옳지 않은 것은? 2016년 국가직 9급
☐☐☐

① 거주자란 국내에 주소를 두거나 183일 이상의 거소(居所)를 둔 개인을 말한다.
② 비거주자란 거주자가 아닌 개인을 말한다.
③ 내국법인이란 국내에 본점이나 주사무소 또는 사업의 실질적 관리장소를 둔 법인을 말한다.
④ 외국법인이란 외국에 본점이나 주사무소를 둔 단체(국내에 사업의 실질적 관리장소가 소재하는 경우 포함)로서 구성원이 유한책임사원으로만 구성된 단체를 말한다.

| 용어의 정의 | 이론형 Level 1 |

> **소득세법 제1조의2 【정의】**
>   4. "외국법인"이란 법인세법 제2조 제3호에 따른 외국법인을 말한다.
> **법인세법 제2조 【정의】**
>   3. "외국법인"이란 본점 또는 주사무소가 외국에 있는 단체(사업의 실질적 관리장소가 국내에 있지 아니하는 경우만 해당한다)로서 대통령령으로 정하는 기준에 해당하는 법인을 말한다.

답 ④

002 소득세법상 총칙규정에 대한 설명으로 옳지 않은 것은? 2012년 국가직 9급
☐☐☐

① 소득세의 납세의무자(원천징수납부의무자 제외)는 거주자와 비거주자로서 국내원천소득이 있는 개인으로 구분한다.
② 거주자의 종합소득에는 국민연금법에 따라 지급받는 일시금액을 포함한다.
③ 소득세의 과세기간은 1월 1일부터 12월 31일까지로 한다.
④ 거주자의 소득세 납세지는 그 주소지로 하되, 주소지가 없는 경우에는 그 거소지로 한다.

| 소득세법 총칙 | 이론형 Level 1 |

공적연금 관련 법에 따라 받는 일시금은 퇴직소득에 해당하므로 종합소득에 포함하지 않는다.

답 ②

003 다음 소득세법과 관련된 내용 중 옳은 것으로만 묶어진 것은?

> ㄱ. 대한민국 국적을 가진 자는 모두 우리나라에서 소득세를 납부할 의무가 있다.
> ㄴ. 소득세는 원칙적으로 순자산증가설을 기초로 과세소득의 범위를 규정하고 있다.
> ㄷ. 거주자에 대한 소득세의 납세지는 원칙적으로 소득이 발생한 장소를 관할하는 세무서이다.
> ㄹ. 배당세액공제는 이중과세를 방지하기 위한 제도이다.
> ㅁ. 퇴직소득과 양도소득은 종합소득에 포함되지 않으며, 분류과세된다.
> ㅂ. 외국에서 납부한 세금은 원칙적으로 우리나라에서 공제가 허용되지 아니한다.

① ㄱ, ㄴ, ㅁ, ㅂ   ② ㄴ, ㄷ, ㄹ, ㅁ

③ ㄷ, ㄹ, ㅂ   ④ ㄹ, ㅁ

│ 소득세법 총칙 이론형 Level 1

옳은 것은 ㄹ, ㅁ이다.

(선지분석)

ㄱ. 소득세 납세의무를 지는 자는 거주자 또는 비거주자로서 국적과는 무관하다.

ㄴ. 소득세는 원칙적으로 소득원천설을 기초로 과세소득의 범위를 규정하고 있으며, 예외적으로 금융소득 및 사업소득은 유형별 포괄주의를 채택하고 있다. **참고** 법인세는 순자산증가설에 해당됨

ㄷ. 거주자에 대한 소득세의 납세지는 원칙적으로 거주자의 주소지이다.

ㅂ. 외국에서 납부한 세금은 원칙적으로 우리나라에서 외국납부세액공제가 허용된다. ∵ 국제적 이중과세 해결

답 ④

---

004 소득세법상 주소와 거주자 여부 판정에 대한 설명으로 옳지 않은 것은?

① 내국법인의 국외사업장에 파견된 직원은 비거주자로 본다.

② 국외에 근무하는 자가 외국국적을 가진 자로서 국내에 생계를 같이하는 가족이 없고 그 직업 및 자산 상태에 비추어 다시 입국하여 주로 국내에 거주하리라고 인정되지 아니하는 때에는 국내에 주소가 없는 것으로 본다.

③ 국내에 거주하는 개인이 계속하여 183일 이상 국내에 거주할 것을 통상 필요로 하는 직업을 가진 때에는 국내에 주소를 가진 것으로 본다.

④ 외국을 항행하는 선박 또는 항공기의 승무원의 경우 그 승무원과 생계를 같이하는 가족이 거주하는 장소 또는 그 승무원이 근무기간 외의 기간 중 통상 체재하는 장소가 국내에 있는 때에는 당해 승무원의 주소는 국내에 있는 것으로 본다.

│ 납세의무자 이론형 Level 1

거주자나 내국법인의 국외사업장 또는 해외현지법인(내국법인이 발행주식총수 또는 출자지분의 100%를 직접 또는 간접 출자한 경우에 한정) 등에 파견된 임원 또는 직원이나 국외에서 근무하는 공무원은 거주자로 본다.

> 📄 **국내에 주소가 있는 것으로 보는 경우(소득세법 시행령 제2조 제3항·제5항 참조)**
>
> 1. 계속하여 183일 이상 국내에 거주할 것을 통상 필요로 하는 직업을 가진 때
> 2. 국내에 생계를 같이하는 가족이 있고, 그 직업 및 자산상태에 비추어 계속하여 183일 이상 국내에 거주할 것으로 인정되는 때
> 3. 외국을 항행하는 선박 또는 항공기의 승무원의 경우 그 승무원과 생계를 같이하는 가족이 거주하는 장소 또는 그 승무원이 근무기간 외의 기간 중 통상 체재하는 장소가 국내에 있는 때

답 ①

005

소득세법상 거주자·비거주자에 관한 설명으로 옳지 않은 것은?

① 국내에 주소가 없더라도 183일 이상의 거소를 둔 개인은 거주자에 해당한다.

② 국세기본법 제13조 제1항에 따른 법인 아닌 단체 중 같은 조 제4항에 따른 법인으로 보는 단체 외의 법인 아닌 단체는 국내에 주사무소 또는 사업의 실질적 관리장소를 두었는지 여부를 불문 하고 거주자로 보아 소득세법을 적용한다.

③ 거주자가 사망한 경우의 소득세 과세기간은 1월 1일부터 사망한 날까지로 한다.

④ 내국법인의 주식을 보유한 거주자가 출국하는 경우 출국 당시 소유한 주식의 평가이익에 대해 소득세 납세의무를 부과하는 경우에는 그 평가이익을 양도소득으로 보아 과세표준과 세액을 계 산한다.

▎ 납세의무자　　　　　　　　　　　　　　　　　　　　　　　　이론형 Level 1

법인으로 보는 단체 외의 법인 아닌 단체는 국내에 주사무소 또는 사업의 실질적 관리장소를 둔 경우에는 1거주자 로 그 밖의 경우에는 비거주자로 보아 소득세법을 적용한다.

（선지분석）

④　**소득세법 제118조의9【거주자의 출국 시 납세의무】①** 다음 각 호의 요건을 모두 갖추어 출국하는 거주자(이하 "국외전출자")는 출국 당시 소유한 주식 등의 평가이익을 출국일에 양도한 것으로 보아 양도소득에 대하여 소득 세를 납부할 의무가 있다.
　　1. 출국일 10년 전부터 출국일까지의 기간 중 국내에 주소나 거소를 둔 기간의 합계가 5년 이상일 것
　　2. 출국일이 속하는 연도의 직전 연도 종료일 현재 소유하고 있는 주식 등의 비율·시가총액 등을 고려하여 대 통령령으로 정하는 대주주에 해당할 것

답 ②

006

소득세법상 거주자 및 비거주자의 납세의무에 관한 설명으로 옳은 것은?

① 국내에 거소를 둔 기간이 2과세기간에 걸쳐 183일 이상인 경우에는 국내에 183일 이상 거소를 둔 것으로 본다.

② 거주자는 거소의 국외 이전을 위하여 출국하는 날부터 비거주자가 된다.

③ 내국법인이 발행주식총수의 100분의 100을 직접 출자한 해외현지법인에 파견된 직원은 거주자 로 본다.

④ 비거주자는 국내에 주소를 둔 기간이 183일이 되는 날부터 거주자가 된다.

⑤ 소득세법에 따른 거소는 국내에 생계를 같이하는 가족 및 국내에 소재하는 자산의 유무 등 생활 관계의 객관적 사실에 따라 판정한다.

▎ 납세의무자　　　　　　　　　　　　　　　　　　　　　　　　이론형 Level 2

（선지분석）

① 거소를 둔 기간이 1과세기간 동안 183일 이상인 경우 국내에 183일 이상 거소를 둔 것으로 본다.

② 거주자는 거소의 국외 이전을 위하여 출국하는 날의 다음 날부터 비거주자가 된다.

④ 비거주자가 국내에 주소를 두게 되면 주소를 둔 날부터 거주자가 된다.

⑤ 소득세법에 따른 주소는 국내에 생계를 같이하는 가족 및 국내에 소재하는 자산의 유무 등 생활관계의 객관적 사실에 따라 판정한다.

답 ③

007 소득세법령상 거주자와 비거주자에 관한 설명으로 옳지 않은 것은?

① 거주자나 내국법인의 국외사업장 또는 해외현지법인(내국법인이 발행주식총수 또는 출자지분의 100분의 100을 직접 또는 간접 출자한 경우에 한정한다) 등에 파견된 임원 또는 직원이나 국외에서 근무하는 공무원은 거주자로 본다.

② 비거주자는 국내에 거소를 둔 기간이 183일이 되는 날에 거주자가 된다.

③ 국내에 거소를 둔 기간은 입국하는 날부터 출국하는 날까지로 한다.

④ 국내에 거소를 두고 있던 개인이 출국 후 다시 입국한 경우에 생계를 같이하는 가족의 거주지나 자산소재지등에 비추어 그 출국목적이 관광, 질병의 치료 등으로서 명백하게 일시적인 것으로 인정되는 때에는 그 출국한 기간도 국내에 거소를 둔 기간으로 본다.

> **납세의무자**　　　　　　　　　　　　　　　　　　　　이론형 Level 1

국내에 거소를 둔 기간은 입국하는 날의 다음 날부터 출국하는 날까지로 한다.

답 ③

008 소득세법령상 납세의무에 대한 설명으로 옳지 않은 것은?

① 해당 과세기간 종료일 10년 전부터 국내에 주소나 거소를 둔 기간의 합계가 5년 이하인 외국인 거주자에게는 과세대상 소득 중 국외원천소득의 경우 국내에서 지급되거나 국내로 송금된 소득만 과세한다.

② 국외에서 근무하는 공무원 또는 내국법인의 국외사업장에 파견된 임원은 거주자로 본다.

③ 국내에 거소를 둔 기간이 1과세기간 동안 183일 이상인 경우에는 국내에 183일 이상 거소를 둔 것으로 본다.

④ 거주자가 비거주자로 되는 시기는 거주자가 주소 또는 거소의 국외 이전을 위하여 출국하는 날이다.

> **납세의무**　　　　　　　　　　　　　　　　　　　　이론형 Level 1

거주자가 비거주자로 되는 시기는 거주자가 주소 또는 거소의 국외 이전을 위하여 출국하는 날의 다음 날이다.

답 ④

009 소득세법상 거주자와 비거주자에 관한 설명이다. 옳지 않은 것은?

① 비거주자로서 국내원천소득이 있는 개인은 소득세를 납부할 의무를 진다.

② 거주자가 국내주소의 국외 이전을 위하여 출국하는 경우 출국하는 날의 다음 날에 비거주자로 된다.

③ 내국법인의 국외사업장에 파견된 직원은 거주자로 본다.

④ 비거주자의 국내원천 퇴직소득이란 비거주자가 국내에서 제공하는 근로의 대가로 받는 퇴직소득을 말한다.

⑤ 비거주자에 대하여 종합과세하는 경우 종합소득공제는 본인 및 배우자에 대한 인적공제만 적용되고 특별소득공제는 적용되지 않는다.

│ 납세의무자　　　　　　　　　　　　　　　　　　　　　　　이론형 Level 2

비거주자에 대해 과세표준을 계산할 때 인적공제 중 비거주자 본인 외의 자에 대한 공제와 특별소득공제, 자녀세액공제 및 특별세액공제는 적용하지 아니한다.

(선지분석)

① 비거주자는 소득세법상 열거된 국내원천소득에 대해 납세의무가 있다.

③ 국외사업장은 지점을 말하는 것으로서 지분율에 관계없이 국외사업장에 파견된 직원은 거주자로 본다.

답 ⑤

---

010 소득세법상 납세의무에 관한 설명으로 옳지 않은 것은?

① 한국국적인 갑은 외교부 공무원으로 영국에서 국외근무하고 있으며, 영국에 거소를 둔 기간은 1년을 넘고 있다. 이 경우 갑은 국내·외 원천소득에 대하여 납세의무를 진다.

② 한국국적인 을은 외국법인 L.A. Ltd.에서 외국을 항행하는 선박 승무원으로 근무하며, 생계를 같이하는 가족과 함께 인천에 살고 있다. 이 경우 을은 국내·외 원천소득에 대하여 납세의무를 진다.

③ 미국국적인 A는 내국법인 (주)한국IT에 네트워크 관련 기술자로 근무하고 있으며, 해당 과세기간 종료일 10년 전부터 서울에 주소나 거소를 둔 기간의 합계는 3년이다. 이 경우 A는 국내·외 원천소득에 대하여 납세의무를 진다.

④ 영국국적인 B가 2023년 5월 3일에 영국국적을 포기하고 한국국적을 취득하여 거주자로 된 경우에는 2023년 5월 2일까지는 국내원천소득에 대해서만 납세의무를지고, 2023년 5월 3일부터는 국내·외 원천소득에 대하여 납세의무를 진다.

⑤ 미국국적인 C는 주한 미국대사관에 외교관으로 근무하고 있으며, 생계를 같이하는 가족(대한민국 국민이 아님)과 함께 서울에 살고 있다. 이 경우 C는 국내원천소득에 대해서만 납세의무를 진다.

│ 납세의무자　　　　　　　　　　　　　　　　　　　　　　　이론형 Level 2

해당 과세기간 종료일 10년 전부터 국내에 주소나 거소를 둔 기간의 합계가 5년 이하인 외국인 거주자에게는 과세대상 소득 중 국외에서 발생한 소득의 경우 국내에서 지급되거나 국내로 송금된 소득에 대해서만 과세한다.

(선지분석)

① 국외에서 근무하는 대한민국 공무원은 거주자로 본다.

② 거주자에 해당하므로 무제한 납세의무에 해당한다.

④ 비거주자가 거주자가 된 경우에는 국내에 주소를 가지거나 국내에 주소가 있는 것으로 보는 사유가 발생한 날부터 거주자로 본다.

⑤ 외국의 공무원은 비거주자에 해당한다.

답 ③

---

011 거주자 또는 비거주자가 되는 시기 및 거주기간 계산에 관한 설명으로 옳지 않은 것은? 2010년 세무사

① 비거주자는 국내에 주소를 둔 날에 거주자로 된다.
② 비거주자는 국내에 거소를 둔 기간이 183일이 되는 날에 거주자로 된다.
③ 거주자는 주소 또는 거소의 국외 이전을 위하여 출국하는 날에 비거주자로 된다.
④ 국내에 거주하는 개인이 계속하여 183일 이상 국내에 거주할 것을 통상 필요로 하는 직업을 가진 날에 비거주자가 거주자로 된다.
⑤ 국내에 거소를 두고 있던 개인이 출국 후 다시 입국한 경우에 생계를 같이하는 가족의 거주자나 자산소재지 등에 비추어 그 출국 목적이 명백하게 일시적인 것으로 인정되는 때에는 그 출국한 기간도 국내에 거소를 둔 기간으로 본다.

│ 납세의무자 이론형 Level 1

거주자는 주소 또는 거소의 국외 이전을 위하여 출국하는 날에 다음 날 비거주자로 된다.

답 ③

---

012 소득세법상 납세의무자 및 납세지에 관한 설명으로 옳지 않은 것은? 2013년 국가직 9급

① 수익자가 정해진 신탁재산에 귀속되는 소득은 원칙적으로 그 신탁의 이익을 받을 수익자(수익자가 사망하는 경우에는 그 상속인)에게 귀속되는 것으로 본다.
② 비거주자의 국내사업장이 둘 이상 있는 경우 소득세의 납세지는 각각의 사업장 소재지로 한다.
③ 국내원천소득이 있는 비거주자는 소득세를 납부할 의무를 진다.
④ 원천징수하는 자가 법인인 경우 원천징수하는 소득세의 납세지는 그 법인의 본점 또는 주사무소의 소재지로 한다(그 법인의 지점 등이 독립채산제에 따라 독자적으로 회계사무를 처리하는 경우 제외).

│ 납세의무자 및 납세지 이론형 Level 1

비거주자의 소득세 납세지는 국내사업장의 소재지로 한다. 다만, 국내사업장이 둘 이상 있는 경우에는 주된 국내사업장의 소재지로 하고, 국내사업장이 없는 경우에는 국내원천소득이 발생하는 장소로 한다.

답 ②

013 소득세법상 법인격 없는 단체에 대한 설명으로 옳지 않은 것은? 2009년 국가직 9급

① 1거주자로 보는 법인격 없는 단체의 소득은 그 단체의 대표자나 관리인의 다른 소득과 합산하여 과세한다.

② 법인격 없는 단체를 구성원들의 공동사업으로 보는 경우 그 단체는 납세의무를 지지 아니하며 구성원들이 각자 납세의무를 진다.

③ 국세기본법상 법인으로 보는 단체 외의 단체 중 대표자 또는 관리인이 선임되어 있으나 이익의 분배방법이나 분배비율이 정해져 있지 아니한 경우 그 단체를 1거주자로 본다.

④ 1거주자로 보는 법인격 없는 단체로서 명시적으로 이익의 분배방법이나 분배비율이 정해져 있지 아니하더라도 사실상 이익이 분배되는 경우에는 구성원의 공동사업으로 본다.

▌법인격 없는 단체

이론형 Level 1

1거주자로 보는 법인격 없는 단체의 소득은 해당 단체를 1거주자로 보아 납세의무를 부담한다. 이는 단체를 1거주자로 보아 단체의 소득에 대하여 단체자신이 소득세 납세의무를 진다는 의미이다. 따라서 그 단체의 대표자나 관리인의 다른 소득과 합산하여 과세한다는 말은 잘못된 표현이다.

> **참고** 소득세는 개별납세의무가 원칙임

답 ①

014 법인세의 사업연도와 소득세의 과세기간에 대한 설명으로 옳지 않은 것은? 2022년 국가직 9급

① 법인의 최초 사업연도의 개시일은 내국법인의 경우 설립등기일로 한다.

② 사업연도신고를 하여야 할 법인이 그 신고를 하지 아니하는 경우에는 매년 1월 1일부터 12월 31일까지를 그 법인의 사업연도로 한다.

③ 소득세의 과세기간은 신규사업개시자의 경우 사업개시일부터 12월 31일까지로 하며, 폐업자의 경우 1월 1일부터 폐업일까지로 한다.

④ 사업연도를 변경하려는 법인은 그 법인의 직전 사업연도 종료일부터 3개월 이내에 납세지 관할 세무서장에게 이를 신고하여야 한다.

▌사업연도와 소득세의 과세기간

이론형 Level 1

소득세의 과세기간은 1월 1일부터 12월 31일까지 1년으로 한다. 법인세법과 달리 소득세법에서는 신규사업자 등의 최초 과세기간 및 폐업자에 관한 규정을 별도로 두고 있지 아니하다.

답 ③

015 소득세법상 원천징수 등의 경우의 납세지에 대한 설명으로 옳은 것은? (단, 해당 납세지는 가지고 있다고
전제함)

① 원천징수하는 거주자가 주된 사업장 외의 사업장에서 원천징수를 하는 경우에는 그 거주자의
주소지 또는 거소지를 원천징수하는 소득세의 납세지로 한다.
② 원천징수하는 비거주자가 국내사업장이 없는 경우에는 그 비거주자의 거류지 또는 체류지를 원
천징수하는 소득세의 납세지로 한다.
③ 소득세를 원천징수하는 자가 법인인 경우로서 그 법인의 지점·영업소 기타 사업장이 독립채산
제에 의하여 독자적으로 회계사무를 처리하는 경우에는 그 사업장의 소재지만이 원천징수하는
소득세의 납세지가 된다.
④ 납세조합이 원천징수하는 소득세의 납세지는 업무를 집행하는 조합원의 주소지로 한다.

┃ 납세지   이론형 Level 1

원천징수하는 자가 비거주자인 경우 그 비거주자의 주된 국내사업장 소재지가 원천징수하는 소득자의 납세지이다.
다만, 주된 국내사업장 외의 국내사업장에서 원천징수를 하는 경우에는 그 국내사업장의 소재지, 국내사업장이 없는
경우에는 그 비거주자의 거류지 또는 체류지로 한다.

(선지분석)
① 원천징수하는 자가 거주자인 경우 그 거주자의 주된 사업장 소재지가 원천징수하는 소득자의 납세지이다. 다만,
주된 사업장 외의 사업장에서 원천징수를 하는 경우에는 그 사업장의 소재지, 사업장이 없는 경우에는 그 거주
자의 주소지 또는 거소지로 한다.
③ 원천징수하는 자가 법인인 경우로서 그 법인의 지점, 영업소, 그 밖의 사업장이 독립채산제에 따라 독자적으로
회계사무를 처리하는 경우 그 사업장의 소재지(그 사업장의 소재지가 국외에 있는 경우는 제외)가 원천징수하는
소득자의 납세지이다. 다만, 대통령령으로 정하는 경우에는 그 법인의 본점 또는 주사무소의 소재지를 소득세
원천징수세액의 납세지로 할 수 있다.
④ 납세조합이 제150조에 따라 원천징수하는 소득세의 납세지는 그 납세조합의 소재지로 한다.

답 ②

016 소득세법상 납세지에 관한 설명이다. 옳지 않은 것은?

① 주소지가 2 이상인 때에는 생활관계가 보다 밀접한 곳을 납세지로 한다.
② 비거주자 甲이 국내에 두 곳의 사업장을 둔 경우, 주된 사업장을 판단하기가 곤란한 때에는 둘
중 하나를 선택하여 신고한 장소를 납세지로 한다.
③ 해외근무 등으로 국내에 주소가 없는 공무원 乙의 소득세 납세지는 그 가족의 생활근거지 또는
소속기관의 소재지로 한다.
④ 납세지의 변경신고를 하고자 하는 자는 납세지변경신고서를 그 변경 후의 납세지 관할 세무서
장에게 제출하여야 한다.
⑤ 납세지의 지정이 취소된 경우에도 그 취소 전에 한 소득세에 관한, 신고, 신청, 청구, 납부, 그
밖의 행위의 효력에는 영향을 미치지 아니한다.

┃ 납세지   이론형 Level 1

주소지가 2 이상인 때에는 주민등록법에 의하여 등록된 곳을 납세지로 하고, 거소지가 2 이상인 때에는 생활관계가
보다 밀접한 곳을 납세지로 한다.

답 ①

017 소득세법상 납세의무자와 납세지에 관한 설명으로 옳지 않은 것은?

① 해당 과세기간 종료일 10년 전부터 국내에 주소나 거소를 둔 기간의 합계가 5년 이하인 외국인 거주자(동업기업의 동업자 아님)에게는 과세대상 소득 중 국외에서 발생한 소득의 경우 국내에서 지급되거나 국내로 송금된 소득에 대해서만 과세한다.

② 국외에서 근무하는 공무원은 거주자로 본다.

③ 피상속인의 소득금액에 대해서 과세하는 경우에는 그 상속인이 납세의무를 진다.

④ 납세지 지정사유가 소멸한 경우 국세청장 또는 관할 지방국세청장은 납세의무자가 요청하는 경우에 한하여 납세지의 지정을 취소할 수 있다.

⑤ 국내에 거소를 둔 기간이 2과세기간에 걸쳐 183일 이상인 경우에도 1과세기간 중 거소를 둔 기간이 각각 183일 미만인 경우에는 비거주자에 해당한다.

> **│ 납세지**   이론형 Level 2

납세지 지정의 취소는 그 지정사유가 소멸한 경우에 가능하다. 즉, 납세지의 지정사유 소멸 시 국세청장 또는 관할 지방국세청장은 납세자의 지정을 취소하여야 한다.

답 ④

018 소득세법상 거주자 및 납세지에 관한 설명이다. 옳지 않은 것은?

① 거주자가 주소를 국외로 이전하여 비거주자가 되는 경우의 과세기간은 1월 1일부터 출국한 날까지로 한다.

② 국내에 거주하는 개인이 계속하여 183일 이상 국내에 거주할 것을 통상 필요로 하는 직업을 가진 경우에는 국내에 주소를 가진 것으로 본다.

③ 내국법인이 발행주식총수의 100분의 50 이상을 직접 출자한 해외현지법인에 파견된 직원은 거주자로 본다.

④ 비거주자의 소득세 납세지는 국내사업장이 둘 이상 있는 경우 주된 국내사업장의 소재지로 하고, 국내사업장이 없는 경우에는 국내원천소득이 발생하는 장소로 한다.

⑤ 거주자는 납세지가 변경된 경우 변경된 날부터 15일 이내에 그 변경 후의 납세지 관할 세무서장에게 신고하여야 한다.

> **│ 납세지**   이론형 Level 2

직접 또는 간접적으로 지분율 100%인 해외현지법인에 파견된 자에 한하여 거주자로 의제한다.

답 ③

소득세법상 납세의무자 및 과세소득의 범위에 관한 설명으로 옳지 않은 것은?

① 과세기간 종료일 10년 전부터 국내에 주소나 거소를 둔 기간의 합계가 5년 이하인 외국인 거주자에게는 과세대상 소득 중 국외에서 발생한 소득의 경우 국내에서 지급되거나 국내로 송금된 소득에 대해서만 과세한다.

② 소득세법상 거주자란 국내에 주소를 두거나 183일 이상의 거소를 둔 개인을 말한다.

③ 국세기본법에 따른 법인 아닌 단체 중 법인으로 보는 단체 외의 법인 아닌 단체가 구성원 간 이익의 분배방법이나 분배비율이 정하여져 있지 않거나 확인되지 않는 경우에는 해당 단체를 1거주자 또는 1비거주자로 보아 과세한다.

④ 내국법인이 발행주식총수 100%를 간접출자한 해외현지법인에 파견된 당해 내국법인의 직원이 생계를 같이하는 가족이나 자산상태로 보아 파견기간 종료 후 재입국할 것으로 인정되는 경우라면 외국의 국적 취득과는 관계없이 거주자로 본다.

⑤ 국내에 거소를 둔 기간은 입국하는 날부터 출국하는 날까지로 한다.

▌ 납세의무의 범위　　　　　　　　　　　　　　　　　　　　　　　　　이론형 Level 2

국내에 거소를 둔 기간은 입국하는 날의 다음 날부터 출국하는 날까지로 한다. 국내에 거소를 두고 있던 개인이 출국 후 다시 입국한 경우에 생계를 같이하는 가족의 거주지나 자산소재지 등에 비추어 그 출국 목적이 관광, 질병의 치료 등으로서 명백하게 일시적인 것으로 인정되는 때에는 그 출국한 기간도 국내에 거소를 둔 기간으로 본다.

답 ⑤

소득세법 제4조 소득의 구분에서 종합소득을 구성하는 것만을 모두 고른 것은?

ㄱ. 이자소득	ㄴ. 양도소득
ㄷ. 근로소득	ㄹ. 기타소득
ㅁ. 퇴직소득	ㅂ. 연금소득

① ㄱ, ㄴ　　　　　　　　　　　　　　② ㄴ, ㄷ, ㄹ

③ ㄷ, ㅁ, ㅂ　　　　　　　　　　　　④ ㄱ, ㄷ, ㄹ, ㅂ

▌ 납세의무의 범위　　　　　　　　　　　　　　　　　　　　　　　　　이론형 Level 1

거주자의 종합소득 및 퇴직소득에 대한 과세표준은 각각 구분하여 계산한다.

종합소득			분류과세소득	
ⓐ 이자소득	ⓑ 배당소득	ⓒ 사업소득	ⓐ 퇴직소득	ⓑ 양도소득
ⓓ 근로소득	ⓔ 연금소득	ⓕ 기타소득		

답 ④

021 거주자의 소득세법상 퇴직소득, 양도소득을 종합소득과 달리 구분하여 과세하는 것에 대한 설명으로 옳지 않은 것은?

① 양도소득은 다른 종합소득과 합산하지 않고 별도의 과세표준을 계산하고 별도의 세율을 적용한다.

② 양도소득은 기간별로 합산하지 않고 그 소득이 지급될 때 소득세를 원천징수함으로써 과세가 종결된다.

③ 퇴직소득, 양도소득은 장기간에 걸쳐 발생한 소득이 일시에 실현되는 특징을 갖고 있다.

④ 퇴직소득, 양도소득을 다른 종합소득과 합산하여 과세한다면 그 실현시점에 지나치게 높은 세율이 적용되는 현상이 발생한다.

┃ 납세의무의 범위　　　　　　　　　　　　　　　　　　　　　　　　이론형 Level 1

거주자의 양도소득에 대한 과세표준은 종합소득 및 퇴직소득에 대한 과세표준과 구분하여 계산하는 분류과세이며, 원천징수대상 소득에 해당하지 아니한다. ②는 완납적 원천징수로서 무조건 분리과세대상 소득에 대한 내용이다.

답 ②

---

022 소득세법상 소득금액에 대한 설명으로 옳지 않은 것은?

① 이자소득금액은 해당 과세기간의 총이자수입금액에서 필요경비를 공제한 금액으로 한다.

② 근로소득금액은 해당 과세기간의 총급여액에서 근로소득공제를 적용한 금액으로 한다.

③ 연금소득금액은 해당 과세기간의 총연금액에서 연금소득공제를 적용한 금액으로 한다.

④ 기타소득금액은 해당 과세기간의 총수입금액에서 이에 사용된 필요경비를 공제한 금액으로 한다.

┃ 납세의무의 범위　　　　　　　　　　　　　　　　　　　　　　　　이론형 Level 1

이자소득금액은 해당 과세기간의 총수입금액으로 하며 필요경비는 인정되지 않는다.

▤ 종합소득금액 계산구조

이자소득	배당소득	사업소득	근로소득	연금소득	기타소득
총수입금액	총수입금액	총수입금액	총급여액	총연금액	총수입금액
-	+ Gross - up	- 필요경비	- 근로소득공제	- 연금소득공제	- 필요경비
이자소득금액	배당소득금액	사업소득금액	근로소득금액	연금소득금액	기타소득금액

답 ①

---

023 소득세법상 납세의무의 범위에 대한 설명으로 옳지 않은 것은?

① 피상속인의 소득금액에 대한 소득세로서 상속인에게 과세할 것과 상속인의 소득금액에 대한 소득세는 구분하여 계산하여야 하며, 피상속인의 소득금액에 대해서 과세하는 경우에는 그 상속인이 납세의무를 진다.

② 원천징수되는 소득(이자소득, 배당소득 등)으로서 종합소득과세표준을 계산할 때 합산되지 아니하는 소득이 있는 자는 그 원천징수되는 소득세에 대해서 납세의무를 진다.

③ 신탁업을 경영하는 자는 각 과세기간의 소득금액을 계산할 때 신탁재산에 귀속되는 소득과 그 밖의 소득을 구분하여 경리하여야 한다.

④ 신탁재산에 귀속되는 소득은 그 신탁의 위탁자(수익자가 특별히 정해지지 아니하거나 존재하지 아니하는 경우에는 신탁의 상속인)에게 귀속되는 것으로 본다.

신탁재산에 귀속되는 소득은 그 신탁의 이익을 받을 수익자(수익자가 사망하는 경우에는 그 상속인)에게 귀속되는 것으로 본다. 다만, 수익자가 특별히 정하여지지 아니하거나 존재하지 아니하는 신탁 등 대통령령으로 정하는 신탁의 경우에는 그 신탁재산에 귀속되는 소득은 위탁자에게 귀속되는 것으로 본다.

답 ④

024 **소득세법상 납세의무의 범위에 대한 설명으로 옳지 않은 것은?**　　　　　　　2017년 국가직 9급
　□□□

① 상속에 따라 피상속인의 소득금액에 대해서 과세하는 경우에는 그 상속인이 납세의무를 진다.
② 증여 후 양도행위의 부인규정에 따라 증여자가 자산을 직접 양도한 것으로 보는 경우에 증여받은 자는 그 양도소득에 대한 납세의무를 지지 않는다.
③ 원천징수되는 소득으로 소득세법 제14조 제3항에 따른 종합소득과세표준에 합산되지 않는 소득이 있는 자는 그 원천징수되는 소득세에 대해서 납세의무를 진다.
④ 신탁재산에 귀속되는 소득이 그 신탁의 수익자에게 귀속되는 경우에는 신탁의 위탁자는 그 신탁재산에 귀속되는 소득에 대한 납세의무를 지지 않는다.

증여 후 양도행위의 부인규정에 따라 증여자가 자산을 직접 양도한 것으로 보는 경우에 증여받은 자와 증여자는 연대납세의무를 진다.

답 ②

025 **납세의무와 그 범위에 대한 설명으로 옳지 않은 것은?**　　　　　　　　　　　2020년 국가직 9급
　□□□

① 국세기본법은 공유물(共有物) 또는 공동사업에 관계되는 국세 및 강제징수비는 공유자 또는 공동사업자가 연대하여 납부할 의무를 지도록 규정하고 있다.
② 공동으로 소유한 자산에 대한 양도소득금액을 계산하는 경우에는 해당 자산을 공동으로 소유하는 각 거주자가 납세의무를 진다.
③ 국세기본법 제13조 제1항에 따른 법인 아닌 단체 중 같은 조 제4항에 따른 법인으로 보는 단체 외의 법인 아닌 단체의 일부 구성원에게만 이익이 분배되는 것으로 확인되는 경우에는 해당 단체는 납세의무를 지지 않는다.
④ 소득세법 제127조에 따라 원천징수 되는 소득으로서 같은 법 제14조 제3항 또는 다른 법률에 따라 같은 법 제14조 제2항에 따른 종합소득과세표준에 합산되지 아니하는 소득이 있는 자는 그 원천징수되는 소득세에 대해서 납세의무를 진다.

소득세법 제2조 【납세의무】 ④ 제3항에도 불구하고 해당 단체의 전체 구성원 중 일부 구성원의 분배비율만 확인되거나 일부 구성원에게만 이익이 분배되는 것으로 확인되는 경우에는 다음 각 호의 구분에 따라 소득세 또는 법인세를 납부할 의무를 진다.
  1. 확인되는 부분: 해당 구성원별로 소득세 또는 법인세에 대한 납세의무 부담
  2. 확인되지 아니하는 부분: 해당 단체를 1거주자 또는 1비거주자로 보아 소득세에 대한 납세의무 부담

답 ③

026 소득세법상 납세의무에 관한 설명이다. 옳지 않은 것은?

① 비거주자는 원천징수한 소득세를 납부할 의무를 진다.

② 국세기본법상 법인으로 보는 단체 외의 법인 아닌 단체가 국내에 주사무소를 둔 경우 구성원 간 이익의 분배비율이 정하여져 있지 않고 사실상 구성원별로 이익이 분배되지 않는 것으로 확인되면 1거주자로 본다.

③ 거주자가 특수관계인에게 자산을 증여한 후 그 자산을 증여받은 자가 그 증여일부터 10년 이내에 다시 타인에게 양도하여 증여자가 그 자산을 직접 양도한 것으로 보는 경우 그 양도소득에 대해서는 증여자가 납세의무를 지며 증여받은 자는 납세의무를 지지 아니한다.

④ 신탁재산에 귀속되는 소득은 원칙적으로 그 신탁의 이익을 받을 수익자(수익자가 사망하는 경우에는 그 상속인)에게 귀속되는 것으로 본다.

⑤ 공동으로 소유한 자산에 대한 양도소득금액을 계산하는 경우 해당 자산을 공동으로 소유하는 각 거주자가 납세의무를 진다.

▎납세의무의 범위　　　　　　　　　　　　　　　　　　　　　　　　　　　　이론형 Level 1

거주자가 특수관계인에게 자산을 증여한 후 그 자산을 증여받은 자가 그 증여일부터 10년 이내에 다시 타인에게 양도하여 증여자가 그 자산을 직접 양도한 것으로 보는 경우 그 양도소득에 대해서는 증여자와 증여받은 자가 연대하여 납세의무를 진다. 증여자가 무재산인 경우 증여자에게 양도소득세를 징수하지 못하기 때문이다.

답 ③

027 소득세법상 납세의무에 대한 설명으로 옳지 않은 것은?

① 주된 공동사업자에게 합산과세되는 경우 그 합산과세되는 소득금액에 대해서는 주된 공동사업자의 특수관계인은 손익분배비율에 해당하는 그의 소득금액을 한도로 주된 공동사업자와 연대하여 납세의무를 진다.

② 외국법인의 국내지점 또는 국내영업소는 원천징수한 소득세를 납부할 의무를 진다.

③ 공동으로 소유한 자산에 대한 양도소득금액을 계산하는 경우에는 해당 자산을 공동으로 소유하는 거주자가 연대하여 납세의무를 진다.

④ 피상속인의 소득금액에 대해서 과세하는 경우에는 그 상속인이 납세의무를 진다.

▎납세의무의 범위　　　　　　　　　　　　　　　　　　　　　　　　　　　　이론형 Level 1

공동으로 소유한 자산에 대한 양도소득금액을 계산하는 경우에는 해당 자산을 공동으로 소유하는 각 거주자가 납세의무를 진다. 소득세법은 각자에 대한 소득에 대해 각자 납세의무를 지는 것이 원칙이다.

답 ③

02 금융소득

028

소득세법상 이자소득에 해당하지 않는 것은?

2014년 국가직 9급 변형

① 내국법인이 발행한 채권 또는 증권의 이자와 할인액
② 대금업을 영위하는 자가 영리를 목적으로 금전을 대여하고 받은 이자
③ 상호저축은행법에 따른 신용계 또는 신용부금으로 인한 이익
④ 비영업대금의 이익

| 이자소득

이론형 Level 1

대금업을 영위하는 자가 영리를 목적으로 금전을 대여하고 받는 이자는 사업소득에 해당한다. 비영업대금의 이익은 금전의 대여를 사업목적으로 하지 아니하는 자가 일시적·우발적으로 금전을 대여함에 따라 지급받는 이자 또는 수수료 등으로 한다.

📄 **비영업대금의 이익과 대금업의 이익 비교**

구분	비영업대금의 이익	대금업의 이익
소득구분	이자소득	사업소득
필요경비	인정 안됨	인정됨
부당행위계산부인	적용 안함	적용함
결손금	없음	있을 수 있음
원천징수	원천징수세율(25%)	안함

답 ②

029

소득세법상 이자소득에 관한 설명으로 옳지 않은 것은?

2014년 국가직 7급

① 근로자가 퇴직하거나 탈퇴하여 그 규약에 따라 직장공제회로부터 받는 반환금에서 납입공제료를 뺀 직장공제회 초과반환금은 이자소득으로 과세된다.
② 공동사업에서 발생한 소득금액 중 출자공동사업자의 손익분배비율에 해당하는 금액은 이자소득으로 과세된다.
③ 이자소득을 발생시키는 거래 또는 행위와 이를 기초로 한 파생상품이 결합된 경우 해당 파생상품의 거래 또는 행위로부터의 이익은 이자소득으로 과세된다.
④ 거주자가 일정기간 후에 같은 종류로서 같은 양의 채권을 반환받는 조건으로 채권을 대여하고 해당 채권의 차입자로부터 지급받는 해당 채권에서 발생하는 이자에 상당하는 금액은 이자소득에 포함된다.

| 이자소득

이론형 Level 1

공동사업에서 발생한 소득금액 중 출자공동사업자의 손익분배비율에 해당하는 금액은 배당소득으로 과세된다.

답 ②

030 소득세법상 배당소득에 관한 설명으로 옳지 않은 것은?

① 국제조세조정에 관한 법률상 특정외국법인의 배당 가능한 유보소득 중 거주자에게 귀속될 금액은 배당소득으로 본다.
② 공동사업에서 발생하는 소득금액 중 공동사업에 성명 또는 상호를 사용하게 한 자에 대한 손익분배비율에 상당하는 금액은 배당소득으로 보고 종합과세한다.
③ 주식의 소각이나 자본의 감소로 인하여 주주가 취득하는 금전 기타 재산의 가액이 주주가 당해 주식을 취득하기 위하여 소요된 금액을 초과하는 금액은 배당소득에 해당된다.
④ 법인이 이익 또는 잉여금의 처분에 의한 배당소득을 그 처분을 결정한 날부터 3개월이 되는 날까지 지급하지 아니한 때에는 그 3개월이 되는 날에 배당소득을 지급한 것으로 본다.

배당소득

공동사업에서 발생하는 소득금액 중 공동사업에 성명 또는 상호를 사용하게 한 자에 대한 손익분배비율에 상당하는 금액은 사업소득으로 본다. **참고** 출자공동사업자인 경우 배당소득으로 봄

> **소득세법 시행령 제100조 【공동사업합산과세 등】** ① 법 제43조 제1항에서 "대통령령으로 정하는 출자공동사업자"란 다음 각 호의 어느 하나에 해당하지 아니하는 자로서 공동사업의 경영에 참여하지 아니하고 출자만 하는 자를 말한다.
> 1. 공동사업에 성명 또는 상호를 사용하게 한 자
> 2. 공동사업에서 발생한 채무에 대하여 무한책임을 부담하기로 약정한 자

선지분석

④ 📄 배당소득 원천징수시기에 대한 특례(소득세법 제131조 제1항 참조)
1. 개념: 본래 원천징수는 소득을 지급할 때 행하지만 소득을 지급하지 않았더라도 그 소득을 지급한 것으로 보아 원천징수하는 것
2. 법인이 이익 또는 잉여금의 처분에 따른 배당 또는 분배금을 그 처분을 결정한 날부터 3개월이 되는 날까지 지급하지 아니한 경우에는 그 3개월이 되는 날에 그 배당소득을 지급한 것으로 보아 소득세를 원천징수 함. 다만, 11월 1일부터 12월 31일까지의 사이에 결정된 처분에 따라 다음 연도 2월 말일까지 배당소득을 지급하지 아니한 경우에는 그 처분을 결정한 날이 속하는 과세기간의 다음 연도 2월 말일에 그 배당소득을 지급한 것으로 보아 소득세를 원천징수함

답 ②

031 소득세법령상 배당소득에 대한 설명으로 옳은 것만을 모두 고르면?

ㄱ. 잉여금 처분에 따른 배당소득의 수입시기는 당해 법인의 잉여금 처분결의일이다.

ㄴ. 법인세법에 따라 처분된 배당소득의 수입시기는 당해 법인의 당해 과세기간 종료일이다.

ㄷ. 거주자가 일정기간 후에 같은 종류로서 같은 양의 주식을 반환받는 조건으로 주식을 대여하고 해당 주식의 차입자로부터 지급받는 해당 주식에서 발생하는 배당에 상당하는 금액은 배당소득에 포함된다.

ㄹ. 법인으로 보는 단체 외의 단체 중 수익을 구성원에게 배분하지 아니하는 단체로서 단체명을 표기하여 금융거래를 하는 단체가 금융실명거래 및 비밀보장에 관한 법률에 따른 금융회사등으로부터 받는 배당소득은 종합소득과세 표준을 계산할 때 합산하지 아니한다.

① ㄱ, ㄷ
② ㄴ, ㄹ
③ ㄱ, ㄷ, ㄹ
④ ㄴ, ㄷ, ㄹ

▌배당소득

이론형 Level 1

배당소득에 대한 설명으로 옳은 것은 ㄱ, ㄷ, ㄹ이다.

(선지분석)

ㄴ. 법인세법에 따라 처분된 배당소득의 수입시기는 결산확정일이다.

답 ③

032 소득세법령상 거주자의 배당소득에 대한 설명으로 옳은 것은?

① 거주자가 일정 기간 후에 같은 종류로서 같은 양의 주식을 반환받는 조건으로 주식을 대여하고 해당 주식의 차입자로부터 지급받는 해당 주식에서 발생하는 배당에 상당하는 금액은 배당소득에 포함된다.

② 자기주식의 소각 당시 그 시가가 취득가액을 초과하지 않는 경우로서 소각일로부터 2년이 지난 후 자기주식소각이익을 자본에 전입함으로써 취득하는 주식의 가액은 배당으로 본다.

③ 배당소득금액은 해당 과세기간의 총수입금액에서 필요경비를 공제한 금액으로 한다.

④ 채무의 출자전환으로 주식을 발행함으로써 발생하는 주식발행초과금 중 시가를 초과하여 발행된 금액을 자본에 전입함으로써 취득하는 주식의 가액은 배당으로 보지 아니한다.

▌배당소득

이론형 Level 1

(선지분석)

② 자기주식의 소각 당시 그 시가가 취득가액을 초과하지 않는 경우로서 소각일로부터 2년이 지난 후 자기주식소각이익을 자본에 전입함으로써 취득하는 주식의 가액은 배당으로 보지 아니한다.

③ 배당소득은 필요경비가 인정되지 아니한다. 단, 이중과세 배당소득에 대해서는 배당가산액(Gross-up)금액을 더한다.

④ 채무의 출자전환으로 주식을 발행함으로써 발생하는 주식발행초과금 중 시가를 초과하여 발행된 금액을 자본에 전입함으로써 취득하는 주식의 가액은 배당으로 본다.

답 ①

033

소득세법상 배당소득에 관한 설명으로 옳은 것은?

① 법인으로 보는 단체로부터 받는 분배금은 배당소득에 해당하지 않는다.

② 외국법인으로부터 받는 이익이나 잉여금의 배당은 배당소득에 해당하지 않는다.

③ 합병으로 소멸한 법인의 주주가 합병 후 존속하는 법인으로부터 그 합병으로 취득한 주식의 가액과 금전의 합계액이 그 합병으로 소멸한 법인의 주식을 취득하기 위하여 사용한 금액을 초과하는 금액은 배당소득에 해당하지 않는다.

④ 거주자가 일정기간 후에 같은 종류로서 같은 양의 주식을 반환 받는 조건으로 주식을 대여하고 해당 주식의 차입자로부터 지급받는 해당 주식에서 발생하는 배당에 상당하는 금액은 배당소득에 해당하지 않는다.

⑤ 국외에서 설정된 집합투자기구로부터의 이익은 해당 집합투자기구의 설정일부터 매년 1회 이상 결산·분배할 것이라는 요건을 갖추지 않아도 배당소득에 해당한다.

▎배당소득　　　　　　　　　　　　　　　　　　　　　　　　　　　　　　　이론형 Level 2

（선지분석）

① 법인으로 보는 단체로부터 받는 분배금은 배당소득에 해당한다.

② 외국법인으로부터 받는 이익이나 잉여금의 배당은 배당소득에 해당한다.

③ 합병 시 의제배당에 해당한다.

④ 거주자가 일정기간 후에 같은 종류로서 같은 양의 주식을 반환받는 조건으로 주식을 대여하고 해당 주식의 차입자로부터 지급받는 해당 주식에서 발생하는 배당에 상당하는 금액은 배당소득에 해당한다.

답 ⑤

034

소득세법령상 출자공동사업자에 대한 설명으로 옳지 않은 것은?

① 출자공동사업자가 있는 공동사업의 경우에는 공동사업장을 1거주자로 보아 공동사업장별로 그 소득금액을 계산한다.

② 출자공동사업자의 배당소득 수입시기는 그 지급을 받은 날로 한다.

③ 출자공동사업자의 배당소득은 부당행위계산부인의 규정이 적용되는 소득이다.

④ 출자공동사업자의 배당소득에 대해서는 100분의 25의 원천징수세율을 적용한다.

▎배당소득　　　　　　　　　　　　　　　　　　　　　　　　　　　　　　　이론형 Level 1

출자공동사업자의 배당소득 수입시기는 과세기간 종료일로 한다.

답 ②

035 소득세법상 이자소득, 배당소득의 과세에 관한 설명으로 옳은 것은? 2010년 국가직 9급 변형

① 이자소득금액 또는 배당소득금액을 계산할 때 필요경비에 산입할 금액은 해당 과세기간의 총수입금액에 대응하는 비용으로서 일반적으로 용인되는 통상적인 것의 합계액으로 한다.

② 비영업대금의 이익의 총수입금액을 계산할 때 해당 과세기간에 발생한 비영업대금의 이익에 대하여 소득세과세표준확정신고 전에 해당 비영업대금이 법인세법 시행령 제19조의2 제1항 제8호에 따른 채권에 해당하여 채무자 또는 제3자로부터 원금 및 이자의 전부 또는 일부를 회수할 수 없는 경우에는 회수한 금액에서 원금을 먼저 차감하여 계산한다.

③ 공동사업에서 발생하는 소득금액 중 출자공동사업자에 대한 손익분배비율에 상당하는 금액은 100분의 25의 세율로 원천징수하고 분리과세한다.

④ 직장공제회 초과반환금은 분리과세하는 것이 원칙이나 기준금액을 초과하는 경우에는 종합과세한다.

| 금융소득 이론형 Level 1

선지분석
① 이자소득금액과 배당소득금액을 계산할 때 필요경비를 공제하지 않는다.
③ 공동사업에서 발생하는 소득금액 중 출자공동사업자에 대한 손익분배비율에 상당하는 금액은 25%로 원천징수하고 무조건 종합과세한다.
④ 직장공제회 초과반환금은 무조건 분리과세 금융소득에 해당한다.

답 ②

036 소득세법령상 이자소득과 배당소득의 과세방법에 대한 설명으로 옳지 않은 것은? 2023년 국가직 9급

① 대통령령으로 정하는 실지명의가 확인되지 아니하는 배당소득은 분리과세배당소득이며, 원천징수세율은 30%를 적용한다.

② 법인으로 보는 단체 외의 단체 중 수익을 구성원에게 배분하지 아니하는 단체로서 단체명을 표기하여 금융거래를 하는 단체가 금융회사 등으로부터 받는 배당소득은 분리과세배당소득이며, 원천징수세율은 14%를 적용한다.

③ 직장공제회 초과반환금은 분리과세이자소득이며, 원천징수세율은 기본세율을 적용한다.

④ 민사집행법 제113조 및 같은 법 제142조에 따라 법원에 납부한 보증금 및 경락대금에서 발생하는 이자소득은 분리과세이자소득이며, 원천징수세율은 14%를 적용한다.

| 이자소득과 배당소득 이론형 Level 1

실지명의가 확인되지 아니하는 배당소득은 분리과세배당소득이며, 원천징수세율은 45%를 적용한다.

답 ①

037 다음 중 소득세법상 이자소득에 해당하는 것은 몇 개인가?

2021년 경찰 간부후보

> 가. 국가나 지방자치단체가 발행한 채권 또는 증권의 이자와 할인액
> 나. 내국법인이 발행한 채권 또는 증권의 이자와 할인액
> 다. 국내에서 받는 예금의 이자
> 라. 공동사업에서 발생한 소득금액 중 출자공동사업자의 손익 분배비율에 해당하는 금액
> 마. 외국법인의 국내지점 또는 국내영업소에서 발행한 채권 또는 증권의 이자와 할인액
> 바. 외국법인이 발행한 채권 또는 증권의 이자와 할인액
> 사. 국내 또는 국외에서 받는 대통령령(제26조의3)으로 정하는 파생결합증권으로부터의 이익

① 2개
② 3개
③ 4개
④ 5개

█ 금융소득 이론형 Level 1

소득세법상 이자소득에 해당하는 것은 총 5개(가, 나, 다, 마, 바)이다.

(선지분석)
라, 사. 소득세법상 배당소득에 해당한다.

답 ④

---

038 소득세법령상 이자소득의 수입시기에 대한 설명으로 옳지 않은 것은?

2021년 국가직 9급

① 채권 등으로서 무기명인 것의 이자는 그 지급을 받은 날로 한다.
② 비영업대금의 이익으로서 약정에 의한 이자지급일 전에 이자를 지급 받는 경우에는 그 이자지급일로 한다.
③ 이자소득이 발생하는 상속재산이 상속되는 경우에는 실제 지급일로 한다.
④ 저축성보험의 보험차익(기일 전에 해지하는 경우 제외)은 보험금 또는 환급금의 지급일로 한다.

█ 이자소득의 수입시기 이론형 Level 1

이자소득이 발생하는 상속재산이 상속되거나 증여되는 경우의 수입시기는 상속개시일 또는 증여일로 한다.

답 ③

---

039 소득세법상 배당소득의 수입시기에 대한 설명으로 옳지 않은 것은?

2014년 국가직 9급

① 집합투자기구로부터의 이익 – 이익을 지급받기로 약정된 날
② 법인이 해산으로 인하여 소멸한 경우의 의제배당 – 잔여재산의 가액이 확정된 날
③ 출자공동사업자의 배당 – 과세기간 종료일
④ 법인세법에 의하여 처분된 배당 – 당해 법인의 당해 사업연도의 결산확정일

█ 금융소득의 수입시기 이론형 Level 1

집합투자기구로부터의 이익에 대한 수입시기는 원칙적으로 이익을 지급받은 날이다. 단, 원본에 전입하는 뜻의 특약이 있는 분배금은 그 특약에 따라 원본에 전입되는 날로 한다.

답 ①

040 소득세법상 총수입금액의 수입시기로 옳지 않은 것은?

① 채권 또는 증권의 환매조건부 매매차익: 약정에 의한 당해 채권 또는 증권의 환매수일 또는 환매도일. 다만, 기일 전에 환매수 또는 환매도하는 경우에는 그 환매수일 또는 환매도일
② 법인세법에 의하여 처분된 배당: 당해 법인의 당해 사업연도의 결산확정일
③ 한국표준산업분류상의 금융보험업에서 발생하는 이자 및 할인액: 약정에 따른 이자지급개시일
④ 잉여금처분에 의한 상여: 당해 법인의 잉여금처분결의일
⑤ 출자공동사업자의 배당: 과세기간 종료일

┃ 금융소득의 수입시기　　　　　　　　　　　　　　　　　　　이론형 Level 1

한국표준산업분류상의 금융보험업에서 발생하는 이자 및 할인액은 사업소득에 해당하며, 실제로 수입된 날을 수입시기로 한다.

답 ③

041 거주자 갑의 2023년 국내발생 소득에 대한 자료가 다음과 같을 때 갑의 이자소득금액을 계산한 것으로 옳은 것은? (단, 원천징수는 모두 적법하게 이루어짐)

(1) 2023년 5월 31일에 지급받은 저축성보험의 만기보험금: 100,000,000원 (3년 전납입하기 시작하였으며, 총 납입보험료는 88,000,000원임)
(2) 계약의 해약으로 받은 배상금(계약금이 배상금으로 대체됨): 25,000,000원
(3) 내국법인이 2022년 3월 1일에 발행한 채권을 발행일에 취득한 후 만기 전인 2023년 2월 1일에 중도 매도함에 따른 매매차익: 40,000,000원(보유기간의 이자상당액 10,000,000원 포함)
(4) 공익신탁법에 따른 학술관련 공익신탁으로 받은 이자: 3,000,000원
(5) 2023년 초에 대여한 비영업대금의 원금 40,000,000원과 그에 대하여 발생한 이자 4,000,000원 중 채무자의 파산으로 인하여 2023년 11월 1일에 42,000,000원만 회수하고, 나머지 채권은 과세표준확정신고 전에 회수불능사유가 발생하여 회수 할 수 없는 것으로 확정됨

① 24,000,000원　　　　　　　　　　　　② 29,000,000원
③ 32,000,000원　　　　　　　　　　　　④ 34,000,000원
⑤ 64,000,000원

┃ 금융소득의 계산　　　　　　　　　　　　　　　　　　　이론형 Level 2

구분	금액	비고	
(1) 저축성보험차익	12,000,000원	100,000,000원 − 88,000,000원	
(2) 계약의 해약으로 받는 배상금	–	기타소득	
(3) 보유기간 이자상당액	10,000,000원	–	
(4) 공익신탁으로 받은 이자	–	비과세 이자소득	
(5) 비영업대금의 이익	2,000,000원	원금 40,000,000원　이자 4,000,000원	ⓐ 원금 40,000,000원　ⓑ 이자 2,000,000원
합계	24,000,000원	–	

답 ①

03 사업소득

042 소득세법상 소득의 종류가 나머지와 다른 것은?

2007년 국가직 7급 변형

① 법령의 규정에 따른 공동사업에서 발생한 소득금액 중 출자공동사업자에 대한 손익분배비율에 상당하는 금액
② 금융업자가 대출과 관련하여 받는 이자
③ 가구 내 고용활동에서 발생하는 소득
④ 운수업 및 통신업에서 발생하는 소득

| **사업소득의 범위** | 이론형 Level 1 |

공동사업에서 발생한 소득금액 중 출자공동사업자의 손익분배비율에 해당하는 금액은 배당소득에 해당한다.

답 ①

043 소득세법상 사업소득으로 과세되는 소득유형으로 옳지 않은 것은?

2015년 국가직 9급

① 가구 내 고용활동에서 발생하는 소득
② 연예인이 사업활동과 관련하여 받는 전속계약금
③ 공익사업과 관련하여 부동산에 대한 지역권을 대여함으로써 발생하는 소득
④ 계약에 따라 그 대가를 받고 연구 또는 개발용역을 제공하는 연구개발업에서 발생하는 소득

| **사업소득의 범위** | 이론형 Level 1 |

공익사업을 위한 토지 등의 취득 및 보상에 관한 법률에 따른 공익사업과 관련하여 지역권·지상권(지하 또는 공중에 설정된 권리를 포함)을 설정하거나 대여함으로써 발생하는 소득은 기타소득으로 과세한다.

📄 **전세권과 지상권·지역권 관련 소득**

구분	설정 및 대여	양도
전세권	사업소득	양도소득
지상권	• 공익사업 관련 O: 기타소득	양도소득
지역권	• 공익사업 관련 X: 사업소득	과세 제외

답 ③

044 소득세법상 소득세의 과세대상 소득에 대한 설명으로 옳지 않은 것은? 2010년 국가직 9급

① 연예인 및 직업운동선수 등이 사업활동과 관련하여 받는 전속계약금은 기타소득이다.

② 주식의 소각 또는 자본감소로 인하여 주주가 취득하는 금전의 가액이 주주가 그 주식을 취득하기 위하여 사용한 금액을 초과하는 금액은 배당소득에 해당한다.

③ 중소기업이 아닌 내국법인에서 근무하는 종업원이 주택의 구입에 소요되는 자금을 저리로 대여받음으로써 얻는 이익은 근로소득에 해당한다.

④ 대통령령으로 정하는 일용근로자의 근로소득의 금액은 종합소득과세표준을 계산할 때 합산하지 아니한다.

▌사업소득의 범위 이론형 Level 1

연예인 및 직업운동선수 등이 사업활동과 관련하여 받는 전속계약금은 사업소득에 해당한다.

답 ①

045 거주자 甲은 수년간 계속하여 가수활동 및 TV 광고출연을 하고 있는 유명 연예인으로서, 2025.1.10. 연예인 자격으로 내국법인 (주)서울과 5년간 TV 광고출연에 대한 일신전속계약을 체결함과 동시에 전속계약금으로 5억 원을 일시에 현금으로 수령하였다. 甲은 TV 광고출연과 관련하여 실제로 소요된 필요경비가 없을 때 소득세법상 甲의 당해 전속계약에 관한 설명으로 옳은 것은? (다만, 전속계약기간은 2025.1.10.부터 5년임) 2008년 세무사 변형

① 甲의 전속계약금은 기타소득으로서 2025년에 귀속되는 총수입금액은 5억 원이다.

② 甲의 전속계약금은 기타소득으로서 2025년에 귀속되는 총수입금액은 1억 원이다.

③ 甲의 전속계약금은 사업소득으로서 2025년에 귀속되는 총수입금액은 5억 원이다.

④ 甲의 전속계약금은 사업소득으로서 2025년에 귀속되는 총수입금액은 1억 원이다.

⑤ 甲의 전속계약금은 기타소득으로서 수령한 금액의 60%는 필요경비로 인정된다.

▌사업소득의 범위 이론형 Level 2

2025년 귀속되는 총수입금액 = 500,000,000원 × 12개월 / 60개월 = 100,000,000원
인적용역의 제공으로 인한 소득의 수입시기는 용역대가를 지급받기로 한 날 또는 용역의 제공을 완료한 날 중 빠른 날로 하는 것이나, 연예인 및 직업운동선수 등이 계약기간 1년을 초과하는 일신전속계약에 대한 대가를 일시에 받는 경우에는 계약기간에 따라 해당 대가를 균등하게 안분한 금액을 각 과세기간 종료일에 수입한 것으로 한다.

답 ④

046 소득세법상 주택임대소득 관련 주택 수 계산에 대한 설명으로 옳지 않은 것은?

① 주택 수의 계산에 있어서 다가구주택은 1개의 주택으로 보되, 구분등기된 경우에는 각각을 1개의 주택으로 계산한다.

② 공동소유하는 주택은 지분이 가장 큰 사람의 소유로 계산하는 것이 원칙이다. 다만, 지분이 가장 큰 사람이 2명 이상인 경우로서 그들이 합의하여 그들 중 1명을 해당 주택 임대수입의 귀속자로 정한 경우에는 그의 소유로 계산한다.

③ 주택 수의 계산에 있어서 본인과 배우자가 각각 주택을 소유하는 경우에는 이를 합산하지 않는 것이 원칙이다.

④ 공동소유하는 주택의 기준시가가 12억 원을 초과하는 경우로서 그 주택의 지분을 100분의 30 초과 보유하는 사람은 지분율이 가장 큰 경우가 아니더라도 그의 소유로 계산한다.

⑤ 주택 수의 계산에 있어서 임차 또는 전세받은 주택을 전대하거나 전전세하는 경우에는 당해 임차 또는 전세받은 주택을 임차인 또는 전세받은 자의 주택으로 계산한다.

| 주택임대소득　　　　　　　　　　　　　　　　　　　　　　　　　　　
이론형 Level 1

본인과 배우자가 각각 주택을 소유하는 경우에는 이를 합산하여 주택의 수를 계산하는 것이 원칙이다.

답 ③

---

047 소득세법상 거주자의 주택임대소득의 과세에 관한 설명으로 옳지 않은 것은? (단, 소득세법령에 정한 해당 요건을 모두 충족하며, 공동소유 및 공동사업자인 경우는 고려하지 않음) 　2020년 세무사

① 해당 과세기간에 주거용 건물 임대업에서 발생한 총수입금액의 합계액이 2천만 원 이하인 자의 주택임대소득은 주택임대소득에 대한 세액 계산의 특례가 적용된다.

② 1개의 주택을 소유하는 자(부부 합산 제외)의 주택임대소득은 소득세를 과세하지 아니하지만, 과세기간 종료일 또는 해당 주택의 양도일 현재 기준시가가 12억 원을 초과하는 주택 및 국외에 소재하는 주택의 임대소득은 제외한다.

③ 주택을 대여하고 보증금 등을 받은 경우에는 3주택(법령에 정한 요건을 충족한 주택 제외) 이상을 소유하고 해당 주택의 보증금 등의 합계액이 3억 원을 초과하는 경우에는 총수입금액 계산의 특례가 적용된다.

④ 임차 또는 전세 받은 주택을 전대하거나 전전세하는 경우에는 당해 임차 또는 전세받은 주택을 임차인 또는 전세 받은 자의 주택으로 계산한다.

⑤ 등록임대주택의 임대사업에서 발생한 사업소득금액은 총수입금액에서 필요경비(총수입금액의 100분의 60)를 차감한 금액으로 하되, 분리과세 주택임대소득을 제외한 해당 과세기간의 종합소득금액이 2천만 원 이하인 경우에는 추가로 200만 원을 차감한 금액으로 한다.

| 부동산 임대업　　　　　　　　　　　　　　　　　　　　　　　　　　　
이론형 Level 2

등록임대주택의 임대사업에서 발생한 사업소득금액은 총수입금액에서 필요경비(총수입금액의 100분의 60)를 차감한 금액으로 하되, 분리과세 주택임대소득을 제외한 해당 과세기간의 종합소득금액이 2천만 원 이하인 경우에는 추가로 400만 원을 차감한 금액으로 한다.

답 ⑤

048 소득세법상 사업소득의 총수입금액에 포함되지 않는 것은?

① 사업과 관련하여 당해 사업용 자산의 손실로 인하여 취득하는 보험차익
② 관세환급금 등 필요경비로 지출된 세액이 환입되었거나 환입될 경우에 그 금액
③ 이월결손금의 보전에 충당된 자산수증이익
④ 거래상대방으로부터 받는 장려금

| 총수입금액과 필요경비　　　　　　　　　　　　　　　　　　　　이론형 Level 1

사업과 관련하여 무상으로 받은 자산의 가액과 채무의 면제 또는 소멸로 인하여 발생하는 부채의 감소액은 총수입금액에 이를 산입한다. 다만, 거주자가 무상으로 받은 자산의 가액(복식부기의무자가 제32조에 따른 국고보조금 등 국가, 지방자치단체 또는 공공기관으로부터 무상으로 지급받은 금액은 제외)과 채무의 면제 또는 소멸로 인한 부채의 감소액 중 이월결손금의 보전에 충당된 금액은 해당 과세기간의 소득금액을 계산할 때 총수입금액에 산입하지 아니한다.

답 ③

049 소득세법상 거주자가 당해연도에 지급하였거나 지급할 금액 중 부동산임대소득금액·사업소득금액 계산에 있어서 필요경비에 불산입되는 항목에 해당되지 않는 것은?

① 개인지방소득세
② 조세에 관한 법률에 의한 징수의무의 불이행으로 인하여 납부하였거나 납부할 세액
③ 사업자가 가사와 관련하여 지출하였음이 확인되는 경비
④ 천재로 인하여 파손된 유형자산의 평가차손

| 총수입금액과 필요경비　　　　　　　　　　　　　　　　　　　　이론형 Level 1

천재로 인하여 파손된 고정자산의 정상가액과 장부가액과의 평가차손은 필요경비에 산입한다.

> 📄 **필요경비 산입·불산입자산의 구분(소득세법 제39조 제4항, 소득세법 시행령 제96조 제2항 참조)**
> 1. 필요경비에 산입하는 자산의 평가차손은 다음과 같음
>   (1) 천재지변·화재·수용·채굴 불능으로 인한 폐광으로 파손·멸실된 유형자산
>   (2) 파손, 부패 등으로 정상가격에 판매 할 수 없는 재고자산
>   (3) 외화자산·부채의 상환차손
> 2. 필요경비에 불산입하는 자산의 평가차손: 필요경비 산입하는 자산의 평가차손을 제외한 모든 자산의 평가차손

답 ④

050 소득세법상 거주자가 과세기간에 지급하였거나 지급할 금액 중 사업소득금액을 계산할 때 필요경비에 산입하지 않는 것은 모두 몇 개인가?

2013년 국가직 9급

> ㄱ. 업무와 관련하여 중대한 과실로 타인의 권리를 침해한 경우에 지급되는 손해배상금
> ㄴ. 조세에 관한 법률에 따른 징수의무의 불이행으로 인하여 납부하였거나 납부할 세액
> ㄷ. 부가가치세 간이과세자가 납부한 부가가치세액
> ㄹ. 선급비용
> ㅁ. 법령에 따른 의무의 불이행에 대한 제재로서 부과되는 공과금

① 2개
② 3개
③ 4개
④ 5개

■ 총수입금액과 필요경비 　　　　　　　　　　　　　　　　　　　　이론형 Level 1

필요경비에 산입하지 않는 것은 총 4개(ㄱ, ㄴ, ㄹ, ㅁ)이다.

(선지분석)

ㄷ. 간이과세자는 매출세액을 따로 징수하지 않으며 매입세액은 일부만 공제받을 수 있을 뿐이다. 따라서 간이과세자가 거래징수당한 부가가치세는 당해 재화의 매입부대비용으로 보고, 부가가치세법의 규정에 따라 공급대가의 일정률을 납부하는 부가가치세는 필요경비로 산입한다. 그 외 지문은 모두 필요경비 불산입 항목이다.

답 ③

---

051 소득세법상 거주자가 해당 과세기간에 지급한 금액 중 사업소득금액을 계산할 때 필요경비에 산입하는 것은?

2016년 국가직 9급

① 소득세와 개인지방소득세
② 국세징수법에 따른 가산금과 강제징수비
③ 부가가치세 간이과세자인 거주자가 납부한 부가가치세액
④ 선급비용(先給費用)

■ 총수입금액과 필요경비 　　　　　　　　　　　　　　　　　　　　이론형 Level 1

부가가치세 매입세액은 매출세액에서 공제할 세액으로서 최종소비자가 부담할 성질의 세금을 대납한 것이므로 필요경비에 산입되지 않는다. 다만, 간이과세자인 거주자가 납부한 부가가치세액은 필요경비에 산입한다.

답 ③

052
□□□

소득세법령상 거주자가 해당 과세기간에 지급하였거나 지급할 금액 중 사업소득금액을 계산할 때 필요경비에 산입하지 않는 것만을 모두 고르면? (단, 다음 항목은 거주자에게 모두 해당됨) 2019년 국가직 7급

> ㄱ. 통고처분에 따른 벌금 또는 과료에 해당하는 금액
> ㄴ. 사업용 자산의 합계액이 부채의 합계액에 미달하는 경우에 그 미달하는 금액에 상당하는 부채의 지급이자로서 법령에 따라 계산한 금액
> ㄷ. 선급비용
> ㄹ. 부가가치세법에 따른 간이과세자가 납부한 부가가치세액

① ㄷ, ㄹ
③ ㄱ, ㄴ, ㄹ

② ㄱ, ㄴ, ㄷ
④ ㄱ, ㄴ, ㄷ, ㄹ

█ 총수입금액과 필요경비 이론형 Level 1

필요경비에 산입하지 않는 것은 ㄱ, ㄴ, ㄷ이다.
ㄱ. 벌금·과료·과태료는 모두 공법관계에 의한 제재수단이다.
ㄴ. 초과인출금 이자는 가사 관련 경비로 본다.
ㄷ. 선급비용은 지급이자·임차료 등 당해 연도에 지출한 비용 중 연도 말까지 그에 상응하는 용역 등을 제공받지 못하여 당해 과세기간의 필요경비로 계상할 수 없는 비용으로서 차기 후의 필요경비로 계상하기 위해 이연처리되는 것이며, 각 과세기간의 적정소득을 계산하기 위한 규정이다.

답 ②

053
□□□

소득세법상 사업소득의 필요경비에 관한 설명이다. 옳지 않은 것은? 2015년 회계사

① 사업소득금액 계산 시 필요경비에 산입할 금액은 해당 과세기간의 총수입금액에 대응하는 비용으로서 일반적으로 용인되는 통상적인 것의 합계액으로 한다.
② 도·소매업을 영위하는 거주자의 사업소득 총수입금액에 대응하는 필요경비에는 상품 또는 제품 판매와 관련하여 사전약정 없이 지급하는 판매장려금 및 판매수당도 포함된다.
③ 거주자가 해당 과세기간에 납부한 소득세와 개인지방소득세는 사업소득금액 계산 시 필요경비에 산입되지 아니한다.
④ 거주자의 필요경비 귀속연도는 그 필요경비가 발생된 날이 속하는 과세기간으로 한다.
⑤ 거주자가 사업소득금액 계산 시 해당 과세기간에 납부한 법령상 직장가입자로서 부담하는 자신의 건강보험료는 필요경비에 산입되는 반면, 법령상 부담하는 자신의 연금보험료는 필요경비에 산입되지 아니한다.

█ 총수입금액과 필요경비 이론형 Level 1

거주자의 각 과세기간 총수입금액 및 필요경비의 귀속연도는 총수입금액과 필요경비가 확정된 날이 속하는 과세기간으로 한다(권리·의무 확정주의). 단, 해당 과세기간 전의 총수입금액에 대응하는 비용으로서 그 과세기간에 확정된 것에 대해서는 그 과세기간 전에 필요경비로 계상하지 아니한 것만 그 과세기간의 필요경비로 본다.

답 ④

054 소득세법령상 총수입금액의 계산에 대한 내용으로 옳지 않은 것은?

① 거주자가 재고자산 또는 임목을 가사용으로 소비하거나 종업원 또는 타인에게 지급한 경우에도 이를 소비하거나 지급하였을 때의 가액에 해당하는 금액은 그 소비하거나 지급한 날이 속하는 과세기간의 사업소득금액 또는 기타소득금액을 계산할 때 총수입금액에 산입한다.

② 복식부기의무자가 업무용 승용차를 매각하는 경우 그 매각가액을 매각일이 속하는 과세기간의 사업소득금액을 계산할 때에 총수입금액에 산입한다.

③ 건설업을 경영하는 거주자가 자기가 생산한 물품을 자기가 도급받은 건설공사의 자재로 사용한 경우 그 사용된 부분에 상당하는 금액은 해당 과세기간의 소득금액을 계산할 때 총수입금액에 산입한다.

④ 해당 과세기간에 2개의 주택을 임대하여 받은 임대료의 합계액이 2,500만 원(전액 해당 과세기간의 귀속임대료임)인 거주자의 주택임대소득은 주거용 건물임대업의 소득금액 계산 시 총수입금액에 산입한다.

█ 총수입금액과 필요경비

이론형 Level 1

건설업을 경영하는 거주자가 자기가 생산한 물품을 자기가 도급받은 건설공사의 자재로 사용한 경우 그 사용된 부분에 상당하는 금액은 해당 과세기간의 소득금액을 계산할 때 총수입금액에 산입하지 아니한다.

∵ 자기가 생산한 물품을 자기가 생산하는 다른 제품의 생산을 위해 투입한 경우로서 다른 물품 생산을 위한 경비로 보기 때문이다.

> **참고** 거주자가 재고자산 또는 임목을 가사용으로 소비하거나 종업원 또는 타인에게 지급한 경우에도 이를 소비하거나 지급하였을 때의 가액에 해당하는 금액은 그 소비하거나 지급한 날이 속하는 과세기간의 사업소득금액 또는 기타소득금액을 계산할 때 총수입금액에 산입함

답 ③

---

055 소득세법상 대손충당금에 대한 설명으로 옳지 않은 것은?

① 필요경비에 산입하는 대손충당금은 해당 과세기간 종료일 현재의 외상매출금·미수금, 그 밖에 사업과 관련된 채권의 합계액(채권잔액)의 100분의 1에 상당하는 금액과 채권잔액에 대손실적률을 곱하여 계산한 금액 중 적은 금액으로 한다.

② 대손충당금과 상계한 대손금 중 회수된 금액은 그 회수한 날이 속하는 과세기간의 총수입금액에 산입한다.

③ 대손실적률은 당해 과세기간의 대손금을 직전 과세기간 종료일 현재의 채권잔액으로 나누어 계산한다.

④ 소득세법에 따라 필요경비에 산입한 대손충당금의 잔액은 다음 과세기간의 소득금액을 계산할 때 총수입금액에 산입한다.

█ 총수입금액과 필요경비

이론형 Level 2

필요경비에 산입하는 대손충당금은 해당 과세기간 종료일 현재의 외상매출금, 미수금, 그 밖에 사업과 관련된 채권의 합계액의 100분의 1에 상당하는 금액과 채권잔액에 대손실적률을 곱하여 계산한 금액 중 큰 금액으로 한다.

답 ①

056

법인기업과 개인기업의 세법상 차이에 관한 설명으로 옳지 않은 것은? 2010년 국가직 7급 변형

① 개인기업의 소득에 대하여는 종합소득세가 과세되나, 법인기업에 대하여는 법인세가 과세된다.

② 개인기업이 기계장치를 폐기하는 경우에는 그 폐기손실을 필요경비로 산입할 수 있다.

③ 법인기업의 대표이사가 법인으로부터 급여를 받는 경우 그 법인기업은 대표이사에게 지급한 급여에 대하여 손비로 인정받을 수 있다.

④ 법인기업의 경우 사업용 부동산을 양도하여 얻은 이익이 있는 경우 법인세가 과세되며, 또 일부 부동산에 대하여서는 별도로 양도소득에 대한 법인세도 추가하여 과세될 수 있다.

| 법인과 개인 비교 | 이론형 Level 2 |

개인기업은 기계장치를 처분하는 시점에 필요경비로 산입할 수 있으며, 폐기시점에는 필요경비로 산입할 수 없다.

> **소득세법 시행령 제67조【즉시상각의 의제】** ⑥ 다음 각 호의 어느 하나에 해당하는 경우에는 그 자산의 장부가액과 처분가액의 차액을 해당 과세기간의 필요경비에 산입할 수 있다.
> 1. 시설의 개체 또는 기술의 낙후로 생산설비의 일부를 폐기한 경우
> 2. 사업의 폐지 또는 사업장의 이전으로 임대차계약에 따라 임차한 사업장의 원상회복을 위하여 시설물을 철거하는 경우

답 ②

057

법인세법령과 소득세법령상 과세소득의 범위 및 계산에 대한 설명으로 옳지 않은 것은? 2023년 국가직 7급

① 법인은 유가증권처분손익을 각 사업연도 소득금액 계산에서 익금 또는 손금에 산입하나, 개인(제조업 영위)은 사업소득금액 계산에서 유가증권처분손익을 총수입금액 또는 필요경비에 산입하지 않는다.

② 법인은 추계에 의한 간주임대료 계산에서 건설비상당액을 보증금 등에서 공제하지 않으나, 개인은 추계에 의한 간주임대료 계산에서 건설비상당액을 보증금 등에서 공제한다.

③ 법인은 수입이자를 각 사업연도 소득금액 계산에서 익금에 산입하나, 개인(제조업 영위)은 사업소득금액 계산에서 이자수익을 총수입금액에 산입하지 않는다.

④ 법인은 자산수증익을 각 사업연도 소득금액 계산에서 익금에 산입하나, 개인은 사업소득금액 계산에서 사업과 관련이 있는 자산수증익만 총수입금액에 산입한다.

| 법인과 개인 비교 | 이론형 Level 2 |

법인은 추계에 의한 간주임대료 계산에서 건설비상당액을 보증금 등에서 공제하지 않으며, 개인은 추계에 의한 간주임대료 계산도 건설비상당액을 보증금 등에서 공제하지 아니한다.
∵ 부동산임대업자의 성실한 기장을 유도

답 ②

058 소득세법상 사업소득에 관한 설명이다. 옳지 않은 것은?

① 부가가치세 면세대상인 수의사가 제공한 의료보건용역에서 발생하는 사업소득은 원천징수대상이다.

② 간편장부대상자인 보험모집인에 해당하는 사업자에게 모집수당 등의 사업소득을 지급하는 원천징수의무자는 사업소득에 대한 소득세의 연말정산을 해야 한다.

③ 조림기간 5년 이상인 임지의 임목의 벌채 또는 양도로 발생하는 소득으로서 연 600만 원 이하의 금액은 비과세 사업소득에 해당한다.

④ 사업자가 조직한 납세조합이 조합원에 대한 매월분의 소득세를 징수할 때에는 그 세액의 100분의 5에 해당하는 금액을 공제하여 징수하되, 공제하는 금액은 연 300만 원을 한도로 한다.

⑤ 건설업을 경영하는 거주자가 자기가 생산한 물품을 자기가 도급받은 건설공사의 자재로 사용한 경우 그 사용된 부분에 상당하는 금액은 해당 과세기간의 소득금액을 계산할 때 총수입금액에 산입하지 아니한다.

| 사업소득 이론형 Level 2

사업자가 조직한 납세조합이 조합원에 대한 매월분의 소득세를 징수할 때에는 그 세액의 100분의 5에 해당하는 금액을 공제하여 징수하되, 공제하는 금액은 연 100만 원(해당 과세기간이 1년 미만이거나 해당 과세기간의 근로제공기간이 1년 미만인 경우에는 100만 원에 해당 과세기간의 월수 또는 근로제공 월수를 곱하고 이를 12로 나누어 산출한 금액을 말한다)을 한도로 한다.

답 ④

---

059 다음 자료를 이용하여 도매업을 영위하는 거주자 갑(복식부기의무자임)의 사업소득금액을 계산하면 얼마인가?

(1) 손익계산서상 소득세비용차감전순이익: 50,000,000원
(2) 손익계산서에 계상된 주요 수익항목
  ① 사업과 관련한 운영자금을 은행에 예입하여 받는 이자: 1,000,000원
  ② 판매장건물 처분으로 인한 유형자산처분이익: 5,000,000원
(3) 손익계산서에 계상된 주요 비용항목
  ① 대표자 본인에 대한 급여: 20,000,000원
  ② 시설개체를 위한 생산설비 일부인 기계장치A의 폐기처분으로 인한 유형자산처분손실: 2,000,000원

① 64,000,000원 ② 65,000,000원
③ 66,000,000원 ④ 69,000,000원

| 사업소득금액 계산형

사업소득금액	50,000,000원	
①	(-)1,000,000원	이자소득
②	(-)5,000,000원	양도소득
③	20,000,000원	필요경비 불산입
④	-	필요경비 인정
	64,000,000원	

답 ①

근로·연금·기타소득

060 소득세법상 근로소득에 대한 설명으로 옳지 않은 것은?

2015년 국가직 9급

① 판공비 명목으로 받는 것으로서 업무를 위하여 사용된 것이 분명하지 아니한 급여는 근로소득으로 과세한다.

② 주주인 임원이 법령으로 정하는 사택을 제공받음으로서 얻는 이익이지만 근로소득으로 과세하지 않는 경우도 있다.

③ 근로자가 사내급식의 방법으로 제공받는 식사는 월 10만 원 한도로 근로소득에서 비과세한다.

④ 법령으로 정하는 일용근로자의 근로소득은 원천징수는 하지만 종합소득과세표준을 계산할 때 합산하지는 않는다.

┃ 근로소득의 범위 　　　　　　　　　　　　　　　　　　　　　　이론형 Level 1

> 📄 비과세되는 식사 또는 식사대(소득세법 시행령 제17조의2 참조)
>
> 근로자가 사내급식의 방법으로 제공받는 식사는 전액 비과세한다. 비과세되는 식사 또는 식사대란 다음의 어느 하나에 해당하는 것을 말함
> 1. 근로자가 사내급식 또는 이와 유사한 방법으로 제공받는 식사 기타 음식물
> 2. 1.에 규정하는 식사 기타 음식물을 제공받지 아니하는 근로자가 받는 월 20만 원 이하의 식사대

답 ③

061 소득세법상 근로소득에 포함되는 것을 모두 고르면?

2013년 국가직 7급

> ㄱ. 식사 기타 음식물을 사내급식 또는 이와 유사한 방법으로 제공받지 아니하는 근로자가 받는 월 20만 원 이하의 식사대
> ㄴ. 판공비를 포함한 기밀비·교제비 기타 이와 유사한 명목으로 받는 것으로서 업무를 위하여 사용된 것이 분명하지 아니한 급여
> ㄷ. 계약기간 만료전 또는 만기에 종업원에게 귀속되는 단체환급부보장성보험의 환급금
> ㄹ. 임직원의 고의(중과실 포함) 외의 업무상 행위로 인한 손해의 배상청구를 보험금의 지급사유로 하고 임직원을 피보험자로 하는 보험의 보험료를 사용자가 부담하는 경우
> ㅁ. 퇴직 전에 부여받은 주식매수선택권을 퇴직 후에 행사하거나 고용관계 없이 주식매수선택권을 부여받아 이를 행사함으로써 얻는 이익

① ㄱ, ㄴ 　　　　　　　　　　　　　② ㄴ, ㄷ

③ ㄷ, ㄹ 　　　　　　　　　　　　　④ ㄹ, ㅁ

┃ 근로소득의 범위 　　　　　　　　　　　　　　　　　　　　　　이론형 Level 1

근로소득에 포함하는 항목은 ㄴ, ㄷ이다.

(선지분석)

ㄱ. 비과세 근로소득에 해당한다.

ㄹ. 복리후생적 성질의 비과세 근로소득에 해당한다.

ㅁ. 기타소득에 해당한다.

답 ②

062 소득세법상 과세대상 근로소득에 포함되는 것은?

2015년 세무사

① 퇴직급여로 지급되기 위하여 사용자가 적립한 급여 중 근로자가 적립금액 등을 선택할 수 없는 것으로서 기획재정부령으로 정하는 방법에 따라 적립되는 급여
② 만기에 종업원에게 귀속되는 단체환급부보장성보험의 환급금
③ 임원이 아닌 종업원이 사용자 소유의 사택을 제공받음으로써 얻는 이익
④ 임직원의 업무상 과실(고의나 중과실 제외)로 인한 손해배상청구를 지급사유로 하는 손해배상 보험료를 사용자가 부담하는 경우
⑤ 사원이 업무와 관계없이 독립된 자격으로 사내에서 발행하는 사보 등에 원고를 개재하고 받는 대가

| 근로소득의 범위 | 이론형 Level 1 |

만기에 종업원에게 귀속되는 단체환급부보장성보험의 환급금은 근로소득 과세대상이다.

답 ②

---

063 내국법인 (주)A에 근무하는 거주자의 소득세법령상 근로소득에 관한 설명으로 옳지 않은 것은?

2020년 세무사

① 거주자 甲(일용근로자 아님)의 근로소득금액을 계산할 때 총급여액에서 공제되는 근로소득공제액의 한도는 2천만 원이다.
② 법인세법에 따라 상여로 처분된 금액은 근로소득으로 한다.
③ 일용근로자 乙의 근로소득은 종합소득과세표준을 계산할 때 합산하지 아니한다.
④ 산업재해보상보험법에 따라 수급권자가 받는 휴업급여는 비과세소득이지만, 고용보험법에 따라 받는 육아휴직급여는 과세대상 근로소득이다.
⑤ 퇴직함으로써 받는 소득으로서 퇴직소득에 속하지 아니하는 소득은 근로소득으로 한다.

| 근로소득의 범위 | 이론형 Level 1 |

고용보험법에 따라 받는 실업급여, 육아휴직급여는 비과세 근로소득이다.

답 ④

---

064 소득세법상 근로소득공제 및 근로소득 세액공제에 대한 설명으로 옳지 않은 것은?

2022년 국가직 9급

① 근로소득이 있는 거주자에 대해서는 총급여액에서 근로소득공제를 적용하여 근로소득금액을 계산한다.
② 일용근로자에게는 1일 15만 원의 근로소득공제를 적용한다(다만, 총급여액이 공제액에 미달하는 경우에는 그 총급여액을 공제액으로 함).
③ 근로소득이 있는 거주자에 대해서는 그 근로소득에 대한 종합소득산출세액에서 근로소득 세액 공제하되 한도가 있다.
④ 일용근로자의 근로소득에 대해서 원천징수를 하는 경우에는 근로소득 세액공제를 적용하지 아니한다.

| 근로소득 공제 및 근로소득 세액공제 | 이론형 Level 1 |

일용근로자의 근로소득에 대해서 원천징수를 하는 경우에는 해당 근로소득에 대한 산출세액의 100분의 55에 해당하는 금액을 그 산출세액에서 공제한다.

답 ④

065

소득세법상 비과세소득으로 옳지 않은 것은?

① 기초생활수급자인 휴학생이 대학으로부터 받는 근로장학금
② 국민건강보험법, 고용보험법에 따라 사용자가 부담하는 보험료
③ 서화·골동품을 박물관 또는 미술관에 양도함으로써 발생하는 소득
④ 경찰청장이 정하는 바에 따라 범죄 신고자가 받는 보상금

▌ 비과세소득　　　　　　　　　　　　　　　　　　　　　　　이론형 Level 1

비과세 근로소득은 교육기본법에 따라 받는 장학금 중 대학생이 근로를 대가로 지급받는 장학금(고등교육법 제2조 제1호부터 제4호까지의 규정에 따른 대학에 재학하는 대학생에 한정)이다. 따라서 휴학생이 받는 근로장학금은 근로소득으로 과세한다.

답 ①

066

소득세법상 일용근로자인 거주자 갑의 일당이 200,000원인 경우에 원천징수의무자 A가 징수해야 하는 갑의 근로소득 원천징수세액으로 옳은 것은?

① 1,080원　　　　　　　　　　　　　② 1,350원
③ 2,160원　　　　　　　　　　　　　④ 2,400원

▌ 일용근로자의 원천징수세액　　　　　　　　　　　　　　　이론형 Level 1

일용근로자의 원천징수세액 = (일급여액 − 15만 원) × 6% × (1 − 55%)
　　　　　　　　　　　　　 = (200,000원 − 150,000원) × 6% × (1 − 55%) = 1,350원

답 ②

067 내국법인(중소기업 아님)의 영업사원으로 근무하고 있는 거주자 甲의 2025년도 자료이다. 소득세법령에
□□□ 따른 2025년도 총급여액은?

2019년 국가직 7급 변형

- 근로의 제공으로 받은 봉급: 36,000,000원(비과세소득이 포함되지 아니함)
- 법인세법에 따라 상여로 처분된 금액: 5,000,000원
  - 근로를 제공한 날이 속하는 사업연도는 2024년이며, 결산확정일은 2025년 3월 15일임
- 식사대: 2,400,000원(월 200,000원 × 12개월)
  - 식사대 외 사내급식을 별도로 제공받음
- 자기차량운전보조금: 3,600,000원(월 300,000원 × 12개월)
  - 甲의 소유차량을 직접 운전하여 법인의 업무수행에 이용하고 소요된 실제여비를 지급받는 대신에 법인의 규칙 등에 의하여 정하여진 지급기준에 따라 받은 금액임
- 甲의 자녀(5세) 보육과 관련하여 받은 수당: 4,800,000원(월 400,000원 × 12개월)
- 시간 외 근무수당: 2,000,000원
- 주택구입자금을 무상으로 대여받음으로써 얻은 이익: 1,000,000원

① 42,600,000원 ② 43,800,000원
③ 45,000,000원 ④ 50,000,000원

▌ 근로소득의 계산

계산형

구분	금액	비고
근로의 제공으로 받은 봉급	36,000,000원	–
인정상여	–	수입시기: 근로를 제공한 날
식사대	2,400,000원	식사를 제공받는 경우 식사대는 전액과세
자가운전보조금(월 200,000원 비과세)	1,200,000원	3,600,000원 – 2,400,000원
자녀보육수당(월 200,000원 비과세)	2,400,000원	4,800,000원 – 2,400,000원
시간 외 근무수당	2,000,000원	
주택구입자금 대여이익	1,000,000원	중소기업이 아닌 경우 근로소득으로 과세함
총 급여액	45,000,000원	–

답 ③

068

다음은 거주자 甲이 2025년에 (주)A에 근무하면서 지급받은 급여 등에 관련된 자료이다. 거주자 甲의 2025년 총급여액은? (단, 주어진 자료 이외에는 고려하지 않음)

2019년 세무사 변형

(1) 연간 급여 합계액(30,000,000원)

(2) 연간 상여 합계액(10,000,000원)

(3) 상여소득처분금액(2,000,000원): (주)A는 2025.3.20.에 2024.1.1. ~ 12.31.기간의 법인세를 신고하면서 익금산입한 금액 중 2,000,000원을 甲을 귀속자로 하는 상여로 소득처분하였다.

(4) 연간 급여 및 상여 외의 甲의 주식매수선택권 행사로 인한 이익(10,000,000원): 주식매수 선택권은 (주)A의 100% 모회사인 (주)B 발행 주식을 대상으로 한 것으로서, 2025.5.5.에 행사하였다. (주)A 및 (주)B는 모두 벤처기업이 아니다.

(5) 연간 급여 외의 식대(3,600,000원): (주)A는 구내식당을 운영하고 있지 아니하여 식대를 월 300,000원씩 금전으로 지급하고 있다.

① 41,200,000원

② 48,800,000원

③ 51,200,000원

④ 53,200,000원

⑤ 54,400,000원

근로소득의 계산

계산형

구분	금액	비고
(1) 연간 급여	30,000,000원	–
(2) 연간 상여	10,000,000원	–
(3) 인정 상여	–	귀속시기는 근로를 제공한 날
(4) 주식매수선택권	10,000,000원	근로기간 중 행사: 근로소득
(5) 식대	1,200,000원	(300,000원 – 200,000원) × 12월
총 급여액	51,200,000원	–

답 ③

069 벤처기업이 아닌 중소기업 (주)A에 종업원(일용근로자 아님)으로 근무하는 거주자 갑의 2025년 근로소득 관련 자료이다. 갑의 2025년 근로소득 총급여액으로 옳은 것은?

2020년 회계사 변형

(1) 급여: 24,000,000원

(2) 상여금: 10,000,000원

(3) 식사대: 3,000,000원(월 250,000원 × 12개월)
   갑은 식사대 이외에 별도로 식사를 제공받지 않음

(4) 자녀보육수당(6세): 1,200,000원(월 100,000원 × 12개월)

(5) (주)A가 납부한 단체환급부보장성보험의 보험료: 1,200,000원(월 100,000원 × 12개월)
   갑의 배우자가 보험의 수익자임

(6) (주)A의 사택을 무상제공 받음으로써 얻는 이익: 5,000,000원

(7) (주)A로부터 부여받은 주식매수선택권 행사이익(행사일 2025년 10월 5일): 20,000,000원

① 43,200,000원

② 55,100,000원

③ 56,300,000원

④ 57,100,000원

⑤ 59,100,000원

근로소득의 계산

계산형

구분	금액	비고
(1) 급여	24,000,000원	-
(2) 상여	10,000,000원	-
(3) 식사대	600,000원	(250,000원 - 200,000원) × 12월
(4) 자녀보육수당	-	월 200,000원 비과세
(5) 보장성보험료	500,000원	(1,200,000원 - 700,000원)
(6) 주식매수선택권	20,000,000원	-
총 급여액	55,100,000원	-

답 ②

070 □□□ 다음은 2024년 1월 1일에 (주)A에 입사한 생산직근로자 거주자 갑의 2025년 급여 내역이다. 갑의 2025년 귀속 총급여액을 계산한 것으로 옳은 것은? [단, 갑의 직전 과세기간(2024년)의 총 급여액은 24,000,000원]

2018년 회계사 변형

(1) 급여: 12,000,000원(월 1,000,000원 × 12개월)

(2) 상여금: 4,000,000원(부정기적인 수령임)

(3) 자가운전보조금: 3,000,000원(월 250,000원 × 12개월)
   갑 소유의 차량을 업무수행에 이용하고 시내출장 등에 소요된 실제여비를 지급받는 대신에 그 소요경비를 회사의 사규에 의한 지급기준에 따라 받은 금액임

(4) 작업복: 150,000원
   작업에 필요하여 지급받은 작업복의 금액임

(5) 식사대: 1,200,000원(월 100,000원 × 12개월)
   회사는 무상으로 중식을 제공하며 이와 별도로 지급된 식사대임

(6) 자녀보육수당: 3,600,000원(월 300,000원 × 12개월)
   5세인 자녀 보육과 관련된 수당임

(7) 연장근로수당: 1,500,000원
   근로기준법에 따른 연장근로로 인해 통상임금에 더한 지급액임

① 19,000,000원　　　　　　　　　② 20,200,000원

③ 20,500,000원　　　　　　　　　④ 21,400,000원

⑤ 21,850,000원

┃ 근로소득의 계산　　　　　　　　　　　　　　　　　계산형

ⓐ 월정액급여: 1,000,000원 + 자가운전보조금(250,000원 − 200,000원) + 100,000원 + 300,000원
　　　　　　 = 1,450,000원 ≤ 2,100,000원

ⓑ 총급여액의 계산법은 아래와 같다.

구분	금액	비고
(1) 급여	12,000,000원	–
(2) 상여금	4,000,000원	–
(3) 자가운전보조금	600,000원	(250,000원 − 200,000원) × 12
(4) 작업복	–	공장에서 근무하는 사람이 받는 작업복은 실비변상적 성질의 급여로서 비과세소득
(5) 식사대	1,200,000원	식사를 제공하는 경우로서 별도로 지급된 식사대는 전액 과세
(6) 자녀보육수당	1,200,000원	(300,000원 − 200,000원) × 12
(7) 연장근로수당	–	직전과세기간 총급여액이 3,000만 원 이하이고 월정액급여가 210만 원 이하인 생산직 근로자의 연장근로수당: 연 240만 원 한도 내 비과세
총 급여액	19,000,000원	–

답 ①

071

소득세법령상 거주자의 연금소득에 대한 설명으로 옳지 않은 것은? 2019년 국가직 9급

① 공적연금 관련법에 따라 받는 각종 연금도 연금소득에 해당한다.

② 연금소득금액은 해당 과세기간의 총연금액에서 법령에 따른 연금소득공제를 적용한 금액으로 한다.

③ 연금소득공제액이 9백만 원을 초과하는 경우에는 9백만 원을 공제한다.

④ 공적연금소득만 있는 자는 다른 종합소득이 없는 경우라 하더라도 과세표준확정신고를 하여야 한다.

| 연금소득 이론형 Level 1

공적연금소득만 있는 자는 다른 종합소득이 없는 경우 해당 소득에 대하여 과세표준확정신고를 하지 아니할 수 있다. ∵ 연말정산에 의하여 이미 과세표준확정신고와 유사한 신고를 하였으므로 납세의무자의 편의를 고려하여 과세표준확정신고의무를 배제시킨다.

답 ④

072

소득세법령상 거주자의 연금소득에 대한 설명으로 옳지 않은 것은? (단, 소득세법령에 따른 해당 요건과 공제요건을 충족하는 것으로 봄) 2019년 국가직 7급

① 연금계좌에서 인출된 금액이 연금수령한도를 초과하는 경우에는 연금 외 수령분이 먼저 인출되고 그 다음으로 연금수령분이 인출되는 것으로 본다.

② 종합소득이 있는 거주자가 공적연금 관련 법에 따른 기여금 또는 개인부담금을 납입한 경우에는 해당 과세기간의 종합소득금액에서 그 과세기간에 납입한 연금보험료를 공제한다.

③ 공적연금소득을 지급하는 자가 연금소득의 일부 또는 전부를 지연하여 지급하면서 지연지급에 따른 이자를 함께 지급하는 경우 해당 이자는 공적연금소득으로 본다.

④ 소득세법 제59조의3 제1항에 따라 세액공제를 받은 연금계좌 납입액 및 연금계좌의 운용실적에 따라 증가된 금액을 그 소득의 성격에도 불구하고 연금 외 수령한 소득은 기타소득으로 본다.

| 연금소득 이론형 Level 1

연금계좌에서 인출된 금액이 연금수령한도를 초과하는 경우에는 연금수령분이 먼저 인출되고 그 다음으로 연금 외 수령분이 인출되는 것으로 본다. ∵ 일부 인출 시 소득원천에 따라 차등 세율이 적용될 수 있도록 정한다.

답 ①

073

소득세법령상 거주자의 총수입금액의 수입시기로 옳지 않은 것은? 2022년 국가직 9급

① 잉여금의 처분에 의한 배당 – 잉여금 처분결의일

② 금융보험업에서 발생하는 이자 및 할인액 – 실제로 수입된 날

③ 임원의 퇴직소득금액 중 한도초과금액 – 지급받거나 지급받기로 한 날

④ 공적연금소득 – 해당 연금을 지급받은 날

| 총 수입금액의 수입시기 이론형 Level 1

공적연금소득의 수입시기는 '공적연금 관련법에 따라 연금을 지급받기로 한 날'로 한다.

답 ④

074 소득세법상 연금소득에 관한 설명이다. 옳지 않은 것은?

① 공적연금소득은 02.1.1. 이후에 납입된 연금 기여금 및 사용자 부담금을 기초로 하거나 02.1.1. 이후 근로 제공을 기초로 하여 받는 연금소득으로 한다.

② 연금계좌의 운용실적에 따라 증가된 금액을 그 소득의 성격에도 불구하고 연금저축계좌 또는 퇴직연금계좌에서 법령상 정하는 연금의 형태로 인출하는 경우의 그 연금은 연금소득에 해당한다.

③ 연금소득이 있는 거주자가 주택담보노후연금 이자비용공제를 신청한 경우 법령상 요건에 해당하는 주택담보노후연금 수령액에서 해당 과세기간에 발생한 이자비용 상당액을 200만 원 한도 내에서 공제한다.

④ 연금소득이 있는 거주자에 대해서는 해당 과세기간에 받은 총연금액(분리과세연금소득 제외)에서 법령상의 금액을 900만 원 한도 내에서 공제한다.

⑤ 공적연금소득을 지급하는 자가 연금소득의 일부 또는 전부를 지연하여 지급하면서 지연지급에 따른 이자를 함께 지급하는 경우 해당 이자는 기타소득으로 본다.

｜ 연금소득　　　　　　　　　　　　　　　　　　　　　　　　　이론형 Level 2

공적연금소득을 지급하는 자가 연금소득의 일부 또는 전부를 지연하여 지급하면서 지연지급에 따른 이자를 함께 지급하는 경우 해당 이자는 공적연금소득으로 본다.

답 ⑤

075 연금소득에 관한 설명으로 옳지 않은 것은?

① 연금소득이 있는 거주자의 해당 과세기간에 받은 총연금액(분리과세연금소득은 제외함)에서 공제하는 연금소득공제액이 900만 원을 초과하는 경우에는 900만 원을 공제한다.

② 공적연금소득을 받는 사람이 해당 과세기간 중에 사망한 경우 공적연금소득에 대한 원천징수의무자는 그 사망일이 속하는 달의 다음 다음 달 말일까지 그 사망자의 공적연금소득에 대한 연말정산을 하여야 한다.

③ 연금계좌세액공제를 받은 연금계좌 납입액과 연금계좌의 운용실적에 따라 증가된 금액을 그 소득의 성격에 불구하고 연금계좌에서 연금수령하면 연금소득으로, 연금 외 수령하면 퇴직소득으로 과세한다.

④ 연금계좌에서 인출된 금액이 연금수령한도를 초과하는 경우에는 연금수령분이 먼저 인출되고 그 다음으로 연금 외 수령분이 인출되는 것으로 본다.

⑤ 공적연금소득의 수입시기는 공적연금 관련 법에 따라 연금을 지급받기로 한 날로 한다.

｜ 연금소득　　　　　　　　　　　　　　　　　　　　　　　　　이론형 Level 2

연금계좌세액공제를 받은 연금계좌 납입액과 연금계좌의 운용실적에 따라 증가된 금액을 그 소득의 성격에 불구하고 연금계좌에서 연금수령하면 연금소득으로, 연금 외 수령하면 기타소득으로 과세한다.

답 ③

076 □□□ 소득세법상 거주자의 연금소득에 관한 설명으로 옳지 않은 것은?

① 산업재해보상보험법에 따라 받는 각종 연금은 비과세소득이다.

② 공적연금소득의 수입시기는 공적연금 관련 법에 따라 연금을 지급받기로 한 날로 한다.

③ 연금계좌의 운용실적에 따라 증가된 금액을 연금계좌에서 연금 외 수령한 소득은 그 소득의 성격에 따라 이자 또는 배당소득으로 본다.

④ 연금소득금액은 소득세법에 정한 총연금액에서 연금소득공제를 적용한 금액으로 한다.

⑤ 공적연금소득을 지급하는 자가 연금소득의 일부 또는 전부를 지연하여 지급하면서 지연지급에 따른 이자를 함께 지급하는 경우 해당 이자는 공적연금소득으로 본다.

▌연금소득

이론형 Level 2

연금계좌의 운용실적에 따라 증가된 금액을 연금계좌에서 연금 외 수령한 소득은 그 소득의 성격에도 불구하고 기타소득으로 본다.

답 ③

---

077 □□□ 다음은 거주자 갑의 국민연금과 관련된 자료이다. 이를 이용하여 거주자 갑의 2025년 과세대상 총 연금액을 계산한 것으로 옳은 것은?

> (1) 거주자 갑(나이 60세)은 2025년에 국민연금법에 의한 연금으로 18,000,000원을 수령하였다.
>
> (2) 거주자 갑이 국민연금에 납입한 연금보험료 누계액과 환산소득의 누계액은 다음과 같다.
>
> | 구분 | 납입한 연금보험료 누계액 | 환산소득의 누계액 |
> |---|---|---|
> | `01.12.31.까지 | 45,000,000원 | 600,000,000원 |
> | `02.1.1. 이후 | 75,000,000원 | 900,000,000원 |
>
> (3) 과세기준일인 2002.1.1. 이후 납입한 연금보험료 누계액 75,000,000원 중 납입한 과세기간에 연금보험료 소득공제를 받은 금액의 누계액은 70,000,000원[*]이다.
>
> [*] 관할 세무서장으로부터 연금보험료 소득공제확인서를 발급받고 원천징수의무자에게 제출하여 확인받음

① 0원

② 1,750,000원

③ 2,200,000원

④ 5,800,000원

⑤ 6,250,000원

▌공적연금

계산형

ⓐ 총연금액 = (18,000,000원 × 900,000,000원 / 1,500,000,000원) − 5,000,000원 = 5,800,000원

ⓑ 세제 외 기여금 = 75,000,000원 − 70,000,000원 = 5,000,000원

답 ④

078 소득세법상 기타소득에 관한 설명으로 옳지 않은 것은?

① 사업용 건물과 함께 영업권을 양도하는 경우 그 대가로 받는 금품은 기타소득으로 본다.

② 뇌물과 알선수재 및 배임수재에 따라 받은 금품은 기타소득에 해당한다.

③ 계약의 위약 또는 해약으로 인하여 받는 위약금과 배상금 중 주택입주 지체상금의 필요경비산
입액은 거주자가 받은 금액의 100분의 80에 상당하는 금액과 실제 소요된 필요경비 중 큰 금액
으로 한다.

④ 한국마사회법에 따른 승마투표권의 구매자가 받는 환급금에 대해서는 그 구매자가 구입한 적중
된 투표권의 단위투표금액을 필요경비로 한다.

| 기타소득   이론형 Level 1

영업권을 양도하거나 대여하고 그 대가로 받는 금품은 기타소득에 해당한다. 다만, 토지·건물 및 부동산에 관한
권리와 함께 양도되는 영업권은 양도소득으로 과세하므로 기타소득에 포함되지 아니한다.

답 ①

079 소득세법상 기타소득에 대한 설명으로 옳지 않은 것은?

① 사업용 유형자산인 부동산과 함께 영업권을 양도하여 받는 영업권 양도이익은 기타소득으로 과
세한다.

② 저작자 외의 자가 저작권 사용의 대가로 받는 금품은 기타소득으로 과세한다.

③ 사행행위 등 규제 및 처벌특례법에서 규정하는 사행행위에 참가하여 얻은 재산상 이익은 사행
행위가 불법적인 경우에도 기타소득으로 과세한다.

④ 공무원이 직무와 관련하여 받는 뇌물은 기타소득으로 과세한다.

| 기타소득   이론형 Level 1

영업권을 양도하거나 대여하고 그 대가로 받는 금품은 기타소득에 해당한다. 다만, 토지·건물 및 부동산에 관한
권리와 함께 양도되는 영업권은 양도소득으로 과세하므로 기타소득에 포함되지 아니한다.

답 ①

080 소득세법상 기타소득에 포함되지 않는 것은?

① 지상권을 설정함으로써 발생하는 소득(공익사업을 위한 토지 등의 취득 및 보상에 관한 법률 제4조에 따른 공익사업과 관련하여 지상권을 설정하는 경우는 제외)
② 비거주자의 대통령령으로 정하는 특수관계인이 그 특수관계로 인하여 그 비거주자로부터 받는 경제적 이익으로서 급여·배당 또는 증여로 보지 아니하는 금품
③ 유가증권을 일시적으로 대여하고 사용료로서 받는 금품
④ 종교 관련 종사자가 종교의식을 집행하는 등 종교 관련 종사자로서의 활동과 관련하여 대통령령으로 정하는 종교단체로부터 받은 소득(근로소득으로 원천징수하거나 과세표준확정신고를 한 경우는 제외)

| **기타소득** | 이론형 Level 1 |

공익사업을 위한 토지 등의 취득 및 보상에 관한 법률 제4조에 따른 공익사업과 관련하여 지역권·지상권(지하 또는 공중에 설정된 권리를 포함)을 설정하거나 대여함으로써 발생하는 소득은 기타소득으로 과세하지만 공익사업과 관련이 없는 경우 사업소득으로 과세한다.

답 ①

---

081 소득세법상 기타소득에 해당하지 않는 것은?

① 사행행위 등 규제 및 처벌특례법에서 규정하는 불법 행위에 참가하여 얻은 재산상의 이익
② 유실물의 습득 또는 매장물의 발견으로 인하여 보상금을 받거나 새로 소유권을 취득하는 경우 그 보상금 또는 자산
③ 대학에 재직하고 있는 교직원이 지급받는 직무발명보상금
④ 소유자가 없는 물건의 점유로 소유권을 취득하는 자산

| **기타소득** | 이론형 Level 1 |

대학에 재직하고 있는 교직원이 지급받는 직무발명보상금은 근로소득에 해당한다.

답 ③

---

082 소득세법령상 국내에서 거주자에게 지급하는 기타소득으로서 원천징수의 대상이 아닌 것은? (단, 기타소득의 비과세, 과세최저한, 원천징수의 면제·배제 등 특례는 고려하지 아니함)

① 복권에 당첨되어 받는 금품
② 소득세법 제21조 제1항 제10호에 따른 위약금(계약금이 대체된 것임)
③ 법인세법 제67조에 따라 기타소득으로 처분된 소득
④ 슬롯머신을 이용하는 행위에 참가하여 받는 당첨금품

소득세 제21조 제1항 제10호에 따른 위약금은 원천징수의 대상에 해당하지 않는다.

> 📄 **원천징수대상이 아닌 기타소득(소득세법 제127조 제1항 제6호 참조)**
>
> 1. 계약의 위약 또는 해약으로 인하여 받는 소득으로서 위약금·배상금(계약금이 위약금·배상금으로 대체되는 경우만 해당함)
> 2. 뇌물 및 알선수재 및 배임수재에 의하여 받는 금품

답 ②

---

083 다음 중 기타소득으로 과세되는 것이 아닌 것은?

① 저작자가 저작권의 양도 또는 사용의 대가로 받는 금품
② 노동조합의 전임자가 노동조합 및 노동관계조정법을 위반하여 사용자로부터 지급받은 급여
③ 퇴직 전에 부여받은 주식매수선택권을 퇴직 후에 행사하거나 고용관계 없이 주식매수선택권을 부여받아 이를 행사함으로써 얻는 이익
④ 발명진흥법에 따라 종업원 또는 대학의 교직원이 퇴직한 후에 지급받는 직무발명보상금으로서 비과세한도를 초과하는 소득
⑤ 유실물의 습득 또는 매장물의 발견으로 인하여 보상금을 받거나 새로 소유권을 취득하는 경우 그 보상금 또는 자산

저작자가 저작권의 양도 또는 사용의 대가로 받는 금품은 사업소득으로 과세한다.

답 ①

---

084 소득세법상 기타소득에 관한 설명으로 옳지 않은 것은?

① 법령에 기타소득으로 열거된 항목이라 하더라도 사업소득으로 과세하는 것이 가능한 경우가 있을 수 있다.
② 10년 이상 보유한 서화의 양도로 발생하는 소득이 기타소득으로 구분되는 경우, 최소한 당해 거주자가 받은 금액의 100분의 90에 상당하는 금액을 필요경비로 인정받을 수 있다.
③ 정신적 피해를 전보하기 위하여 받는 배상금은 기타소득으로 과세되지 아니한다.
④ 퇴직 전에 부여받은 주식매수선택권을 퇴직 후에 행사함으로써 얻은 이익은 기타소득에 해당한다.
⑤ 특정한 소득이 기타소득의 어느 항목에 해당하는지 여부는 세액에 영향이 없다.

기타소득이 어느 항목에 해당하는지에 따라 필요경비가 다를 수 있고 종합과세 여부도 달라진다. 따라서 기타소득이 어느 항목에 해당하는지에 따라 세액에 영향이 있다. **예** 복권당첨소득은 무조건 분리과세에 해당함

(선지분석)
① 통신판매중개업 500만 원 이하, 일정 요건을 충족한 서화·골동품의 양도가 그 예에 해당한다.

답 ⑤

085 소득세법상 과세되는 기타소득을 모두 고른 것은? (다툼이 있으면 판례에 따름)

> ㄱ. 근로계약을 체결한 근로자가 퇴직시 퇴직금지급채무의 이행지체로 인해 수령하는 지연손해금
> ㄴ. 교통재해를 직접적인 원인으로 신체상의 상해를 입었음을 이유로 보험회사로부터 수령한 보험금
> ㄷ. 퇴직 전에 부여받은 주식매수선택권을 퇴직 후에 행사함으로써 얻은 이익
> ㄹ. 사업용 고정자산과 함께 양도하는 영업권
> ㅁ. 서화·골동품을 박물관에 양도함으로써 발생하는 소득

① ㄱ, ㄷ   ② ㄴ, ㄷ
③ ㄱ, ㄴ, ㄷ   ④ ㄱ, ㄷ, ㅁ
⑤ ㄴ, ㄹ, ㅁ

▌기타소득   이론형 Level 2

과세되는 기타소득에 해당하는 것은 ㄱ, ㄷ이다.
ㄱ. 재산권에 관한 계약의 위약 또는 해약으로 받는 손해배상금에 해당한다.

답 ①

---

086 아래에 제시된 거주자 홍길동의 기타소득자료를 참고로 종합소득금액에 합산되는 기타소득금액을 계산하면?

> (1) 어업권을 대여하고 받는 대가: 10,000,000(필요경비 확인불가)
> (2) 복권 및 복권기금법상 복권의 당첨금: 20,000,000
> (3) 일간지에 기고하고 받은 원고료: 2,000,000
> (4) 슬롯머신에 의한 당첨금품: 4,000,000(필요경비 3,000,000)
> (5) 유실물의 습득으로 인한 보상금: 2,000,000(필요경비 없음)

① 35,000,000원   ② 15,000,000원
③ 6,800,000원   ④ 4,400,000원

▌기타소득의 계산   계산형

구분	금액	비고
어업권을 대여	4,000,000원	10,000,000원 × (1 − 60%)
복권의 당첨금	–	무조건 분리과세
일간지 원고료	800,000원	2,000,000원 × (1 − 60%)
슬롯머신당첨금품	–	무조건 분리과세
유실물 보상금	2,000,000원	–
합계	6,800,000원	–

답 ③

087 소득세법상 종합소득금액에 합산되는 기타소득금액은?

- 복권 당첨금: 8,000,000원
- 분실물 습득보상금: 4,000,000원
- 교통사고 손해보상금: 2,500,000원
- 위약금 중 주택입주지체상금: 2,000,000원(필요경비는 1,500,000원)

① 1,200,000원　　　　　　　　　② 1,300,000원

③ 4,400,000원　　　　　　　　　④ 4,500,000원

기타소득의 계산　　　　　　　　　　　　　　　　　　　계산형

📄 근로·연금·기타소득

구분	금액	비고
복권 당첨금	–	무조건 분리과세
분실물 습득보상금	4,000,000원	
교통사고 손해보상금	–	과세 제외
주택입주지체상금	400,000원	2,000,000원 – Max[1,500,000, 2,000,000 × 80%]
합계	4,400,000원	–

답 ③

088 소득세법령상 거주자 갑의 2025년 귀속소득 자료에 의해 종합과세되는 기타소득금액을 계산하면? (단, 필요경비의 공제요건은 충족하며, 주어진 자료 이외의 다른 사항은 고려하지 않음)

- 산업재산권의 양도로 인해 수령한 대가 300만 원(실제 소요된 필요경비는 150만 원임)
- 문예 창작품에 대한 원작자로서 받는 원고료 300만 원(실제 소요된 필요경비는 100만 원임)
- 고용관계 없이 다수인에게 일시적으로 강연을 하고 받은 강연료 400만 원(실제 소요된 필요경비는 100만 원임)
- (주)한국의 종업원으로서 퇴직한 후에 수령한 직무발명보상금 400만 원(실제 소요된 필요경비는 없음)

① 360만 원　　　　　　　　　② 400만 원

③ 600만 원　　　　　　　　　④ 800만 원

기타소득금액의 계산　　　　　　　　　　　　　　　　　　　계산형

구분	기타소득금액	계산근거
산업재산권 양도	120만 원	300만 원 – Max[150만 원, 300만 원 × 60%]
일시적인 원고료	120만 원	300만 원 – Max[100만 원, 300만 원 × 60%]
일시적인 강연료	160만 원	400만 원 – Max[100만 원, 400만 원 × 60%]
직무발명보상금	–	연 700만 원까지 비과세
계	400만 원	–

답 ②

089 다음은 거주자 甲의 2025년 귀속소득 관련 자료이다. 소득세법상 종합소득에 합산되는 소득금액에 대하여 원천징수 되는 소득세액은? (단, 모두 국내에서 지급받은 것으로 일시적·우발적으로 발생하였으며, 필요경비는 확인되지 않고 주어진 자료 외의 사항은 고려하지 않음)

2020년 세무사 변형

> (1) 계약의 위약으로 인하여 받은 위약금 중 주택입주 지체상금(계약금이 위약금으로 대체되지 않음): 10,000,000원
> (2) 영업권을 기계장치와 함께 양도함에 따라 받은 대가: 5,000,000원
> (3) 공익사업을 위한 토지 등의 취득 및 보상에 관한 법률 제4조에 따른 공익사업과 관련하여 지상권을 설정함으로써 발생하는 소득: 3,000,000원
> (4) 부동산매매계약의 해약으로 계약금이 위약금으로 대체된 금액: 12,000,000원

① 640,000원
② 1,040,000원
③ 1,440,000원
④ 2,640,000원
⑤ 3,202,000원

기타소득의 계산   계산형

계약금이 위약금으로 대체된 금액은 원천징수 배제된다.

내역	총수입금액	필요경비	세율	원천징수세액
(1) 주택입주지체상금	10,000,000원	10,000,000원 × 80%	20%	400,000원
(2) 영업권 + 기계장치 양도	5,000,000원	5,000,000원 × 60%	20%	400,000원
(3) 지상권 설정(공익사업)	3,000,000원	3,000,000원 × 60%	20%	240,000원
합계				1,040,000원

답 ②

---

090 소득세법상 소득의 구분에 관한 설명으로 옳지 않은 것은?

2007년 국가직 9급 변형

① 비상장법인 주식의 양도에 따른 소득: 양도소득
② 집합투자기구로부터의 이익: 배당소득
③ 비영업대금의 이익: 이자소득
④ 국민연금법에 의하여 지급받는 각종 연금: 기타소득

종합소득금액   이론형 Level 1

국민연금법에 의하여 지급받는 각종 연금은 연금소득에 해당한다.

답 ④

091 소득세법상 소득의 구분에 대한 설명으로 옳지 않은 것은?

2009년 국가직 7급 변형

① 공장재단 또는 광업재단의 대여로 인하여 발생하는 소득은 사업소득으로 한다.
② 주식의 소각이나 자본의 감소로 인하여 주주가 취득하는 금전 기타 재산의 가액이 주주가 당해 주식을 취득하기 위하여 소요된 금액을 초과하는 금액은 배당소득에 해당한다.
③ 상호저축은행법에 따른 신용계 또는 신용부금으로 인한 이익은 이자소득으로 한다.
④ 종업원이 받는 공로금·위로금·개업축하금·학자금, 장학금 기타 이와 유사한 성질의 급여는 소득세법상 기타소득의 범위에 포함된다.

소득의 구분

이론형 Level 1

종업원이 받는 공로금, 위로금, 개업축하금, 학자금, 장학금 기타 이와 유사한 성질의 급여는 소득세법상 근로소득의 범위에 포함된다.

답 ④

092 소득세법상 소득의 구분에 대한 설명으로 옳은 것은?

2016년 국가직 7급

① 전세권의 대여로 발생하는 소득은 사업소득이 되고, 공익사업과 관련하여 지역권 또는 지상권의 대여로 받는 금품은 기타소득이 된다.
② 알선수재에 의하여 받는 금품은 기타소득이 되고, 재산권에 관한 알선 수수료는 사업소득이 된다.
③ 퇴직 전에 부여받은 주식매수선택권을 퇴직 후에 행사함으로써 얻는 이익은 근로소득이 되고, 고용관계 없이 주식매수선택권을 부여받아 이를 행사함으로써 얻는 이익은 기타소득이 된다.
④ 슬롯머신을 이용하는 행위에 계속적으로 참가하여 받는 당첨금품은 사업소득이 되고, 일시적으로 참가하여 받는 당첨금품은 기타소득이 된다.

소득의 구분

이론형 Level 1

(선지분석)
② 재산권에 관한 알선 수수료, 알선수재 및 배임수재에 의하여 받는 금품은 기타소득에 해당한다.
③ 법인의 임원 또는 종업원이 주식매수선택권을 근무기간 중 행사함으로써 얻은 이익은 근로소득에 해당하고 퇴직 전에 부여받은 주식매수선택권을 퇴직 후에 행사하거나 고용관계 없이 주식매수선택권을 부여받아 이를 행사함으로써 얻는 이익은 기타소득에 해당한다.
④ 슬롯머신을 이용하는 행위는 계속성 여부에 불문하고 기타소득에 해당한다. 단, 건별로 200만 원 이하인 경우 과세하지 아니한다.

답 ①

093 소득세법상 소득에 대한 설명으로 옳지 <u>않은</u> 것은?

2012년 국가직 9급

① 뇌물, 알선수재 및 배임수재에 의하여 받는 금품과 같은 위법소득은 기타소득에 해당한다.

② 주식소각에 의하여 주주가 받는 금액 중 출자에 소요된 금액을 초과하는 금액은 배당소득에 해당한다.

③ 종업원이 퇴직함으로써 받는 소득 중 퇴직소득에 속하지 아니하는 소득은 근로소득에 해당한다.

④ 법인으로 보는 단체로부터 받은 분배금은 이자소득에 해당한다.

| **소득의 구분** | 이론형 Level 1 |

법인으로 보는 단체로부터 받는 배당금 또는 분배금은 수익분배의 성격이 있는 것으로서 배당소득에 해당한다.

답 ④

094 소득세법령상 거주자의 소득의 종류에 대한 설명으로 옳지 <u>않은</u> 것은?

2023년 국가직 9급

① 법인의 임원 또는 종업원이 해당 법인으로부터 부여받은 주식매수선택권을 해당 법인에서 근무하는 기간 중 행사함으로써 얻은 이익(주식매수선택권 행사 당시의 시가와 실제 매수가액과의 차액을 말하며, 주식에는 신주인수권을 포함한다)은 근로소득에 해당한다.

② 공익사업을 위한 토지 등의 취득 및 보상에 관한 법률 제4조에 따른 공익사업과 관련하여 지역권·지상권(지하 또는 공중에 설정된 권리를 포함한다)을 설정하거나 대여함으로써 발생하는 소득은 사업소득에 해당한다.

③ 기밀비(판공비를 포함한다)·교제비 기타 이와 유사한 명목으로 받는 것으로서 업무를 위하여 사용된 것이 분명하지 아니한 급여는 근로소득에 해당한다.

④ 사행행위 등 규제 및 처벌특례법에서 규정하는 행위(적법 또는 불법 여부는 고려하지 아니한다)에 참가하여 얻은 재산상의 이익은 기타소득에 해당한다.

| **소득의 구분** | 이론형 Level 1 |

공익사업과 관련하여 지역권·지상권(지하 또는 공중에 설정된 권리를 포함)을 설정하거나 대여함으로써 발생하는 소득은 기타소득에 해당한다.

답 ②

095

소득세법상 소득의 수입시기에 대한 설명으로 옳지 않은 것은?

① 기타소득으로 과세되는 미술·음악 또는 사진에 속하는 창작품에 대한 대가로 원작자가 받는 소득의 경우에는 그 지급을 받는 날을 수입시기로 한다.

② 법인세법에 따라 발생한 인정상여가 임원 등에 대한 근로소득으로 과세되는 경우에는 해당 법인의 결산확정일을 그 수입시기로 한다.

③ 법인의 해산으로 주주 등이 법인의 잔여재산을 분배받은 것이 의제배당이 되어 배당소득으로 과세하는 경우에는 그 잔여재산 가액이 확정된 날을 수입시기로 한다.

④ 사업소득으로 과세되는 상품의 위탁판매로 인한 소득의 경우에는 수탁자가 그 위탁품을 판매하는 날을 수입시기로 한다.

▌소득의 수입시기
이론형 Level 1

근로소득에 대한 수입시기는 원칙적으로 근로를 제공한 날이고 이에 따라 법인세법에 의하여 상여로 처분된 소득의 경우도 당해 법인의 결산사업연도 중 근로를 제공한 날을 그 소득의 귀속시기로 한다.

📄 **인정소득의 수입시기**

소득의 구분	소득의 수입시기
인정배당(배당소득)	해당 법인의 해당 사업연도 결산확정일
인정기타소득(기타소득)	해당 법인의 해당 사업연도 결산확정일
인정상여(근로소득)	해당 사업연도 중의 근로를 제공한 날

답 ②

096

소득세법상 종합소득과세표준에 합산되는 것은?

① 민법의 규정에 의해 설립된 직장공제회의 초과반환금

② 법인으로 보는 단체 외의 단체 중 수익을 구성원에게 배분하지 아니하는 단체로서 단체명을 표기하여 금융거래를 하는 단체가 금융기관으로부터 받는 이자소득 및 배당소득

③ 사례금으로 받은 기타소득금액이 연 300만 원 이하로서 합산하고자 하는 경우

④ 도·소매업에 종사하는 자로서 근로계약에 따라 동일한 고용주에게 3월 이상 계속하여 고용되어 있지 아니한 자의 급여액

▌종합소득금액
이론형 Level 1

사례금으로 받은 기타소득금액이 연 300만 원 이하로서 합산하고자 하는 경우 종합소득 과세표준에 합산한다(선택적 분리과세).

(선지분석)
① 이자소득으로서 무조건 분리과세한다.
② 이자소득 또는 배당소득으로서 무조건 분리과세한다(14%).
④ 일용근로자의 소득은 근로소득으로서 무조건 분리과세한다(6%).

답 ③

097 소득세법상 거주자의 소득구분 등에 관한 설명으로 옳지 않은 것은?

① 공익사업과 관련하여 지역권·지상권(지하 또는 공중에 설정된 권리를 포함)을 설정하거나 대여하고 받는 금품은 기타소득으로 과세한다.

② 등기된 부동산임차권과 함께 양도하는 영업권(영업권을 별도로 평가하지 아니하였으나 사회통념상 자산에 포함되어 함께 양도된 것으로 인정되는 영업권과 행정관청으로부터 인가·허가·면허 등을 받음으로써 얻는 경제적 이익을 포함)은 양도소득으로 과세한다.

③ 부동산임대업에서 발생한 결손금은 모두 그 발생연도의 종합소득 과세표준을 계산함에 있어서 공제하지 않는다.

④ 퇴직 전에 부여받은 주식매수선택권을 퇴직 후에 행사하거나 고용관계 없이 주식매수선택권을 부여받아 이를 행사함으로써 얻는 이익은 기타소득으로 과세한다.

⑤ 저작자가 저작권의 양도 또는 사용의 대가로 받는 금품은 사업소득으로 과세한다.

| 종합소득금액　　　　　　　　　　　　　　　　　　　　　　　　　　　이론형 Level 2

부동산임대업에서 발생한 결손금은 다른 종합소득금액과 통산하지 못하는 것이 원칙이지만 예외적으로 주거용 건물의 임대에서 발생한 부동산임대소득은 다른 종합소득금액과 공제한다.

답 ③

---

098 소득세법상 비과세소득이 아닌 것은?

① 사업소득 중 전통주의 제조에서 발생하는 소득으로서 연 1,500만 원 이하의 금액

② 사업소득 중 조림기간 5년 이상인 임지(林地)의 임목(林木)의 벌채 또는 양도로 발생하는 소득으로서 연 600만 원 이하의 금액

③ 공익신탁법에 따른 공익신탁의 이익

④ 기타소득 중 서화·골동품을 박물관 또는 미술관에 양도함으로써 발생하는 소득

⑤ 고용보험법에 따라 받는 실업급여

| 종합소득금액　　　　　　　　　　　　　　　　　　　　　　　　　　　이론형 Level 1

사업소득 중 전통주의 제조에서 발생하는 소득으로서 연 1,200만 원 이하의 금액은 비과세소득이다.

답 ①

비과세소득에 관한 설명으로 옳은 것을 모두 고른 것은?

> ㄱ. 국민건강보험법에 따라 사용자가 부담하는 보험료는 근로소득으로 비과세소득이다.
> ㄴ. 1개의 국내주택(과세기간 종료일 현재 기준시가 13억 원인 아파트)을 소유하는 거주자(배우자 주택은 없음)의 국내주택임대소득(연간 2천만 원 이하)은 사업소득으로 비과세 소득이다.
> ㄷ. 사내급식 등의 방법으로 식사 기타 음식물을 제공받는 근로자가 받는 월 10만 원 이하의 식사대는 근로소득으로 비과세소득이다.
> ㄹ. 서화를 미술관에 양도함으로써 발생하는 소득은 기타소득으로 비과세소득이다.
> ㅁ. 병역의무 수행을 위해 복무중인 현역병인 병장이 받는 급여는 근로소득으로 비과세소득이다.

① ㄱ, ㄷ   ② ㄴ, ㅁ
③ ㄷ, ㄹ   ④ ㄱ, ㄴ, ㅁ
⑤ ㄱ, ㄹ, ㅁ

▌**종합소득금액**

옳은 것은 ㄱ, ㄹ, ㅁ이다.

(선지분석)
ㄴ. 1개의 주택을 소유하는 자가 해당 주택(부수토지 포함)을 임대하여 발생하는 소득은 비과세한다. 단, 고가주택 및 국외소재 주택은 1주택인 경우도 과세한다. 고가주택이란 과세기간 종료일(과세기간 중에 주택을 양도한 경우에는 양도일) 현재의 기준시가가 12억 원을 초과하는 주택을 말한다.
ㄷ. 식사와 식사대를 동시에 제공받는 경우에는 식사대(금전)는 전액 과세된다.

답 ⑤

05 소득금액계산의 특례

100 소득세법상 부당행위계산부인규정의 적용대상소득으로 옳은 것만을 모두 고르면?   2021년 국가직 9급

ㄱ. 양도소득
ㄴ. 기타소득
ㄷ. 사업소득
ㄹ. 공동사업에서 발생한 소득금액 중 출자공동사업자의 손익분배비율에 해당하는 금액

① ㄱ, ㄹ
② ㄱ, ㄴ, ㄷ
③ ㄴ, ㄷ, ㄹ
④ ㄱ, ㄴ, ㄷ, ㄹ

> **부당행위계산의 부인**   이론형 Level 1

옳은 것은 ㄱ, ㄴ, ㄷ, ㄹ이다.
납세지 관할 세무서장 또는 지방국세청장은 출자공동사업자의 배당소득(ㄹ), 사업소득(ㄷ) 또는 기타소득(ㄴ) 및 양도소득(ㄱ)이 있는 거주자의 행위 또는 계산이 그 거주자와 특수관계인과의 거래로 인하여 그 소득에 대한 조세부담을 부당하게 감소시킨 것으로 인정되는 경우에는 그 거주자의 행위 또는 계산과 관계없이 해당 과세기간의 소득금액을 계산할 수 있다.

답 ④

101 소득세법상 부당행위계산부인대상이 되는 소득을 모두 고르면?   2013년 국가직 7급

ㄱ. 이자소득	ㄴ. 양도소득
ㄷ. 퇴직소득	ㄹ. 사업소득
ㅁ. 기타소득	ㅂ. 연금소득

① ㄱ, ㄴ, ㅂ
② ㄱ, ㄷ, ㅁ
③ ㄴ, ㄹ, ㅁ
④ ㄷ, ㄹ, ㅂ

> **부당행위계산의 부인**   이론형 Level 1

부당행위계산부인대상이 되는 소득은 ㄴ, ㄹ, ㅁ이다.
소득세법상 부당행위계산부인대상이 되는 소득은 실제 소요된 필요경비가 인정되는 사업소득(ㄹ), 기타소득(ㅁ) 및 양도소득(ㄴ)에만 적용한다. 단, 출자공동사업자의 배당소득은 소득세법상 배당소득으로 구분하지만 그 실질은 사업소득이기 때문에 부당행위계산의 부인대상소득에 해당한다.

답 ③

102 소득세 과세표준의 산정에 관한 설명으로 옳은 것은?

① 소득세법상 부당행위계산의 부인규정은 실제 소요된 필요경비가 인정되는 소득에만 적용되는 것이 원칙이므로 이자소득이나 근로소득에 대해서는 적용되지 아니한다.

② 사업소득이 발생하는 점포의 임차인으로서의 지위를 양도함으로써 얻는 경제적 이익인 점포임차권을 양도하고 받은 대가는 양도소득으로 분류된다.

③ 총연금액이 연 500만 원인 납세자의 연금소득은 원천징수에 의하여 소득세 납세의무가 종결되기 때문에 종합과세 대상이 될 수 없다.

④ 근로자를 수익자로 하여 사업자가 보험료를 불입한 확정급여형 퇴직연금제도의 보험차익은 당해 사업자의 이자소득으로 본다.

| 부당행위계산의 부인 | 이론형 Level 1 |

(선지분석)

② 사업소득이 발생하는 점포의 임차인으로서의 지위를 양도함으로써 얻는 경제적 이익인 점포임차권을 양도하고 받은 대가는 기타소득이다.

③ 사적연금 총연금액이 1,500만 원 이하인 경우에 선택적 분리과세가 가능하다.

> **참고** 공적연금은 종합과세대상임

④ 근로자를 수익자로 하여 사업자가 보험료를 불입한 확정급여형 퇴직연금제도의 보험차익은 당해 사업자의 사업소득으로 한다.

답 ①

103 소득세법상 부당행위계산 부인에 관한 설명으로 옳은 것은?

① 특수관계자에게 시가 50억 원인 자산을 48억 원에 양도하는 경우 부당행위계산부인의 요건을 충족한다.

② 거주자인 갑이 거주자인 그의 아들 을에게 시가 10억 원인 제품을 7억 원에 판매한 경우 과세관청은 을에 대하여 매입가액을 10억 원으로 하여 세법을 적용한다.

③ 거주자인 병이 거주자인 그의 동생 정에게 주택을 무상으로 사용하게 하고 정이 당해 주택에 실제 거주하는 경우에는 조세의 부담을 부당하게 감소시킨 것으로 인정되는 때에 해당되지 않는다.

④ 부당행위계산 부인규정은 당사자 간에 약정한 법률행위의 효과를 부인하거나 기존 법률행위의 변경·소멸을 가져오게 할 수 없다.

| 부당행위계산의 부인 | 이론형 Level 2 |

(선지분석)

① 저가양도에 해당하는 경우 현저한 이익요건을 충족하여야 한다.
50억 원 − 48억 원 = 2억 < Min(3억 원, 50억 원 × 5% = 2억 5천만 원)

② 저가양도에 대한 부당행위계산부인이 적용되는 경우에 대응 조정을 하지 않는다. 따라서 을에 대하여 7억 원을 매입가액으로 하여 세법을 적용한다.

③ 직계존비속에게 주택을 무상으로 사용하게 하고 직계존비속이 해당 주택에서 실제로 거주한 경우에는 부당행위계산부인규정을 적용하지 않는다. 동생은 직계존비속에 해당하지 않기에 부당행위계산부인규정을 적용한다.

답 ④

104 소득세법상 특수관계자인 甲과 乙 간의 거래 내용이다. 甲의 소득금액계산에 있어 부당행위계산의 부인대상으로 옳지 않은 것은?

2011년 국가직 9급

① 甲은 乙에게 시가 5억 원의 토지를 6억 원에 양도하였다.
② 甲은 乙로부터 무수익자산을 5억 원에 매입하여 그 유지비용을 매년 3억 원씩 부담하고 있다.
③ 甲은 乙로부터 정상적 요율이 4억 원인 용역을 제공받고 5억 원을 지불하였다.
④ 甲은 乙로부터 시가 6억 원의 토지를 9억 원에 매입하였다.

▌부당행위계산의 부인

이론형 Level 1

고가양도는 부당행위에 해당하지 않는다.

(선지분석)
② 특수관계인으로부터 무수익자산을 매입하여 그 자산에 대한 비용을 부담하는 경우이다.
③ 특수관계인으로부터 금전이나 그 밖의 자산 또는 용역을 높은 이율 등으로 차용하거나 제공받는 경우이다.
④ 특수관계인으로부터 시가를 초과하여 자산을 매입하는 경우이다.

답 ①

---

105 소득세법상 부당행위계산의 부인에 관한 설명으로 옳은 것을 모두 고른 것은?

2015년 세무사

ㄱ. 대금업을 영위하지 아니하는 거주자 甲이 아버지에게 연 이자율 5%(자금대여 시 이자율의 시가는 연 10%임)의 조건으로 10억 원을 대여한 경우 부당행위계산의부인 대상이 된다.
ㄴ. 거주자 乙이 형으로부터 사업자금을 연 이자율 40%(자금대여 시 이자율의 시가는 연 10%임)의 조건으로 10억 원을 차입한 경우 부당행위계산의 부인대상이 된다.
ㄷ. 거주자 丙이 운영자금을 마련하기 위하여 사무실로 사용하고 있던 상가건물을 시가의 절반가격으로 사촌동생에게 매각하였다면 부당행위계산의 부인대상이 된다.
ㄹ. 거주자 丁은 부친이 소유하고 있던 요트를 시가로 매입하였는데, 이는 회사의 사업과 무관하며, 매입 후 요트 수리비를 지출한 경우 부당행위계산의 부인대상이 된다.

① ㄱ, ㄴ
② ㄴ, ㄷ
③ ㄷ, ㄹ
④ ㄱ, ㄴ, ㄷ
⑤ ㄴ, ㄷ, ㄹ

▌부당행위계산의 부인

이론형 Level 1

옳은 것은 ㄴ, ㄷ, ㄹ이다.
ㄴ. 특수관계인으로부터 금전이나 그 밖의 자산 또는 용역을 높은 이율 등으로 차용하거나 제공받는 경우 사업소득을 부당하게 감소시킨 것으로 본다.
ㄷ. 특수관계인에게 시가보다 낮은 가격으로 자산을 양도한 때는 양도소득을 부당하게 감소시킨 것으로 본다.
ㄹ. 특수관계인으로부터 무수익자산을 매입하여 그 자산에 대한 비용을 부담하는 경우는 사업소득을 부당하게 감소시킨 것으로 본다.

(선지분석)
ㄱ. 이자소득은 부당행위계산부인규정을 적용하지 아니한다.

답 ⑤

106 소득세법상 사업소득이 발생하는 사업을 공동으로 경영하고 그 손익을 분배하는 공동사업에 관한 설명으로 옳지 않은 것은? 2008년 국가직 9급

① 공동사업에 관한 소득금액을 계산할 때에는 당해 공동사업장별로 납세의무를 지는 것이 원칙이다.

② 공동사업장을 1거주자로 보아 공동사업장별로 그 소득금액을 계산한다.

③ 공동사업에서 발생한 소득금액은 해당 공동사업을 경영하는 공동사업자간에 약정된 손익분배비율에 의하여 분배되었거나 분배될 소득금액에 따라 각 공동사업자별로 분배한다.

④ 거주자 1인과 그와 법령이 정하는 특수관계에 있는 자가 공동사업자에 포함되어 있는 경우로서 조세를 회피하기 위하여 공동으로 사업을 경영하는 것이 확인되는 경우에는 당해 특수관계자의 소득금액은 주된 공동사업자의 소득금액으로 본다.

공동사업	이론형 Level 1

공동사업에 관한 소득금액을 계산할 때에는 해당 공동사업장을 1거주자로 보아 소득금액을 계산하고 공동사업으로부터 분배받은 소득금액은 각 공동사업자가 분배받은 소득에 대하여 자신의 다른 종합소득과 합산하여 각자 개별적인 소득세 납세의무를 이행한다.

답 ①

107 소득세법상 공동사업에 대한 설명으로 옳지 않은 것은? 2011년 국가직 9급

① 공동사업의 경우에는 해당 사업을 경영하는 장소를 1거주자로 보아 공동사업자별로 각각 그 소득금액을 계산한다.

② 공동사업의 출자공동사업자에게 분배된 소득금액은 배당소득으로 보고 무조건 종합과세한다.

③ 공동사업장에 대해서는 당해 공동사업장을 1사업자로 보아 장부기장 및 사업자등록에 관한 규정을 적용한다.

④ 공동사업장에서 발생한 소득금액에 대하여 원천징수 된 세액은 각 공동사업자의 손익분배비율에 따라 배분한다.

공동사업	이론형 Level 1

공동사업의 경우로서 그 손익을 분배하는 공동사업의 경우에는 해당 공동사업장을 1거주자로 보아 소득금액을 계산한다.

답 ①

108 소득세법령상 공동사업에 대한 거주자의 소득세 납세의무에 대한 설명으로 옳지 않은 것은?

2018년 국가직 9급

① 공동사업자가 과세표준확정신고를 하는 때에는 과세표준확정신고서와 함께 당해 공동사업장에서 발생한 소득과 그 외의 소득을 구분한 계산서를 제출하여야 한다.

② 특수관계자 아닌 자와 공동사업을 경영하는 경우 그 사업에서 발생한 소득금액은 공동사업을 경영하는 각 거주자 간에 약정된 손익분배비율의 존재 여부와 관계없이 지분비율에 의하여 분배되었거나 분배될 소득금액에 따라 각 공동사업자별로 분배한다.

③ 공동사업에 관한 소득금액이 소득세법 제43조 제3항에 따른 주된 공동사업자에게 합산과세되는 경우 그 합산과세되는 소득금액에 대해서는 주된 공동사업자의 특수관계인은 법률규정에 따른 손익분배비율에 해당하는 그의 소득금액을 한도로 주된 공동사업자와 연대하여 납세의무를 진다.

④ 공동사업에서 발생한 소득금액 중 법령에서 정하는 바에 따라 출자공동사업자에게 분배된 금액은 배당소득으로 과세한다.

│ 공동사업　　　　　　　　　　　　　　　　　　　　　이론형 Level 1

공동사업자들 간의 사적 자치를 존중하여 약정된 손익분배비율을 우선 적용한다.

> **소득세법 제43조 【공동사업에 대한 소득금액 계산의 특례】** ② 제1항에 따라 공동사업에서 발생한 소득금액은 해당 공동사업을 경영하는 각 거주자(출자공동사업자를 포함한다. 이하 "공동사업자"라 한다) 간에 약정된 손익분배비율(약정된 손익분배비율이 없는 경우에는 지분비율을 말한다. 이하 "손익분배비율"이라 한다)에 의하여 분배되었거나 분배될 소득금액에 따라 각 공동사업자별로 분배한다.

답 ②

---

109 소득세법령상 공동사업에 대한 설명으로 옳지 않은 것은?

2023년 국가직 7급

① 특수관계인의 소득금액이 주된 공동사업자에게 합산과세되는 경우 그 합산과세되는 소득금액에 대해서 주된 공동사업자의 특수관계인은 그의 손익분배비율에 해당하는 그의 소득금액을 한도로 주된 공동사업자와 연대하여 납세의무를 진다.

② 출자공동사업자의 배당소득을 과세기간 종료일까지 지급하지 아니한 경우 해당 과세기간 종료일에 지급한 것으로 보아 소득세를 원천징수한다.

③ 공동사업에서 발생한 채무에 대하여 무한책임을 부담하기로 약정한 자는 출자공동사업자가 될 수 없다.

④ 공동사업장에서 발생한 소득금액에 대하여 원천징수된 세액은 각 공동사업자의 손익분배비율에 따라 배분한다.

│ 공동사업　　　　　　　　　　　　　　　　　　　　　이론형 Level 1

출자공동사업자의 배당소득으로서 과세기간 종료 후 3개월이 되는 날까지 지급하지 아니한 소득은 그 과세기간 종료 후 3개월이 되는 날에 지급한 것으로 보아 소득세를 원천징수한다.

답 ②

110 소득세법상 공동사업의 과세에 관한 설명으로 옳지 않은 것은? 2013년 세무사

① 사업소득이 발생하는 사업을 공동으로 경영하고 그 손익을 분배하는 공동사업의 경우에는 공동사업장을 1거주자로 보아 공동사업장별로 그 소득금액을 계산한다.

② 공동사업에서 발생한 소득금액은 해당 공동사업을 경영하는 각 공동사업자 간에 약정된 손익분배비율(약정된 손익분배비율이 없는 경우에는 지분비율)에 의하여 분배되었거나 분배될 소득금액에 따라 각 공동사업자별로 분배한다.

③ 공동사업에 성명 또는 상호를 사용하게 한 자로서 당해 공동사업의 경영에 참여하지 아니하고 출자만 하는 자는 출자공동사업자에 해당한다.

④ 공동사업자에 출자공동사업자가 포함되어 있는 경우 공동사업에서 발생한 소득금액 중 출자공동사업자의 손익분배비율에 해당하는 금액은 배당소득이다.

⑤ 거주자 1인과 그와 생계를 같이 하는 특수관계인이 공동사업자에 포함되어 있는 경우로서 조세를 회피하기 위하여 공동으로 사업을 경영하는 것이 확인되는 경우에는 그 특수관계인의 소득금액은 주된 공동사업자의 소득금액으로 본다.

| 공동사업 이론형 Level 1

공동사업에 성명 또는 상호를 사용하게 한 자는 출자공동사업자가 될 수 없다.

> 📄 **출자공동사업자의 개념(소득세법 시행령 제100조 제1항 참조)**
>
> 출자공동사업자란 공동사업의 경영에 참여하지 아니하고 출자만 하는 자를 말하며, 다음에 해당하는 자를 제외함
> 1. 공동사업에 성명 또는 상호를 사용하게 한 자
> 2. 공동사업에서 발생한 채무에 대하여 무한책임을 부담하기로 약정한 자

답 ③

---

111 소득세법상 공동사업장 및 출자공동사업자에 관한 설명이다. 옳은 것은? 2020년 회계사

① 공동사업자 간 특수관계가 없는 경우 공동사업에서 발생한 소득금액은 공동사업을 경영하는 각 거주자 간에 손익분배비율에 의하여 분배되었거나 분배될 소득금액에 따라 각 공동사업자별로 분배한다.

② 공동사업에서 발생한 채무에 대하여 무한책임을 부담하기로 약정한 자는 출자공동사업자에 해당한다.

③ 공동사업장의 해당 공동사업을 경영하는 각 거주자는 자신의 주소지 관할 세무서장에게 사업자등록을 해야 한다.

④ 출자공동사업자의 배당소득 수입시기는 그 배당을 지급받는 날이다.

⑤ 출자공동사업자의 배당소득 원천징수세율은 14%이다.

| 공동사업 이론형 Level 2

(선지분석)

② 공동사업에서 발생한 채무에 대하여 무한책임을 부담하기로 약정한 자는 업무집행공동사업자에 해당하고 사업소득으로 구분한다.

③ 공동사업장단위로 소득금액을 계산하고 기장의무를 이행하므로 그 공동사업장을 1사업자로 보아 해당 사업장 소재지 관할 세무서장에게 사업자등록을 해야 한다.

④ 출자공동사업자의 배당소득 수입시기는 해당 공동사업의 총수입금액과 필요경비가 확정된 날이 속하는 과세기간 종료일이다.

⑤ 출자공동사업자의 배당소득 원천징수세율은 25%이다.

답 ①

112 거주자 甲, 乙, 丙, 丁 4인은 공동출자하여 음식점을 경영하고 있다. 甲, 乙, 丙 3인은 생계를 같이 하는 친족 간이고, 2025년에 동 음식점업에서 발생한 총수입금액은 5억 원, 필요경비는 1억 원이다. 한편 2025년에 甲은 (주)A의 이사로 등재되어 있어 3,000만 원의 근로소득금액이 있고, 丁은 국내 소재 B은행에 돈을 맡겨 받은 이자소득 500만 원(원천징수 됨)이 있으며, 그 이외의 소득은 없다. 甲, 乙, 丙, 丁의 당초 손익분배비율은 각각 70%, 10%, 10%, 10% 인데, 이를 40%, 30%, 20%, 10%로 허위신고하였음이 밝혀졌다면, 甲과 丁에게 2025년 귀속분으로 종합과세되는 소득금액은 각각 얼마인가? 2011년 세무사 변형

	甲	丁
①	310,000,000원	40,000,000원
②	310,000,000원	45,000,000원
③	360,000,000원	40,000,000원
④	390,000,000원	40,000,000원
⑤	390,000,000원	45,000,000원

▌공동사업 이론형 Level 2

구분	甲	丁
손익분배비율	70% + 10% + 10% = 90%	10%
공동사업 소득금액	4억 원 × 90% = 3.6억 원	4억 원 × 10% = 0.4억 원
근로소득금액	0.3억 원	–
종합소득금액	3.9억 원	0.4억 원

답 ④

113 소득세법상 결손금소급공제에 의한 환급에 관한 설명으로 옳지 않은 것은? 2011년 국가직 7급

① 환급규정은 해당 거주자가 과세표준 확정신고기한까지 결손금이 발생한 과세기간과 그 직전 과세기간의 소득에 대한 소득세의 과세표준 및 세액을 각각 신고한 경우에만 적용한다.

② 납세지 관할 세무서장은 소득세를 환급한 후 결손금이 발생한 과세기간에 대한 소득세의 과세표준과 세액을 경정함으로써 이월결손금이 감소된 경우에는 환급세액 중 그 감소된 이월결손금에 상당하는 세액을 법령으로 정하는 바에 따라 그 이월결손금이 발생한 과세기간의 소득세로서 징수한다.

③ 중소기업을 경영하는 거주자가 그 중소기업의 사업소득금액을 계산할 때 해당 과세기간의 이월결손금(부동산 임대업에서 발생한 이월결손금 포함)이 발생한 경우에는 이를 소급공제하여 직전 과세기간의 그 중소기업의 사업소득에 대한 종합소득세액을 환급신청할 수 있다.

④ 소급공제한 이월결손금에 대해서 이월결손금의 이월공제규정을 적용할 때에는 그 이월결손금을 공제받은 금액으로 본다.

▌결손금 소급공제에 따른 환급 이론형 Level 1

중소기업을 경영하는 거주자가 그 중소기업의 사업소득금액을 계산할 때 해당 과세기간의 이월결손금(부동산 임대업에서 발생한 이월결손금 제외)이 발생한 경우에는 이를 소급공제하여 직전 과세기간의 그 중소기업의 사업소득에 대한 종합소득세액을 환급신청할 수 있다.

답 ③

114 소득세법상 과세소득금액을 계산함에 있어서 결손금의 통산방법을 설명한 것으로 옳지 않은 것은?

2008년 국가직 9급 변형

① 사업소득에서 발생한 결손금은 근로소득금액, 연금소득금액, 기타소득금액, 이자소득금액, 배당소득금액에서 순차로 공제한다.

② 사업소득의 결손금을 다른 종합소득금액에서 공제하고 남은 경우에는 양도소득금액에서 공제한다.

③ 부동산임대소득(주거용 건물임대업 제외)에서 발생한 결손금은 다른 종합소득금액에서 공제할 수 없다.

④ 부동산임대소득에서 발생한 이월결손금은 당해 이월결손금이 발생한 연도의 종료일부터 10년(2020년 1월 1일 이후 발생하는 결손금은 15년) 이내에 종료하는 과세기간의 소득금액을 계산함에 있어서 먼저 발생한 연도의 이월결손금부터 순차로 부동산임대소득금액에서 공제한다.

│ 결손금 및 이월결손금 공제　　　　　　　　　　　　　　　　이론형 Level 1

사업소득의 결손금을 다른 종합소득금액에서 공제하고 남은 경우에는 양도소득금액에서 공제할 수 없다.

답 ②

115 소득세법상 거주자의 결손금 및 이월결손금의 공제에 대한 설명으로 옳은 것으로만 묶은 것은? (단, 이월결손금은 세법상 공제 가능하고, 국세부과의 제척기간이 지난 후에 그 제척기간 이전 과세기간의 이월결손금이 확인된 경우가 아니며, 추계신고·추계조사결정하는 경우에도 해당하지 않음)

> ㄱ. 사업자(부동산임대업은 제외하되 주거용 건물 임대업은 포함)가 비치·기록한 장부에 의하여 해당 과세기간의 사업소득금액을 계산할 때 발생한 결손금은 그 과세기간의 종합소득과세표준을 계산할 때 근로소득금액·연금소득금액·기타소득금액·이자소득금액·배당소득금액에서 순서대로 공제한다.
> ㄴ. 부동산임대업(주거용 건물임대업 포함)에서 발생한 이월결손금은 해당 과세기간의 부동산임대업의 소득금액에서만 공제한다.
> ㄷ. 결손금 및 이월결손금을 공제할 때 종합과세되는 배당소득 또는 이자소득이 있으면 그 배당소득 또는 이자소득 중 기본세율을 적용받는 부분에 대해서는 사업자가 그 소득금액의 범위에서 공제 여부 및 공제금액을 결정할 수 있다.
> ㄹ. 결손금 및 이월결손금을 공제할 때 해당 과세기간에 결손금이 발생하고 이월결손금이 있는 경우에는 그 과세기간의 이월결손금을 먼저 소득금액에서 공제한다.

① ㄱ, ㄴ　　　　　　　　　　② ㄱ, ㄷ
③ ㄴ, ㄹ　　　　　　　　　　④ ㄷ, ㄹ

│ 결손금 및 이월결손금 공제　　　　　　　　　　　　　　　　이론형 Level 1

옳은 것은 ㄱ, ㄷ이다.

(선지분석)

ㄴ. 부동산임대업에서 발생한 이월결손금은 해당 과세기간의 부동산임대업의 소득금액에서만 공제한다. 다만, 주거용 건물임대업의 경우에는 그러하지 아니하다.

ㄹ. 결손금 및 이월결손금을 공제할 때 해당 과세기간에 결손금이 발생하고 이월결손금이 있는 경우에는 그 과세기간의 결손금을 먼저 소득금액에서 공제한다.

답 ②

05 소득금액계산의 특례　239

116 「소득세법」상 거주자의 사업소득의 결손금과 이월결손금의 공제에 대한 설명으로 옳은 것은? (단, 거주자
□□□ 는 장부와 증명서류를 비치 · 기록하고 있음)　　　　　　　　　　　　　　　　　2024년 국가직 9급

① 해당 과세기간의 사업소득금액을 계산할 때 발생한 결손금은 그 과세기간의 종합소득 과세표준
을 계산할 때 이자소득금액 · 배당소득금액 · 근로소득금액 · 연금소득금액 · 기타소득금액에서 순
서대로 공제한다.

② 주거용 건물 임대업에서 발생한 결손금은 해당 과세기간의 종합소득 과세표준을 계산할 때 공
제하지 아니한다.

③ 결손금 및 이월결손금을 공제할 때 해당 과세기간에 결손금이 발생하고 이월결손금이 있는 경
우에는 이월결손금을 먼저 소득금액에서 공제한다.

④ 「국세기본법」 제26조의2에 따른 국세부과의 제척기간이 지난 후에 그 제척기간 이전 과세기간
의 이월결손금이 확인된 경우 그 이월결손금은 공제하지 아니한다.

┃ 결손금과 이월결손금 공제　　　　　　　　　　　　　　　　　　　　　　　이론형 Level 1

(선지분석)
① 해당 과세기간의 사업소득금액을 계산할 때 발생한 결손금은 그 과세기간의 종합소득 과세표준을 계산할 때 근
로소득금액 · 연금소득금액 · 기타소득금액 · 이자소득금액 · 배당소득금액에서 순서대로 공제한다.
② 부동산임대업에서 발생한 결손금은 종합소득 과세표준을 계산할 때 공제하지 아니한다. 다만, 주거용 건물 임대
업의 경우에는 그러하지 아니하다.
③ 결손금 및 이월결손금을 공제할 때 해당 과세기간에 결손금이 발생하고 이월결손금이 있는 경우에는 결손금을
먼저 소득금액에서 공제한다.

답 ④

---

117 소득세법상 결손금 및 이월결손금 공제에 관한 설명으로 옳지 않은 것은?　　　　2016년 세무사
□□□

① 사업자(주거용 건물임대업이 아닌 부동산임대업은 제외)가 비치 · 기록한 장부에 의하여 해당 과
세기간의 사업소득금액을 계산할 때 발생한 결손금은 그 과세기간의 종합소득과세표준을 계산
할 때 근로소득금액 · 연금소득금액 · 기타소득금액 · 이자소득금액 · 배당소득금액에서 순서대로
공제한다.

② 부동산임대업에서 발생한 결손금은 종합소득 과세표준을 계산할 때 그 과세기간의 다른 종합소
득금액에서 공제하지 아니하나 주거용 건물 임대업의 경우에는 그러하지 아니하다.

③ 중소기업을 경영하는 비거주자가 그 사업소득금액을 계산할 때 해당 과세기간의 이월결손금(주
거용 건물임대업이 아닌 부동산임대업에서 발생한 이월결손금은 제외)이 발생한 경우에는 결손
금 소급공제세액을 환급신청할 수 있다.

④ 국세기본법에 따른 국세부과의 제척기간이 지난 후에 그 제척기간 이전 과세기간의 이월결손금
이 확인된 경우 그 이월결손금은 공제하지 아니한다.

⑤ 해당 과세기간의 소득금액에 대해서 추계신고를 하거나 추계조사결정하는 경우 (천재지변이나
그 밖의 불가항력으로 장부나 그 밖의 증명서류가 멸실된 경우는 제외)에는 이월결손금을 공제
하지 않는다.

┃ 결손금 및 이월결손금 공제　　　　　　　　　　　　　　　　　　　　　　이론형 Level 1

결손금소급공제의 신청은 거주자에 한하여 적용한다.

답 ③

118 소득세법상 소득금액계산에 관한 설명으로 옳지 않은 것은? 2009년 국가직 7급 변형

① 사업소득이 발생하는 사업을 공동으로 경영하고 그 손익을 분배하는 공동사업의 경우(출자공동사업자가 있는 공동사업 포함)에는 공동사업장을 1거주자로 보아 공동사업장별로 그 소득금액을 계산한다.

② 결손금 및 이월결손금의 공제에 있어서 당해연도에 결손금이 발생하고 이월결손금이 있는 경우에는 먼저 발생한 연도의 이월결손금부터 소득금액에서 공제하고 다음으로 당해 연도의 결손금을 소득금액에서 공제한다.

③ 사업소득에서 발생한 이월결손금은 사업소득금액, 근로소득금액, 연금소득금액, 기타소득금액, 이자소득금액 및 배당소득금액에서 순서대로 공제한다.

④ 피상속인의 소득금액에 대한 소득세를 상속인에게 과세할 것은 이를 상속인의 소득금액에 대한 소득세와 구분하여 계산하여야 한다.

| 소득금액계산의 특례 | 이론형 Level 1

결손금 및 이월결손금의 공제에 있어서 당해연도에 결손금이 발생하고 이월결손금이 있는 경우에는 해당 연도의 결손금부터 소득금액에서 공제하고 다음으로 먼저 발생한 연도의 이월결손금을 소득금액에서 공제한다.

답 ②

119 소득세법상 소득금액계산의 특례에 대한 설명으로 옳지 않은 것은? 2017년 국가직 9급

① 납세지 관할 세무서장은 사업소득이 있는 거주자의 행위 또는 계산이 그 거주자와 특수관계인과의 거래로 인하여 그 소득에 대한 조세부담을 부당하게 감소시킨 것으로 인정되는 경우 그 거주자의 행위 또는 계산과 관계없이 해당 과세기간의 소득금액을 계산할 수 있다.

② 조세조약의 상호합의규정에 따라 거주자와 국외에 있는 비거주자 간 거래금액에 대하여 권한 있는 당국 간에 합의를 하는 경우 그 합의에 따라 납세지 관할 세무서장은 그 거주자의 각 과세기간의 소득금액을 조정하여 계산할 수 있다.

③ 사업소득이 발생하는 사업을 공동으로 경영하고 그 손익을 분배하는 공동사업의 경우에는 해당 사업을 공동으로 경영하는 자 각각을 1거주자로 보아 거주자별로 소득금액을 계산한다.

④ 연금계좌의 가입자가 사망하였으나 그 배우자가 연금 외 수령 없이 해당 연금계좌를 상속으로 승계하는 경우 해당 연금계좌에 있는 피상속인의 소득금액은 상속인의 소득금액으로 보아 소득세를 계산한다.

| 소득금액계산의 특례 | 이론형 Level 1

사업소득이 발생하는 사업을 공동으로 경영하고 그 손익을 분배하는 공동사업의 경우에는 세무행정의 낭비일 뿐만 아니라 납세의무자의 불편이 크므로 해당 공동사업장을 1거주자로 보아 소득금액을 계산한다.

답 ③

120 소득세법령상 소득금액계산의 특례에 대한 설명으로 옳지 않은 것은?

① 주거용 건물 임대업에서 발생하는 이월결손금은 해당 과세기간의 사업소득금액을 계산할 때 먼저 공제하고, 남은 금액은 근로소득금액, 기타소득금액, 연금소득금액, 배당소득금액, 이자소득금액에서 순서대로 공제한다.

② 사업소득이 발생하는 사업을 공동으로 경영하고 그 손익을 분배하는 공동사업(출자공동사업자가 있는 공동사업 포함)의 경우에는 공동사업장을 1거주자로 보아 공동사업장별로 그 소득금액을 계산한다.

③ 연금계좌의 가입자가 사망하였으나 그 배우자가 연금 외 수령 없이 해당 연금계좌를 상속으로 승계하는 경우에는 해당 연금계좌에 있는 피상속인의 소득금액은 상속인의 소득금액으로 보아 소득세를 계산한다.

④ 거주자가 채권 등을 내국법인에게 매도(환매조건부 채권매매거래 등 대통령령으로 정하는 경우는 제외)하는 경우에는 대통령령으로 정하는 기간계산방법에 따른 원천징수기간의 이자 등 상당액을 거주자의 이자소득으로 보고 채권 등을 매수하는 법인이 소득세를 원천징수한다.

소득금액계산의 특례

이론형 Level 1

주거용 건물 임대업에서 발생하는 이월결손금은 해당 과세기간의 사업소득금액을 계산할 때 먼저 공제하고, 남은 금액은 근로소득금액, 연금소득금액, 기타소득금액, 이자소득금액, 배당소득금액에서 순서대로 공제한다.

답 ①

---

121 소득세법상 소득금액계산의 특례에 관한 다음의 설명으로 옳은 것을 모두 묶은 것은?

ㄱ. 출자공동사업자의 배당소득, 사업소득, 기타소득, 양도소득은 부당행위계산부인의 대상이 된다.

ㄴ. 사업소득금액을 계산할 때 해당 과세기간에 결손금이 발생하고 이월결손금이 있는 경우에는 이월결손금을 먼저 소득금액에서 공제한다.

ㄷ. 공동사업자가 과세표준확정신고를 할 때에는 과세표준확정신고서와 함께 당해 공동사업장에서 발생한 소득과 그 외의 소득을 구분한 계산서를 제출하여야 한다.

ㄹ. 공동사업합산과세규정에 따라 특수관계인의 소득금액이 주된 공동사업자에게 합산과세되는 경우, 주된 공동사업자의 특수관계인은 그 합산과세되는 소득금액 전체에 대하여 주된 공동사업자와 연대하여 납세의무를 진다.

① ㄱ, ㄴ　　　　　　　　　② ㄴ, ㄷ
③ ㄱ, ㄷ　　　　　　　　　④ ㄱ, ㄴ, ㄷ
⑤ ㄱ, ㄷ, ㄹ

소득금액계산의 특례

이론형 Level 1

옳은 것은 ㄱ, ㄷ이다.

(선지분석)

ㄴ. 해당 과세기간에 결손금이 발생하고 이월결손금이 있는 경우에는 해당 과세기간의 결손금을 먼저 소득금액에서 공제한다.

ㄹ. 특수관계인의 소득금액이 주된 공동사업자에게 합산과세되는 경우, 그 합산과세되는 소득금액에 대해서 특수관계인은 그의 손익분배비율에 해당하는 그의 소득금액을 한도로 주된 공동사업자와 연대하여 납세의무를 진다.

답 ③

122 소득세법상 소득금액계산의 특례에 관한 설명으로 옳지 않은 것은? 2018년 세무사

① 종합소득과세표준확정신고 후 예금 또는 신탁계약의 중도해지로 이미 지난 과세기간에 속하는 이자소득금액이 감액된 때에는, 경정청구를 하지 아니한 경우라면 그 중도해지일이 속하는 과세기간의 종합소득금액에 포함된 이자소득금액에서 그 감액된 이자소득금액을 뺄 수 있다.

② 우리나라가 조세조약의 상대국과 그 조세조약의 상호합의규정에 따라 거주자가 국외에 있는 비거주자와 거래한 그 금액에 대하여 권한 있는 당국 간에 합의를 하는 경우에는 그 합의에 따라 납세지 관할 세무서장은 그 거주자의 각 과세기간의 소득금액을 조정하여 계산할 수 있다.

③ 사업소득이 발생하는 사업을 공동으로 경영하고 그 손익을 분배하는 공동사업의 경우에는 각 공동사업자별로 소득금액을 계산한다.

④ 연금계좌의 가입자가 사망하였으나 그 배우자가 연금 외 수령 없이 해당 연금계좌를 상속으로 승계하는 경우에는 그 연금계좌에 있는 피상속인의 소득금액은 상속인의 소득금액으로 보아 소득세를 계산한다.

⑤ 결손금 및 이월결손금을 공제할 때 해당 과세기간에 결손금이 발생하고 이월결손금이 있는 경우에는 그 과세기간의 결손금을 먼저 소득금액에서 공제한다.

│ 소득금액계산의 특례 이론형 Level 1

사업소득이 발생하는 사업을 공동으로 경영하고 그 손익을 분배하는 공동사업(출자공동사업자가 있는 공동사업을 포함)의 경우에는 공동사업장을 1거주자로 보아 공동사업장별로 그 소득금액을 계산한다.

답 ③

123 소득세법상 소득금액계산의 특례에 관한 설명으로 옳은 것은?

① 거주자 1인과 특수관계인이 공동사업자에 포함되어 있는 경우로서 손익분배비율을 거짓으로 정하는 등의 사유가 있는 경우에는 손익분배비율에 따른 소득분배규정에 따라 소득금액을 산정한다.

② 대통령령으로 정하는 중소기업을 영위하는 거주자는 사업소득에서 결손금이 발생되는 경우 종합소득금액이 있더라도 여기에서 이를 공제하는 대신 직전 과세기간으로 소급공제하여 직전 과세기간의 사업소득에 부과된 소득세액을 한도로 환급신청 할 수 있다.

③ 거주자가 채권을 내국법인에게 매도하는 경우에는 채권을 매도하는 거주자가 자신의 보유기간 이자 등 상당액을 이자소득으로 보아 소득세를 원천징수한다.

④ 사업소득에서 발생한 결손금은 그 과세기간의 종합소득과세표준을 계산할 때 이자소득금액, 배당소득금액, 근로소득금액, 연금소득금액, 기타소득금액에서 순서대로 공제한다.

⑤ 공동사업합산과세규정에 따라 특수관계인의 소득금액이 주된 공동사업자에게 합산과세되는 경우, 그 합산과세되는 소득금액에 대하여 주된 공동사업자의 특수관계인은 자신의 손익분배비율에 해당하는 그의 소득금액을 한도로 주된 공동사업자와 연대하여 납세의무를 진다.

■ 소득금액계산의 특례 이론형 Level 2

(선지분석)
① 거주자 1인과 그의 특수관계인이 공동사업자에 포함되어 있는 경우로서 손익분배비율을 거짓으로 정하는 등 사유가 있는 경우에는 그 특수관계인의 소득금액은 주된 공동사업자의 소득금액으로 본다.
② 중소기업을 영위하는 거주자는 사업소득에서 결손금(결손금을 다른 소득에서 공제하고 남은 금액을 말하며, 부동산임대업에서 발생한 이월결손금은 제외)이 발생되는 경우 직전 과세기간으로 소급공제하여 직전 과세기간의 사업소득에 부과된 소득세액을 한도로 환급신청할 수 있다.
③ 거주자가 채권을 내국법인에게 매도하는 경우에는 채권을 매수하는 법인이 거주자 등의 보유기간 이자 등 상당액을 이자소득으로 보아 소득세를 원천징수한다.
④ 사업소득에서 발생한 결손금은 그 과세기간의 종합소득과세표준을 계산할 때 근로소득금액·연금소득금액·기타소득금액·이자소득금액·배당소득금액에서 순서대로 공제한다.

답 ⑤

---

124 소득세법상 소득금액 및 세액의 계산과 관련된 설명이다. 옳지 않은 것은?

① 공동사업자가 과세표준확정신고를 할 때에는 과세표준확정신고서와 함께 당해 공동사업장에서 발생한 소득과 그 외의 소득을 구분한 계산서를 제출하여야 한다.

② 공동사업장에서 발생한 소득금액에 대하여 원천징수된 세액은 각 공동사업자의 손익분배비율에 따라 배분한다.

③ 직계존비속에게 주택을 무상으로 사용하게 하고 직계존비속이 해당 주택에 실제 거주하는 경우, 부당행위계산부인규정을 적용하여 임대료의 시가에 해당하는 금액에 대하여 소득세를 과세한다.

④ 결손금소급공제 환급요건을 갖춘 자가 환급을 받으려면 과세표준확정신고기한까지 납세지 관할 세무서장에게 환급을 신청하여야 하며, 환급신청을 받은 납세지 관할 세무서장은 지체 없이 환급세액을 결정하여 국세기본법에 따라 환급하여야 한다.

⑤ 이월결손금을 공제할 때 종합과세되는 금융소득 중 원천징수세율을 적용받는 부분은 이월결손금의 공제대상에서 제외하며, 그 금융소득 중 기본세율을 적용받는 부분에 대해서는 사업자가 그 소득금액의 범위에서 공제 여부 및 공제금액을 결정할 수 있다.

직계존비속에게 주택을 무상으로 사용하게 하고 직계존비속이 해당 주택에 실제 거주하는 경우에는 국민정서를 고려하여 부당행위계산부인규정을 적용하지 아니한다.

답 ③

125 소득세법상 거주자의 소득금액계산의 특례와 납세의무의 범위에 관한 설명으로 옳지 않은 것은? (단, 출자공동사업자, 연금 외 수령, 사업자, 주된 공동사업자 및 손익분배비율은 소득세법령의 요건을 충족하며, 비거주자 등과의 거래에 대한 소득금액 계산의 특례는 고려하지 않음)   2020년 세무사

① 부당행위계산의 부인규정이 적용되는 종합소득은 출자공동사업자의 손익분배비율에 해당하는 배당소득, 사업소득 또는 기타소득이 해당된다.

② 사업소득이 발생하는 사업을 공동으로 경영하고 그 손익을 분배하는 공동사업(경영에 참여하지 아니하고 출자만 하는 출자공동사업자가 있는 공동사업을 포함)의 경우에는 해당 사업을 경영하는 장소인 공동사업장을 1거주자로 보아 공동사업장별로 그 소득금액을 계산한다.

③ 연금계좌의 가입자가 사망하였으나 그 배우자가 연금 외 수령 없이 해당 연금계좌를 상속으로 승계하는 경우에는 해당 연금계좌에 있는 피상속인의 소득금액은 상속인의 소득금액으로 보아 소득세를 계산한다.

④ 사업자가 비치·기록한 장부에 의하여 해당 과세기간의 사업소득금액을 계산할 때 발생한 결손금(주거용 건물 임대업 외의 부동산임대업에서 발생한 금액 제외)은 그 과세기간의 종합소득과세표준을 계산할 때 근로소득금액·연금소득금액·이자소득금액·기타소득금액·배당소득금액에서 순서대로 공제한다.

⑤ 주된 공동사업자에게 합산과세되는 경우 그 합산과세되는 소득금액에 대해서는 주된 공동사업자의 특수관계인은 손익분배비율에 해당하는 그의 소득금액을 한도로 주된 공동사업자와 연대하여 납세의무를 진다.

사업자가 비치·기록한 장부에 의하여 해당 과세기간의 사업소득금액을 계산할 때 발생한 결손금은 그 과세기간의 종합소득과세표준을 계산할 때 근로소득금액·연금소득금액·기타소득금액·이자소득금액·배당소득금액에서 순서대로 공제한다.

답 ④

126 소득세법상 공동사업에 대한 소득금액계산과 납세의무의 범위에 대한 설명으로 옳은 것은?

2021년 국가직 7급

① 사업소득이 발생하는 사업을 공동으로 경영하고 그 손익을 분배하는 공동사업의 경우에는 공동사업장을 1거주자로 보아 공동사업장별로 그 소득금액을 계산한다.
② 공동사업에서 발생한 소득금액은 해당 공동사업을 경영하는 각 거주자 간에 약정된 손익분배비율이 있더라도 지분비율에 의하여 분배되었거나 분배될 소득금액에 따라 각 공동사업자별로 분배한다.
③ 거주자 1인과 그의 특수관계인이 공동사업자에 포함되어 있는 경우 그 특수관계인의 소득금액은 손익분배비율이 큰 공동사업자의 소득금액으로 본다.
④ 주된 공동사업자에게 합산과세되는 경우 그 합산과세되는 소득금액에 대해서는 주된 공동사업자의 특수관계인은 공동사업소득금액 전액에 대하여 주된 공동사업자와 연대하여 납세의무를 진다.

│ 공동사업 및 납세의무의 범위 이론형 Level 1

(선지분석)

② **소득세법 제43조 【공동사업에 대한 소득금액계산의 특례】** ② 공동사업에서 발생한 소득금액은 해당 공동사업을 경영하는 각 거주자(출자공동사업자를 포함한다. 이하 "공동사업자"라 한다) 간에 약정된 손익분배비율(약정된 손익분배비율이 없는 경우에는 지분비율을 말한다. 이하 "손익분배비율"이라 한다)에 의하여 분배되었거나 분배될 소득금액에 따라 각 공동사업자별로 분배한다.

③ **소득세법 제43조 【공동사업에 대한 소득금액계산의 특례】** ③ 거주자 1인과 그의 대통령령으로 정하는 특수관계인이 공동사업자에 포함되어 있는 경우로서 손익분배비율을 거짓으로 정하는 등 대통령령으로 정하는 사유가 있는 경우에는 제2항에도 불구하고 그 특수관계인의 소득금액은 그 손익분배비율이 큰 공동사업자(손익분배비율이 같은 경우에는 대통령령으로 정하는 자로 한다. 이하 "주된 공동사업자"라 한다)의 소득금액으로 본다.

④ **소득세법 제2조의2 【납세의무의 범위】** ① 공동사업에 관한 소득금액을 계산하는 경우에는 해당 공동사업자별로 납세의무를 진다. 다만, 제43조 제3항에 따른 주된 공동사업자에게 합산과세되는 경우 그 합산과세되는 소득금액에 대해서는 주된 공동사업자의 특수관계인은 같은 조 제2항에 따른 손익분배비율에 해당하는 그의 소득금액을 한도로 주된 공동사업자와 연대하여 납세의무를 진다.

답 ①

127 소득세법상 종합소득공제 중 인적공제 및 세액공제에 대한 설명으로 옳은 것은?　　2011년 국가직 9급 변형

① 직계비속이 해당 과세기간 중 20세가 된 경우에는 기본공제대상이 될 수 없다.

② 기본공제대상자가 아닌 자도 추가공제대상자가 될 수 있다.

③ 인적공제의 합계액이 종합소득금액을 초과하는 경우 그 초과하는 공제액은 없는 것으로 한다.

④ 해당 과세기간 중 장애가 치유되어 해당 과세기간에는 장애인이 아닌 경우 추가공제(장애인공제)를 적용받을 수 없다.

| 종합소득공제　　　　　　　　　　　　　　　　　　　　　　　　　　　　　　이론형 Level 1

(선지분석)

① 직계비속의 기본공제 중 나이요건은 20세 이하에 해당한다.

② 추가공제는 기본공제대상자에 한하여 적용한다.

④ 공제대상 배우자, 공제대상 부양가족, 공제대상 장애인 또는 공제대상 경로우대자에 해당하는지 여부의 판정은 해당 과세기간의 과세기간 종료일 현재의 상황에 따른다. 다만, 과세기간 종료일 전에 사망한 사람 또는 장애가 치유된 사람에 대해서는 사망일 전날 또는 치유일 전날의 상황에 따른다.

답 ③

128 소득세법상 거주자를 대상으로 하는 종합소득공제에 대한 설명으로 옳지 않은 것은?　　2015년 국가직 7급

① 분리과세이자소득, 분리과세배당소득, 분리과세연금소득과 분리과세기타소득만이 있는 자에 대해서는 종합소득공제를 적용하지 아니한다.

② 종합소득공제 중 인적공제의 합계액이 종합소득금액을 초과하는 경우 그 초과하는 공제액은 없는 것으로 한다.

③ 수시부과결정(소득세법 제82조)의 경우에는 기본공제 중 거주자 본인에 대한 분(分)만을 공제한다.

④ 둘 이상의 거주자가 공제대상 가족을 서로 자기의 공제대상 가족으로 하여 신고서에 적은 경우에는 먼저 신고한 거주자의 공제대상 가족으로 한다.

| 종합소득공제　　　　　　　　　　　　　　　　　　　　　　　　　　　　　　이론형 Level 1

소득세법 시행령 제106조 【부양가족 등의 공제】 ② 둘 이상의 거주자가 공제대상 가족을 서로 자기의 공제대상 가족으로 하여 신고서에 적은 경우 또는 누구의 공제대상 가족으로 할 것인가를 알 수 없는 경우에는 다음 각 호의 기준에 따른다.
1. 거주자의 공제대상 배우자가 다른 거주자의 공제대상 부양가족에 해당하는 때에는 공제대상 배우자로 한다.
2. 거주자의 공제대상 부양가족이 다른 거주자의 공제대상 부양가족에 해당하는 때에는 직전 과세기간에 부양가족으로 인적공제를 받은 거주자의 공제대상 부양가족으로 한다. 다만, 직전 과세기간에 부양가족으로 인적공제를 받은 사실이 없는 때에는 해당 과세기간의 종합소득금액이 가장 많은 거주자의 공제대상 부양가족으로 한다.

답 ④

129 소득세법에 따라 다음 자료를 이용하여 종합소득공제액을 계산할 때 인적공제의 합계액은? [단, 공제대상임을 증명하는 서류는 정상적으로 제출하였고, 부양가족은 모두 당해 과세연도 종료일 현재(모친은 사망일 현재) 주거형편상 별거 중, 연령은 당해 과세연도 종료일 현재(모친은 사망일 현재)임] 2016년 국가직 7급

부양가족	연령	소득 현황	비고
본인(남성)	51세	총급여액 5천만 원	–
배우자	48세	총급여액 1천만 원	장애인
아들	18세	–	장애인
딸	13세	–	–
모친	72세	–	당해 연도 12월 1일 사망

① 900만 원
③ 1,100만 원

② 1,050만 원
④ 1,250만 원

▌종합소득공제의 계산 계산형

ⓐ 기본공제: 4명(본인, 아들, 딸, 모친) × 150만 원 = 600만 원
ⓑ 추가공제: 200만 원(장애인인 아들) + 100만 원(모친 경로자) = 300만 원
∴ 인적공제 합계(ⓐ + ⓑ): 600만 원 + 300만 원 = 900만 원

배우자는 총급여액이 500만 원 초과하기 때문에 기본공제대상자에 해당하지 않는다. 모친은 사망일 전날을 기준으로 판단하기 때문에 기본공제 및 경로우대자 공제대상에 해당한다.

답 ①

---

130 다음 자료를 이용하여 거주자 갑(남성이며 52세임)의 종합소득과세표준 계산 시 공제되는 인적공제액을 계산한 것으로 옳은 것은? 2014년 회계사 변형

구분	나이	비고
배우자	45세	소득 없음
부친	80세	당해 연도 사망함
모친	72세	소득 없음
장인	68세	주거형편상 별거하고 있으며, 소득 없음
장남	23세	장애인이며, 사업소득금액 3,000,000원 있음
장녀	18세	소득 없음

① 9,500,000원
③ 12,500,000원
⑤ 14,500,000원

② 11,000,000원
④ 13,000,000원

구분	기본공제	추가공제	비고
본인	○	–	–
배우자	○	–	–
부친	○	1,000,000원	과세기간 종료일 전 사망
모친	○	1,000,000원	경로우대자
장인	○	–	–
장남	–	–	종합소득금액 100만 원 초과
장녀	○	–	–
합계	9,000,000원	2,000,000원	–

답 ②

131 근로소득이 있는 거주자 갑(여성)의 다음 자료를 바탕으로 종합소득공제 중 인적공제액을 계산한 것으로 옳은 것은?

2018년 회계사 변형

(1) 본인 및 가족 현황

가족	연령	소득 현황	비고
본인	40세	근로소득 28,000,000원	–
부친	72세	소득 없음	당해 연도 10월 31일 사망함
모친	70세	기타소득금액 4,000,000원	–
남편	44세	총급여액 4,500,000원	–
아들	6세	소득 없음	–
동생	38세	소득 없음	장애인

(2) 본인과 부양가족은 주민등록표의 동거가족으로서 해당 과세기간 동안 동일한 주소에서 생계를 같이 하고 있다.

(3) 조세부담 최소화를 가정한다.

① 9,000,000원
② 9,500,000원
③ 10,500,000원
④ 11,000,000원
⑤ 12,500,000원

구분	기본공제	추가공제	비고
본인	○	500,000원	종합소득금액이 3천만 원 이하 + 부양가족이 있는 여성에 해당하므로 부녀자 공제 적용
부친	○	1,000,000원	사망일 전날을 기준으로 70세 이상이므로 경로우대자 공제
모친	–	–	종합소득금액 100만 원 초과
남편	○	–	근로소득금액만 있는 경우에는 총급여액 500만 원 이하 시 소득요건 충족
아들	○	–	–
동생	○	2,000,000원	장애인 공제
합계	7,500,000원	3,500,000원	–

답 ④

132 다음 자료에 의하여 거주자 갑의 종합소득공제액을 계산한 것으로 옳은 것은?

2016년 회계사 변형

(1) 본인 및 가족 현황

가족	연령	소득 현황	비고
본인	42세	총급여액 50,000,000원	-
배우자	39세	총급여액 4,000,000원	-
부친	72세	정기예금이자 20,000,000원	당해 연도 6월 10일 사망함
모친	68세	식량작물 재배업소득 5,000,000원	-
장남	10세	소득 없음	장애인
장녀	7세	소득 없음	-

(2) 국민건강보험료 및 노인장기요양보험료 본인부담분 500,000원, 국민연금보험료 본인부담분 2,000,000원을 납부하였음

(3) 부모는 주거형편상 본인과 별거하고 있음

① 11,500,000원
② 12,500,000원
③ 13,000,000원
④ 14,500,000원
⑤ 16,000,000원

│ 종합소득공제의 계산 계산형

종합소득공제액(ⓐ + ⓑ + ⓒ)은 14,500,000원이다.
ⓐ 인적공제: 1,500,000원 × 6명 + 3,000,000원 = 12,000,000원
ⓑ 연금보험료공제: 2,000,000원
ⓒ 특별소득공제: 500,000원

구분	기본공제	추가공제	비고
본인	○	-	-
배우자	○	-	총급여 500만 원 이하
부친	○	1,000,000원	분리과세소득, 경로우대자
모친	○	-	비과세 소득
장남	○	2,000,000원	장애인
장녀	○	-	-

답 ④

소득세법상 거주자의 종합소득공제에 대한 설명으로 옳은 것만을 모두 고르면?

> ㄱ. 기본공제대상자가 70세 이상인 경우 1명당 연 100만 원을 추가로 공제한다.
> ㄴ. 거주자의 직계존속은 나이와 소득에 관계없이 기본공제대상자가 된다.
> ㄷ. 분리과세이자소득, 분리과세배당소득, 분리과세연금소득과 분리과세기타소득만이 있는 자에 대해서는 종합소득공제를 적용하지 아니한다.
> ㄹ. 주택담보노후연금에 대해서 발생한 이자비용 상당액은 연금소득금액을 초과하지 않는 범위에서 300만 원을 연금소득금액에서 공제한다.

① ㄱ, ㄴ ② ㄱ, ㄷ
③ ㄴ, ㄹ ④ ㄷ, ㄹ

▌종합소득공제 이론형 Level 1

옳은 것은 ㄱ, ㄷ이다.

(선지분석)

ㄴ. 거주자의 직계존속의 기본공제는 60세 이상인 경우로서 연간소득금액의 합계액이 100만 원 이하인 경우 적용한다.

ㄹ.
> **소득세법 제51조의4【주택담보노후연금 이자비용공제】①** 연금소득이 있는 거주자가 대통령령으로 정하는 요건에 해당하는 주택담보노후연금을 받은 경우에는 그 받은 연금에 대해서 해당 과세기간에 발생한 이자비용 상당액을 해당 과세기간 연금소득금액에서 공제(이하 "주택담보노후연금 이자비용공제"라 한다)한다. 이 경우 공제할 이자 상당액이 200만 원을 초과하는 경우에는 200만 원을 공제하고, 연금소득금액을 초과하는 경우 그 초과금액은 없는 것으로 한다.

답 ②

134
□□□

소득세법령상 세액공제에 대한 설명으로 옳지 않은 것은?

2017년 국가직 7급 변형

① 종합소득이 있는 거주자의 공제대상자녀로서 9세 이상의 자녀가 3명(해당 과세기간에 입양 신고한 자는 없음)인 경우 65만 원을 자녀세액공제로 종합소득산출세액에서 공제한다.

② 해당 과세기간에 총급여액 5,000만 원의 근로소득만 있는 거주자가 같은 과세기간에 연금저축계좌에 400만 원을 납입한 경우, 연금저축계좌 납입액의 100분의 12에 해당하는 48만 원을 해당 과세기간의 종합소득산출세액에서 공제한다.

③ 근로소득이 없는 거주자로서 종합소득이 있는 사람(성실사업자는 제외)에 대해서는 연 7만 원을 종합소득산출세액에서 공제한다.

④ 재학 중인 학교로부터 해당 과세기간에 받은 장학금 등 소득세 또는 증여세가 비과세되는 교육비는 종합소득산출세액에서 공제하지 아니한다.

세액공제

이론형 Level 1

해당 과세기간에 총급여액 5,000만 원의 근로소득만 있는 거주자가 같은 과세기간에 연금저축계좌에 400만 원을 납입한 경우, 연금저축계좌 납입액의 100분의 15에 해당하는 60만 원을 해당 과세기간의 종합소득산출세액에서 공제한다.

선지분석

① 자녀세액공제(ⓐ + ⓑ) 금액은 65만 원이다.
   ⓐ 자녀수공제: 65만 원 ∵ 8세 이상인 자녀가 3명
   ⓑ 출산·입양공제: 0원

③ 근로소득이 있는 거주자로서 특별세액공제, 특별소득공제 및 월세세액공제에 따른 소득공제신청이나 세액공제신청을 하지 아니한 사람에 대해서는 연 13만 원을 종합소득산출세액에서 공제한다.

④
📄 **교육비 세액공제 불산입사유(소득세법 시행령 제118조의6 제2항 참조)**

소득세 또는 증여세가 비과세되는 다음의 교육비는 공제하지 아니함
1. 사내근로복지기금으로부터 받은 장학금 등
2. 근로자인 학생이 직장으로부터 받은 장학금 등
3. 재학 중인 학교로부터 받은 장학금 등

답 ②

135 소득세법상 세액공제에 대한 설명으로 옳은 것은?

① 기장세액공제와 관련된 장부 및 증명서류를 해당 납세의무의 성립일로부터 5년간 보관하는 경우 기장세액공제를 적용받을 수 있다.

② 종합소득이 있는 거주자의 기본공제대상자에 해당하는 자녀가 3명(8세인 장녀, 4세인 장남, 해당 사업연도 출생인 차녀)인 경우 자녀세액공제로 85만 원을 종합소득산출세액에서 공제한다.

③ 근로소득이 있는 거주자(일용근로자 제외)가 해당 과세기간에 국민건강보험법 또는 고용보험법에 따라 근로자가 부담하는 보험료를 지급한 경우에는 그 금액의 12 %를 보험료세액공제로 해당 과세기간의 종합소득산출세액에서 공제한다.

④ 외국납부세액공제액이 공제한도를 초과하는 경우 그 초과하는 금액은 해당 과세기간의 다음 과세기간부터 5년 이내에 끝나는 과세기간으로 이월하여 그 이월된 과세기간의 공제한도 범위에서 공제받을 수 있다.

│ 세액공제

이론형 Level 1

자녀세액공제(ⓐ + ⓑ) 금액은 85만 원이다.
ⓐ 15만 원 ∵ 8세 이상 자녀 1명
ⓑ 출생 자녀: 70만 원 ∵ 셋째

(선지분석)

① 간편장부대상자가 복식부기로 기장한 경우 기장세액공제를 받을 수 있다. 다만, 기장세액공제와 관련된 장부 및 증명서류를 해당 과세표준확정신고기한 종료일부터 5년간 보관하지 않은 경우(단 천재지변 등 부득이한 사유에 해당하는 경우는 제외)는 기장세액공제를 적용하지 않는다.

③ 근로소득이 있는 거주자(일용근로자 제외)가 해당 과세기간에 국민건강보험법 또는 고용보험법에 따라 근로자가 부담하는 보험료를 지급한 경우에는 그 금액을 해당 과세기간의 근로소득금액에서 공제한다.

④ 외국납부세액공제액이 공제한도를 초과하는 경우 그 초과하는 금액은 해당 과세기간의 다음 과세기간 개시일부터 10년 이내에 끝나는 과세기간으로 이월하여 그 이월된 과세기간의 공제한도 범위에서 공제받을 수 있다.

답 ②

136 소득세법상 세액공제에 대한 설명으로 옳지 않은 것은?

① 간편장부대상자가 과세표준확정신고를 할 때 복식부기에 따라 기장하여 소득금액을 계산하고 소득세법에 따른 서류를 제출하는 경우에는 해당 장부에 의하여 계산한 사업소득금액이 종합소득금액에서 차지하는 비율을 종합소득산출세액에 곱하여 계산한 금액의 100분의 20에 해당하는 금액(다만, 공제세액이 100만 원을 초과하는 경우에는 100만 원으로 함)을 종합소득산출세액에서 공제한다.

② 종합소득이 있는 거주자가 해당 과세기간에 출산하거나 입양신고한 공제대상자녀가 둘째인 경우에는 연 50만 원을 종합소득산출세액에서 공제한다.

③ 일용근로자의 근로소득에 대해서 원천징수를 하는 경우에는 해당 근로소득에 대한 산출세액의 100분의 55에 해당하는 금액을 그 산출세액에서 공제한다.

④ 근로소득이 있는 거주자에 한하여 특별세액공제를 적용하므로 근로소득이 없는 거주자로서 종합소득이 있는 사람은 특별세액공제를 적용받을 수 없다.

| 세액공제 이론형 Level 1

근로소득이 없는 거주자도 표준세액공제(연 7만 원)를 적용받는다. 한편, 소득세법은 표준세액공제도 특별세액공제의 범위에 포함되는 것으로 본다.

> **소득세법 제59조의4【특별세액공제】** ⑨ 근로소득이 있는 거주자로서 특별소득공제신청이나 세액공제신청을 하지 아니한 사람에 대해서는 연 13만 원을 종합소득산출세액에서 공제하고, 성실사업자로서 조세특례제한법에 따른 세액공제 신청을 하지 아니한 사업자에 대해서는 연 12만 원을 종합소득산출세액에서 공제하며, 근로소득이 없는 거주자로서 종합소득이 있는 사람(성실사업자는 제외)에 대해서는 연 7만 원을 종합소득산출세액에서 공제(이하 "표준세액공제"라 한다)한다.
> ⑩ 제1항부터 제9항까지의 규정에 따른 공제를 "특별세액공제"라 한다.

답 ④

137 소득세법령상 조세에 관한 법률을 적용할 때 소득세의 감면에 관한 규정과 세액공제에 관한 규정이 동시에 적용되는 경우 그 적용순위를 순서대로 바르게 나열한 것은?

2020년 국가직 9급

> ㄱ. 이월공제가 인정되지 아니하는 세액공제
>
> ㄴ. 해당 과세기간 중에 발생한 세액공제액
>
> ㄷ. 이전 과세기간에서 이월된 미공제 세액공제액
>
> ㄹ. 해당 과세기간의 소득에 대한 소득세의 감면
>
> * 단, ㄴ, ㄷ은 이월공제가 인정되는 세액공제임

① ㄱ → ㄴ → ㄷ → ㄹ   ② ㄱ → ㄷ → ㄴ → ㄹ

③ ㄹ → ㄱ → ㄴ → ㄷ   ④ ㄹ → ㄱ → ㄷ → ㄴ

| 세액공제   이론형 Level 1

ㄹ → ㄱ → ㄷ → ㄴ 순으로 적용한다.

> **소득세법 제60조 【세액감면 및 세액공제 시 적용순의 등】** ① 조세에 관한 법률을 적용할 때 소득세의 감면에 관한 규정과 세액공제에 관한 규정이 동시에 적용되는 경우 그 적용순위는 다음 각 호의 순서로 한다.
> 1. 해당 과세기간의 소득에 대한 소득세의 감면
> 2. 이월공제가 인정되지 아니하는 세액공제
> 3. 이월공제가 인정되는 세액공제. 이 경우 해당 과세기간 중에 발생한 세액공제액과 이전 과세기간에서 이월된 미공제액이 함께 있을 때에는 이월된 미공제액을 먼저 공제한다.

답 ④

138 소득세 관련 세액감면 및 세액공제에 관한 설명이다. 옳지 않은 것은?

2014년 회계사 변형

① 거주자의 종합소득금액에 국외원천사업소득이 합산되어 있는 경우 그 국외원천사업소득에 대하여 국외에서 외국소득세액을 납부하였거나 납부할 것이 있을 때에는 외국납부세액공제를 적용받을 수 있다.

② 사업소득만 있는 거주자는 기부금세액공제를 적용받을 수 없다. 단, 연말정산대상 사업자의 경우에는 그러하지 아니한다.

③ 종합소득이 있는 거주자의 기본공제대상자에 해당하는 자녀(입양자 및 위탁아동을 포함)가 2명(2명 모두 나이 8세 초과)인 경우 연 35만 원을 종합소득산출세액에서 공제한다.

④ 세액감면을 적용받는 사업자가 해당 과세기간에 산출세액이 없어 감면을 받지 못하는 경우 그 감면세액 상당액을 해당 과세기간의 다음 과세기간부터 5년 이내에 끝나는 과세기간으로 이월하여 그 이월된 과세기간의 산출세액 범위에서 공제받을 수 있다.

| 세액공제   이론형 Level 2

세액공제는 법령에 따라 이월공제가 가능하지만, 세액감면은 이월되지 않는다.

답 ④

139 소득세법상 세액공제 등에 관한 설명으로 옳은 것은?

① 기장세액공제를 받은 간편장부대상자는 이와 관련된 장부 및 증명서류를 해당 과세표준확정신고기간 종료일부터 10년간 보관하여야 한다.

② 거주자가 외국소득세액을 종합소득산출세액에서 공제하는 경우 그 외국소득세액이 소득세법에서 정하는 공제한도를 초과하는 때에는 초과하는 금액은 이를 이월하여 공제받을 수 없다.

③ 거주자의 사업소득금액에 국외원천소득이 합산되어 있는 경우 그 국외원천소득에 대하여 외국정부에 납부하였거나 납부할 외국소득세액을 이월공제기간 내에 공제받지 못한 경우 그 공제받지 못한 외국소득세액은 이월공제기간의 종료일 다음 날이 속하는 과세기간의 소득금액을 계산할 때 필요경비에 산입할 수 있다.

④ 특별세액공제규정을 적용할 때 과세기간 종료일 이전에 이혼하여 기본공제대상자에 해당되지 아니하게 되는 종전의 배우자를 위하여 과세기간 중 이미 지급한 금액에 대한 세액공제액은 해당 과세기간의 종합소득산출세액에서 공제할 수 없다.

⑤ 이월공제가 인정되는 세액공제로서 해당 과세기간 중에 발생한 세액공제액과 이전 과세기간에서 이월된 미공제액이 함께 있을 때에는 해당 과세기간 중에 발생한 세액공제액을 먼저 공제한다.

▎세액공제 이론형 Level 2

(선지분석)

① 기장세액공제를 받은 간편장부대상자는 이와 관련된 장부 및 증명서류를 해당 과세표준확정신고기간 종료일부터 5년간 보관하여야 한다.

② 외국납부세액공제액이 공제한도를 초과하는 경우 그 초과하는 금액은 해당 과세기간의 다음 과세기간 개시일부터 10년 이내에 끝나는 과세기간으로 이월하여 그 이월된 과세기간의 공제한도 범위에서 공제받을 수 있다.

④ 특별세액공제규정을 적용할 때 과세기간 종료일 이전에 이혼하여 기본공제대상자에 해당되지 아니하게 되는 종전의 배우자를 위하여 과세기간 중 이미 지급한 금액에 대한 세액공제액은 해당 과세기간의 종합소득산출세액에서 공제할 수 있다.

⑤ 이월공제가 인정되는 세액공제로서 해당 과세기간 중에 발생한 세액공제액과 이전 과세기간에서 이월된 미공제액이 함께 있을 때에는 이월된 미공제액을 먼저 공제한다.

답 ③

---

140 소득세법 상 소득공제 및 세액공제에 관한 설명이다. 옳지 않은 것은?

① 종합소득이 있는 거주자는 해당 과세기간에 출산한 공제대상자녀(첫째)가 있는 경우 연 30만 원의 자녀세액공제를 받을 수 있다.

② 근로소득이 있는 거주자는 기본공제대상자인 직계비속의 대학원 교육비를 지출한 경우 교육비세액공제를 받을 수 없다.

③ 근로소득이 있는 거주자는 의료비세액공제와 표준세액공제(13만 원)는 중복하여 적용할 수 있다.

④ 사업소득(제조업)만 있는 거주자는 기부금세액공제를 받을 수 없다.

▎세액공제 이론형 Level 2

항목별 세액공제(보험료, 의료비, 교육비)와 표준세액공제는 중복하여 적용할 수 없다.

답 ③

141 다음은 근로소득이 있는 거주자 갑의 보험료 지급내역이다. 거주자 갑의 보험료세액공제액을 계산한 것으로 옳은 것은?

> (1) 부양가족은 배우자(35세, 소득 없음), 부친(63세, 소득 없음), 자녀(5세, 장애인, 소득 없음)이며 모두 생계를 같이 하고 있다.
> (2) 보험료 지급내역
>
> | 대상 | 내역 | 지출액 |
> |---|---|---|
> | 본인 | 자동차보험료 | 400,000원 |
> | 부친 | 상해보험료 | 600,000원 |
> | 자녀 | 장애인전용상해보험료 | 2,000,000원 |

① 120,000원 　　　　　　　② 150,000원

③ 270,000원 　　　　　　　④ 420,000원

┃ 보험료세액공제액　　　　　　　　　　　　　　　　　계산형

구분		대상금액	적용률	세액공제
기본	400,000원 + 600,000원	1,000,000원	× 12%	120,000원
장애인 전용	2,000,000원	1,000,000원	× 15%	150,000원
세액공제	–	–	–	270,000원

답 ③

---

142 거주자 갑의 의료비세액공제액은 얼마인가?　　　　　2019년 회계사 변형

> (1) 갑의 총급여액: 50,000,000원
> (2) 갑이 본인과 부양가족을 위하여 지출한 의료비는 다음과 같다.
> - 본인(40세): 본인 시력보정용 안경구입비 900,000원
> - 배우자(36세): 보조생식술에 소요된 난임시술비 5,000,000원
> - 부친(69세, 장애인): 장애인 보장구 구입비 1,000,000원
> - 모친(64세): 질병치료 목적으로 구입한 한약비 1,000,000원

① 750,000원 　　　　　　　② 825,000원

③ 1,025,000원 　　　　　　 ④ 1,085,000원

⑤ 1,650,000원

┃ 의료비세액공제액　　　　　　　　　　　　　　　　　계산형

의료비세액공제액: (ⓐ + ⓑ) × 15% + ⓒ × 30% = 1,650,000원

구분	대상금액	
ⓐ 일반의료비	Min[7,000,000원, 1,000,000원 – 50,000,000원 × 3%] =	(500,000)원
ⓑ 본인·장애인 등	500,000원 + 1,000,000원 =	1,500,000원
ⓒ 난임시술비	–	5,000,000원

답 ⑤

143 다음은 소득세법상 근로소득이 있는 거주자 甲이 지출한 교육비 자료이다. 이 자료에 의해 계산한 교육비세액공제액은? (단, 甲은 일용근로자가 아니며, 가족 모두 기본공제대상자이고 학자금 대출을 받지 아니함)

2020년 세무사 변형

(1) 甲의 총급여액: 100,000,000원
(2) 본인: 대학원(4학기 교육과정) 수업료 10,000,000원을 지출하였으며, 이 중 회사에서 5,000,000원의 학자금(소득세 비과세)을 지원 받음
(3) 배우자: 대학원(4학기 교육과정) 수업료 7,000,000원을 지출함
(4) 아들(15세 중학생): 초·중등교육법에 따른 학교에서 실시하는 방과 후 학교수업료 1,500,000원 및 교복구입비용 700,000원을 지출함
(5) 딸(5세): 유아교육법에 따른 유치원 수업료 2,200,000원 및 특별활동비 1,800,000원을 지출함

① 1,500,000원
② 1,750,000원
③ 1,800,000원
④ 1,950,000원
⑤ 2,105,000원

│ 교육비세액공제액   계산형

교육비세액공제액: 10,000,000원 × 15% = 1,500,000원

구분	대상금액	
본인 대학원	10,000,000원 − 5,000,000원(소득세 비과세)	5,000,000원
배우자 대학원 등록금	대학원 등록금은 본인만 공제 가능	−
아들 교육비	Min[3,000,000원, 1,500,000원 + 500,000원]	2,000,000원
딸 교육비	Min[3,000,000원, 2,200,000원 + 1,800,000원]	3,000,000원
교육비 합계	−	10,000,000원

답 ①

---

144 소득세법과 법인세법상에 공통으로 해당하는 세액공제로 옳은 것은?

2016년 국가직 7급

① 배당세액공제와 재해손실세액공제
② 기장세액공제와 외국납부세액공제
③ 근로소득세액공제와 재해손실세액공제
④ 재해손실세액공제와 외국납부세액공제

│ 세액공제   이론형 Level 2

재해손실세액공제와 외국납부세액공제가 소득세법과 법인세법상 공통으로 세액공제에 해당한다.

📄 법인세와 소득세의 세액공제 비교

법인세법상 세액공제	소득세법상 세액공제
1. 재해손실세액공제	1. 재해손실세액공제
2. 외국납부세액공제	2. 외국납부세액공제
3. 분식회계로 인한 경정에 따른 세액공제	3. 배당세액공제
	4. 기장세액공제
	5. 기타

답 ④

08 퇴직소득

145
□□□

소득세법상 퇴직소득이 아닌 것은?

2015년 세무사

① 공적연금 관련 법에 따라 받는 일시금
② 과학기술인공제회법에 따라 지급받는 과학기술발전장려금
③ 건설근로자의 고용개선 등에 관한 법률에 따라 지급받는 퇴직공제금
④ 한국교직원공제회법에 따라 설립된 한국교직원공제회로부터 지급받는 초과반환금
⑤ 사용자 부담금을 기초로 하여 현실적인 퇴직을 원인으로 지급받은 소득

> **퇴직소득** 이론형 Level 1

직장공제회 초과반환금에 해당하며, 무조건 분리과세이자소득에 해당한다.

답 ④

146
□□□

현행 소득세법상 퇴직소득세의 특징으로 옳지 않은 것은?

2014년 국가직 7급 변형

① 퇴직소득이 있는 거주자에 대해서는 해당 과세기간의 퇴직소득금액에서 근속연수공제하고, 그 금액을 근속연수로 나누고 12를 곱한 후의 금액(이하 '환산급여')에서 환산급여에 따라 정한 금액을 공제한다.
② 퇴직소득에 대한 과세표준은 제22조에 따른 퇴직소득금액에 제48조에 따른 퇴직소득공제를 적용한 금액으로 한다.
③ 임원의 퇴직소득금액(공적연금 관련법에 따라 받는 일시금은 제외하며, 2011년 12월 31일에 퇴직하였다고 가정할 때 지급받을 대통령령으로 정하는 퇴직소득금액이 있는 경우에는 그 금액을 뺀 금액을 말함)이 법 소정의 금액을 초과하는 경우 그 초과하는 금액은 근로소득으로 본다.
④ 퇴직소득은 종합소득에 속하나 종합소득과세표준에 합산하지 않고 분리과세된다.

> **퇴직소득세** 이론형 Level 1

거주자의 종합소득 및 퇴직소득에 대한 과세표준은 각각 구분하여 계산한다. 즉, 퇴직소득은 장기간 형성된 소득이 일시에 실현되는 특징을 갖고 있으므로 종합소득과 구분하여 계산한다. ∵ 분류과세

답 ④

147 소득세법상 거주자의 퇴직소득에 관한 설명이다. 옳지 않은 것은?

① 퇴직소득의 수입시기는 퇴직한 날로 하되, 국민연금법에 따른 일시금의 경우에는 소득을 지급받는 날로 한다.

② 원천징수의무자가 12월에 퇴직한 사람의 퇴직소득을 12월 31일까지 지급하지 아니한 경우에는 그 퇴직소득을 12월 31일에 지급한 것으로 보아 소득세를 원천징수한다.

③ 종업원이 임원이 되었으나 퇴직급여를 실제로 받지 아니한 경우에는 퇴직으로 보지 아니할 수 있다.

④ 거주자의 퇴직소득이 퇴직일 현재 연금계좌에 있거나 연금계좌로 지급되는 경우에는 해당 퇴직소득에 대한 소득세를 연금 외 수령하기 전까지 원천징수하지 아니한다.

▎퇴직소득

이론형 Level 1

📄 **퇴직소득에 대한 원천징수 지급시기 특례(소득세법 제147조 제1항·제2항 참조)**
1. 1월부터 11월 사이에 퇴직한 사람의 퇴직소득을 해당 과세기간의 12월 31일까지 지급하지 않은 경우: 12월 31일
2. 12월에 퇴직한 사람의 퇴직소득을 다음 연도 2월 말일까지 지급하지 않은 경우: 2월 말일

답 ②

148 소득세법상 퇴직소득 과세에 관한 설명으로 옳지 않은 것은?

① 법인의 상근임원이 비상근임원이 되었지만 퇴직급여를 받지 아니한 경우 퇴직으로 보지 않을 수 있다.

② 임원의 2012.1.1. 이후 근무기간에 대한 퇴직소득금액(공적연금 관련 법에 따라 받는 일시금 제외)이 퇴직소득 한도액을 초과하는 금액은 근로소득으로 본다.

③ 거주자가 국외원천의 퇴직소득금액이 있고 그 소득에 대하여 국외에 외국소득세액을 납부한 경우에는 법정한도 내에서 외국납부세액공제를 받을 수 있다.

④ 퇴직소득에 대하여 외국정부에 납부하였던 외국소득세액에 의한 외국납부세액 공제의 한도초과액은 10년간 이월공제를 적용받을 수 있다.

⑤ 퇴직소득금액이 퇴직소득공제금액에 미달하는 경우에는 그 퇴직소득금액을 공제액으로 한다.

▎퇴직소득

이론형 Level 2

퇴직소득(양도소득)에 대한 외국납부세액이 공제한도를 초과하는 경우에는 그 초과하는 금액은 이월공제를 적용받을 수 없다.

답 ④

149 연금소득 및 퇴직소득에 관한 설명으로 옳지 않은 것은?

① 공적연금 관련법에 따라 받는 일시금은 퇴직소득으로 과세된다.

② 종업원이 임원이 된 경우 퇴직급여를 실제로 받지 아니한 경우는 퇴직으로 보지 않을 수 있다.

③ 퇴직소득이 퇴직일 현재 연금계좌에 있거나 연금계좌로 지급되는 경우 또는 퇴직하여 지급받은 날부터 60일 이내에 연금계좌에 입금되는 경우에 해당 퇴직소득으로 인한 소득세는 연금 외 수령 시 비과세가 적용된다.

④ 연금계좌세액공제를 받은 연금계좌 납입액과 연금계좌의 운용실적에 따라 증가된 금액을 그 소득의 성격에 불구하고 연금 외 수령하면 기타소득으로 과세한다.

⑤ 국내에서 거주자나 비거주자에게 연금소득을 지급하는 자는 그 거주자나 비거주자에 대한 소득세를 원천징수하여 그 징수일이 속하는 달의 다음 달 10일까지 납부하여야 한다.

| **퇴직소득** | 이론형 Level 2 |

퇴직소득이 퇴직일 현재 연금계좌에 있거나 연금계좌로 지급되는 경우 또는 퇴직하여 지급받은 날부터 60일 이내에 연금계좌에 입금되는 경우에 해당 퇴직소득으로 인한 소득세는 연금 외 수령하기 전까지 원천징수하지 아니한다(비과세하는 것이 아니고 원천징수를 이연하는 것임).

답 ③

---

150 소득세법상 퇴직소득에 관한 설명이다. 옳지 않은 것은?

① 거주자가 출자관계에 있는 법인으로의 전출이 이루어졌으나 퇴직급여를 실제로 받지 않은 경우는 퇴직으로 보지 않을 수 있다.

② 거주자가 퇴직소득을 지급받은 날부터 90일이 되는 날에 연금계좌에 입금하는 경우, 해당 거주자는 퇴직소득의 원천징수세액에 대한 환급을 신청할 수 있다.

③ 사용자 부담금을 기초로 하여 현실적인 퇴직을 원인으로 지급받는 소득은 퇴직소득이다.

④ 거주자의 퇴직소득금액에 국외원천소득이 합산되어 있는 경우로서 그 국외원천소득에 대하여 외국에서 외국소득세액을 납부하였을 때에는 공제한도금액 내에서 외국소득세액을 해당 과세기간의 퇴직소득 산출세액에서 공제할 수 있다.

⑤ 임원인 근로소득자가 계속근로기간 중에 근로자퇴직급여 보장법의 퇴직금 중간정산 사유에 해당하여 퇴직급여를 미리 지급받은 경우에는 그 지급받은 날에 퇴직한 것으로 본다.

| **퇴직소득** | 이론형 Level 2 |

거주자가 퇴직소득을 지급받은 날부터 <u>60일</u>이 되는 날에 연금계좌에 입금하는 경우, 해당 거주자는 퇴직소득의 원천징수세액에 대한 환급을 신청할 수 있다.

답 ②

09 종합·퇴직소득세의 납세절차

151
☐☐☐ 국내에서 원천징수대상 사업소득을 지급할 때 소득세의 원천징수의무가 있는 자로 옳은 것을 모두 고른 것은?

2011년 세무사

ㄱ. 사업자
ㄴ. 법인세의 납세의무자
ㄷ. 국가·지방자치단체 또는 지방자치단체조합
ㄹ. 민법 기타 법률에 의하여 설립된 법인
ㅁ. 국세기본법의 규정에 의하여 법인으로 보는 단체

---

① ㄱ, ㄴ, ㄷ
② ㄴ, ㄹ, ㅁ
③ ㄱ, ㄴ, ㄹ, ㅁ
④ ㄴ, ㄷ, ㄹ, ㅁ
⑤ ㄱ, ㄴ, ㄷ, ㄹ, ㅁ

▌원천징수
이론형 Level 1

옳은 것은 ㄱ, ㄴ, ㄷ, ㄹ, ㅁ이다.
국내에서 거주자나 비거주자에게 소득을 지급하는 자는 거주자나 비거주자에 대한 소득세를 원천징수하여야 한다.
다만, 사업소득을 지급하는 경우에는 다음에 해당하는 자만 원천징수의무를 지닌다. 즉, 일반 개인은 원천징수의무가 없다.

📄 **원천징수의무자(소득세법 시행령 제184조 제3항 참조)**
1. 사업자
2. 법인세의 납세의무자
3. 국가·지방자치단체 또는 지방자치단체조합
4. 민법 기타 법률에 의하여 설립된 법인
5. 국세기본법에 의하여 법인으로 보는 단체

답 ⑤

152 소득세법상 국내에서 거주자에게 소득을 지급하는 경우 원천징수대상이 되는 소득을 모두 고른 것은? (단, 원천징수의 면제 또는 배제 등 원천징수의 특례는 고려하지 아니함) 2016년 국가직 7급

ㄱ. 이자소득

ㄴ. 배당소득

ㄷ. 뇌물

ㄹ. 연금소득

ㅁ. 알선수재 및 배임수재에 의하여 받는 금품

① ㄱ, ㄴ, ㄷ   ② ㄱ, ㄴ, ㄹ

③ ㄴ, ㄹ, ㅁ   ④ ㄷ, ㄹ, ㅁ

| 원천징수 | 이론형 Level 1 |

원천징수대상이 되는 소득은 ㄱ, ㄴ, ㄹ이다.

> **원천징수대상이 아닌 기타소득**
> 1. 계약의 위약 또는 해약으로 인하여 받는 소득으로서 위약금·배상금(계약금이 위약금·배상금으로 대체되는 경우만 해당) ∵ 이미 지급한 계약금을 돌려받아야 하는 과도한 원천징수의무가 요구되는 점
> 2. 뇌물 및 알선수재 및 배임수재에 의하여 받는 금품 ∵ 원천징수 불가능

답 ②

153 소득세법령상 국내에서 거주자에게 발생한 소득의 원천징수에 대한 설명으로 옳지 않은 것은? 2019년 국가직 9급

① 원천징수의무자가 국내에서 지급하는 이자소득으로서 소득세가 과세되지 아니하는 소득을 지급할 때에는 소득세를 원천징수하지 아니한다.

② 내국인 직업운동가가 직업상 독립된 사업으로 제공하는 인적 용역의 공급에서 발생하는 소득의 원천징수세율은 100분의 3이다.

③ 법인세 과세표준을 결정 또는 경정할 때 익금에 산입한 금액을 배당으로 처분한 경우에는 법인세 과세표준 신고일 또는 수정신고일에 그 배당소득을 지급한 것으로 보아 소득세를 원천징수한다.

④ 근로소득을 지급하여야 할 원천징수의무자가 1월부터 11월까지의 근로소득을 해당 과세기간의 12월 31일까지 지급하지 아니한 경우에는 그 근로소득을 12월 31일에 지급한 것으로 보아 소득세를 원천징수한다.

| 원천징수 | 이론형 Level 1 |

> **소득세법 제131조【이자소득 또는 배당소득 원천징수시기에 대한 특례】** ② 법인세법 제67조에 따라 처분되는 배당에 대하여는 다음 각 호의 어느 하나에 해당하는 날에 그 배당소득을 지급한 것으로 보아 소득세를 원천징수한다.
> 1. 법인세 과세표준을 결정 또는 경정하는 경우: 소득금액변동통지서를 받은 날
> 2. 법인세 과세표준을 신고하는 경우: 그 신고일 또는 수정신고일

답 ③

154 소득세법령상 원천징수에 대한 설명으로 옳은 것은?

① 매월분의 근로소득에 대한 원천징수세율을 적용할 때에는 기본세율(일용근로자의 근로소득은 100분의 6)을 적용한다.

② 매월분의 공적연금소득에 대한 원천징수세율을 적용할 때에는 100분의 3을 적용한다.

③ 비거주자가 원천징수하는 소득세의 납세지는 국내사업장과 관계없이 그 비거주자의 거류지 또는 체류지로 한다.

④ 서화·골동품의 양도로 발생하는 소득에 대하여 양수자인 원천징수의무자가 국내사업장이 없는 비거주자 또는 외국법인인 경우로서 원천징수를 하기 곤란하여 원천징수를 하지 못하는 경우에는 서화·골동품의 양도로 발생하는 소득을 지급받는 자를 원천징수의무자로 본다.

┃ 원천징수　　　　　　　　　　　　　　　　　　　　　　　　　　　　이론형 Level 1

선지분석

① 원천징수의무자가 매월분의 근로소득을 지급할 때에는 근로소득 간이세액표에 따라 소득세를 원천징수한다.

② 원천징수의무자가 공적연금소득을 지급할 때에는 연금소득 간이세액표에 따라 소득세를 원천징수한다.

③ 원천징수하는 자가 비거주자인 경우 소득세의 납세지는 그 비거주자의 주된 국내사업장 소재지로 한다. 다만, 주된 국내사업장 외의 국내사업장에서 원천징수를 하는 경우에는 그 국내사업장의 소재지, 국내사업장이 없는 경우에는 그 비거주자의 거류지 또는 체류지로 한다.

답 ④

---

155 원천징수와 소득금액변동통지에 대한 설명으로 옳지 않은 것은? (다툼이 있는 경우 판례에 의함)

① 법인세 과세표준을 신고하는 경우, 법인세법 제67조에 따라 처분되는 상여에 대하여는 그 신고일 또는 수정신고일에 근로소득을 지급한 것으로 보아 소득세를 원천징수한다.

② 이자소득금액이 자본시장과 금융투자업에 관한 법률에 따른 집합투자재산에 귀속되는 시점에는 당해 이자를 지급하는 자는 원천징수를 할 의무가 있다.

③ 세무서장 또는 지방국세청장이 법인에게 소득금액변동통지서를 통지한 경우 통지하였다는 사실(소득금액변동 내용은 포함하지 아니함)을 해당 주주 및 해당 상여나 기타소득의 처분을 받은 거주자에게 알려야 한다.

④ 특정 법인의 법인세 과세표준을 결정 또는 경정하는 경우, 법인세법 제67조에 따라 처분되는 배당과 관련하여 그 법인이 소득금액변동통지를 받는 경우 당해 소득금액변동통지는 행정소송의 대상이 되는 처분(處分)에 해당한다.

┃ 원천징수　　　　　　　　　　　　　　　　　　　　　　　　　　　　이론형 Level 2

이자소득금액이 자본시장과 금융투자업에 관한 법률에 따른 집합투자재산에 귀속되는 시점에는 그 소득금액이 지급된 것으로 보지 아니한다.

답 ②

156 법인의 대표자(등기임원)인 대주주가 법인이 보유하던 자산을 횡령하면서 그 사실을 감추기 위하여 매출을 □□□ 일부 누락시켰으나, 이후 과세관청이 그 관련 법인세 등 부과처분을 한 사안과 관련하여 옳지 않은 것은?

2019년 세무사

① 해당 사안과 관련하여 법인에게 소득금액변동통지서를 통지한 경우 통지하였다는 사실을 대표자에게 알려야 하며, 당해 내용에는 소득금액변동 내용이 포함되어 있어야 한다.

② 해당 사안의 경우 대표자에 대한 상여로 소득처분하는 것이 일반적이다.

③ 법인 소재지가 분명하고, 송달할 수 있는 경우라면, 소득처분되는 배당·상여 및 기타소득은 법인소득금액의 결정 또는 경정일로부터 15일 내에 소득금액변동통지서에 의하여 당해 법인에게 통지하여야 한다.

④ 소득세법은 횡령에 의하여 취득하는 금품을 기타소득으로 명시하여 규정하고 있지 않다.

⑤ 해당 사안의 경우 법인은 소득금액변동통지서를 받은 날 소득을 지급한 것으로 보아, 소득세를 원천징수하여야 한다.

▎원천징수

이론형 Level 2

해당 사안과 관련하여 법인에게 소득금액변동통지서를 통지한 경우 통지하였다는 사실을 대표자에게 알려야 하나, 당해 내용에는 소득금액변동 내용은 포함하지 아니한다.

(선지분석)

② 가공누락의 경우 소득처분은 대표자 상여로 소득처분하는 것이 일반적이다.

③ 법인세법에 의하여 세무서장 또는 지방국세청장이 법인소득금액을 결정 또는 경정함에 있어서 처분되는 배당·상여 및 기타소득은 법인소득금액을 결정 또는 경정하는 세무서장 또는 지방국세청장이 그 결정일 또는 경정일부터 15일 내에 소득금액변동통지서에 의하여 당해 법인에게 통지하여야 한다. 다만, 당해 법인의 소재지가 분명하지 아니하거나 그 통지서를 송달할 수 없는 경우에는 당해 주주 및 당해 상여나 기타소득의 처분을 받은 거주자에게 통지하여야 한다.

④ 횡령은 소득세법상 기타소득으로 명시하고 있지 않다. 다만, 임직원의 횡령은 사외유출로 보아 근로소득으로 과세되는 경우가 있다.

⑤ 인정상여 등에 대한 원천징수시기의 특례로서 법인세 과세표준을 결정 또는 경정하는 경우에는 소득금액변동통지서를 받은 날 소득을 지급한 것으로 본다.

답 ①

157

소득세법상 원천징수에 관한 설명으로 옳지 않은 것은?

2016년 회계사 변형

① 거주자가 내국법인이 발행한 채권의 이자를 지급받기 전에 발행법인에게 매도하는 경우 그 보유기간 이자상당액에 대하여는 원천징수의무자가 해당 발행법인이다.

② 반기별 납부를 승인받지 않은 원천징수의무자는 2025년 2월 26일에 원천징수한 소득세를 2025년 3월 10일까지 원천징수 관할 세무서 등에 납부하여야 한다.

③ 반기별 납부를 승인받은 원천징수의무자는 근로소득, 법인세법상 소득처분된 배당 및 기타소득에 대한 원천징수세액을 그 징수일이 속하는 반기의 마지막 달의 다음 달 10일까지 납부할 수 있다.

④ 잉여금의 처분에 따른 배당을 12월 1일에 결정하였고 다음 연도 2월 말일까지 배당소득을 지급하지 아니한 경우, 다음 연도 2월 말일에 그 배당소득을 지급한 것으로 보아 소득세를 원천징수한다.

⑤ 매월분의 공적연금소득에 대한 원천징수세율을 적용할 때에는 법령으로 정한 연금소득 간이세액표를 적용하여 원천징수한다.

▌원천징수

이론형 Level 2

원천징수세액에 관하여 반기별 납부 승인을 받은 자라고 할지라도 법인세법에 따라 처분된 상여·배당 및 기타소득에 대한 원천징수세액은 그 징수일이 속하는 달의 다음 달 10일까지 납부하여야 한다. 부과제척기간이 임박한 시점에서의 경정 등에 따른 소득처분에 대하여도 원천징수세액 반기납부 특례규정을 적용하면 소득자에 대한 부과제척기간이 만료되는 문제가 발생할 수 있기 때문이다.

답 ③

158

소득세법상 원천징수에 관한 설명으로 옳지 않은 것은?

2017년 세무사

① 법인세 과세표준을 경정하는 경우 법인세법에 따라 처분되는 상여는 경정의 대상이 되는 사업연도 중 근로를 제공 받은 날에 근로소득을 지급한 것으로 보아 소득세를 원천징수한다.

② 원천징수의무자가 소득세가 면제되는 이자소득을 거주자에게 지급할 때는 소득세를 원천징수하지 아니한다.

③ 배당소득이 발생한 후 지급되지 않아 소득세가 원천징수되지 않고 종합소득에 합산되어 종합소득에 대한 소득세가 과세된 경우에 그 소득을 지급할 때는 소득세를 원천징수하지 아니한다.

④ 거주자의 퇴직소득이 퇴직일 현재 연금계좌에 있는 경우 해당 퇴직소득에 대한 소득세를 연금 외 수령 하기 전까지 원천징수하지 아니한다.

⑤ 공적연금소득을 받는 사람이 해당 과세기간 중에 사망한 경우 원천징수의무자는 그 사망일이 속하는 달의 다음 다음 달 말일까지 그 사망자의 공적연금소득에 대한 연말정산을 하여야 한다.

▌원천징수

이론형 Level 2

소득세법 제131조【이자소득 또는 배당소득 원천징수시기에 대한 특례】 ② 법인세법 제67조에 따라 처분되는 배당에 대하여는 다음 각 호의 어느 하나에 해당하는 날에 그 배당소득을 지급한 것으로 보아 소득세를 원천징수한다.
1. 법인세 과세표준을 결정 또는 경정하는 경우: 소득금액변동통지서를 받은 날
2. 법인세 과세표준을 신고하는 경우: 그 신고일 또는 수정신고일

답 ①

159 소득세법령상 원천징수에 대한 설명으로 옳은 것은? 2021년 국가직 7급

① 원천징수의무자는 소득세가 과세되지 아니하거나 면제되는 소득에 대해서도 원천징수를 하여야 한다.

② 법인세과세표준을 결정 또는 경정하는 경우 법인세법에 따라 소득처분되는 배당에 대하여는 소득금액변동통지서를 받은 날에 그 배당소득을 지급한 것으로 보아 소득세를 원천징수한다.

③ 직전 연도의 상시고용인원이 30명인 원천징수의무자는 그 징수일이 속하는 반기의 마지막 달의 다음 달 10일까지 원천징수세액을 납부할 수 있다.

④ 직장공제회 초과반환금에 대한 원천징수세율은 100분의 14이다.

원천징수	이론형 Level 1

선지분석

① 원천징수의무자가 소득세가 과세되지 아니하거나 면제되는 소득을 지급할 때에는 소득세를 원천징수하지 아니한다.

③ 직전 연도(신규로 사업을 개시한 사업자의 경우 신청일이 속하는 반기)의 상시고용인원이 20명 이하인 원천징수의무자(금융 및 보험업을 경영하는 자는 제외) 그 징수일이 속하는 반기의 마지막 달의 다음 달 10일까지 원천징수세액을 납부할 수 있다.

④ 직장공제회 초과반환금에 대한 원천징수세율은 기본세율이다.

답 ②

---

160 소득세법상 거주자 중 반드시 과세표준확정신고를 하여야 하는 자는? 2018년 국가직 7급

① 원천징수대상이 아닌 사업소득만 있는 자

② 분리과세이자소득만 있는 자

③ 공적연금소득만 있는 자

④ 수시부과 후 추가로 발생한 소득이 없는 자

확정신고	이론형 Level 1

원천징수되는 사업소득으로서 간편장부대상자인 보험모집인·방문판매원 및 음료품 배달원의 사업소득만 있는 자는 해당 소득에 대하여 과세표준확정신고를 하지 아니할 수 있다. 따라서 원천징수대상이 아닌 사업소득만 있는 자는 과세표준확정신고를 반드시 하여야 한다.

답 ①

161 다음은 거주자별 소득내역이다. 과세표준확정신고를 하지 않아도 되는 거주자는? (단, 원천징수대상이 되는 소득에 대해서는 적법하게 원천징수 되었으며, 연말정산대상이 되는 소득에 대해서는 세법에 따라 연말정산이 이루어졌고, 그에 따른 소득세 또한 납부되었다고 가정함)

	거주자	소득 내용	
①	보험모집인 A	보험회사로부터 받은 모집수당	50,000,000원
		복권당첨소득	10,000,000원
②	대학교수 B	대학으로부터 받은 총급여	70,000,000원
		공적연금소득	30,000,000원
③	연예인 C	광고모델 전속계약금	50,000,000원
		정기예금이자	30,000,000원
④	은행원 D	은행으로부터 받은 총급여	60,000,000원
		신문 및 잡지에 글을 기고하고 받은 원고료	20,000,000원
⑤	은퇴자 E	국민연금 수령액	12,000,000원
		국외에서 지급받은 배당소득	5,000,000원

확정신고

복권당첨소득은 20%(3억 원 초과분은 30%)의 세율로 원천징수하며, 무조건 분리과세한다. 연말정산 사업소득과 분리과세대상소득이 있는 경우에는 확정신고의무가 면제된다.

（선지분석）
② 근로소득과 공적연금소득이 있는 자는 확정신고하여야 한다.
③ 사업소득(광고모델 전속계약금)이 있는 자는 확정신고하여야 한다.
④ 기타소득금액이 20,000,000원 × (1 - 60%) = 8,000,000원이므로 분리과세할 수 없다. 따라서 은행원 D는 확정신고하여야 한다.
⑤ 국외에서 지급받은 배당소득은 국내세법에 따라 원천징수되지 않았으므로 무조건 종합과세대상이다. 은퇴자 E는 공적연금과 종합과세 배당소득이 있으므로 확정신고하여야 한다.

답 ①

162 다음 중 종합소득과세표준확정신고를 하여야 하는 자로만 묶인 것은? (단, 원천징수 및 연말정산대상소득에 대해서는 적법하게 원천징수와 연말정산이 이루어졌으며, 모든 금액은 원천징수세액을 차감하기 전 금액이다. 또한 아래 금액 중 과세제외되거나 비과세되는 소득은 없음)

2014년 회계사

> ㄱ. 내국법인으로부터 받은 총급여 70,000,000원과 내국법인으로부터 받은 현금배당 15,000,000원이 있는 자
> ㄴ. 내국법인으로부터 받은 퇴직급여 50,000,000원과 공적연금 수령액 15,000,000원이 있는 자
> ㄷ. 내국법인으로부터 받은 총급여 20,000,000원과 공적연금 수령액 30,000,000원이 있는 자
> ㄹ. 공적연금 수령액 10,000,000원과 외국법인으로부터 받은 현금배당(국내에서 원천징수되지 않음) 10,000,000원이 있는 자
> ㅁ. 공적연금 수령액 40,000,000원과 상가임대료 수입 10,000,000원이 있는 자
> ㅂ. 국내은행 정기예금이자 15,000,000원과 고용관계 없이 다수인에게 강연하고 받은 강연료(기타소득에 해당) 5,000,000원이 있는 자

① ㄴ - ㄹ - ㅁ　　　　　　　　　② ㄴ - ㅁ - ㅂ
③ ㄱ - ㄷ - ㅂ　　　　　　　　　④ ㄷ - ㄹ - ㅁ
⑤ ㄹ - ㅁ - ㅂ

| 확정신고　　　　　　　　　　　　　　　　　　　　　　　　이론형 Level 2

종합소득과세표준확정신고를 하여야 하는 자는 ㄷ - ㄹ - ㅁ이다.

📑 **소득에 따른 확정신고 여부**

구분	소득	과세방법	확정신고 여부
ㄱ	내국법인으로부터 받은 총급여: 근로소득	연말정산	면제
	내국법인 현금배당: 2천만 원 이하 금융소득	분리과세	
ㄴ	내국법인으로부터 받은 퇴직급여	분류과세	면제
	공적연금 수령액	연말정산	
ㄷ	내국법인으로부터 받은 총급여: 근로소득	연말정산	○
	공적연금 수령액	연말정산	
ㄹ	공적연금 수령액	연말정산	○
	외국법인현금배당(국내에서 원천징수되지 않음)	종합과세	
ㅁ	공적연금 수령액	연말정산	○
	사업소득	종합과세	
ㅂ	국내은행 정기예금이자: 2천만 원 이하 금융소득	분리과세	면제
	기타소득금액 5,000,000원 × (1 - 60%) = 2,000,000원	분리과세	

답 ④

163 □□□ 소득세법상 소득세의 과세방법에 관한 설명으로 옳지 않은 것은? 2007년 국가직 9급 변형

① 피상속인의 소득금액에 대한 소득세를 상속인에게 과세할 것은 이를 상속인의 소득금액에 대한 소득세와 구분하여 계산하여야 한다.

② 개인사업자의 유가증권처분이익은 사업소득의 총수입금액에 포함하지 아니한다.

③ 퇴직으로 인하여 받는 소득으로서 퇴직소득에 속하지 않는 급여는 근로소득에 포함된다.

④ 수시부과 후 추가로 발생한 소득이 없는 경우에도 과세표준확정신고는 하여야 한다.

▌ 종합소득 신고 및 납부 이론형 Level 1

수시부과 후 추가로 발생한 소득이 없을 경우에는 과세표준확정신고를 하지 아니할 수 있다.

답 ④

164 □□□ 소득세법상 중간예납에 관한 설명이다. 옳지 않은 것은? 2023년 회계사

① 토지 등 매매차익 예정신고·납부를 한 부동산매매업자는 중간예납의무가 없다.

② 분리과세 주택임대소득만이 있는 거주자는 중간예납의무가 없다.

③ 중간예납의무가 있는 거주자는 중간예납추계액이 중간예납기준액의 30%에 미달하는 경우, 중간예납추계액을 중간예납세액으로 하여 납세지 관할 세무서장에게 신고할 수 있다.

④ 중간예납세액이 50만 원 미만인 경우에는 해당 소득세를 징수하지 아니한다.

⑤ 중간예납세액이 1천만 원을 초과하는 자는 그 납부할 세액의 일부를 납부기한이 지난 후 2개월 이내에 분할납부할 수 있다.

▌ 종합소득 신고 및 납부 이론형 Level 2

부동산매매업자가 중간예납기간 중에 매도한 토지 또는 건물에 대하여 토지 등 매매차익 예정신고·납부를 한 경우에는 중간예납기준액의 2분의 1에 해당하는 금액에서 그 신고·납부한 금액을 뺀 금액을 중간예납세액으로 한다. 이 경우 토지 등 매매차익예정신고·납부세액이 중간예납기준액의 2분의 1을 초과하는 경우에는 중간예납세액이 없는 것으로 한다.

답 ①

165

소득세법상 신고에 대한 설명으로 옳지 않은 것은?

2017년 국가직 9급

① 근로소득과 퇴직소득만 있는 자는 과세표준확정신고를 하지 아니할 수 있다.

② 부동산매매업자는 토지 등의 매매차익(매매차익이 없거나 매매차손이 발생한 경우 포함)과 그 세액을 매매일이 속하는 달의 말일부터 2개월이 되는 날까지 납세지 관할 세무서장에게 신고하여야 한다.

③ 종합소득금액과 분리과세주택임대소득이 있는 거주자(종합소득과세표준이 없거나 결손금이 있는 거주자를 포함)는 종합소득과세표준을 그 과세기간의 다음 연도 5월 1일부터 5월 31일까지 (성실신고확인대상 사업자가 성실신고확인서를 제출하는 경우에는 6월 30일까지) 납세지관할 세무서장에게 신고하여야 한다.

④ 거주자가 사망한 경우 그 상속인은 그 상속개시일이 속하는 달의 말일부터 3개월이 되는 날(이 기간 중 상속인이 출국하는 경우에는 출국일 전날)까지 사망일이 속하는 과세기간에 대한 그 거주자의 과세표준을 납세지 관할 세무서장에게 신고하여야 한다.

종합소득 신고 및 납부　　　　　　　　　　　　　　　　　　　　　　이론형 Level 1

'3개월'이 아닌 '6개월이 되는 날'이다.

> **소득세법 제74조 【과세표준확정신고의 특례】** ① 거주자가 사망한 경우 그 상속인은 그 상속개시일이 속하는 달의 말일부터 6개월이 되는 날(이 기간 중 상속인이 출국하는 경우에는 출국일 전날)까지 사망일이 속하는 과세기간에 대한 그 거주자의 과세표준을 납세지관할 세무서장에게 신고하여야 한다. 다만, 제44조 제2항에 따라 상속인이 승계한 연금계좌의 소득금액에 대해서는 그러하지 아니하다.

답 ④

166

소득세법상 신고·납부절차에 관한 설명으로 옳지 않은 것은?

2016년 세무사

① 과세기간의 개시일 현재 사업자가 아닌 자로서 그 과세기간 중 신규로 사업을 시작한 거주자는 그 과세기간의 사업소득에 대하여 중간예납의무가 없다.

② 중간예납세액이 50만 원 미만인 경우에는 해당 세액을 징수하지 않는다.

③ 복식부기의무자가 아닌 농·축·수산물 판매업을 영위하는 거주자는 납세조합을 조직할 수 있다.

④ 금융업을 경영하는 사업자가 직전 과세기간의 상시고용인원의 평균인원수가 20인 이하인 원천징수의무자로서 관할 세무서장으로부터 승인을 얻은 경우에는 원천징수한 소득세를 그 징수일이 속하는 반기의 마지막 달의 다음 달 10일까지 납부할 수 있다.

⑤ 분리과세이자소득, 분리과세배당소득, 분리과세연금소득 및 분리과세기타소득만 있는 거주자는 과세표준확정신고를 하지 아니할 수 있다.

종합소득 신고 및 납부　　　　　　　　　　　　　　　　　　　　　　이론형 Level 1

금융·보험업을 경영하는 자는 반기별 납부특례를 적용받을 수 없다.

답 ④

167 종합소득의 신고, 납부 및 징수에 관한 설명으로 옳지 않은 것은?

① 부가가치세법상 면세사업만을 영위하는 사업자는 사업장 현황신고를 하여야 한다.
② 과세표준확정신고를 하여야 할 거주자가 출국하는 경우에는 출국일이 속하는 과세기간의 과세표준을 출국일 전날까지 신고하여야 한다.
③ 종합소득의 납부할 세액이 1천만 원을 초과하는 경우에는 납부기한이 지난 후 2개월 이내에 분할납부할 수 있다.
④ 해당 과세기간의 상시고용인원이 20명 이하인 원천징수의무자(금융·보험업자는 제외)로서 원천징수 관할 세무서장의 승인을 받거나 국세청장의 지정을 받은 자는 원천징수세액을 그 징수일이 속하는 분기의 마지막 달의 다음 달 10일까지 납부할 수 있다.
⑤ 부동산매매업자는 토지 또는 건물의 매매차익과 그 세액을 매매일이 속하는 달의 말일부터 2개월이 되는 날까지 납세지 관할 세무서장에게 신고하여야 한다.

▌종합소득 신고 및 납부

이론형 Level 1

해당 과세기간의 상시고용인원이 20명 이하인 원천징수의무자(금융·보험업자는 제외)로서 원천징수 관할 세무서장의 승인을 받거나 국세청장의 지정을 받은 자는 원천징수세액을 그 징수일이 속하는 <u>반기</u>의 마지막 달의 다음 달 10일까지 납부할 수 있다.

답 ④

168 소득세법상 거주자의 종합소득 및 퇴직소득에 대한 신고, 납부 및 징수에 관한 설명이다. 옳지 않은 것은?

① 국내에서 거주자에게 퇴직소득을 지급하는 내국법인은 그 거주자에 대한 소득세를 원천징수하여 그 징수일이 속하는 달의 다음 달 10일까지 납부하여야 한다.
② 근로소득 및 퇴직소득만 있는 거주자는 해당 소득에 대하여 과세표준확정신고를 하지 아니할 수 있다.
③ 원천징수대상 소득으로서 발생 후 지급되지 아니함으로써 원천징수되지 아니한 소득이 종합소득에 합산되어 종합소득에 대한 소득세가 과세된 경우에는 그 소득을 지급할 때 소득세를 원천징수하고 이미 납부된 소득세는 환급하여야 한다.
④ 복식부기의무자가 재무상태표, 손익계산서, 합계잔액시산표 및 조정계산서를 제출하지 않은 경우에는 종합소득과세표준확정신고를 하지 않은 것으로 본다.
⑤ 종합소득과세표준확정신고를 하여야 할 자가 그 신고를 하지 않은 경우에는 납세지 관할 세무서장 또는 지방국세청장이 해당 거주자의 과세표준과 세액을 결정한다.

▌종합소득 신고 및 납부

이론형 Level 1

원천징수대상 소득으로서 발생 후 지급되지 아니함으로써 소득세가 원천징수되지 아니한 소득이 종합소득에 합산되어 종합소득에 대한 소득세가 과세된 경우에 그 소득을 지급할 때에는 소득세를 원천징수하지 아니한다.

답 ③

169 소득세법상 종합소득세의 신고 및 납부에 관한 설명이다. 옳지 않은 것은? 2023년 회계사

① 납세지 관할 세무서장 또는 지방국세청장은 거주자가 과세기간 중에 사업부진으로 장기간 휴업 상태에 있는 때로서 소득세를 포탈할 우려가 있다고 인정되는 경우에는 수시로 그 거주자에 대한 소득세를 부과할 수 있다.

② 중간예납 의무가 있는 거주자가 중간예납기간의 종료일 현재 그 중간예납기간 종료일까지의 종합소득금액에 대한 소득세액이 중간예납기준액의 100분의 30에 미달하는 경우에는 중간예납추계액을 중간예납세액으로 하여 납세지 관할 세무서장에게 신고할 수 있다.

③ 해당 과세기간의 개시일 현재 사업자가 아닌 자로서 그 과세기간 중 신규로 사업을 시작한 자는 중간예납의무를 지지 않는다.

④ 원천징수대상 소득이 발생 후 지급되지 아니함으로써 소득세가 원천징수되지 아니하고 종합소득에 합산되어 종합소득세가 과세된 경우에 그 소득을 지급할 때에는 소득세를 원천징수하지 아니한다.

⑤ 부동산매매업자는 토지의 매매차익과 그 세액을 매매일이 속하는 달의 말일부터 2개월이 되는 날까지 납세지 관할 세무서장에게 신고하여야 하나, 매매차익이 없거나 매매차손이 발생하였을 때에는 그러하지 아니하다.

┃ 종합소득 신고 및 납부 이론형 Level 1

부동산매매업자는 토지 또는 건물의 매매차익과 그 세액을 매매일이 속하는 달의 말일부터 2개월이 되는 날까지 대통령령으로 정하는 바에 따라 납세지 관할 세무서장에게 신고하여야 한다. 토지 등의 매매차익이 없거나 매매차손이 발생하였을 때에도 또한 같다.

답 ⑤

---

170 소득세법상 사업용계좌에 관한 설명으로 옳지 않은 것은? 2008년 국가직 7급

① 복식부기의무자는 사업장별로 해당 과세기간 중 사업용계좌를 사용하여야 할 거래금액, 실제 사용한 금액 및 미사용금액을 구분하여 기록·관리하여야 한다.

② 사업용계좌는 사업장별로 사업장 관할 세무서장에게 신고하여야 하며, 이 때 1개의 계좌를 2 이상의 사업장에 대한 사업용계좌로 신고할 수 있다.

③ 복식부기의무자가 사업과 관련하여 용역을 공급받고 임차료를 지급하는 때에는 사업용계좌를 사용하여야 한다.

④ 사업용계좌 사용의무가 있는 복식부기의무자가 사업용계좌를 사용하지 않는 경우 이에 대한 가산세는 산출세액이 없는 경우에는 적용하지 아니한다.

┃ 사업용계좌 이론형 Level 2

소득세법 제81조의8 【사업용계좌 신고·사용 불성실 가산세】 ② 사업용계좌 신고·사용불성실가산세는 종합소득산출세액이 없는 경우에도 <u>적용한다</u>.

답 ④

171 소득세법상 성실신고확인제도에 대한 설명으로 옳지 않은 것은?

① 성실신고확인대상 사업자가 성실신고확인서를 제출하는 경우에는 종합소득세과세표준확정신고를 그 과세기간의 다음 연도 5월 1일부터 6월 30일까지 하여야 한다.

② 세무사가 성실신고확인대상 사업자에 해당하는 경우에는 자신의 사업소득금액의 적정성에 대하여 해당 세무사가 성실신고확인서를 작성·제출해서는 아니된다.

③ 법률에 따라 비치·기록된 장부와 증명서류에 의하여 계산한 사업소득금액의 적정성을 세무사 등 법령으로 정하는 자가 확인하고 작성한 확인서를 납세지 관할 세무서장에게 제출하여야 한다.

④ 성실신고확인대상사업자는 성실신고를 확인하는 세무사 등을 선임하여 해당 과세기간의 다음 연도 4월 30일까지 법령으로 정하는 서식에 따라 납세지 관할 세무서장에게 신고하여야 한다.

▌ 성실신고확인제도　　　　　　　　　　　　　　　　　　　　이론형 Level 1

2020년 2월 11일 시행령 개정 시 성실신고확인대상 사업자의 납세편의를 위해 성실신고확인 세무사 등의 선임신고 제도를 폐지하였다.

답 ④

172 소득세법령상 성실신고확인서 제출에 대한 설명으로 옳지 않은 것은?

① 성실신고확인대상 사업자는 종합소득과세표준 확정신고를 할 때에 사업소득금액의 적정성을 세무사 등이 확인하고 작성한 성실신고확인서를 납세지 관할 세무서장에게 제출하여야 한다.

② 성실신고확인대상 사업자가 성실신고확인서를 제출하는 경우에는 종합소득과세표준 확정신고를 그 과세기간의 다음 연도 5월 1일부터 6월 30일까지 하여야 한다.

③ 세무사가 성실신고확인대상 사업자에 해당하는 경우에는 자신의 사업소득금액의 적정성에 대하여 해당 세무사가 성실신고확인서를 작성·제출해서는 아니 된다.

④ 성실신고확인대상 사업자가 성실신고확인서를 납세지 관할 세무서장에게 제출하지 아니한 경우에는 사업소득금액이 종합소득금액에서 차지하는 비율을 종합소득산출세액에 곱하여 계산한 금액의 100분의 20에 해당하는 금액을 결정세액에 더한다.

▌ 성실신고확인제도　　　　　　　　　　　　　　　　　　　　이론형 Level 1

성실신고확인대상 사업자가 성실신고확인서를 납세지 관할 세무서장에게 제출하지 아니한 경우에는 사업소득금액이 종합소득금액에서 차지하는 비율을 종합소득산출세액에 곱하여 계산한 금액의 100분의 5에 해당하는 금액을 결정세액에 더한다.

$$\text{성실신고확인서 미제출가산세} = \text{종합소득산출세액} \times \frac{\text{사업소득금액}}{\text{종합소득금액}} \times 5\%$$

답 ④

173 소득세 성실신고확인제도에 관한 설명이다. 옳지 않은 것은?

① 성실신고확인대상 사업자로서 성실신고확인서를 제출한 자가 법령상 의료비를 지출한 경우 의료비세액공제를 적용받을 수 있다.

② 성실신고확인대상 사업자가 성실신고확인서를 제출하는 경우에는 종합소득과세표준확정신고를 그 과세기간의 다음 연도 5월 1일부터 6월 30일까지 하여야 한다.

③ 세무사가 성실신고확인대상 사업자에 해당하는 경우에는 자신의 사업소득금액의 적정성에 대하여 해당 세무사가 성실신고확인서를 작성·제출해서는 아니 된다.

④ 납세지 관할 세무서장은 성실신고확인서에 미비한 사항이 있을 때에는 그 보정을 요구할 수 있다.

⑤ 제조업을 영위하는 사업자의 해당 과세기간의 수입금액의 합계액이 5억 원인 경우 성실신고확인대상사업자에 해당한다.

성실신고확인제도 이론형 Level 1

제조업을 영위하는 사업자의 해당 과세기간의 수입금액의 합계액이 7억 5천만 원 이상인 경우 성실신고확인대상사업자에 해당한다.

답 ⑤

10 양도소득

174 소득세법상 양도소득세의 과세대상이 되는 부동산 양도에 해당하는 것으로만 묶인 것은? 2013년 국가직 9급

□□□

> ㄱ. 대물변제에 의한 소유권 이전
> ㄴ. 공유물의 소유지분별 분할(공유지분 변동 없음)
> ㄷ. 경매에 의한 소유권 이전
> ㄹ. 도시개발법에 의한 보류지 충당
> ㅁ. 이혼 시 재산분할에 따른 소유권 이전

① ㄱ, ㄷ   ② ㄱ, ㅁ

③ ㄴ, ㄷ   ④ ㄴ, ㄹ

┃ 양도소득 과세대상

이론형 Level 1

소득세법상 양도소득세의 과세대상이 되는 부동산 양도에 해당하는 것은 ㄱ, ㄷ이다.

(선지분석)

> 📄 **양도로 보지 않는 경우**
> 1. 양도담보(단, 채무불이행으로 인해 자산을 변제에 충당한 경우에는 양도)
> 2. 도시개발법 등에 따른 환지처분으로 지목 또는 지번이 변경되거나 보류지로 충당되는 경우
> 3. 법원의 확정판결에 따른 신탁해지를 원인으로 하는 소유권이전등기
> 4. 매매원인무효의 소에 의하여 매매사실이 원인무효로 판시되어 환원될 경우
> 5. 공동소유의 토지를 소유지분별로 단순히 분할하거나 공유자지분 변경없이 2개 이상의 공유토지로 분할하였다가 그 공유토지를 소유지분별로 단순히 재분할 하는 경우(단, 공동지분이 변경되는 경우 변경되는 부분은 양도)
> 6. 명의신탁
> 7. 이혼으로 인하여 혼인 중에 형성된 부부공동재산을 민법에 따라 재산분할하는 경우
> 8. 소유자산을 경매·공매로 인하여 자기가 재취득하는 경우

답 ①

175 소득세법상 토지의 소유권이 다음의 사유로 이전되었을 경우 양도소득세 과세대상에 해당되는 것만을 모두 고른 것은?

2010년 국가직 9급

> ㄱ. 채무자의 변제에 충당
> ㄴ. 타인의 건물과 교환
> ㄷ. 체비지로 충당
> ㄹ. 공익사업 시행자의 수용
> ㅁ. 부동산업자의 상가 신축판매

① ㄱ, ㄴ, ㄷ   ② ㄱ, ㄴ, ㄹ

③ ㄴ, ㄷ, ㄹ   ④ ㄷ, ㄹ, ㅁ

| 양도소득 과세대상   이론형 Level 1

옳은 것은 ㄱ, ㄴ, ㄹ이다.
ㄱ. [양도] 대물변제는 과세대상에 해당한다.
ㄴ. [양도] 교환은 과세대상에 해당한다.
ㄹ. [양도] 수용은 과세대상에 해당한다.

(선지분석)
ㄷ. 양도로 보지 않는 경우이다.
ㅁ. 사업소득으로 과세대상이 아니다.

답 ②

---

176 거주자의 양도소득세 과세대상인 것은 모두 몇 개인가?

2011년 국가직 7급

> ㄱ. 법원의 확정판결에 따른 손해배상의 위자료 지급에 갈음하여 소유하고 있던 부동산으로 대물변제한 경우
> ㄴ. 양도일이 속하는 사업연도의 직전 사업연도 종료일 현재 코스닥시장상장법인의 주식 3%(시가총액 10억 원)를 소유한 주주(친족, 그 밖의 특수관계에 있는 자는 없음)가 자본시장과 금융투자업에 관한 법률에 따른 증권시장에서 당해 주식을 양도하는 경우
> ㄷ. 도시개발법에 따른 환지처분으로 소유하던 토지가 체비지로 충당되는 경우
> ㄹ. 사업용 건물과 함께 영업권을 양도하는 경우
> ㅁ. 지상권, 전세권과 등기된 부동산임차권을 양도하는 경우

① 2개   ② 3개

③ 4개   ④ 5개

| 양도소득 과세대상   이론형 Level 1

거주자의 양도소득세 과세대상인 것은 총 4개(ㄱ, ㄴ, ㄹ, ㅁ)이다.
ㄱ. 대물변제는 과세대상에 해당한다.
ㄴ. 대주주의 코스닥시장 상장법인의 주식 등은 과세대상에 해당한다.
ㄹ. 영업권을 단독으로 양도하는 경우에는 기타소득에 해당한다.
ㅁ. 등기되지 않는 부동산임차권은 기타소득에 해당한다.

(선지분석)
ㄷ. 도시개발법에 따른 환지처분으로 소유하던 토지가 체비지로 충당되는 경우 양도에 해당하지 않는다.

답 ③

177 소득세법상 거주자의 양도소득의 범위에 대한 설명으로 옳은 것만을 모두 고르면?

2022년 국가직 9급

> ㄱ. 토지 또는 건물의 양도로 발생하는 소득은 양도소득에 포함된다.
> ㄴ. 등기되지 않은 부동산임차권의 양도로 발생하는 소득은 양도소득에 포함된다.
> ㄷ. 지상권의 양도로 발생하는 소득은 양도소득에 포함되지 않는다.
> ㄹ. 영업권의 단독 양도로 발생하는 소득은 양도소득에 포함된다.

① ㄱ
② ㄴ, ㄷ
③ ㄷ, ㄹ
④ ㄱ, ㄴ, ㄹ

양도소득의 범위

이론형 Level 1

옳은 것은 ㄱ이다.

(선지분석)
ㄴ. 등기된 부동산임차권의 양도로 발생하는 소득은 양도소득에 포함된다.
ㄷ. 지상권의 양도로 발생하는 소득은 양도소득에 포함된다.
ㄹ. 영업권의 단독 양도로 발생하는 소득은 기타소득에 해당한다.

답 ①

178 다음 중 소득세법에 따라 양도소득세가 과세되는 경우는?

2017년 회계사

① 거주자 A는 이혼위자료로 배우자에게 본인 명의의 비상장주식을 이전하였다.
② 거주자 B(복식부기의무자인 사업자)는 사업용으로 사용하던 기계장치를 처분하였다.
③ 거주자 C는 골프회원권을 채권자에게 양도담보로 제공하였다.
④ 거주자 D는 건설업을 영위하고 있으며, 주택을 신축하여 판매하였다.
⑤ 거주자 E는 자녀에게 본인 소유의 토지를 무상으로 이전하였다.

양도소득 과세대상

이론형 Level 1

위자료로 비상장주식을 이전하는 것은 양도로 본다. 반면, 혼인 중에 형성된 실질적인 부부공동재산을 재산분할청구권의 행사에 따라 소유권이 이전되는 경우는 양도로 보지 아니한다.

(선지분석)
② 복식부기의무자의 기계장치처분이익은 사업소득으로 과세한다.
③ 양도담보는 원칙적으로 양도로 보지 아니한다. 단, 양도담보계약을 체결한 후 그 계약을 위배하거나 채무불이행으로 인하여 해당 자산을 변제에 충당한 때에는 이를 양도한 것으로 본다.
④ 판매를 목적으로 주택을 신축하여 판매하는 경우에는 주택신축판매업으로 보아 사업소득으로 과세한다.
⑤ 자녀에게 증여세가 과세되며, 거주자 E에게 과세되는 세금은 없다.

답 ①

179 소득세법상 양도소득세의 과세대상이 될 수 있는 경우에 해당하지 않는 것은? 2013년 세무사

① 건물을 처남에게 부담부증여한 경우
② 공동사업을 경영할 것을 약정하는 계약에 따라 건물을 해당 공동사업체에 현물출자하는 경우
③ 부동산매매계약을 체결한 자가 계약금만 지급한 상태에서 권리를 양도한 경우
④ 손해배상에 있어서 당사자 간의 합의에 의하여 일정액의 위자료를 지급하기로 하고 동 위자료 지급에 갈음하여 당사자 일방이 소유하고 있던 부동산으로 대물변제한 경우
⑤ 소유자산을 경매·공매로 인하여 자기가 재취득하는 경우

▌ 양도소득 과세대상 　　　　　　　　　　　　　　　　　　　　　　　　　이론형 Level 1

소유자산을 경매·공매로 인하여 자기가 재취득하는 경우 양도로 보지 아니한다.

답 ⑤

180 소득세법상 양도소득세가 과세되는 것은? 2018년 세무사

① 거주자 甲은 이혼하면서 법원의 판결에 따른 재산분할에 의하여 배우자에게 혼인 중에 형성된 부부공동재산인 토지의 소유권을 이전하였다.
② 사업자인 거주자 乙은 사업용으로 사용하던 기계장치를 처분하였다.
③ 거주자 丙은 본인 소유의 토지를 동생에게 증여하면서, 동생이 그 토지에 의하여 담보된 丙의 은행대출 채무를 인수하였다.
④ 건설업을 영위하는 사업자인 거주자 丁은 아파트를 신축하여 판매하였다.
⑤ 거주자 戊는 자기 소유의 토지를 경매로 인하여 자기가 재취득하였다.

▌ 양도소득 과세대상 　　　　　　　　　　　　　　　　　　　　　　　　　이론형 Level 1

부담부증여의 채무액에 해당하는 부분은 양도로 본다.

(선지분석)
① 이혼으로 인하여 혼인 중에 형성된 부부공동재산을 재산분할하는 경우에는 양도로 보지 아니한다. 다만, 손해배상에 있어서 당사자 간의 합의에 의하거나 법원의 확정판결에 의하여 일정액의 위자료를 지급하기로 하고, 동 위자료 지급에 갈음하여 당사자 일방이 소유하고 있던 부동산으로 대물변제한 때에는 그 자산을 양도한 것으로 본다.
② 복식부기의무자에 기계장치 처분이익은 사업소득으로 과세한다.
④ 판매의 목적으로 아파트를 신축하여 판매하는 경우 사업소득으로 과세한다.
⑤ 소유자산을 경매·공매로 인하여 자기가 재취득하는 경우에는 양도로 보지 아니한다.

답 ③

181 소득세법상 거주자의 양도소득에 대한 납세의무와 관련하여 양도에 관한 설명으로 옳지 않은 것은?

2019년 세무사

① 법원의 파산선고에 의한 부동산의 처분은 양도로 보지 아니한다.

② 이혼으로 인하여 혼인 중에 형성된 부부공동재산을 민법에 따라 재산분할하는 경우에는 양도로 보지 아니한다.

③ 공동사업을 경영할 것을 약정하는 계약에 따라 토지나 건물을 해당 공동사업체에 현물출자하는 경우 그 공동사업체에 유상으로 양도된 것으로 본다.

④ 도시개발법에 따른 환지처분으로 지번이 변경되는 경우는 양도로 보지 아니한다.

⑤ 양도담보계약에 따라 소유권을 이전하는 경우라 하더라도 법정요건을 갖춘 경우에는 양도로 보지 아니하나, 채무불이행으로 인하여 담보자산을 변제에 충당한 때에는 양도한 것으로 본다.

│ 양도소득 과세대상　　　　　　　　　　　　　　　　　　　　　이론형 Level 2

법원의 파산선고에 의한 부동산의 처분은 양도로 보나 비과세대상이다.

답 ①

---

182 소득세법상 1세대 1주택에 관한 설명으로 옳은 것은?

2010년 국가직 7급

① 국내에 1주택을 소유한 1세대가 그 주택(이하 "종전의 주택"이라 함)을 양도하기 전에 조합원입주권을 취득함으로써 일시적으로 1주택과 1조합원입주권을 소유하게 된 경우 종전의 주택을 취득한 날부터 1년 이상이 지난 후에 조합원입주권을 취득하고 그 조합원입주권을 취득한 날부터 3년 이내에 종전의 주택을 양도하는 경우에는 이를 1세대 1주택으로 보아 비과세규정을 적용한다.

② 거주자가 그 배우자와 같은 주소에서 생계를 같이하고 있다면 1세대로 보되, 별거하고 있으면 각각 별도의 세대로 본다.

③ 상속받은 주택과 일반주택을 국내에 각각 1개씩 소유하고 있는 1세대가 상속주택을 양도하는 경우에는 국내에 1개의 주택을 소유하고 있는 것으로 본다.

④ 비과세되는 1세대 1주택에 있어서 부부가 각각 단독세대를 구성하였을 경우에는 동일한 세대로 보지 아니한다.

│ 1세대 1주택 비과세　　　　　　　　　　　　　　　　　　　　　이론형 Level 1

(선지분석)

② 거주자가 그 배우자와 같은 주소에서 생계를 같이하고 있다면 1세대로 보고, 별거한 경우에는 각각 별도의 세대로 보지 아니한다.

③ 상속받은 주택과 일반주택을 국내에 각각 1개씩 소유하고 있는 1세대가 일반주택을 양도하는 경우에는 국내에 1개의 주택을 소유하고 있는 것으로 본다.

④ 1세대 1주택 비과세규정을 적용하는 경우 부부가 각각 세대를 달리 구성하는 경우에도 동일한 세대로 본다.

답 ①

183

소득세법령상 1세대와 주택에 대한 설명으로 옳지 않은 것은?

① 1세대를 구성하는 배우자에는 법률상 이혼을 하였으나 생계를 같이 하는 등 사실상 이혼한 것으로 보기 어려운 관계에 있는 사람을 포함한다.

② 1세대에서 생계를 같이 하는 자란 거주자 및 그 배우자의 직계존비속(그 배우자를 포함한다) 및 형제자매를 말하며, 취학, 질병의 요양, 근무상 또는 사업상의 형편으로 본래의 주소 또는 거소에서 일시 퇴거한 사람은 포함하지 않는다.

③ 1세대와 관련하여 해당 거주자의 나이가 30세 이상인 경우에는 배우자가 없어도 1세대로 본다.

④ 주택이란 허가 여부나 공부상의 용도구분과 관계없이 사실상 주거용으로 사용하는 건물을 말하며, 이 경우 그 용도가 분명하지 아니하면 공부상의 용도에 따른다.

▌ 1세대와 주택

이론형 Level 1

1세대란 거주자 및 그 배우자(법률상 이혼을 하였으나 생계를 같이 하는 등 사실상 이혼한 것으로 보기 어려운 관계에 있는 사람을 포함)가 그들과 같은 주소 또는 거소에서 생계를 같이 하는 자[거주자 및 그 배우자의 직계존비속(그 배우자를 포함한다) 및 형제자매를 말하며, 취학, 질병의 요양, 근무상 또는 사업상의 형편으로 본래의 주소 또는 거소에서 일시 퇴거한 사람을 포함한다]를 말한다.

답 ②

184

소득세법상 양도소득세에 관한 설명으로 옳은 것은?

① 양도소득세가 과세되는 양도란 매도, 교환, 법인에 대한 현물출자 등으로 인하여 유상 여부에 관계없이 자산이 사실상 이전되는 것을 말한다.

② 파산선고에 의한 처분으로 인하여 발생하는 소득에 대하여도 양도소득세가 과세된다.

③ 양도자산은 등기 여부에 관계없이 일정한 요건을 갖춘 경우에는 양도소득에 대한 소득세의 비과세에 관한 규정이 적용된다.

④ 거주자의 양도소득에 대한 과세표준은 종합소득 및 퇴직소득에 대한 과세표준과 구분하여 계산한다.

▌ 양도소득 종합

이론형 Level 1

(선지분석)

① 양도란 등기 또는 등록 여부에 관계없이 자산이 사실상 유상으로 이전되는 것을 말한다.

② 파산선고에 의한 처분으로 인하여 발생하는 소득은 양도소득세를 과세하지 아니한다. ∵ 비과세 양도소득

③ 미등기양도자산에 대하여는 소득세법 또는 소득세법 외의 법률 중 양도소득에 대한 소득세의 비과세에 관한 규정을 적용하지 아니한다.

답 ④

185 소득세법상 양도소득세에 관한 설명으로 옳은 것은?

① 법원의 확정판결에 의하여 신탁해지를 원인으로 소유권이전등기를 하는 경우에는 양도소득세 과세대상인 양도에 해당한다.

② 동일한 과세기간에 발생한 토지의 양도소득금액과 주권상장법인 주식의 양도차손은 서로 통산할 수 있다.

③ 사업용 기계장치와 영업권을 함께 양도함으로써 발생한 소득은 양도소득세의 과세대상이다.

④ 법원의 결정에 의하여 양도 당시 그 자산의 취득에 관한 등기가 불가능한 자산을 양도한 경우에는 양도소득기본공제가 적용된다.

▌양도소득 종합   이론형 Level 1

본래 미등기자산은 양도소득기본공제가 적용되지 아니하나, 다음 중 어느 하나에 해당하는 자산은 미등기자산에서 제외되므로 양도소득기본공제가 적용된다.

> 📄 **미등기자산에서 제외되는 자산**
>
> 1. 장기할부조건으로 취득한 자산으로서 계약조건에 따라 등기가 불가능한 자산
> 2. 법률의 규정 또는 법원의 결정에 따라 등기가 불가능한 자산
> 3. 비과세요건을 충족한 1세대 1주택으로서 법에 따른 허가를 받지 않아 등기가 불가능한 자산
> 4. 비과세요건을 충족한 교환·분합하는 농지, 감면요건을 충족한 자경농지 및 대토하는 농지
> 5. 상속에 따른 소유권이전등기를 하지 않은 자산으로서 법률에 따라 사업시행자에게 양도하는 것
> 6. 도시개발법에 따른 개발사업이 종료되지 않아 취득등기를 하지 않고 양도하는 토지

(선지분석)

① 법원의 확정판결에 의하여 신탁해지를 원인으로 소유권이전등기를 하는 경우에는 양도소득세 과세대상인 양도에 해당하지 않는다.

② 양도차손은 그룹별로 공제가 가능하다. 토지는 1그룹, 상장주식은 2그룹에 속하기 때문에 서로 통산이 불가능하다.

③ 사업에 사용하는 토지·건물·부동산에 관한 권리와 함께 양도하는 영업권의 양도소득은 양도소득세의 과세대상이다.

참고 영업권을 단독으로 양도하거나 기계장치와 함께 양도하는 경우 기타소득에 해당함

답 ④

186 소득세법상 양도소득세에 관한 설명으로 옳지 않은 것은? 2009년 국가직 7급

① 파산선고에 의한 처분으로 인하여 발생하는 소득에 대하여는 양도소득세를 과세하지 아니한다.

② 거주자인 갑이 갑의 아들 을로부터 증여받은 국내에 소재하는 골프회원권을 5년 이내에 양도하는 경우 그 양도차익을 계산함에 있어서 취득가액은 을의 취득 당시를 기준으로 계산한다.

③ 도시개발법 기타 법률의 규정에 의한 환지처분으로 지목 또는 지번이 변경되거나 체비지로 충당되는 경우에는 소득세법에서 규정하는 양도로 보지 아니한다.

④ 대금을 청산하기 전에 소유권이전등기를 한 경우에는 당해 자산의 대금을 청산한 날을 양도시기로 본다.

▌양도소득 종합　　　　　　　　　　　　　　　　　　　　　이론형 Level 1

대금을 청산하기 전에 소유권이전등기를 한 경우에는 소유권이전등기접수일을 양도시기로 본다.

> 📄 **유상양도의 양도시기 또는 취득시기(소득세법 제98조, 소득세법 시행령 제162조 제1항 참조)**
> 1. 원칙: 해당 자산의 대금을 청산한 날
> 2. 예외
>   (1) 대금 청산한 날이 불분명한 경우: 등기·등록접수일 또는 명의개서일
>   (2) 대금을 청산하기 전에 소유권이전등기·등록·명의개서를 한 경우: 등기접수일
>   (3) 장기할부조건부 양도: 빠른 날(소유권이전등기접수일, 인도일, 사용수익일)

답 ④

---

187 소득세법상 양도소득에 대한 설명으로 옳지 않은 것은? 2012년 국가직 7급

① 사업에 사용하는 토지, 건물 및 부동산에 관한 권리과 함께 양도하는 영업권은 양도소득세의 과세대상에 포함된다.

② 양도란 자산에 대한 등기 또는 등록과 관계없이 매도·교환·법인에 대한 현물출자 등으로 인하여 그 자산이 유상 또는 무상으로 사실상 이전되는 것을 말한다.

③ 손해배상에 있어서 당사자 간의 합의에 의하거나 법원의 확정판결에 의하여 일정액의 위자료를 지급하기로 하고, 동 위자료의 지급에 갈음하여 당사자 일방이 소유하고 있던 부동산으로 대물변제한 때에는 그 자산을 양도한 것으로 본다.

④ 상속받은 주택과 그 밖의 주택을 국내에 각각 1개씩 소유하고 있는 1세대가 그 밖의 주택을 양도하는 경우 국내에 1개의 주택을 소유하고 있는 것으로 보아 1세대 1주택 비과세 여부를 판정한다.

▌양도소득 종합.　　　　　　　　　　　　　　　　　　　　이론형 Level 1

양도란 자산에 대한 등기 또는 등록과 관계없이 그 자산이 <u>유상</u>으로 사실상 이전되는 것을 말한다. 자산이 무상으로 이전하는 것은 수증자에게 증여세를 부과한다.

답 ②

188

소득세법상 양도소득에 대한 설명으로 옳지 않은 것은?

2012년 국가직 9급

① 주권상장법인이 아닌 법인의 신주인수권의 양도로 발생하는 소득은 양도소득세의 과세대상이다.

② 전세권의 양도로 발생하는 소득은 양도소득세의 과세대상이다.

③ 파산선고에 의한 처분으로 발생하는 소득은 양도소득세의 과세대상이다.

④ 납세지 관할 세무서장 또는 지방국세청장은 양도소득이 있는 거주자의 행위 또는 계산이 그 거주자의 특수관계인과의 거래로 인하여 그 소득에 대한 조세부담을 부당하게 감소시킨 것으로 인정되는 경우에는 그 거주자의 행위 또는 계산과 관계없이 해당 과세기간의 소득금액을 계산할 수 있다.

| 양도소득 종합

이론형 Level 1

파산선고에 의한 처분으로 발생하는 소득은 양도소득세를 과세하지 않는다.

(선지분석)

① 주권비상장법인의 주식 등의 양도로 발생하는 소득은 양도소득세의 과세대상이다. 여기서 주식 등이란 주식 또는 출자지분을 말하며, 신주인수권과 대통령령으로 정하는 증권예탁증권을 포함한다.

답 ③

189

소득세법상 국내자산양도 시 양도소득세에 관한 설명으로 옳지 않은 것은?

2009년 국가직 9급

① 양도소득과세표준은 양도소득금액에서 양도소득기본공제를 한 금액으로 한다.

② 양도소득의 과세대상자산에는 건물이 완성되는 때에 그 건물과 이에 부수되는 토지를 취득할 수 있는 권리도 포함된다.

③ 양도소득금액은 양도가액에서 필요경비를 공제한 금액으로 한다.

④ 거주자인 갑이 양도일로부터 소급하여 10년 이내에 그의 아들 을로부터 증여받은 건물의 양도차익을 계산함에 있어서 취득가액은 을의 취득 당시를 기준으로 계산한다.

| 양도소득 종합

이론형 Level 1

소득세법 제95조【양도소득금액】 ① 양도소득금액은 제94조에 따른 양도소득의 총수입금액(이하 "양도가액"이라 한다)에서 제97조에 따른 필요경비를 공제하고, 그 금액(이하 "양도차익"이라 한다)에서 장기보유 특별공제액을 공제한 금액으로 한다.

답 ③

190 소득세법상 양도소득금액계산 시 자산의 취득시기 및 양도시기에 대한 설명으로 옳지 않은 것은?

2015년 국가직 7급

① 대금을 청산하기 전에 소유권이전등기를 한 경우에는 등기부에 기재된 등기접수일로 한다.
② 점유로 인한 부동산소유권의 취득시효(민법 제245조 제1항)에 의하여 부동산의 소유권을 취득하는 경우에는 당해 부동산의 등기부에 기재된 등기접수일로 한다.
③ 건축허가를 받지 아니하고 자기가 건축물을 건설한 경우에는 그 건축물의 사실상 사용일로 한다.
④ 완성 또는 확정되지 아니한 자산을 양도 또는 취득한 경우로서 해당 자산의 대금을 청산한 날까지 그 목적물이 완성 또는 확정되지 아니한 경우에는 그 목적물이 완성 또는 확정된 날로 한다.

| 양도소득 종합　　　　　　　　　　　　　　　　　　　　　　　　이론형 Level 1

점유로 인한 부동산소유권의 취득시효에 의하여 부동산의 소유권을 취득하는 경우(민법 제245조 제1항)에는 당해 부동산의 점유를 개시한 날을 취득시기로 한다.

답 ②

---

191 소득세법령상 거주자의 국내자산 양도에 따른 양도차익을 계산할 때 양도가액과 취득가액에 대한 설명으로 옳지 않은 것은?

2017년 국가직 7급

① 양도소득세 과세대상자산을 법인세법에 따른 특수관계인(외국법인 포함)으로부터 취득한 경우로서 법인세법에 따라 거주자의 상여·배당 등으로 처분된 금액이 있으면 그 상여·배당 등으로 처분된 금액을 취득가액에 더한다.
② 양도차익을 계산할 때 양도가액을 기준시가에 따를 때에는 취득가액도 기준시가에 따른다.
③ 특수관계법인 외의 자에게 양도소득세과세대상 자산을 시가보다 높은 가격으로 양도한 경우로서 상속세 및 증여세법에 따라 해당 거주자의 증여재산가액으로 하는 금액이 있는 경우에는 그 양도가액에 증여재산가액을 더한 금액을 양도 당시의 실지거래가액으로 본다.
④ 벤처기업 외의 법인으로부터 부여받은 주식매수선택권을 행사하여 취득한 주식을 양도하는 때에는 주식매수선택권을 행사하는 당시의 시가를 소득세법 제97조 제1항 제1호의 규정에 의한 취득가액으로 한다.

| 양도소득 종합　　　　　　　　　　　　　　　　　　　　　　　　이론형 Level 1

법인세법에 따른 특수관계인에 해당하는 법인 외의 자에게 자산을 시가보다 높은 가격으로 양도한 경우로서 상속세 및 증여세법에 따라 해당 거주자의 증여재산가액으로 하는 금액이 있는 경우에는 그 양도가액에 증여재산가액을 뺀 금액을 양도 당시의 실지거래가액으로 본다(이중과세방지규정).

답 ③

192 □□□ 소득세법상 양도소득금액의 계산에서 양도가액과 취득가액에 관한 설명으로 옳지 않은 것은? (다툼이 있으면 판례에 따름) 2017년 세무사

① 양도소득세 과세대상이 되는 거래가 단순한 교환인 경우는 실지거래가액을 확인할 수 없는 경우에 해당한다.
② 법인세법에 따른 특수관계인에 해당하는 법인 외의 자에게 부동산을 시가보다 높은 가격으로 양도하는 경우로서 상속세 및 증여세법에 따라 해당 거주자의 증여재산가액으로 하는 금액이 있는 경우 그 부동산의 시가를 실지양도가액으로 본다.
③ 취득일로부터 3년이 지난 후에 취득 당시로 소급하여 한 감정에 의하여 평가한 가액은 취득 당시의 실지거래가액을 대체할 수 있는 감정가액에 해당하지 않는다.
④ 법인세법에 따른 특수관계인으로부터 부동산을 취득한 경우 거주자의 상여로 처분된 금액이 있으면 그 상여로 처분된 금액을 취득가액에 더한다.
⑤ 양도차익 계산 시 양도가액을 매매사례가액으로 하는 경우 취득가액을 실지거래가액에 따를 수 있다.

▌ 양도소득 종합 이론형 Level 2

법인세법에 따른 특수관계인에 해당하는 법인 외의 자에게 부동산을 시가보다 높은 가격으로 양도하는 경우로서 상속세 및 증여세법에 따라 해당 거주자의 증여재산가액으로 하는 금액이 있는 경우 그 양도가액에서 증여재산가액을 뺀 금액을 실지양도가액으로 본다.

답 ②

---

193 □□□ 거주자 갑의 양도소득세계산에 관한 설명이다. 옳지 않은 것은? (각 지문은 독립적인 상황임) 2019년 회계사

	토지 X	토지 Y
거래가액	15억 원	6억 원
시 가	8억 원	10억 원

① 거주자 갑이 임원으로 근무하는 영리내국법인 (주)A에 토지 X를 처분하고 (주)A는 부당행위계산부인규정에 따라 7억 원을 거주자 갑에게 상여처분하였다면, 해당 토지의 양도소득 계산 시 적용할 양도가액은 15억 원이다.
② 거주자 갑이 특수관계가 없는 개인인 거주자 을에게 토지 X를 처분하고 거주자 갑에게 증여재산가액 4억 원에 대한 증여세가 과세되었다면, 해당 토지의 양도소득 계산 시 적용할 양도가액은 11억 원이다.
③ 거주자 갑이 임원으로 근무하는 영리내국법인 (주)B로부터 토지 Y를 취득하고 취득 당시 (주)B가 부당행위계산부인규정에 따라 4억 원을 거주자 갑에게 상여처분하였다면, 이후 해당 토지의 양도소득 계산 시 적용할 취득가액은 10억 원이다.
④ 거주자 갑이 특수관계가 없는 개인인 거주자 을로부터 토지 Y를 취득하고 취득 당시 거주자 갑에게 증여재산가액 1억 원에 대한 증여세가 과세되었다면, 이후 해당 토지의 양도소득계산 시 적용할 취득가액은 7억 원이다.
⑤ 거주자 갑이 4촌인 거주자 병에게 토지 Y를 양도한 경우, 양도소득 계산 시 적용할 양도가액은 10억 원이다.

양도가액 = 15억 원 − 7억 원(상여) = 8억 원

(선지분석)

② 양도가액 = 15억 원 − 4억 원(증여재산가액) = 11억 원

③ 취득가액 = 6억 원 + 4억 원(상여) = 10억 원

④ 취득가액 = 6억 원 + 1억 원(증여재산가액) = 7억 원

⑤ ⓐ 부당행위요건 판단: 10억 원 − 6억 원 = 4억 원 ≥ Min(10억 원 × 5%, 3억 원)

　　ⓑ 부당행위요건 충족 → 양도가액: 시가 10억 원

답 ①

194

소득세법령상 양도소득에 대한 설명으로 옳은 것은?   2020년 국가직 9급

① 실지거래가액에 따른 양도차익 산정과 관련하여, 토지와 건물 등을 함께 취득하거나 양도한 경우로서 그 토지와 건물 등을 구분 기장한 가액이 대통령령으로 정하는 바에 따라 안분계산한 가액과 100분의 30 이상 차이가 있는 경우에는 토지와 건물 등의 가액 구분이 불분명한 때로 본다.

② 양도소득과 관련하여 도시개발법이나 그 밖의 법률에 따른 환지처분으로 지목 또는 지번이 변경되거나 보류지(保留地)로 충당되는 경우에는 "양도"로 본다.

③ 양도소득과 관련하여 "주택"이란 공부(公簿)상의 용도에 주택으로 구분된 것을 말한다.

④ 관련 법령이 정하는 고액주주에 해당하지 아니하는 자가 자본시장과 금융투자업에 관한 법률에 따른 증권시장에서의 거래에 의하여 양도하는 주권상장법인의 주식 관련 양도소득은 '양도소득의 범위'에는 포함되나 비과세소득으로 열거되어 있어 과세되지 아니한다.

(선지분석)

② 양도소득과 관련하여 도시개발법이나 그 밖의 법률에 따른 환지처분으로 지목 또는 지번이 변경되거나 보류지(保留地)로 충당되는 경우에는 '양도'로 보지 아니한다.

③ '주택'이란 허가 여부나 공부상의 용도구분과 관계없이 사실상 주거용으로 사용하는 건물을 말한다. 이 경우 그 용도가 분명하지 아니하면 공부상의 용도에 따른다.

④ 관련 법령이 정하는 고액주주에 해당하지 아니하는 자가 자본시장과 금융투자업에 관한 법률에 따른 증권시장에서의 거래에 의하여 양도하는 주권상장법인의 주식 관련 양도소득은 비과세소득으로 열거되어 있지 않고 '양도소득의 범위'에 포함되지 아니한다.

답 ①

195 □□□ 소득세법상 배우자 간 증여재산의 양도에 대한 이월과세와 관련된 설명으로 옳지 않은 것은?

2008년 국가직 9급

① 거주자가 양도일로부터 소급하여 10년 이내에 그 배우자(양도 당시에는 혼인관계가 소멸됨)로 부터 증여받은 토지의 양도차익을 계산함에 있어서 취득가액은 토지를 증여한 배우자의 취득 당시의 금액으로 한다.
② 증여받은 재산의 양도소득에 대하여는 증여한 배우자와 증여받은 배우자가 연대하여 납세의무 를 진다.
③ 이월과세가 적용되는 경우에는 거주자가 증여받은 자산에 대하여 납부하였거나 납부할 증여세 상당액은 양도차익을 한도로 필요경비에 산입한다.
④ 배우자 간 증여재산에 대한 이월과세가 적용되는 경우에는 증여 후 우회양도행위에 대한 부당 행위계산부인규정이 적용되지 않는다.

▌이월과세　　　　　　　　　　　　　　　　　　　　　　　　　이론형 Level 1

배우자 등 이월과세에 해당하는 경우 증여받은 재산의 양도소득에 대하여 증여한 배우자와 증여받은 배우자 간 연대납세의무는 <u>없다</u>.

📄 이월과세와 증여 후 양도에 대한 부당행위계산의 부인 비교정리

구분	이월과세	증여 후 양도행위부인
증여자와 수증자의 관계	배우자 · 직계존비속	특수관계인
적용자산	토지 · 건물 · 특정시설물이용권 등	양도소득세 과세대상자산
적용기간	증여 후 10년 이내에 양도	증여 후 10년 이내에 양도
양도소득세 납세의무자	증여받은 배우자 · 직계존비속	당초 증여자
연대납세의무	없음	수증자 연대납세의무 ○
취득가액	증여자의 취득가액	증여자의 취득 당시를 기준으로 계산
장기보유특별공제	증여자의 취득일부터 기산	증여자의 취득일부터 기산
증여세처리	필요경비산입	부과취소 후 수증자에게 환급

답 ②

---

196 □□□ 소득세법령상 거주자 甲이 등기된 국내 소재의 상가건물을 아버지 乙에게서 증여받고 그 건물을 특수관계 가 없는 거주자 丙(부동산임대업 영위)에게 양도한 경우에 대해 양도소득세 이월과세(소득세법 제97조의2 제1항)를 적용한다고 할 때, 이에 대한 설명으로 옳은 것만을 모두 고른 것은?

2018년 국가직 7급

ㄱ. 甲이 양도일부터 소급하여 10년 이내에 乙에게서 증여를 받아야 한다.
ㄴ. 그 건물의 취득가액은 甲이 증여받은 당시 취득가액에 해당하는 금액으로 한다.
ㄷ. 甲이 그 건물에 대하여 납부한 증여세 상당액이 있는 경우 그 금액은 양도차익을 한도로 필요경 비에 산입한다.
ㄹ. 장기보유특별공제에 관한 보유기간의 산정은 甲이 그 건물을 취득한 날부터 기산한다.

① ㄱ, ㄴ
② ㄱ, ㄷ
③ ㄴ, ㄷ
④ ㄷ, ㄹ

옳은 것은 ㄱ, ㄷ이다.

(선지분석)

ㄴ. 건물의 취득가액은 토지를 증여한 乙(직계존비속)의 취득가액으로 한다.

ㄹ. 이월과세가 적용되는 경우 장기보유특별공제에 관한 보유기간의 산정은 乙(증여한 직계존비속)이 해당 자산을 취득한 날부터 기산한다.

답 ②

197 甲은 2020.1.15.에 15억 원에 취득한 후 丙에게 임차하던 국내소재 건물(주택이 아님)을 2021.2.1.에 배우자 乙에게 증여했고(증여 당시 해당 건물의 시가는 25억 원이고, 해당 건물에 대한 8억 원의 임차보증금은 乙이 승계함), 乙은 해당 건물을 2025.5.1.에 丁에게 시가인 30억 원에 양도하였다(해당 건물에 대한 8억 원의 임차보증금은 丁이 승계함). 乙의 해당 건물 양도에 대한 양도소득세의 납세의무자, 장기보유특별공제액 계산 시 적용하는 보유기간(1년 미만은 절사함) 및 2020년 증여에 대하여 부담한 증여세의 처리방법을 순서대로 나열한 것으로 옳은 것은? (단, 甲·乙·丙·丁은 거주자이고 甲과 乙을 제외하면 이들은 상호 간에 특수관계인에 해당하지 않음) 2012년 세무사 변형

① 甲, 5년, 양도차익계산 시 필요경비 산입
② 乙, 5년, 수증자에게 환급
③ 乙, 5년, 양도차익계산 시 필요경비 산입
④ 乙, 3년, 양도차익계산 시 필요경비 산입
⑤ 甲, 3년, 수증자에게 환급

'乙, 5년, 양도차익계산 시 필요경비 산입'이 옳다.

ⓐ 배우자·직계존비속 간 증여재산에 대한 이월과세가 적용되므로, 양도소득세 납세의무자는 수증자인 배우자 乙이 된다.

ⓑ 장기보유특별공제를 계산 시 적용하는 보유기간은 증여한 배우자(甲)가 양도자산을 취득한 시점(2020.1.15.)부터 계산하므로, 보유기간은 5년이다.

ⓒ 증여세 산출세액은 양도차익 계산 시 필요경비에 산입한다.

답 ③

198 거주자 甲은 배우자인 거주자 乙이 2011.3.1.에 300,000,000원에 취득한 토지를 2021.4.1.에 乙로부터 증여(증여 당시 시가 700,000,000원) 받아 소유권이전등기를 마쳤다. 이후 甲은 2025.6.1.에 토지를 甲 또는 乙과 특수관계 없는 거주자 丙에게 1,000,000,000원에 양도하였다. 甲 또는 乙의 양도소득 납세의무에 관한 설명으로 옳은 것은? (단, 양도소득은 실질적으로 甲에게 귀속되지 아니하고, 토지는 법령상 협의매수 또는 수용된 적이 없으며, 양도 당시 甲과 乙은 혼인관계를 유지하고 있음) 2017년 세무사 변형

① 토지의 양도차익계산 시 양도가액에서 공제할 취득가액은 700,000,000원이다.
② 토지의 양도차익계산 시 취득시기는 2011.3.1.이다.
③ 토지의 양도차익계산 시 甲의 증여세 산출세액은 양도가액에서 공제할 수 없다.
④ 甲과 乙은 연대하여 토지의 양도소득세 납세의무를 진다.
⑤ 토지의 양도소득세 납세의무자는 乙이다.

▌이월과세 이론형 Level 2

(선지분석)
문제의 사례의 경우 이월과세를 적용한다.
① 양도가액에서 공제할 필요경비 중 취득가액은 증여한 배우자의 취득 당시의 가액으로 한다. 따라서 취득가액은 거주자 乙의 취득가액 300,000,000원이다.
③ 거주자가 증여받은 자산에 대하여 납부하였거나 납부할 증여세 상당액이 있는 경우에는 증여세 산출세액은 필요경비로 공제된다.
④ 이월과세 시 甲과 乙은 연대납세의무를 지지 않는다.
⑤ 이월과세 시 양도소득세 납세의무자는 증여받아 양도한 甲이다.

답 ②

199 양도소득의 부당행위계산 등에 관한 설명으로 옳지 않은 것은? 2010년 국가직 7급 변형

① 특수관계자(배우자 및 직계존비속 제외)에게 재산을 증여한 후 수증자가 증여일로부터 10년 내에 다시 이를 타인에게 양도한 경우 증여받은 자의 증여세와 양도소득세를 합한 세액이 증여자가 직접 양도하는 경우로 보아 계산한 양도소득세보다 적은 경우에는 증여자가 그 자산을 직접 타인에게 증여한 것으로 본다.
② 특수관계에 있는 자와의 거래에 있어서 토지 등을 시가보다 4억 원 미달하게 양도한 때에는 양도소득의 계산은 시가에 의한다.
③ 거주자가 그 배우자로부터 수증한 부동산을 수증일로부터 10년 이내에 양도하는 경우에는 당해 배우자의 취득가액을 해당 거주자의 취득가액으로 한다.
④ 거주자가 특수관계에 있는 법인에게 자산을 양도한 것이 부당행위계산에 해당하여 거주자의 상여, 배당 등으로 소득처분된 금액이 있는 경우 법인세법령 소정의 시가를 양도 당시의 실지거래가액으로 한다.

▌양도소득의 부당행위 이론형 Level 1

특수관계자(배우자 및 직계존비속 제외)에게 재산을 증여한 후 수증자가 증여일로부터 10년 내에 다시 이를 타인에게 양도한 경우 증여받은 자의 증여세와 양도소득세를 합한 세액이 증여자가 직접 양도하는 경우로 보아 계산한 양도소득세보다 적은 경우에는 증여자가 그 자산을 직접 타인에게 양도한 것으로 본다.

답 ①

200 다음 자료에 의하여 양도소득세의 납세의무자와 그가 부담하여야 할 양도소득세액으로 각각 옳은 것은?

2014년 세무사 변형

> (1) 乙은 甲으로부터 토지 A를 2021.4.10. 증여받아 취득 등기함
> (2) 토지 A의 증여에 대한 법정신고납부기한 내 乙의 증여세 신고납부세액은 5,000,000원임
> (3) 乙은 토지 A를 특수관계 없는 丙에게 2025.4.25. 양도함(양도소득은 실질적으로 乙에게 귀속되지 아니함)
> (4) 토지 A의 양도에 대한 법정신고납부기한내 乙의 양도소득세 신고납부세액은 10,000,000원임
> (5) 토지 A를 甲이 丙에게 직접 양도하였다면, 법정신고납부기한 내 甲이 신고납부하여야 할 양도소득세액은 20,000,000원임
> (6) 甲과 乙은 모두 거주자이며 형제임

① 甲, 20,000,000원 ② 甲, 25,000,000원
③ 乙, 10,000,000원 ④ 乙, 15,000,000원
⑤ 乙, 20,000,000원

│ 양도소득의 부당행위 　　　　　　　　　　　　　　　이론형 Level 2

甲이 직접 양도하는 경우를 가정하였을 때 부담해야 할 양도소득세가 乙이 부담하게 되는 증여세와 양도소득세를 초과하므로 甲이 직접 양도한 것으로 본다. 따라서 납세의무자는 甲이 되며 부담하여야 할 양도소득세는 20,000,000원이다. 이 때 乙이 이미 납부한 증여세는 환급해주되, 乙은 연대납세의무를 부담하게 된다.

답 ①

201 「소득세법」상 거주자와 특수관계인 간 자산의 양도에 대한 설명으로 옳은 것만을 모두 고르면?

2024년 국가직 9급

> ㄱ. 거주자가 양도일부터 소급하여 10년 이내에 직계존비속으로부터 증여받은 양도소득세 과세대상 토지의 양도차익을 계산할 때 취득가액은 그 직계존비속의 취득 당시 「소득세법」 제97조 제1항 제1호에 따른 금액으로 한다.
> ㄴ. 납세지 관할 세무서장 또는 지방국세청장은 양도소득이 있는 거주자의 행위 또는 계산이 그 거주자의 특수관계인과의 거래로 인하여 그 소득에 대한 조세 부담을 부당하게 감소시킨 것으로 인정되는 경우에는 그 거주자의 행위 또는 계산과 관계없이 해당 과세기간의 소득금액을 계산할 수 있다.
> ㄷ. 거주자가 배우자나 직계존비속이 아닌 특수관계인에게 자산을 증여한 후 그 자산을 증여받은 자가 그 증여일부터 15년 지난 후 다시 타인에게 양도한 경우 증여자가 그 자산을 직접 양도한 것으로 본다. 다만, 양도소득이 해당 수증자에게 실질적으로 귀속되지 아니한 것으로 본다.

① ㄱ, ㄴ ② ㄱ, ㄷ
③ ㄴ, ㄷ ④ ㄱ, ㄴ, ㄷ

│ 특수관계인 간 자산의 양도 　　　　　　　　　　　이론형 Level 2

(선지분석)

ㄷ. 거주자가 배우자나 직계존비속이 아닌 특수관계인에게 자산을 증여한 후 그 자산을 증여받은 자가 그 증여일부터 10년 지난 후 다시 타인에게 양도한 경우 증여자가 그 자산을 직접 양도한 것으로 본다. 다만, 양도소득이 해당 수증자에게 실질적으로 귀속되지 아니한 것으로 본다.

답 ①

202 거주자 갑이 양도한 1세대 1주택(등기된 국내 소재 주택임) 관련 자료이다. 주택 양도로 인한 양도차익으로 옳은 것은?

(1) 주택의 취득 및 양도 관련 자료

구분	거래일자	실지거래가액	기준시가
양도	2023.8.8.	1,500,000,000원	900,000,000원
취득	2012.7.7.	1,000,000,000원	500,000,000원

(2) 거래 증명서류로 확인되는 추가 지출 내역

내역	금액
자본적 지출(*)	40,000,000원
양도비용	10,000,000원

(*) 주택의 리모델링을 위해 지출한 비용임

① 90,000,000원   ② 100,000,000원
③ 400,000,000원   ④ 450,000,000원

| 양도차익 계산형

양도가액	15억 원	실지거래가액
취득가액	10억 원	실지거래가액
자본적 지출 등	5천만 원	4천만 원+1천만 원
양도차익	4억 5천만 원	
과세양도차익	9천만 원	4억 5천만 원 × 3억 원/15억 원

답 ①

---

203 소득세법상 거주자가 국내에 소재하는 주택을 취득에 관한 등기를 하지 아니하고 양도하는 경우 적용될 수 있는 것은? (단, 주택은 소득세법상 미등기양도 제외자산 및 고가 주택에 해당하지 아니함)

2016년 9급 국가직

① 1세대 1주택(양도일 현재 5년 보유)을 양도하는 경우 양도소득세 비과세
② 양도소득기본공제
③ 주택을 3년 이상 보유한 경우의 장기보유특별공제
④ 취득가액을 실지거래가액에 의하지 않는 경우 주택 취득 당시 법령이 정하는 가격에 일정비율을 곱한 금액을 필요경비로 공제

| 미등기자산 이론형 Level 1

📄 미등기양도자산에 대한 불이익

1. 비과세 및 감면 배제
2. 필요경비 개산공제 0.3% 적용(토지와 건물)
3. 장기보유특별공제와 양도소득기본공제 배제
4. 70% 세율 적용

답 ④

204 소득세법상 거주자의 주식 등 양도로 발생하는 소득에 대한 양도소득세의 세율을 바르게 연결한 것은? (단, 법령에서 정하는 기타자산 및 국외자산에 해당하는 주식, 국외전출자 및 조세특례제한법상의 특례는 고려하지 않음)

2019년 국가직 9급 변형

① 주권상장법인인 중소기업의 주식을 대주주가 아닌 자가 법령에 따른 증권시장에서의 거래에 의하지 아니하고 양도하는 경우: 20%
② 주권비상장법인인 중견기업의 주식을 대주주가 아닌 자가 양도하는 경우: 10%
③ 주권상장법인인 중소기업 외의 법인의 주식을 대주주가 1년 미만 보유하다 양도하는 경우: 30%
④ 주권상장법인의 주식을 대주주가 아닌 자가 법령에 따른 증권시장에서의 거래에 의하여 양도하는 경우: 10%

┃ 양도소득 세율 이론형 Level 1

(선지분석)
① 주권상장법인인 중소기업의 주식을 대주주가 아닌 자가 법령에 따른 증권시장에서의 거래에 의하지 아니하고 양도하는 경우: 10%
② 주권비상장법인인 중견기업의 주식을 대주주가 아닌 자가 양도하는 경우: 20%
④ 주권상장법인의 주식을 대주주가 아닌 자가 법령에 따른 증권시장에서의 거래에 의하여 양도하는 경우: 과세제외

답 ③

---

205 부담부증여에 대한 설명으로 옳지 않은 것은?

2021년 국가직 7급

① 부담부증여 시 수증자가 부담하는 채무액에 해당하는 부분은 양도로 본다.
② 직계존비속 간의 부담부증여의 경우 인수되는 채무가 국가 및 지방자치단체에 대한 채무라 하더라도 그 채무액은 수증자에게 인수되지 않는 것으로 추정한다.
③ 부담부증여 시 수증자의 증여세 과세가액은 증여일 현재 상속세 및 증여세법에 따른 증여재산가액(합산배제증여재산의 가액은 제외)을 합친 금액에서 그 증여재산에 담보된 채무로서 수증자가 인수한 금액을 뺀 금액으로 한다.
④ 부담부증여의 채무액에 해당하는 부분으로서 양도로 보는 경우 그 양도일이 속하는 달의 말일부터 3개월 내에 양도소득과세표준을 납세지 관할 세무서장에게 신고하여야 한다.

┃ 부담부증여 이론형 Level 2

배우자 간 또는 직계존비속 간의 부담부증여에 대해서는 수증자가 증여자의 채무를 인수한 경우에도 그 채무액은 수증자에게 인수되지 아니한 것으로 추정한다. 다만, 그 채무액이 국가 및 지방자치단체에 대한 채무 등 대통령령으로 정하는 바에 따라 객관적으로 인정되는 것인 경우에는 그러하지 아니하다.

답 ②

206 소득세법상 국외자산 양도에 대한 설명으로 옳지 않은 것은?

① 해당 자산의 양도일까지 계속하여 3년 동안 국내에 주소를 둔 자는 국외에 있는 토지 또는 건물의 양도로 발생하는 소득에 대하여 과세한다.

② 국외자산의 양도에 대한 양도차익을 계산할 때 양도가액에서 공제하는 필요경비는 해당 자산의 취득에 든 실지거래가액을 확인할 수 있는 경우에는 그 가액과 대통령령으로 정하는 자본적지출액 및 양도비를 합한 금액으로 한다.

③ 양도차익의 외화 환산, 취득에 드는 실지거래가액, 시가의 산정 등 필요경비의 계산은 양도가액 및 필요경비를 수령하거나 지출한 날 현재 외국환거래법에 의한 기준환율 또는 재정환율에 의하여 계산한다.

④ 국외자산 양도소득세액을 납부하였을 때에는 해당 과세기간의 양도소득산출세액에서 국외자산 양도소득세액을 공제하거나 해당 과세기간의 양도소득금액 계산상 필요경비에 국외자산 양도소득세액을 산입하는 방법 중 하나를 선택하여 외국납부세액의 공제를 적용받을 수 있다.

국외자산의 양도

이론형 Level 1

소득세법 제118조의2【국외자산 양도소득의 범위】 거주자(해당 자산의 양도일까지 계속 5년 이상 국내에 주소 또는 거소를 둔 자만 해당한다)의 국외에 있는 자산의 양도에 대한 양도소득은 해당 과세기간에 국외에 있는 자산을 양도함으로써 발생하는 다음 각 호의 소득으로 한다.
1. 토지 또는 건물의 양도로 발생하는 소득
2. 다음 각 목의 어느 하나에 해당하는 부동산에 관한 권리의 양도로 발생하는 소득
   가. 부동산을 취득할 수 있는 권리(건물이 완성되는 때에 그 건물과 이에 딸린 토지를 취득할 수 있는 권리를 포함한다)
   나. 지상권
   다. 전세권과 부동산임차권

답 ①

207 소득세법상 국외자산 양도에 대한 양도소득세에 대한 설명으로 옳은 것은?

① 국외자산의 양도소득에 대하여 해당 외국에서 과세를 하는 경우에 그 양도소득에 대하여 대통령령으로 정하는 국외자산 양도소득에 대한 세액을 납부하였거나 납부할 것이 있을 때에는 그 세액을 해당 과세기간의 양도소득금액 계산상 필요경비에 산입하는 방법만 적용받을 수 있다.

② 국외자산의 양도에 대한 양도소득세는 해당 자산의 양도일까지 계속 3년 이상 국내에 주소 또는 거소를 둔 거주자에 한하여 납세의무를 진다.

③ 국외자산의 양도가액은 양도 당시의 실지거래가액을 확인할 수 없는 경우에 양도자산이 소재하는 국가의 양도 당시 현황을 반영한 시가에 따르되, 시가를 산정하기 어려울 때에는 그 자산의 종류, 규모, 거래상황 등을 고려하여 대통령령으로 정하는 방법에 따른다.

④ 국외자산 양도에 따른 양도소득 과세표준 계산 시 양도소득기본공제 및 장기보유특별공제를 적용한다.

국외자산의 양도   이론형 Level 1

선지분석

① 세액공제방법과 필요경비산입방법 중 선택하여 적용할 수 있다.
② 국외자산의 양도에 대한 양도소득세는 해당 자산의 양도일까지 계속 5년 이상 국내에 주소 또는 거소를 둔 거주자에 한하여 납세의무를 진다.
④ 기본공제는 적용하되 장기보유특별공제는 적용하지 아니한다.

답 ③

---

208 거주자 甲이 외국에 소재하는 시가 7억 원 상당의 주택 1채를 2020.4.1.에 취득하여 보유하고 있다가 2025.4.23. 양도한 경우의 양도소득세에 관한 설명으로 옳지 않은 것은? 2011년 세무사 변형

① 甲이 주택의 양도일까지 계속 5년 이상 국내에 주소 또는 거소를 둔 거주자인 경우 양도소득세 납세의무자에 해당한다.

② 양도소득세 계산에 있어서 양도가액 및 취득가액은 원칙적으로 해당 자산의 양도 또는 취득 당시의 실지거래가액에 의하여 계산한다.

③ 장기보유특별공제의 적용은 배제되지만 양도소득기본공제는 적용받을 수 있다.

④ 당해 주택이 양도 당시 甲의 유일한 소유주택이라 하더라도 1세대 1주택 비과세규정을 적용받을 수 없다.

⑤ 양도일 현재 외국환거래법에 의한 기준환율 또는 재정환율에 의하여 양도차익을 원화로 환산한다.

국외자산의 양도   이론형 Level 2

국외자산에 대한 양도차익을 계산함에 있어서는 양도가액 및 필요경비를 수령하거나 지출한 날 현재 외국환거래법에 의한 기준환율 또는 재정환율에 의하여 계산한다.

답 ⑤

11 소득세법의 기타사항

209 소득세법상 비거주자의 국내사업장에 해당하는 것으로 옳지 않은 것은?

2009년 국가직 7급

① 비거주자가 6월을 초과하여 존속하는 건축장소, 건설·조립·설치공사의 현장 또는 이와 관련되는 감독활동을 수행하는 장소
② 비거주자가 고용인을 통하여 용역을 제공하는 장소로서 용역의 제공이 계속되는 12월 기간 중 합계 6월을 초과하지 아니하는 경우로서 유사한 종류의 용역이 2년 이상 계속적·반복적으로 수행되는 장소
③ 비거주자가 자기의 자산을 타인으로 하여금 가공하게 하기 위하여만 사용하는 일정한 장소
④ 비거주자가 고용인을 통하여 용역을 제공하는 장소로서 용역의 제공이 계속되는 12월 기간 중 합계 6월을 초과하는 기간 동안 용역이 수행되는 장소

비거주자
이론형 Level 1

소득세법 제120조【비거주자의 국내사업장】④ 다음 각 호의 장소(이하 이 조에서 "특정활동장소"라 한다)가 비거주자의 사업 수행상 예비적 또는 보조적인 성격을 가진 활동을 하기 위하여 사용되는 경우에는 비거주자의 국내사업장에 포함되지 아니한다.
1. 비거주자가 자산의 단순한 구입만을 위하여 사용하는 일정한 장소
2. 비거주자가 판매를 목적으로 하지 아니하는 자산의 저장 또는 보관만을 위하여 사용하는 일정한 장소
3. 비거주자가 광고·선전·정보의 수집·제공 및 시장조사를 하거나 그 밖에 이와 유사한 활동만을 위하여 사용하는 일정한 장소
4. 비거주자가 자기의 자산을 타인으로 하여금 가공만하게 하기 위하여 사용하는 일정한 장소

답 ③

210 비거주자의 국내원천소득에 해당하지 않는 것은?

2012년 국가직 7급

① 국내에서 일정한 인적용역을 제공함으로써 발생하는 소득(이 경우 그 인적용역을 제공받는 자가 인적용역의 제공과 관련하여 항공료 등 대통령령이 정하는 비용을 부담하는 경우에는 그 비용을 포함한 금액을 말함)
② 비거주자로부터 받는 소득으로서 그 소득을 지급하는 비거주자의 국내사업장과 실질적으로 관련하여 그 국내사업장의 소득금액을 계산할 때 필요경비에 산입되는 것
③ 국내에 있는 부동산 또는 부동산상의 권리와 국내에서 취득한 광업권, 조광권, 지하수의 개발·이용권, 어업권, 토사석 채취에 관한 권리의 양도·임대, 그 밖에 운영으로 인하여 발생하는 소득
④ 국내에 있는 부동산 및 그 밖의 자산 또는 국내에서 경영하는 사업과 관련하여 받은 보험금, 보상금 또는 손해배상금

비거주자
이론형 Level 1

국내에서 대통령령으로 정하는 인적용역을 제공함으로써 발생하는 소득은 비거주자의 국내원천소득에 해당한다. 이 경우 그 인적용역을 제공받는 자가 인적용역의 제공과 관련하여 항공료 등 대통령령으로 정하는 비용을 부담하는 경우에는 그 비용을 제외한 금액을 말한다.

답 ①

☐☐☐

소득세법상 납세의무에 관한 설명으로 옳지 않은 것은?

① 거주자는 국내외소득에 대해 납세의무가 있지만 비거주자는 국내원천소득에 대해서만 납세의무가 있다.

② 국내사업장이 없는 비거주자가 이자소득과 배당소득을 얻은 경우 소득별로 분리과세된다.

③ 해당 과세기간 종료일 10년 전부터 국내에 주소나 거소를 둔 기간이 5년 이하인 외국인 거주자의 국외원천소득은 국내에서 지급되거나 국내로 송금된 소득에 대하여만 과세한다.

④ 국내에 당해 자산의 양도일까지 계속하여 3년간 주소 또는 거소를 둔 자의 국외에 있는 자산의 양도에 대한 양도소득은 거주자의 국외원천소득으로 보아 과세한다.

┃ 비거주자   이론형 Level 1

국외자산의 양도에 대한 양도소득세는 해당 자산의 양도일까지 계속 <u>5년</u> 이상 국내에 주소 또는 거소를 둔 거주자에 한하여 납세의무를 진다.

답 ④

☐☐☐

비거주자의 국내원천소득 과세에 관한 설명으로 옳지 않은 것은?

① 비거주자가 국내에 사업의 일부 수행을 위하여 8개월간 계속 존속하는 건축장소를 가지고 있는 경우에는 국내사업장이 있는 것으로 한다.

② 비거주자에 대하여 과세하는 소득세는 해당 국내원천소득을 종합하여 과세하는 경우와 분류하여 과세하는 2가지 과세방법이 있으며, 국내원천소득을 분리하여 과세하는 방법은 채택하지 않고 있다.

③ 국내에서 제공하는 근로의 대가로 받는 퇴직소득이 있는 비거주자에 대해서는 거주자와 같은 방법으로 분류하여 과세한다.

④ 조세조약에 따라 국내사업장이 없다는 이유로 과세되지 않는 외국법인에게 비거주자인 직업운동가가 국내에서 제공한 인적용역과 관련하여 보수 또는 대가를 지급하는 자는 조세조약에도 불구하고 지급하는 금액의 100분의 20의 금액을 원천징수하여야 한다.

⑤ 비거주자가 자기의 자산을 타인으로 하여금 가공만 하게 하기 위하여 사용하는 일정한 장소는 국내사업장에 포함되지 아니한다.

┃ 비거주자   이론형 Level 2

비거주자에 대하여 과세하는 소득세는 해당 국내원천소득을 종합하여 과세하는 경우와 분류하여 과세하는 경우 및 그 국내원천소득을 분리하여 과세하는 경우로 구분하여 계산한다.

답 ②

IV

법인세법

01 법인세법 총칙

001 법인세법상 납세의무자에 대한 설명으로 옳지 않은 것은?

① 영리내국법인은 각 사업연도 소득(국내외원천소득), 청산소득, 토지 등 양도소득에 대한 법인세 납세의무가 있다.
② 비영리내국법인은 국내원천소득 중 일정한 수익사업에서 발생한 소득과 청산소득에 대한 법인세 납세의무가 있다.
③ 영리외국법인은 각 사업연도 소득(국내원천소득), 토지 등 양도소득에 대한 법인세 납세의무가 있다.
④ 국가 및 지방자치단체에 대하여는 법인세를 부과하지 않는다.

▌납세의무자
이론형 Level 1

비영리내국법인은 국내원천소득 중 일정한 수익사업에서 발생한 소득과 토지 등 양도소득에 대한 법인세 납세의무가 있다. 비영리법인이 청산하는 경우 청산소득에 대한 법인세를 과세하지 않는다.

참고 영리내국법인만 청산소득에 대한 법인세 납세의무가 있음

답 ②

002 법인세법상 납세의무자에 대한 설명으로 옳은 것은 모두 몇 개인가?

ㄱ. 영리외국법인은 토지 등 양도소득에 대한 법인세 납세의무는 있지만 청산소득에 대한 법인세 납세의무는 없다.
ㄴ. 비영리외국법인은 국내원천소득 중 수익사업에서 생기는 소득에 대해 법인세 납세의무가 있다.
ㄷ. 비영리내국법인은 토지 등 양도소득에 대한 법인세 납세의무는 있다.
ㄹ. 연결법인은 각 연결사업연도의 소득에 대한 법인세(각 연결법인의 토지 등 양도소득에 대한 법인세와 투자·상생 협력 촉진을 위한 과세특례를 적용한 법인세 포함)를 연대하여 납부할 의무가 있다.
ㅁ. 외국의 정부 및 지방자치단체는 비과세법인에 해당하므로 법인세 납세의무가 없다.

① 2개
② 3개
③ 4개
④ 5개

▌납세의무자
이론형 Level 1

옳은 것은 총 4개(ㄱ, ㄴ, ㄷ, ㄹ)이다.

(선지분석)
ㅁ. 외국의 정부 및 지방자치단체는 비영리외국법인으로 보아 국내원천 수익사업소득과 토지 등 양도소득에 대한 법인세 납세의무가 있다. 국내 국가·지방자치단체·지방자치단체조합이 비과세법인에 해당한다.

답 ③

003 법인세법상 납세의무자에 관한 설명이다. 옳은 것은?

2015년 회계사

① 국세기본법상 법인으로 보는 단체는 법인세법상 비영리내국법인으로 취급되며 증여세 납세의무는 없다.

② 신탁의 경우 신탁재산을 별도의 납세의무자로 보는 것이 원칙이다.

③ 국내에 사업의 실질적 관리장소가 없고 외국에 본점 또는 주사무소를 둔 경우로서 구성원이 유한책임사원으로만 구성된 단체는 외국법인에 해당한다.

④ 내국법인은 국세청장의 승인을 받아 발행주식의 80%를 보유하는 다른 내국법인과 합하여 하나의 과세단위로 법인세를 과세하는 방식을 적용받을 수 있다.

┃ 납세의무자   이론형 Level 1

(선지분석)

① 국세기본법상 법인으로 보는 단체는 법인세법상 비영리내국법인으로 취급되며 증여세 납세의무를 진다.

② 신탁소득의 납세의무자는 원칙적으로 수익자이다. 다만, 위탁자가 실질적 수익자인 경우에는 위탁자를 납세의무자로 한다.

④ 내국법인은 관할 지방국세청장의 승인을 받아 발행주식의 90%(우리사주조합을 통하여 근로자가 취득한 주식 등 발행주식 총수의 5% 이내의 주식은 제외)를 보유하는 다른 내국법인과 합하여 연결납세방식을 적용받을 수 있다.

답 ③

004 신탁계약에 적용되는 소득세와 법인세 납세의무에 대한 설명으로 옳지 않은 것은? (단, 신탁계약은 2022년 1월 1일 이후 체결된 것으로 가정함)

2021년 국가직 7급

① 법인과세 신탁재산이 수익자에게 배당한 경우(수익자에 대하여 배당에 대한 소득세 또는 법인세가 비과세되는 경우임)에는 그 금액을 해당 배당을 결의한 잉여금처분의 대상이 되는 사업연도의 소득금액에서 공제한다.

② 수익자가 특별히 정하여지지 아니한 신탁의 경우에는 신탁재산에 귀속되는 소득에 대하여 그 신탁의 위탁자가 법인세를 납부할 의무가 있다.

③ 신탁법에 따른 수익증권발행신탁으로서 수익자가 둘 이상이고, 위탁자가 신탁재산을 실질적으로 지배·통제하지 않는 신탁(자본시장과 금융투자업에 관한 법률에 따른 투자신탁 제외)의 경우에는 신탁재산에 귀속되는 소득에 대하여 신탁계약에 따라 그 신탁의 수탁자(내국법인 또는 거주자인 경우에 한정함)가 법인세를 납부할 수 있다.

④ 신탁재산에 귀속되는 소득은 수익자에게 귀속되는 것으로 보고 수익자를 소득세 납세의무자로 한다. 다만, 위탁자가 신탁재산을 실질적으로 통제하는 경우에는 신탁재산에 귀속되는 소득은 위탁자에게 귀속되는 것으로 보고 위탁자를 소득세 납세의무자로 한다.

┃ 신탁   이론형 Level 1

배당을 받은 주주 등에 대하여 법인세법 또는 조세특례제한법에 따라 그 배당에 대한 소득세 또는 법인세가 비과세되는 경우에는 소득공제를 적용하지 아니한다. 이중과세문제가 발생하지 않기 때문이다.

답 ①

005 법인세법상 납세의무 및 과세소득의 범위에 대한 설명으로 옳지 않은 것은? 2007년 국가직 9급

① 내국법인 중 국가 및 지방자치단체에 대하여는 법인세를 부과하지 않는다.
② 외국법인의 청산소득에 대해서는 법인세를 부과하지 않는다.
③ 외국법인은 법인세법에 의하여 원천징수하는 법인세를 납부할 의무가 있다.
④ 비영리내국법인의 청산소득에 대해서는 법인세를 부과한다.

| 납세의무 | 이론형 Level 1

비영리내국법인은 청산소득에 대해 법인세를 부과하지 않는다.
∵ 비영리법인이 청산하는 경우에는 잔여재산을 구성원에게 분배할 수 없고 국가에 인도하여 청산소득이 발생하지 않기 때문이다.

답 ④

006 법인세법상 납세의무에 대한 설명으로 옳은 것은? 2015년 국가직 9급 변형

① 수익자가 특별히 정하여지지 아니하거나 존재하지 아니하는 신탁 또는 위탁자가 신탁재산을 실질적으로 통제하는 등 대통령령으로 정하는 요건을 충족하는 신탁의 경우에는 신탁재산에 귀속되는 소득에 대하여 그 신탁의 위탁자가 법인세를 납부할 의무가 있다.
② 연결납세방식을 적용받는 연결법인의 경우에는 각 연결법인의 토지 등 양도소득을 연대하여 납부할 의무가 없다.
③ 법인세법 제25조 제1항 제1호에 따른 중소기업이 등기된 비사업용 토지를 양도한 경우에는 토지 등 양도소득에 대한 법인세를 납부할 의무가 없다.
④ 외국법인과 소득세법에 따른 비거주자를 제외하고 내국법인 및 소득세법에 따른 거주자는 법인세법에 따라 원천징수하는 법인세를 납부할 의무가 있다.

| 납세의무 | 이론형 Level 1

(선지분석)
② 연결법인은 각 연결사업연도의 소득에 대한 법인세(각 연결법인의 토지 등 양도소득에 대한 법인세를 포함함)를 연대하여 납부할 의무가 있다.
③ 법인세법에 따른 모든 법인은 토지 등 양도소득에 대한 법인세의 납세의무가 있다.
④ 법인세법에 따른 내국법인 및 외국법인과 소득세법에 따른 거주자 및 비거주자는 법인세법에 따라 원천징수하는 법인세를 납부할 의무가 있다.

답 ①

007 법인세법상 법인 및 과세소득에 대한 설명으로 옳지 않은 것은? 2016년 국가직 9급 변형

① 외국의 정부는 비영리외국법인에 해당한다.
② 자본시장과 금융투자업에 관한 법률의 적용을 받는 법인의 신탁재산(보험회사의 특별계정은 제외)에 귀속되는 수입과 지출은 그 법인에 귀속되는 수입과 지출로 본다.
③ 민법 제32조에 따라 설립된 법인으로서 국내에 주사무소를 둔 법인은 비영리내국법인에 해당한다.
④ 비영리내국법인이 신주인수권의 양도로 생기는 수입에 대하여는 법인세를 부과한다.

법인 및 과세소득 이론형 Level 1

신탁회사는 신탁재산을 관리·운용함으로써 위탁자 또는 수익자로부터 받게 되는 신탁보수만을 수익으로 계상해야 하므로 법인의 신탁재산(보험회사의 특별계정은 제외)에 귀속되는 수입과 지출은 그 법인에 귀속되는 수입과 지출로 보지 않는다.

(선지분석)
③ 민법 제32조에 따라 설립된 법인은 비영리법인이며, 국내에 주사무소를 둔 법인은 내국법인에 해당한다.
④ 비영리법인의 수익사업소득의 범위 중 주식·신주인수권·출자지분 양도로 인하여 생기는 수입에 대해서 법인세를 부과한다.

답 ②

---

008 법인세법상 납세의무자와 과세소득의 범위에 대한 설명으로 옳지 않은 것은? 2023년 국가직 9급

① 비영리내국법인은 청산소득에 대한 법인세를 납부할 의무가 없다.
② 영리외국법인은 청산소득에 대한 법인세를 납부할 의무가 있다.
③ 비영리외국법인은 각 사업연도의 국내원천소득(수익사업에서 생기는 소득으로 한정한다)에 대한 법인세를 납부할 의무가 있다.
④ 내국법인 중 국가와 지방자치단체(지방자치단체조합을 포함한다)는 그 소득에 대한 법인세를 납부할 의무가 없다.

납세의무자와 과세소득 이론형 Level 1

영리외국법인은 청산소득에 대한 법인세를 납부할 의무가 없다.

답 ②

009 법인세법상 납세의무에 관한 설명이다. 옳지 않은 것은?

2020년 회계사

① 사업의 실질적 관리장소가 국내에 있지 아니하면서 본점 또는 주사무소가 외국에 있고, 구성원이 유한책임사원으로만 구성된 단체는 외국법인으로 본다.

② 지방자치단체조합은 보유하고 있던 비사업용 토지를 양도하는 경우 토지 등 양도소득에 대한 법인세 납세의무가 없다.

③ 비영리내국법인의 각 사업연도 소득은 세법상 수익사업에서 생기는 소득으로 한정한다.

④ 비영리외국법인은 청산소득에 대한 법인세 납세의무가 없으나, 비영리내국법인은 청산소득에 대한 법인세 납세의무가 있다.

⑤ 완전모법인이 완전자법인을 포함하여 연결납세방식을 적용받기 위해서는 완전모법인의 납세지 관할 지방국세청장의 승인을 받아야 한다.

납세의무	이론형 Level 1

비영리법인은 외국법인·내국법인은 불문하고 청산소득에 대한 법인세 납세의무가 없다.

답 ④

010 법인세법상 납세지에 대한 설명으로 옳은 것은?

2014년 국가직 9급

① 내국법인의 본점 등의 소재지가 등기된 주소와 동일하지 아니한 경우 관할 지방국세청장이나 국세청장은 그 법인의 납세지를 지정할 수 있다.

② 납세지가 변경된 법인이 부가가치세법의 규정에 의하여 그 변경된 사실을 신고한 경우에도 법인세법의 규정에 의한 변경신고를 하여야 한다.

③ 법인세에 대한 원천징수의무자가 거주자인 경우 원천징수한 법인세의 납세지는 사업장의 유무에 상관없이 당해 거주자의 주소지 또는 거소지로 한다.

④ 법인으로 보는 단체의 납세지는 관할 지방국세청장이 지정하는 장소로 한다.

납세지	이론형 Level 1

(선지분석)
② 납세지의 변경은 납세지가 변경된 법인이 부가가치세법 사업자등록 규정에 따라 그 변경된 사실을 신고한 경우에는 납세지 변경신고를 한 것으로 본다.

③ 원천징수하는 자가 거주자인 경우 원천징수한 법인세의 납세지는 그 거주자의 주된 사업장 소재지로 한다. 다만, 주된 사업장 외의 사업장에서 원천징수를 하는 경우에는 그 사업장의 소재지, 사업장이 없는 경우에는 그 거주자의 주소지 또는 거소지로 한다.

④ 법인으로 보는 단체의 납세지는 당해 단체의 사업장 소재지로 한다.

답 ①

011 법인세법상 사업연도에 대한 설명으로 옳지 않은 것은?

2013년 국가직 7급

① 사업연도는 법령이나 법인의 정관 등에서 정하는 1회계기간으로 한다. 다만, 그 기간은 1년을 초과하지 못한다.

② 국내사업장이 없는 외국법인으로서 부동산 운영으로 인하여 발생한 소득 또는 국내자산의 양도소득이 있는 법인은 따로 사업연도를 정하여 그 소득이 최초로 발생하게 된 날부터 3월 이내에 납세지 관할 세무서장에게 사업연도를 신고하여야 한다.

③ 사업연도를 변경하려는 법인은 그 법인의 직전 사업연도 종료일부터 3개월 이내에 법령으로 정하는 바에 따라 납세지 관할 세무서장에게 이를 신고하여야 한다.

④ 내국법인이 사업연도 중에 연결납세방식을 적용받는 경우에는 그 사업연도 개시일부터 연결사업연도 개시일의 전날까지의 기간을 1사업연도로 본다.

│ 사업연도　　　　　　　　　　　　　　　　　　　　　　　　　　　　이론형 Level 1

국내사업장이 없는 외국법인으로서 부동산 운영으로 인하여 발생한 소득이 있는 법인은 따로 사업연도를 정하여 그 소득이 최초로 발생하게 된 날부터 <u>1개월</u> 이내에 납세지 관할 세무서장에게 사업연도를 신고하여야 한다.

답 ②

012 법인세법상 사업연도에 대한 설명으로 옳지 않은 것은?

2011년 국가직 9급

① 사업연도의 변경시 종전 사업연도의 개시일부터 변경된 사업연도의 개시일 전일까지의 기간에 대하여는 이를 1사업연도로 하되, 그 기간이 1월 미만인 경우에는 변경된 사업연도에 이를 포함한다.

② 사업연도를 변경하고자 하는 법인이 신고기한이 경과한 후에 변경신고를 한 경우에는 변경신고가 없는 것으로 본다.

③ 내국법인(법인으로 보는 법인 아닌 단체를 제외함)의 최초 사업연도개시일은 설립등기일로 한다.

④ 최초 사업연도의 개시일 전에 생긴 손익을 사실상 그 법인에 귀속시킨 것이 있는 경우 조세포탈의 우려가 없을 때에는 최초 사업연도의 기간이 1년을 초과하지 않는 범위 내에서 이를 당해 법인의 최초 사업연도의 손익에 산입할 수 있다. 이 경우 최초 사업연도의 개시일은 당해 법인에 귀속시킨 손익이 최초로 발생한 날로 한다.

│ 사업연도　　　　　　　　　　　　　　　　　　　　　　　　　　　　이론형 Level 1

사업연도를 변경하고자 하는 법인이 신고기한이 경과한 후에 변경신고를 한 경우에는 변경신고한 해당 사업연도에는 변경되지 않고, 다음 사업연도부터 사업연도가 변경된다.

(선지분석)

③　📑 **법인으로 보는 법인 아닌 단체의 최초사업연도 개시일(법인세법 시행령 제4조 제1항 참조)**

　　1. 법령에 의하여 설립된 단체가 법령에 설립일이 정해진 경우: 설립일
　　2. 설립에 관하여 주무관청의 허·인가를 요하는 단체와 법령에 의하여 주무관청에 등록한 단체의 경우: 허가일 또는 인가일 또는 등록일
　　3. 공익을 목적으로 출연된 기본재산이 있는 재단으로서 등기되지 않은 단체의 경우: 기본재산의 출연을 받은 날

④ 설립 중인 법인의 손익을 설립 후 법인에게 귀속시켜 법인세를 과세하기 위한 최초사업연도 개시일 특례규정이다.

답 ②

013 법인세법상 사업연도에 대한 설명으로 옳지 않은 것은?

① 법령이나 정관 등에 사업연도에 관한 규정이 없는 내국법인은 따로 사업연도를 정하여 법인세법에 따른 법인 설립신고 또는 사업자등록과 함께 납세지 관할 세무서장에게 사업연도를 신고하여야 한다.

② 내국법인이 사업연도 중에 합병에 따라 해산한 경우에는 그 사업연도 개시일부터 합병등기일 전날까지의 기간을 그 해산한 법인의 1사업연도로 본다.

③ 내국법인이 사업연도 중에 연결납세방식을 적용받는 경우에는 그 사업연도 개시일부터 연결사업연도 개시일의 전날까지의 기간을 1사업연도로 본다.

④ 국내사업장이 있는 외국법인이 사업연도 중에 그 국내사업장을 가지지 아니하게 된 경우(단, 국내에 다른 사업장을 계속하여 가지고 있는 경우는 제외)에는 그 사업연도 개시일부터 그 사업장을 가지지 아니하게 된 날까지의 기간을 그 법인의 1사업연도로 본다.

┃ 사업연도

이론형 Level 1

내국법인이 사업연도 중에 합병 또는 분할에 따라 해산한 경우에는 그 사업연도 개시일부터 합병등기일 또는 분할등기일까지의 기간을 그 해산한 법인의 1사업연도로 본다. 법인이 합병 또는 분할을 한 때에는 합병등기 또는 분할등기를 하여야 하며 동 등기를 함으로써 합병 또는 분할의 효력이 발생하기 때문이다.

선지분석

③ 사업연도 중에 연결납세방식 적용하는 경우에는 그 사업연도 개시일부터 연결사업연도 개시일 전날을 1사업연도로 본다.

④ 국내사업장이 있는 외국법인이 사업연도 중에 그 국내사업장을 가지지 않게 된 경우에는 사업연도 개시일부터 국내사업장을 가지지 않게 된 날을 1사업연도로 본다. 단, 국내에 다른 사업장을 계속하여 가지고 있는 경우 의제되지 아니한다.

답 ②

---

014 법인세법상 사업연도에 대한 설명으로 옳지 않은 것은?

① 법령이나 정관 등에 사업연도에 관한 규정이 없는 내국법인은 따로 사업연도를 정하여 법인 설립신고 또는 사업자등록과 함께 납세지 관할 세무서장에게 사업연도를 신고하여야 한다.

② 사업연도를 변경하려는 법인은 그 법인의 직전 사업연도 종료일부터 6개월 이내에 납세지 관할 세무서장에게 신고하여야 한다.

③ 내국법인이 사업연도 중에 파산으로 인하여 해산한 경우에는 그 사업연도 개시일부터 파산등기일까지의 기간과 파산등기일 다음 날부터 그 사업연도 종료일까지의 기간을 각각 1사업연도로 본다.

④ 청산 중에 있는 내국법인의 잔여재산의 가액이 사업연도 중에 확정된 경우에는 그 사업연도 개시일부터 잔여재산의 가액이 확정된 날까지의 기간을 1사업연도로 본다.

┃ 사업연도

이론형 Level 1

사업연도를 변경하려는 법인은 그 법인의 직전 사업연도 종료일부터 3개월 이내에 납세지 관할 세무서장에게 신고하여야 한다.

답 ②

015 (주)A는 2025년부터 사업연도를 변경하기로 하고 2025.4.20.에 사업연도 변경신고를 하였다. 법인세법상 사업연도의 구분으로 옳은 것은? [단, (주)A는 법령에 따라 사업연도가 정하여지는 법인이 아님]

2014년 세무사 변형

> (1) 변경 전 사업연도(제21기): 2024.1.1. ~ 2024.12.31.
> (2) 변경하려는 사업연도: 7.1. ~ 다음 연도 6.30.

① 제22기: 2025.1.1. ~ 2025.4.20.　　　② 제22기: 2025.1.1. ~ 2025.6.30.
③ 제22기: 2025.1.1. ~ 2025.12.31.　　④ 제23기: 2025.4.21. ~ 2025.12.31.
⑤ 제23기: 2025.7.1. ~ 2026.6.30.

│ 사업연도 　　　　　　　　　　　　　　　　　　　　　　　　　이론형 Level 2

사업연도를 변경하려는 법인은 그 법인의 직전 사업연도 종료일부터 3개월 이내에 납세지 관할 세무서장에게 이를 신고하여야 한다. (주)A는 변경신고기한 내의 신고를 하지 않은 경우로서 그 법인의 제22기 사업연도(2025.1.1. ~ 2025.12.31.)는 변경되지 않는다. 다만, 제23기 사업연도(2026.1.1. ~ 2026.6.30.) 및 제24기 사업연도(2026.7.1. ~ 2027.6.30.)부터는 변경된다.

답 ③

016 법인세법상 사업연도에 관한 설명이다. 옳지 않은 것은? 　　　　　2012년 회계사

① 내국법인이 사업연도 중에 연결납세방식을 적용받는 경우에는 그 사업연도 개시일부터 연결사업연도 개시일 전일까지의 기간을 1사업연도로 본다.
② 법령에 의하여 사업연도가 정해지는 법인이 아닌 (주)A(사업연도 1.1. ~ 12.31.)가 제22기 사업연도를 2023.10.1. ~ 2024.9.30.으로 변경하기 위하여 2023.4.5.에 사업연도 변경신고서를 납세지 관할 세무서장에게 제출한 경우 변경 후 최초사업연도는 2024.1.1. ~ 2024.9.30.이다.
③ 내국법인인 (주)C(사업연도 1.1. ~ 12.31.)가 분할에 따라 해산하여 2023.5.1.에 해산등기를 한 경우에는 2023.1.1.부터 2023.5.1.까지를 (주)C의 1사업연도로 본다.
④ 국내사업장을 가지고 있으며 법령이나 정관 등에 사업연도에 관한 규정이 없는 외국법인 (주)B가 사업연도 신고를 하지 않은 경우 (주)B의 최초 사업연도는 국내사업장을 가지게 된 날부터 그 날이 속하는 해의 12.31.까지로 한다.
⑤ 상법·기타 법령의 규정에 의하여 그 조직을 변경한 경우에도 조직변경 전의 법인해산등기 또는 조직변경 후의 법인설립등기에 관계없이 당해 법인의 사업연도는 조직변경 전 사업연도가 계속되는 것으로 한다.

│ 사업연도 　　　　　　　　　　　　　　　　　　　　　　　　　이론형 Level 2

분할에 의해 해산하는 경우 분할등기일까지를 1사업연도로 본다.

(선지분석)
① 연결납세제도 최초 적용시 의제사업연도를 말한다.
② 직전사업연도의 종료일로부터 3개월 이내에 관할 세무서장에게 신고한 것이 아니므로 그 다음 해부터 사업연도가 변경된다.
④ 국내사업장이 있는 외국법인의 최초사업연도 개시일은 국내사업장을 가지게 된 날부터이다.
⑤ 조직변경의 경우 사업연도가 변경되지 아니한다.

답 ③

017 법인세법령상 법인세 납세지에 대한 설명으로 옳지 않은 것은?

① 국내에 본점 또는 주사무소가 있지 아니한 내국법인의 납세지는 사업을 실질적으로 관리하는 장소의 소재지로 한다.

② 둘 이상의 국내사업장이 있는 외국법인의 납세지는 직전 사업연도의 사업수입금액이 가장 많은 국내사업장의 소재지로 한다.

③ 국세청장은 내국법인의 본점의 소재지가 등기된 주소와 동일하지 아니한 경우 납세지를 지정하여야 하고, 동일하지 아니한 사실을 안 날부터 45일 이내에 지정통지를 하여야 한다.

④ 법인은 납세지가 변경된 경우에는 그 변경된 날부터 15일 이내에 변경 후의 납세지 관할 세무서장에게 변경신고를 하여야 한다.

| 납세지

이론형 Level 1

국세청장은 내국법인의 본점의 소재지가 등기된 주소와 동일하지 아니한 경우 납세지를 지정하여야 하고, 납세지의 지정통지는 그 법인의 당해 사업연도종료일부터 45일 이내에 이를 하여야 한다.

답 ③

018 법인세법 총칙의 내용에 관한 설명으로 옳지 않은 것은?

① 국세기본법상 법인으로 보는 법인격 없는 단체는 수익사업에서 생긴 소득과 토지 등 양도소득에 대한 법인세를 납부할 의무가 있다.

② 신탁재산에 귀속되는 소득에 대해서는 그 신탁의 이익을 받을 수익자(수익자가 특정되지 아니하거나 존재하지 아니하는 경우에는 그 신탁의 위탁자 또는 그 상속인)가 그 신탁재산을 가진 것으로 보고 법인세법을 적용한다.

③ 사업연도가 변경된 경우 종전 사업연도 개시일부터 변경된 사업연도 개시일의 전일까지의 기간이 1월 이하인 경우에는 이를 변경된 사업연도에 포함한다.

④ 법인의 납세지가 변경된 경우 그 변경된 날부터 15일 이내에 변경 후의 납세지 관할 세무서장에게 신고하여야 한다.

| 사업연도

이론형 Level 1

사업연도의 변경 시 종전 사업연도의 개시일부터 변경된 사업연도의 개시일 전일까지의 기간에 대하여는 이를 1사업연도로 하되, 그 기간이 1개월 미만인 경우에는 변경된 사업연도에 이를 포함한다.

(선지분석)
① 국세기본법상 법인으로 보는 법인격 없는 단체에 비영리법인이 해당한다.

답 ③

019 다음 법인세법과 관련된 내용 중 옳지 않은 것으로만 묶어진 것은? 2008년 국가직 9급

> ㄱ. 내국법인은 국내에 본점·주사무소 또는 사업의 실질적 관리장소가 있는 법인이다.
> ㄴ. 법인세의 사업연도는 원칙적으로 1년을 초과할 수 없다.
> ㄷ. 법인세 과세표준의 신고는 각 사업연도 종료일로부터 3개월 이내에 하여야 한다.
> ㄹ. 영리목적 유무에 불구하고 모든 내국법인은 청산소득에 대하여 법인세 납세의무가 있다.
> ㅁ. 비영리내국법인도 법령이 정한 수익사업에 대하여는 각 사업연도소득에 대한 법인세 납세의무가 있다.
> ㅂ. 법인이 법령이 정하는 비사업용 토지를 양도한 경우에는 각 사업연도소득에 대한 법인세에 추가하여 토지 등 양도소득에 대한 법인세를 납부하여야 한다.

① ㄱ, ㄷ, ㄹ   ② ㄴ, ㄷ, ㅂ

③ ㄷ, ㄹ, ㅁ   ④ ㄷ, ㄹ

| 사업연도   이론형 Level 1

옳지 않은 것은 ㄷ, ㄹ이다.
ㄷ. 법인세 과세표준의 신고는 각 사업연도 종료일이 속하는 달의 말일부터 3개월 이내에 하여야 한다.
ㄹ. 영리내국법인만이 청산소득에 대하여 법인세 납세의무가 있다.

[선지분석]
ㄱ. 내국법인의 개념에 대한 옳은 내용이다.
ㄴ. 법인의 원칙적인 사업연도에 대한 옳은 내용이다.
ㅁ. 비영리내국법인의 과세소득 범위는 국내 및 국외 수익사업소득이다.
ㅂ. 토지 등 양도소득에 대한 법인세규정에 대한 옳은 내용이다.

답 ④

---

020 법인세법상 사업연도와 납세지에 관한 설명으로 옳지 않은 것은? 2017년 회계사

① 법령이나 정관 등에 사업연도에 관한 규정이 없는 내국법인은 따로 사업연도를 정하여 납세지 관할 세무서장에게 신고하여야 한다.
② 법령에 따라 사업연도가 정하여지는 법인이 관련 법령의 개정에 따라 사업연도가 변경된 경우에는 사업연도의 변경신고를 하지 아니한 경우에도 그 법령의 개정 내용과 같이 사업연도가 변경된 것으로 본다.
③ 내국법인의 법인세 납세지는 그 법인의 등기부에 따른 본점이나 주사무소의 소재지로 한다. 다만, 법인으로 보는 단체의 경우에는 당해 단체가 신고하는 장소로 하고 신고가 없는 경우 관할 세무서장이 정하는 장소로 한다.
④ 내국법인이 사업연도 중에 연결납세방식을 적용받는 경우 그 사업연도 개시일부터 연결사업연도 개시일 전날까지의 기간을 1사업연도로 본다.
⑤ 관할 지방국세청장이나 국세청장이 납세지를 지정하는 경우 그 법인의 당해 사업연도 종료일로부터 45일 이내에 지정통지를 하여야 한다.

| 사업연도와 납세지   이론형 Level 2

법인으로 보는 단체의 법인세 납세지는 당해 단체의 사업장 소재지로 하되, 주된 소득이 부동산임대소득인 단체의 경우에는 그 부동산의 소재지로 한다.

답 ③

021 법인세법상 사업연도와 납세지에 관한 설명이다. 옳지 <u>않은</u> 것은? 2019년 회계사

① 내국법인이 사업연도 중에 상법의 규정에 따라 조직변경을 한 경우에는 조직변경 전의 사업연도가 계속되는 것으로 본다.

② 내국법인이 사업연도 중에 연결납세방식을 적용받는 경우에는 그 사업연도 개시일부터 연결사업연도 개시일 전날까지의 기간을 1사업연도로 본다.

③ 사업연도를 변경하려는 법인은 그 법인의 직전 사업연도 종료일부터 3개월 이내에 사업연도변경신고서를 납세지 관할 세무서장에게 제출하여 이를 신고하여야 한다.

④ 둘 이상의 국내사업장이 있는 외국법인의 경우 주된 사업장의 소재지를 납세지로 한다.

⑤ 납세지 관할 세무서장은 내국법인의 본점 소재지가 등기된 주소와 동일하지 아니한 경우 납세지를 지정할 수 있다.

❘ 사업연도와 납세지 이론형 Level 2

납세지 지정의 권한은 관할 지방국세청장이나 국세청장이 가지고 있다.

(선지분석)

④ 둘 이상의 국내사업장이 있는 외국법인에 대하여는 주된 사업장의 소재지를 납세지로 하고, 둘 이상의 자산이 있는 법인에 대하여는 대통령령으로 정하는 장소를 납세지로 한다.

답 ⑤

---

022 법인세법상 과세소득의 범위와 사업연도 및 납세지에 관한 설명으로 옳지 <u>않은</u> 것은? 2016년 세무사

① 영리내국법인에 대하여는 각 사업연도의 소득, 청산소득, 법령에 따른 토지 등 양도소득에 대하여 법인세를 부과한다.

② 출자지분의 양도로 인하여 생기는 수입은 비영리내국법인의 각 사업연도의 소득에 포함되지 않는다.

③ 비영리외국법인의 각 사업연도의 소득은 국내원천소득 중 수익사업에서 생기는 소득만 해당한다.

④ 내국법인이 사업연도 중에 연결납세방식을 적용받는 경우에는 그 사업연도 개시일부터 연결사업연도 개시일의 전날까지의 기간을 1사업연도로 본다.

⑤ 납세지가 변경된 법인이 부가가치세법에 따라 그 변경된 사실을 신고한 경우에는 법인세법에 따른 납세지 변경신고를 한 것으로 본다.

❘ 사업연도와 납세지 이론형 Level 1

> **법인세법 제4조【과세소득의 범위】** ③ 제1항 제1호를 적용할 때 비영리내국법인의 각 사업연도의 소득은 다음 각 호의 사업 또는 수입(이하 "수익사업"이라 한다)에서 생기는 소득으로 한정한다.
> 1. 제조업, 건설업, 도매 및 소매업 등 통계법 제22조에 따라 통계청장이 작성·고시하는 한국표준산업분류에 따른 사업으로서 대통령령으로 정하는 것
> 2. 소득세법 제16조 제1항에 따른 이자소득
> 3. 소득세법 제17조 제1항에 따른 배당소득
> 4. 주식·신주인수권 또는 <u>출자지분의 양도로 인한 수입</u>
> 5. 유형자산 및 무형자산의 처분으로 인한 수입. 다만, 처분일 현재 3년 이상 계속하여 고유목적사업에 직접 사용한 것을 제외하며, 수익사업에서 고유목적사업으로 전출한 고정자산은 3년 이상 고유목적사업에 직접 사용 시 전출 이후 발생한 처분수입만 제외한다.
> 6. 소득세법 제94조 제1항 제2호 및 제4호에 따른 자산의 양도로 인한 수입
> 7. 그 밖에 대가(對價)를 얻는 계속적 행위로 인한 수입으로서 채권 등의 매매익

답 ②

023 법인세법의 총칙에 관한 설명으로 옳지 않은 것은?

① 내국법인 중 국가와 지방자치단체는 그 소득에 대한 법인세를 납부할 의무가 없다.

② 자산이나 사업에서 생기는 수입이 법률상 귀속되는 법인과 사실상 귀속되는 법인이 서로 다른 경우에는 그 수입이 사실상 귀속되는 법인에 대하여 법인세법을 적용한다.

③ 신탁재산에 귀속되는 소득에 대하여는 그 신탁의 수익자가 그 신탁재산을 가진 것으로 보고 법인세법을 적용하는 것이 원칙이다.

④ 둘 이상의 국내사업장이 있는 외국법인이 사업연도 중에 그 중 하나의 국내사업장을 가지지 아니하게 된 경우에는 그 사업연도 개시일부터 그 사업장을 가지지 아니하게 된 날까지의 기간을 1사업연도로 본다.

⑤ 법령에 따라 사업연도가 정하여지는 법인이 관련 법령의 개정에 따라 사업연도가 변경된 경우에는 사업연도의 변경신고를 하지 아니한 경우에도 사업연도가 변경된 것으로 본다.

총칙

이론형 Level 2

국내사업장이 있는 외국법인이 사업연도 중에 그 국내사업장을 가지지 아니하게 된 경우에는 그 사업연도 개시일부터 그 사업장을 가지지 아니하게 된 날까지의 기간을 그 법인의 1사업연도로 본다. 이는 내국법인의 해산과 준하는 것이기 때문이다. 다만, 국내에 다른 사업장을 계속하여 가지고 있는 경우에는 그러하지 아니하다.

답 ④

02 법인세의 계산구조

024 결산과정에 반영하여 손금인정받는 방법인 결산조정으로만 손금산입이 가능한 항목으로 옳은 것은?

2010년 국가직 7급 변형

① 퇴직연금충당금
② 업무용 승용차의 감가상각비
③ 고유목적사업준비금의 손금산입
④ 부도발생일로부터 6월 이상 경과한 수표 또는 어음상의 채권에 대한 대손금의 손금산입

▌ 결산조정 이론형 Level 1

대손사유 중 결산조정사항이다.

(선지분석)
① 퇴직연금충당금은 강제신고조정사항이다.
② 업무용 승용차의 감가상각비는 강제신고조정사항이다.
③ 고유목적사업준비금은 결산조정사항이나 외부회계감사를 받는 비영리법인의 고유목적사업준비금은 임의신고조정이 가능하다.

답 ④

025 다음 중 결산조정과 신고조정에 관한 설명으로 옳지 않은 것은?

2010년 9급 국가직 변형

① 파손·부패로 인한 재고자산의 평가차손의 손금산입은 결산조정사항이다.
② 일시상각충당금의 손금산입은 본래 결산조정사항이나, 신고조정도 허용된다.
③ 상법에 따른 소멸시효가 완성된 외상매출금 및 미수금의 손금산입은 결산조정사항이다.
④ 대손충당금의 손금산입은 결산조정사항이다.

▌ 결산조정과 신고조정 이론형 Level 1

상법에 따른 소멸시효가 완성된 외상매출금 및 미수금의 손금산입은 신고조정사항이다.

(선지분석)
② 소득세법상 일시상각충당금은 신고조정이 불가능하다.

답 ③

026 법인세법령상 결산서에 비용으로 계상하지 않고도 손금산입이 가능한 것은? (단, 세무조정에 따른 손금산입요건은 충족된 것으로 가정함)

2017년 국가직 7급

① 내국법인이 각 사업연도에 외상매출금·대여금, 그 밖에 이에 준하는 채권의 대손에 충당하기 위하여 계상한 대손충당금
② 주식회사의 외부감사에 관한 법률에 따른 감사인의 회계감사를 받는 비영리내국법인의 고유목적사업준비금
③ 국제회계기준을 적용하는 법인으로서 보험사업을 경영하는 내국법인의 책임준비금
④ 내국법인이 보유하는 고정자산이 천재지변으로 파손되어 그 자산의 장부가액을 사업연도 종료일 현재의 시가로 평가함으로써 발생하는 평가차손

결산조정과 신고조정

이론형 Level 1

비영리법인이 고유목적사업준비금을 손금에 산입하기 위해서는 법인의 장부에 손비로 계상하여야 하는 것이 원칙이지만, 외부감사를 받는 비영리법인의 경우 회계장부에 고유목적사업준비금을 계상할 수 없으므로 잉여금처분에 의한 신고조정으로 손금에 산입할 수 있다.

선지분석
① 결산조정사항에 대한 내용이다.
③ 법인세법상 준비금 중 책임준비금은 임의신고조정이 불가능하다.

답 ②

---

027 법인세법상 소득처분의 유형 중 사외유출이란 익금산입하거나 손금불산입한 금액이 기업 외부의 자에게 귀속된 것으로 인정하는 처분이다. 이러한 사외유출 중 그 귀속자에게 소득세법상의 근로소득에 대한 소득세가 과세되는 것은?

2010년 국가직 9급

① 기타인건비   ② 인건비
③ 기타사외유출   ④ 상여

소득처분

이론형 Level 1

사외유출 중 상여는 인정상여로서 소득세법상 근로소득으로 과세한다.

선지분석
① 기타인건비라는 소득처분은 없다.
② 인건비라는 소득처분은 없다.
③ 기타사외유출은 추가적인 소득세의 과세가 없다.

답 ④

028

법인세법상 법인의 세무조정 시 소득처분유형이 다른 것은?

① 기업업무추진비한도초과액
② 법인이 법령의 규정에 의한 특수관계자인 개인으로부터 시가에 미달하게 매입한 유가증권의 시가와 매입가액과의 차액
③ 채권자불분명 사채이자 중 원천징수세액에 상당하는 금액
④ 추계결정 이외의 경우로서 임대보증금에 대한 간주익금의 익금산입액

소득처분

이론형 Level 1

유보에 대한 내용이다.

(선지분석)
①, ③, ④ 기타사외유출에 대한 내용이다.

답 ②

029

법인세법상 소득처분에 관한 설명으로 옳은 것은?

① 사외유출된 금액의 귀속이 불분명하여 대표자에 대한 상여로 처분한 경우 당해 법인이 그 처분에 따른 소득세 등을 대납하고 이를 손비로 계상함에 따라 익금에 산입한 금액에 대하여는 기타사외유출로 소득처분한다.
② 익금산입한 금액의 귀속자가 법인의 임원인 경우에는 그 귀속자에 대한 배당으로 처분한다.
③ 귀속자가 법인이거나 사업을 영위하는 개인인 경우(다만, 각 사업연도 소득이나 사업소득을 구성하는 경우)에는 그 귀속자에 대한 상여로 처분한다.
④ 배당이나 상여로 소득처분한 경우에는 법인의 원천징수의무가 있으나, 기타소득으로 소득처분한 경우에는 법인의 원천징수의무가 없다.

소득처분

이론형 Level 1

귀속이 불분명하여 대표자 상여처분에 대한 소득세를 회사가 대납해 주는 실무상 관행을 인정하여 상여가 아닌 기타사외유출로 처분한다.

(선지분석)
② 익금산입한 금액의 귀속자가 법인의 임원인 경우에는 그 귀속자에 대한 상여로 처분한다.
③ 귀속자가 법인이거나 사업을 영위하는 개인인 경우(다만, 각 사업연도 소득이나 사업소득을 구성하는 경우)에는 그 귀속자에 대한 기타사외유출로 처분한다.
④ 배당이나 상여, 기타소득으로 소득처분한 경우에 법인의 원천징수의무가 있다.

답 ①

030 법인세법상 소득처분에 대한 설명으로 옳지 않은 것은? 2014년 국가직 9급 변형

① 외국법인의 국내사업장의 각 사업연도의 소득에 대한 법인세의 과세표준을 신고하거나 결정 또는 경정함에 있어서 익금에 산입한 금액이 그 외국법인 등에 귀속되는 소득은 기타사외유출로 처분한다.

② 익금에 산입한 금액이 사외에 유출된 것이 분명한 경우에 그 귀속자가 사업을 영위하는 개인의 경우에는 상여로 처분한다.

③ 법인세를 납부할 의무가 있는 비영리내국법인과 비영리외국법인에 대하여도 소득처분에 관한 규정을 적용한다.

④ 익금에 산입한 금액의 귀속자가 임원 또는 직원인 경우에는 그 귀속자에 대한 상여로 처분한다.

▎소득처분 이론형 Level 1

익금에 산입한 금액이 사외에 유출된 것이 분명한 경우에 그 귀속자가 사업을 영위하는 개인이거나 법인인 경우 기타사외유출로 소득처분한다.

(선지분석)
① 반드시 기타사외유출로 처분하는 경우에 해당한다.
④ 귀속자는 소득세법상 근로소득(인정상여)으로 과세한다.

답 ②

031 법인세법상 소득처분에 관한 설명으로 옳지 않은 것은? 2014년 국가직 7급

① 사외유출이란 손금산입·익금불산입한 금액에 대한 소득처분으로 그 금액이 법인 외부로 유출된 것이 명백한 경우 유출된 소득의 귀속자에 대하여 관련되는 소득세를 징수하기 위하여 행한다.

② 세무조정으로 증가된 소득의 귀속자가 국가·지방자치단체인 경우 기타사외유출로 소득처분하고 그 귀속자에 대하여 소득세를 과세하지 않는다.

③ 당기에 유보로 소득처분된 세무조정사항이 발생하게 되면 당기 이후 추인될 때까지 이를 자본금과적립금조정명세서(을)에 사후관리하여야 한다.

④ 손금산입·익금불산입으로 세무조정한 금액 중 유보가 아닌 것은 기타로 소득처분하며 별도로 사후관리하지 아니한다.

▎소득처분 이론형 Level 1

익금산입·손금불산입의 세무조정으로 사외유출된 금액은 법인의 잉여금을 증가시키지 못한다. 다만, 사외유출된 금액에 대한 소득처분은 법인 외부로 유출된 것이 명백한 경우 유출된 소득의 귀속자에 대하여 관련되는 소득세를 징수하기 위하여 행하는 것이다.

(선지분석)
② 기타사외유출로 소득처분한 경우 귀속자에 대하여 추가적인 소득세를 과세하지 않는다.
③ 자본금과적립금조정명세서(갑)이 된다면 옳지 않은 지문이 된다.

답 ①

032

법인세법상 소득처분에 대한 설명으로 옳은 것은?

2012년 국가직 7급

① 배당, 상여 및 기타사외유출로 소득처분하는 경우 당해 소득처분하는 법인에게는 원천징수의무가 있다.

② 업무무관자산에 대한 지급이자의 손금불산입액은 기타사외유출로 소득처분한다.

③ 채권자가 불분명한 사채이자에 대한 원천징수세액 상당액은 상여로 소득처분한다.

④ 익금산입한 금액의 귀속자가 법인의 출자임원인 경우에는 그 귀속자에 대한 배당으로 소득처분한다.

| 소득처분 이론형 Level 1

(선지분석)

① 배당, 상여 및 기타로 소득처분하는 경우 당해 소득처분하는 법인에게는 원천징수의무가 있지만, 기타사외유출로 소득처분하는 경우 법인에게 원천징수의무가 없다.

③ 채권자가 불분명한 사채이자에 대한 원천징수세액 상당액은 기타사외유출로 소득처분한다.

④ 익금산입한 금액의 귀속자가 법인의 출자임원인 경우에는 그 귀속자에 대한 상여로 소득처분한다.

답 ②

033

법인세법령상 내국법인의 소득처분에 대한 설명으로 옳지 않은 것은?

2018년 국가직 7급

① 대표자가 2명 이상인 법인에서 익금에 산입한 금액이 사외에 유출되고 귀속이 불분명한 경우에는 사실상의 대표자에게 귀속된 것으로 본다.

② 익금에 산입한 금액이 사외에 유출되지 아니한 경우에는 사내유보로 처분한다.

③ 세무조사가 착수된 것을 알게 된 경우로 경정이 있을 것을 미리 알고 법인이 국세기본법 제45조의 수정신고기한 내에 매출누락 등 부당하게 사외유출된 금액을 익금에 산입하여 신고하는 경우의 소득처분은 사내유보로 한다.

④ 사외유출된 금액의 귀속자가 불분명하여 대표자에게 귀속된 것으로 보아 대표자에 대한 상여로 처분한 경우 해당 법인이 그 처분에 따른 소득세를 대납하고 이를 손비로 계상함에 따라 익금에 산입한 금액은 기타사외유출로 처분한다.

| 소득처분 이론형 Level 1

세무조사가 착수된 것을 알게 된 경우로 경정이 있을 것을 미리 알고 법인이 국세기본법 제45조의 수정신고기한 내에 매출누락 등 부당하게 사외유출된 금액을 익금에 산입하여 신고하는 경우의 소득처분은 귀속자에 따라 상여 등으로 소득처분한다.

📑 소득의 귀속자가 불분명한 경우	
원칙	대표자 상여
특례	1. 수정신고기한 내에 사외유출된 금액을 회수하고 익금에 산입하여 신고하는 경우: 유보 2. 경정이 있을 것을 미리 알고 사외유출된 금액을 익금산입하는 경우(수정신고기한 내인 경우라도): 귀속자에 따라 사외유출(귀속불분명 시 대표자 상여)

답 ③

034

법인세법령상 소득처분에 대한 설명으로 옳지 않은 것은?

① 익금에 산입한 금액이 사외에 유출된 것이 분명한 경우에 귀속자가 사업을 영위하는 거주자이면 기타사외유출로 처분한다(다만, 그 분여된 이익이 거주자의 사업소득을 구성하는 경우에 한함).

② 채권자가 불분명한 사채의 이자에 대한 원천징수세액은 기타사외유출로 처분한다.

③ 익금에 산입한 금액에 대한 소득처분은 비영리외국법인에 대해서는 적용되지 않는다.

④ 외국법인의 국내사업장의 각 사업연도의 소득에 대한 법인세의 과세표준을 신고하거나 결정 또는 경정함에 있어서 익금에 산입한 금액이 그 외국법인 등에 귀속되는 소득은 기타사외유출로 처분한다.

│ 소득처분　　　　　　　　　　　　　　　　　　　　　　　　　　　이론형 Level 1

소득처분은 각 사업연도 소득에 대한 법인세의 납세의무가 있는 모든 법인에 대하여 적용되는 것으로서, 영리법인 뿐만 아니라 수익사업이 있는 비영리법인 및 외국법인에게도 적용된다.

답 ③

035

법인세법상 소득처분에 관한 설명이다. 옳지 않은 것은?

① 익금에 산입한 금액 중 사외로 유출된 것이 분명하나 그 처분이 배당, 상여, 기타사외유출에 해당하지 않는 경우 기타소득으로 처분한다.

② 익금에 산입한 금액이 사외에 유출되지 아니한 경우 유보 또는 기타로 처분한다.

③ 익금에 산입한 금액 중 그 귀속이 불분명하여 대표자에게 상여로 처분한 경우 당해 법인이 그 처분에 따른 소득세 등을 대납하고 이를 손비로 계상함에 따라 익금에 산입한 금액은 기타사외유출로 처분한다.

④ 천재지변으로 장부나 그 밖의 증명서류가 멸실되어 법인세 과세표준을 추계결정하는 경우 그 추계에 의한 과세표준과 결산서상 당기순이익과의 차액(법인세상당액을 공제하지 아니한 금액)을 기타사외유출로 처분한다.

⑤ 익금에 산입한 금액 중 사외로 유출되어 그 귀속자가 당해 법인의 주주이면서 임원인 경우 그 출자임원에 대한 배당으로 처분한다.

│ 소득처분　　　　　　　　　　　　　　　　　　　　　　　　　　　이론형 Level 2

익금에 산입한 금액 중 사외로 유출되어 그 귀속자가 당해 법인의 주주이면서 임원인 경우 그 출자임원에 대한 상여로 처분한다. 주주임원은 경영에 직접 참가하고 있는 관계로 조세회피의 수단을 강구할 수 있는 기회가 많아, 이를 제재하기 위한 조치로서 배당보다는 일반적으로 세금이 많이 과세되는 상여로 처분하도록 규정하고 있다. 배당으로 처분되는 금액은 배당세액공제의 적용과 2천만 원 이하인 경우 무조건 분리과세를 적용받기 때문이다.

답 ⑤

036 법인세법상 소득처분에 관한 설명으로 옳지 않은 것은?

① 소득처분은 각 사업연도 소득에 대한 법인세 납세의무가 있는 영리법인뿐만 아니라 비영리내국법인과 비영리외국법인에 대하여도 적용된다.

② 사외유출된 금액의 귀속자가 법인으로써 그 분여된 이익이 내국법인 또는 외국법인의 국내사업장의 각 사업연도의 소득을 구성하는 경우 기타사외유출로 처분한다.

③ 내국법인이 국세기본법상 수정신고기한 내에 매출누락, 가공경비 등 부당하게 사외유출된 금액을 회수하고 세무조정으로 익금에 산입하여 신고하는 경우 기타사외유출로 처분한다.

④ 법령으로 정하는 채권자가 불분명한 사채의 이자(동 이자에 대한 원천징수세액은 제외)는 대표자에 대한 상여로 처분하고 익금에 산입한 이자·할인액 또는 차익에 대한 원천징수세액에 상당하는 금액은 기타사외유출로 처분한다.

⑤ 사외유출된 금액의 귀속이 불분명하여 대표자(법령이 정하는 대표자로 함)에게 귀속된 것으로 처분한 경우 당해 법인이 그 처분에 따른 소득세 등을 대납하고 이를 손비로 계상하거나 그 대표자와의 특수관계가 소멸될 때까지 회수하지 아니함에 따라 익금에 산입한 금액은 기타사외유출로 처분한다.

▌소득처분

이론형 Level 2

내국법인이 국세기본법 제45조의 수정신고기한 내에 매출누락, 가공경비 등 부당하게 사외유출된 금액을 회수하고 세무조정으로 익금에 산입하여 신고하는 경우의 소득처분은 사내유보로 한다. 단, 경정할 것을 미리 알고 수정신고한 경우에는 사외유출로 본다.

답 ③

---

037 (주)독도의 다음과 같은 제25기(2025.1.1. ~ 2025.12.31.) 법인세 세무조정자료를 이용하여 제25기 자본금과 적립금조정명세서(을)상 세무조정 유보소득 기말잔액의 합계액을 계산하면? (단, 제24기 자본금과 적립금조정명세서(을)상 세무조정 유보소득 기말잔액의 합계액은 2,000원임)

< 제25기 세무조정자료 >		(단위: 원)	
익금산입 및 손금불산입		**손금산입 및 익금불산입**	
법인세비용:	3,500	국고보조금의 손금산입액:	1,500
자기주식처분이익:	1,300	지정기부금 한도초과이월액의 손금산입액:	900
감가상각비 한도초과액:	2,200	전기오류수정손실(전기이월이익잉여금을	
대손상각비 한도초과액:	800	수정함)로 계상한 감가상각비:	500

① 2,600원

② 3,500원

③ 4,300원

④ 4,800원

구분	유보	구분	△유보
전기말 유보잔액	2,000원	국고보조금 손금산입액	1,500원
감가상각비 한도초과액	2,200원	–	–
대손상각비 한도초과액	800원	–	–
합계	5,000원	합계	1,500원

∴ 유보 합계액: 5,000원 – 1,500원 = 3,500원

참고 • 법인세비용: 기타사외유출
    • 자기주식처분이익: 기타
    • 지정기부금 한도초과이월액의 손금산입액: 기타
    • 전기오류수정손실로 계상한 감가상각비: 기타

답 ②

---

038 다음은 내국법인 (주)A의 제25기 사업연도(2025.1.1. ~ 12.31.) 자료이다. 세무조정 시 대표자에 대한 상여와 기타사외유출로 소득처분할 금액은 각각 얼마인가?   2017년 세무사 변형

(1) 현금매출누락 100,000,000원(부가가치세 제외한 금액)
(2) 채권자가 불분명한 사채이자 15,000,000원(원천징수세액 4,125,000원 포함)
(3) 증빙불비 기업업무추진비 4,000,000원(귀속자 불분명)
(4) 업무와 관련하여 발생한 교통사고 벌과금 1,000,000원
(5) 사외유출된 금액의 귀속이 불분명하여 대표자에 대한 상여로 처분을 한 경우, (주)A가 그 처분에 따른 소득세를 대납하고 이를 손비로 계상한 금액 2,500,000원

	대표자에 대한 상여	기타사외유출
①	110,875,000원	11,625,000원
②	114,875,000원	7,625,000원
③	115,000,000원	7,500,000원
④	117,375,000원	5,125,000원
⑤	119,000,000원	3,500,000원

구분	대표자상여	기타사외유출
(1) 현금매출누락	100,000,000원	–
(2) 채권자 불분명 사채이자	10,875,000원	4,125,000원
(3) 귀속 불분명 기업업무추진비	4,000,000원	–
(4) 업무 관련 벌과금	–	1,000,000원
(5) 소득세 대납액	–	2,500,000원
합계	114,875,000원	7,625,000원

답 ②

03 익금

039 법인세법상 익금에 산입되지 아니하는 것은?

2007년 국가직 9급

① 손금에 산입한 금액 중 환입된 금액
② 국세의 과오납금의 환급금에 대한 이자
③ 채무의 면제로 인하여 생기는 부채의 감소액
④ 자산의 양도금액

> **익금** 이론형 Level 1

국세·지방세의 환급가산금은 국세·지방세의 환급액이 익금항목인지 여부에 관계없이 무조건 익금불산입(기타)한다.
∵ 세금의 초과납부에 대한 보상이기 때문이다.

(선지분석)
① 익금(유보 또는 기타)에 해당한다.
③, ④ 익금(유보)에 해당한다.

답 ②

040 법인세법상 내국법인의 각 사업연도의 소득금액계산에 있어서 익금불산입항목에 해당되지 않는 것은?

2009년 국가직 9급 변형

① 주식의 포괄적 교환차익
② 이월익금 및 부가가치세의 매출세액
③ 무상으로 받은 자산의 가액(국고보조금 등은 제외) 중 법령이 정하는 이월결손금의 보전에 충당된 금액
④ 채무의 출자전환으로 주식을 발행하는 경우 당해 주식의 시가를 초과하여 발행된 금액

> **익금** 이론형 Level 1

법인이 채무를 출자전환하는 경우로서 주식의 시가를 초과하여 발행된 금액은 채무면제이익으로서 익금(유보)에 해당한다.

답 ④

041 법인세법상 익금에 대한 설명으로 옳지 않은 것은?

2012년 국가직 9급

① 채무의 출자전환으로 주식을 발행한 경우 그 주식의 시가를 초과하여 발행된 금액은 익금에 산입한다.

② 자본 또는 출자의 납입금액은 익금에 산입하지 아니한다.

③ 법인이 특수관계인인 개인으로부터 유가증권을 시가보다 낮은 가액으로 매입하는 경우 시가와 그 매입가액의 차액에 상당하는 금액은 익금에 산입하지 아니한다.

④ 무상으로 받은 자산의 가액과 채무의 면제 또는 소멸로 인한 부채의 감소액 중 법령이 정하는 이월결손금의 보전에 충당한 금액은 익금에 산입하지 아니한다.

▌**익금**

이론형 Level 1

특수관계인인 개인으로부터 유가증권을 시가보다 저가로 매입한 경우 시가와 그 매입가액의 차액에 상당하는 금액은 익금에 산입한다. 개인이 유가증권을 특수관계에 있는 법인에게 무상에 가까운 저가로 양도하여 실질적인 상속·증여를 행하였음에도 불구하고 이를 회피할 수 있었던 사례가 발생함에 따라 이를 방지하기 위하여 매입시점에 과세한다.

(선지분석)

① 채무면제이익에 대한 설명이다.

④ 자산수증이익과 채무면제이익 중 법령이 정하는 이월결손금의 보전에 충당한 금액은 익금에 산입하지 아니한다.

답 ③

---

042 법인세법상 내국법인의 익금의 계산에 대한 설명으로 옳은 것만을 모두 고르면?

2022년 국가직 9급

> ㄱ. 손금에 산입하지 아니한 법인세를 환급받은 금액은 익금에 산입한다.
>
> ㄴ. 자본감소의 경우로서 그 감소액이 주식의 소각, 주금의 반환에 든 금액과 결손의 보전에 충당한 금액을 초과한 경우의 그 초과금액은 익금에 산입하지 않는다.
>
> ㄷ. 외국자회사로부터 받는 수입배당금액이 포함되어 있는 경우 그 외국자회사의 소득에 대하여 부과된 외국법인세액 중 그 수입배당금액에 대응하는 것으로서 세액공제의 대상이 되는 금액은 익금으로 본다.
>
> ㄹ. 채무의 면제로 인한 부채의 감소액 중 대통령령이 정하는 이월결손금을 보전하는 데에 충당한 금액은 익금에 산입하지 않는다.

① ㄱ, ㄴ

② ㄱ, ㄷ

③ ㄷ, ㄹ

④ ㄴ, ㄷ, ㄹ

▌**익금의 범위**

이론형 Level 1

옳은 것은 ㄴ, ㄷ, ㄹ이다.

(선지분석)

ㄱ. 손금에 산입하지 아니한 법인세를 환급받은 금액은 익금에 산입하지 아니한다.

답 ④

043 법인세법상 익금에 해당하는 것은?

① 부가가치세의 매출세액
② 증자 시 주식발행액면초과액
③ 이월익금
④ 손금에 산입한 금액 중 환입된 금액
⑤ 무액면주식의 경우 발행가액 중 자본금으로 계상한 금액을 초과하는 금액

| 익금 | 이론형 Level 1 |

(선지분석)
① 예수금(부채)에 불과하다.
② 자본거래로서 익금항목이 아니다.
③ 과거 익금에 산입하였으므로 다시 익금으로 보면 이중과세에 해당한다. 따라서 익금항목이 아니다.
⑤ 주식발행액면초과액으로서 자본거래로 인한 익금불산입 항목이다.

답 ④

044 법인세법상 익금의 계산에 관한 설명으로 옳지 않은 것은?

① 특수관계인인 개인으로부터 유가증권을 시가(時價)보다 낮은 가액으로 매입하는 경우 시가와 그 매입가액의 차액에 상당하는 금액은 익금으로 본다.
② 법인이 자기주식 또는 자기출자지분을 보유한 상태에서 자본전입을 함에 따라 그 법인 외의 법인주주의 지분 비율이 증가한 경우 증가한 지분비율에 상당하는 주식 등의 가액은 법인주주의 익금에 산입하지 아니한다.
③ 부가가치세의 매출세액은 내국법인의 각 사업연도의 소득금액을 계산할 때 익금에 산입하지 아니한다.
④ 국세 또는 지방세의 과오납금의 환급금에 대한 이자는 각 사업연도의 소득금액을 계산할 때 익금에 산입하지 아니한다.

| 익금 | 이론형 Level 1 |

법인이 자기주식 또는 자기출자지분을 보유한 상태에서 자본전입을 함에 따라 그 법인 외의 주주 등의 지분비율이 증가한 경우 증가한 지분비율에 상당하는 주식 등의 가액은 의제 배당에 해당하여 익금에 산입한다. 자기주식 배정될 부분의 추가 배정분은 신규로 배당한 것과 동일하므로 과세하지 않는 자본잉여금일지라도 모두 의제배당으로 과세하는 것이다.

(선지분석)
④ 세금의 과오납부에 대한 보상성격의 내용이다.

답 ②

045 법인세법령상 익금과 그 세무조정에 대한 설명으로 옳지 않은 것으로만 묶은 것은? 2017년 국가직 7급

> ㄱ. 은행법에 의한 인가를 받아 설립된 은행이 보유하는 화폐성외화자산·부채를 사업연도 종료일 현재의 매매기준율 등으로 평가함에 따라 발생하는 평가이익은 익금에 해당한다.
> ㄴ. 전기에 과오납부한 업무에 직접 사용하는 부동산에 대한 종합부동산세와 이에 따른 환급가산금을 당기에 환급받아 수익계상한 경우 모두 익금불산입으로 세무조정하여야 한다.
> ㄷ. 자산수증이익과 채무면제이익은 원칙적으로 익금에 해당하나 발생연도의 제한이 없는 세법상의 결손금(적격합병 및 적격분할 시 승계받은 결손금 제외)으로서 결손금 발생 후의 각 사업연도 과세표준 계산 시 공제되지 않고 당기로 이월된 결손금의 보전에 충당한 경우에는 익금으로 보지 않는다.
> ㄹ. 건물을 저가로 매입하는 경우 매입시점의 시가와 그 매입가액과의 차액은 익금에 해당한다.

① ㄱ, ㄴ
② ㄱ, ㄷ
③ ㄴ, ㄹ
④ ㄷ, ㄹ

▌익금 이론형 Level 2

옳지 않은 것은 ㄴ, ㄹ이다.
ㄴ. 전기에 과오납부한 업무에 직접 사용하는 부동산에 대한 종합부동산세와 이에 따른 환급가산금을 당기에 환급받아 수익계상한 경우 환급가산금은 익금불산입으로 세무조정하여야 한다. 종합부동산세 환급금은 세무조정이 불필요하다.
ㄹ. 법인이 건물을 저가로 매입하였다 하더라도 저가매입금액을 취득가액으로 인정하고 처분시점에 과세한다.

(선지분석)
ㄱ. 은행은 화폐성 자산에 대해 사업연도 종료일 현재의 매매기준율 또는 재정된 매매기준율로 강제 평가해야 한다. 이러한 외화평가손익은 해당 사업연도의 익금 또는 손금에 산입한다.
ㄷ. 채무의 출자전환의 경우 채무면제이익규정이다.

답 ③

046 법인세법상 익금불산입항목에 대한 설명으로 옳지 않은 것은? 2021년 국가직 9급

① 주식의 포괄적 교환차익과 주식의 포괄적 이전차익은 내국법인의 각 사업연도 소득금액을 계산할 때 익금에 산입하지 아니한다.
② 자본감소의 경우로서 그 감소액이 주식의 소각, 주금의 반환에 든 금액과 결손의 보전에 충당한 금액을 초과한 경우의 그 초과금액은 내국법인의 각 사업연도 소득금액을 계산할 때 익금에 산입하지 아니한다.
③ 채무의 출자전환으로 액면금액 이상의 주식 등을 발행하는 경우에는 그 주식 등의 시가를 초과하여 발행된 금액은 내국법인의 각 사업연도 소득금액을 계산할 때 익금에 산입하지 아니한다.
④ 부가가치세의 매출세액은 내국법인의 각 사업연도의 소득금액을 계산할 때 익금에 산입하지 아니한다.

▌익금불산입 이론형 Level 1

채무의 출자전환으로 주식 등을 발행하는 경우에는 그 주식 등의 시가를 초과하여 발행된 금액은 주식발행액면초과액에서 제외하며 채무면제이익으로 보아 익금에 산입한다.

참고 출자전환으로 발행된 주식의 시가를 초과하는 금액은 경제적 실질상 채무가 면제된 것과 동일함

답 ③

047 법인세법상 익금에 관한 설명이다. 옳은 것은?

① 영리내국법인이 특수관계인인 법인으로부터 유가증권을 시가보다 낮은 가액으로 매입하여 보유하는 경우 시가와 매입가액의 차액은 그 유가증권을 매입한 사업연도의 익금으로 본다.

② 내국법인이 외국자회사로부터 수입배당금액을 받은 경우 그 외국자회사의 소득에 대하여 부과된 외국법인세액 중 그 수입배당금액에 대응하는 금액에 대해 세액공제를 선택한 경우에는 이를 익금으로 간주한다.

③ 채무의 출자전환으로 주식을 발행함에 있어서 그 주식의 시가를 초과하여 발행된 금액은 법령상 이월결손금 보전에 충당하더라도 익금에 산입한다.

④ 영리내국법인이 이미 보유하던 주식에 대하여 받은 주식배당은 익금을 구성하지 아니한다.

⑤ 의제배당에 대하여는 수입배당금액의 익금불산입규정을 적용하지 아니한다.

▌익금

이론형 Level 2

간접외국납부세액을 세액공제방법을 선택한 경우 익금으로 간주한다. 본래 간접외국납부세액은 순자산을 증가시키는 금액이 아니지만, 이중과세를 제거하기 위하여 익금산입 후 세액공제하는 방법을 취하는 것이다.

(참고) 이 방식은 소득세법의 배당가산율(Gross-up)제도와 동일한 논리임

(선지분석)
① 영리내국법인이 특수관계인인 개인으로부터 유가증권을 시가보다 낮은 가액으로 매입하여 보유하는 경우 시가와 매입가액의 차액은 그 유가증권을 매입한 사업연도의 익금으로 본다.

③ 채무의 출자전환 시 발생한 채무면제이익은 익금에 산입하는 것을 원칙으로 하나, 이월결손금 보전에 충당한 경우에는 익금불산입한다.

④ 주식배당도 의제배당으로서 익금에 산입한다.

⑤ 의제배당에 대하여도 수입배당금액의 익금불산입규정을 적용한다.

답 ②

048 법인세법상 주식발행액면초과액에 대한 설명으로 옳은 것은?

① 기존 주주에게 공모절차를 거쳐 액면주식을 발행한 경우 그 액면금액을 초과하여 발행된 금액은 익금에 산입한다.

② 기존 주주에게 공모절차를 거쳐 무액면주식을 발행한 경우 발행가액 중 자본금으로 계상한 금액을 초과하는 금액은 익금에 산입한다.

③ 채무의 출자전환으로 액면금액 5,000원인 주식을 시가 10,000원으로 발행하는 경우 그 주식의 액면금액을 초과하여 발행된 금액은 익금에 산입하지 아니한다.

④ 채무의 출자전환으로 액면금액 5,000원이며 시가 10,000원인 주식을 20,000원으로 발행하는 경우 그 주식의 시가를 초과하여 발행된 금액은 익금에 산입하지 아니한다.

▌익금

이론형 Level 2

(선지분석)
① 주식발행초과금은 익금에 산입하지 아니한다. 이는 법인의 순자산증가액에 해당하는 것이나 주주가 주금을 납입하는 과정에서 형성된 납입자본성격이므로 각 사업연도 소득금액 계산상 익금에 산입하지 않는다.

② 무액면주식에 대한 주식발행초과금규정이므로 익금에 산입하지 아니한다.

④ 채무의 출자전환으로 액면금액 5,000원이며 시가 10,000원인 주식을 20,000원으로 발행하는 경우 그 주식의 시가를 초과하여 발행된 금액은 익금에 산입한다. 시가가 액면가액을 초과하는 경우로서 시가를 초과하여 발행된 금액은 채무면제이익에 해당한다. 이는 법인세법상 익금이다.

답 ③

049 (주)A의 채무의 출자전환 시 출자전환되는 채무의 가액은 7,500원, 발행된 주식의 시가는 6,000원 그리고 주식의 액면가액은 5,000원이라고 할 때, 법인세법상 주식발행액면초과액과 채무면제이익은 얼마인가?

2009년 세무사

	주식발행액면초과액	채무면제이익
①	1,000원	1,500원
②	1,500원	1,000원
③	2,500원	1,500원
④	1,000원	2,500원
⑤	2,500원	0원

▌익금 이론형 Level 1

주식발행액면초과액은 1,000원이고, 채무면제이익은 1,500원이다.

(차)	차입금	7,500원	(대)	자본금	5,000원
				주식발행초과금	1,000원
				채무면제이익	1,500원

답 ①

050 법인세법상 익금에 관한 설명으로 옳지 않은 것은?

2017년 세무사

① 익금은 자본 또는 출자의 납입 및 법인세법에서 규정하는 것은 제외하고 해당 법인의 순자산을 증가시키는 거래로 인하여 발생하는 수익의 금액으로 한다.

② 이월결손금의 보전에 충당하지 않은 자산수증이익과 채무의 출자전환에 따른 채무면제이익은 해당 사업연도에 익금불산입하고 그 이후의 각 사업연도에 발생한 결손금의 보전에 충당할 수 있다.

③ 법인세법에 따른 특수관계인인 개인으로부터 유가증권을 시가보다 낮은 가액으로 매입하는 경우 당해 시가와 그 매입가액의 차액에 상당하는 금액은 익금으로 본다.

④ 국세 과오납금의 환급금에 대한 이자는 익금으로 보지 않는다.

⑤ 채무의 출자전환 시 시가가 액면가액에 미달하는 경우 익금에 산입되는 채무면제이익은 발행가액에서 액면가액을 차감하여 계산한다.

▌익금 이론형 Level 2

이월결손금의 보전에 충당하지 않은 채무의 출자전환에 따른 채무면제이익은 해당 사업연도에 익금불산입하고 그 이후의 각 사업연도에 발생한 결손금의 보전에 충당할 수 있지만 자산수증이익은 그러하지 아니하다.

답 ②

051 법인세법상 익금 및 익금불산입에 관한 설명이다. 옳지 않은 것은?

2020년 회계사

① 법인세 과세표준을 추계결정하는 법인은 임대보증금에 대한 간주임대료를 익금에 산입하되, 주택임대보증금에 대한 간주임대료는 익금에 산입하지 아니한다.

② 법인이 특수관계인인 개인으로부터 유가증권을 시가보다 낮은 가액으로 매입하는 경우 시가와 그 매입가액의 차액을 익금에 산입한다.

③ 법인의 각 사업에서 생기는 사업수입금액은 익금에 산입하되, 기업회계기준에 의한 매출에누리금액 및 매출할인금액은 산입하지 아니한다.

④ 영리내국법인 (주)A가 자기주식을 소각하여 생긴 이익을 소각일로부터 2년 이내에 자본에 전입함에 따라 (주)A의 주주인 영리내국법인 (주)B가 수령하는 무상주는 의제배당으로 익금에 산입한다.

⑤ 법인이 과오납한 법인세에 대한 환급금과 그 환급금에 대한 이자를 수령한 경우 그 금액은 익금에 산입하지 아니한다.

> **익금** 이론형 Level 1

법인세 과세표준을 추계결정하는 법인은 임대보증금에 대한 간주임대료(주택 포함)를 익금에 산입한다.

답 ①

---

052 (주)甲은 제5기 사업연도(2025.1.1 ~ 12.31) 중 특수관계자인 개인 乙로부터 다음과 같이 자산을 매입하고 매입가액을 취득가액으로 계상하였다. (주)甲의 세무조정을 옳게 표시한 것은?

2009년 국가직 9급 변형

> • 토지 1,000m²(시가 1억 원)를 6,000만 원에 매입하였다.
> • 상장법인인 (주)ABC테크노의 주식 500주(시가 500만 원)를 300만 원에 매입하였다.

① 익금산입 - 토지 및 유가증권 4,200만 원(유보)

② 익금산입 - 토지 4,000만 원(유보)

③ 익금산입 - 유가증권 200만 원(유보)

④ 세무조정 없음

> **익금** 이론형 Level 1

ⓐ 특수관계인인 개인으로부터 유가증권(주식·채권)을 시가보다 저가로 매입한 경우 시가와 그 매입가액의 차액에 상당하는 금액은 익금에 산입한다.

ⓑ 따라서 시가와 매입가액 차액인 200만 원만큼 익금산입(유보)으로 세무조정한다.

ⓒ 특수관계인인 개인으로부터 토지를 저가매입한 경우 세무조정이 불필요하다.

답 ③

053
□□□ 제조업을 영위하는 (주)한국이 유가증권(A 주식)과 관련된 거래를 다음과 같이 적절하게 회계처리한 경우 2025년 및 2026년에 유보(또는 △ 유보)로 소득처분 할 금액(순액)은? [단, (주)한국의 사업연도는 1월 1일부터 12월 31일까지임]

2013년 국가직 7급 변형

- 2025년 중 특수관계인인 개인으로부터 시가 1,000,000원인 유가증권(A 주식)을 900,000원에 매입하여 장부에 매입가액으로 계상하였다.
- 2025년 말 유가증권(A 주식)의 시가는 1,200,000원이며, 300,000원의 평가이익을 장부에 계상하였다.
- 2026년 중 2025년에 취득한 유가증권(A 주식)을 1,300,000원에 매각하면서 처분이익 100,000원을 장부에 계상하였다.

	2025년	2026년
①	유보 200,000원	△ 유보 200,000원
②	△ 유보 200,000원	유보 200,000원
③	유보 300,000원	△ 유보 300,000원
④	△ 유보 300,000원	유보 300,000원

| 익금   이론형 Level 2

<2025년>
ⓐ 특수관계인인 개인으로부터 유가증권 저가매입: 익금산입 100,000 유보
ⓑ 유가증권 평가이익 부인: 익금불산입 300,000 △유보
ⓒ 계: 100,000 - 300,000 = △ 200,000
<2026년>
처분 시 유보추인: 200,000 유보

답 ②

054 (주)KY는 제21기(2025.1.1. ~ 12.31.)에 특수관계인인 홍길동씨로부터 다음과 같은 자산을 양도받았다. (주)KY는 제22기 중에 토지 A(100평)는 300,000,000원, 유가증권 B 중 500주를 162,500,000원에 처분하였다. (주)KY가 양수당시 토지 A와 유가증권 B에 대하여 매매가로 장부에 계상하였고 유가증권 B의 기말평가는 원가법에 의하여 행해졌으며 이후 처분의 거래도 회사가 정상적으로 회계처리하였다고 가정한다면 이에 대한 제21기와 제22기에 행해야 할 세무조정은?

자산	법인세법상 시가	매매가
토지 A(100평)	250,000,000원	230,000,000원
유가증권 B(2,000주)	570,000,000원	510,000,000원

	제21기	제22기
①	익금산입 80,000,000원 (유보)	손금산입 35,000,000원 (△유보)
②	익금산입 80,000,000원 (유보)	손금산입 80,000,000원 (△유보)
③	익금산입 60,000,000원 (유보)	손금산입 15,000,000원 (△유보)
④	익금산입 60,000,000원 (유보)	손금산입 60,000,000원 (△유보)
⑤	익금산입 20,000,000원 (유보)	손금산입 20,000,000원 (△유보)

▌익금　　　　　　　　　　　　　　　　　　　　　　　　　　　　이론형 Level 2

ⓐ 제21기 익금산입 유가증권 60,000,000원 유보
　 570,000,000원 − 510,000,000원 = 60,000,000원
ⓑ 제22기 손금산입 유가증권 15,000,000원 △유보
　 60,000,000원 × 500주 / 2,000주 = 15,000,000원

답 ③

---

055 영리내국법인 (주)F는 제7기 사업연도(2025년 1월 1일 ~ 12월 31일) 중 특수관계인인 개인 갑으로부터 상장법인 (주)G주식 1,000주(시가 1,000만 원)를 500만 원에 매입하였다. 이에 대한 법인세법상 처리로 옳지 않은 것은?　　　　　　　　　　　2016년 국가직 9급 변형

① (주)F가 매입한 (주)G주식 1,000주의 취득가액은 500만 원으로 보지 아니한다.
② (주)F는 매입가액과 시가와의 차액인 500만 원을 익금 산입(유보)한다.
③ (주)F는 갑에게 500만 원을 배당한 것으로 소득처분한다.
④ 만약 (주)G주식이 아니라 건물을 500만 원에 매입하였다면 (주)F는 세무조정을 할 필요가 없다.

▌익금　　　　　　　　　　　　　　　　　　　　　　　　　　　　이론형 Level 2

특수관계인인 개인으로부터 유가증권을 시가보다 저가로 매입한 경우 시가와 그 매입가액의 차액에 상당하는 금액은 익금으로 본다. 매입가액과 시가와의 차액 500만 원을 익금산입(유보)로 처리하기 때문에 갑에게 배당한 것으로 소득처분할 수 없다.

(선지분석)
① 매입한 (주)G주식 1000주의 취득가액은 500만 원이 아닌 1천만 원이 된다.
② 매입가액과 시가와의 차액인 500만 원을 익금산입(유보)한다.
④ 만약 건물을 500만 원에 매입하였다면(저가매입) 세무조정을 할 필요가 없다.

답 ③

056
☐☐☐

2025년 3월 10일 A 법인이 잉여금을 자본전입함에 따라 이 회사의 주주인 B 법인은 무상주를 교부받았다. 자본전입의 재원이 다음과 같을 때, 교부받은 무상주의 가액이 B 법인의 익금에 해당하지 않는 것은? (단, 잉여금의 자본전입에 따른 B 법인의 지분비율 변동은 없음)

2011년 7급 국가직 변형

> ㄱ. 2023년 9월 1일 자기주식을 처분하여 발생한 이익
> ㄴ. 2023년 3월 15일 발생한 상법에 따른 이익준비금
> ㄷ. 자산재평가법에 따른 건물 재평가적립금
> ㄹ. 2023년 5월 1일 발생한 주식소각이익(소각 당시 시가가 취득가액을 초과하지 아니함)

① ㄱ
② ㄴ
③ ㄷ
④ ㄹ

▌의제배당　　　　　　　　　　　　　　　　　　　　　　이론형 Level 1

해당하지 않는 것은 ㄷ이다.

ㄷ. 건물의 재평가적립금(3%)을 자본전입함에 따라 주주가 받는 무상주는 익금에 해당하지 않는다.

　　비교 토지의 재평가적립금(1%)을 자본전입함에 따라 주주가 받는 무상주는 익금에 해당함

(선지분석)

ㄱ. 자기주식처분이익은 익금에 해당한다.
ㄴ. 이익준비금은 익금에 해당한다.
ㄹ. 주식소각이익으로서 소각일로부터 2년 이내에 자본전입 또는 소각 당시 시가가 취득가액을 초과하는 무상주는 익금에 해당한다.

답 ③

057
☐☐☐

2025년 2월 1일 A 법인이 잉여금을 자본금에 전입함에 따라 이 회사의 주주인 B 법인은 무상주를 교부받았다. 자본금 전입의 재원이 다음과 같을 때 교부받은 무상주의 가액이 B 법인의 배당소득에 해당하지 않는 것은? (단, 무상주 수령 후에도 B 법인의 지분율은 변동이 없음)

2008년 회계사 변형

① 2022년 9월 1일에 자기주식을 처분하여 발생한 이익
② 2023년 5월 1일에 자기주식을 소각하여 발생한 이익(소각 당시 시가가 취득가액을 초과하였음)
③ 2022년 6월 1일에 채무의 출자전환으로 주식을 발행함에 있어서 당해 주식의 시가(액면가액을 초과함)를 초과하여 발행된 금액
④ 2023년 10월 1일에 자기주식을 소각하여 발생한 이익(소각 당시 시가가 취득가액을 초과하지 아니하였음)
⑤ 2023년 8월 1일에 발생한 자본감소 시 그 감소액이 주식소각, 주금의 반환에 소요된 금액과 결손보전에 충당된 금액을 초과하는 금액

▌의제배당　　　　　　　　　　　　　　　　　　　　　　이론형 Level 1

감자차익을 재원으로 자본에 전입하여 무상주를 수령하는 경우에는 의제배당으로 과세하지 아니한다.

답 ⑤

058 법인세법상 의제배당에 해당하지 않는 것은? 2014년 국가직 9급

① 주식의 소각으로 인하여 주주 등이 취득하는 금전과 그 밖의 재산가액의 합계액이 주주 등이 해당 주식 등을 취득하기 위하여 사용한 금액을 초과하는 금액

② 분할법인 또는 분할신설법인 또는 분할합병의 상대방 법인으로부터 분할로 인하여 취득하는 분할대가가 그 분할법인 또는 소멸한 분할합병의 상대방 법인의 주식(분할법인이 존속하는 경우에는 소각 등에 의하여 감소된 주식만 해당함)을 취득하기 위하여 사용한 금액을 초과하는 금액

③ 합병법인의 주주 등이 피합병법인으로부터 그 합병으로 인하여 취득하는 합병대가가 그 합병법인의 주식 등을 취득하기 위하여 사용한 금액을 초과하는 금액

④ 해산한 법인의 주주 등이 그 법인의 해산으로 인한 잔여재산의 분배로서 취득하는 금전과 그 밖의 재산의 가액이 그 주식 등을 취득하기 위하여 사용한 금액을 초과하는 금액

| 의제배당 | 이론형 Level 1

피합병법인의 주주 등이 합병으로 인하여 취득하는 합병대가가 그 피합병법인의 주식 등을 취득하기 위하여 사용한 금액을 초과하는 금액은 의제배당에 해당한다.

(선지분석)
① 감자로 인한 의제배당에 해당한다.
② 법인의 분할로 인한 의제배당에 해당한다.
④ 법인의 해산으로 인한 의제배당에 해당한다.

답 ③

059 법인세법상 의제배당에 관한 설명으로 옳지 않은 것은? 2014년 국가직 7급

① 의제배당이란 법인의 잉여금 중 사내에 유보되어 있는 이익이 일정한 사유로 주주나 출자자에게 귀속되는 경우 이를 실질적으로 현금배당과 유사한 경제적 이익으로 보아 과세하는 제도이다.

② 주식의 소각으로 인하여 주주가 취득하는 금전과 그 밖의 재산가액의 합계액이 주주가 해당 주식을 취득하기 위하여 사용한 금액을 초과하는 경우 그 초과금액을 의제배당 금액으로 한다.

③ 감자 절차에 따라 주식을 주주로부터 반납받아 소각함으로써 발생한 일반적 감자차익은 자본에 전입하더라도 의제배당에 해당하지 않는다.

④ 자기주식을 소각하여 생긴 이익은 소각 당시 시가가 취득가액을 초과하지 아니하는 경우라면 소각 후 2년 내에 자본에 전입하더라도 의제배당에 해당하지 않는다.

| 의제배당 | 이론형 Level 1

📄 **의제배당에 해당하는 경우**
다음 중 어느 하나에 해당하는 자기주식소각이익의 자본전입으로 인하여 수령한 무상주는 의제배당에 해당한다.
1. 소각 당시 시가가 취득가액을 초과하는 경우
2. 소각일부터 2년 이내에 자본전입하는 경우

(선지분석)
① 의제배당제도의 취지 및 개념이다.
② 주식의 소각(감자)으로 인한 의제배당에 대한 내용이다.
③ 감자차익은 익금불산입항목이다.

답 ④

060 법인세법상 의제배당에 대한 설명으로 옳지 않은 것은?

① 자기출자지분을 소각하여 생긴 이익으로서 소각 당시 시가가 취득가액을 초과하지 않고 소각일부터 2년이 지난 후 자본에 전입하는 금액은 의제배당에 해당되지 않는다.

② 분할법인의 주주가 분할신설법인으로부터 분할로 인하여 취득하는 분할대가가 그 분할법인의 주식을 취득하기 위하여 사용한 금액을 초과하는 금액은 배당으로 의제된다.

③ 해산한 법인의 주주 등(법인으로 보는 단체의 구성원을 제외)이 그 법인의 해산으로 인한 잔여재산의 분배로서 취득하는 금전과 그 밖의 재산의 가액이 그 주식을 취득하기 위하여 사용한 금액을 초과하는 금액은 배당으로 의제된다.

④ 피합병법인의 주주가 합병법인으로부터 그 합병으로 인하여 취득하는 합병법인의 합병대가가 그 피합병법인의 주식 등을 취득하기 위하여 사용한 금액을 초과하는 금액은 배당으로 의제된다.

| 의제배당　　　　　　　　　　　　　　　　　　　　　　　이론형 Level 1

해산한 법인의 주주 등(법인으로 보는 단체의 구성원을 포함)이 그 법인의 해산으로 인한 잔여재산의 분배로서 취득하는 금전과 그 밖의 재산의 가액이 그 주식을 취득하기 위하여 사용한 금액을 초과하는 금액은 배당으로 의제된다.

(선지분석)

① 다른 표현: 자기주식소각이익으로서 소각 당시 시가가 취득가액을 초과하거나 소각일부터 2년 이내에 자본에 전입하는 금액은 의제배당에 해당한다.

② 분할로 인한 의제배당에 해당하는 옳은 내용이다.

④ 합병으로 인한 의제배당에 해당하는 옳은 내용이다.

답 ③

---

061 법인세법령상 A법인의 주주인 B법인의 각 사업연도의 소득금액을 계산할 때 A법인으로부터 이익을 배당받았거나 잉여금을 분배받은 금액으로 보지 않는 것은? (단, A, B는 영리내국법인이며, 각 답항은 상호 독립적임)

① A법인의 주식의 소각, 자본의 감소로 인하여 B법인이 취득하는 금전과 그 밖의 재산가액의 합계액이 해당 주식을 취득하기 위하여 사용한 금액을 초과하는 금액

② A법인이 자기주식을 보유한 상태에서 A법인이 감자차익을 자본에 전입함에 따라 B법인의 지분 비율이 증가한 경우 증가한 지분 비율에 상당하는 주식의 가액

③ A법인의 해산으로 인한 잔여재산의 분배로서 B법인이 취득하는 금전과 그 밖의 재산의 가액이 그 주식을 취득하기 위하여 사용한 금액을 초과하는 금액

④ A법인이 「법인세법」 제17조 제1항 제2호에 따른 주식의 포괄적 교환차익을 자본에 전입함으로써 B법인이 취득하는 주식의 가액

| 의제배당　　　　　　　　　　　　　　　　　　　　　　　이론형 Level 1

주식의 포괄적 교환차익은 자본거래 성격을 가진 자본준비금으로서 동 자본준비금을 자본에 전입함으로써 B법인이 취득하는 주식의 가액은 의제배당으로 과세하지 아니한다.

답 ④

062 법인세법상 의제배당에 관한 설명으로 옳지 않은 것은?

2016년 회계사

① 잉여금의 자본전입으로 인한 의제배당은 주주총회 또는 이사회에서 이를 결의한 날이 속하는 사업연도에 귀속한다.

② 법인이 자기주식을 보유한 상태에서 익금불산입항목인 자본잉여금을 자본금에 전입함에 따라 그 법인 외의 주주가 지분비율이 증가한 경우 증가한 지분비율에 상당하는 주식의 가액은 배당으로 본다.

③ 자기주식처분이익을 자본금에 전입하는 경우 주주가 받은 무상주는 자기주식 취득시기에 따라 의제배당 여부가 결정된다.

④ 자기주식 소각 당시의 시가가 취득가액을 초과한 경우로서 자기주식을 소각하여 생긴 이익을 소각일부터 4년이 지난 후 자본에 전입하여 주주가 받은 주식가액은 의제배당에 해당한다.

⑤ 해산한 법인의 주주가 그 법인의 해산으로 분배받은 잔여재산가액이 해당 주식을 취득하기 위하여 소요된 금액을 초과하는 금액은 배당으로 본다.

| 의제배당 | 이론형 Level 1 |

자기주식을 처분하는 경우 발생하는 자기주식처분이익은 익금이며, 이를 자본금에 전입하는 경우 자본금 전입의 시기에 관계없이 의제배당에 해당한다.

답 ③

063 다음 자료를 이용하여 영리내국법인 (주)A의 의제배당액을 계산한 것으로 옳은 것은?

2014년 회계사

(1) 영리내국법인 (주)B는 2025년 4월 20일(자본전입 결의일)에 주식발행초과금 1억 원을 자본에 전입하는 무상증자를 실시하고, 무상주 10,000주를 발행하여 주주들에게 교부하였다.

(2) (주)B의 주주인 (주)A(무상증자 직전 지분율은 20%임)는 (주)B의 자기주식에 배정하지 아니한 주식을 포함하여 무상주 3,000주를 수령하였다.

(3) (주)B의 발행주식 1주당 액면가액은 10,000원이다.

① 0원
② 5,000,000원
③ 10,000,000원
④ 20,000,000원
⑤ 30,000,000원

| 의제배당 | 계산형 |

주식발행초과금을 재원으로 하여 무상주를 수령하는 경우 과세하지 아니한다. 다만, 자기주식 배정분을 수령하여 지분율이 증가하는 것은 과세한다. 총 3,000주를 수령하였는데, 이 중 본래 수령할 주식수가 2,000주(= 10,000주 × 20%)이므로 자기주식 배정분을 수령한 것인 1,000주 × 10,000원(액면가액) = 10,000,000원은 의제배당으로 과세한다.

답 ③

064
□□□

A 법인은 제22기 사업연도(2025년 1월 1일 ~ 12월 31일) 중 3년 전에 취득하고 양도일까지 계속 보유하던 B 법인의 보통주 지분 20% 중 5%를 B 법인에게 1억 원에 양도하였다. A 법인이 해당 5% 보통주 지분을 취득하기 위하여 사용한 금액은 5천만 원이다. 해당 5% 보통주 지분의 양도가 A 법인의 제22기 각 사업연도의 소득금액에 미친 영향은? (단, A, B 법인 모두 주권상장법인이 아닌 영리내국법인으로 해당 법령에 따른 지주회사가 아니며, 법인세법과 조세특례제한법에 따른 비과세·면제·감면 및 소득공제와 차입금은 고려하지 아니함)

2019년 국가직 7급

① 5천만 원 증가
② 4천만 원 증가
③ 3천5백만 원 증가
④ 2천5백만 원 증가

│ 의제배당   계산형

자본감소로 인한 의제배당 및 이에 대한 수입배당금 익금불산입에 대한 내용으로서 A 법인의 각사업연도소득에 영향을 미치는 금액은 다음과 같다.
ⓐ 의제배당액: 1억 원 − 5천만 원 = 5천만 원 익금
ⓑ 수입배당금 익금불산입: 0(개정)
∴ 각 사업연도의 소득금액에 미친 영향: ⓐ − ⓑ = 5천만 원 증가

답 ①

065
□□□

법인세법상 익금의 계산에 대한 설명으로 옳지 않은 것은?

2020년 국가직 7급

① 손금에 산입하지 아니한 법인세 또는 법인지방소득세를 환급받았거나 환급받을 금액을 다른 세액에 충당한 금액은 내국법인의 각 사업연도의 소득금액을 계산할 때 익금에 산입하지 아니한다.
② 지방세의 과오납금의 환급금에 대한 이자는 내국법인의 각 사업연도의 소득금액을 계산할 때 익금에 산입하지 아니한다.
③ 주식의 소각으로 인하여 주주인 내국법인이 취득하는 금전과 그 밖의 재산가액의 합계액이 해당 주식을 취득하기 위하여 사용한 금액을 초과하는 금액은 다른 법인의 주주인 내국법인의 각 사업연도의 소득금액을 계산할 때 그 다른 법인으로부터 이익을 배당받았거나 잉여금을 분배받은 금액으로 본다.
④ 각 사업연도의 소득으로 이미 과세된 소득(법인세법과 다른 법률에 따라 비과세되거나 면제되는 소득은 제외)은 내국법인의 각 사업연도의 소득금액을 계산할 때 익금에 산입하지 아니한다.

│ 익금   이론형 Level 1

각 사업연도의 소득으로 이미 과세된 소득(법인세법과 다른 법률에 따라 비과세되거나 면제되는 소득을 포함)은 내국법인의 각 사업연도의 소득금액을 계산할 때 익금에 산입하지 아니한다.

답 ④

066 법인세법상 수입배당금액에 관한 설명으로 옳지 않은 것은?

① 고유목적사업준비금을 손금에 산입하는 비영리내국법인이 지분을 출자한 다른 내국법인으로부터 받은 수입배당금에 대해서는 일반법인에 대한 수입배당금액 익금불산입액의 50%를 익금불산입한다.

② 자본시장과 금융투자업에 관한 법률에 따른 투자회사가 법령으로 정한 배당가능이익의 90% 이상을 배당하는 경우에 그 금액은 해당 사업연도의 소득금액에서 공제한다.

③ 내국법인 중 독점규제 및 공정거래에 관한 법률에 따른 지주회사가 주권상장법인인 자회사(소득공제·비과세·감면 등 적용법인 아님) 출자총액의 40%를 보유하여 수취한 배당금에 대하여 익금불산입을 적용받기 위해서는 그 주식을 배당기준일 현재 3개월 이상 계속하여 보유하고 있어야 한다.

④ 자산유동화에 관한 법률에 따른 유동화 전문회사가 법정요건을 갖춘 이익을 배당한 경우 그 금액을 해당 사업연도에 소득공제를 받기 위해서는 법령이 정하는 바에 따라 소득공제신청을 하여야 한다.

┃ 수입배당금 익금불산입 이론형 Level 1

고유목적사업준비금을 설정하는 비영리내국법인은 수입배당금 익금불산입규정을 적용하지 아니한다. 비영리법인이 배당금 100,000원을 수령하는 경우, 고유목적사업준비금으로 100,000원을 손금에 산입한다. 따라서 비영리법인의 배당금수익에 관한 과세표준은 "0"이 되므로 추가로 수입배당금 익금불산입을 적용하면 과세표준이 (-) 금액이 된다.

답 ①

067 법인소득의 이중과세문제를 완화하기 위한 세법상의 조치에 대한 설명으로 옳지 않은 것은?

2012년 국가직 7급 변형

① 유동화전문회사 또는 기업구조조정투자회사 등이 배당가능이익의 90% 이상을 배당하는 경우 그 금액을 해당 사업연도의 소득금액에서 공제한다.

② 고유목적사업준비금을 손금에 산입하는 비영리내국법인이 다른 내국법인으로부터 받은 수입배당금에 대해서는 일정비율만큼 익금불산입할 수 있다.

③ 자본의 감소로 주주 등인 내국법인이 취득한 재산가액이 당초 주식 등의 취득가액을 초과하는 금액에 대해서는 수입배당금 익금불산입 규정을 적용하지 아니한다.

④ 내국법인이 수입배당금에 대하여 익금불산입을 적용받기 위해서는 그 주식을 배당기준일 현재 3개월 이상 계속 보유하고 있어야 한다.

■ 이중과세방지 이론형 Level 1

고유목적사업준비금을 손금에 산입하는 비영리내국법인은 수입배당금 익금불산입을 적용하지 아니한다. 비영리내국법인은 수입배당금을 고유목적사업준비금을 설정함으로써 손금산입할 수 있으므로, 동 금액에 대해 다시 익금불산입을 적용하면 이중으로 손금산입이 되기 때문이다.

(선지분석)
① 법인세법상 유동화전문회사·투자회사 등에 대한 소득공제규정이다.
④ 이는 배당기준일 직전에 주식을 매입하여 배당 받을 권리를 확보한 후 곧바로 매각하는 경우 배당금에 대하여는 익금불산입이 적용되고, 주식 매각 시 양도차손(권리락 발생을 가정)이 발생하여 법인세를 감소시키게 되기 때문에 배당기준일 단기보유주식의 배당에 대하여는 익금불산입을 적용하지 아니한다.

답 ②

---

068 법인세법상 이중과세의 방지 또는 완화를 목적으로 한 항목이 아닌 것은?

2007년 국가직 7급

① 내국법인이 자기가 출자한 다른 내국법인으로부터 받은 수입배당금액의 익금불산입

② 간접투자자산 운용업법에 따른 투자회사가 법령이 정하는 배당가능이익의 100분의 90 이상을 배당한 경우 적용받는 소득공제

③ 감자차익의 익금불산입

④ 내국법인 중 법령이 정하는 지주회사가 자회사로부터 받은 수입배당금액에 대한 익금불산입

■ 이중과세방지 이론형 Level 1

감자차익은 자본충실화 목적으로 익금에 산입하지 않는다.

법인세법상 이중과세조정방법	
법인단계의 이중과세조정	법인주주에 대한 이중과세조정
ⓐ 유동환전문회사 등의 지급배당에 대한 소득공제	ⓐ 지주회사 수입배당금액에 대한 이중과세조정
ⓑ 동업기업과세특례	ⓑ 일반법인 수입배당금액에 대한 이중과세조정

답 ③

069 법인세법상 영리내국법인 (주)대한이 제10기(2025.1.1. ~ 12.31.) 사업연도에 수령한 수입배당금(법인세법에 따라 익금불산입이 배제되는 수입배당금은 아님) 중 익금불산입액은? [단, (주)대한은 제10기 사업연도에 지출한 차입금의 이자는 없으며, 보유 중인 주식은 모두 배당기준일 현재 1년 이상 보유한 것임]

2021년 국가직 7급 변형

배당지급법인	지분비율	수입배당금액	비고
(주)A	99%	3,000,000원	비상장내국법인
(주)B	20%	5,000,000원	상장내국법인
(주)C	100%	4,000,000원	비상장내국법인

① 6,400,000원 ② 7,000,000원
③ 8,000,000원 ④ 11,000,000원

■ 수입배당금 익금불산입   계산형

우선순위	내용	금액
(주)A	3,000,000원 × 100%	3,000,000원
(주)B	5,000,000원 × 80%	4,000,000원
(주)C	4,000,000원 × 100%	4,000,000원
합계		11,000,000원

답 ④

04 손금

070
법인세법상 손금산입에 관한 설명으로 옳지 않은 것은?

2009년 국가직 7급 변형

① 법령에 의하여 의무적으로 납부하는 것이 아닌 공과금은 손금에 산입하지 아니한다.
② 건설자금에 충당한 이자는 특정차입금 여부와 관계없이 손금에 산입하지 아니한다.
③ 국방헌금의 가액은 법정한도만큼 손금에 산입한다.
④ 채권자의 능력 및 자산상태로 보아 금전을 대여한 것으로 인정할 수 없는 차입금의 이자는 손금에 산입하지 아니한다.

█ 손금
이론형 Level 1

건설자금에 충당한 특정차입금의 이자만이 자본화대상자산의 취득원가에 산입하여 손금에 산입하지 않는다(일반차입금이자는 선택자본화).

(선지분석)

① 📄 **손금불산입 되는 공과금(법인세법 제21조 제4호·제5호 참조)**
1. 법령에 따라 의무적으로 납부하는 것이 아닌 공과금 **예** 임의출연금
2. 법령에 따른 의무의 불이행 또는 제한 등의 위반에 대한 제재로서 부과되는 공과금 **예** 폐수배출부담금

③ 국방헌금의 가액은 특례기부금에 해당하기에 한도 내만큼 손금산입한다.

답 ②

071
법인세법상 손금에 대한 설명으로 옳지 않은 것은?

2020년 국가직 9급

① 결산을 확정할 때 잉여금의 처분을 손비로 계상한 금액은 손금으로 산입할 수 있다.
② 부도가 발생한 주권상장법인이 발행한 주식은 감액하여 손금으로 산입할 수 있다.
③ 재고자산으로서 파손·부패 등의 사유로 정상가격으로 판매할 수 없는 경우에는 감액하여 손금으로 산입할 수 있다.
④ 기업구조조정촉진법에 따른 부실징후기업이 된 주권상장법인이 발행한 주식은 감액하여 손금으로 산입할 수 있다.

█ 손금
이론형 Level 1

법인세법 제20조【자본거래 등으로 인한 손비의 손금불산입】 다음 각 호의 금액은 내국법인의 각 사업연도의 소득금액을 계산할 때 손금에 산입하지 아니한다.
1. 결산을 확정할 때 잉여금의 처분을 손비로 계상한 금액
2. 주식할인발행차금: 상법 제417조에 따라 액면미달의 가액으로 신주를 발행하는 경우 그 미달하는 금액과 신주발행비의 합계액

답 ①

072 법인세법상 손금에 해당하는 것만을 모두 고른 것은?

> ㄱ. 자기주식처분손실
> ㄴ. 우리사주조합에 출연하는 자사주(장부가액)
> ㄷ. 주식할인발행차금
> ㄹ. 출자임원(지분율 1%)이 사용하는 사택의 유지관리비용
> ㅁ. 업무무관자산의 유지관리비
> ㅂ. 법인의 임직원이 아닌 지배주주에 대하여 지급한 교육훈련비

① ㄱ, ㄴ
② ㄱ, ㄴ, ㄹ
③ ㄴ, ㄷ, ㅂ
④ ㄷ, ㄹ, ㅁ

┃ 손금

이론형 Level 1

손금에 해당하는 것은 ㄱ, ㄴ이다.
ㄱ. 손금에 해당하는 내용이며, 자기주식처분이익은 익금이다.
ㄴ. 한도 없이 전액 손금이다.

(선지분석)
ㄷ. 자본거래로 인한 순자산 감소는 손금에 산입하지 않는다.
ㄹ. 소액주주(1% 미만) 아닌 출자임원의 사택유지비는 손금에 산입하지 않는다.
ㅁ. 업무무관자산 관련 비용은 손금에 산입하지 않는다.
ㅂ. 임원 또는 직원이 아닌 지배주주 등에게 지급하는 여비 및 교육훈련비는 손금에 산입하지 않는다.

답 ①

073 법인세법상 손금에 대한 설명으로 옳지 않은 것은? (다툼이 있는 경우 판례에 의함)

① 법인이 사업과 관련하여 지출한 비용이 법인세법상 손금으로 인정되기 위해서는, 법인세법과 다른 법률에서 달리 정하고 있지 않는 한, 그 지출이 사업과 관련된 것만으로는 부족하고 그 외에 비용지출이 일반적으로 인정되는 통상적인 것이거나 수익과 직접 관련된 것이어야 한다.
② 위법소득을 얻기 위하여 지출한 비용이나 지출 자체에 위법성이 있는 비용도 그 지출의 손금산입이 사회질서에 심히 반하는 등 특별한 사정이 존재하지 않는 한 손금으로 산입할 수 있다.
③ 손금의 요건으로서 '일반적으로 인정되는 통상적인 비용'이라 함은 납세의무자와 같은 종류의 사업을 영위하는 다른 법인도 동일한 상황 아래에서는 지출하였을 것으로 인정되는 비용을 의미한다.
④ 법령에서 달리 정하지 않는 한, 제품판매와 관련한 판매장려금 및 판매수당 등 판매와 관련된 부대비용이 손금으로 인정되기 위해서는 사전약정하에 비용지출이 이루어져야 한다.

┃ 손금

이론형 Level 1

판매한 상품 또는 제품의 보관료, 포장비, 운반비, 판매장려금 및 판매수당 등 판매와 관련된 부대비용(판매장려금 및 판매수당의 경우 <u>사전약정 없이 지급하는 경우</u>를 포함)은 손금에 산입한다.

답 ④

074 법인세법령상 손금의 범위와 자산·부채의 평가에 대한 설명으로 옳지 않은 것은? 2023년 국가직 9급

□□□

① 장식의 목적으로 사무실 등 여러 사람이 볼 수 있는 공간에 항상 전시하는 미술품의 취득가액을 그 취득한 날이 속하는 사업연도의 손비로 계상한 경우, 그 취득가액이 거래단위별로 2천만 원이라면 전액 손비의 범위에 포함된다.

② 판매한 제품에 대한 원료의 매입가액(기업회계기준에 따른 매입에누리금액 및 매입할인금액을 제외한다)과 그 부대비용은 손비의 범위에 포함된다.

③ 유형자산으로서 화재로 파손되거나 멸실된 것은 대통령령으로 정하는 방법에 따라 그 장부가액을 감액할 수 있다.

④ 재고자산으로서 파손·부패 등의 사유로 정상가격으로 판매할 수 없는 것은 대통령령으로 정하는 방법에 따라 그 장부가액을 감액할 수 있다.

┃ 손금

이론형 Level 1

장식·환경미화 등의 목적으로 사무실·복도 등 여러 사람이 볼 수 있는 공간에 항상 전시하는 미술품의 취득가액을 그 취득한 날이 속하는 사업연도의 손비로 계상한 경우에는 그 취득가액이 거래단위별로 1천만 원 이하인 것으로 한정한다. 즉, 취득가액이 거래단위별 2천만 원이라면 전액 손금불산입 대상이다.

답 ①

075 법인세법령상 내국법인의 각 사업연도 소득금액을 계산할 때 손금에 산입하지 않는 것은? 2023년 국가직 7급

□□□

① 상법 제417조에 따라 주식을 액면미달의 가액으로 신주를 발행하는 경우 그 미달하는 금액과 신주발행비의 합계액

② 회수할 수 없는 부가가치세 매출세액미수금(부가가치세법 제45조에 따라 대손세액공제를 받지 아니한 것에 한정한다)

③ 영업자가 조직한 단체로서 법인이거나 주무관청에 등록된 조합 또는 협회에 지급한 일반회비

④ 우리사주조합에 출연하는 자사주의 장부가액 또는 금품

┃ 손금불산입

이론형 Level 1

상법 제417조에 따라 주식을 액면미달의 가액으로 신주를 발행하는 경우 그 미달하는 금액과 신주발행비의 합계액은 손금에 산입하지 아니한다.
∵ 법인의 자본거래에서 발생하는 부(負)의 자본금이므로

답 ①

076 법인세법상 손금에 관한 설명으로 옳지 않은 것은?

2017년 세무사

① 법인세법은 손비의 범위에 관한 일반적 기준으로서 그 법인의 사업과 관련하여 발생하거나 지출된 손실 또는 비용으로서 일반적으로 인정되는 통상적인 것이거나 수익과 직접 관련된 것으로 규정하고 있다.

② 합명회사나 합자회사의 노무출자사원에 대한 보수는 이익처분에 의한 상여로 의제하여 손금에 산입하지 아니한다.

③ 내국법인이 임직원과 성과산정지표 및 그 목표, 성과의 측정 및 배분방법 등에 대하여 사전에 서면으로 약정하고 이에 따라 그 임직원에게 지급하는 성과배분상여금은 이익처분에 의해 지급하는 경우에도 이를 손금에 산입한다.

④ 근로자퇴직급여 보장법에 따른 퇴직급여 중간정산을 현실적 퇴직으로 보아 손금에 산입하는 경우는 중간정산시점부터 새로 근무연수를 기산하여 퇴직급여를 계산하는 경우에 한정한다.

⑤ 부동산임차인이 부담한 사실이 확인되는 전세금 및 임차보증금에 대한 매입세액은 임차인의 손금으로 산입할 수 있다.

┃ 손금   이론형 Level 1

법인이 그 임원 또는 직원에게 이익처분에 의하여 지급하는 상여금은 이를 손금에 산입하지 않는다.

답 ③

---

077 법인세법상 손금에 관한 설명으로 옳은 것은?

2018년 회계사

① 법인이 출자임원(지배주주와 특수관계에 있는 자)에게 지급한 여비 또는 교육훈련비는 업무와 관련된 지출이라 하더라도 전액 손금불산입한다.

② 회수할 수 없는 부가가치세 매출세액 미수금은 부가가치세법에 따라 대손세액공제를 받은 것에 한정하여 손금으로 인정한다.

③ 비출자공동사업자가 지출한 공동광고선전비는 비출자공동사업자 사이의 약정에 따른 분담비율과 매출액비율 중 해당 법인이 선택한 기준에 따라 분담하며, 이를 초과하는 분담금액은 손금에 산입하지 아니한다.

④ 간이과세자로부터 부가가치세가 과세되는 재화를 공급받고 부가가치세법 제36조 제1항의 규정에 의한 영수증을 교부받은 거래분에 포함된 매입세액으로서 매입세액공제대상이 아닌 금액은 손금으로 인정된다.

⑤ 업무와 관련하여 발생한 교통사고 벌과금은 손금으로 인정된다.

┃ 손금   이론형 Level 2

(선지분석)

① 법인이 출자임원(지배주주와 특수관계에 있는 자)에게 지급한 여비 또는 교육훈련비는 업무와 관련된 지출이라면 전액 손금산입한다.

② 회수할 수 없는 부가가치세 매출세액 미수금은 부가가치세법에 따라 대손세액공제를 받지 아니한 것에 한정하여 손금으로 인정한다.

③ 비출자공동사업자가 지출한 공동광고선전비는 특수관계가 없는 경우에는 약정에 따른 분담비율로 한다. 특수관계가 있는 경우는 직전 또는 당기매출액 또는 자산비율에 따르되 공동광고선전비는 국내매출과 수출로 나누어 비율을 정할 수 있다.

⑤ 교통사고 벌과금은 업무와 관련하여 발생하더라도 손금불산입한다.

답 ④

078 법인세법상 인건비의 손금산입에 대한 설명으로 옳지 않은 것은? 2012년 국가직 9급

① 합명회사 또는 합자회사의 노무출자사원에게 지급하는 보수는 손금에 산입하지 아니한다.
② 비상근임원에게 건전한 사회통념 및 상거래 관행에 따라 지급하는 보수는 손금에 산입하지 아니한다.
③ 임원에 대한 상여금의 지급이 정관·주주총회 또는 이사회에서 결정된 급여지급규정을 초과하여 지급하는 경우에는 그 초과 금액은 손금에 산입하지 아니한다.
④ 법인의 해산에 의하여 퇴직하는 임원 또는 직원에게 지급하는 해산수당은 최종사업연도의 손금으로 한다.

| 인건비 | 이론형 Level 1 |

상근이 아닌 법인의 임원에게 지급하는 보수는 부당행위계산부인에 해당하는 경우를 제외하고 이를 손금에 산입한다.

답 ②

---

079 법인세법령상 내국법인의 각 사업연도의 소득금액을 계산할 때 인건비의 손금산입에 대한 설명으로 옳지 않은 것은? (단, 임원 및 지배주주 등은 법령상 정의를 충족함) 2019년 국가직 9급

① 법인이 임원이 아닌 직원에게 지급한 상여금 중 주주총회의 결의에 의해 결정된 급여지급기준에 따른 금액을 초과하여 지급한 경우 그 초과금액은 이를 손금에 산입한다.
② 법인이 지배주주 등인 임원에게 정당한 사유 없이 동일직위에 있는 지배주주 등 외의 임원에게 지급하는 금액을 초과하여 보수를 지급한 경우 그 초과금액은 이를 손금에 산입하지 아니한다.
③ 합명회사 또는 합자회사의 노무출자사원에게 지급하는 보수는 이익처분에 의한 상여로 보아 이를 손금에 산입하지 아니한다.
④ 법인이 정관 또는 정관에서 위임된 퇴직급여지급규정이 없는 경우 현실적으로 퇴직한 임원에게 지급한 퇴직급여는 그 전액을 손금에 산입하지 아니한다.

| 인건비 | 이론형 Level 1 |

법인이 정관 또는 정관에서 위임한 퇴직급여지급규정이 없는 경우 현실적으로 퇴직한 임원에게 지급한 퇴직급여는 다음의 금액(한도액)을 초과하는 금액은 손금에 산입하지 아니한다.

> 한도액 = 퇴직하는 날부터 소급하여 1년 동안 지급한 총급여액 × 10% × 근속연수

답 ④

080 법인세법상 인건비의 손금산입에 관한 설명으로 옳은 것은? 2015년 회계사

① 법인이 임원에 대하여 퇴직 시까지 부담한 확정기여형 퇴직연금의 부담금은 전액 손금에 산입한다.
② 상근이 아닌 법인의 임원에게 지급하는 보수는 법인세법상 부당행위계산부인에 해당하는 경우에도 손금에 산입한다.
③ 파견근로자보호 등에 관한 법률에 따른 파견근로자를 위하여 지출한 직장문화비와 직장회식비는 기업업무추진비로 본다.
④ 임원이 아닌 직원에게 주주총회의 결의에 의한 급여지급기준을 초과하여 지급한 상여금은 전액 손금에 산입한다.
⑤ 합명회사 또는 합자회사의 노무출자사원에게 지급하는 보수는 손금에 산입한다.

┃ 인건비 이론형 Level 1

（선지분석）
① 임원은 퇴직 시까지 부담한 부담금의 합계액을 퇴직급여로 보아 임원퇴직금 한도초과 여부를 검토하여야 한다. 즉, 한도가 있으므로 전액 손금에 산입하는 것은 아니다.
② 상근이 아닌 법인의 임원에게 지급하는 보수는 부당행위계산부인규정을 제외하고 이를 손금에 산입한다.
③ 법인이 그 임원 또는 직원을 위하여 지출한 직장문화비·직장회식비는 전액 손금에 산입한다. 이 경우 직원은 파견근로자보호 등에 관한 법률에 따른 파견근로자를 포함한다.
⑤ 합명회사 또는 합자회사의 노무출자사원에게 지급하는 보수는 이익처분에 의한 상여로 보아 손금에 산입하지 아니한다.

답 ④

---

081 법인세법상 현실적인 퇴직의 범위에 해당되지 않는 것은? 2009년 국가직 9급 변형

① 퇴직급여를 중간정산하여 지급한 경우(중간정산시점부터 새로 근무연수를 기산하여 퇴직급여를 계산하는 경우로 한정하지 아니함)
② 법인의 직원이 당해 법인의 임원으로 취임한 경우
③ 법인의 임원 또는 직원이 그 법인의 조직변경·합병·분할 또는 사업양도에 의하여 퇴직한 경우
④ 법인의 상근임원이 비상근임원으로 된 경우

┃ 현실적인 퇴직 이론형 Level 1

퇴직급여를 중간정산하여 지급한 경우는 중간정산시점부터 새로 근무연수를 기산하여 퇴직급여를 계산하는 경우에 한정하여 현실적인 퇴직의 범위에 해당한다.

> **법인세법 시행령 제44조【퇴직급여의 손금불산입】** ② 현실적인 퇴직은 법인이 퇴직급여를 실제로 지급한 경우로서 다음 각 호의 어느 하나에 해당하는 경우를 포함하는 것으로 한다.
> 1. 법인의 직원이 해당 법인의 임원으로 취임한 때
> 2. 법인의 임원 또는 직원이 그 법인의 조직변경·합병·분할 또는 사업양도에 의하여 퇴직한 때
> 3. 근로자퇴직급여 보장법 제8조 제2항에 따라 퇴직급여를 중간정산하여 지급한 때(중간정산시점부터 새로 근무연수를 기산하여 퇴직급여를 계산하는 경우에 한정한다)
> 5. 정관 또는 정관에서 위임된 퇴직급여지급규정에 따라 장기 요양 등 기획재정부령으로 정하는 사유로 그 때까지의 퇴직급여를 중간정산하여 임원에게 지급한 때(중간정산시점부터 새로 근무연수를 기산하여 퇴직급여를 계산하는 경우에 한정한다)

답 ①

082 비상장법인인 (주)한국은 2025년 사업연도 중에 퇴직한 상무이사 홍길동에 대한 인건비로 다음의 금액을 지출하였다. 이 경우 한도초과로 손금불산입되는 총 금액은? 2008년 국가직 9급 변형

- 일반급여: 50,000,000원(퇴직 전 1년간의 총급여액으로, 손금불산입되는 금액은 없음)
- 상 여 금: 30,000,000원(지급규정이 없음)
- 퇴직급여: 50,000,000원(지급규정이 없음)
- 근속연수: 4년 6개월 20일

① 30,000,000원
② 52,500,000원
③ 57,500,000원
④ 80,000,000원

▌인건비 　　　　　　　　　　　　　　　　　　　　　　　　　　계산형

ⓐ 지급규정이 없는 상여금: 전액 손금불산입 30,000,000원
ⓑ 임원 퇴직급여 한도초과액
 - B: 50,000,000원
 - T: $50{,}000{,}000원 \times 0.1 \times 4\frac{6}{12} = 22{,}500{,}000원$
 - D: 27,500,000원
ⓒ 계: 30,000,000원 + 27,500,000원 = 57,500,000원

답 ③

---

083 다음은 제조업을 영위하는 영리내국법인 (주)한국의 세무조정 관련 자료이다. 법인세법령상 각 사업연도의 소득금액을 계산하면? (단, 주어진 자료에서 제시되지 않은 사항은 고려하지 않음) 2022년 국가직 9급

- 포괄손익계산서상 당기순이익은 1억 원이다.
- 보유 중인 토지에 대한 평가이익(법률의 규정에 따른 평가이익은 아님) 1천만 원을 수익으로 계상하였다.
- 소액주주인 임원이 사용하고 있는 사택의 유지비 1천만 원을 비용으로 계상하였다.
- 포괄손익계산서상 복리후생비에는 우리사주조합의 운영비가 5백만 원 계상되어 있다.
- 상근이 아닌 임원에게 지급한 보수 1백만 원을 비용으로 계상하였다(부당행위계산의 부인에는 해당하지 않음).

① 9천만 원
② 9천1백만 원
③ 1억 원
④ 1억 1백만 원

▌손금의 세무조정 　　　　　　　　　　　　　　　　　　　　　계산형

소액주주의 임원의 사택유지비와 우리사주조합 운영비는 복리후생적 성질로 보아 손금으로 인정한다.
비상근임원에게 지급한 보수도 부당행위계산에 해당하지 않는 한 손금으로 인정한다.

당기순이익	100,000,000원
토지 임의평가이익	(-) 10,000,000원
각 사업연도 소득금액	90,000,000원

답 ①

084 법인세법상 기업업무추진비에 대한 설명으로 옳지 않은 것은? 2009년 국가직 9급 변형

① 임원이 부담하여야 할 성질의 기업업무추진비를 법인이 지출한 것은 이를 기업업무추진비로 보지 아니한다.

② 법인이 그 직원이 조직한 조합(법인)에 복리시설비를 지출한 것은 이를 기업업무추진비로 보지 아니한다.

③ 기업업무추진비를 금전 이외의 자산으로 지출한 경우 당해 기업업무추진비의 가액은 이를 제공한 때의 시가와 장부가액 중 큰 금액으로 평가한다.

④ 내국법인이 경조금으로 지출한 것으로 1회에 20만 원을 초과하지 아니하는 금액은 법정증빙서류를 구비하지 않아도 기업업무추진비로 본다.

│ 기업업무추진비 이론형 Level 1

법인이 그 직원이 조직한 조합 및 단체(법인)에 지출한 복리시설비를 지출한 것은 기업업무추진비로 본다. 이 경우 복리시설비라 함은 법인이 종업원을 위하여 지출한 복리후생의 시설비, 시설구입비 등을 말한다.

(선지분석)
① 임원이 부담할 기업업무추진비는 임원의 개인적인 기업업무추진비이므로 손금불산입(상여) 처리한다.
③ 현물기업업무추진비의 평가에 대한 내용이다.
④ 소액기업업무추진비특례: 기업업무추진비 성질의 경조금이 아닌 지출로서 1회에 3만 원을 초과하지 아니하는 금액은 법정증빙서류를 구비하지 않아도 기업업무추진비로 본다.

답 ②

---

085 법인세법령상 기업업무추진비에 대한 설명으로 옳은 것만을 모두 고르면? 2023년 국가직 7급 변형

> ㄱ. 수입금액별 기업업무추진비 한도 계산 시 특수관계인과의 거래에서 발생한 수입금액에 대해서는 그 수입금액에 법 소정 비율을 적용하여 산출한 금액의 100분의 20에 상당하는 금액을 한도로 한다.
>
> ㄴ. 법인이 그 직원이 조직한 조합 또는 단체에 복리시설비를 지출한 경우 해당 조합이나 단체가 법인인 때에는 이를 기업업무추진비로 보며, 해당 조합이나 단체가 법인이 아닌 때에는 그 법인의 경리의 일부로 본다.
>
> ㄷ. 법인이 기업업무추진비를 금전 외의 자산으로 제공한 경우 해당 자산의 가액은 제공한 때의 장부가액과 시가 중 큰 금액으로 산정한다.
>
> ㄹ. 경조금에 해당하는 기업업무추진비 중 20만 원을 초과하는 기업업무추진비로서 증명서류를 수취하지 않은 것은 전액 손금불산입하고 기타사외유출로 처분한다.

① ㄱ, ㄴ   ② ㄱ, ㄹ

③ ㄴ, ㄷ   ④ ㄷ, ㄹ

│ 기업업무추진비 이론형 Level 2

기업업무추진비에 대한 설명으로 옳은 것은 ㄴ, ㄷ이다.

(선지분석)
ㄱ. 수입금액별 기업업무추진비 한도 계산 시 특수관계인과의 거래에서 발생한 수입금액에 대해서는 그 수입금액에 법 소정 비율과 10%를 적용하여 산출한다.
ㄹ. 경조금에 해당하는 기업업무추진비 중 20만 원을 초과하는 기업업무추진비로서 증명서류를 수취하지 않은 것은 전액 손금불산입하고 대표자 상여로 처분한다.

답 ③

086 법인세법상 기업업무추진비에 관한 설명으로 옳지 않은 것은? 2011년 세무사 변형

① 현물기업업무추진비는 이를 제공한 때의 시가가 장부가액보다 낮은 경우에는 장부가액에 의하여 기업업무추진비를 계산한다.
② 법인이 그 직원이 조직한 법인인 조합 또는 단체에 대하여 지출한 복리시설비는 기업업무추진비로 본다.
③ 내국법인이 국내에서 1회에 3만 원(경조금 20만 원)을 초과하여 지출한 기업업무추진비로서 신용카드매출전표, 계산서, 세금계산서 등의 적격증빙을 갖추지 못한 것은 손금에 산입하지 아니한다.
④ 특수관계인과의 거래에서 발생한 수입금액에 대해서는 수입금액을 기준으로 하는 기업업무추진비 한도액을 일반수입금액에 비해 낮게 정하고 있다.
⑤ 기업업무추진비에 해당하는 사업상 증여에 대하여 법인이 부담한 부가가치세 매출세액 상당액은 기업업무추진비로 보지 아니한다.

│ 기업업무추진비 이론형 Level 1

부가가치세법에 규정하는 사업상 증여의 경우에 법인이 부담한 매출세액 상당액은 사업상 증여의 성질에 따라 처리한다. 따라서 기업업무추진비에 해당하는 사업상 증여에 대하여 법인이 부담한 부가가치세 매출세액 상당액은 기업업무추진비로 본다.

답 ⑤

---

087 법인세법상 기업업무추진비에 관한 설명으로 옳지 않은 것은? 2019년 세무사 변형

① 주주 또는 출자자나 임원 또는 직원이 부담하여야 할 성질의 기업업무추진비를 법인이 지출한 것은 기업업무추진비로 보지 않는다.
② 법인이 그 직원이 조직한 조합 또는 단체에 복리시설비를 지출한 경우 해당 조합이나 단체가 법인인 때에는 이를 기업업무추진비로 보며, 해당 조합이나 단체가 법인이 아닌 때에는 그 법인의 경리의 일부로 본다.
③ 법인이 기업업무추진비를 금전 외의 자산으로 제공한 경우 해당 자산의 가액은 제공한 때의 장부가액과 시가 중 큰 금액으로 산정한다.
④ 내국법인이 한 차례의 접대에 지출한 기업업무추진비 중 1만 원(경조금은 20만 원)을 초과하는 기업업무추진비로서 증명서류를 수취하지 않은 것은 전액 손금불산입하고 소득귀속자에 관계없이 기타사외유출로 처분한다.
⑤ 재화 또는 용역을 공급하는 신용카드 등의 가맹점이 아닌 다른 가맹점의 명의로 작성된 매출전표 등을 발급받은 경우 해당 지출액은 신용카드 등을 사용하여 지출한 기업업무추진비로 보지 않는다.

│ 기업업무추진비 이론형 Level 1

내국법인이 한 차례의 접대에 지출한 기업업무추진비 중 3만 원(경조금은 20만 원)을 초과하는 기업업무추진비로서 증명서류를 수취하지 않은 것은 전액 손금불산입하고 대표자 상여로 소득처분한다.

답 ④

088 법인세법상 기업업무추진비와 기부금에 대한 설명으로 옳은 것은?

① 영업자가 조직한 단체로서 법인이거나 주무관청에 등록된 조합 또는 협회에 지급한 일반회비는 기업업무추진비로 보아 한도 내에서 손금인정한다.

② 기업업무추진비를 지출(그 지출사실은 객관적으로 명백함)한 국외에서 현금 외 다른 지출수단이 없어 적격증빙을 갖추지 못한 경우에는 해당 국외 지출을 기업업무추진비로 보지 아니한다.

③ 법인이 새마을금고(특수관계인이 아님)에 정당한 사유 없이 자산을 정상가액보다 낮은 가액으로 양도한 경우 그 차액이 실질적으로 증여한 것으로 인정되는 금액은 일반기부금으로 의제하여 한도 내에서 손금산입한다.

④ 법인이 특수관계인에게 일반기부금을 금전 외의 자산으로 제공한 경우 해당 자산의 가액은 이를 제공한 때의 장부가액과 시가 중 큰 금액으로 한다.

▌기업업무추진비와 기부금 이론형 Level 1

현물기부금의 평가에 대한 옳은 내용이다.

선지분석
① 영업자가 조직한 단체로서 법인이거나 주무관청에 등록된 조합 또는 협회에 지급한 일반회비는 전액 손금이다.
② 기업업무추진비를 지출(그 지출사실은 객관적으로 명백함)한 국외에서 현금 외 다른 지출수단이 없어 적격증빙을 갖추지 못한 경우에는 해당 국외 지출을 기업업무추진비로 보아 한도 내에서 손금산입한다.
③ 새마을금고는 비지정기부금에 해당하기에 전액 손금불산입(기타사외유출)한다.

답 ④

---

089 법인세법령상 기업업무추진비와 기부금에 대한 설명으로 옳지 않은 것은?

① 법인이 그 직원이 조직한 단체에 복리시설비를 지출한 경우 해당 단체가 법인인 때에는 이를 기업업무추진비로 본다.

② 주주가 부담하여야 할 성질의 기업업무추진비를 법인이 지출한 것은 이를 기업업무추진비로 보지 아니한다.

③ 법인이 천재지변으로 생기는 이재민을 위한 구호금품을 금전 외의 자산으로 제공한 경우 해당 자산의 가액은 기부했을 때의 시가에 따라 산정한다.

④ 법인이 기부금을 미지급금으로 계상한 경우 실제로 이를 지출할 때까지는 당해 사업연도의 소득금액계산에 있어서 이를 기부금으로 보지 아니한다.

▌기업업무추진비와 기부금 이론형 Level 1

법인이 천재지변으로 생기는 이재민을 위한 구호금품을 금전 외의 자산으로 제공한 경우 해당 자산의 가액은 기부했을 때의 장부가액에 따라 산정한다.

답 ③

법인세법상 일반기부금(10% 한도 기부금)에 해당하는 것만을 고른 것은? 2013년 국가직 9급 변형

> ㄱ. 사립학교에 시설비로 지출하는 기부금
> ㄴ. 국립대학의 고유목적사업비로 지출하는 기부금
> ㄷ. 산업교육 진흥 및 산학연협력 촉진에 관한 법률에 따른 산학협력단에 연구비로 지출하는 기부금
> ㄹ. 천재지변으로 생기는 이재민을 위한 구호금품의 가액
> ㅁ. 영유아보육법에 따른 어린이집의 고유목적사업비로 지출하는 기부금
> ㅂ. 아동복지법에 따른 아동복지시설에 해당하는 사회복지시설 또는 기관 중 무료 또는 실비로 이용
>   할 수 있는 시설 또는 기관에 기부하는 금품의 가액

① ㄱ, ㄴ, ㄷ   ② ㄱ, ㄴ, ㅁ
③ ㄴ, ㅁ, ㅂ   ④ ㄹ, ㅁ, ㅂ

▌지정기부금   이론형 Level 1

일반기부금에 해당하는 것은 ㄴ, ㅁ, ㅂ이다.

> 📄 **일반기부금**
> 1. 비영리법인(국립대학)에 고유목적사업비로 지출하는 기부금
> 2. 고유목적사업비: 비영리법인 법령 또는 정관에 규정된 설립 목적을 수행하는 사업에 사용하기 위한 금액

(선지분석)

ㄱ, ㄷ, ㅁ. 특례기부금에 해당한다.

> 📄 **특례기부금**
> 1. 사립학교에 시설비, 교육비, 연구비, 장학금으로 지출하는 기부금
> 2. 산학협력단 연구비
> 3. 천재지변으로 인한 이재민 구호물품

답 ③

091 법인세법령상 기부금에 대한 설명으로 옳은 것은? 2020년 국가직 9급 변형

① 특수관계인이 아닌 자에게 기부한 일반기부금과 특례기부금을 금전 외의 자산으로 제공한 경우 해당 자산의 가액은 이를 기부한 때의 시가로 한다.

② 내국법인이 각 사업연도에 지출하는 기부금 중 기부금의 손금산입한도액을 초과하여 손금에 산입하지 아니한 금액은 해당 사업연도의 다음 사업연도 개시일부터 10년 이내에 끝나는 각 사업연도로 이월하여 그 이월된 사업연도의 소득금액을 계산할 때 기부금 각각의 손금산입한도액의 범위에서 손금에 산입한다.

③ 법인이 특수관계인 외의 자에게 정당한 사유 없이 자산을 시가보다 낮은 가액으로 양도하거나 시가보다 높은 가액으로 매입함으로써 그 차액 중 실질적으로 증여한 것으로 인정되는 금액은 기부금으로 본다.

④ 법인이 일반기부금을 미지급금으로 계상한 경우에는 이를 계상한 사업연도의 기부금으로 하고, 그 후의 사업연도에 있어서 이를 기부금으로 보지 아니한다.

▎기부금 이론형 Level 1

[선지분석]

① 특수관계인이 아닌 자에게 기부한 일반기부금과 특례기부금을 금전 외의 자산으로 제공한 경우 해당 자산의 가액은 이를 <u>기부했을 때의 장부가액</u>으로 한다.

③ 법인이 특수관계인 외의 자에게 정당한 사유 없이 자산을 <u>정상가액</u>보다 낮은 가액으로 양도하거나 <u>정상가액</u>보다 높은 가액으로 매입함으로써 그 차액 중 실질적으로 증여한 것으로 인정되는 금액은 기부금으로 본다.

④ 법인이 일반기부금을 미지급금으로 계상한 경우 실제로 이를 지출할 때까지는 당해 사업연도의 소득금액계산에 있어서 이를 기부금으로 보지 아니한다.

> **참고** 기부금을 가지급금 등으로 이연계상한 경우에는 이를 그 지출한 사업연도의 기부금으로 하고, 그 후의 사업연도에 있어서는 이를 기부금으로 보지 아니함

답 ②

---

092 법인세법상 기부금에 관한 설명이다. 옳지 않은 것은? 2023년 회계사

① 특수관계인 외의 자에게 정당한 사유 없이 자산을 정상가액보다 낮은 가액으로 양도하는 경우 정상가액과 양도가액의 차액은 기부금에 포함한다.

② 법인이 기부금을 금전 외의 자산으로 제공한 경우 특수관계인이 아닌 자에게 기부한 일반기부금은 기부했을 때의 장부가액과 시가 중 큰 금액으로 해당 자산가액을 산정한다.

③ 법령에 따라 특별재난지역으로 선포된 경우 그 선포의 사유가 된 재난으로 생기는 이재민을 위한 구호금품의 가액은 특례기부금이다.

④ 내국법인이 각 사업연도에 지출하는 일반기부금 중 손금산입한도액을 초과하여 손금에 산입하지 아니한 금액은 해당 사업연도의 다음 사업연도 개시일부터 10년 이내에 끝나는 각 사업연도로 이월하여 그 이월된 사업연도의 소득금액을 계산할 때 손금산입한도액의 범위에서 손금에 산입한다.

⑤ 내국법인이 각 사업연도에 지출하는 기부금을 이연계상한 경우에는 이를 그 지출한 사업연도의 기부금으로 하고, 그 후의 사업연도에 있어서는 이를 기부금으로 보지 아니한다.

▎기부금 이론형 Level 2

법인이 기부금을 금전 외의 자산으로 제공한 경우 특수관계인이 아닌 자에게 기부한 일반기부금은 기부했을 때의 <u>장부가액</u>으로 해당 자산가액을 산정한다.

답 ②

093 법인세법상 법인에게 귀속되는 지급이자의 손금불산입이 다음에 열거한 항목들에서 동시에 발생하는 경우, 지급이자 손금불산입의 순서로 옳은 것은?

2010년 국가직 9급 변형

ㄱ. 건설자금에 충당한 차입금의 이자

ㄴ. 채권자가 불분명한 사채이자

ㄷ. 업무무관자산에 대한 지급이자

ㄹ. 국외지배주주에게 지급하는 배당간주이자

---

① ㄱ → ㄴ → ㄷ → ㄹ

② ㄴ → ㄱ → ㄷ → ㄹ

③ ㄷ → ㄴ → ㄱ → ㄹ

④ ㄹ → ㄴ → ㄱ → ㄷ

┃ 지급이자 손금불산입 이론형 Level 1

지급이자 손금불산입은 ㄹ → ㄴ → ㄱ → ㄷ 순으로 한다.
국세조세조정에 관한 법률의 과소자본세제에 의한 지급이자 손금불산입규정은 법인세법상 지급이자 손금불산입규정에 우선하여 적용한다.

참고 국세조세조정에 관한 법률 > 법인세법

답 ④

---

094 법인세법상 지급이자 손금불산입에 대한 설명으로 옳은 것은?

2017년 국가직 9급

① 투자부동산에 대한 건설자금이자를 취득원가로 계상한 경우 그 계상액을 손금산입(△유보)하고 그 투자부동산의 처분 혹은 감가상각 시 익금산입(유보)으로 추인한다.

② 특정차입금의 연체로 인하여 생긴 이자를 원본에 가산한 경우 그 가산한 금액과 그 원본에 가산한 금액에 대한 지급이자는 해당 사업연도의 자본적 지출로 한다.

③ 특수관계인으로부터 시가를 초과하는 가액으로 업무무관자산을 매입한 경우 부당행위계산의 부인규정에 의한 시가초과액을 포함하지 않은 가액으로 업무무관자산을 평가하여 지급이자를 계산한다.

④ 지급이자에 대한 손금불산입규정이 동시에 적용되는 경우 지급받은 자가 불분명한 채권·증권 이자, 채권자가 불분명한 사채이자, 업무무관자산에 대한 지급이자, 건설자금에 충당한 차입금 이자 순으로 부인된다.

┃ 지급이자 손금불산입 이론형 Level 1

투자자산 및 재고자산은 건설자금이자 자본화 대상자산에 해당하지 않는다. 따라서 투자부동산에 대한 건설자금이자를 취득원가로 계상한 경우 그 계상액을 손금산입(△유보)하고 그 투자부동산의 처분 혹은 감가상각 시 익금산입(유보)으로 추인한다는 옳은 문장이다.

(선지분석)

② 특정차입금의 연체로 인하여 생긴 이자를 원본에 가산한 경우 그 가산한 금액은 <u>자본적 지출</u>로 하고, 그 원본에 가산한 금액에 대한 지급이자는 <u>당기 손금</u>으로 계상하여야 한다.

③ 특수관계인으로부터 시가를 초과하는 가액으로 업무무관자산을 매입한 경우 부당행위계산의 부인규정에 의한 시가초과액을 <u>포함한</u> 가액으로 업무무관자산을 평가하여 지급이자를 계산한다.

④ 지급이자에 대한 손금불산입 규정이 동시에 적용되는 경우 채권자가 불분명한 사채이자, 지급받은 자가 불분명한 채권·증권 이자, 건설자금에 충당한 차입금이자, 업무무관자산에 대한 지급이자 순으로 부인된다.

답 ①

095 법인세법상 건설자금에 충당한 차입금의 이자에 관한 설명으로 옳지 않은 것은? 2009년 국가직 7급

① 차입한 건설자금의 연체로 인하여 생긴 이자를 원본에 가산한 경우 그 가산한 금액은 이를 당해 사업연도의 자본적 지출로 하고, 그 원본에 가산한 금액에 대한 지급이자는 이를 손금으로 한다.

② 건설자금에 충당한 차입금의 일시예금에서 생기는 수입이자는 원본에 가산하는 자본적 지출금액에서 차감한다.

③ 차입한 건설자금의 일부를 운영자금에 전용한 경우에는 그 부분에 상당하는 지급이자는 이를 손금에 산입하지 아니한다.

④ 고정자산의 건설 등에 소요된지의 여부가 분명하지 아니한 차입금에 대한 지급이자는 건설자금에 충당한 차입금의 이자에서 제외한다.

▌건설자금에 충당한 차입금의 이자 이론형 Level 1

차입한 건설자금의 일부를 운영자금에 전용한 경우에는 그 부분에 상당하는 지급이자는 이를 <u>손금에 산입한다.</u>

답 ③

---

096 법인세법령상 건설자금에 충당한 차입금의 이자에 대한 설명으로 옳지 않은 것은? 2020년 국가직 7급

① 특정차입금에 대한 지급이자는 건설 등이 준공된 날까지 이를 자본적 지출로 하여 그 원본에 가산하되, 특정차입금의 일시예금에서 생기는 수입이자는 원본에 가산하는 자본적 지출금액에서 차감한다.

② 특정차입금의 일부를 운영자금에 전용한 경우에는 그 부분에 상당하는 지급이자는 이를 손금으로 한다.

③ 특정차입금의 연체로 인하여 생긴 이자를 원본에 가산한 경우 그 가산한 금액은 이를 해당 사업연도의 자본적 지출로 하고, 그 원본에 가산한 금액에 대한 지급이자는 이를 손금으로 한다.

④ 건설자금에 충당한 차입금의 이자에서 특정차입금에 대한 지급이자를 뺀 금액으로서 대통령령으로 정하는 금액은 내국법인의 각 사업연도의 소득금액을 계산할 때 손금에 산입해야 한다.

▌건설자금에 충당한 차입금의 이자 이론형 Level 1

법인세법 제28조 【지급이자의 손금불산입】 ② 건설자금에 충당한 차입금의 이자에서 제1항 제3조(특정차입금 관련) 이자를 뺀 금액으로서 대통령령으로 정하는 금액은 내국법인의 각 사업연도의 소득금액을 계산할 때 이를 손금에 <u>산입하지 아니할 수 있다.</u>

답 ④

097 법인세법상 지급이자의 손금불산입에 관한 설명으로 옳지 않은 것은? 2015년 세무사 변형

① 채권자가 불분명한 사채의 이자는 손금불산입하며, 동 이자에 대한 원천징수세액에 상당하는 금액은 기타사외유출로 소득처분한다.

② 사업용 유형자산 및 무형자산의 건설에 소요된지의 여부가 분명한 차입금 중 해당 건설이 준공된 후에 남은 차입금에 대한 이자는 각 사업연도의 손금으로 산입할 수 없다.

③ 특정차입금의 일부를 운영자금에 전용한 경우에는 그 부분에 상당하는 지급이자는 이를 손금으로 한다.

④ 직원에 대한 월정급여액의 범위 안에서의 일시적인 급료의 가불금은 지급이자의 손금불산입 규정을 적용하는 업무무관가지급금으로 보지 않는다.

⑤ 지급이자 손금불산입에 있어서 업무무관가지급금의 적수계산 시 동일인에 대한 가지급금과 가수금이 함께 있는 경우에는 이를 상계한 금액으로 하되, 가지급금과 가수금의 발생 시에 각각 상환기간 및 이자율 등에 관한 약정이 있어 이를 상계할 수 없는 경우에는 상계하지 않는다.

| 지급이자 손금불산입 | 이론형 Level 2 |

특정차입금 중 해당 건설 등이 준공된 후에 남은 차입금에 대한 이자는 각 사업연도의 손금으로 한다. 이 경우 건설 등의 준공일은 당해 건설 등의 목적물이 전부 준공된 날로 한다.

답 ②

098 법인세법상 영리내국법인의 지급이자 손금불산입에 관한 설명으로 옳지 않은 것은? 2020년 세무사

① 지급이자의 손금불산입 규정이 동시에 적용되는 경우 부인 순서는 채권자가 불분명한 사채의 이자, 지급받은 자가 불분명한 채권·증권의 이자·할인액 또는 차익, 건설자금에 충당한 차입금의 이자, 업무무관자산 등에 대한 지급이자의 순으로 부인한다.

② 건설자금이자와 관련하여 특정차입금의 일부를 운영자금에 전용한 경우에는 그 부분에 상당하는 지급이자는 이를 손금으로 한다.

③ 업무무관자산 등에 대한 지급이자 부인 시 직원에 대한 월정급여액의 범위에서의 일시적인 급료의 가불금은 업무무관가지급금의 범위에서 제외된다.

④ 지급이자가 손금부인되는 지급받은 자가 불분명한 채권·증권의 이자·할인액 또는 차익이란 당해 채권 또는 증권의 발행법인이 직접 지급하는 경우 그 지급사실이 객관적으로 인정되지 아니하는 이자·할인액 또는 차익을 말한다.

⑤ 지급이자가 손금부인되는 채권자가 불분명한 사채의 이자에는 거래일 현재 주민등록표에 의하여 그 거주사실 등이 확인된 채권자가 차입금을 변제받은 후 소재불명이 된 경우의 차입금에 대한 이자도 포함된다.

| 지급이자 손금불산입 | 이론형 Level 2 |

법인세법 시행령 제51조【채권자가 불분명한 사채이자 등의 범위】 ① 법 제28조 제1항 제1호에서 "대통령령으로 정하는 채권자가 불분명한 사채의 이자"란 다음 각 호의 어느 하나에 해당하는 차입금의 이자(알선수수료·사례금 등 명목여하에 불구하고 사채를 차입하고 지급하는 금품을 포함한다)를 말한다. 다만, 거래일 현재 주민등록표에 의하여 그 거주사실 등이 확인된 채권자가 차입금을 변제받은 후 소재불명이 된 경우의 차입금에 대한 이자를 <u>제외한다.</u>
1. 채권자의 주소 및 성명을 확인할 수 없는 차입금
2. 채권자의 능력 및 자산상태로 보아 금전을 대여한 것으로 인정할 수 없는 차입금
3. 채권자와의 금전거래사실 및 거래 내용이 불분명한 차입금

답 ⑤

099

법인세법상 기부금 및 기업업무추진비에 관한 설명으로 옳지 않은 것은?

2015년 세무사 변형

① 법인이 그 직원이 조직한 조합 또는 단체에 복리시설비를 지출한 경우 당해 조합이나 단체가 법인인 때에는 이를 기업업무추진비로 보며, 당해 조합이나 단체가 법인이 아닌 때에는 그 법인의 경리의 일부로 본다.

② 주주 또는 출자자나 임원 또는 직원이 부담하여야 할 성질의 기업업무추진비를 법인이 지출한 것은 이를 기업업무추진비로 보지 아니한다.

③ 법인이 특수관계인 외의 자에게 정당한 사유 없이 자산을 정상가액보다 낮은 가액으로 양도함으로써 그 차액 중 실질적으로 증여한 것으로 인정되는 금액은 기부금으로 본다.

④ 영업자가 조직한 단체로서 법인이거나 주무관청에 등록된 조합 또는 협회 외의 임의로 조직된 조합 또는 협회에 지급한 회비 중 일반회비는 일반기부금으로 처리한다.

⑤ 법인이 기부금의 지출을 위하여 어음을 발행(배서를 포함)한 경우에는 그 어음이 실제로 결제된 날에 지출한 것으로 보며, 수표를 발행한 경우에는 당해 수표를 교부한 날에 지출한 것으로 본다.

▌ 기부금, 기업업무추진비　　　　　　　　　　　　　　　　　　　　이론형 Level 2

영업자가 조직한 단체로서 법인이거나 주무관청에 등록된 조합 또는 협회 외의 임의로 조직된 조합 또는 협회에 지급한 회비 중 일반회비는 전액 손금으로 인정한다.

답 ④

100

법인세법상 영리내국법인의 기업업무추진비, 기부금 및 지급이자에 관한 설명으로 옳은 것은?

2018년 회계사 변형

① 기업업무추진비를 신용카드로 결제한 경우 실제로 접대행위를 한 사업연도가 아니라 대금 청구일이 속하는 사업연도를 손금의 귀속시기로 한다.

② 기부금 한도는 기업회계기준에 따라 계산한 매출액에 일정률을 곱해 산출하며, 기업업무추진비 한도는 해당 사업연도의 소득금액에 일정률을 곱해 산출한다.

③ 채권자가 불분명한 사채이자 1,000,000원(소득세 등으로 원천징수된 금액 418,000원 포함)을 비용으로 계상한 경우, 1,000,000원을 손금불산입하고 전액 대표자에 대한 상여로 소득처분한다.

④ 지진으로 생긴 이재민을 위해 장부가액 3억 원, 시가 5억 원인 상품을 기부한 경우 해당 현물기부금의 가액은 3억 원으로 한다.

⑤ 중소기업이 아닌 법인의 직원에게 주택자금을 대여하고 적정이자를 수령하였다면 업무무관자산으로 보지 않으므로 업무무관자산 등에 대한 지급이자의 손금불산입규정이 적용되지 아니한다.

▌ 기부금, 기업업무추진비, 지급이자　　　　　　　　　　　　　　이론형 Level 2

법정기부단체에 지출한 현물기부금은 장부가액으로 평가한다.

선지분석

① 기업업무추진비를 신용카드로 결제한 경우 실제로 접대행위를 한 사업연도를 손금의 귀속시기로 한다.

② 기부금 한도는 해당 사업연도의 소득금액에 일정률을 곱해 산출하며, 기업업무추진비 한도는 기업회계기준에 따라 계산한 매출액에 일정률을 곱해 산출한다.

③ 582,000원은 손금불산입하고 대표자에 대한 상여로 소득처분하고, 원천징수세액 418,000원은 손금불산입하고 기타사외유출로 소득처분한다.

⑤ 중소기업에 근무하는 직원(지배주주등인 직원은 제외)에 대한 주택구입 또는 전세자금의 대여액은 업무무관가지급금으로 보지 않는다. 그러나 중소기업이 아닌 법인의 직원에 대한 주택자금 대여액은 적정이자 수령 여부와 무관하게 업무무관자산으로 해당하므로 업무무관자산 등에 대한 지급이자의 손금불산입규정을 적용한다.

답 ④

---

05 감가상각비

101 법인세법상 해당 자산가액에 포함되어 감가상각대상이 되는 항목으로 옳은 것은? 2010년 국가직 7급
□□□
① 특수관계자로부터의 자산취득 시 부당행위계산에 의한 시가초과액
② 장기할부조건으로 매입한 자산을 현재가치로 평가함에 따라 기업회계기준에 의해 계상한 현재가치할인차금
③ 지반침하를 방지하기 위하여 기계장치에 직접적으로 연결된 기초공사를 수행함에 따른 비용
④ 재해를 입은 자산에 대한 외장의 복구비용

| 감가상각대상 | 이론형 Level 1

기계장치를 설치함에 있어서 동 기계장치의 무게에 의한 지반침하와 진동을 방지하기 위하여 당해 기계장치 설치장소에만 특별히 실시한 기초공사로서 동 기계장치에 직접적으로 연결된 기초공사에 소요된 금액은 이를 동 기계장치에 대한 자본적 지출로 한다.

(선지분석)
① 특수관계인으로부터 고가매입한 경우 시가초과액은 취득가액에 포함하지 아니한다.
② 장기할부조건 등으로 취득하는 경우 발생한 채무를 기업회계기준이 정하는 바에 따라 현재가치로 평가하여 현재가치할인차금으로 계상한 경우의 당해 현재가치할인차금은 취득가액에 포함하지 아니한다.
④ 수익적 지출에 해당한다. 이는 해당 사업연도에 즉시 손금으로 처리한다.

답 ③

102 법인세법상 감가상각방법을 신고하지 않은 경우 적용하는 상각방법으로 옳지 않은 것은? 2018년 세무사
□□□
① 제조업의 기계장치: 정률법
② 광업용 유형고정자산: 정액법
③ 해저광물자원개발법에 의한 채취권: 생산량비례법
④ 광업권: 생산량비례법
⑤ 개발비: 관련제품의 판매 또는 사용이 가능한 시점부터 5년동안 매년 균등액을 상각하는 방법

| 감가상각대상 | 이론형 Level 1

광업용 유형고정자산: 생산량비례법

답 ②

103 법인세법상 감가상각에 대한 설명으로 옳지 않은 것은?

① 유휴설비는 감가상각자산에 포함하지 아니한다.

② 장기할부조건으로 매입한 고정자산의 경우 법인이 해당 고정자산의 가액 전액을 자산으로 계상하고 사업에 사용하는 경우에는 그 대금의 청산 또는 소유권의 이전 여부에 관계없이 이를 감가상각자산에 포함한다.

③ 금전 외의 자산을 지방자치단체에 기부한 후 그 자산을 사용하는 경우 해당 자산의 장부가액은 감가상각대상이다.

④ 건설 중인 것은 감가상각자산에 포함하지 아니한다.

| 감가상각　　　　　　　　　　　　　　　　　　　　　　　　　이론형 Level 1

사업에 사용하였으나 일시적으로 미사용한 유휴설비는 상각자산에 포함한다.

> 📄 **감가상각자산에 포함하지 않는 자산(법인세법 시행령 제24조 제3항 참조)**
>
> 1. 사업에 사용하지 아니하는 것(단, 유휴설비는 제외)
> 2. 사용 중 철거한 자산
> 3. 취득 후 사용하지 않고 보관 중인 자산
> 4. 건설 중인 것
> 5. 시간의 경과에 따라 그 가치가 감소되지 아니하는 것(토지, 골동품 등)

답 ①

---

104 법인세법상 감가상각에 관한 설명으로 옳지 않은 것은?

① 감가상각자산에 대한 자본적 지출금액을 손금으로 계상한 경우에는 이를 즉시상각의제로 보아 시부인계산한다.

② 법인이 감가상각자산에 대하여 감가상각과 평가증을 병행하는 경우에는 먼저 감가상각을 한 후 평가증을 하는 것으로 보아 상각범위액을 계산한다.

③ 당해 사업연도에 감가상각비를 손금으로 계상하지 아니한 경우에는 전년도 상각부인액이 있어도 이를 손금으로 추인할 수 없다.

④ 시설의 개체·기술의 낙후 등으로 인하여 생산설비의 일부를 폐기한 경우에는 당해 자산의 장부가액에서 1,000원을 공제한 금액을 폐기일이 속하는 사업연도의 비용계상한 것을 손금으로 인정한다.

| 감가상각　　　　　　　　　　　　　　　　　　　　　　　　　이론형 Level 1

> **법인세법 시행령 제32조 【상각부인액 등의 처리】** ① 법 제23조 제5항에 따라 법인이 상각범위액을 초과해 손금에 산입하지 않는 금액(이하 이 조에서 "상각부인액"이라 한다)은 그 후의 사업연도에 해당 법인이 손비로 계상한 감가상각비가 상각범위액에 미달하는 경우에 그 미달하는 금액(시인부족액)을 한도로 손금에 산입한다. 이 경우 법인이 감가상각비를 손비로 계상하지 않은 경우에도 상각범위액을 한도로 그 상각부인액을 손금에 산입한다.

답 ③

105 법인세법상 감가상각에 관한 설명으로 옳지 않은 것은? 2008년 국가직 7급

① 재해를 입은 자산에 대한 외장의 복구비 300만 원을 지출하고 이를 손비로 계상한 경우 동 지출에 대해서는 시부인계산을 할 필요가 없다.

② 시험연구용 자산에 대해 법인세법시행규칙 [별표 2] 시험연구용 자산의 내용연수표를 적용한 경우에는 내용연수의 변경 및 특례규정을 적용할 수 없다.

③ 감가상각방법이 서로 다른 법인이 합병하고 상각방법의 변경승인을 받지 아니한 경우에 승계받은 피합병법인의 고정자산은 합병법인의 감가상각방법을 적용한다.

④ 감가상각방법을 변경하는 경우 상각범위액은 감가상각누계액을 공제한 장부가액과 전기이월 상각한도초과액의 합계액에 변경시점 이후의 잔존내용연수에 의한 상각률을 곱하여 계산한다.

▌감가상각   이론형 Level 1

감가상각방법을 변경하는 경우 상각범위액은 감가상각누계액을 공제한 장부가액과 전기이월 상각한도초과액의 합계액에 당초 신고내용연수에 의한 상각률을 곱하여 계산한다. 세법상 내용연수는 감가상각자산의 상각범위액을 계산하는 데 필요한 상각률만을 산정하는 데 의미가 있으며, 세법에서는 내용연수 내 반드시 감가상각을 하여야 하는 것이 아니다.

답 ④

106 법인세법령상 내국법인의 감가상각에 대한 설명으로 옳지 않은 것은? (단, 법인세법령상 해당 요건은 충족하고, 법인세법과 조세특례제한법에 따른 법인세 면제, 감면 및 감가상각특례는 고려하지 아니함) 2019년 국가직 7급

① 내국법인은 법인세법 시행령 제28조 제1항 제2호에 해당하는 감가상각자산에 대하여 한국채택국제회계기준을 최초로 적용하는 사업연도에 결산내용연수를 연장한 경우에는 기준내용연수에 기준내용연수의 100분의 25를 가감하는 범위에서 사업장별로 납세지 관할 지방국세청장의 승인을 받아 적용하던 내용연수를 연장할 수 있다.

② 내국법인이 각 사업연도에 지출한 수선비로서 개별 자산별로 300만 원 미만인 자본적 지출에 해당하는 금액을 해당 사업연도의 손비로 계상한 경우에는 상각계산의 기초가액을 계산할 때 해당 수선비를 자본적 지출액에 포함하여 상각범위액을 계산한다.

③ 내국법인이 기준내용연수(해당 내국법인에게 적용되는 기준내용연수를 의미함)의 100분의 50 이상이 경과된 자산을 다른 법인으로부터 취득한 경우에는 그 자산의 기준내용연수의 100분의 50에 상당하는 연수와 기준내용연수의 범위에서 선택하여 납세지 관할 세무서장에게 신고한 연수를 내용연수로 할 수 있다.

④ 내국법인이 감가상각자산에 대하여 감가상각과 법인세법 제42조 제1항 제1호에 따른 평가증을 병행한 경우에는 먼저 감가상각을 한 후 평가증을 한 것으로 보아 상각범위액을 계산한다.

▌감가상각   이론형 Level 1

법인이 각 사업연도에 지출한 수선비가 개별 자산별로 수선비로 지출한 금액이 600만 원 미만인 경우로서 그 수선비를 해당 사업연도의 손비로 계상한 경우에는 자본적 지출에 포함하지 않는다.

참고 소액 수선비에 대해 해당 사업연도에 전액 비용화할 수 있도록 계산상의 편의를 도모하고자 하는 특례임

답 ②

107 법인세법령상 즉시상각의 의제에 대한 설명으로 옳지 않은 것은?

2022년 국가직 9급

① 법인이 개별자산별로 수선비로 지출한 금액이 600만 원 미만인 경우로서 그 수선비를 해당 사업연도의 손비로 계상한 경우에는 자본적 지출에 포함하지 않는다.

② 자본적 지출이란 법인이 소유하는 감가상각자산의 내용연수를 연장시키거나 해당 자산의 가치를 현실적으로 증가시키기 위하여 지출한 수선비를 말한다.

③ 재해를 입은 자산에 대한 외장의 복구·도장 및 유리의 삽입에 대한 지출은 자본적 지출에 포함한다.

④ 시설의 개체 또는 기술의 낙후로 인하여 생산설비의 일부를 폐기한 경우에는 해당 자산의 장부가액에서 1천 원을 공제한 금액을 폐기일이 속하는 사업연도의 손금에 산입할 수 있다.

┃ 즉시상각의제　　　　　　　　　　　　　　　　　　이론형 Level 1

재해를 입은 자산에 대한 외장의 복구·도장 및 유리의 삽입에 대한 지출은 수익적 지출에 해당한다.

참고 재해 등으로 인하여 멸실 또는 훼손되어 본래의 용도에 이용할 가치가 없는 건축물·기계·설비 등의 복구에 대한 지출은 자본적 지출에 해당함

답 ③

108 법인세법상 손금에 대한 설명으로 옳지 않은 것은?

2011년 국가직 9급 변형

① 손금은 자본 또는 출자의 환급, 잉여금의 처분 및 법인세법에서 규정하는 것을 제외하고 당해 법인의 순자산을 감소시키는 거래로 인하여 발생하는 손비의 금액으로 한다.

② 손비는 법인세법과 다른 법률에 달리 정하고 있는 것을 제외하고는 그 법인의 사업과 관련하여 발생하거나 지출된 손실 또는 비용으로서 일반적으로 용인되는 통상적인 것이거나 수익과 직접 관련되는 것으로 한다.

③ 장식·환경미화 등의 목적으로 사무실·복도 등 여러 사람이 볼 수 있는 공간에 상시 비치하는 미술품의 취득가액을 그 취득한 날이 속하는 사업연도의 손금으로 계상한 경우에는 그 취득가액(취득가액이 거래단위별로 1천만 원 이하인 것에 한함)을 손금으로 한다.

④ 건물의 양도가액에서 공제할 취득가액에 포함되는 자본적 지출은 법인이 소유하는 감가상각자산의 원상을 회복하거나 능률유지를 위하여 지출한 비용이다.

┃ 손금　　　　　　　　　　　　　　　　　　　　이론형 Level 1

건물의 양도가액에서 공제할 취득가액에 포함되는 <u>자본적 지출</u>은 법인이 소유하는 <u>감가상각자산의 내용연수 연장 및 현실적인 가치증가를 위하여 지출한 비용</u>이다. 감가상각자산의 원상회복 및 능력유지를 위한 지출은 수익적 지출에 해당한다.

답 ④

109 제조업을 영위하는 영리내국법인 (주)A(한국채택국제회계기준을 적용하지 않으며, 중소기업 아님)의 제22기 사업연도(2025.1.1. ~ 2025.12.31.) 법인세법상 자산·부채의 평가 및 고정자산의 감가상각에 관한 설명으로 옳은 것은?

① (주)A가 2025년 3월 1일에 파산한 (주)C의 주식을 2025년 12월 31일 현재 시가로 감액하고, 그 감액한 금액을 당해 사업연도의 손금으로 계상한 경우 (주)A와 (주)C가 법인세법상 특수관계가 아니어야 (주)C 주식의 장부가액을 감액할 수 있다.

② 회사가 보유한 모든 외화자산·부채는 취득일 또는 발생일 현재의 매매기준율 등으로 평가하는 방법과 사업연도 종료일 현재의 매매 기준율 등으로 평가하는 방법 중 납세지 관할 세무서장에게 신고한 방법에 따라 평가해야 한다.

③ (주)A에게 적용되는 기계장치의 기준내용연수가 5년일 때 기준내용연수의 100분의 50이상이 경과된 기계장치를 다른 법인으로부터 취득한 경우 당해 중고자산의 내용연수는 2년과 5년의 범위에서 선택하여 납세지 관할 세무서장에게 신고한 연수로 할 수 있다.

④ 2025년 7월 2일에 취득 즉시 사업에 사용한 기계장치에 대한 상각범위액은 7월 2일부터 12월 31일까지 월수에 따라 계산한다. 이 때 월수는 역에 따라 계산하되 1월 미만의 일수는 없는 것으로 한다.

⑤ 제23기부터 법인세법상 재고자산의 평가방법을 선입선출법(적법하게 신고)에서 총평균법으로 변경할 경우, 회사는 재고자산 등 평가방법변경신고서를 2026년 3월 31일까지 납세지 관할 세무서장에게 제출해야 한다.

┃ 감가상각

(선지분석)

① 주식 등을 발행한 법인이 파산한 경우의 해당 주식 등의 장부가액은 특수관계 여부와 관계없이 사업연도 종료일 현재의 시가로 감액하고 그 감액한 금액을 해당 사업연도의 손비로 계상할 수 있다.

② 일반법인의 비화폐성 외화자산·부채는 평가(환산)하지 않는다.

④ 신규 취득자산의 상각월수 계산시 1개월 미만의 일수는 1개월로 본다. → 6개월(7월 ~ 12월)

⑤ 제23기부터 재고자산의 평가방법을 변경할 경우, 회사는 재고자산 등 평가방법변경신고서를 사업연도종료일 이전 3개월이 되는 날(2025년 9월 30일)까지 납세지 관할 세무서장에게 제출해야 한다.

답 ③

05 감가상각비 **357**

110

법인세법령상 내국법인의 감가상각에 대한 설명으로 옳지 않은 것은?

2020년 국가직 7급

① 법인이 손비로 계상한 감가상각비가 2,000만 원이고 상각범위액이 2,400만 원인 경우, 그 차액에 해당하는 400만 원은 그 후 사업연도의 상각부인액에 충당한다.
② 내국법인이 감가상각자산을 취득하기 위하여 지출한 금액을 손비로 계상한 경우에는 해당 사업연도의 소득금액을 계산할 때 감가상각비로 계상한 것으로 보아 상각범위액을 계산한다.
③ 법인이 감가상각자산에 대하여 감가상각과 평가증을 병행한 경우에는 먼저 감가상각을 한 후 평가증을 한 것으로 보아 상각범위액을 계산한다.
④ 법인이 각 사업연도에 개별자산별로 수선비로 지출한 금액이 600만 원 미만인 경우로서 그 수선비를 해당 사업연도의 손비로 계상한 경우에는 자본적 지출에 포함하지 않는다.

▌감가상각

이론형 Level 1

ⓐ 법인이 상각범위액을 초과해 손금에 산입하지 않는 금액(이하 '상각부인액')은 그 후의 사업연도에 해당 법인이 손비로 계상한 감가상각비가 상각범위액에 미달하는 경우에 그 미달하는 금액(이하 '시인부족액')을 한도로 손금에 산입한다. 이 경우 법인이 감가상각비를 손비로 계상하지 않은 경우에도 상각범위액을 한도로 그 상각부인액을 손금에 산입한다.
ⓑ 시인부족액은 그 후 사업연도의 상각부인액에 이를 충당하지 못한다.
따라서 법인이 손비로 계상한 감가상각비가 2,000만 원이고 상각범위액이 2,400만 원인 경우, 그 차액에 해당하는 400만 원은 시인부족액으로서 그 후 사업연도의 상각부인액에 이를 충당하지 못한다.

답 ①

111

법인세법령상 감가상각비에 대한 설명으로 옳지 않은 것은?

2023년 국가직 9급

① 건축물과 무형자산은 정률법 또는 정액법에 의하여 상각범위액을 계산한다.
② 상각부인액은 그 후의 사업연도에 해당 법인이 손비로 계상한 감가상각비가 상각범위액에 미달하는 경우에 그 미달하는 금액을 한도로 손금에 산입하며, 이 경우 법인이 감가상각비를 손비로 계상하지 않은 경우에도 상각범위액을 한도로 그 상각부인액을 손금에 산입한다.
③ 시인부족액은 그 후 사업연도의 상각부인액에 이를 충당하지 못한다.
④ 감가상각자산을 양도한 경우 당해 자산의 상각부인액은 양도일이 속하는 사업연도의 손금에 이를 산입한다.

▌감가상각비

이론형 Level 1

건축물과 무형자산은 정률법에 의하여 상각범위액을 계산할 수 없으며, 정액법으로만 상각범위액을 계산한다.

답 ①

112 내국법인 (주)A가 유형자산과 관련하여 행하는 활동에 관한 설명으로 옳지 않은 것은? 2019년 세무사 변형

① 시험기기 1,000,000원과 가스기기 1,500,000원을 한 거래처에서 구입하면서 2,500,000원을 지급하고 비용으로 처리하는 경우 세법상 모두 손금으로 인정된다.
② 개인용 컴퓨터 2,000,000원과 전기기구 2,500,000원을 한 거래처에서 구입하면서 4,500,000원을 지급하고 비용으로 처리하는 경우 세법상 모두 손금으로 인정된다.
③ 시설개체 또는 기술의 낙후로 인하여 생산설비의 일부를 폐기한 경우 당해 자산의 장부가액을 폐기일이 속하는 사업연도의 손금에 산입할 수 있다.
④ 2년 전에 업무용 승용차의 타이어를 교체한 후 2025년 4월 1일 다시 전체적으로 타이어를 교체하기 위하여 지출한 600,000원은 수익적 지출에 해당된다.
⑤ 재무상태표상 직전사업연도의 장부금액이 60,000,000원인 기계장치에 대한 자본적지출액 7,000,000원을 비용으로 처리할 경우 7,000,000원은 (주)A가 감가상각한 금액으로 의제하여 시부인한다.

┃ 즉시상각의제 이론형 Level 2

시설의 개체 또는 기술의 낙후로 인하여 생산설비의 일부를 폐기한 경우에는 당해 자산의 장부가액에서 1천 원을 공제한 금액을 폐기일이 속하는 사업연도의 손금에 산입할 수 있다.

답 ③

113 다음 자료에 의하여 (주)서울의 제2기(2025년 7월 1일부터 12월 31일까지)의 기계장치에 대한 감가상각범위액을 계산하면 얼마인가? [단, (주)서울의 사업연도는 6개월임] 2015년 국가직 9급 변형

- 취득가액: 50,000,000원
- 취득일자: 2025년 10월 1일
- 신고내용연수: 5년
- 감가상각방법: 정액법

① 2,500,000원 ② 3,000,000원
③ 4,500,000원 ④ 5,000,000원

┃ 감가상각범위액 계산형

$$50,000,000원 \times \frac{1}{10} \times \frac{3}{6} = 2,500,000원$$

ⓐ 사업연도가 6개월이므로 5년 × 2 = 10년으로 환산한다.
ⓑ 취득일자가 10월 1일이므로 3개월분에 대한 상각범위액을 계산하여야 한다.

참고 사업연도가 1년 미만인 경우에는 환산내용연수를 적용함

$$환산내용연수 = 신고 \ 또는 \ 기준 \ 내용연수 \times \frac{12}{사업연도월수}$$

참고 기중에 신규로 취득한 자산은 사업에 사용한 날부터 월할상각함(1개월 미만은 1개월)

답 ①

114 다음의 자료는 특정자산에 대한 감가상각과 관련된 것이다. 자료를 이용하여 세무조정을 할 경우 옳은 것은?

2014년 국가직 9급

- 전기 말까지 감가상각비 부인누계액   1,000,000원
- 당기 중 감가상각비 범위액   1,500,000원
- 당기 중 회사계상 감가상각비   1,200,000원

① 감가상각비 부인누계액 중 300,000원은 손금산입하고, 나머지 700,000원은 다음 사업연도로 이월한다.

② 당기 감가상각비 시인부족액 300,000원은 소멸하고, 감가상각비 부인누계액 1,000,000원은 다음 사업연도로 이월한다.

③ 감가상각비 부인누계액 1,000,000원은 소멸하고, 당기 감가상각비 시인부족액 300,000원은 다음 사업연도로 이월한다.

④ 감가상각비 부인누계액 1,000,000원과 감가상각비 시인부족액 300,000원은 각각 다음 사업연도로 이월한다.

감가상각

계산형

ⓐ 회사계상액: 1,200,000원
ⓑ 상각범위액: 1,500,000원
ⓒ 시인부족액: △300,000원

상각부인액(전기 말 감가상각비 부인누계액)은 그 후의 사업연도에 해당 법인의 시인부족액을 한도로 손금에 산입한다.

답 ①

---

115 甲법인의 제3기 사업연도의 다음 자료에 의하여 감가상각비 시부인계산을 한 후의 감가상각비에 대한 유보 잔액은?

2010년 국가직 7급

(단, △는 시인부족액)   (단위: 원)

구분	건물	비품	기계장치	특허권
전기상각시부인액	△300,000	△400,000	600,000	200,000
회사상각액	1,200,000	700,000	–	900,000
상각범위액	1,400,000	500,000	300,000	800,000
당기상각시부인액	△200,000	200,000	△300,000	100,000

① 500,000원
② 600,000원
③ 800,000원
④ 1,100,000원

구분	건물	비품	기계장치	특허권
회사상각액	1,200,000원	700,000원	–	900,000원
상각범위액	1,400,000원	500,000원	300,000원	800,000원
당기상각시부인액	△200,000원	200,000원	△300,000원	100,000원
세무조정	–	손不 유보	손入 유보	손不 유보
유보잔액	–	200,000원	300,000원	300,000원

답 ③

116 내국법인 (주)C는 제9기에 건물의 일부(취득 당시의 장부가액 3,000,000원)를 양도하였는데, 양도 직전 건물 전체에 관한 자료는 다음과 같다. 제9기에 양도한 건물에 대한 세무조정으로 옳은 것은?

2016년 국가직 9급

- 건물 전체의 취득 당시의 장부가액: 15,000,000원
- 건물 전체의 감가상각누계액: 7,000,000원
- 건물 전체의 상각부인액: 2,500,000원

① 익금산입 500,000원(유보)
② 손금산입 500,000원(△유보)
③ 익금산입 2,500,000원(유보)
④ 손금산입 2,500,000원(△유보)

$2,500,000원 \times \dfrac{3,000,000원}{15,000,000원} = 500,000원$

감가상각자산을 양도한 경우 당해 자산의 상각부인액은 양도일이 속하는 사업연도의 <u>손금산입</u>한다.

답 ②

117 다음은 제조업을 영위하는 영리내국법인 (주)A의 제23기(2025.1.1. ~ 2025.12.31.) 감가상각과 관련된 자료이다. 제23기 감가상각비 세무조정과 소득처분으로 옳은 것은? (단, 전기 이전의 모든 세무조정은 적정하였음)

2023년 국가직 7급 변형

- 기계장치 취득가액: 30,000,000원
- 기계장치 취득일: 2023년 1월 1일
- 감가상각방법: 정률법(상각률: 0.5)
- 감가상각비 장부상 계상금액
  - 2023년: 16,500,000원
  - 2024년: 7,000,000원
  - 2025년: 3,500,000원

① 익금산입·손금불산입 625,000원(유보)
② 손금산입·익금불산입 250,000원(△유보)
③ 손금산입·익금불산입 625,000원(△유보)
④ 손금산입·익금불산입 750,000원(△유보)

감가상각비　　　　　　　　　　　　　　　　　　　　계산형

구분	2023년	2024년	2025년
감가상각비	16,500,000	7,000,000	3,500,000
상각범위액	15,000,000	7,500,000	3,750,000
상각부인액 △시인부족액	1,500,000	△500,000	△250,000
세무조정	손不 1,500,000	손入 500,000	손入 250,000
유보잔액	1,500,000	1,000,000	750,000

(*1) (30,000,000 − 16,500,000 + 1,500,000) × 0.5
(*2) (30,000,000 − 23,500,000 + 1,000,000) × 0.5

답 ②

118 법인세법령상 내국법인 (주)A의 제25기(2025.1.1. ~ 12.31.) 기계장치의 감가상각에 대한 세무조정은?

2024년 국가직 9급

- 취득가액: 100,000,000원
- 취득일: 2024.1.5.
- 정률법에 의한 상각률(가정): 0.2
- 장부상 감가상각비 계상액: 제24기 30,000,000원, 제25기 20,000,000원

① 손금산입 4,000,000원(△유보)
② 손금불산입 4,000,000원(유보)
③ 손금산입 6,000,000원(△유보)
④ 손금불산입 6,000,000원(유보)

구분	제24기	제25기
감가상각비	30,000,000	20,000,000
상각범위액	100,000,000 × 0.2 = 20,000,000	(100,000,000 − 30,000,000 + 10,000,000) × 0.2 = 16,000,000
상각부인액	10,000,000	4,000,000

답 ②

119
□□□

법인세법령상 업무용승용차 관련 비용의 손금불산입에 대한 설명으로 옳지 않은 것은? (단, 부동산임대업을 주된 사업으로 하는 등 법령으로 정하는 요건에 해당하는 내국법인은 아니며, 사업연도가 1년 미만이거나 사업연도 중 일부 기간 동안 보유하거나 임차한 경우에도 해당하지 않음) 2021년 국가직 7급

① 업무용승용차는 정액법을 상각방법으로 하고 내용연수를 5년으로 하여 계산한 금액을 감가상각비로 하여 손금에 산입하여야 한다.

② 내국법인이 업무용승용차를 취득하거나 임차함에 따라 해당 사업연도에 발생하는 감가상각비, 임차료, 유류비 등 업무용승용차 관련 비용 중 업무사용금액에 해당하지 아니하는 금액은 해당 사업연도의 소득금액을 계산할 때 손금에 산입하지 아니한다.

③ 업무사용금액 중 업무용승용차별 감가상각비가 해당 사업연도에 800만 원을 초과하는 경우 그 초과하는 금액은 해당 사업연도의 손금에 산입하지 아니하고 이월하여 손금에 산입한다.

④ 업무용승용차를 처분하여 발생하는 손실로서 업무용승용차별로 800만 원을 초과하는 금액은 해당 사업연도에 손금에 산입하지 않고 유보로 소득처분한다.

업무용 승용차 이론형 Level 1

업무용승용차를 처분하여 발생하는 손실로서 업무용승용차별로 800만 원을 초과하는 금액은 해당 사업연도에 손금에 산입하지 않고 기타사외유출로 소득처분한다.

답 ④

120 다음은 제조업을 영위하는 내국법인 (주)A의 제22기 사업연도(2025.1.1. ~ 2025.12.31.)의 업무용승용차 관련 내용이다. (주)A가 제22기 사업연도의 법인세를 2026년 3월 8일에 신고하는 경우 업무용승용차 관련 비용 중 손금불산입금액은?

2018년 국가직 7급 변형

• 2022년 12월 10일 대표이사 업무용승용차(배기량 3,000cc, 5인승)를 100,000,000원에 구입함
• 해당 업무용승용차 관련비용으로 손금산입하거나 지출한 항목은 아래와 같음
  – 업무전용자동차보험료: 1,000,000원
  – 유류비: 20,000,000원
  – 자동차세: 1,500,000원
  – 감가상각비: 20,000,000원
• 차량운행기록부 내역 중 업무사용비율은 90%로 확인됨
• 그 외 업무용승용차는 없고, 해당 업무용승용차는 취득 이후 업무전용자동차보험에 가입되어 있으며 위 비용 이외에 업무용승용차 관련비용은 없음

① 4,250,000원
② 10,000,000원
③ 14,250,000원
④ 28,250,000원

❙ 업무용 승용차
계산형

ⓐ 5년 정액법 강제상각
• 회사계상액: 20,000,000원
• 상각범위액: 100,000,000원 × 1/5 = 20,000,000원
• 상각부인액: 0원
ⓑ 승용차 관련 비용 중 업무미사용금액 손금불산입
• 승용차 관련 비용: 1,000,000원 + 20,000,000원 + 1,500,000원 + 20,000,000원 = 42,500,000원
• 업무미사용금액: 42,500,000원 × (1 – 90%) = 4,250,000원 ⋯ 손금불산입(상여)
ⓒ 감가상각비 800만 원 한도초과액 손금불산입
  20,000,000원 × 90% – 8,000,000원 = 10,000,000원 ⋯ 손금불산입(유보)
∴ 합계: 4,250,000원 + 10,000,000원 = 14,250,000원

답 ③

06 충당금과 준비금

---

121 법인세법상 해당 사유가 발생하여 손금으로 계상한 날이 속하는 사업연도의 손금으로 인정되는 채권은 모두 몇 개인가?

2011년 국가직 7급 변형

- 상법에 따른 소멸시효가 완성된 외상매출금
- 채무자 회생 및 파산에 관한 법률에 따른 회생계획인가의 결정에 따라 회수불능으로 확정된 채권
- 민사집행법 제102조에 따라 채무자의 재산에 대한 경매가 취소된 압류채권
- 부도발생일로부터 6월 이상 지난 중소기업의 외상매출금으로 1000원을 공제한 금액

① 1개 ② 2개
③ 3개 ④ 4개

| **대손금** | 이론형 Level 1 |

대손사유가 발생한 날이 속하는 사업연도의 손금에 해당한다(신고조정사항).

📄 **신고조정사항에 해당하는 대손금**

1. 상법에 따른 소멸시효가 완성된 외상매출금
2. 채무자 회생 및 파산에 관한 법률에 따른 회생계획인가의 결정에 따라 회수불능으로 확정된 채권
3. 민사진행법에 의하여 채무자의 재산에 대한 경매가 취소된 압류채권

참고 부도발생일로부터 6월 이상 지난 중소기업의 외상매출금으로 1000원을 공제한 금액은 결산조정사항에 해당함

답 ①

---

122 법인세법령상 내국법인의 대손금에 대한 설명으로 옳지 않은 것은?

2022년 국가직 9급

① 민법에 따른 소멸시효가 완성된 대여금은 해당 사유가 발생한 날이 속하는 사업연도의 손금으로 한다.
② 부도발생일부터 6개월 이상 지난 어음상의 채권(해당 법인이 채무자의 재산에 대하여 저당권을 설정하고 있는 경우는 제외함)은 해당 사유가 발생한 날이 속하는 사업연도의 손금으로 한다.
③ 채무자의 파산으로 회수할 수 없는 채권은 해당 사유가 발생하여 손비로 계상한 날이 속하는 사업연도의 손금으로 한다.
④ 회수기일이 6개월 이상 지난 채권 중 채권가액이 30만 원 이하(채무자별 채권가액의 합계액을 기준으로 함)인 채권은 해당 사유가 발생하여 손비로 계상한 날이 속하는 사업연도의 손금으로 한다.

| **대손금** | 이론형 Level 1 |

부도발생일부터 6개월 이상 지난 어음상의 채권(해당 법인이 채무자의 재산에 대하여 저당권을 설정하고 있는 경우는 제외)은 해당 사유가 발생하여 손비로 계상한 날이 속하는 사업연도의 손금으로 한다.

답 ②

123 법인세법상 신고조정 대손사유에 해당하는 것은?

① 채무자 회생 및 파산에 관한 법률에 따른 회생계획인가의 결정에 따라 회수불능으로 확정된 채권
② 중소벤처기업부장관이 정한 대손기준에 해당한다고 인정한 중소기업창업투자회사의 창업자에 대한 채권
③ 채무자의 사업 폐지로 인하여 회수할 수 없는 채권
④ 부도발생일부터 6개월 이상 지난 중소기업의 외상매출금
⑤ 금융감독원장으로부터 대손금으로 승인받은 금융회사의 채권

| 대손금　　　　　　　　　　　　　　　　　　　　　　　　　　　　　　　이론형 Level 1

（선지분석）

②, ③, ④, ⑤ 결산조정 대손사유에 해당한다.

답 ①

---

124 법인세법상 손금으로 인정하는 대손금에는 해당 사유가 발생한 날이 속하는 사업연도의 손금으로 산입하는 것과 해당 사유가 발생하여 손비로 계상한 날이 속하는 사업연도의 손금으로 산입하는 것의 2가지로 분류된다. 이 분류를 적용할 경우 다음 중 성격이 다른 하나는? (단, 영리내국법인을 가정함)　

① 민사집행법 제102조에 따라 채무자의 재산에 대한 경매가 취소된 압류채권
② 민사소송법에 따른 화해에 따라 회수불능으로 확정된 채권
③ 중소기업의 외상매출금으로서 부도발생일부터 6개월 이상 지난 어음상의 채권(부도발생일 이전의 것으로서 해당 법인이 채무자의 재산에 대하여 저당권을 설정하고 있지 않음)
④ 중소기업의 외상매출금으로서 회수기일이 2년 이상 지난 것(단, 특수관계인과의 거래로 인하여 발생한 외상매출금은 제외함)
⑤ 회수기일이 6개월 이상 지난 채권 중 채권가액이 30만 원 이하(채무자별 채권가액의 합계액을 기준으로 함)인 채권

| 대손금　　　　　　　　　　　　　　　　　　　　　　　　　　　　　　　이론형 Level 1

민사집행법 제102조에 따라 채무자의 재산에 대한 경매가 취소된 압류채권은 해당 사유가 발생한 날이 속하는 사업연도의 손금으로 산입한다(신고조정).

답 ①

125 법인세법상 대손금에 대한 설명이다. 옳지 않은 것은?

2009년 회계사

① 채무자의 파산, 강제집행, 형의 집행, 사업의 폐지, 사망, 실종 또는 행방불명으로 회수할 수 없는 채권은 해당 사유가 발생하여 손금으로 계상한 날이 속하는 사업연도의 손금으로 한다.

② 수표법에 따른 소멸시효가 완성된 수표는 해당 사유가 발생한 날이 속하는 사업연도의 손금으로 한다.

③ 부도발생일이 6개월 이상 경과된 채권(해당 법인이 저당권을 설정한 경우는 제외)은 해당 사유가 발생한 날이 속하는 사업연도의 손금으로 한다.

④ 회수할 수 없는 부가가치세 매출세액 미수금(부가가치세법에 따라 대손세액공제를 받지 아니한 것임)은 대손금의 범위에 포함된다.

⑤ 법인세법에 따라 손금산입한 대손금 중 회수한 금액은 회수한 날이 속하는 사업연도의 소득금액 계산시 익금으로 산입한다.

┃ 대손금　　　　　　　　　　　　　　　　　　　　　　　　이론형 Level 1

부도발생일이 6개월 이상 경과된 채권(해당 법인이 저당권을 설정한 경우는 제외)은 해당 사유가 발생하여 손금으로 계상한 날이 속하는 사업연도의 손금으로 한다(결산조정).

답 ③

---

126 법인세법상 대손금과 대손충당금에 대한 설명으로 옳지 않은 것은?

2011년 국가직 9급

① 대손충당금을 손금으로 계상한 내국법인은 대손금이 발생한 경우 그 대손금을 대손충당금과 먼저 상계하여야 하고, 상계 후 남은 대손충당금의 금액은 다음 사업연도의 소득금액계산에 있어서 이를 익금에 산입한다.

② 내국법인이 기업회계기준에 따른 채권의 재조정에 따라 채권의 장부가액과 현재가치의 차액을 대손금으로 계상한 경우에는 이를 손금에 산입하며, 손금에 산입한 금액은 기업회계기준의 환입방법에 따라 익금에 산입한다.

③ 법인이 다른 법인과 합병하는 경우로서 결산조정사항에 해당하는 대손금을 합병등기일이 속하는 사업연도까지 손금으로 계상하지 아니한 경우 그 대손금은 해당 법인의 합병등기일이 속하는 사업연도의 손금으로 한다.

④ 채무보증(법령으로 정하는 일정한 채무보증은 제외)으로 인하여 발생한 구상채권에 대하여는 주채무자에 대해 구상권을 행사한 결과 무재산 등으로 회수할 수 없는 경우에 대손처리할 수 있다.

┃ 대손금과 대손충당금　　　　　　　　　　　　　　　　　　이론형 Level 1

채무보증(법령으로 정하는 일정한 채무보증은 제외)으로 인하여 발생한 구상채권에 대하여는 주채무자에 대해 구상권을 행사한 결과 무재산 등으로 회수할 수 없는 경우에도 대손금을 손금에 산입하지 아니하며, 다음에 해당하는 채권은 법령상 대손사유를 충족해도 대손처리할 수 없다.

> 🗒 **대손금으로 손금산입할 수 없는 채권**
>
> 1. 특수관계인에 대한 업무무관가지급금
> 2. 채무보증으로 인하여 발생한 구상채권
> 3. 부가가치세법상 대손세액공제를 받은 부가가치세 매출세액 미수금

답 ④

127 법인세법령상 내국법인의 대손금 및 대손충당금에 대한 설명으로 옳지 않은 것은? (단, 법인세법령에 따른
□□□ 손금산입요건은 충족하고, 조세특례제한법에 따른 특례는 고려하지 아니함) 2019년 국가직 7급

① 법인이 다른 법인과 합병하거나 분할하는 경우로서 채무자의 파산으로 회수할 수 없는 채권에
해당하는 대손금을 합병등기일 또는 분할등기일이 속하는 사업연도까지 손비로 계상하지 아니
한 경우 그 대손금은 해당 법인의 합병등기일 또는 분할등기일이 속하는 사업연도의 손비로 보
지 아니한다.

② 채무자 회생 및 파산에 관한 법률에 따른 회생계획인가의 결정 또는 법원의 면책결정에 따라
회수불능으로 확정된 채권은 해당 사유가 발생한 날이 속하는 사업연도의 소득금액을 계산할
때 손금에 산입한다.

③ 법인세법 제34조 제1항에 따라 대손충당금을 손금에 산입한 내국법인이 합병하는 경우 그 법인
의 합병등기일 현재의 해당 대손충당금 중 합병법인이 승계(해당 대손충당금에 대응하는 채권
이 함께 승계되는 경우만 해당)받은 금액은 그 합병법인이 합병등기일에 가지고 있는 대손충당
금으로 본다.

④ 법인세법 제34조 제1항에 따라 대손충당금을 손금에 산입한 내국법인은 대손금이 발생한 경우
그 대손금을 대손충당금과 먼저 상계하여야 하고, 상계하고 남은 대손충당금의 금액은 다음 사
업연도의 소득금액을 계산할 때 익금에 산입한다.

▌ 대손금과 대손충당금　　　　　　　　　　　　　　　　　　　　　　　　　　　　　이론형 Level 1

법인이 다른 법인과 합병하거나 분할하는 경우로서 파산 등 결산조정 대손사유에 해당하는 대손금을 합병등기일
또는 분할등기일이 속하는 사업연도까지 손비로 계상하지 아니한 경우 그 대손금은 해당 법인의 합병등기일 또는
분할등기일이 속하는 사업연도의 손비로 한다.

참고 피합병법인이 손금으로 계상하지 않은 대손금을 합병법인이 장부가액으로 승계하여 대손금으로 손금에 산입함으로써 세부담을 회피
하는 것을 방지하기 위함

답 ①

128 다음 자료에 의하여 영리내국법인 (주)B의 제5기(2025년 1월 1일 ~ 12월 31일) 대손충당금 손금산입 한도초과액을 계산하면?

2016년 국가직 9급 변형

- 제5기 회계장부상 대손충당금 당기상계액: 20,000,000원(전액 법인세법상 대손금의 손금산입 요건을 충족함)
- 제5기 회계장부상 대손충당금 당기설정액: 30,000,000원
- 제5기 회계장부상 대손충당금 기말잔액: 50,000,000원
- 제4기 말 법인세법상 대손충당금 설정대상 채권 잔액: 10억 원
- 제5기 말 법인세법상 대손충당금 설정대상 채권 잔액: 12억 원

① 6,000,000원
② 24,000,000원
③ 26,000,000원
④ 28,000,000원

대손충당금 계산형

구분	기초채권	대손금	회수	기말채권
회사	10억 원	20,000,000원	–	12억 원
채권유보	–	–	–	–
세법	10억 원	20,000,000원	–	12억 원

대손실적률   2%

ⓐ 기말잔액: 50,000,000원
ⓑ 한도액: 12억 원 × Max[1%, 2%] = 24,000,000원
ⓒ 한도초과액: 26,000,000원

답 ③

129 제조업을 영위하는 영리내국법인인 (주)한국의 제17기 사업연도(1월 1일 ~ 12월 31일) 자료를 이용하여 법인세법상 각 사업연도의 소득금액을 계산할 때 대손충당금에 대한 세무조정의 결과가 제17기 각 사업연도의 소득금액에 미친 영향은?

2019년 국가직 9급

- 매출채권과 관련된 대손충당금 계정은 다음과 같다.

대손충당금			(단위: 원)
당 기 상 계	10,000,000	전 기 이 월	12,000,000
차 기 이 월	15,000,000	당 기 설 정	13,000,000
계	25,000,000	계	25,000,000

  - 전기이월 중에는 전기에 한도초과로 부인된 금액 3,000,000원이 포함되어 있다.
  - 당기상계는 법인세법에 따른 대손요건을 충족한 매출채권과 상계된 것이며, 그 외 대손처리된 매출채권은 없다.
- 대손충당금 설정대상이 되는 법인세법상 매출채권 잔액은 다음과 같다.
  - 제16기 말 현재 매출채권: 250,000,000원
  - 제17기 말 현재 매출채권: 300,000,000원

① 2,000,000원 감소
② 1,000,000원 감소
③ 0원(변동 없음)
④ 1,000,000원 증가

| 대손충당금 | | | | | 계산형 |

구분	기초채권	대손금	회수	기말채권
회사	250,000,000원	10,000,000원	–	300,000,000원
채권유보	–	–	–	–
세법	250,000,000원	10,000,000원	–	300,000,000원

대손실적률   4%

ⓐ 전기 대손충당금 한도초과액: 익금불산입 3,000,000원 △유보
ⓑ 당기 대손충당금 한도초과액: 손금불산입 3,000,000원 유보
∴ 합계: ⓐ + ⓑ = 0원

참고 15,000,000원 − 300,000,000원 × 4% = 3,000,000원

답 ③

130

법인세법상 충당금에 대한 설명으로 옳지 않은 것은?

2016년 국가직 7급

① 내국법인이 동일인에 대하여 매출채권과 매입채무를 가지고 있는 경우에는 당해 매입채무를 상계하지 아니하고 대손충당금으로 계상할 수 있다(단, 당사자 간의 약정에 의하여 상계하기로 한 경우는 제외함).

② 일시상각충당금 또는 압축기장충당금은 신고조정에 의한 손금산입이 허용된다.

③ 대손충당금을 손금으로 계상한 내국법인은 대손금이 발생한 경우 그 대손금을 대손충당금과 먼저 상계하여야 하고, 대손금과 상계하고 남은 대손충당금의 금액은 다음 사업연도의 소득금액을 계산할 때 손금에 산입한다.

④ 국고보조금 등 상당액을 손금에 산입한 내국법인이 손금에 산입한 금액을 기한 내에 사업용 자산의 취득에 사용하기 전에 합병하고, 손금에 산입한 금액을 합병법인에게 승계하는 경우 그 금액은 합병법인이 손금에 산입한 것으로 본다.

▌충당금

이론형 Level 1

대손충당금을 손금으로 계상한 내국법인은 대손금이 발생한 경우 그 대손금을 대손충당금과 먼저 상계하여야 하고, 대손금과 상계하고 남은 대손충당금의 금액은 다음 사업연도의 소득금액을 계산할 때 <u>익금에 산입한다.</u>

(선지분석)

① 만일 매출채권과 매입채무를 강제적으로 상계하면 채권가액이 낮아지고 이는 대손충당금 한도가 낮아지게 되어 손금불산입액 커지는 결과를 초래한다.

② 임의신고조정사항에 대한 옳은 내용이다.

답 ③

131

법인세법상 충당금의 손금산입에 관한 설명으로 옳은 것은?

2016년 회계사

① 법인이 기업회계기준에 따라 제품보증충당부채를 손금으로 계상한 때에는 일정한 한도 내에서 이를 손금에 산입한다.

② 동일인에 대하여 매출채권과 매입채무가 함께 있는 경우에는 당사자 간 약정 유무와 관계없이 당해 매입채무를 상계하고 대손충당금을 계상한다.

③ 대손충당금을 손금에 산입한 내국법인이 합병한 경우 피합병법인의 대손충당금은 합병법인이 승계할 수 없다.

④ 내국법인이 건물의 화재로 인하여 보험금을 지급받아 그 지급받은 날이 속하는 사업연도에 토지의 취득에 사용한 경우, 토지의 취득에 사용된 보험차익에 상당하는 금액은 압축기장충당금 설정을 통해 손금산입이 가능하다.

⑤ 내국법인이 보조금 관리에 관한 법률에 따라 국고보조금을 지급받아 그 지급받은 날이 속하는 사업연도 종료일까지 사업용 기계장치의 취득에 사용한 경우, 일시상각충당금의 설정을 통한 손금산입이 가능하다.

▌충당금

이론형 Level 2

(선지분석)

① 법인세법상 충당금이 아니므로 손금불산입한다.

② 법인이 대손충당금을 설정하는 경우 동일인에 대한 매출채권과 매입채무가 있는 경우에도 이를 상계하지 아니하고 대손충당금을 계상할 수 있다. 다만, 당사자와의 약정에 의하여 상계하기로 한 때에는 그러하지 아니하다.

③ 적격합병 여부에 관계없이 합병법인은 피합병법인의 대손충당금 및 퇴직급여충당금은 승계한다.

④ 보험차익에 대한 일시상각충당금은 동종자산의 취득에 사용한 경우에 한하여 손금산입이 가능하다.

답 ⑤

07 손익의 귀속시기 및 자산·부채의 평가

132 법인세법상 손익의 귀속시기에 대한 설명으로 옳지 않은 것은? 2008년 국가직 9급

① 법인이 법령의 규정에 의한 장기할부조건으로 자산을 판매함으로써 발생한 채권에 대하여 기업회계기준에 따라 현재가치할인차금을 계상한 경우 당해 현재가치할인차금 상당액은 채권의 회수기간 동안 기업회계기준에 따라 환입하였거나 환입할 금액을 각 사업연도의 익금에 산입한다.
② 법인이 매출할인을 하는 경우 그 매출할인금액은 상대방과의 약정에 의한 지급기일(지급기일이 정하여 있지 아니한 경우에는 지급한 날)이 속하는 사업연도의 매출액에서 차감한다.
③ 자산의 임대로 인한 임대료 지급기간이 1년을 초과하는 경우 이미 경과한 기간에 대응하는 임대료 상당액과 비용은 이를 각각 당해 사업연도의 익금과 손금으로 한다.
④ 법인이 사채를 할인발행한 경우에 발생한 사채할인발행차금은 당해 사채를 발행한 날이 속하는 사업연도의 손금에 산입한다.

▌손익의 귀속시기 이론형 Level 1

법인이 사채를 발행하는 경우에 상환할 사채금액에서 사채발행가액을 공제한 금액을 '사채할인발행차금'이라고 한다. 사채할인발행차금은 기업회계기준에 의한 사채할인발행차금의 상각방법(유효이자율법)에 따라 이를 손금에 산입한다.

답 ④

---

133 법인세법상 거래형태별 권리의무확정주의에 의한 손익의 귀속시기에 대한 설명으로 옳지 않은 것은? 2012년 국가직 7급

① 자본시장과 금융투자에 관한 법률 제9조 제13항에 따른 증권시장에서 같은 법 제393조 제1항에 따른 증권시장업무규정에 따라 보통거래방식으로 한 유가증권의 매매의 경우에는 인도일로 한다.
② 법인세가 원천징수되지 않는 이자수익으로 결산확정 시에 기간 경과분을 수익으로 계상한 경우에는 익금으로 인정한다.
③ 사채할인발행차금은 기업회계기준에 의한 사채할인발행차금의 상각방법에 따라 손금에 산입해야 한다.
④ 물품을 수출하는 경우에는 수출물품을 계약상 인도하여야 할 장소에 보관한 날에 익금으로 확정된다.

▌손익의 귀속시기 이론형 Level 1

자본시장과 금융투자에 관한 법률 제9조 제13항에 따른 증권시장에서 같은 법 제393조 제1항에 따른 증권시장업무규정에 따라 보통거래방식으로 한 유가증권의 매매의 경우에는 <u>매매계약을 체결한 날</u>로 한다.

답 ①

134 법인세법상 손익의 귀속사업연도에 관한 설명으로 옳은 것은?

① 부동산 양도 시 대금을 청산하기 전에 소유권의 이전등기를 하는 경우 대금을 청산한 날이 속하는 사업연도로 한다.
② 상품(부동산 제외)·제품 또는 기타의 생산품을 판매하는 경우 그 상품 등의 대금을 청산한 날이 속하는 사업연도로 한다.
③ 자산의 위탁매매의 경우 위탁자가 그 위탁자산을 인도한 날이 속하는 사업연도로 한다.
④ 자산의 임대료 지급기간이 1년을 초과하는 경우 이미 경과한 기간에 대응하는 임대료 상당액은 이를 당해 사업연도의 익금으로 한다.

| **손익의 귀속시기** | 이론형 Level 1 |

(선지분석)
① 부동산 양도 시 대금을 청산하기 전에 소유권의 이전등기를 하는 경우 소유권 이전등기일이 속하는 사업연도를 수입시기로 한다.
② 상품(부동산 제외), 제품 또는 기타의 생산품을 판매하는 경우 그 상품 등을 인도한 날이 속하는 사업연도를 수입시기로 한다.
③ 자산의 위탁매매의 경우 수탁자가 그 위탁자산을 판매한 날이 속하는 사업연도를 수입시기로 한다.

답 ④

135 법인세법상 손익의 귀속시기에 대한 설명으로 옳지 않은 것은?

① 법인이 장기할부기간 중에 폐업한 경우에는 그 폐업일 현재 익금에 산입하지 아니한 금액과 이에 대응하는 비용을 폐업일이 속하는 사업연도의 익금과 손금에 각각 산입한다.
② 중소기업인 법인이 수행하는 계약기간이 1년 미만인 건설 등의 제공으로 인한 익금과 손금은 그 목적물의 인도일이 속하는 사업연도에 산입할 수 있다.
③ 수탁가공계약에 따라 검사를 거쳐 인수 및 인도가 확정되는 물품의 경우에는 당해 물품을 계약상 인도하여야 할 장소에 보관한 날을 익금과 손금의 귀속사업연도로 한다.
④ 상품 등 외의 자산의 양도인 경우에는 그 대금을 청산하기 전에 소유권 등의 이전등기를 하거나 당해 자산을 인도하거나 상대방이 당해 자산을 사용수익 하는 경우에는 그 이전등기일·인도일 또는 사용수익일 중 빠른 날로 한다.

| **손익의 귀속시기** | 이론형 Level 1 |

수탁가공계약에 의하여 물품을 납품하거나 가공하는 경우에는 당해 물품을 계약상 인도하여야 할 장소에 보관한 날로 하며, 다만 계약에 따라 검사를 거쳐 인수 및 인도가 확정되는 물품의 경우에는 당해 검사가 완료된 날로 한다.

답 ③

136 법인세법상 손익의 귀속시기에 관한 설명으로 옳지 않은 것은? 2014년 국가직 7급

① 건설·제조 기타 용역의 제공으로 인한 익금과 손금은 그 목적물의 인도일이 속하는 사업연도의 익금과 손금에 산입하는 것을 원칙으로 한다.

② 상품 등의 시용판매의 경우 상대방이 그 상품 등에 대한 구입 의사를 표시한 날(구입의 의사표시 기간에 대한 특약은 없음)을 익금 및 손금의 귀속사업연도로 한다.

③ 장기할부조건이라 함은 자산의 판매 또는 양도로서 판매금액 또는 수입금액을 월부·연부 기타의 지불방법에 따라 2회 이상으로 분할하여 수입하는 것 중 당해 목적물의 인도일의 다음날부터 최종 할부금의 지급기일까지의 기간이 1년 이상인 것을 말한다.

④ 투자회사 등이 결산을 확정할 때 증권 등의 투자와 관련된 수익 중 이미 경과한 기간에 대응하는 이자 및 할인액과 배당소득을 해당 사업연도의 수익으로 계상한 경우에는 그 계상한 사업연도의 익금으로 한다.

손익의 귀속시기	이론형 Level 1

건설·제조 기타 용역의 제공으로 인한 익금과 손금은 그 목적물의 건설 등의 착수일이 속하는 사업연도부터 그 목적물의 인도일이 속하는 사업연도까지 그 목적물의 건설 등을 완료한 정도(작업진행률)를 기준으로 하여 계산한 수익과 비용을 각각 해당 사업연도의 익금과 손금에 산입하는 것을 원칙으로 한다.

답 ①

---

137 법인세법상 손익의 귀속사업연도에 대한 설명으로 옳은 것은? 2015년 국가직 9급

① 잉여금처분에 따른 배당소득의 귀속사업연도는 잉여금을 처분한 법인의 결산확정일이 속하는 사업연도로 한다.

② 영수증을 작성·교부할 수 있는 업종을 영위하는 법인이 금전등록기를 설치·사용하는 경우에는 그 수입하는 물품대금과 용역대가의 귀속사업연도는 그 금액이 실제로 수입된 사업연도로 하여야 한다.

③ 투자회사 등이 결산을 확정할 때 증권 등의 투자와 관련된 수익 중 이미 경과한 기간에 대응하는 이자 및 할인액과 배당소득을 해당 사업연도의 수익으로 계상한 경우에는 그 계상한 사업연도의 익금으로 한다.

④ 개발비로 계상하였으나 해당 제품의 판매 또는 사용이 가능한 시점이 도래하기 전에 개발을 취소하고 해당 개발비를 전액 손금으로 계상하였다면 그 날이 속하는 사업연도의 손금에 산입한다.

손익의 귀속사업연도	이론형 Level 1

(선지분석)
① 소득세법상 잉여금처분에 따른 배당소득의 수입시기는 잉여금처분결의일이다.

② 영수증을 작성·교부할 수 있는 업종을 영위하는 법인이 금전등록기를 설치·사용하는 경우에는 그 수입하는 물품대금과 용역대가의 귀속사업연도는 그 금액이 실제로 수입된 사업연도로 할 수 있다. 금전등록기에 의한 감사테이프에 기록된 매출거래는 매출시점이 아니라 그 매출금액이 실제 입금되는 시점에서 기록되어 현금주의방식을 허용한다.

④ **법인세법 시행령 제71조【임대료 등 기타 손익의 귀속사업연도】** ⑤ 개발비로 계상하였으나 해당 제품의 판매 또는 사용이 가능한 시점이 도래하기 전에 개발을 취소한 경우에 다음 각 호의 요건을 모두 충족하는 날이 속하는 사업연도의 손금에 산입한다.
   1. 자산성 상실: 해당 개발로부터 상업적인 생산 또는 사용을 위한 재료 또는 용역을 개선한 결과를 식별할 수 없을 것
   2. 결산서 계상: 해당 개발비를 전액 손금으로 계상하였을 것

답 ③

138 법인세법상 손익의 귀속시기에 대한 설명으로 옳지 않은 것은?

① 매출할인금액은 거래상대방과의 약정에 의한 지급기일(그 지급기일이 정하여 있지 아니한 경우에는 지급한 날)이 속하는 사업연도의 매출액에서 차감한다.

② 법인이 2년간 임대계약을 체결하고 1년마다 임대료를 지급받기로 하였으나 사업연도 종료일 현재 이미 경과한 기간에 대응하는 임대료 상당액(지급약정기일이 도래하지 않아 미수령)과 이에 대응하는 비용을 결산서에 계상하지 아니하였을 경우 세무조정을 통해 해당 사업연도의 익금과 손금으로 각각 산입하여야 한다.

③ 부가가치세법 제36조 제4항을 적용받는 업종을 영위하며 영수증을 교부할 수 있는 법인이 금전등록기를 설치·사용하는 경우 그 수입하는 물품대금과 용역대가의 귀속사업연도는 그 금액이 실제로 수입된 사업연도로 할 수 있다.

④ 잉여금의 처분에 따른 배당소득의 귀속사업연도는 잉여금을 처분한 법인의 잉여금처분결의일(무기명주식의 보유에 의해 받는 배당소득의 경우 그 지급을 받은 날)이 속하는 사업연도로 한다.

▌손익의 귀속시기

이론형 Level 1

임대료 지급기간이 1년 이하인 경우로서 법인이 결산확정 시 이미 경과한 기간에 대응하는 임대료 상당액과 이에 대응하는 비용을 해당 사업연도의 수익과 손비로 계상한 경우에는 이를 해당 사업연도의 익금과 손금으로 한다. 즉, 임대료 지급기간이 1년 이하인 경우에는 법인이 결산확정 시 기간 경과분 임대료를 손익에 계상해야지만 이를 인정한다.

답 ②

139 법인세법령상 손익의 귀속시기에 대한 설명으로 옳지 않은 것은?

① 상품 등 외의 자산의 양도로 인한 익금의 귀속사업연도는 그 대금을 청산한 날이 속하는 사업연도로 하되, 대금을 청산하기 전에 소유권 등의 이전등기(등록을 포함)를 하거나 당해 자산을 인도하거나 상대방이 당해 자산을 사용수익하는 경우에는 그 이전등기일(등록일을 포함)·인도일 또는 사용수익일 중 빠른 날이 속하는 사업연도로 한다.

② 임대료 지급기간이 1년을 초과하는 경우 이미 경과한 기간에 대응하는 임대료 상당액과 비용은 실제 지급일이 속하는 사업연도의 익금과 손금으로 한다.

③ 중소기업인 법인이 수행하는 계약기간이 1년 미만인 건설·제조 기타 용역(도급공사 및 예약매출을 포함)의 제공으로 인한 익금과 손금은 그 목적물의 인도일이 속하는 사업연도의 익금과 손금에 산입할 수 있다.

④ 법인이 수입하는 배당금은 소득세법 시행령에 따른 수입시기에 해당하는 날이 속하는 사업연도의 익금에 산입하되, 법인세법 시행령상 금융회사 등이 금융채무 등 불이행자의 신용회복 지원과 채권의 공동추심을 위하여 공동으로 출자하여 설립한 자산유동화에 관한 법률에 따른 유동화전문회사로부터 수입하는 배당금은 실제로 지급받은 날이 속하는 사업연도의 익금에 산입한다.

▌손익의 귀속시기

이론형 Level 1

임대료 지급기간이 1년을 초과하는 경우 법인이 결산을 확정함에 있어서 수익과 비용으로 계상하지 않았더라도 이미 경과한 기간에 대응하는 임대료 상당액과 비용은 이를 각각 당해 사업연도의 익금과 손금으로 한다. ∵ 기간손익의 적정화 도모

답 ②

140 법인세법령상 손익의 귀속시기에 대한 설명으로 옳지 않은 것은?

① 건설·제조 기타 용역(도급공사 및 예약매출을 포함한다)의 제공에 대하여 기업회계기준에 따라 그 목적물의 인도일이 속하는 사업연도의 수익과 비용으로 계상한 경우 그 목적물의 인도일이 속하는 사업연도의 익금과 손금에 산입할 수 있다.

② 장기할부조건 등에 의하여 자산을 판매하거나 양도함으로써 발생한 채권에 대하여 기업회계기준이 정하는 바에 따라 현재가치로 평가하여 현재가치할인차금을 계상한 경우 해당 현재가치할인차금 상당액은 해당 채권의 회수기간동안 기업회계기준이 정하는 바에 따라 환입하였거나 환입할 금액을 각 사업연도의 익금에 산입한다.

③ 부동산 양도로 인한 손익의 귀속시기는 대금청산일, 소유권이전등기(등록)일, 인도일 또는 사용수익일 중 빠른 날로 한다.

④ 법인이 매출할인을 하는 경우 그 매출할인금액은 상대방과의 약정에 의한 지급기일이 속하는 사업연도의 매출액에서 차감하고, 그 지급기일이 정하여 있지 아니한 경우에는 매출한 날이 속하는 사업연도의 매출액에서 차감한다.

▌손익의 귀속시기

이론형 Level 1

법인이 매출할인을 하는 경우 그 매출할인금액은 상대방과의 약정에 의한 지급기일(그 지급기일이 정하여 있지 아니한 경우에는 지급한 날)이 속하는 사업연도의 매출액에서 차감한다.

답 ④

141 법인세법상 손익의 귀속사업연도에 관한 설명으로 옳지 않은 것은?

① 자산을 위탁판매하는 경우 수탁자가 그 위탁자산을 매매한 날이 속하는 사업연도의 익금으로 한다.

② 중소기업인 법인이 장기할부조건으로 자산을 판매하거나 양도한 경우에는 그 장기할부조건에 따라 각 사업연도에 회수하였거나 회수할 금액과 이에 대응하는 비용을 각각 해당 사업연도의 익금과 손금에 산입할 수 있다.

③ 법인이 장기할부조건 등에 의하여 자산을 판매하거나 양도함으로써 발생한 채권에 대하여 기업회계기준이 정하는 바에 따라 현재가치로 평가하여 현재가치할인차금을 계상한 경우 해당 현재가치할인차금 상당액은 해당 채권의 회수기간 동안 기업회계기준이 정하는 바에 따라 환입하였거나 환입할 금액을 각 사업연도의 익금에 산입한다.

④ 중소기업인 법인이 수행하는 계약기간이 1년 미만인 건설용역의 경우에는 그 목적물의 인도일이 속하는 사업연도의 익금과 손금에 산입할 수 있다.

⑤ 법인이 사채를 발행하는 경우에 상환할 사채금액의 합계액에서 사채발행가액(사채발행수수료와 사채발행을 위하여 직접 필수적으로 지출된 비용을 차감한 후의 가액을 말함)의 합계액을 공제한 금액을 기업회계기준에 의한 사채할인발행차금의 상각방법에 따라 상각한 금액은 각 사업연도의 손금에 산입할 수 없다.

▌손익의 귀속사업연도

이론형 Level 2

법인이 사채를 발행하는 경우에 상환할 사채금액의 합계액에서 사채발행가액(사채발행 수수료와 사채발행을 위하여 직접 필수적으로 지출된 비용을 차감한 후의 가액)의 합계액을 공제한 금액(사채할인발행차금)은 기업회계기준에 의한 사채할인발행차금의 상각방법에 따라 이를 손금에 산입한다. → 강제상각조정

답 ⑤

142
□□□ 제조업을 영위하는 영리내국법인 (주)A(중소기업 아님)의 제22기(2025.1.1. ~ 2025.12.31.) 손익의 귀속 사업연도에 관한 설명으로 옳은 것은?

① 자본시장과 금융투자업에 관한 법률에 따른 증권시장에서 동법에 의한 증권시장업무규정에 따라 보통거래방식의 유가증권 매매로 인한 익금과 손금의 귀속사업연도는 매매계약을 체결한 날이 속하는 사업연도로 한다.

② 장기할부조건으로 자산을 판매하고 인도기준으로 회계처리한 경우, 그 장기할부조건에 따라 각 사업연도에 회수하였거나 회수할 금액과 이에 대응하는 비용을 신고조정에 의하여 해당 사업연도의 익금과 손금에 산입할 수 있다.

③ 약정에 의한 지급기일이 2025.12.15.인 매출할인금액을 2026.1.15.에 지급한 경우 그 매출할인금액은 제22기의 매출액에서 차감한다.

④ 이미 경과한 기간에 대응하는 이자 300,000원을 제22기의 비용으로 계상한 경우 그 이자는 법인세법에 따라 원천징수되는 이자에 해당하지 않는 경우에만 제22기의 손금으로 한다.

⑤ 임대료 12,000,000원(임대계약기간: 2025.10.1. ~ 2026.9.30.)을 2025.10.1. 선불로 받는 조건으로 임대계약을 체결하고, 그 임대료를 제22기의 수익으로 계상하지 않은 경우 제22기의 법인세법상 임대료수익은 3,000,000원이다.

┃ 손익의 귀속사업연도   이론형 Level 2

(선지분석)
② 비중소기업은 장기할부판매에 대하여 회수기일 도래기준으로 신고조정할 수 없다.
③ 매출할인은 약정에 의한 지급기일(지급기일이 정하여 있지 아니한 경우에는 지급한 날)을 귀속시기로 하므로 제23기의 매출액에서 차감하여야 한다.
④ 미지급이자의 경우 원천징수와 관계없이 발생주의를 수용한다.
⑤ 임대료의 귀속시기는 원칙적으로 지급 약정일이다. 임대료 지급기간이 1년 이하인 경우 결산서에 기간 경과분 임대료 수익을 반영한 경우에만 이를 허용한다. 결산서에 계상하지 않은 경우 임대료의 귀속시기는 2025년 10월 1일로서 제22기의 임대료 수익은 12,000,000원이다.

답 ①

143 법인세법상 익금과 손금의 귀속시기에 관한 설명으로 옳지 않은 것은? 2019년 세무사

① 내국법인의 각 사업연도의 익금과 손금의 귀속사업연도는 그 익금과 손금이 확정된 날이 속하는 사업연도로 한다.

② 금융보험업을 영위하는 법인의 수입보험료(원천징수대상 아님)로서 해당 법인이 결산을 확정할 때 이미 경과한 기간에 대응하는 보험료 상당액을 해당 사업연도에 수익으로 계상한 경우에는 그 계상한 사업연도의 익금으로 한다.

③ 제조업을 영위하는 법인이 원천징수 대상인 이자에 대하여 결산상 미수이자를 계상한 경우에는 그 계상한 사업연도의 익금에 산입되지 않는다.

④ 중소기업이 아닌 법인이 장기할부조건으로 자산을 판매하고 인도기준으로 회계처리한 경우, 그 장기할부조건에 따라 각 사업연도에 회수하였거나 회수할 금액과 이에 대응하는 비용을 신고조정에 의하여 해당 사업연도의 익금과 손금에 산입할 수 있다.

⑤ 계약의 목적물을 인도하지 아니하고 목적물의 가액 변동에 따른 차액을 금전으로 정산하는 파생상품의 거래로 인한 손익은 그 거래에서 정하는 대금결제일이 속하는 사업연도의 익금과 손금으로 한다.

▌ 익금과 손금의 귀속시기 이론형 Level 2

중소기업이 아닌 법인이 회수기일도래기준을 적용하기 위해서는 결산에 반영하여야 한다. → 신고조정 불가

답 ④

---

144 법인세법상 손익귀속시기에 대한 설명이다. 옳지 않은 것은? 2020년 회계사

① 금융보험업 이외의 법인이 원천징수되는 이자로서 이미 경과한 기간에 대응하는 이자를 해당 사업연도의 수익으로 계상한 경우 그 계상한 사업연도의 익금으로 본다.

② 중소기업이 수행하는 계약기간 1년 미만인 건설용역의 제공으로 인한 수익은 그 목적물의 인도일이 속하는 사업연도에 익금에 산입할 수 있다.

③ 세법에 따라 영수증을 작성·교부할 수 있는 사업을 영위하는 법인이 금전등록기를 설치·사용하는 경우 그 수입하는 물품대금과 용역대가의 귀속사업연도는 그 금액이 실제로 수입된 사업연도로 할 수 있다.

④ 중소기업의 경우 장기할부매출에 대하여 결산상 회계처리에 관계없이 장기할부조건에 따라 각 사업연도에 회수하였거나 회수할 금액과 이에 대응하는 비용을 각각 해당 사업연도의 익금과 손금에 산입할 수 있다.

⑤ 결산을 확정함에 있어 이미 경과한 기간에 대응하는 임대료 상당액과 이에 대응하는 비용을 당해 사업연도의 수익과 손비로 계상한 경우 이를 각각 당해 사업연도의 익금과 손금으로 한다.

▌ 손익귀속시기 이론형 Level 2

금융보험업 이외의 법인이 원천징수되는 이자로서 이미 경과한 기간에 대응하는 이자를 해당 사업연도의 수익으로 계상한 경우 그 계상한 사업연도의 익금으로 보지 아니한다. 그 이유는 원천징수대상 이자소득에 대하여 미수이자계상분을 익금으로 인정한다면 원천징수의무자가 실제로 이자를 지급할 때 지급받을 자가 기간경과분 미수이자에 대하여 익금에 산입하여 법인세를 이미 납부하였는지 여부를 일일이 확인하는 것이 현실적으로 불가능하기 때문이다.

답 ①

145 법인세법령상 내국법인의 손익귀속시기에 대한 설명으로 옳은 것만을 모두 고르면? 2021년 국가직 7급

> ㄱ. 중소기업인 (주)A가 장기할부조건으로 자산을 판매한 경우에는 그 장기할부조건에 따라 각 사업연도에 회수하였거나 회수할 금액을 해당 사업연도의 익금에 산입할 수 있다.
> ㄴ. 중소기업인 (주)B가 장기할부조건 등에 의하여 자산을 양도함으로써 발생한 채권에 대하여 기업회계기준이 정하는 바에 따라 현재가치로 평가하여 현재가치할인차금을 계상한 경우 해당 현재가치할인차금상당액은 해당 채권의 회수기간 동안 기업회계기준이 정하는 바에 따라 환입하였거나 환입할 금액을 각 사업연도의 익금에 산입한다.
> ㄷ. 중소기업인 (주)C가 수행하는 계약기간이 1년 미만인 건설 등의 제공으로 인한 익금은 그 목적물의 인도일이 속하는 사업연도의 익금에 산입할 수 있다.
> ㄹ. 제조업을 경영하는 (주)D가 결산을 확정할 때 이미 경과한 기간에 대응하는 이자(법인세법에 따라 원천징수되는 이자를 포함)를 해당 사업연도의 수익으로 계상한 경우에는 그 계상한 사업연도의 익금으로 한다.

① ㄱ, ㄹ
② ㄴ, ㄷ
③ ㄱ, ㄴ, ㄷ
④ ㄱ, ㄴ, ㄷ, ㄹ

| 손익의 귀속시기 이론형 Level 1

옳은 것은 ㄱ, ㄴ, ㄷ이다.

(선지분석)
ㄹ. 제조업을 경영하는 (주)D가 결산을 확정할 때 이미 경과한 기간에 대응하는 이자(법인세법에 따라 원천징수되는 이자를 제외)를 해당 사업연도의 수익으로 계상한 경우에는 그 계상한 사업연도의 익금으로 한다.

답 ③

146 법인세법령상 내국법인의 손익의 귀속시기와 자산·부채의 평가에 대한 설명으로 옳은 것은? 2024년 국가직 9급

① 받을어음을 배서양도하는 경우에는 기업회계기준에 의한 손익인식방법에 따라 관련 손익의 귀속사업연도를 정한다.
② 「보험업법」이나 그 밖의 법률에 따른 유형자산의 평가손실은 평가일이 속하는 사업연도의 소득금액을 계산할 때 손금에 산입한다.
③ 유형자산의 취득과 함께 공채를 매입하는 경우 기업회계기준에 따라 그 공채의 매입가액과 현재가치의 차액을 해당 유형자산의 취득가액으로 계상하더라도 그 차액은 취득가액에 포함하지 아니한다.
④ 「특정 금융거래정보의 보고 및 이용 등에 관한 법률」 제2조 제3호에 따른 가상자산은 개별법에 따라 평가해야 한다.

| 손익의 귀속시기와 자산·부채의 평가 이론형 Level 1

(선지분석)
② 「보험업법」이나 그 밖의 법률에 따른 유형자산의 평가이익만 익금으로 산입한다.
③ 유형자산의 취득과 함께 국·공채를 매입하는 경우 기업회계기준에 따라 그 국·공채의 매입가액과 현재가치의 차액을 해당 유형자산의 취득가액으로 계상한 금액은 취득가액에 포함한다.
④ 가상자산은 선입선출법에 따라 평가해야 한다.

답 ①

147 다음은 (주)甲의 제5기(2025년 1월 1일 ~ 12월 31일)에 발생한 할부판매와 관련된 자료이다. 회사는 결산상 회수기일도래기준을 적용하여 수익을 인식하고 있다. 아래의 자료 이외에 고려해야 할 다른 사항이 없다고 가정할 때, (주)甲이 제5기에 익금으로 인식할 금액은? (단, 회사는 제5기에 익금을 최대한 적게 인식하는 방향으로 결정하였다고 가정함)

2012년 국가직 7급 변형

구분	총판매대금	인도일	제5기 대금 회수액	계약서상의 대금회수조건
A제품	120,000,000원	2025년 3월 30일	30,000,000원	인도 후 매 6개월마다 30,000,000원씩 회수
B제품	60,000,000원	2025년 6월 30일	40,000,000원	인도 후 매 3개월마다 20,000,000원씩 회수

① 30,000,000원
② 70,000,000원
③ 90,000,000원
④ 180,000,000원

| 손익귀속시기 계산형

구분	익금	비고
A제품	30,000,000원	장기할부판매이므로 세부담최소화 가정에 따라 회수기일도래기준 적게 인식됨
B제품	60,000,000원	단기할부판매의 경우 인도일에 전액 익금으로 인식함
합계	90,000,000원	-

답 ③

---

148 영리내국법인 (주)A는 제10기 사업연도(2025년 1월 1일 ~ 12월 31일) 7월 1일에 다음과 같은 조건으로 제품을 할부판매하였다. (주)A가 할부판매 거래에 대해 선택지와 같이 각각 회계처리했다고 가정할 경우 세무조정이 필요한 것은? [단, (주)A는 중소기업에 해당하지 아니하며, 회계처리의 기업회계기준 위배 여부와 대응하는 매출원가는 고려하지 아니함]

2016년 국가직 9급 변형

- 총 할부매출채권: 40백만 원
- 대금회수조건: 매월 25일에 2백만 원씩 20개월간 회수
- 제10기 중 현금 회수액: 14백만 원(2026년 1월분 선수금액이 포함되어 있음)
- 총 할부매출채권의 기업회계기준에 의한 현재가치: 36백만 원

① (차) 장기매출채권 40백만 원 (대) 매 출 40백만 원
② (차) 장기매출채권 40백만 원 (대) 매 출 36백만 원
       현재가치할인차금 4백만 원
③ (차) 현 금 14백만 원 (대) 매 출 14백만 원
④ (차) 현 금 14백만 원 (대) 매 출 12백만 원
       선수금 2백만 원

장기할부조건에 따른 회수기일 이전에 회수한 2,000,000원은 선수금으로 처리하여 익금불산입하여야 한다. 이는 2026년 익금이기 때문이다.

(선지분석)

구분	손익귀속시기	익금산입할 금액	세무조정
①	인도기준	명목가액	불필요
②	인도기준	현재가치	불필요
④	회수기일 도래기준	회수하였거나 회수할 금액	불필요

답 ③

149 다음은 영리내국법인 (주)A(중소기업임)의 제22기 사업연도(2025.1.1. ~ 12.31.) 할부판매 관련 자료이다. 할부매출액에 대한 세무조정이 제22기 각 사업연도 소득금액에 미치는 영향으로 옳은 것은?

2014년 회계사 변형

(1) 모든 할부판매는 인도일이 속하는 달의 말일부터 매월 1,000,000원씩 할부기간에 걸쳐 대금을 회수하기로 약정하였으며, 거래별 내역은 다음과 같다.

구분	제품인도일	총판매대금	할부기간	제22기의 대금회수액
거래1	2025.11.1.	10,000,000원	10개월	2,000,000원
거래2	2025.3.1.	20,000,000원	20개월	10,000,000원

(2) 제22기 결산상 회계처리
 • 거래1에 대하여 대금회수액을 회수일에 각각 매출액으로 계상하였다.
 • 거래2에 대하여 인도일에 총판매대금을 매출액으로 계상하였다.
(3) 할부매출원가에 대한 세무조정은 고려하지 아니하며, 제22기 법인세 부담의 최소화를 가정하여 세무조정 할 것.

① 영향 없음
② 10,000,000원 증가
③ 8,000,000원 증가
④ 10,000,000원 감소
⑤ 2,000,000원 감소

구분	결산상 매출	세법상 익금	세무조정
거래1	2,000,000원	10,000,000원	8,000,000원
거래2	20,000,000원	10,000,000원	(−) 10,000,000원
합계			(−) 2,000,000원

[거래1] 단기할부판매의 경우 인도시점을 귀속시기로 한다. 따라서 인도가액 전액을 익금으로 본다.
[거래2] 중소기업의 장기할부판매는 신고조정에 의해 회수기일도래기준으로 익금에 산입할 수 있다. 세부담 최소화 가정에 따라 당기 회수기일도래금액인 10,000,000원을 세무상 익금으로 본다.

답 ⑤

150 다음은 제조업을 주업으로 하는 내국법인 (주)A(중소기업 아님)의 제22기 사업연도(2025.1.1. ~ 12.31.) 세무조정을 위한 자료이다. 제22기에 필요한 세무조정을 적정하게 하였을 경우, 이같은 세무조정이 제22기 각 사업연도의 소득금액에 미친 순영향으로 옳은 것은? (단, 법인세법에서 정하는 익금과 손금의 요건을 모두 충족하고, 손금에 대한 법정한도금액은 초과하지 않으며, 주어진 자료 이외에는 고려하지 않음)

2018년 세무사 변형

(주)A의 제22기 결산서에 반영된 사항	비 고
배당금수익 1,000,000원 (해산한 법인(주)B의 잔여재산 분배로 의한 의제배당)	• (주)B의 해산등기일: 2025.12.31. • (주)B의 잔여재산가액확정일: 2026.12.31.
선급비용 1,000,000원 (지출 후 이연처리한 기업업무추진비)	• 기업업무추진비 지출일: 2025.12.31. • 결산상 손비계상일: 2026.1.31.
영업외비용 1,000,000원 (어음을 발행하여 지출한 기부금)	• 어음발행일: 2025.12.31. • 어음결제일: 2026.1.31.
영업외수익 1,000,000원 (유형자산 양도로 인한 처분이익)	• 매수자의 사용수익일: 2025.12.31. • 대금청산일: 2026.1.31.

① (-) 2,000,000원

② (-) 1,000,000원

③ 0원

④ (+) 1,000,000원

⑤ (+) 2,000,000원

▎손익귀속시기   계산형

구분	세무조정			귀속시기
해산 시 의제배당	(-) 익금불산입	1,000,000원	△유보	해산 시 의제배당: 잔여재산가액확정일
선급비용(기업업무추진비)	(-) 손금산입	1,000,000원	△유보	기업업무추진비: 발생주의
영업외비용(기부금)	(+) 손금불산입	1,000,000원	유보	어음 기부금: 어음결제일
영업외수익		-		유형자산 양도: 빠른날(대금청산일, 소유권이전등기일, 인도일, 사용수익일)
합계		(-) 1,000,000원		-

답 ②

151 법인세법상 자산 및 부채의 평가손익이 인정되지 않는 것은?   2008년 국가직 7급

① 보험업법에 의한 유형자산 및 무형자산 등의 평가손실

② 은행법에 의한 인가를 받아 설립한 금융기관이 보유하는 통화선도와 통화스왑의 평가손실

③ 은행법에 의한 인가를 받아 설립한 금융기관이 보유하는 외화자산 및 부채의 평가이익

④ 파손·부패 등의 사유로 인해 정상가격으로 판매할 수 없는 재고자산 평가손실

▎자산 및 부채의 평가손익   이론형 Level 1

보험업법이나 그 밖의 법률에 따른 유형자산 또는 무형자산의 평가(장부가액을 증액한 경우만 해당함)의 경우에는 해당 자산의 장부가액을 평가 후의 가액으로 한다. 따라서 보험업법 등에 따른 고정자산의 평가는 <u>평가이익</u>만을 인정한다.

(선지분석)

④ 감액한 사유가 발생한 사업연도에 평가손실을 결산서에 비용으로 계상한 경우에만 손금으로 인정한다.

답 ①

152 법인세법상 영리내국법인이 보유하는 자산에 대한 평가손실을 허용하지 않는 경우는? 2020년 세무사

① 보험업법이나 그 밖의 법률에 따른 유형자산의 평가로 장부가액을 감액한 경우
② 주권상장법인이 발행한 주식으로서 주식의 발행법인이 부도가 발생한 경우
③ 유형자산으로서 천재지변·화재 등의 사유로 파손되거나 멸실된 경우
④ 재고자산으로서 파손·부패 등의 사유로 정상가격으로 판매할 수 없는 경우
⑤ 주권상장법인이 발행한 주식으로서 그 주식의 발행법인이 기업구조조정촉진법에 따른 부실징후기업이 된 경우

| 자산에 대한 평가손실 | 이론형 Level 1 |

보험업법이나 그 밖의 법률에 따른 유형자산 및 무형자산 등의 평가는 평가이익만 허용한다.

답 ①

153 법인세법상 자산의 취득가액에 대한 설명으로 옳지 않은 것은? 2008년 국가직 9급

① 시가가 1억 원인 토지를 정당한 사유 없이 특수관계가 없는 자로부터 1억 3천만 원에 매입하고 당해 금액을 취득가액으로 계상한 경우 세법상 취득가액으로 인정된다.
② 재고자산의 매입을 위하여 조달한 차입금에 대한 이자비용은 취득가액에 포함되지 않는다.
③ 시가 5천만 원인 주식을 발행하여 시가 4천만 원의 건물을 현물출자 받은 경우 세법상 건물의 취득가액은 5천만 원이다.
④ 자산을 법령의 규정에 의한 장기할부조건 등으로 취득하는 경우 발생한 채무를 기업회계기준에 따라 현재가치로 평가하여 계상하는 현재가치할인차금은 이를 취득가액에 포함하지 않는다.

| 자산의 취득가액 | 이론형 Level 1 |

현물출자로 법인이 취득한 자산의 취득가액은 <u>해당 자산의 시가</u>로 한다. 따라서 세법상 건물의 취득가액은 건물의 시가 4천만 원이다.

(선지분석)
① 특수관계인 외의 자로부터 정당한 사유 없이 유형고정자산을 취득하면서 정상가액(시가에 30% 가산한 금액)보다 높은 가격으로 매입한 경우 정상가액을 세무상 취득가액으로 인정한다.
② 사업용 유형 및 무형자산에 대한 건설자금이자만 자산의 취득가액에 포함한다.

답 ③

154 법인세법상 자산의 취득가액에 관한 설명으로 옳지 않은 것은?

① 적격물적분할에 따라 분할법인이 취득하는 주식의 세무상 취득가액은 물적분할한 순자산의 장부가액이다.

② 주식배당으로 A 회사 주식 1,000주(1주당 발행가액 10,000원, 1주당 액면가액 5,000원)를 수령한 경우, 동 무상주의 세무상 취득가액은 1천만 원이다.

③ 매입대금을 매월 1백만 원씩 30회에 걸쳐 분할하여 지급하는 조건으로 기계장치를 취득하고 명목가액인 3천만 원(현재가치 2천만 원)을 장부상 취득원가로 계상한 경우, 동 기계장치의 세무상 취득가액은 3천만 원이다.

④ 특수관계인인 개인으로부터 토지를 10억 원(시가 12억 원)에 매입하고 실제지급액인 10억 원을 장부상 취득원가로 계상한 경우, 동 토지의 세무상 취득가액은 10억 원이다.

⑤ 본사건물 신축을 위하여 10억 원에 토지를 매입하고 동 토지의 취득을 위한 특정차입금이자 1천만 원을 장부상 이자비용으로 계상한 경우, 동 토지의 세무상 취득가액은 10억 1천만 원이다.

▌자산의 취득가액

이론형 Level 1

적격물적분할에 따라 분할법인이 취득하는 주식의 세무상 취득가액은 물적분할한 순자산의 시가이다. 단, 압축기장충당금을 설정할 수 있다.

(선지분석)

② 주식배당은 발행가액이 취득가액이며, 10,000원 × 1,000주 = 10,000,000원이다.

③ 현재가치할인차금 등을 계상하지 아니하고 취득원가를 명목가액으로 결산에 반영한 경우에는 명목가액을 세법상 취득가액으로 본다.

④ 토지를 저가매입한 경우에는 부당행위계산부인규정이 적용되지 아니하므로 실제로 지급한 금액을 취득원가로 한다.

⑤ 특정차입금이자는 비용으로 처리하였더라도 세법상 자산의 취득원가로 본다.

답 ①

155 법인세법은 일정한 자산에 대하여 법인이 기한 내에 평가방법을 신고하지 않는 경우에는 납세지 관할 세무서장이 법인세법에서 규정한 방법에 따라 평가하도록 규정하고 있다. 이러한 경우 재고자산(매매 목적 부동산 제외)과 유가증권에 대한 법인세법상 평가방법이 바르게 연결된 것은?

	재고자산	유가증권		재고자산	유가증권
①	후입선출법	총평균법	②	선입선출법	총평균법
③	총평균법	이동평균법	④	이동평균법	개별법

▌재고자산 평가방법

이론형 Level 1

재고자산의 무신고 시 선입선출법, 매매 목적용 부동산은 개별법으로 평가하며, 유가증권 무신고 시 총평균법에 의해 평가한다.

구분	평가방법	무신고 시 평가방법
재고자산	원가법 (개별법, 선입선출법, 후입선출법, 총평균법, 이동평균법, 매출가격환원법) 저가법	선입선출법
부동산 (매매 목적용)		개별법
채권	개별법, 총평균법, 이동평균법	총평균법
주식	총평균법, 이동평균법	총평균법

답 ②

156 법인세법상 재고자산 및 유가증권의 평가방법에 대한 설명으로 옳지 않은 것은? 2015년 국가직 9급

① 법인이 보유한 주식의 평가는 개별법, 총평균법, 이동평균법 중 법인이 납세지 관할 세무서장에 게 신고한 방법에 의한다.

② 법인의 재고자산평가는 원가법과 저가법 중 법인이 납세지 관할 세무서장에게 신고한 방법에 의한다.

③ 법인의 재고자산평가는 자산과목별로 구분하여 종류별·영업장별로 각각 다른 방법으로 평가할 수 있다.

④ 법인이 재고자산평가와 관련하여 신고한 평가방법 이외의 방법으로 평가한 경우에는 무신고 시 의 평가방법과 당초에 신고한 방법 중 평가가액이 큰 평가방법에 의한다.

| 평가방법 이론형 Level 1

법인세법에서 주식의 평가는 총평균법, 이동평균법 중 관할 세무서장에게 신고한 방법에 의해서만 평가하며, 채권의 평가는 개별법, 총평균법, 이동평균법 중 관할 세무서장에게 신고한 방법에 따른다.

답 ①

---

157 법인세법상 재고자산의 평가에 관한 설명으로 옳지 않은 것은? 2013년 국가직 9급

① 법정기한 내에 재고자산 평가방법을 신고하지 아니한 경우 매매를 목적으로 소유하는 부동산은 납세지 관할 세무서장이 선입선출법에 의하여 평가한다.

② 재고자산은 영업장별로 다른 방법에 의하여 평가할 수 있다.

③ 신설법인이 재고자산 평가방법을 신고하고자 하는 때에는 설립일이 속하는 사업연도의 법인세 과세표준 신고기한 내에 신고하여야 한다.

④ 법인이 신고한 재고자산 평가방법을 변경하고자 하는 경우 변경할 평가방법을 적용하고자 하는 사업연도의 종료일 이전 3월이 되는 날까지 신고하여야 한다.

| 재고자산의 평가 이론형 Level 1

기한 내에 재고자산의 평가방법을 신고하지 아니한 경우에는 납세지 관할 세무서장이 선입선출법(매매를 목적으로 소유하는 부동산의 경우에는 개별법으로 함)에 의하여 재고자산을 평가한다.

답 ①

158 법인세법상 재고자산의 평가에 관한 설명으로 옳지 않은 것은? 2009년 국가직 7급

① 신설법인이 법령의 규정에 의한 신고기한 내에 재고자산의 평가방법을 신고하지 아니한 경우에는 납세지 관할 세무서장이 선입선출법(매매를 목적으로 소유하는 부동산의 경우에는 개별법으로 함)에 의하여 재고자산을 평가한다.

② 신설법인은 당해 법인의 설립일이 속하는 사업연도의 법인세과세표준의 신고기한 내에 재고자산의 평가방법을 신고하고자 하는 때에는 법령이 정하는 재고자산 등 평가방법신고서를 납세지 관할 세무서장에게 제출하여야 한다.

③ 법령의 규정에 의한 기한 내에 재고자산의 평가방법변경신고를 하지 아니하고 그 방법을 변경한 경우에는 신고한 평가방법에 의하여 평가한 가액과 선입선출법에 의하여 평가한 가액 중 작은 금액으로 평가한다.

④ 재고자산의 평가방법을 신고한 법인으로서 그 평가방법을 변경하고자 하는 법인은 변경할 평가방법을 적용하고자 하는 사업연도의 종료일 이전 3월이 되는 날까지 법령이 정하는 재고자산 등 평가방법변경신고서를 납세지 관할 세무서장에게 제출하여야 한다.

| 재고자산의 평가　　　　　　　　　　　　　　　　　　　　이론형 Level 1

법령의 규정에 의한 기한 내에 재고자산의 평가방법변경신고를 하지 아니하고 그 방법을 변경한 경우에는 신고한 평가방법에 의하여 평가한 가액과 선입선출법에 의하여 평가한 가액 중 <u>큰 금액</u>으로 평가한다.

답 ③

---

159 내국법인 (주)우주의 제24기(2024.1.1. ~ 12.31.)말 현재 재고자산 관련 자료이다. 재고자산에 대한 제24기의 세무조정은? 2024년 국가직 9급

- 재고자산 평가자료

구 분	제 품	반제품
회사 평가액	1,500,000원	600,000원
선입선출법	1,800,000원	600,000원
후입선출법	1,200,000원	400,000원
총평균법	1,500,000원	500,000원
신고한 평가방법	총평균법	총평균법

- 제품은 제23기까지 후입선출법으로 신고하고 평가하였으나, 2024.10.4. 총평균법으로 변경신고하고 평가하였다.
- 반제품은 제23기와 제24기 모두 총평균법으로 신고하고 평가하였으나, 계산상의 착오로 600,000원으로 평가한 것으로 과세당국이 수용하였다.

① 익금산입 100,000원(유보)　　　　② 익금산입 200,000원(유보)
③ 익금산입 300,000원(유보)　　　　④ 익금산입 400,000원(유보)

| 재고자산 평가　　　　　　　　　　　　　　　　　　　　　　계산형

익금산입은 200,000원(유보)이다.

구 분		회사계상액	세법	세무조정
제품	임의변경	1,500,000	Max[1,200,000, 1,800,000]	익금산입 300,000(유보)
반제품	단순착오	600,000	500,000	손금산입 100,000(△유보)

답 ②

---

160 법인세법령상 내국법인의 자산의 취득가액과 평가에 관한 설명으로 옳은 것은? 2018년 국가직 9급

① 재고자산의 평가방법을 신고한 법인이 그 평가방법을 변경하기 위하여 재고자산 등 평가방법변경신고서를 납세지 관할 세무서장에게 제출하려고 하는 경우에는 변경할 평가방법을 적용하고자 하는 사업연도의 종료일 이전 2월이 되는 날까지 제출하여야 한다.

② 유형고정자산의 취득과 함께 국·공채를 매입하는 경우 기업회계기준에 따라 그 국·공채의 매입가액과 현재가치의 차액을 당해 유형고정자산의 취득가액으로 계상했더라도 그 금액은 자산의 취득가액에 포함하지 아니한다.

③ 재고자산이 부패로 인해 정상가격으로 판매할 수 없게 된 경우 그 사유가 발생한 사업연도 종료일 현재의 처분가능한 시가로 자산의 장부가액을 감액할 수 있고 그 감액분을 신고조정을 통해 손금산입할 수 있다.

④ 매매를 목적으로 소유하는 재고자산인 부동산의 평가방법을 법령에 따른 기한 내에 신고하지 아니한 경우, 납세지 관할 세무서장은 그 재고자산을 개별법에 의하여 평가한다.

| 자산의 취득가액과 평가 이론형 Level 1

선지분석

① 재고자산 변경신고 시에는 사업연도 종료일 이전 3개월이 되는 날까지 제출하여야 한다.
② 유형고정자산 취득 시 함께 취득한 국·공채 매입가액과 현재가치 차액을 취득가액으로 계상한 경우 취득가액에 포함한다.
③ 재고자산 부패로 인해 정상가격으로 판매할 수 없게 된 경우에는 해당 감액사유가 발생한 사업연도에 감액한 금액을 해당 사업연도의 손비로 계상하는 경우만 손금으로 인정하는 결산조정사항이다.

답 ④

161 법인세법령상 내국법인의 자산·부채의 평가에 대한 설명으로 옳지 않은 것은? 2019년 국가직 9급

① 자산을 법령에 따른 장기할부조건 등으로 취득하는 경우 발생한 채무를 기업회계기준이 정하는 바에 따라 현재가치로 평가하여 현재가치할인차금으로 계상한 경우의 당해 현재가치할인차금은 취득가액에 포함하지 아니한다.

② 유형자산의 취득과 함께 국·공채를 매입하는 경우 기업회계기준에 따라 그 국·공채의 매입가액과 현재가치의 차액을 해당 유형자산의 취득가액으로 계상한 금액은 유형자산의 취득가액에 포함한다.

③ 기업회계기준에 따라 단기매매항목으로 분류된 금융자산 및 파생상품의 취득가액은 매입가액으로 한다.

④ 내국법인이 보유하는 보험업법이나 그 밖의 법률에 따른 유형자산 및 무형자산 등의 장부가액을 증액 또는 감액 평가한 경우에는 그 평가일이 속하는 사업연도 및 그 후의 사업연도의 소득금액을 계산할 때 그 장부가액은 평가한 후의 금액으로 한다.

| 자산·부채의 평가 이론형 Level 1

> **법인세법 제42조 【자산·부채의 평가】** ① 내국법인이 보유하는 자산과 부채의 장부가액을 증액 또는 감액(감가상각은 제외하며, 이하 이 조에서 "평가"라 한다)한 경우에는 그 평가일이 속하는 사업연도와 그 후의 각 사업연도의 소득금액을 계산할 때 그 자산과 부채의 장부가액은 평가 전의 가액으로 한다. 다만, 다음 각 호의 어느 하나에 해당하는 경우에는 그렇지 않다.
> 1. 보험업법이나 그 밖의 법률에 따른 유형자산 및 무형자산 등의 평가(장부가액을 증액한 경우만 해당한다)
> 2. 재고자산 등 대통령령으로 정하는 자산과 부채의 평가

답 ④

162 법인세법상 자산·부채의 평가에 관한 설명으로 옳지 않은 것은?

① 기업회계에 따른 상업적 실질이 결여되어 있는 자산 간의 교환으로 취득한 자산의 취득원가는 교환으로 인하여 취득한 자산의 취득 당시의 시가로 한다.

② 유형자산의 취득과 함께 국·공채를 매입하는 경우 기업회계기준에 따라 그 국·공채의 매입가액과 현재가치의 차액을 당해 유형자산의 취득가액으로 계상한 금액은 유형자산의 취득가액에 포함한다.

③ 상품매매업을 영위하는 법인이 보유하는 화폐성 외화자산·부채에 대한 평가방법을 사업연도 종료일 현재의 매매기준율로 신고하면 이후에는 변경할 수 없으며 신고된 평가방법을 계속하여 적용하여야 한다.

④ 제조업을 영위하는 법인이 기한 내에 신고한 재고자산 평가방법 외의 방법으로 평가한 경우, 납세지 관할 세무서장은 회사가 신고한 평가방법에 의하여 평가한 가액과 선입선출법에 의하여 평가한 가액 중 큰 금액으로 재고자산을 평가한다.

⑤ 자산을 장기할부조건 등으로 취득하는 경우 발생한 채무를 기업회계기준에서 정하는 바에 따라 현재가치로 평가하여 현재가치할인차금으로 계상한 경우 해당 현재가치할인차금을 취득가액에 포함하지 않는다.

▌자산·부채의 평가

이론형 Level 2

금융기관 외의 법인이 화폐성 외화자산·부채에 대해 신고한 평가방법은 그 후의 사업연도에 계속하여 적용하여야 한다. 단, 신고한 평가방법을 적용한 사업연도를 포함하여 5개 사업연도가 지난 후에는 다른 방법으로 신고를 하여 변경된 평가방법을 적용할 수 있다.

답 ③

163 법인세법령상 손익의 귀속시기와 자산·부채의 평가에 대한 설명으로 옳지 않은 것은?

① 계약기간이 1년 미만인 단기건설도급공사의 경우에 법인이 당해 사업연도의 결산을 확정함에 있어서 작업진행률을 기준으로 손익을 계상한 경우 세법상 이를 인정한다.

② 재고자산이 파손되어 정상가격으로 판매할 수 없게 된 경우에는 당해 감액사유가 발생한 사업연도에 당해 재고자산의 장부가액을 사업연도 종료일 현재 처분 가능한 시가로 평가한 가액으로 감액할 수 있다.

③ 임대료 지급기간이 1년을 초과하는 경우 이미 경과한 기간에 대응하는 임대료 상당액과 비용은 이를 각각 그 당해 사업연도의 익금과 손금으로 한다.

④ 특수관계인 외의 자로부터 정당한 사유 없이 유형자산을 취득하면서 정상가액보다 높은 가격으로 매입하고 실제 지급한 매입가액을 장부상 취득원가로 계상한 경우, 그 실제 매입가액을 세무상 취득가액으로 인정한다.

▌손익의 귀속시기와 자산·부채의 평가

이론형 Level 1

특수관계인 외의 자로부터 정당한 사유 없이 유형자산을 취득하면서 정상가액보다 높은 가격으로 매입하고 실제 지급한 매입가액을 장부상 취득원가로 계상한 경우, 그 정상가액을 세무상 취득가액으로 인정한다.

답 ④

법인세법상 손익의 귀속시기와 자산·부채의 평가에 관한 설명으로 옳은 것은 모두 몇 개인가?

> ㄱ. 투자회사 등이 결산을 확정할 때 증권 등의 투자와 관련된 수익 중 이미 경과한 기간에 대응하는 이자 및 할인액과 배당소득을 해당 사업연도의 수익으로 계상한 경우에는 그 계상한 연도의 익금에 산입하지 아니한다.
>
> ㄴ. 장기할부조건으로 자산을 판매함으로써 발생한 채권에 대하여 기업회계기준이 정하는 바에 따라 현재가치로 평가하여 현재가치할인차금을 계상하고 이를 해당 채권의 회수기간동안 기업회계기준이 정하는 바에 따라 환입한 금액은 각 사업연도의 익금에 산입하지 아니한다.
>
> ㄷ. 자산을 장기할부조건으로 취득하는 경우 발생한 채무를 기업회계기준이 정하는 바에 따라 현재가치로 평가하여 계상한 현재가치할인차금은 취득가액에 포함하지 아니한다.
>
> ㄹ. 보험업법이나 그 밖의 법률에 따라 고정자산을 증액하거나 감액(감가상각 제외)하는 경우에는 증액하거나 감액한 후의 금액을 장부금액으로 한다.

① 1개 ② 2개
③ 3개 ④ 4개

| **손익의 귀속시기와 자산·부채의 평가** | 이론형 Level 1 |

옳은 것은 1개(ㄷ)이다.

ㄷ. 자산을 장기할부조건으로 취득하는 경우 발생한 채무를 기업회계기준이 정하는 바에 따라 현재가치로 평가하여 계상한 현재가치할인차금은 취득가액에 포함하지 아니한다.

(선지분석)

ㄱ. 투자회사 등이 결산을 확정할 때 증권 등의 투자와 관련된 수익 중 이미 경과한 기간에 대응하는 이자 및 할인액과 배당소득을 해당 사업연도의 수익으로 계상한 경우에는 그 계상한 연도의 익금에 산입한다.

ㄴ. 장기할부조건으로 자산을 판매함으로써 발생한 채권에 대하여 기업회계기준이 정하는 바에 따라 현재가치로 평가하여 현재가치할인차금을 계상하고 이를 해당 채권의 회수기간동안 기업회계기준이 정하는 바에 따라 환입한 금액은 각 사업연도의 익금에 산입한다.

ㄹ. 보험업법이나 그 밖의 법률에 따라 고정자산을 증액하는 경우에는 증액한 금액을 장부금액으로 한다. → 감액 ✕

답 ①

165

법인세법령상 내국법인의 자산·부채의 평가와 손익의 귀속 사업연도에 대한 설명으로 옳지 않은 것은?

2019년 국가직 7급

① 법인세법 시행령 제61조 제2항 제1호부터 제7호까지의 금융회사 등 외의 법인이 보유하는 기업회계기준에 따른 화폐성 외화자산과 부채를 사업연도 종료일 현재의 매매기준율로 평가하는 방법으로 관할 세무서장에게 신고한 경우에는 이 방법을 적용할 수 있다.

② 내국법인이 한국채택국제회계기준을 최초로 적용하는 사업연도에 재고자산평가방법을 법인세법 시행령 제74조 제1항 제1호 다목에 따른 후입선출법에서 법인세법 시행령 제74조 제1항 각호에 따른 다른 재고자산평가방법으로 납세지 관할 세무서장에게 변경신고한 경우에는 해당 사업연도의 소득금액을 계산할 때 법인세법 제42조의2 제1항에 따른 재고자산평가차익을 익금에 산입하지 아니할 수 있다.

③ 내국법인이 재고자산의 평가방법을 신고하지 아니하여 법인세법 시행령 제74조 제4항에 따른 평가방법을 적용받는 경우에 그 평가방법을 변경하려면 변경할 평가방법을 적용하려는 사업연도의 종료일 전 3개월이 되는 날까지 변경신고를 하여야 한다.

④ 내국법인이 법인세법 시행령 제74조 제3항에 따른 기한 내에 관할 세무서장에게 유가증권의 평가방법을 신고하지 아니한 경우에는 개별법(채권의 경우에 한함), 총평균법 및 이동평균법 중 가장 큰 금액을 해당 유가증권의 평가액으로 한다.

▌자산·부채의 평가   이론형 Level 1

유가증권 무신고 시 총평균법에 의해 평가한다.

답 ④

166

법인세법상 손익의 귀속시기와 자산·부채의 취득가액 및 평가에 관한 설명으로 옳은 것은? 2016년 세무사

① 내국법인이 수행하는 계약기간 3년 미만인 건설 등의 제공으로 인한 익금과 손금은 그 목적물의 인도일이 속하는 사업연도의 익금과 손금에 산입하여야 한다.

② 상품 등 외의 자산의 양도로 인한 익금 및 손금의 귀속사업연도는 그 대금을 청산하기로 한 날이 속하는 사업연도로 한다.

③ 자본시장과 금융투자에 관한 법률에 따른 증권시장에서 증권시장업무규정에 따라 보통거래방식으로 한 유가증권의 매매로 인한 익금과 손금의 귀속사업연도는 매매대금의 수수일이 속하는 사업연도로 한다.

④ 내국법인이 유형고정자산의 취득과 함께 국·공채를 매입하는 경우 기업회계기준에 따라 그 국·공채의 매입가액과 현재가치의 차액을 당해 유형고정자산의 취득가액으로 계상한 금액은 그 취득가액에 포함한다.

⑤ 재고자산을 평가할 때 해당 자산을 제품 및 상품, 재공품, 원재료로 구분할 수는 있으나, 종류별·영업장별로 각각 다른 방법에 의하여 평가할 수는 없다.

▌자산·부채의 평가   이론형 Level 2

(선지분석)
① 장기건설용역은 진행률에 따라 익금과 손금을 인식하여야 한다.
② 상품 등 외의 자산의 양도의 귀속시기는 소유권이전등기(등록)일, 인도일, 사용수익일 중 가장 빠른 날이 속하는 사업연도의 익금과 손금으로 한다.
③ 보통거래방식으로 한 유가증권의 매매로 인한 익금과 손금의 귀속사업연도는 매매계약을 체결하는 날로 한다.
⑤ 재고자산의 평가는 종류별·영업장별로 달리 할 수 있다.

답 ④

167 법인세법상 자산·부채의 평가 및 손익의 귀속시기에 관한 설명이다. 옳지 않은 것은? 2019년 회계사

① 법인이 사채를 발행하는 경우 사채할인발행차금은 기업회계기준에 의한 상각방법에 따라 이를 손금에 산입한다.

② 중소기업인 법인이 장기할부조건으로 자산을 판매한 경우 그 장기할부조건에 따라 각 사업연도에 회수하였거나 회수할 금액과 이에 대응하는 비용을 각각 해당 사업연도의 익금과 손금에 산입할 수 있다.

③ 주권상장법인이 발행한 주식으로 그 발행법인이 부도가 발생한 경우 사업연도 종료일 현재의 시가로 평가한 가액으로 장부가액을 감액할 수 있다. 이 경우 주식 발행법인별로 보유주식 총액을 시가로 평가한 가액이 1천 원 이하인 경우에는 1천 원을 시가로 한다.

④ 제조업을 영위하는 법인이 보유하는 화폐성외화자산·부채의 평가방법을 관할 세무서장에게 신고하여 적용하기 이전 사업연도의 경우 사업연도 종료일 현재의 매매기준율로 평가하여야 한다.

⑤ 자산을 장기할부조건으로 취득하여 발생한 채무를 기업회계기준에 따라 현재가치로 평가하여 현재가치할인차금을 계상한 경우 현재가치할인차금은 자산의 취득원가에 포함하지 않는다.

| 자산·부채의 평가 및 손익의 귀속시기 | 이론형 Level 2 |

제조업을 영위하는 법인이 보유하는 화폐성외화자산·부채의 평가방법을 관할 세무서장에게 신고하여 적용하기 이전 사업연도의 경우 취득일 또는 거래일 현재의 매매기준율로 평가하여야 한다.

답 ④

168 한국채택국제회계기준을 적용하고 있는 영리내국법인 (주)A는 제22기 사업연도(2025.1.1. ~ 12.31.)에 재평가모형을 채택하여 제22기 말 장부가액 10억 원인 토지를 12억 원으로 재평가하였다. 이에 따라 자산재평가차익 2억 원을 기타포괄손익누계액으로 계상하였을 경우 토지재평가와 관련된 세무조정으로 옳은 것은? 2013년 세무사 변형

① 세무조정 없음

② 익금산입 : 재평가잉여금(기타)   200,000,000원
   손금산입 :   토지(△유보)   200,000,000원

③ 익금산입 : 재평가잉여금(유보)   200,000,000원
   손금산입 :   토지(△유보)   200,000,000원

④ 익금산입 :   토지(유보)   200,000,000원
   손금산입 : 재평가잉여금(△유보)   200,000,000원

⑤ 익금산입 : 재평가잉여금(△유보)   200,000,000원
   손금산입 :   토지(기타)   200,000,000원

| 자산·부채의 평가 | 이론형 Level 1 |

법인세법은 보유하는 자산을 원칙적으로 평가 전의 가액으로 한다.

회사	(차) 토지	2억 원
	(대) 재평가이익(기타포괄이익)	2억 원
세법		-
세무조정	[손금산입] 토지	2억 원(△유보)
	[익금산입] 재평가이익	2억 원(기타)

답 ②

169 다음은 주권상장 내국법인 (주)A의 제22기(2025.1.1. ~ 12.31.) 자료이다. 관련된 세무조정을 소득처분별로 합계한 것으로 옳은 것은? (단, 한국채택국제회계기준에 따른 회계처리는 적정하였으며, 주어진 자료 이외에는 고려하지 않음)

2019년 세무사 변형

---

(1) (주)A는 2025년 초 (주)B의 주식을 20,000원에 취득하여 기타포괄손익인식금융자산으로 분류하였고, 제22기 말 공정가치인 25,000원으로 평가하여 다음과 같이 회계처리하였다.

   (차) 기타포괄손익인식금융자산 5,000원   (대) 금융자산평가이익   5,000원

(2) (주)A는 2025.11.1. (주)C의 회사채(액면 10,000원)를 만기보유 목적으로 8,000원에 취득하였고, 제22기 말에 다음과 같이 회계처리하였다.

   (차) 상각후원가측정금융자산   200원   (대) 이자수익   200원

---

① 세무조정 없음

② 익금산입·손금불산입   5,000원   (유보)
   손금산입·익금불산입   5,200원   (△유보)

③ 익금산입·손금불산입   5,000원   (유보)
   손금산입·익금불산입   200원   (△유보)

④ 익금산입·손금불산입 10,000원   (기타)
   손금산입·익금불산입   200원   (△유보)

⑤ 익금산입·손금불산입   5,000원   (기타)
   손금산입·익금불산입   5,200원   (△유보)

│ 세무조정　　　　　　　　　　　　　　　　　　　　　　　　　　이론형 Level 2

ⓐ 기타포괄손익인식금융자산에 대한 세무조정

[익금산입]	금융자산평가이익	5,000원	기타
[손금산입]	금융자산	5,000원	(△유보)

ⓑ 상각후원가측정금융자산에 대한 세무조정

[익금불산입]	금융자산	200원	(△유보)

ⓒ 관련된 세무조정을 소득처분별로 합계한 것

[익금산입·손금불산입]		5,000원	(기타)
[손금산입·익금불산입]		5,200원	(△유보)

답 ⑤

170 법인세법령상 내국법인의 각 사업연도의 소득금액을 계산할 때 세무조정이 필요 없는 경우는?

2019년 국가직 9급

① 재고자산평가방법을 원가법으로 신고한 법인이 재고자산의 시가 하락(파손·부패 등의 사유로 인한 것이 아님)으로 재고자산평가손실을 계상한 경우
② 국세의 과오납금의 환급금에 대한 이자를 영업 외 수익으로 계상한 경우
③ 기업회계기준에 따른 화폐성 외화자산이 아닌 외화선급금을 사업연도종료일 현재의 매매기준율에 의해 평가하고, 그 평가손익을 영업외손익으로 계상한 경우
④ 법인이 사채를 발행한 경우로서 법령에 따라 계산된 사채할인발행차금을 기업회계기준에 의한 상각방법에 따라 이를 손금에 산입한 경우

│ 세무조정　　　　　　　　　　　　　　　　　　　　　　　　이론형 Level 1

(선지분석)
① 재고자산평가방법을 원가법으로 신고한 법인이 재고자산의 시가 하락(파손·부패 등의 사유로 인한 것이 아님)으로 재고자산평가손실을 계상한 경우에는 손금에 산입하지 아니한다.
　　참고 재고자산으로서 파손·부패 등의 사유로 정상가격으로 판매할 수 없는 것에 대한 재고자산평가손실을 계상한 경우 손금으로 인정
② 국세의 과오납금의 환급금에 대한 이자를 영업 외 수익으로 계상한 경우 익금에 산입하지 아니한다.
　　참고 보상금 성격에 대한 효과가 줄어드는 걸 방지하기 위함임
③ 기업회계기준에 따른 화폐성 외화자산이 아닌 외화선급금을 사업연도종료일 현재의 매매기준율에 의해 평가하고, 그 평가손익을 영업외손익으로 계상한 경우에는 손금 또는 익금에 산입하지 아니한다.

답 ④

---

171 법인세법상 세무조정에 관한 설명으로 옳지 않은 것만을 모두 고른 것은?

2014년 국가직 7급

> ㄱ. 기업업무추진비, 일반기부금, 임원에 대한 퇴직급여의 경우 세법에서 정한 일정한 한도를 초과하는 금액은 손금불산입된다.
> ㄴ. 영리내국법인이 특수관계 없는 개인으로부터 유가증권을 시가보다 낮은 가액으로 양수했을 때, 그 시가와 실제 양수가액과의 차액은 익금이 아니다.
> ㄷ. 해당 법인의 주주 등(소액주주 등은 제외)이 사용하고 있는 사택의 유지비·관리비·사용료는 손금에 산입된다.
> ㄹ. 유형자산의 취득에 사용된 특정차입금 중 건설 등이 준공된 후에 남은 차입금에 대한 이자는 손금에 산입하지 않는다.

① ㄱ, ㄴ　　　　　　　　　　　　　　② ㄴ, ㄷ
③ ㄷ, ㄹ　　　　　　　　　　　　　　④ ㄱ, ㄹ

│ 세무조정　　　　　　　　　　　　　　　　　　　　　　　　이론형 Level 1

옳지 않은 것은 ㄷ, ㄹ이다.
ㄷ. 해당 법인의 주주 등(소액주주 등은 제외)이 사용하고 있는 사택의 유지비, 관리비, 사용료는 손금에 산입하지 아니한다.
ㄹ. 유형자산의 취득에 사용된 특정차입금 중 건설 등이 준공된 후에 남은 차입금에 대한 이자는 손금에 산입한다.

답 ③

172 법인세법령상 각 사업연도 소득금액을 구하기 위해 세무조정을 해야 하는 것은? 2020년 국가직 9급

① 영업자가 조직한 단체로서 법인이거나 주무관청에 등록된 조합 또는 협회에 지급한 일반회비를 손익계산서상 비용 계상하였다.

② 전기요금의 납부지연으로 인한 연체가산금을 납부하고 손익계산서상 비용 계상하였다.

③ 부동산의 임차보증금에 대한 부가가치세 매입세액을 임차법인이 납부하고 손익계산서상 비용 계상하였다.

④ 대통령령으로 정하는 이월결손금을 보전하는 데에 충당한 무상으로 받은 자산의 가액(법인세법 제36조에 따른 국고보조금 등이 아님)을 손익계산서상 수익 계상하였다.

■ 세무조정 　　　　　　　　　　　　　　　　　　　　　　　　　　　　　　이론형 Level 1

무상으로 받은 자산의 가액(제36조에 따른 국고보조금 등은 제외)과 채무의 면제 또는 소멸로 인한 부채의 감소액 중 대통령령으로 정하는 이월결손금을 보전하는 데에 충당한 금액은 각 사업연도의 소득금액을 계산할 때 익금에 산입하지 아니한다.

> **참고** 회사가 위 금액을 수익 계상한 경우 익금불산입의 세무조정을 해야 함

답 ④

---

173 제조업을 영위하는 영리내국법인 (주)A의 제22기(2025.1.1. ~ 2025.12.31.) 각사업연도 소득에 대한 법인세 세무조정에 관한 설명으로 옳지 않은 것은? 2016년 회계사 변형

① 이미 경과한 기간에 대한 원천징수대상 정기예금 미수이자 10만 원을 이자수익으로 계상한 경우에는 이를 익금불산입한다.

② 이미 경과한 기간에 대한 미지급이자 20만 원을 이자비용으로 계상한 경우에는 세무조정이 필요 없다.

③ 당기 중 파산한 B 회사 주식(2025년 12월 31일 현재 시가 0원)의 장부가액 100만 원을 전액 감액손실로 계상한 경우에는 1,000원을 손금불산입한다.

④ 장기할부조건으로 제품을 판매하고 발생한 장기매출채권을 기업회계기준에 따라 현재가치로 평가하여 현재가치할인차금을 계상한 경우에는 세무조정이 필요 없다.

⑤ 건물을 2025년 10월 1일부터 2년간 임대하고 2년치의 임대료 2,400만 원을 임대만료일에 회수하기로 약정하여 당기 임대료수익을 계상하지 아니한 경우 세무조정이 필요 없다.

■ 세무조정 　　　　　　　　　　　　　　　　　　　　　　　　　　　　　　이론형 Level 2

임대료지급기간이 1년을 초과하는 경우 이미 경과한 기간에 대응하는 임대료 상당액과 비용은 이를 각각 해당 사업연도의 익금과 손금으로 한다.

<세법상 회계처리>

(차) 미수임대료	3,000,000	(대) 임대료수익	3,000,000

[익금산입]	임대료수익	3,000,000*	유보

*24,000,000 × 3/24

답 ⑤

---

174 다음은 제조업을 영위하는 영리내국법인 (주)A의 제22기 사업연도 (2025.1.1. ~ 2025.12.31.) 회계처리 내역이다. 제22기 각 사업연도의 소득금액 계산을 위하여 세무조정이 필요한 경우가 아닌 것은?

2018년 회계사 변형

① 환경미화의 목적으로 여러 사람이 볼 수 있는 복도에 항상 전시하기 위해 미술품 1점을 1,200만 원에 취득하고, 그 취득가액을 손익계산서상 복리후생비로 계상하였다.

② 채무 1억 원을 출자전환함에 따라 주식(액면가액 5천만 원, 시가 7천만 원)을 발행하고, 발행가 액과 액면가액의 차액인 5천만 원을 주식발행초과금(자본)으로 회계처리하였다.

③ 당기 중 개인용 컴퓨터를 2백만 원에 취득하여 사업에 사용하고, 당해 자산의 취득가액을 손익 계산서상 수선비로 계상하였다.

④ 해당 법인의 발행주식총수의 1%를 보유한 출자임원이 업무와 관련없이 사용하고 있는 사택의 유지관리비 5백만 원을 손익계산서상 수선비로 계상하였다.

⑤ 단기금융자산을 1억 원에 매입하고, 당해 자산의 취득과 직접 관련 되는 거래원가 1천만 원을 포함한 1억 1천만 원을 장부상 취득가액으로 회계처리하였다.

| 세무조정 | 이론형 Level 2 |

컴퓨터와 같은 단기 소모성 자산에 대해서는 그 사업에 사용한 날이 속하는 사업연도의 손금으로 계상한 것에 한하여 즉시 손금으로 인정한다. ∵ 소액수선비특례

답 ③

175 제조업을 영위하는 영리내국법인 (주)A의 제22기 사업연도(2025.1.1. ~ 12.31.) 세무조정 및 소득처분에 관한 내용이다. 옳지 않은 것은? (단, 전기까지 세무조정은 적정하게 이루어짐)

2019년 회계사 변형

① 상업적 실질이 없는 교환으로 취득한 자산(공정가치 700,000원)의 취득원가를 제공한 자산의 장부가액(500,000원)으로 회계처리한 부분에 대해 200,000원을 익금산입·유보로 조정하였다.

② 직원에게 이익처분으로 지급한 상여금 1,500,000원을 손금산입·기타로 조정하였다.

③ 유형자산의 임의평가이익 2,000,000원을 재무상태표상 자산과 기타포괄손익누계액의 증가로 회계처리한 부분에 대해 손금산입·△유보와 손금불산입·기타로 각각 조정하였다.

④ 비용으로 처리된 징벌적 목적의 손해배상금 중 실제발생이 분명한 손해액을 초과하여 지급한 금액 1,000,000원에 대하여 손금불산입·기타사외유출로 조정하였다.

| 세무조정 | 이론형 Level 2 |

임원 또는 직원에게 이익처분에 의해 지급하는 상여금은 손금에 산입하지 않는다.

답 ②

08 부당행위계산부인

176 법인세법상 '조세의 부담을 부당히 감소시킨 것으로 인정되는 경우'에 해당하지 않는 것은?

① 자산을 시가보다 높은 가액으로 매입 또는 현물출자 받았거나 그 자산을 과대상각한 경우
② 무수익 자산을 매입 또는 현물출자 받았거나 그 자산에 대한 비용을 부담한 경우
③ 불량자산을 차환하거나 불량채권을 양수한 경우
④ 주식매수선택권의 행사에 따라 주식을 양도하는 경우로서 주식을 시가보다 낮은 가액으로 양도한 경우

| 부당행위 | 이론형 Level 1 |

자산을 무상 또는 시가보다 낮은 가액으로 양도 또는 현물출자한 경우 부당행위에 해당한다(다만, 법정의 주식매수선택권, 주식기준보상의 행사·지급에 따라 주식을 저가로 양도하는 경우에는 부당행위계산부인을 적용하지 않음).

답 ④

177 법인세법령상 조세의 부담을 부당하게 감소시킨 것으로 인정되는 경우(부당행위계산)에 해당하는 것은? (단, 다른 요건은 모두 충족된 것으로 봄)

① 내국법인이 자산을 시가보다 낮은 가격으로 매입한 경우
② 내국법인이 자산을 시가보다 높은 가격으로 현물출자한 경우
③ 내국법인이 용역을 시가보다 낮은 요율로 제공받은 경우
④ 내국법인이 무수익자산을 매입하는 경우

| 부당행위 | 이론형 Level 1 |

(선지분석)
선지를 부당행위유형으로 바꾸면 다음과 같다.
① 내국법인이 자산을 시가보다 높은 가액으로 매입한 경우
② 내국법인이 자산을 시가보다 낮은 가액으로 현물출자한 경우
③ 내국법인이 용역을 무상 또는 시가보다 낮은 이율·요율로 제공한 경우
　　참고　용역을 시가보다 높은 이율·요율이나 임차료로 차용하거나 제공받은 경우

답 ④

178 법인세법령상 조세의 부담을 부당하게 감소시킨 것으로 인정되는 경우(부당행위계산)에 해당하지 않는 것은? (단, 다른 요건은 모두 충족된 것으로 봄) 2023년 국가직 9급

① 특수관계인인 법인 간 분할에 있어서 불공정한 비율로 분할하여 분할에 따른 양도손익을 감소시킨 경우(다만, 자본시장과 금융투자업에 관한 법률 제165조의4에 따라 분할하는 경우는 제외)
② 출연금을 대신 부담한 경우
③ 금전을 시가보다 낮은 이율로 차용한 경우
④ 불량자산을 차환하거나 불량채권을 양수한 경우

| 부당행위 이론형 Level 1

금전을 시가보다 <u>높은</u> 이율로 차용한 경우 조세를 부당하게 감소시킨 것으로 인정되는 경우에 해당한다.

답 ③

179 법인세법상 부당행위계산의 부인에 관한 설명으로 옳지 않은 것은? 2009년 국가직 9급

① 자산을 시가보다 높은 가액으로 매입한 경우에는 시가와 거래가액의 차액이 3억 원 이상이거나 시가의 5%에 상당하는 금액 이상인 경우에 한하여 부당행위계산의 부인규정을 적용한다.
② 행위 당시에는 특수관계가 성립하였으나 그 이후 사업연도 종료일 현재 특수관계가 소멸된 경우에도 부당행위계산부인대상에 해당된다.
③ 기업회계기준에 따른 선물거래에 근거한 권리를 행사하지 않는 방법으로 이익을 분여하는 경우에는 부당행위계산의 유형에 해당되지 아니한다.
④ 주권상장법인이 소액주주인 임원에게 사택을 제공한 경우에는 부당행위계산의 유형에 해당되지 아니한다.

| 부당행위계산부인 이론형 Level 1

파생상품(선물거래)에 근거한 권리를 행사하지 아니하거나 그 행사기간을 조정하는 등의 방법으로 이익을 분여하는 경우에도 부당행위계산의 유형에 해당한다.
∵ 환율 또는 이자율의 급등락에 따른 파생상품거래가 일반화됨에 따라 이를 통한 조세회피를 방지하기 위한 규정

답 ③

180 법인세법상 부당행위계산부인에 관한 설명으로 옳지 않은 것은? 2010년 국가직 7급 변형

① 부당성 여부는 경제적 합리성을 기준으로 판단한다는 것이 판례의 입장이다.
② 부당행위계산부인은 그 행위 당시에는 특수관계가 성립하였으나 그 이후 사업연도 종료일 현재 특수관계가 소멸한 경우에도 부당행위계산부인대상에 해당한다.
③ 허위의 거래이든 실제의 거래이든 관계없이 부당성의 요건을 충족하면 부당행위계산부인의 대상이 된다.
④ 행위 또는 계산의 결과 조세부담이 부당히 감소하여야 한다.

| 부당행위계산부인 이론형 Level 1

허위의 거래인 경우에는 부당행위규정을 적용하지 아니한다.

답 ③

181

법인세법상 시가와 거래가액의 차액이 3억 원 이상이거나 시가의 5% 이상인 경우에 한하여 부당행위계산
부인의 규정이 적용되는 유형에 해당되지 않는 것은?

2007년 국가직 7급

① 자산을 무상 또는 시가보다 낮은 가격으로 양도 또는 현물출자한 경우
② 주권상장법인이 발행한 주식을 한국증권선물거래소법에 따른 한국증권선물거래소에서 시가보
　다 높은 가액으로 매입한 경우
③ 자산을 시가보다 높은 가액으로 현물출자 받은 경우
④ 금전 또는 기타자산을 시가보다 높은 이율·요율이나 임차료로 차용하거나 제공받은 경우

| 부당행위계산부인 | 이론형 Level 1 |

상장주식을 거래소에서 거래한 경우에는 시가가 정확하므로 시가와 거래가액 차액 3억 원 이상이거나 시가의 5%
이상 요건을 적용하지 않는다.

답 ②

182

법인세법상 부당행위계산의 부인에 대한 설명으로 옳은 것을 모두 고른 것은?

2015년 국가직 9급

> ㄱ. 법인이 특수관계인으로부터 무수익 자산을 2억 원에 매입한 경우에는 부당행위계산의 부인을
> 　적용한다.
> ㄴ. 부당행위계산의 부인은 법인과 특수관계에 있는 자 간의 거래를 전제로 하며, 특수관계인 외의
> 　자를 통하여 이루어진 거래는 이에 포함하지 않는다.
> ㄷ. 부당행위계산의 부인에서 특수관계의 존재 여부는 해당 법인과 법령이 정하는 일정한 관계에
> 　있는 자를 말하며, 이 경우 해당 법인도 그 특수관계인의 특수관계인으로 본다.
> ㄹ. 부당행위계산의 부인을 적용할 때 시가가 불분명한 경우에는 부동산가격공시 및 감정평가에 관
> 　한 법률에 의한 감정평가법인이 감정한 가액과 상속세 및 증여세법에 따른 보충적 평가방법을
> 　준용하여 평가한 가액 중 큰 금액을 시가로 한다.

① ㄱ, ㄴ　　　　　　　　　　　　　② ㄱ, ㄷ
③ ㄴ, ㄹ　　　　　　　　　　　　　④ ㄷ, ㄹ

| 부당행위계산부인 | 이론형 Level 1 |

옳은 것은 ㄱ, ㄷ이다.
ㄱ. 무수익자산을 매입한 경우 현저한 이익요건은 따지지 않는다.
ㄷ. 특수관계인은 쌍방관계에 해당한다.

(선지분석)
ㄴ. 특수관계인 외의 제3자를 통한 간접적인 방법이나 둘 이상의 행위 또는 거래를 거치는 방법이 국세기본법 또는
　세법의 혜택을 부당하게 받기 위한 것으로 인정되는 경우에는 그 경제적 실질 내용에 따라 당사자가 직접 거래
　를 한 것으로 보거나 연속된 하나의 행위 또는 거래를 한 것으로 본다. 따라서 특수관계인 외의 자를 통한 거래
　시에도 부당행위계산부인규정이 적용될 수 있다.
ㄹ. 부당행위계산의 부인을 적용할 때 시가가 불분명한 경우에는 다음을 차례로 적용하여 계산한 금액에 의한다.
　ⓐ 감정평가 및 감정평가사에 관한 법률에 의한 감정평가법인 등이 감정한 가액
　ⓑ 상속세 및 증여세법에 따른 보충적 평가방법을 준용하여 평가한 가액

답 ②

183

법인세법령상 부당행위계산의 부인에 대한 설명으로 옳지 않은 것은? 2018년 국가직 9급

① 부당행위계산부인규정에 의하여 행위 또는 소득금액의 계산을 부인하려는 법인(부인대상법인)에 100분의 30 이상을 출자하고 있는 법인에 100분의 30 이상을 출자하고 있는 법인도 그 부인대상법인의 특수관계인에 해당한다.

② 특수관계인인 법인 간 합병에 있어서 불공정한 비율로 합병하여 합병에 따른 양도손익을 감소시킨 거래에 대해 부당행위계산으로 부인함에 있어서 특수관계인인 법인의 판정은 합병등기일이 속하는 사업연도의 전전 사업연도 개시일부터 합병등기일 전날까지의 기간에 의한다.

③ 시가보다 높은 가액으로 부동산을 매입한 거래를 부당행위계산으로 부인하기 위해서는 시가와 거래가액의 차액이 3억 원 이상이거나 시가의 100분의 5에 상당하는 금액 이상인 경우이어야 한다.

④ 부당행위계산부인규정은 국내지점을 가진 외국법인의 소득금액계산에 대해서도 준용한다.

▌부당행위계산부인 이론형 Level 1

> 📄 **특수관계인 판정시점**
> 1. 원칙: 행위 당시를 기준으로 적용
> 2. 불공정합병 판단 시: 합병등기일 속하는 사업연도의 직전 사업연도의 개시일부터 합병등기일까지의 기간

（선지분석）

① 특수관계인의 범위 중 해당 법인에 30% 이상을 출자하고 있는 법인에 30% 이상을 출자하고 있는 법인이나 개인도 포함한다.

③
> 📄 **현저한 이익이 있는 경우에만 부당행위계산부인 적용하는 거래**
> 1. 고가매입, 저가양도, 저리대여, 고리차용
> 2. 현저한 이익 = Min[시가 5%, 3억 원]
>   **참고** 단, 상장주식의 거래는 현저한 이익 요건 적용 ×

④ 부당행위계산부인규정은 국내에서 납세의무가 있는 모든 법인에 적용된다.

답 ②

184

법인세법령상 부당행위계산의 유형에 해당하는 금전의 대여 또는 차용의 경우 시가의 범위 등에 대한 설명으로 옳지 않은 것은? 2024년 국가직 9급

① 가중평균차입이자율의 적용이 불가능한 경우로서 차입금 전액이 채권자가 불분명한 사채로 조달된 경우에는 해당 차입금에 한정하여 당좌대출이자율을 시가로 한다.

② 가중평균차입이자율의 적용이 불가능한 경우로서 특수관계인으로부터 차입한 차입금만 있는 경우에는 해당 차입금에 한정하여 당좌대출이자율을 시가로 한다.

③ 대여한 날부터 해당 사업연도 종료일까지의 기간이 3년인 대여금이 있는 경우에는 해당 대여금에 한정하여 당좌대출이자율을 시가로 한다.

④ 내국법인이 「법인세법」 제60조(과세표준 등의 신고)에 따른 신고와 함께 당좌대출이자율을 시가로 선택하는 경우에는 당좌대출이자율을 시가로 하여 선택한 사업연도와 이후 2개 사업연도는 당좌대출이자율을 시가로 한다.

▌인정이자(시가) 이론형 Level 1

대여한 날부터 해당 사업연도 종료일까지의 기간이 5년을 초과하는 대여금이 있는 경우에는 해당 대여금에 한정하여 당좌대출이자율을 시가로 한다.

답 ③

185

법인세법상 부당행위계산의 부인에 관한 설명으로 옳지 않은 것은? (다툼이 있으면 판례에 따름)

2017년 세무사

① 법인과 특수관계인 간의 거래는 반드시 직접적인 거래관계에 국한하지 않고 특수관계인 외의 자를 통하여 이루어진 거래도 포함한다.

② 비상장주식에 대하여 특수관계인이 아닌 제3자 간에 일반적으로 거래된 가격이 없으면 상속세 및 증여세법에 따른 보충적 평가방법을 준용하여 평가한 금액을 기준으로 부당행위계산부인 규정을 적용한다.

③ 법령으로 정하는 파생상품에 근거한 권리를 행사하지 아니하거나 그 행사기간을 조정하는 방법으로 이익을 분여하는 경우는 '조세의 부담을 부당하게 감소시킨 것으로 인정되는 경우'에 해당한다.

④ 부당행위계산부인규정은 세법상 과세소득계산상의 범위 내에서만 변동을 초래할 뿐 당사자 간에 약정한 사법상 법률행위의 효과와는 무관하다.

⑤ 부당행위계산에 해당하는 경우 시가와의 차액 등을 익금에 산입하여 당해 법인의 각 사업연도의 소득금액을 계산하고 귀속자에게 증여세를 과세하는 것을 원칙으로 한다.

┃ 부당행위계산부인　　　　　　　　　　　　　　　　　　　　　　　　　　　이론형 Level 1

시가와의 차액 등을 익금에 산입한 후 소득의 귀속자와의 관계에 따라 달리 소득처분(배당·상여 등)하여 소득세가 과세됨이 원칙이다.

답 ⑤

186

법인세법상 부당행위계산의 부인에 관한 설명으로 옳은 것은?　　　　　2017년 회계사 변형

① 주권상장법인이 발행주식총수의 100분의 10의 범위에서 상법에 따라 부여한 주식매수선택권의 행사로 주식을 시가보다 낮은 가액으로 양도한 경우에는 조세의 부담을 부당하게 감소시킨 것으로 보지 아니한다.

② 내국법인(중소기업 아님)이 직원에게 주택자금을 무상으로 대여한 경우에는 부당행위계산의 부인규정이 적용되지 아니한다.

③ 토지의 시가가 불분명한 경우로 감정평가 및 감정평가사에 관한 법률에 의한 감정평가업자가 감정한 가액이 2 이상인 경우에는 그 중 가장 큰 금액으로 평가한다.

④ 금전, 그 밖의 자산 또는 용역을 무상 또는 시가보다 낮은 이율·요율이나 임대료로 대부하거나 제공한 경우에는 시가와 거래가액의 차액에 관계없이 부당행위계산의 부인규정을 적용한다.

⑤ 특수관계인에 대한 금전 대여의 경우 가중평균차입이자율을 시가로 한다.

┃ 부당행위계산부인　　　　　　　　　　　　　　　　　　　　　　　　　　　이론형 Level 2

(선지분석)
② 중소기업 아닌 내국법인이 직원에게 주택자금을 무상으로 대여한 경우 부당행위계산에 해당한다.
③ 토지의 시가가 불분명한 경우로서 감정가액이 2 이상인 경우에는 평균액으로 평가한다.
④ 시가와 거래가액 차액이 일정한 금액 이상인 경우에 한하여 적용한다.
⑤ 특수관계인에 대한 금전 대여의 경우 해당 대여금에 한정하여 당좌대출이자율을 시가로 한다.

답 ①

187

법인세법상 부당행위계산의 부인에 관한 설명으로 옳지 않은 것은?

2019년 세무사 변형

① 내국법인의 행위 또는 소득금액의 계산이 특수관계인과의 거래로 인하여 그 법인의 소득에 대한 조세의 부담을 부당하게 감소시킨 것으로 인정되는 경우에는 그 법인의 행위 또는 소득금액의 계산과 관계없이 그 법인의 각 사업연도의 소득금액을 계산한다.

② 부당행위계산에 있어서의 시가란 건전한 사회통념 및 상관행과 특수관계인이 아닌 자 간의 정상적 거래에서 적용되거나 적용될 것으로 판단되는 가격을 말한다.

③ 토지의 시가가 불분명한 경우로 감정평가 및 감정평가사에 관한 법률에 의한 감정평가업자가 감정한 가액이 2 이상인 경우에는 그 감정한 가액의 평균액을 적용한다.

④ 특수관계인에 대한 금전 대여의 경우 해당 대여금에 한정하여 가중평균차입이자율을 시가로 한다.

⑤ 특수관계인에게 자산을 무상 또는 시가보다 낮은 가액으로 양도하는 경우에는 시가와 거래가액의 차액이 3억 원 이상이거나 시가의 100분의 5에 상당하는 금액 이상인 경우에 한하여 부당행위계산의 부인규정을 적용한다.

| 부당행위계산부인   이론형 Level 2

특수관계인에 대한 금전 대여의 경우 대여기간이 5년을 초과하는 대여금이 있으면 해당 대여금에 한정하여 당좌대출이자율을 시가로 한다.

답 ④

188

법인세법상 특수관계인 간 부당행위계산의 부인과 관련된 설명이다. 옳지 않은 것은?

2020년 회계사

① 주식을 제외한 자산의 시가가 불분명한 경우 감정평가업자의 감정가액이 있으면 그 가액을 적용하며, 감정한 가액이 2 이상인 경우에는 감정가액의 평균액을 적용한다.

② 금전의 대여 또는 차용의 경우 해당 법인이 법인세 과세표준신고와 함께 기획재정부령이 정하는 당좌대출이자율을 선택한 경우 선택한 사업연도와 이후 2개 사업연도는 당좌대출이자율을 시가로 한다.

③ 기계를 임대하고 임대료를 계산할 때 당해 자산의 시가에서 그 자산의 제공과 관련하여 받은 보증금을 차감한 금액에 정기예금이자율을 곱하여 산출한 금액을 시가로 한다.

④ 출연금을 대신 부담한 경우 부당행위계산부인의 규정은 그 행위 당시를 기준으로 하여 당해 법인과 특수관계인 간의 거래에 대하여 적용한다.

⑤ 건물을 시가보다 높은 가격으로 매입하는 경우 시가와 거래가액의 차액이 3억 원 이상이거나 시가의 100분의 5에 상당하는 금액 이상인 경우에 한하여 부당행위계산부인의 규정을 적용한다.

| 부당행위계산부인   이론형 Level 2

유형 또는 무형의 자산을 제공하거나 제공받는 경우에는 당해 자산 시가의 100분의 50에 상당하는 금액에서 그 자산의 제공과 관련하여 받은 전세금 또는 보증금을 차감한 금액에 정기예금이자율을 곱하여 산출한 금액을 시가로 한다.

답 ③

189 법인세법상 부당행위계산의 부인에 관한 설명이다. 옳은 것은?

2023년 회계사

① 내국법인A가 독점규제 및 공정거래에 관한 법률에 따른 기업집단에 속하는 법인인 경우 그 기업집단에 소속되어 있는 다른 계열회사는 내국법인A의 특수관계인에 해당한다.

② 내국법인이 특수관계인의 출연금을 대신 부담하는 것은 조세의 부담을 부당하게 감소시킨 것으로 인정되지 아니한다.

③ 내국법인B에 과반수 이상을 출자하고 있는 내국법인C에 40%를 출자하고 있는 내국법인이나 개인은 내국법인B의 특수관계인에 해당하지 아니한다.

④ 부당행위계산의 부인규정을 적용할 때 토지의 시가가 불분명한 경우에는 상속세 및 증여세법에 따른 보충적 평가방법을 준용하여 평가한 가액을 우선적으로 적용한다.

⑤ 특수관계가 있는 내국법인간의 합병(분할합병은 포함하지 아니함)에 있어서 주식을 시가보다 높거나 낮게 평가하여 불공정한 비율로 합병한 경우 조세의 부담을 부당하게 감소시킨 것으로 인정된다.

▌부당행위계산부인   이론형 Level 2

(선지분석)

② 내국법인이 특수관계인의 출연금을 대신 부담하는 것은 조세의 부담을 부당하게 감소시킨 것으로 인정된다.

③ 당해 법인에 100분의 30 이상을 출자하고 있는 법인에 100분의 30 이상을 출자하고 있는 법인이나 개인은 특수관계인에 해당한다.

④ 부당행위계산의 부인규정을 적용할 때 토지의 시가가 불분명한 경우에는 감정가액을 우선적으로 적용한다.

⑤ 특수관계가 있는 내국법인 간의 합병(분할합병은 포함한다)에 있어서 주식을 시가보다 높거나 낮게 평가하여 불공정한 비율로 합병한 경우 조세의 부담을 부당하게 감소시킨 것으로 인정된다.

답 ①

---

190 영리내국법인 (주)C는 제10기(2025년 1월 1일 ~ 12월 31일) 중 출자직원으로부터 토지(시가 150백만 원)를 구입하면서 현금 지급액 200백만 원을 장부에 계상하였다. 매입한 토지와 관련하여 (주)C가 수행해야 할 제10기 세무조정으로 옳은 것은?

2017년 국가직 9급 변형

	익금산입	손금산입
①	부당행위계산의 부인 50백만 원(배당)	–
②	부당행위계산의 부인 50백만 원(배당)	토지 50백만 원(△유보)
③	부당행위계산의 부인 50백만 원(상여)	토지 50백만 원(△유보)
④	부당행위계산의 부인 50백만 원(기타소득)	토지 50백만 원(△유보)

▌고가매입   이론형 Level 1

특수관계인(출자직원)으로부터 자산(토지)을 고가매입한 경우 부당행위계산부인에 해당한다. 따라서 아래 두 가지 세무조정이 발생한다.

ⓐ 토지매입가액을 시가로 감액하는 세무조정: 손금산입 50백만 원 △유보

ⓑ 시가초과지급액에 대한 부당행위계산부인 세무조정: 익금산입 50백만 원 상여

답 ③

---

191 (주)A는 특수관계자인 (주)B로부터 2025년 1월 1일 건물을 10억 원에 매입하였다. (주)A가 다음과 같이 회계처리한 경우 2025년 세무조정(소득처분 포함)으로 옳은 것은? (단, (주)A의 사업연도는 1월 1일 ~ 12월 31일임)

2011년 국가직 7급 변형

- 건물의 시가는 불분명하고, 상속세 및 증여세법상 평가액은 8억 원이며, 감정평가 및 감정평가사에 관한 법률에 의한 감정평가법인 등의 감정가액은 7억 원임
  (차) 건물 10억 　　　　　 (대) 현금 및 현금성자산 10억
- 2025년말 이 건물에 대해 감가상각비 1억 원(정액법, 신고내용연수 10년)을 계상함.
  (차) 건물 감가상각비 1억 　　　　 (대) 건물 감가상각누계액 1억

	시가초과액(손금산입)	고가매입(익금산입)	초과상각액(손금불산입)
①	2억 원, △유보	2억 원, 배당	2천만 원, 유보
②	2억 원, △유보	2억 원, 기타사외유출	2천만 원, 유보
③	3억 원, △유보	3억 원, 배당	3천만 원, 유보
④	3억 원, △유보	3억 원, 기타사외유출	3천만 원, 유보

| 고가매입　　　　　　　　　　　　　　　　　　　　　　　　　　이론형 Level 2

특수관계인자로부터 건물을 고가매입한 경우 부당행위계산부인에 해당한다.

ⓐ 건물 10억을 감정가액 7억 원인 시가로 감액하는 조정: 손금산입 3억 원 △유보

ⓑ 시가초과액에 대한 부당행위계산부인 세무조정: 익금산입 3억 원 기타사외유출(귀속자가 법인이기 때문임)

ⓒ 당기말 감가상각비 시부인
- B: 1억 원
- T: 7억 원 × $\dfrac{1}{10}$ = 7천만 원
- D: 3천만 원 익금산입 유보

답 ④

192 법인세법상 부당행위계산의 부인규정을 적용하기 위한 시가에 대한 설명으로 옳은 것은?

2016년 국가직 7급 변형

① 시가를 산정할 때 해당 거래와 유사한 상황에서 해당 법인이 특수관계인 외의 불특정다수인과 계속적으로 거래한 가격 또는 특수관계인이 아닌 제3자 간에 일반적으로 거래된 가격에 따른다.

② 금전의 대여기간이 5년을 초과하는 대여금이 있는 경우 해당 대여금에 한정하여 가중평균차입이자율을 시가로 한다.

③ 시가가 확인되는 경우에도 감정평가 및 감정평가사에 관한 법률에 의한 감정평가법인 등이 감정한 가액에 따를 수 있다.

④ 주권상장법인이 발행한 주식을 자본시장과 금융투자업에 관한 법률에 따른 증권시장 외에서 거래한 경우 해당 주식의 시가는 그 거래일의 전후 3개월간 최종시세가액의 평균으로 한다.

부당행위계산부인

이론형 Level 1

(선지분석)

② 금전의 대여기간이 5년을 초과하는 대여금이 있는 경우 해당 대여금에 한정하여 당좌대출이자율을 시가로 한다.

③ 시가가 확인되는 경우에는 감정평가법인이 감정한 가액에 따를 수 없다. <u>시가는 본래시가 → 감정평가법인의 감정가액 → 상증세법상 보충적평가액 순으로 적용한다.</u>

　다만, 주식은 감정가액을 적용하지 않는다.

④ 　📄 **시가의 범위(법인세법 시행령 제89조 제1항 참조)**

> 주권상장법인이 발행한 주식을 다음 중 어느 하나에 해당하는 방법으로 거래한 경우 해당 주식의 시가는 그 거래일의 거래소 최종시세가액(거래소 휴장 중에 거래한 경우에는 그 거래일의 직전 최종시세가액)으로 하며, 사실상 경영권의 이전이 수반되는 경우에는 그 가액의 100분의 20을 가산함
> 1. 자본시장과 금융투자업에 관한 법률에 따른 증권시장 외에서 거래하는 방법
> 2. 대량매매 등 기획재정부령으로 정하는 방법

답 ①

193 법인세법상 가지급금 인정이자에 관한 설명으로 옳지 않은 것은?

① 직원에 대한 월정급여액의 범위 안에서 일시적인 급료의 가불금은 가지급금 인정이자계산대상 가지급금으로 보지 아니한다.

② 특수관계인이 아닌 자로부터 차입한 금액이 없는 경우에는 기획재정부령으로 정하는 당좌대출 이자율을 적용하여 가지급금 인정이자를 계산한다.

③ 익금산입액의 귀속이 불분명하여 대표자에게 상여처분한 금액에 대한 소득세를 법인이 납부하고 이를 가지급금으로 계상한 금액(특수관계가 소멸될 때까지의 기간에 상당하는 금액에 한함)은 가지급금 인정이자계산대상 가지급금으로 보지 아니한다.

④ 법인이 과세표준 신고와 함께 기획재정부령으로 정하는 바에 따라 당좌대출이자율을 시가로 선택하는 경우 선택한 사업연도에 한해 기획재정부령으로 정하는 당좌대출이자율을 시가로 하여 가지급금 인정이자를 계산한다.

⑤ 국외에 자본을 투자한 내국법인이 해당 국외투자법인 종사자의 여비를 대신하여 부담하고 이를 가지급금으로 계상한 금액(그 금액을 실지로 환부받을 때까지의 기간에 상당하는 금액에 한함)은 가지급금 인정이자계산대상 가지급금으로 보지 아니한다.

▌가지급금 인정이자   이론형 Level 2

법인이 과세표준 신고와 함께 기획재정부령으로 정하는 바에 따라 당좌대출이자율을 시가로 선택하는 경우 당좌대출이자율을 시가로 선택한 사업연도와 이후 2개 사업연도는 당좌대출이자율을 시가로 하여 가지급금 인정이자를 계산한다.

답 ④

194 법인세법상 내국법인의 각 사업연도 소득에서 공제하는 이월결손금에 대한 설명으로 옳지 않은 것은?

2015년 국가직 7급

① 한 사업연도에서 발생한 결손금을 다른 사업연도의 소득에서 공제하는 방법과 관련하여, 예외 적으로 법령에 의하여 소급공제를 허용하는 경우를 제외하고는, 그 후 사업연도의 소득에서 이 월공제한다.

② 이월결손금공제에 있어서는 먼저 발생한 사업연도의 결손금부터 순차로 공제한다.

③ 법인세 과세표준을 추계결정하는 경우에도 이월결손금을 공제할 수 있는 경우가 있다.

④ 이월결손금으로 공제될 수 있는 결손금은 법인세 과세표준신고에 포함되었거나 과세행정청의 법인세 결정·경정에 포함된 결손금이어야 하며, 그 외 납세자가 국세기본법 제45조에 따라 수 정신고하면서 과세표준에 포함된 경우에는 그 대상이 될 수 없다.

┃ **이월결손금** 　　　　　　　　　　　　　　　　　　　　　　　　　　　　　　　이론형 Level 1

이월결손금으로 공제될 수 있는 결손금은 법인세 과세표준신고에 포함되었거나 과세행정청의 법인세 결정·경정에 포함된 결손금이어야 하며, 그 외 납세자가 국세기본법 제45조에 따라 수정신고하면서 과세표준에 <u>포함된 경우도 해당한다.</u>

답 ④

195 법인세법상 결손금에 관한 설명으로 옳지 않은 것은?

2008년 세무사 변형

① 내국법인(중소기업)의 각 사업연도에 대한 법인세의 과세표준을 계산함에 있어서 각 사업연도 개시일 전 15년(2020.1.1. 이전에 신고한 이월결손금은 10년)이내에 개시한 사업연도에서 발생한 결손금은 이를 각 사업연도의 소득에서 공제하여 계산한다.

② 결손금 소급공제는 중소기업에 한하여 적용받을 수 있다.

③ 법에서 정한 요건을 갖춘 합병의 경우 합병등기일 현재 피합병법인의 결손금은 이를 합병법인 의 결손금으로 보아 그 승계받은 사업에서 발생한 소득금액의 범위 안에서 합병법인의 각 사업 연도의 과세표준계산에 있어서 이를 공제한다.

④ 채무의 면제 또는 소멸로 인한 부채의 감소액 중 채무자 회생 및 파산에 관한 법률에 의한 회생 계획인가의 결정을 받고 법원이 확인한 이월결손금의 보전에 충당된 금액은 익금에 산입한다.

┃ **결손금** 　　　　　　　　　　　　　　　　　　　　　　　　　　　　　　　　이론형 Level 1

채무의 면제 또는 소멸로 인한 부채의 감소액 중 채무자 회생 및 파산에 관한 법률에 의한 회생계획인가의 결정을 받고 법원이 확인한 이월결손금의 보전에 충당된 금액은 익금에 산입하지 아니한다.

답 ④

196

법인세법령상 내국법인의 각 사업연도 소득에 대한 비과세 및 소득공제에 대한 설명으로 옳은 것은?

2021년 국가직 7급

① 공익신탁의 신탁재산에서 생기는 소득에 대하여는 각 사업연도 소득에 대한 법인세를 과세한다.
② 기업구조조정투자회사법에 따른 기업구조조정투자회사가 법령으로 정하는 배당가능이익의 100분의 90 이상을 배당한 경우 그 금액은 해당 배당을 결의한 잉여금 처분의 대상이 되는 사업연도의 소득금액에서 공제한다.
③ 유동화전문회사 등에 대한 소득공제를 받으려는 법인은 소득공제신청서를 배당일로부터 2주 이내에 본점 소재지 관할 세무서장에게 제출하여야 한다.
④ 배당을 지급하는 내국법인이 사모방식으로 설립되었고, 개인 2인이 발행주식총수의 100분의 95의 주식을 소유한 법인(개인에게 배당 및 잔여재산의 분배에 관한 청구권이 없는 경우는 제외)인 경우에는 유동화전문회사 등에 대한 소득공제규정을 적용할 수 있다.

비과세 및 소득공제

이론형 Level 1

(선지분석)
① 내국법인의 각 사업연도 소득 중 공익신탁법에 따른 공익신탁의 신탁재산에서 생기는 소득에 대하여는 각 사업연도의 소득에 대한 법인세를 과세하지 아니한다.
③ 유동화전문회사 등에 대한 소득공제를 받으려는 법인은 과세표준신고와 함께 기획재정부령으로 정하는 소득공제신청서를 납세지 관할 세무서장에게 제출하여야 한다.
④ 사모방식으로 설립되었고, 개인 2인 이하 또는 개인 1인 및 그 친족이 발행주식총수 또는 출자총액의 100분의 95 이상의 주식 등을 소유한 법인(개인 등에게 배당 및 잔여재산의 분배에 관한 청구권이 없는 경우를 제외)인 경우에는 소득공제규정을 적용할 수 없다.
∵ 개인투자자들이 명목회사를 조세회피수단으로 활용하는 것을 방지한다.

답 ②

197

법인세법상 과세표준과 그 계산에 대한 설명으로 옳지 않은 것은?

2023년 국가직 9급

① 내국법인의 이월결손금은 각 사업연도의 개시일 전 발생한 각 사업연도의 결손금으로서 그 후의 각 사업연도의 과세표준을 계산할 때 공제되지 아니한 금액으로 한다.
② 특수관계인인 개인으로부터 유가증권을 시가보다 낮은 가액으로 매입하는 경우 시가와 그 매입가액의 차액에 상당하는 금액은 익금으로 본다.
③ 익금은 자본 또는 출자의 납입을 제외하고 해당 법인의 순자산을 증가시키는 모든 거래로 인하여 발생하는 이익 또는 수입의 금액으로 한다.
④ 결산을 확정할 때 잉여금의 처분을 손비로 계상한 금액은 내국법인의 각 사업연도의 소득금액을 계산할 때 손금에 산입하지 아니한다.

과세표준의 계산

이론형 Level 1

익금은 자본 또는 출자의 납입 및 이 법에서 규정하는 것은 제외하고 해당 법인의 순자산(純資産)을 증가시키는 거래로 인하여 발생하는 이익 또는 수입[이하 "수익"(收益)이라 한다]의 금액으로 한다.

답 ③

198 법인세법상 과세표준의 계산에 관한 설명이다. 옳은 것은? 2019년 회계사

① 각 사업연도 소득금액에서 비과세소득, 소득공제, 이월결손금의 순서로 차감하여 과세표준을 계산한다.

② 천재지변 등으로 장부나 그 밖의 증명서류가 멸실되어 과세표준과 세액을 추계결정하는 경우 결손금이월공제가 적용된다.

③ 법인은 합병 시 승계한 이월결손금을 자산수증이익 및 채무면제이익으로 보전할 수 있다.

④ 중소기업이 전기 사업연도에 대한 법인세 과세표준과 세액을 신고기한 내에 신고하고, 당기 사업연도에 대한 법인세 과세표준과 세액은 기한 후 신고한 경우 결손금소급공제를 받을 수 있다.

⑤ 결손금소급공제 한도인 직전 사업연도 법인세액에는 가산세를 포함하며 토지 등 양도소득에 대한 법인세는 제외한다.

과세표준의 계산   이론형 Level 2

(선지분석)

① 각 사업연도소득금액에서 이월결손금, 비과세소득, 소득공제의 순서로 차감하여 과세표준을 계산한다.

③ 법인은 합병 시 승계한 이월결손금을 자산수증이익 및 채무면제이익으로 보전할 수 없다.

④ 전기 사업연도 및 당기 사업연도에 대한 법인세 과세표준과 세액을 법정신고기한 내에 신고한 경우에 한하여 결손금소급공제를 받을 수 있다.

⑤ 직전 사업연도 법인세액에는 토지 등 양도소득에 대한 법인세 및 가산세는 제외한다. 참고로 중간예납세액을 계산할 때는 가산세를 포함한다.

답 ②

---

199 법인세법상 과세표준 및 세액의 계산에 관한 설명으로 옳은 것은? 2018년 세무사

① 중소기업은 각 사업연도에 결손금이 발생한 경우, 직전 및 직전 전 사업연도의 소득에 대하여 과세된 법인세액을 한도로 그 결손금의 환급을 신청할 수 있다.

② 재해손실세액공제는 천재지변 등 재해로 상실 전 자산총액의 100분의 15 이상을 상실하여 납세자가 곤란하다고 인정되는 경우 적용된다.

③ 외국납부세액공제는 해당 법인의 국내 법인세 산출세액을 한도로 하며, 이를 초과하는 금액은 5년간 이월공제 가능하다.

④ 천재지변 등으로 장부나 그 밖의 증명서류가 멸실되어 법인세를 추계하여 결정하는 경우에는 이월결손금 공제와 외국납부세액공제 모두 적용 가능하다.

⑤ 결손금의 이월공제는 각 사업연도의 소득의 범위에서 각 사업연도의 개시일 전 10년 이내 (2020.1.1. 이후 신고하는 결손금에 한함)에 개시한 사업연도에서 발생한 결손금에 한하여 이월하여 공제한다.

선지분석

① 직전 사업연도의 소득에 대하여 과세된 법인세액을 한도로 그 결손금의 환급을 신청할 수 있다. 즉, 1년간 소급 공제가 가능하므로 직전 전 사업연도의 소득에 대한 법인세는 환급대상이 아니다.

② 재해로 상실 전 자산총액의 100분의 20 이상을 상실하여 납세자가 곤란하다고 인정되는 경우 적용된다.

③ 외국납부세액공제는 해당 법인의 국내 법인세 산출세액을 한도로 하며, 이를 초과 하는 금액은 10년간 이월공제 가능하다.

⑤ 결손금의 이월공제는 각 사업연도의 소득의 범위에서 각 사업연도의 개시일 전 15년(2020.1.1. 이후 신고하는 결손금부터 적용) 이내에 개시한 사업연도에서 발생한 결손금에 한하여 이월하여 공제한다. 2020.1.1. 이전에 신고한 결손금은 10년간 이월하여 공제한다.

답 ④

200 법인세법령상 제조업을 영위하는 내국법인이 자신의 국외사업장에서 발생한 소득(국외원천소득)에 대해 부담한 외국법인세액에 대한 국제적 이중과세조정을 위한 조치와 관련한 설명으로 옳은 것만을 모두 고른 것은?　　　　　　　　　　　　　　　　　　　　　　　　　　　2018년 국가직 9급 변형

> ㄱ. 내국법인의 각 사업연도의 소득에 대한 과세표준에 국외원천소득이 포함되어 있는 경우로서 그 국외원천소득에 대하여 외국법인세액을 납부하였거나 납부할 것이 있는 경우에는 공제한도금액 내에서 외국법인세액을 해당 사업연도의 산출세액에서 공제할 수 있다.
>
> ㄴ. 외국납부세액공제방식의 적용 시 공제한도를 계산함에 있어서 국외사업장이 2 이상의 국가에 있는 경우에는 국가별로 구분하지 않고 일괄하여 이를 계산한다.
>
> ㄷ. 외국납부세액이 공제한도를 초과하는 경우 그 초과하는 금액은 해당 사업연도의 다음 사업연도 개시일부터 10년 이내에 끝나는 각 사업연도에 이월하여 그 이월된 사업연도의 공제한도 범위에서 공제받을 수 있다.
>
> ㄹ. 국외원천소득이 있는 내국법인이 조세조약의 상대국에서 해당 국외원천소득에 대하여 법인세를 감면받은 세액 상당액은 그 조세조약으로 정하는 범위에서 외국납부세액공제방식에서의 공제대상이 되는 외국법인세액으로 본다.

① ㄱ, ㄴ, ㄷ　　　　　　　　　　　　　　② ㄱ, ㄴ, ㄹ

③ ㄱ, ㄷ, ㄹ　　　　　　　　　　　　　　④ ㄱ, ㄴ, ㄷ, ㄹ

옳은 것은 ㄱ, ㄷ, ㄹ이다.

ㄱ. 단, 세액공제방법을 선택하지 않은 경우 직접외국납부세액은 손금으로 인정받을 수 있다.

ㄷ. 외국납부세액공제 이월공제기간은 10년이다.

ㄹ. 의제외국납부세액규정이다.

선지분석

ㄴ. 국외사업장이 2 이상의 국가에 있는 경우에는 국가별로 구분하여 계산(국별한도방식)한다.

답 ③

201 (주)대한은 법인세법에 따른 외국자회사(A국 소재)로부터 4천만 원의 배당금을 받았는데 당해 외국자회사의 해당 사업연도의 소득금액과 법인세액은 각각 1억 원과 2천만 원이다. (주)대한의 외국납부세액공제 또는 손금산입되는 외국법인세액은? (단, 외국자회사는 외국납부세액공제 대상이 되는 요건을 충족하며, 제시된 자료 이외는 고려하지 않음)

① 8백만 원

② 1천만 원

③ 1천2백만 원

④ 2천만 원

┃ 간접외국납부세액 계산형

간접외국납부세액: 2천만 원 × $\dfrac{4천만 원}{(1억 원 - 2천만 원)}$ = 1천만 원

> 외국 자회사의 해당 사업연도 법인세액 × $\dfrac{수입배당금액}{외국자회사의 해당사업연도 소득금액 - 외국자회사의 해당사업연도 법인세액}$

답 ②

---

202 다음은 (주)백두의 세무조정 자료이다. (주)백두의 올바른 세무조정방법으로 옳은 것은? (당사는 세액공제방법을 선택하고 있음)

> (주)백두는 2019년도 25%를 출자하여 영국에 설립한 A법인에서 2023년에 배당금 18,000,000원을 수령하였다. A법인의 소득금액은 2억 원이며, A법인의 당해사업연도 법인세액은 50,000,000원이다.

① 4,500,000원을 간접외국납부세액으로 익금산입한다.

② 4,500,000원을 간접외국납부세액으로 익금산입하고, 그 금액을 외국납부세액공제액(국외원천소득에 대한 법인세 산출세액을 한도로 함)으로 처리한다.

③ 6,000,000원을 간접외국납부세액으로 익금산입하고, 그 금액을 외국납부세액공제액(국외원천소득에 대한 법인세 산출세액을 한도로 함)으로 처리한다.

④ A법인에 대한 (주)백두의 지분율이 30% 미만이므로 간접외국납부세액을 익금산입할 필요가 없다.

┃ 간접외국납부세액공제 계산형

간접외국납부세액: 18,000,000원 × 5천만 원 / (2억 원 - 5천만 원) = 6,000,000원
정확한 세액공제 계산을 위해 익금에 산입한 후 외국납부세액공제를 적용받을 수 있다.

답 ③

203 법인세법상 세액공제에 관한 설명으로 옳은 것은?

① 과세표준신고기한이 경과되지 아니한 법인세에서 재해손실세액 공제를 받고자 하는 내국법인은 그 신고기한 내에 세액공제신청을 하여야 한다. 다만, 재해발생일부터 신고기한까지의 기간이 3월 미만인 경우에는 재해발생일부터 3월 내에 신청하여야 한다.

② 재해손실세액공제 대상이 되는 법인세에는 재해발생일이 속하는 사업연도의 소득에 대한 법인세와 재해발생일 현재 부과된 법인세로서 미납된 법인세가 포함되며, 재해발생일 현재 부과되지 아니한 법인세는 공제대상에 포함되지 않는다.

③ 국외사업장이 2개 이상의 국가에 있는 경우에도 외국납부세액 공제의 한도액은 국가별로 구분하지 않고 계산한다.

④ 내국법인이 사실과 다른 회계처리로 인하여 경정을 받음으로써 각 사업연도의 법인세에서 과다납부한 세액을 공제하는 경우 그 공제하는 금액은 과다납부한 세액의 100분의 50을 한도로 하며, 공제 후 남아 있는 과다납부한 세액은 이후 사업연도에 이월하여 공제한다.

▌ 간접외국납부세액 이론형 Level 2

(선지분석)

② 재해발생일 현재 부과되지 아니한 법인세도 공제대상에 포함한다.

③ 국외사업장이 2개 이상의 국가에 있는 경우 국가별로 구분하여 한도를 계산한다.

④ 내국법인이 사실과 다른 회계처리로 인하여 경정을 받음으로써 각 사업연도의 법인세에서 과다납부한 세액을 공제하는 경우 그 공제하는 금액은 과다납부한 세액의 20%를 한도로 하며, 공제 후 남아 있는 과다납부한 세액은 이후 사업연도에 이월하여 공제한다.

답 ①

---

204 법인세법상 세액감면과 세액공제에 관한 규정이 동시에 적용되는 경우 그 적용순서로 옳은 것은?

> ㄱ. 재해손실세액공제
> ㄴ. 사실과 다른 회계처리에 기인한 경정에 따른 세액공제
> ㄷ. 외국납부세액공제
> ㄹ. 중소기업에 대한 특별세액감면

① ㄴ - ㄹ - ㄱ - ㄷ
② ㄹ - ㄴ - ㄷ - ㄱ
③ ㄹ - ㄷ - ㄱ - ㄴ
④ ㄹ - ㄱ - ㄷ - ㄴ

▌ 세액감면과 세액공제 이론형 Level 1

법인세법 및 다른 법률을 적용할 때 법인세의 감면에 관한 규정과 세액공제에 관한 규정이 동시에 적용되는 경우에 그 적용순위는 별도의 규정이 있는 경우 외에는 다음의 순서에 따른다.

[1순위] 세액감면·면제(세액감면은 이월감면이 인정되지 아니함)

[2순위] 이월공제가 인정되지 아니하는 세액공제

[3순위] 이월공제가 인정되는 세액공제

[4순위] 사실과 다른 회계처리로 인한 경정에 따른 세액공제

따라서 ㄹ. 중소기업에 대한 세액감면 → ㄱ. 재해손실세액공제(이월공제 인정 ✕) → ㄷ. 외국납부세액공제(10년간 이월공제 ○) → ㄴ. 사실과 다른 회계처리로 인한 경정에 따른 세액공제 순서에 따른다.

답 ④

205 법인세법상 중간예납에 관한 설명이다. 옳은 것은? 2019년 회계사

① 해당 중간예납기간의 법인세액을 기준으로 중간예납세액을 계산할 경우 중간예납기간의 수시부과세액은 차감하지 않는다.

② 내국법인이 납부하여야 할 중간예납세액의 일부를 납부하지 아니한 경우 납부지연가산세는 적용되지 않는다.

③ 직전 사업연도의 중소기업으로서 직전 사업연도의 산출세액을 기준으로 하는 방법에 따라 계산한 중간예납세액이 50만 원 미만인 내국법인은 중간예납세액을 납부할 의무가 없다.

④ 합병이나 분할에 의한 신설 내국법인은 최초사업연도의 기간이 6개월을 초과하더라도 최초사업연도에 대한 중간예납의무가 없다.

⑤ 중간예납의무자는 중간예납기간이 지난 날부터 3개월 이내에 중간예납세액을 신고·납부하여야 한다.

▌ 중간예납 이론형 Level 2

(선지분석)
① 해당 중간예납기간의 법인세액을 기준으로 중간예납세액을 계산할 경우 중간예납기간의 수시부과세액도 차감한다.
② 내국법인이 납부하여야 할 중간예납세액의 일부를 납부하지 아니한 경우 신고불성실가산세는 적용하지 않으나 납부지연가산세는 적용한다.
④ 합병이나 분할에 의한 신설 내국법인은 최초사업연도의 기간이 6개월을 초과한 경우 최초사업연도에 대한 중간예납의무가 있다.
⑤ 중간예납의무자는 중간예납기간이 지난 날부터 2개월 이내에 중간예납세액을 신고·납부하여야 한다.

답 ③

206 법인세법령상 내국법인의 신고 및 납부에 대한 설명으로 옳은 것만을 모두 고르면? 2020년 국가직 7급

> ㄱ. 성실신고확인서를 제출하는 법인의 경우 과세표준과 세액의 신고기한은 각 사업연도의 종료일이 속하는 달의 말일부터 3개월이다.
> ㄴ. 중소기업에 해당하는 내국법인의 납부할 세액이 2천만 원인 경우에는 1천만 원을 초과하는 금액을 납부기한이 지난 날부터 2개월 이내에 분납할 수 있다.
> ㄷ. 주식회사 등의 외부감사에 관한 법률에 따라 감사인에 의한 감사를 받아야 하는 내국법인이 해당 사업연도의 감사가 종결되지 아니하여 결산이 확정되지 아니하였다는 사유로 대통령령으로 정하는 바에 따라 신고기한의 연장을 신청한 경우에는 그 신고기한을 2개월의 범위에서 연장할 수 있다.
> ㄹ. 사업연도의 기간이 6개월을 초과하는 고등교육법에 따른 사립학교를 경영하는 학교법인은 각 사업연도(합병이나 분할에 의하지 아니하고 새로 설립된 법인의 최초 사업연도는 제외) 중 중간예납세액을 납부할 의무가 있다.

① ㄴ
② ㄹ
③ ㄱ, ㄷ
④ ㄴ, ㄹ

| 신고 및 납부 이론형 Level 1

옳은 것은 ㄴ이다.

(선지분석)

ㄱ. 성실신고확인서를 제출하는 법인의 경우 과세표준과 세액의 신고기한은 각 사업연도의 종료일이 속하는 달의 말일부터 4개월이다.

ㄷ. 주식회사 등의 외부감사에 관한 법률에 따라 감사인에 의한 감사를 받아야 하는 내국법인이 해당 사업연도의 감사가 종결되지 아니하여 결산이 확정되지 아니하였다는 사유로 대통령령으로 정하는 바에 따라 신고기한의 연장을 신청한 경우에는 그 신고기한을 1개월의 범위에서 연장할 수 있다. ∵ 회계투명성 제고 및 정확한 법인세신고를 유도

ㄹ. 사업연도의 기간이 6개월을 초과하는 고등교육법에 따른 사립학교를 경영하는 학교법인은 각 사업연도 중 중간예납세액을 납부할 의무가 없다. ∵ 사립학교의 납세편의 제고

답 ①

207 법인세법상 내국법인(비영리법인은 제외)의 각 사업연도의 소득에 대한 과세표준과 세액의 신고에 대한 설명으로 옳지 않은 것은? 2021년 국가직 9급

① 과세표준과 세액의 신고를 할 때에는 그 신고서에 기업회계기준을 준용하여 작성한 개별 내국법인의 재무상태표를 첨부하여야 한다.
② 내국법인이 합병으로 해산하는 경우에 과세표준과 세액의 신고를 할 때에는 그 신고서에 합병등기일 현재의 피합병법인의 재무상태표와 합병법인이 그 합병에 따라 승계한 자산 및 부채의 명세서를 첨부하여야 한다.
③ 과세표준과 세액의 신고를 할 때에는 그 신고서에 세무조정계산서를 첨부하여야 한다.
④ 주식회사 등의 외부감사에 관한 법률에 따라 감사인에 의한 감사를 받은 내국법인의 성실신고확인서는 과세표준과 세액을 신고할 때 반드시 제출해야 하는 서류에 해당한다.

| 법인세 신고 이론형 Level 1

주식회사 등의 외부감사에 관한 법률에 따라 감사인에 의한 감사를 받은 내국법인은 성실신고확인서를 제출하지 아니할 수 있다. ∵ 이미 감사인의 감사를 받았기 때문임

답 ④

208

법인세법상 과세표준 및 세액의 신고 및 결정·경정에 관한 설명으로 옳지 않은 것은?

2018년 세무사

① 내국법인으로서 각 사업연도의 소득금액이 없는 법인도 그 사업연도의 소득에 대한 법인세의 과세표준과 세액을 납세지 관할 세무서장에게 신고하여야 한다.

② 납세지 관할 세무서장은 제출된 신고서에 오류가 있을 때에는 보정할 것을 요구할 수 있다.

③ 납세지 관할 세무서장은 법인세 과세표준과 세액을 신고한 내국법인의 신고 내용에 누락이 있는 경우에는 그 법인의 각 사업연도의 소득에 대한 법인세의 과세표준과 세액을 경정한다.

④ 주식회사의 외부감사에 관한 법률에 따라 감사인에 의한 감사를 받아야 하는 내국법인이 해당 사업연도의 감사가 종결되지 아니하여 결산이 확정되지 아니하였다는 사유로 신고기한의 연장을 신청한 경우에는 그 신고기한을 1개월의 범위에서 연장할 수 있다.

⑤ 납세지 관할 세무서장은 법인세의 과세표준과 세액을 결정한 후 그 결정에 오류가 있는 것을 발견한 경우에는 1개월 이내에 이를 경정한다.

│ 과세표준 및 세액의 신고 이론형 Level 1

납세지 관할 세무서장 또는 관할 지방국세청장은 청산소득에 대한 법인세의 과세표준과 세액을 결정하거나 경정한 후 그 결정이나 경정에 오류 또는 탈루가 있는 것을 발견한 경우에는 즉시 이를 다시 경정한다(재경정).

답 ⑤

209

법인세법상 영리내국법인의 각 사업연도 소득에 대한 법인세 과세표준 및 세액의 계산과 신고 및 납부에 대한 설명이다. 옳지 않은 것은?

2020년 회계사

① 성실신고확인대상 내국법인이 성실신고확인서를 제출하는 경우 사업연도 종료일이 속하는 달의 말일부터 4개월 이내에 법인세 과세표준과 세액을 신고하여야 한다.

② 납부할 중간예납세액이 1,500만 원인 경우 750만 원을 납부기한이 지난 날부터 1개월 이내에 분납할 수 있다.

③ 외부조정대상법인이 외부조정계산서를 첨부하지 아니하는 경우 신고를 하지 않은 것으로 보고 무신고가산세를 적용한다.

④ 신고를 하지 아니하고 본점을 이전하여 법인세를 포탈할 우려가 있다고 인정되는 경우에는 납세지 관할 세무서장이 수시로 그 법인에 대한 법인세를 부과할 수 있다.

⑤ 천재지변으로 장부나 그 밖의 증명서류가 멸실되어 법인세 과세표준과 세액을 추계하는 경우에도 외국납부세액공제를 받을 수 있다.

│ 과세표준 및 세액의 계산과 신고 및 납부 이론형 Level 2

납부할 중간예납세액이 1,500만 원인 경우 500만 원을 납부기한이 지난 날부터 1개월(중소기업의 경우 2개월) 이내에 분납할 수 있다.

답 ②

210 중소기업인 (주)A의 제11기(2024.1.1. ~ 12.31.) 사업연도의 법인세 납부세액이 22,000,000원인 경우, 법인세법령상 (주)A의 최대 분납가능금액과 분납기한에 대한 설명으로 옳은 것은? [단, (주)A는 성실신고 확인서를 제출한 경우에 해당하지 않으며, 국세기본법에 따른 기한의 특례는 고려하지 않음]

2021년 국가직 7급 변형

① 최대 10,000,000원을 2025년 4월 30일까지 분납할 수 있다.
② 최대 10,000,000원을 2025년 5월 31일까지 분납할 수 있다.
③ 최대 11,000,000원을 2025년 4월 30일까지 분납할 수 있다.
④ 최대 11,000,000원을 2025년 5월 31일까지 분납할 수 있다.

분납   이론형 Level 1

> **분납할 수 있는 세액(법인세법 제64조 제2항, 법인세법 시행령 제101조 제2항 참조)**
>
> 내국법인이 납부할 세액이 1천만 원을 초과하는 경우에는 납부할 세액의 일부를 납부기한이 지난 날부터 1개월(중소기업의 경우에는 2개월) 이내에 분납할 수 있다. 분납할 수 있는 세액은 다음 각 호에 의함
> 1. 납부할 세액이 2천만 원 이하인 경우에는 1천만 원을 초과하는 금액
> 2. 납부할 세액이 2천만 원을 초과하는 경우에는 그 세액의 100분의 50 이하의 금액

답 ④

IV

해커스공무원 이훈엽 세법 단원별 기출문제집

211

다음은 제조업을 주업으로 하는 내국법인 (주)A(중소기업 아님)의 제22기 사업연도(2025.1.1. ~ 12.31.)의 세무조정 및 신고·납부 관련 자료이다. 각 (   )에 들어갈 금액을 모두 합산하면 얼마인가? (단, 전기 이전의 모든 세무조정은 적정하였으며, 주어진 자료 이외에는 고려하지 않음) 2018년 세무사 변형

> (1) (주)A가 2019년에 출자하여 설립한 외국자회사 (주)B로부터 수령한 수입배당금 10,000,000원이 제22기 각 사업연도 소득금액에 포함되어 있으며, (주)A는 외국법인세액에 대하여 세액공제방법을 적용한다. (주)A는 동 배당금과 관련하여 (   )원을 간접외국납부세액으로 보아 익금산입하고, 법정금액을 공제한도로 하여 당해 외국법인세액을 제21기 사업연도 법인세액에서 공제하였다. (주)B에 대한 (주)A의 출자비율은 40%이며, (주)B의 당해 사업연도 소득금액과 법인세액은 각각 3억 원과 1억 원이다.
>
> (2) 제22기 각 사업연도 소득금액에는 (주)A의 개인주주 甲에게 자금을 대여하고 수취한 이자수익 20,000,000원과 유가증권시장 주권상장법인으로부터 직접 받은 현금배당금 10,000,000원이 포함되어 있으며, 이를 모두 국내에서 지급받으면서 (   )원의 법인세 원천징수세액이 발생하였다.
>
> (3) 가산세 3,000,000원을 포함한 자진납부할 세액이 18,000,000원으로 산출되어, 분납할 수 있는 최대금액인 (   )원은 분납하기로 결정하였다.

① 8,000,000원
② 10,400,000원
③ 12,200,000원
④ 14,000,000원
⑤ 15,000,000원

세무조정 및 신고·납부 이론형 Level 2

	구분	비고		
(1)	1억 원 × $\dfrac{1천만\ 원}{3억\ 원 - 1억\ 원}$ = 5,000,000원	자회사법인세액 × $\dfrac{자회사로부터\ 수입배당금}{자회사소득금액 - 외국자회사법인세액}$		
(2)	20,000,000원 × 25% = 5,000,000원	원천징수 • 비영업대금의 이익: 원천징수세율 25% • 배당수익: 투자신탁의 이익 × 14%		
(3)	5,000,000원	분납 금액(가산세는 제외)		
		납부세액이 2천만 원 이하		1천만 원 초과금액
		납부세액이 2천만 원 초과		세액의 50% 이하의 금액
계	15,000,000원	–		

답 ⑤

11 합병·분할 및 연결

212
□□□

법인세법상 합병법인이 피합병법인으로부터 이월결손금을 승계받아 공제할 수 있는 요건으로 옳지 않은 것은?

① 합병법인이 피합병법인의 자산을 시가에 의하여 승계할 것
② 승계받은 피합병법인의 사업에서 소득금액이 발생할 것
③ 합병등기일 현재 1년 이상 계속하여 사업을 영위하던 내국법인 간의 합병일 것
④ 피합병법인의 주주 등이 합병법인으로부터 합병대가를 받은 경우에는 그 합병대가의 총합계액 중 주식 등의 가액이 100분의 80 이상일 것

┃ 합병　　　　　　　　　　　　　　　　　　　　　　　　　　　　이론형 Level 1

적격합병의 경우 피합병법인의 합병등기일 현재의 세법상 이월결손금을 승계받은 사업에서 발생한 소득금액의 범위에서 합병법인의 각 사업연도의 과세표준을 계산할 때 공제한다. 합병법인은 피합병법인의 자산을 장부가액으로 양도받은 경우 양도받은 자산·부채가액을 합병등기일 현재의 시가로 계상하되, 시가에서 피합병법인의 장부가액을 뺀 금액을 자산별로 자산조정계정으로 계상하여야 한다. 이는 적격합병 후 합병법인에 대한 과세문제지 이월결손금 공제와는 관련이 없다.

(선지분석)
③, ④ 적격합병요건이다.

답 ①

213
□□□

합병이 사업의 계속성과 주주의 동질성이 인정되는 형식적 조직개편에 지나지 않는 경우에는 합병시점에 합병으로 인한 이익이 실현되었다고 보기 어렵기에 합병으로 인한 이익의 과세를 합병시점 이후로 이연한다. 이러한 합병으로 적격합병이라고 하는데, 적격합병요건에 해당되지 않는 것은? 　2007년 국가직 7급 변형

① 합병등기일 현재 1년 이상 계속하여 사업을 영위하던 내국법인 간의 합병일 것
② 합병등기일 당시 피합병법인에 종사하는 대통령령으로 정하는 근로자 중 합병법인이 승계한 근로자의 비율이 100분의 80 이상이고, 합병등기일이 속하는 사업연도의 종료일까지 그 비율을 유지할 것
③ 피합병법인의 특정한 지배주주가 합병등기일이 속하는 사업연도의 종료일까지 그 주식을 보유할 것
④ 합병법인이 합병등기일이 속하는 사업연도의 종료일까지 피합병법인으로부터 승계받은 사업을 계속 영위할 것

┃ 적격합병　　　　　　　　　　　　　　　　　　　　　　　　　　이론형 Level 1

합병등기일 1개월 전 당시 피합병법인에 종사하는 대통령령으로 정하는 근로자 중 합병법인이 승계한 근로자의 비율이 100분의 80 이상이고, 합병등기일이 속하는 사업연도의 종료일까지 그 비율을 유지할 것을 요건으로 한다.

참고　합병이 인력감축의 수단으로 활용되는 것을 방지하여 고용 안정성을 보장하기 위함임

답 ②

214 법인세법상 적격합병에 관한 설명이다. 옳지 않은 것은?

① 합병등기일 현재 1년 이상 사업을 계속하던 내국법인 간의 합병이어야 한다는 것은 적격합병의 요건 중 하나이다.

② 피합병법인의 주주등이 합병으로 인하여 받은 합병대가의 전액이 합병법인의 주식등이어야 한다는 것은 적격합병의 요건 중 하나이다.

③ 합병법인이 합병등기일이 속하는 사업연도의 종료일까지 피합병법인으로부터 승계받은 사업을 계속하여야 한다는 것은 적격합병의 요건 중 하나이다.

④ 피합병법인의 합병으로 발생하는 양도손익을 계산할 때 적격합병의 경우에는 피합병법인이 합병법인으로부터 받은 양도가액을 피합병법인의 합병등기일 현재의 순자산 장부가액으로 보아 양도손익이 없는 것으로 할 수 있다.

⑤ 적격합병을 한 합병법인은 피합병법인의 자산을 장부가액으로 양도받은 것으로 한다.

적격합병	이론형 Level 1

피합병법인의 주주등이 합병으로 인하여 받은 합병대가의 80% 이상이 합병법인의 주식등이어야 한다는 것은 적격합병의 요건 중 하나이다.

답 ②

215 법인세법상 내국법인 간 합병과 관련한 설명으로 옳지 않은 것은?

① 합병법인이 법인세법 제44조 제2항 및 제3항에 따라 양도손익이 없는 것으로 한 합병(적격합병)이 아닌 합병으로 피합병법인의 자산을 승계한 경우에는 그 자산을 피합병법인으로부터 합병등기일 현재의 시가로 양도받은 것으로 본다.

② 법인세법 제44조 제2항 각호의 요건을 모두 갖춘 합병 시 피합병법인이 합병법인으로부터 받은 양도가액을 피합병법인의 합병등기일 현재의 순자산 장부가액(자산의 장부가액 총액에서 부채의 장부가액 총액을 뺀 가액)으로 보아 피합병법인에 양도손익이 없는 것으로 할 수 있다.

③ 내국법인이 발행주식총수를 소유하고 있는 다른 법인을 합병하는 경우에는 피합병법인에 양도손익이 없는 것으로 할 수 있다.

④ 합병법인은 피합병법인의 자산을 시가로 양도받은 것으로 보는 경우에 피합병법인에 지급한 양도가액이 피합병법인의 합병등기일 현재의 자산총액에서 부채총액을 뺀 금액보다 적은 경우에는 그 차액을 합병등기일부터 3년간 균등하게 나누어 손금에 산입한다.

합병	이론형 Level 1

합병법인은 피합병법인의 자산을 시가로 양도받은 것으로 보는 경우로서 피합병법인에 지급한 양도가액이 피합병법인의 합병등기일 현재의 자산총액에서 부채총액을 뺀 금액보다 적은 경우에는 그 차액을 세무조정계산서에 계상하고 합병등기일부터 5년간 균등하게 나누어 익금에 산입한다.

답 ④

216 법인세법상 합병 및 분할 등 특례 규정에 관한 설명으로 옳은 것은? 2017년 회계사

① 법인세법상 요건을 모두 갖춘 적격합병에 해당하여 피합병법인이 합병으로 인한 양도손익이 없는 것으로 한 경우 합병법인은 피합병법인의 자산을 합병등기일 현재의 시가로 양도받은 것으로 한다.

② 내국법인이 발행주식총수 또는 출자총액을 소유하고 있는 다른 법인을 합병하거나 그 다른 법인에 합병되는 경우에는 합병에 따른 양도손익이 없는 것으로 할 수 있다.

③ 법인세법상 요건을 모두 갖춘 적격합병의 경우에는 합병법인의 합병등기일 현재 이월결손금은 합병법인의 각 사업연도의 과세표준을 계산할 때 피합병법인으로부터 승계받은 사업에서 발생한 소득금액의 범위에서 공제할 수 있다.

④ 법인세법상 요건을 모두 갖춘 적격합병의 경우에만 합병법인이 피합병법인의 대손충당금 관련 세무조정사항을 승계할 수 있다.

⑤ 적격합병에 해당하기 위해서는 합병법인이 합병등기일이 속하는 사업연도의 다음 사업연도 개시일부터 5년이 되는 날까지 피합병법인으로부터 승계받은 사업을 계속해야 한다.

■ 합병 및 분할 이론형 Level 2

완전모회사가 완전자회사를 합병하는 경우에는 적격합병으로 본다.

(선지분석)
① 적격합병에 해당하는 경우 합병법인은 피합병법인의 자산을 장부가액으로 양도받은 것으로 한다.
③ 합병법인의 합병등기일 현재 이월결손금은 합병법인의 사업에서 발생한 소득금액의 범위에서 공제할수 있다. 다만, 합병법인의 합병등기일 현재 결손금과 합병법인이 승계한 피합병법인의 결손금에 대한 공제는 소득금액의 80% 공제 한도규정(중소기업 등은 제외)이 적용된다.
④ 대손충당금 관련 세무조정사항의 승계는 비적격합병인 경우에도 가능하다.
⑤ 합병등기일이 속하는 사업연도의 종료일까지 피합병법인으로부터 승계받은 사업을 계속하여야 한다.

답 ②

---

217 법인세법상 영리내국법인의 합병 및 분할 등에 관한 설명으로 옳지 않은 것은? (단, 조세특례제한법은 고려하지 않음) 2020년 세무사

① 적격합병의 경우 피합병법인이 합병법인으로부터 받은 양도가액을 피합병법인의 합병등기일 현재의 순자산 장부가액으로 보아 양도손익이 없는 것으로 할 수 있다.

② 적격합병의 경우 합병법인이 승계한 피합병법인의 결손금은 피합병법인으로부터 승계받은 사업에서 발생한 소득금액의 범위에서 합병법인의 각 사업연도의 과세표준을 계산할때 공제한다.

③ 적격합병의 경우 합병법인은 피합병법인의 자산을 장부가액으로 양도받은 것으로 한다. 이 경우 장부가액과 시가와의 차액을 법령으로 정하는 바에 따라 자산별로 계상하여야 한다.

④ 합병 시 피합병법인의 대손충당금 관련 세무조정사항의 승계는 적격합병의 요건을 갖추고, 대손충당금에 대응하는 채권이 합병법인에게 함께 승계되는 경우에만 가능하다.

⑤ 합병법인이 합병등기일이 속하는 사업연도의 종료일까지 피합병법인으로부터 승계받은 사업을 계속 영위하는 것도 적격합병의 요건 중 하나이다.

■ 합병 및 분할 이론형 Level 2

합병 시 피합병법인의 대손충당금 관련 세무조정사항의 승계는 적격합병 여부에 관계없이 대손충당금에 대응하는 채권이 합병법인에 승계한 경우에 가능하다.

답 ④

218

법인세법상 주요 용어에 관한 설명으로 옳지 않은 것은?

① '연결납세방식'이란 둘 이상의 내·외국법인을 하나의 과세표준과 세액을 계산하는 단위로 하여 법인세를 신고·납부하는 방식을 말한다.

② '연결모법인'이란 연결집단 중 다른 연결법인을 완전지배하는 연결법인을 말한다.

③ '사업연도'란 법인의 소득을 계산하는 1회계기간을 말한다.

④ '손금'이란 자본 또는 출자의 환급, 잉여금의 처분 및 법인세법에서 규정하는 것을 제외하고 당해 법인의 순자산을 감소시키는 거래로 인하여 발생하는 손비의 금액을 말한다.

> **█ 용어의 정의** 　　　　　　　　　　　　　　　　　　　　　　　　　　　　　　　　이론형 Level 1

연결납세방식이란 둘 이상의 내국법인(외국법인 ×)을 하나의 과세표준과 세액을 계산하는 단위로 하여 법인세를 신고·납부하는 방식을 말한다.

답 ①

219

법인세법상 연결납세방식에 대한 설명으로 옳은 것은?

① 비영리내국법인도 연결가능모법인이 될 수 있다.

② 내국법인이 다른 내국법인의 발행주식총수의 50%를 보유한 경우에는 연결납세방식을 적용할 수 있다.

③ 연결법인의 납세지는 본래의 납세지에 불구하고 연결모법인의 납세지로 한다.

④ 연결법인이 원하는 경우에는 언제든지 연결납세방식의 적용을 포기할 수 있다.

> **█ 연결납세방식** 　　　　　　　　　　　　　　　　　　　　　　　　　　　　　　　　이론형 Level 1

(선지분석)

① 비영리법인은 완전모법인이 될 수 없다.

② 내국법인이 다른 내국법의 발행주식총수의 <u>90%</u>를 보유한 경우에 연결납세방식을 적용할 수 있다.

④ 연결납세방식의 적용을 포기하려는 연결법인은 연결납세방식을 적용하지 않으려는 <u>사업연도 개시일 전 3개월이 되는 날까지</u> 연결모법인의 납세지 관할 지방국세청장에게 신고하여야 한다.

답 ③

220 법인세법상 연결납세제도에 관한 설명으로 옳지 않은 것은?

2009년 국가직 9급 변형

① 내국법인과 연결가능법인에 연결납세방식을 적용하는 경우 연결가능법인이 2 이상인 때에는 해당법인 모두에 연결납세방식을 적용하여야 하는 것은 아니다.
② 연결납세방식을 적용받는 각 연결법인의 사업연도는 연결사업연도와 일치하여야 한다.
③ 연결납세방식을 최초로 적용받은 연결사업연도와 그 다음 연결사업연도의 개시일부터 4년 이내에 종료하는 연결사업연도까지는 연결납세방식의 적용을 포기할 수 없다.
④ 연결모법인은 각 연결사업연도의 종료일이 속하는 달의 말일부터 4개월 이내에 해당 연결사업연도의 소득에 대한 법인세의 과세표준과 세액을 납세지 관할 세무서장에게 신고하여야 한다.

| **연결납세제도** | 이론형 Level 1 |

내국법인과 연결가능법인에 연결납세방식을 적용하는 경우 연결가능법인이 둘 이상일 때에는 해당 법인 모두가 연결납세방식을 적용하여야 한다.

답 ①

221 법인세법상 연결납세제도에 대한 설명으로 옳은 것만을 모두 고른 것은?

2015년 국가직 7급 변형

ㄱ. 다른 내국법인을 완전지배하는 내국법인이 비영리내국법인인 경우에도 연결납세제도가 적용된다.
ㄴ. 연결자법인이 다른 연결법인에 흡수합병되어 해산하는 경우에는 해산등기일이 속하는 연결사업연도에 연결납세방식을 적용할 수 없다.
ㄷ. 연결법인은 연결납세방식의 적용을 포기할 수 있지만, 연결납세방식을 최초로 적용받은 연결사업연도와 그 다음 연결사업연도의 개시일부터 4년 이내에 끝나는 연결사업연도까지는 연결납세방식의 적용을 포기할 수 없다.
ㄹ. 연결가능모법인과 그 법인의 연결가능법인이 보유한 다른 내국법인의 주식 등의 합계가 그 다른 내국법인 발행주식총수의 90% 이상(근로복지기본법 제2조 제4호에 따른 우리사주조합을 통하여 근로자가 취득한 주식 등 대통령령으로 정한 주식으로서 발행주식총수의 100분의 5 이내의 주식은 제외함)인 경우에도 연결납세제도를 적용할 수 있기 위한 요건으로서의 완전지배관계가 인정된다.

① ㄱ, ㄴ
② ㄱ, ㄹ
③ ㄴ, ㄷ
④ ㄷ, ㄹ

| **연결납세제도** | 이론형 Level 1 |

옳은 것은 ㄷ, ㄹ이다.

(선지분석)
ㄱ. 비영리내국법인은 연결납세제도 시 완전모법인이 될 수 없다.
ㄴ. 연결모법인의 완전 지배를 받지 아니하게 되거나 해산한 연결자법인은 해당 사유가 발생한 날이 속하는 연결사업연도의 개시일부터 연결납세방식을 적용하지 아니한다. 다만, 연결자법인이 다른 연결법인에 흡수합병되어 해산하는 경우에는 해산등기일이 속하는 연결사업연도에 연결납세방식을 적용할 수 있다.

답 ④

222 법인세법상 각 연결사업연도의 소득에 대한 법인세에 관한 설명이다. 옳은 것은?   2015년 회계사

① 둘 이상의 연결법인에서 발생한 결손금은 연결법인 간 균등배분하여 결손금공제를 할 수 있다.

② 연결모법인은 각 연결사업연도의 개시일이 속하는 달의 말일부터 4개월 이내에 해당 연결사업연도의 소득에 대한 법인세의 과세표준과 세액을 납세지 관할 세무서장에게 신고하여야 한다.

③ 각 연결사업연도의 기간이 6개월을 초과하는 연결모법인은 해당 사업연도 개시일부터 6개월간을 중간예납기간으로 하여 연결중간예납세액을 중간예납기간이 지난 날부터 3개월 이내에 납세지 관할 세무서에 납부하여야 한다.

④ 연결납세방식의 적용을 포기한 연결법인은 연결납세방식이 적용되지 않는 최초 사업연도와 그 다음 사업연도의 개시일부터 4년 이내에 끝나는 사업연도까지는 연결납세방식의 적용 당시와 동일한 법인을 연결모법인으로 하여 연결납세방식을 적용받을 수 없다.

⑤ 연결모법인이 연결자법인으로부터 지급받은 연결법인세액 할당상당액은 익금에 산입하지 않으나, 연결자법인이 지급한 연결법인세액 할당상당액은 연결자법인의 손금으로 산입할 수 있다.

| 연결사업연도   이론형 Level 2

연결납세포기의 효력에는 ⓐ 연결납세방식의 적용배제, ⓑ 연이월결손금의 승계, ⓒ 사업연도의 의제가 있다.

선지분석
① 연결소득 개별귀속액 비율대로 배분하여 공제한다.
② 각 연결사업연도 개시일이 속하는 달의 말일부터가 아니고, 각 연결사업연도의 종료일이 속하는 달의 말일부터 4개월 이내에 해당 연결사업연도의 소득에 대한 법인세의 과세표준과 세액을 납세지 관할 세무서장에게 신고하여야 한다.
③ 각 연결사업연도의 기간이 6개월을 초과하는 연결모법인은 해당 사업연도 개시일부터 그 6개월간을 중간예납기간으로 하여 연결중간예납세액을 중간예납기간이 지난 날부터 2개월 이내에 납세지 관할 세무서 등에 납부하여야 한다(일반법인과 동일함).
⑤ 연결모법인이 연결자법인으로부터 지급받은 연결법인세액 할당상당액은 익금에 산입하지 않고, 연결자법인이 지급한 연결법인세액 할당 상당액 또한 손금에 산입하지 않는다.

답 ④

> ㄱ. 내국법인인 연결가능모법인과 그 다른 내국법인인 연결가능법인은 연결가능모법인의 납세지 관할 지방국세청장의 승인을 받아 연결납세방식을 적용할 수 있다.
>
> ㄴ. 연결납세방식을 적용받으려는 내국법인과 해당 내국법인의 연결가능법인은 최초의 사업연도 개시일부터 20일 이내에 연결납세방식 적용신청서를 해당 내국법인의 납세지 관할 세무서장을 경유하여 관할지방국세청장에게 제출하여야 한다.
>
> ㄷ. 같은 사업연도에 2 이상의 연결법인에서 발생한 결손금이 있는 경우에는 연결법인 간 균등하게 배분하여 결손금 공제를 할 수 있다.
>
> ㄹ. 연결납세방식의 적용 승인이 취소된 연결법인은 취소한 날이 속하는 사업연도와 그 다음 사업연도의 개시일부터 4년 이내에 끝나는 사업연도까지는 연결납세방식의 적용 당시와 동일한 법인을 연결모법인으로 하여 연결납세방식을 적용받을 수 없다.
>
> ㅁ. 각 연결사업연도의 기간이 6개월을 초과하는 연결모법인은 해당 연결사업연도 개시일부터 6개월간을 중간예납기간으로 하여 연결중간예납세액을 중간예납기간이 지난 날부터 2개월 이내에 납세지 관할 세무서 등에 납부하여야 한다.

① ㄱ, ㄴ　　　　　　　　　　　② ㄴ, ㄷ
③ ㄹ, ㅁ　　　　　　　　　　　④ ㄴ, ㄷ, ㄹ
⑤ ㄷ, ㄹ, ㅁ

| 연결납세제도 | 이론형 Level 2 |

옳지 않은 것은 ㄴ, ㄷ이다.

ㄴ. 연결납세방식을 적용받으려는 내국법인과 해당 내국법인의 연결가능법인은 최초의 사업연도 개시일부터 10일 이내에 연결납세방식 적용신청서를 해당 내국법인의 납세지 관할 세무서장을 경유하여 관할 지방국세청장에게 제출하여야 한다.

ㄷ. 연결소득 개별귀속액 비율대로 배분하여 공제한다.

답 ②

224 법인세법상 법인세에 관한 설명으로 옳지 않은 것은?
2007년 국가직 9급

① 사업연도를 변경하고자 하는 법인은 그 법인의 직전 사업연도 종료일부터 3월 이내에 대통령령이 정하는 바에 따라 납세지 관할 세무서장에게 이를 신고하여야 한다.

② 내국법인의 각 사업연도의 소득 중 공익신탁의 신탁재산에서 생기는 소득에 대하여는 각 사업연도의 소득에 대한 법인세를 과세하지 아니한다.

③ 천재·지변 기타 재해로 인하여 대통령령이 정하는 자산총액의 100분의 20 미만이 상실된 경우에는 재해손실에 대한 세액공제를 받을 수 없다.

④ 상법의 규정에 의하여 내국법인이 조직변경하는 경우에는 청산소득에 대한 법인세를 과세한다.

▌청산소득
이론형 Level 1

> 📄 청산소득에 대한 법인세를 과세하지 않는 내국인의 예(법인세법 제78조 제3호 참조)
> 1. 상법의 규정에 따라 조직변경하는 경우
> 2. 특별법에 따라 설립된 법인이 해당 특별법의 개정이나 폐지로 인하여 상법에 따른 회사로 조직변경하는 경우
> 3. 변호사법에 따라 법무법인이 법무법인(유한)으로 조직변경하는 경우, 관세사법에 따라 관세사법인이 관세법인으로 조직변경하는 경우 등
> 4. 협동조합 기본법에 따라 법인 등이 협동조합으로 조직변경하는 경우 등

(선지분석)
① 해당 사업연도 종료일 이전 3개월 이내에 신고하여야 한다.
② 법인세법상 비과세에 대한 내용이다.
③ 재해손실세액공제는 천재지변 등 재해로 인하여 사업용 자산총액 20% 이상을 상실하여 납세가 곤란하다고 인정되는 경우에 받을 수 있다.

답 ④

225

법인세법상 내국법인의 청산소득에 대한 설명으로 옳지 않은 것은?

① 비영리내국법인은 어떠한 경우라도 청산소득에 대한 법인세의 납세의무를 지지 않는다.

② 합병이나 분할에 의한 해산하는 내국법인을 제외한 내국법인이 해산한 경우 그 청산소득의 금액은 그 법인의 해산에 의한 잔여재산의 가액에서 해산등기일 현재의 자본금 또는 출자금과 잉여금의 합계액을 공제한 금액으로 한다.

③ 내국법인의 해산에 의한 청산소득의 금액을 계산할 때 그 청산기간에 국세기본법에 따라 환급되는 법인세액이 있는 경우 이에 상당하는 금액은 그 법인의 해산등기일 현재의 자기자본의 총액에는 포함되지 아니한다.

④ 특별법에 따라 설립한 법인이 그 특별법의 개정으로 인하여 상법에 따른 회사로 조직변경하는 경우에는 청산소득에 대한 법인세를 과세하지 아니한다.

▌ 청산소득　　　　　　　　　　　　　　　　　　　　　　　　이론형 Level 1

내국법인의 해산에 의한 청산소득의 금액을 계산할 때 그 청산기간에 국세기본법에 따라 환급되는 법인세액이 있는 경우 이에 상당하는 금액은 그 법인의 해산등기일 현재의 자기자본의 총액에 가산한다.

(선지분석)

① 영리내국법인만이 청산소득에 대한 납세의무를 진다.
② 청산소득금액은 '잔여재산가액 – (납입자본금 + 세무상 잉여금 + 법인세환급액)'이다.

답 ③

226

내국법인의 청산소득금액의 계산에 관한 설명이다. 옳지 않은 것은?

① 해산(합병·분할에 의한 해산은 제외)에 의한 청산소득의 금액은 그 법인의 해산에 의한 잔여재산의 가액에서 해산등기일 현재의 자기자본의 총액을 공제한 금액으로 한다.

② 해산에 의한 청산소득의 금액을 계산함에 있어서 그 청산기간 중에 국세기본법에 의하여 환급되는 법인세액이 있는 경우 이에 상당하는 금액은 자기자본의 총액에 가산한다.

③ 청산소득의 금액을 계산함에 있어서 그 청산기간 중에 생기는 각 사업연도의 소득금액이 있는 경우에는 이를 청산소득의 금액에 가산한다.

④ 청산소득 금액을 계산할 때 해산등기일 전 2년 이내에 자본금 또는 출자금에 전입한 잉여금이 있는 경우에는 해당 금액을 자본금 또는 출자금에 전입하지 아니한 것으로 본다.

⑤ 자기자본의 총액에서 상계하는 이월결손금의 금액은 자기자본의 총액 중 잉여금의 금액을 초과하지 못하며, 초과하는 이월결손금이 있는 경우에는 그 이월결손금은 없는 것으로 본다.

▌ 청산소득　　　　　　　　　　　　　　　　　　　　　　　　이론형 Level 1

내국법인의 해산에 의한 청산소득의 금액을 계산할 때 그 청산기간에 생기는 각 사업연도의 소득금액이 있는 경우에는 그 법인의 해당 각 사업연도의 소득금액에 산입한다. 해산등기일 이후 잔여재산을 분배하는 것과 관련된 것은 청산소득에 포함하고 기존 사업은 각 사업연도소득에 포함한다.

답 ③

227 법인세법상 청산소득에 대한 설명으로 옳은 것은?

① 비영리내국법인은 청산소득에 대하여 법인세의 납세의무를 진다.

② 법인이 해산등기일 현재의 자산을 청산기간 중에 처분한 금액은 청산소득에 포함하지만, 청산기간 중에 해산 전의 사업을 계속하여 영위하는 경우 당해 사업에서 발생한 사업수입이나 임대수입, 공·사채 및 예금의 이자수입 등은 포함하지 않는다.

③ 청산소득금액을 계산할 때 해산등기일 전 3년 이내에 자본금 또는 출자금에 전입한 잉여금이 있는 경우에는 해당 금액을 자본금 또는 출자금에 전입하지 아니한 것으로 보고 계산한다.

④ 특별법에 따라 설립된 법인이 그 특별법의 개정이나 폐지로 인하여 상법에 따른 회사로 조직변경하는 경우에 해당하면 청산소득에 대한 법인세를 과세한다.

▌청산소득   이론형 Level 1

(선지분석)
① 비영리내국법인은 청산소득에 대하여 법인세의 납세의무를 <u>지지 않는다.</u>
③ 청산소득금액을 계산할 때 해산등기일 전 <u>2년 이내에</u> 자본금 또는 출자금에 전입한 잉여금이 있는 경우에는 해당 금액을 자본금 또는 출자금에 전입하지 아니한 것으로 보고 계산한다.
④ 특별법에 따라 설립된 법인이 그 특별법의 개정이나 폐지로 인하여 상법에 따른 회사로 조직변경하는 경우 그 변경의 전·후에도 당해 법인의 기존 권리 및 의무의 실질관계가 변동되지 않고 동일성이 유지되어 청산으로 보지 않는다.

답 ②

228 법인세법상 청산소득에 관한 설명이다. 옳지 않은 것은?

① 외국법인과 비영리내국법인은 청산소득에 대한 법인세 납세의무가 없다.

② 청산소득에 대한 법인세의 납부의무가 있는 법인은 과세표준과 세액을 납세지 관할 세무서장에게 신고하여야 하나 청산소득의 금액이 없는 경우에는 그러하지 아니하다.

③ 내국법인의 해산에 의한 청산소득의 금액을 계산할 때 그 청산기간에 생기는 각 사업연도의 소득금액이 있는 경우에는 그 법인의 해당 각 사업연도의 소득금액에 산입한다.

④ 내국법인의 해산에 의한 청산소득의 금액을 계산할 때 그 청산기간에 국세기본법에 따라 환급되는 법인세액이 있는 경우 이에 상당하는 금액은 그 법인의 해산등기일 현재 자기자본의 총액에 가산한다.

⑤ 특별법에 따라 설립된 법인이 그 특별법의 개정이나 폐지로 인하여 상법에 따른 회사로 조직변경하는 경우에는 청산소득에 대한 법인세를 과세하지 아니한다.

▌청산소득   이론형 Level 2

청산소득에 대한 법인세의 납부의무가 있는 법인은 과세표준과 세액을 납세지 관할 세무서장에게 신고하여야 하며, 청산소득의 금액이 없는 경우에도 신고하여야 한다.

답 ②

229 중소기업이 아닌 (주)한국은 등기된 비사업용 토지(장부가액 5억 원)를 10억 원(취득시기: 2019년 3월 2일, 양도시기: 2025년 3월 3일)에 양도하였다. (주)한국의 법인세 산출세액은? [단, (주)한국의 사업연도는 2025년 1월 1일부터 2025년 12월 31일까지이며, 다른 소득은 없다고 가정함] 2014년 국가직 9급 변형

① 50,000,000원　　　　　　　　　　　② 80,000,000원

③ 100,000,000원　　　　　　　　　　 ④ 125,000,000원

| 토지 등 양도소득 계산형

ⓐ 각 사업연도소득금액 법인세

구분	금액	비고
익금	10억 원	양도가액
손금	(-) 5억 원	장부가액
과세표준	5억 원	-
산출세액	7천5백만 원	2억 원 × 9% + (5억 원 - 2억 원) × 19%

ⓑ 토지 등 양도소득에 대한 법인세: 5억 × 10% = 5천만 원

ⓒ 법인세 산출세액: 7천5백만 원 + 5천만 원 = 1억 2천5백만 원

> **참고** 토지 등 양도소득은 각 사업연도 소득에 포함되어 각 사업연도 소득에 대한 법인세로 과세되며, 부동산투기 방지 목적으로 토지 등 양도소득에 대한 법인세로 추가로 과세함

답 ④

---

230 법인세법상 비영리법인에 관한 설명으로 옳지 않은 것은? 2009년 국가직 7급 변형

① 비영리내국법인의 수익사업에서 발생한 소득에 대하여 법에 따른 세액공제를 적용받는 경우에는 고유목적사업준비금의 손금산입규정의 적용을 배제한다. 다만, 고유목적사업준비금만을 적용받는 것으로 수정신고한 경우를 제외한다.

② 주식·신주인수권 또는 출자지분의 양도로 인하여 생기는 수입은 비영리내국법인의 수익사업에 해당한다.

③ 비영리법인이 수익사업을 영위하는 경우에는 자산·부채 및 손익을 당해 수익사업에 속하는 것과 수익사업이 아닌 기타의 사업에 속하는 것을 각각 별개의 회계로 구분하여 경리하여야 한다.

④ 내국법인 중 민법 제32조의 규정에 의하여 설립된 법인의 청산소득에 대하여 법인세를 부과하지 아니한다.

| 비영리법인 이론형 Level 1

비영리내국법인의 수익사업에서 발생한 소득에 대하여 법인세법 또는 조세특례제한법에 따른 비과세·면제, 준비금의 손금산입, 소득공제 또는 세액감면(세액공제를 제외)을 적용받는 경우에는 고유목적사업준비금을 손금으로 산입할 수 없다. 다만, 고유목적사업준비금만을 적용받는 것으로 수정신고 한 경우를 제외한다. 즉, 비영리내국법인 등이 고유목적사업준비금과 다른 감면 등이 동시에 적용 가능한 경우에는 그 중 하나를 선택하여 적용하여야 한다.

답 ①

231 법인세법상 비영리내국법인에 대한 설명으로 옳지 않은 것은?

2015년 국가직 7급 변형

① 비영리내국법인의 고유목적사업에 직접 사용하는 자산의 처분으로 인한 대통령령으로 정하는 수입은 각 사업연도의 소득에 포함되어 과세되지 않는다.

② 모든 비영리내국법인은 복식부기의 방식으로 장부를 기장하고 이를 비치할 의무는 있지만, 이를 이행하지 않았을 경우에 무기장가산세의 부과대상은 아니다.

③ 비영리내국법인의 경우에는 국내뿐만 아니라 국외의 수익사업소득에 대해서도 각 사업연도의 소득으로 법인세가 과세된다.

④ 주식회사 등의 외부감사에 관한 법률 제2조 제7호 및 제9조에 따른 감사인의 회계감사를 받는 비영리내국법인이 법인세법 제29조에 따른 고유목적사업준비금을 세무조정계산서에 계상한 경우로서 그 금액에 상당하는 금액이 해당 사업연도의 이익처분에 있어서 그 준비금의 적립금으로 적립되어 있는 경우 그 금액은 손금으로 계상한 것으로 본다.

▌비영리내국법인

이론형 Level 1

사업소득 및 채권매매익의 수익사업을 영위하지 아니하는 경우에는 장부기장 및 비치 보존의무가 없다. 즉, 계속적 사업이 아닌 일시적인 이자수입 등이 있는 비영리내국법인에 대하여는 기장의무가 없다. 또한, 사업소득 및 채권매매익의 수익사업을 영위함으로써 장부기장 등에 대해서 의무를 해태한 때에도 무기장 가산세는 적용하지 아니한다.

답 ②

232 법인세법상 비영리내국법인에 관한 설명으로 옳은 것은?

2017년 세무사

① 비영리내국법인이 수익사업을 영위하는 경우 구분경리하지 않는 것을 원칙으로 한다.

② 비영리내국법인의 청산소득에 대하여는 법인세가 과세된다.

③ 비영리내국법인은 소득세법에 따른 비영업대금의 이익에 대해서 반드시 법인세 과세표준신고를 하여야 한다.

④ 비영리내국법인은 고유목적사업준비금을 손금에 산입한 날이 속하는 사업연도 종료일 이후 3년이 되는 날까지 고유목적사업에 사용하여야 한다.

⑤ 축산업을 영위하는 비영리내국법인은 지상권의 양도로 인하여 발생하는 소득이 있는 경우 법인세 과세표준신고를 하여야 한다.

▌비영리내국법인

이론형 Level 2

비영리내국법인의 이자소득에 대한 신고 특례규정에 따라 이자소득은 법인세 신고하지 않고 원천징수하는 것으로 과세종결할 수 있다. 다만, 비영업대금의 이익은 특례규정이 적용되지 않는다.

(선지분석)

① 비영리내국법인이 수익사업을 영위하는 경우 구분경리하여야 한다.

② 영리내국법인에 한하여 청산소득에 대한 법인세 납세의무가 있다.

④ 비영리내국법인은 고유목적사업준비금을 손금에 산입한 날이 속하는 사업연도 종료일 이후 5년이 되는 날까지 고유목적사업에 사용하여야 한다.

⑤ 비영리내국법인의 자산양도소득에 대한 신고 특례규정에 따라 비영리내국법인이 토지, 건물, 양도소득세 과세대상 주식 또는 부동산에 관한 권리의 양도로 인하여 발생하는 소득이 있는 경우 법인세 과세표준신고를 하지 아니하고 소득세법상 양도소득세 규정을 준용하여 신고할 수 있다. 다만, 이 규정은 사업소득에 해당하는 수익사업을 영위하지 않는 법인에 한하여 적용된다. 사안에서 축산업에서 발생한 소득은 사업소득(수익사업)에 해당하지 않는다.

답 ③

233

비영리내국법인의 법인세 납세의무와 과세소득에 관한 설명으로 옳지 않은 것은? 2016년 회계사

① 출자지분의 양도로 인하여 생기는 수입과 정기예금에서 발생한 이자소득은 수익 사업에서 생기는 소득에 포함된다.

② 고유목적사업준비금을 손금으로 계상한 사업연도의 종료일 이후 5년이 되는 날까지 고유목적사업등에 사용하지 아니한 때에는 그 잔액을 익금에 산입한다.

③ 직전 사업연도 종료일 현재의 고유목적사업준비금의 잔액을 초과하여 해당 사업연도의 고유목적사업 등에 지출한 금액은 그 사업연도에 계상할 고유목적사업준비금에서 지출한 것으로 본다.

④ 해당 법인의 고유목적사업 또는 특례기부금에 지출하기 위하여 고유목적사업준비금을 손금으로 계상한 경우에는 법정한도까지 이를 손금에 산입한다.

⑤ 토지·건물의 양도소득만 있는 경우 법인세 과세표준 신고를 하지 않고 소득세법을 준용하여 계산한 금액을 법인세로 납부할 수 있다.

▌비영리내국법인 이론형 Level 2

해당 법인의 고유목적사업 또는 일반기부금에 지출하기 위하여 고유목적사업준비금을 손금으로 계상한 경우에는 법정한도까지 이를 손금에 산입한다.

답 ④

234

갑을복지재단(사업연도: 1월 1일 ~ 12월 31일)은 2023년에 설립된 비영리내국법인으로서 2025년에 국내에서 예금이자 1억 원을 받고 14%의 원천징수세액을 제외한 8천6백만 원을 수령하였다. 또한 2025년에 수익사업에 해당하는 건물의 임대소득 1억 원이 있다. 갑을복지재단이 예금이자를 과세표준 신고에 포함한다는 가정 하에 법인세를 최소화하고자 한다면 신고해야 할 2025년 각 사업연도의 소득금액은? (단, 갑을복지재단은 고유목적사업준비금의 손금산입요건을 충족하고, 고유목적사업 등에 대한 지출액 중 100분의 50 이상의 금액을 장학금으로 지출하는 법인이 아니며, 기부금과 지방소득세 및 조세특례제한법상의 특례는 고려하지 않음) 2019년 국가직 9급 변형

① 0원 ② 5천만 원
③ 1억 원 ④ 1억 8천6백만 원

▌고유목적사업준비금 계산형

ⓐ 고유목적사업준비금 손금산입한도: ㉠ + ㉡ = 1억 5천만 원
　㉠ 이자소득 = 1억 원 × 100% = 1억 원
　㉡ 건물임대소득 = 1억 원 × 50% = 5천만 원
ⓑ 각 사업연도소득금액: ㉠ − ㉡ = 5천만 원
　㉠ 익금 = 1억 원 + 1억 원 = 2억 원
　㉡ 손금 = 1억 5천만 원

답 ②

235 법인세법상 외국법인의 납세의무에 관한 설명으로 옳지 않은 것은? 2009년 지방직 9급

① 국내사업장을 가진 외국법인은 국내사업장과 실질적으로 관련되고 그 사업장에 귀속되는 국내원천소득에 대하여 원칙적으로 내국법인에 관한 규정을 준용하여 법인세를 신고납부하여야 한다.

② 국내사업장이 없는 외국법인도 국내에 부동산소득이 있는 경우에는 원칙적으로 내국법인에 관한 규정을 준용하여 법인세를 신고납부하여야 한다.

③ 외국법인 중 외국의 정부·지방자치단체는 국내원천소득 중 수익사업에서 생기는 소득에 대하여 납세의무를 진다.

④ 외국법인이 영리법인인 경우에는 청산소득에 대하여 납세의무를 진다.

┃ 외국법인   이론형 Level 1

<u>외국법인</u>은 국내에 본사 또는 주사무소가 없으므로 국내에서 해산을 하지 않고 국내사업장을 단지 폐쇄하는 것이다. 따라서 법인세법상 해산으로 인한 청산소득이 발생하지 아니한다.

(선지분석)
①, ② 국내사업장을 가진 외국법인, 국내원천 부동산소득이 있는 외국법인 및 국내원천·부동산 등 양도소득이 있는 외국법인은 내국법인에 적용되는 관련을 준용하여 신고납부하도록 하고 있다.
③ 외국의 정부, 지방자치단체는 비영리외국법인으로 본다.

답 ④

---

236 법인세법상 외국법인의 국내사업장에 관한 설명으로 옳지 않은 것은? 2009년 국가직 7급

① 외국법인이 국내사업장을 가지고 있지 아니한 경우에도 국내에 자기를 위하여 계약을 체결할 권한을 가지고 그 권한을 반복적으로 행사하는 자를 두고 사업을 영위하는 경우에는 그 자의 사업장소재지(사업장이 없는 경우에는 주소지로 하고, 주소지가 없는 경우에는 거소지로 함)에 국내사업장을 둔 것으로 본다.

② 외국법인이 자산의 단순한 구입만을 위하여 사용하는 일정한 장소는 국내사업장에 포함되지 아니한다.

③ 외국법인이 국내에 사업의 전부를 수행하는 고정된 장소를 가지고 있는 경우에는 국내사업장이 있는 것으로 한다.

④ 외국법인이 국내에서 사업의 일부를 수행하는 작업장·공장 또는 창고를 가지고 있는 경우에는 국내사업장이 없는 것으로 본다.

┃ 외국법인   이론형 Level 1

작업장, 공장 또는 창고 등은 고정적 장소 및 지속적 기간성을 지니고 있으므로, 이러한 장소에 수익의 실현과정에서 중요하고 본질적인 활동을 수행하면 국내사업장으로 보는 것이다.

(선지분석)
① 외국법인이 고정된 장소를 갖지 않는 경우라도 국내에 종속적인 관계에 있는 대리인을 통하여 사업을 수행하는 경우는 그 외국법인은 국내사업장을 가지고 있는 것으로 간주된다.
  참고 직접 국내사업장을 두고 사업을 수행하는 경우와 실질적으로 동일한 효과를 가지기 때문임
② 예비적 또는 보조적인 활동만을 수행하는 장소는 국내사업장에 포함하지 아니한다.
③ 국내사업장이란 외국법인이 국내에서 사업의 전부 또는 일부를 수행하는 고정된 장소이며, 국내사업장 유무는 외국법인의 국내원천소득에 대한 납세의무를 이행하는데 종합과세 신고납부하는지, 원천징수됨으로서 납세의무가 종결되는 분리과세인지를 결정한다.

답 ④

237 법인세법상 외국법인의 과세에 대한 설명으로 옳지 않은 것은?

2012년 국가직 9급 변형

① 외국법인의 국내사업장은 6개월을 초과하여 존속하는 건축 장소 또는 이와 관련되는 감독활동을 수행하는 장소를 포함한다.
② 외국법인의 국내에 있는 토지 등 양도소득 금액의 계산시 취득가액 및 양도가액은 원칙적으로 실지 거래가액으로 한다.
③ 외국법인이 판매를 목적으로 하지 아니하는 자산의 저장이나 보관만을 위하여 사용하는 일정한 장소는 국내사업장에 포함되지 아니한다.
④ 외국법인이 국내에 있는 자산을 증여받아 생기는 소득은 국내원천소득에 해당하지 않는다.

외국법인

이론형 Level 1

외국법인이 국내에 있는 자산을 증여받아 생기는 소득은 국내원천소득에 <u>해당한다</u>.

(선지분석)
① 외국법인의 국내사업장의 예에 해당하는 옳은 내용이다.
②

📄 국내원천 양도소득의 신고납부세액계산 시 계산구조

양도가액	실지거래가액
− 취득가액	실지거래가액
− 양도비용	−
= 과세표준	−
× 세율	9%, 19%, 21%, 24% 초과누진세율
= 신고납부세액	−
− 기납부세액	원천징수세액
= 차감납부세액	사업연도종료일이 속하는 달의 말일부터 3개월 이내 신고납부

③ 외국법인이 판매를 목적으로 하지 아니하는 자산의 저장이나 보관만을 위하여 사용하는 일정한 장소는 국내사업장에 포함하지 아니한다.

답 ④

238 법인세법상 과세소득의 범위에 관한 설명이다. 옳지 않은 것은?

2015년 회계사

① 외국법인(국내사업장 없음)이 다른 외국법인(국내사업장 없음)에게 내국법인이 발행한 주식을 양도하는 경우 법인세 납세의무가 없다.
② 외국법인은 비사업용토지의 양도소득에 대하여 법인세 납세의무가 있다.
③ 영리내국법인이 해산(합병이나 분할에 의한 해산 제외)한 경우 그 청산소득 금액은 해산에 의한 잔여재산의 가액에서 해산등기일 현재의 자기자본의 총액을 공제한 금액으로 한다.
④ 비영리내국법인은 주식의 양도로 인하여 생기는 수입에 대하여 법인세 납세의무가 있다.
⑤ 비영리외국법인이 납세의무를 부담하는 국내원천소득의 범위는 국내원천소득 중 수익사업에서 생긴 소득에 한한다.

과세소득의 범위

이론형 Level 1

내국법인이 발행한 주식의 양도소득은 국내원천소득이므로 그 주식을 양도한 외국법인은 국내에 사업장이 없다고 하더라도 법인세 납세의무(원천징수로 종결)가 있다.

답 ①

V

부가가치세법

01 부가가치세 기초이론

001 부가가치세법과 전단계세액공제법(간접법)에 대한 설명이다. 옳지 않은 것은?   2009년 회계사
□□□

① 부가가치세법상 과세표준인 재화 또는 용역의 공급에 대한 공급가액은 해당 거래단계에서 창출된 부가가치의 총액을 의미한다.
② 부가가치세법은 부가가치를 직접 산출하여 과세하지 않고 전단계세액공제법에 따라 재화 또는 용역의 공급, 재화의 수입에 대하여 부가가치세를 부과한다.
③ 전단계세액공제법은 매출액에 세율을 곱하여 거래징수한 매출세액에서 재화 등을 매입할 때 거래징수 당한 매입세액을 공제하여 부가가치세 납부세액을 계산하는 방법이다.
④ 전단계세액공제법에서 전단계세액은 부가가치세법상 매입세액에 해당한다.
⑤ 부가가치세법상 납부세액을 산출함에 있어 매출세액에서 매입세액을 공제하는 이유는 이전 거래단계에서 창출된 부가가치에 대한 중복과세를 회피하기 위한 것이다.

전단계세액공제법	이론형 Level 1

부가가치세법상 과세표준인 재화 또는 용역의 공급에 대한 공급가액은 해당 거래단계에서 창출된 부가가치에 한정되는 것이 아니라 모든 단계에서 창출된 누적된 총부가가치가 공급가액이 된다.

답 ①

---

002 부가가치세법상 납세의무자에 관한 설명으로 옳지 않은 것은?   2010년 국가직 9급 변형
□□□

① 신탁재산과 관련된 재화 또는 용역을 공급하는 때에는 원칙적으로 위탁자가 부가가치세를 납부할 의무가 있다.
② 부가가치세의 납세의무자는 국가, 지방자치단체, 지방자치단체조합 및 법인격 없는 재단을 포함한다.
③ 청산 중에 있는 내국법인은 상법의 규정에 의한 계속등기 여부에 불구하고 사실상 사업을 계속하는 경우에는 납세의무가 있다.
④ 농민이 자기농지의 확장 또는 농지개량작업에서 생긴 토사석을 일시적으로 판매하는 경우에는 납세의무가 없다.

납세의무자	이론형 Level 1

부가가치세법 제3조【납세의무자】② 신탁재산과 관련된 재화 또는 용역을 공급하는 때(동조 제1항)에는 신탁법 제2조에 따른 수탁자가 신탁재산별로 각각 별도의 납세의무자로서 부가가치세를 납부할 의무가 있다.
③ 제1항 및 제2항에도 불구하고 다음 각 호의 어느 하나에 해당하는 경우에는 신탁법 제2조에 따른 위탁자가 부가가치세를 납부할 의무가 있다.
1. 신탁재산과 관련된 재화 또는 용역을 위탁자 명의로 공급하는 경우
2. 위탁자가 신탁재산을 실질적으로 지배·통제하는 경우로서 대통령령으로 정하는 경우
3. 그 밖에 신탁의 유형, 신탁설정의 내용, 수탁자의 임무 및 신탁사무 범위 등을 고려하여 대통령령으로 정하는 경우

답 ①

003 부가가치세법상 납세의무자에 관한 설명으로 옳지 않은 것은?

① 부가가치세 납세의무자인 사업자란 사업상 독립적으로 재화 또는 용역을 공급하는 자로서 그 사업 목적은 영리인 경우에 한한다.
② 신탁재산과 관련된 재화 또는 용역을 위탁자 명의로 공급하는 경우에는 위탁자가 부가가치세를 납부할 의무가 있다.
③ 재화를 수입하는 자는 사업자가 아니어도 부가가치세의 납세의무자가 될 수 있다.
④ 위탁자를 알 수 있는 위탁매매의 경우에는 위탁자가 직접 재화를 공급하거나 공급받은 것으로 본다.

┃ 납세의무자   이론형 Level 1

사업자란 사업 목적이 영리이든 비영리이든 관계없이 사업상 독립적으로 재화 또는 용역을 공급하는 자를 말한다.

(참고) 부가가치세가 간접세로서 부가가치세 부담은 최종소비자가 지기 때문에 영리성 여부는 중요하지 않음

답 ①

004 부가가치세법령상 납세의무자에 대한 설명으로 옳은 것은? (단, 신탁재산은 부가가치세법령상 정의를 충족함)

① 신탁재산과 관련된 재화 또는 용역을 위탁자 명의로 공급하는 경우 「신탁법」 제2조에 따른 수탁자가 부가가치세를 납부할 의무가 있다.
② 「신탁법」에 따른 신탁재산과 관련된 재화 또는 용역을 공급하는 때에는 「신탁법」 제2조에 따른 위탁자가 신탁재산별로 각각 별도의 납세의무자로서 부가가치세를 납부할 의무가 있다.
③ 「신탁법」 제10조에 따른 위탁자의 지위 이전을 신탁재산의 공급으로 보는 경우에는 새로운 위탁자가 해당 공급에 대한 부가가치세의 납세의무자가 된다.
④ 위탁자가 신탁재산을 실질적으로 지배·통제하는 경우로서 「자본시장과 금융투자업에 관한 법률」 제9조 제18항 제1호에 따른 투자신탁의 경우에는 「신탁법」 제2조에 따른 위탁자가 부가가치세를 납부할 의무가 있다.

┃ 납세의무자   이론형 Level 1

(선지분석)
① 신탁재산과 관련된 재화 또는 용역을 위탁자 명의로 공급하는 경우 「신탁법」 제2조에 따른 위탁자가 부가가치세를 납부할 의무가 있다.
② 「신탁법」에 따른 신탁재산과 관련된 재화 또는 용역을 공급하는 때에는 「신탁법」 제2조에 따른 수탁자가 신탁재산별로 각각 별도의 납세의무자로서 부가가치세를 납부할 의무가 있다.
③ 「신탁법」 제10조에 따른 위탁자의 지위가 이전되는 경우에는 기존 위탁자가 새로운 위탁자에게 신탁재산을 공급한 것으로 본다.

답 ④

005

부가가치세법상 납세의무에 관한 설명이다. 옳은 것은?

① 사업자가 아닌 자가 부가가치세가 과세되는 재화를 개인적 용도로 사용하기 위해 수입하는 경우 부가가치세 납세의무가 있다.

② 사업자가 부가가치세가 과세되는 재화 또는 용역을 공급하는 경우 부가가치세를 거래징수하지 않았다면 부가가치세 납세의무가 없다.

③ 개인·법인과 법인격이 없는 사단·재단 또는 그 밖의 단체는 부가가치세법상 납세의무자가 될 수 있으나, 국가·지방자치단체와 지방자치단체조합은 부가가치세법상 납세의무자가 될 수 없다.

④ 과세의 대상이 되는 행위 또는 거래의 귀속이 명의일 뿐이고 사실상 귀속되는 자가 따로 있는 경우라 하더라도 명의자에 대하여 부가가치세법을 적용한다.

┃ 납세의무　　　　　　　　　　　　　　　　　　　　　　　　　이론형 Level 1

（선지분석）

② 사업자가 부가가치세가 과세되는 재화를 공급하거나 용역을 제공하는 경우에는 해당 사업자의 사업자등록 여부 및 공급 시 부가가치세의 거래징수 여부에도 불구하고 해당 재화의 공급 또는 용역의 제공에 대하여 부가가치세를 신고·납부할 의무가 있다.

③ 부가가치세는 간접세이므로 납세의무자인 법인에는 국가 및 지방자치단체와 지방자치단체조합도 포함된다.

④ 과세의 대상이 되는 행위 또는 거래의 귀속이 명의일 뿐이고 사실상 귀속되는 자가 따로 있는 경우에는 사실상 귀속되는 자에 대하여 부가가치세법을 적용한다.

답 ①

006

부가가치세법상 사업장에 대한 설명으로 옳지 않은 것은?

① 무인자동판매기를 통하여 재화·용역을 공급하는 사업은 무인자동판매기가 설치된 장소를 사업장으로 한다.

② 사업장을 설치하지 아니하고 사업자등록도 하지 아니하는 경우에는 과세표준 및 세액을 결정하거나 경정할 당시의 사업자의 주소 또는 거소를 사업장으로 한다.

③ 사업자가 자기의 사업과 관련하여 생산한 재화를 직접 판매하기 위하여 특별히 판매시설을 갖춘 장소는 사업장으로 본다.

④ 재화를 보관하고 관리할 수 있는 시설만 갖춘 장소로서 법령이 정하는 바에 따라 하치장으로 신고된 장소는 사업장으로 보지 아니한다.

┃ 사업장　　　　　　　　　　　　　　　　　　　　　　　　　이론형 Level 1

무인자동판매기를 통하여 재화·용역을 공급하는 사업은 사업에 관한 업무를 총괄하는 장소를 사업장으로 한다. 또한 무인자동판매기를 통하여 재화·용역을 공급하는 사업의 경우에는 추가로 사업장을 등록할 수 없다.

답 ①

007 부가가치세법상 사업장에 관한 설명으로 옳지 않은 것은?

2010년 국가직 7급

① 부가가치세는 사업장마다 신고·납부하는 것을 원칙으로 한다.

② 광업에 있어서 광업사무소가 광구 안에 있는 때에는 광업사무소의 소재지를 사업장으로 한다.

③ 제조업에 있어서 따로 제품의 포장만을 하거나 용기에 충전만을 하는 장소도 사업장이 될 수 있다.

④ 건설업과 운수업에 있어서는 사업자가 법인인 경우에는 당해 법인의 등기부상 소재지를 사업장으로 한다.

| **사업장** | 이론형 Level 1 |

제조업은 최종 제품을 완성하는 장소를 사업장으로 한다. 다만, 따로 제품 포장만 하거나 용기에 충전만 하는 장소와 개별소비세법에 따른 저유소(석유제품의 단순보관을 위한 장소)는 사업장에서 제외한다.

답 ③

---

008 부가가치세법상 사업장에 관한 설명으로 옳지 않은 것은?

2019년 세무사 변형

① 사업장은 사업자가 사업을 하기 위하여 거래의 전부 또는 일부를 하는 고정된 장소로 한다.

② 사업자단위 과세사업자는 각 사업장을 대신하여 그 사업자의 본점 또는 주사무소의 소재지를 납세지로 한다.

③ 광업의 경우 광업사무소의 소재지로 하되, 광업사무소가 광구 밖에 있을 때에는 그 광업사무소에서 가장 가까운 광구에 대하여 작성한 광업 원부의 맨 처음에 등록된 광구소재지에 광업사무소가 있는 것으로 한다.

④ 제조업의 경우 따로 제품 포장만을 하거나 용기에 충전만을 하는 장소와 개별소비세법 제10조의5에 따른 저유소는 사업장에서 제외한다.

⑤ 부동산상의 권리만 대여하는 부동산임대업의 경우에는 부동산의 등기부상 소재지를 사업장으로 하여야 한다.

| **사업장** | 이론형 Level 2 |

부동산상의 권리만을 대여하는 전세권자 등은 그 부동산을 사용할 권리가 있을 뿐 그 부동산을 소유할 권리가 있는 것은 아니므로, 등기부상 소재지를 사업장으로 하지 않는다.

답 ⑤

부가가치세법령상 납세지 및 사업자등록에 대한 설명으로 옳은 것만을 모두 고르면?

> ㄱ. 국가, 지방자치단체 또는 지방자치단체조합이 공급하는 부동산 임대용역에 있어서 사업장은 그 부동산의 등기부상 소재지이다.
> ㄴ. 신규로 사업을 시작하는 자가 주된 사업장에서 총괄하여 납부하려는 경우에는 주된 사업장의 사업자등록증을 받은 날부터 20일까지 주사업장 총괄납부 신청서를 주된 사업장의 관할 세무서장에게 제출하여야 한다.
> ㄷ. 무인자동판매기를 통하여 재화 또는 용역을 공급하는 사업에 있어서 사업장은 그 사업에 관한 업무를 총괄하는 장소이다. 다만, 그 이외의 장소도 사업자의 신청에 의하여 추가로 사업장으로 등록할 수 있다.
> ㄹ. 법인이 주사업장 총괄납부의 신청을 하는 경우 주된 사업장은 본점 또는 주사무소를 말하며, 지점 또는 분사무소는 주된 사업장으로 할 수 없다.

① ㄴ
② ㄱ, ㄴ
③ ㄱ, ㄷ
④ ㄷ, ㄹ

❙ 납세지 및 사업자등록 이론형 Level 1

옳은 것은 ㄴ이다.

(선지분석)
ㄱ. 국가, 지방자치단체 또는 지방자치단체조합이 공급하는 부동산 임대용역에 있어서 사업장은 그 사업에 관한 업무를 총괄하는 장소이다.
ㄷ. 사업장 외의 장소도 사업자의 신청에 따라 추가로 사업장으로 등록할 수 있다. 다만, 무인자동판매기를 통하여 재화·용역을 공급하는 사업의 경우에는 그러하지 아니하다.
ㄹ. 주된 사업장은 법인의 본점(주사무소를 포함) 또는 개인의 주사무소로 한다. 다만, 법인의 경우에는 지점(분사무소를 포함)을 주된 사업장으로 할 수 있다.

답 ①

010

부가가치세법상 사업자단위과세제도에 대한 설명으로 옳은 것은?

① 사업자단위과세를 적용받는 경우에는 부가가치세 신고·납부업무를 수행하는 사업자단위 적용 사업장을 본점(주사무소 포함) 또는 지점(분사무소 포함) 중에서 선택하여 지정할 수 있다.
② 사업자단위과세제도를 적용하는 경우에도 사업자등록은 각 사업장별로 하고 각 사업장별 등록번호로 세금계산서를 발행하여야 한다.
③ 이미 사업자등록을 마친 사업자가 사업자단위로 등록하려면 사업자단위과세사업자로 적용받으려는 과세기간 개시 20일 전까지 등록하여야 한다.
④ 사업자단위과세의 포기는 사업자단위 과세사업자로 등록한 날로부터 3년이 되는 날이 속하는 과세기간의 다음 과세기간부터 할 수 있다.

(선지분석)

① 사업자단위과세를 적용받는 경우에는 부가가치세 신고·납부업무를 수행하는 사업자단위적용사업장을 법인인 경우 본점(주사무소), 개인인 경우 주사무소로 지정해야 한다. 법인 개인 모두 지점(분사무소), 분사무소 선택은 불가하다.

> **비교** 주사업장 총괄납부제도의 주사업장은 선택 가능함
> ⓐ 법인: 본점(주사무소) 또는 지점(분사무소)
> ⓑ 개인: 주사무소

② 사업자단위과세제도를 적용하는 경우에는 사업자단위과세사업자로 사업자등록을 신청하고, 주사업장 등록번호로 세금계산서를 발행하여야 한다.

④ 사업자단위과세의 포기는 그 납부하려는 과세기간 개시 20일 전에 사업자단위과세포기신고서를 사업자단위 과세의 적용 사업장 관할 세무서장에게 제출하여야 한다.

답 ③

---

011 부가가치세법상 주사업장 총괄납부에 관한 설명이다. 옳은 것은?

① 주사업장 총괄납부 사업자가 법인인 경우 법인의 본점 또는 지점을 주된 사업장으로 할 수 있다.

② 주사업장 총괄납부 사업자가 종된 사업장을 신설하는 경우 주된 사업장 관할 세무서장에게 주사업장 총괄납부 변경신청서를 제출하여야 한다.

③ 주사업장 총괄납부 사업자가 되려는 자는 그 납부하려는 과세기간 개시 후 20일 이내에 주사업장 총괄납부 신청서를 제출하여야 한다.

④ 주사업장 총괄납부 사업자가 주사업장 총괄납부를 포기할 때에는 주사업장 총괄납부 포기신고서를 주된 사업장 관할 세무서장에게 제출하고 승인을 받아야 한다.

⑤ 신규로 사업을 시작하는 자가 주된 사업장의 사업자등록증을 받은 날부터 20일 이내에 주사업장 총괄납부를 신청하는 경우 해당 신청일이 속하는 과세기간의 다음 과세기간부터 총괄하여 납부한다.

■ 주사업장 총괄납부 이론형 Level 2

(선지분석)

② 종된 사업장을 신설하는 경우, 그 신설하는 종된 사업장 관할 세무서장에게 총괄납부 변경신청서를 제출하여야 한다.

③ 주사업장 총괄납부 사업자가 되려는 자는 그 납부하려는 과세기간 개시 20일 전에 신청하여야 한다.

④ 총괄납부 포기는 승인사항이 아니다.

⑤ 신규로 사업을 시작하는 자는 사업자등록증을 받은 날로부터 20일 이내에 총괄납부 신청을 하며, 해당 신청일이 속하는 과세기간부터 총괄납부를 한다.

답 ①

012 부가가치세법상 주사업장총괄납부와 사업자단위과세에 관한 설명이다. 옳은 것은?   2023년 회계사

① 주된 사업장에서 총괄하여 납부하는 사업자가 되려는 자는 그 납부하려는 과세기간 개시 후 20일 이내에 주사업장총괄납부 신청서를 주된 사업장의 관할 세무서장에게 제출하여야 한다.
② 주사업장총괄납부 사업자가 종된 사업장을 신설하는 경우 주된 사업장 관할 세무서장에게 주사업장총괄납부 변경신청서를 제출하여야 한다.
③ 주사업장총괄납부 사업자가 세금계산서 발급 없이 재화를 판매목적으로 자기의 다른 사업장에 반출한 경우 재화의 공급으로 본다.
④ 사업자단위과세 사업자가 법인인 경우 지점소재지를 납세지로 할 수 있다.
⑤ 사업자단위과세 사업자가 사업자단위과세를 적법하게 포기한 경우 그 포기한 날이 속하는 과세기간의 다음 과세기간부터 각 사업장별로 신고·납부하거나 주사업장총괄납부를 해야 한다.

| 주사업장 총괄납부와 사업자단위과세   이론형 Level 2

(선지분석)

① 주된 사업장에서 총괄하여 납부하는 사업자가 되려는 자는 그 납부하려는 과세기간 개시 20일 전에 주사업장총괄납부 신청서를 주된 사업장의 관할 세무서장에게 제출하여야 한다.
② 주사업장총괄납부 사업자가 종된 사업장을 신설하는 경우 그 신설하는 종된 사업장 관할 세무서장에게 주사업장총괄납부 변경신청서를 제출하여야 한다.
③ 주사업장총괄납부 사업자가 세금계산서 발급 없이 재화를 판매목적으로 자기의 다른 사업장에 반출한 경우 재화의 공급으로 보지 아니한다.
④ 사업자단위과세 사업자는 반드시 본점을 납세지로 하므로 지점은 불가능하다.

답 ⑤

---

013 부가가치세법상 사업자등록에 대한 설명으로 옳지 않은 것은?   2012년 국가직 9급

① 둘 이상의 사업장이 있는 사업자는 사업개시일부터 20일 이내에 주사업장의 관할 세무서장에게 등록하여야 한다.
② 둘 이상의 사업장이 있는 사업자는 해당 사업자의 본점 또는 주사무소 관할 세무서장에게 사업자 단위로 등록할 수 있다.
③ 사업자등록을 한 사업자가 사업자단위로 등록하려면 사업자단위과세사업자로 적용받으려는 과세기간 개시 20일 전까지 등록하여야 한다.
④ 사업장 관할 세무서장은 사업자가 폐업하게 되는 경우 지체 없이 사업자등록을 말소하여야 한다.

| 사업자등록   이론형 Level 1

사업자는 사업장마다 대통령령으로 정하는 바에 따라 사업개시일부터 20일 이내에 사업장 관할 세무서장에게 사업자등록을 신청하여야 한다. 둘 이상의 사업장이 있는 사업자도 원칙적으로 각 사업장별로 등록함이 원칙이다.

답 ①

014 부가가치세법상 사업자등록에 대한 설명으로 옳지 않은 것은? 2020년 국가직 9급

① 신규로 사업을 시작하려는 자는 사업 개시일 이전이라도 사업자등록을 신청할 수 있다.

② 사업장이 하나이나 추가로 사업장을 개설하려는 사업자는 사업자단위로 해당 사업자의 본점 또는 주사무소 관할 세무서장에게 등록을 신청할 수 있다.

③ 사업장 관할 세무서장이 사업자가 사업 개시일 이전에 사업자등록신청을 하고 사실상 사업을 시작하지 아니하는 것을 알게 된 경우 해당 세무서장은 20일 이내에 사업자등록을 말소하여야 한다.

④ 사업장단위로 등록한 사업자가 사업자단위과세사업자로 변경하려면 사업자단위과세사업자로 적용받으려는 과세기간 개시 20일 전까지 사업자의 본점 또는 주사무소 관할 세무서장에게 변경등록을 신청하여야 한다.

▌ 사업자등록 이론형 Level 1

부가가치세법 제8조【사업자등록】 ⑨ 사업장 관할 세무서장은 제7항에 따라 등록된 사업자가 다음 각 호의 어느 하나에 해당하면 <u>지체 없이</u> 사업자등록을 말소하여야 한다.
1. 폐업한 경우
2. 제1항 단서에 따라 등록신청을 하고 사실상 사업을 시작하지 아니하게 되는 경우

답 ③

015 부가가치세법령상 사업자등록에 대한 설명으로 옳지 않은 것은? 2023년 국가직 9급

① 신규로 사업을 시작하려는 자는 사업 개시일 이전이라도 사업자등록을 신청할 수 있다.

② 사업장 관할 세무서장은 등록된 사업자가 폐업한 경우에는 지체 없이 사업자등록을 말소하여야 한다.

③ 사업장을 이전하는 경우는 사업자등록의 정정신고 사유이다.

④ 사업자는 사업자등록의 신청을 사업장 관할 세무서장에게만 할 수 있으며, 관할 세무서장이 아닌 다른 세무서장에게 한 사업자등록의 신청은 효력이 없다.

▌ 사업자등록 이론형 Level 1

사업자등록의 신청을 사업장 관할 세무서장이 아닌 다른 세무서장에게도 할 수 있다. 이 경우 사업장 관할 세무서장에게 사업자등록을 신청한 것으로 본다.

답 ④

016

부가가치세법령상 사업자등록에 대한 설명으로 옳지 않은 것은?

2023년 국가직 7급 변형

① 20X1년 1월 1일 사업을 시작한 사업자가 20X1년 2월 15일 사업자등록을 신청한 경우 등록신청일부터 공급시기가 속하는 과세기간 기산일까지 역산한 기간 내의 매입세액을 공제받을 수 없으며, 미등록가산세도 납부하여야 한다.

② 신규로 사업을 시작하려는 자는 사업개시일 전이라도 사업자 등록신청을 할 수 있다.

③ 사업자 단위로 등록신청을 한 사업자에게는 사업자 단위 과세적용 사업장에 한 개의 등록번호를 부여한다.

④ 사업장 단위로 등록한 사업자가 사업자 단위 과세 사업자로 변경하려면 사업자 단위 과세 사업자로 적용받으려는 과세기간 개시 20일 전까지 사업자의 본점 또는 주사무소 관할 세무서장에게 변경등록을 신청해야 한다.

▌사업자등록

이론형 Level 1

20X1.1.1. 사업을 시작한 사업자가 20X1.2.15. 사업자등록을 신청한 경우 등록신청일부터 공급시기가 속하는 과세기간 기산일까지 역산한 기간 내의 매입세액을 공제받을 수 있으나, 미등록가산세(공급가액 × 1%)는 납부하여야 한다.

답 ①

017

다음은 20X1.10.1.에 과세사업을 개시한 일반과세자(제조업) 甲의 20X1년 제2기 과세기간에 대한 매출 및 매입 내역이다. 甲이 20X1.12.1.에 사업자등록을 신청하였을 때, 사업자미등록에 대한 가산세는 얼마인가? (단, 자료의 금액에는 부가가치세가 포함되어 있지 않고, 국세기본법상 가산세 감면규정은 적용하지 않으며, 주어진 자료 이외에는 고려하지 않음)

2018년 세무사 변형

구분	10.1. ~ 10.31.	11.1. ~ 11.31.	12.1. ~ 12.31.
매출	75,000,000원	60,000,000원	55,000,000원
매입	40,000,000원	20,000,000원	25,000,000원

① 0원
② 750,000원
③ 1,050,000원
④ 1,350,000원
⑤ 1,900,000원

▌사업자 미등록가산세

이론형 Level 2

(75,000,000원 + 60,0000,000원) × 1% = 1,350,000원
사업자 미등록가산세는 사업자등록신청기한까지 등록을 신청하지 아니한 경우에는 사업 개시일부터 등록을 신청한 날의 직전일까지의 공급가액 합계액의 1%이다.

답 ④

ㄱ. 국가·지방자치단체 또는 지방자치단체조합이 공급하는 부동산 임대용역에 있어서 사업장은 그 부동산 등기부상의 소재지이다.

ㄴ. 무인자동판매기를 통하여 재화·용역을 공급하는 사업에 있어서 사업장은 그 사업에 관한 업무를 총괄하는 장소이다. 다만, 그 이외의 장소도 사업자의 신청에 의하여 추가로 사업장으로 등록할 수 있다.

ㄷ. 법인이 주사업장 총괄납부의 신청을 하는 경우 주된 사업장은 본점 또는 주사무소를 말하며, 지점 또는 분사무소는 주된 사업장으로 할 수 없다.

ㄹ. 신규로 사업을 개시하는 자가 주된 사업장의 사업자등록증을 받은 날부터 20일 이내에 주사업장총괄납부를 신청하였을 때에는 관할 세무서장의 승인 없이 해당 신청일이 속하는 과세기간부터 총괄하여 납부한다.

ㅁ. 사업장은 원칙적으로 사업자가 사업을 하기 위하여 거래의 전부를 행하는 고정된 장소이므로 거래의 일부를 행하는 장소는 사업장이 아니다.

① 없음　　　　　　　　　　② 1개
③ 2개　　　　　　　　　　④ 3개
⑤ 5개

신고 및 납세지　　　　　　　　　　　　　　이론형 Level 1

옳은 것은 1개(ㄹ)이다.

(선지분석)

ㄱ. 국가·지방자치단체 또는 지방자치단체조합이 공급하는 부동산 임대용역에 있어서 사업장은 그 사업에 관한 업무를 총괄하는 장소이다.

ㄴ. 무인자동판매기를 통하여 재화·용역을 공급하는 사업에 있어서 사업장은 그 사업에 관한 업무를 총괄하는 장소이다. 일반적으로 사업장 이외의 장소도 사업자의 신청에 의하여 추가로 사업장으로 등록할 수 있지만, 무인자동판매기를 통하여 재화·용역을 공급하는 사업의 경우에는 그러하지 아니하다.

ㄷ. 주사업장 총괄납부의 경우 주된 사업장은 법인의 본점(주사무소 포함) 또는 개인의 주사무소로한다. 다만, 법인의 경우에는 지점(분사무소 포함)을 주된 사업장으로 할 수 있다.

ㅁ. 사업장은 원칙적으로 사업자가 사업을 하기 위하여 거래의 전부 또는 일부를 행하는 고정된 장소로 한다.

답 ②

019 부가가치세법상 납세지와 사업자등록에 관한 설명이다. 옳지 않은 것은?

① 사업장이 둘 이상인 사업자가 사업자단위로 사업자등록을 한 경우에는 각 사업장을 대신하여 그 사업자의 본점 또는 주사무소 소재지를 부가가치세 납세지로 한다.

② 사업자단위로 등록한 사업자의 세금계산서 발급·수취의무와 부가가치세 신고·납부의무는 본점 또는 주사무소에서 사업자단위로 이행한다.

③ 국내사업장이 없어 사업자등록을 하지 아니한 비거주자가 국내에 전자적 용역을 공급하는 경우에는 간편사업자등록을 하여야 한다.

④ 주사업장 총괄납부 사업자의 세금계산서 발급·수취의무는 각 사업장 단위로 이행하지만, 부가가치세 신고·납부의무는 주사업장에서만 이행한다.

⑤ 법인의 경우에는 지점을 주된 사업장으로 하여 주사업장 총괄납부를 신청할 수 있다.

┃ 납세지와 사업자등록

이론형 Level 1

주사업장 총괄납부 사업자의 세금계산서 발급·수취 및 신고의무는 각 사업장 단위로 이행하지만, 부가가치세 납부의무는 주사업장에서만 이행한다.

답 ④

02 과세거래

020 부가가치세법상 부가가치세의 과세대상이 되는 재화의 공급으로만 묶인 것은? 2010년 국가직 9급

> ㄱ. 질권의 목적으로 동산을 제공하는 것
> ㄴ. 사업자가 사업을 폐업하는 경우 남아 있는 재화(매입세액이 공제되지 아니한 재화 제외)
> ㄷ. 장기할부판매계약에 의하여 재화를 양도하는 것
> ㄹ. 사업을 위하여 대가를 받지 아니하고 다른 사업자에게 인도 또는 양도하는 견본품
> ㅁ. 현물출자에 의하여 재화를 양도하는 것

① ㄱ, ㄴ, ㄹ
② ㄱ, ㄷ, ㅁ
③ ㄴ, ㄷ, ㅁ
④ ㄷ, ㄹ, ㅁ

│ 과세대상 이론형 Level 1

ㄴ. 간주공급에 해당(매입세액을 공제받은 재화로서 폐업시잔존재화)한다.
ㄷ, ㅁ. 재화의 공급에 해당한다.

(선지분석)
ㄱ. 재화의 공급으로 보지 않는다.
ㄹ. 재화의 공급으로 보지 않는다(부가가치 창출의 투입요소).

답 ③

021 부가가치세법상 과세거래인 재화의 공급으로 보지 않는 것은? 2013년 국가직 7급

① 사업자가 위탁가공을 위하여 원자재를 국외의 수탁가공사업자에게 대가 없이 반출하는 것
② 자기가 주요자재의 전부 또는 일부를 부담하고 상대방으로부터 인도받은 재화에 공작을 가하여 새로운 재화를 만드는 가공계약에 의하여 재화를 인도하는 것
③ 재화의 인도대가로서 다른 재화를 인도받거나 용역을 제공받는 교환계약에 의하여 재화를 인도 또는 양도하는 것
④ 기한부판매 계약에 의하여 재화를 인도하는 것

│ 과세거래 이론형 Level 1

사업자가 위탁가공을 위하여 원자재를 국외의 수탁가공사업자에게 대가 없이 반출하는 것은 재화의 공급으로 보지 아니한다. 다만, 원료를 대가 없이 국외의 수탁가공사업자에게 반출하여 가공한 재화를 양도하는 경우에는 재화의 공급으로 보되 영세율을 적용한다.

답 ①

022

부가가치세법상 재화의 공급에 대한 설명으로 옳지 않은 것은? 2016년 국가직 7급

① 질권, 저당권 또는 양도담보의 목적으로 동산, 부동산 및 부동산상의 권리를 제공하는 것은 재화의 공급으로 보지 않는다.

② 사업용 자산을 상속세 및 증여세법 제73조, 지방세법 제117조에 따라 물납하는 것은 재화의 공급으로 보지 않는다.

③ 사업장별로 그 사업에 관한 모든 권리와 의무를 포괄적으로 승계하고, 그 사업을 양수받는 자가 그 대가를 지급하는 때에 그 대가를 받은 자로부터 부가가치세를 징수하여 납부한 경우에는 재화의 공급으로 본다.

④ 사업자가 위탁가공을 위하여 원료를 대가 없이 국외의 수탁가공 사업자에게 반출하여 가공한 재화를 양도하는 경우에 그 원료를 반출하는 것은 재화의 공급으로 보지 않는다.

| 재화의 공급 | 이론형 Level 1 |

사업자가 위탁가공을 위하여 원자재를 국외의 수탁가공사업자에게 대가 없이 반출하는 것은 재화의 공급으로 보지 아니한다. 다만, 원료를 대가 없이 국외의 수탁가공사업자에게 반출하여 가공한 재화를 양도하는 경우에는 재화의 공급으로 보되 영세율을 적용한다.

답 ④

023

부가가치세법상 재화의 공급으로 보는 경우에 해당하는 것은? 2019년 세무사 변형

① 질권, 저당권 또는 양도담보의 목적으로 동산, 부동산 및 부동산상의 권리를 제공하는 것

② 사업장 별로 그 사업에 관한 모든 권리와 의무를 포괄적으로 승계시키는 사업의 양도

③ 사업에 관한 모든 권리와 의무를 포괄적으로 승계시키는 사업의 양도로서 양수자가 승계받은 사업의 종류를 변경한 경우

④ 온라인 게임에 필요한 사이버 화폐인 게임머니를 계속적·반복적으로 판매하는 것

⑤ 사업용 자산을 상속세 및 증여세법에 따라 물납하는 경우

| 재화의 공급 | 이론형 Level 1 |

온라인 게임에 필요한 사이버 화폐인 게임머니를 계속적·반복적으로 판매하는 것도 재화의 공급에 해당한다.

답 ④

024 부가가치세법상 재화의 공급으로 보는 것은? 2018년 세무사

① 사업자가 자기의 과세사업과 관련하여 생산한 재화로서 매입세액이 공제되지 않은 재화를 자기의 면세사업을 위하여 직접 사용하는 경우
② 사업장이 둘 이상인 사업자가 사업자단위 과세사업자로 적용을 받는 과세기간에 자기의 사업과 관련하여 생산한 재화를 판매할 목적으로 자기의 다른 사업장에 반출하는 경우
③ 사업용 자산을 상속세 및 증여세법에 따라 물납하는 경우
④ 신탁의 종료로 인하여 수탁자로부터 위탁자에게 신탁재산을 이전하는 경우
⑤ 사업자가 자기의 과세사업과 관련하여 생산·취득한 재화로서 매입세액이 공제된 재화를 사업과 직접적인 관계없이 자기의 개인적인 목적을 위하여 사용·소비하는 경우

▎재화의 공급 이론형 Level 2

(선지분석)
① 매입세액이 공제되지 않은 재화를 면세전용한 경우 재화의 공급으로 보지 않는다.
② 자금상의 부담이 없는 사업자단위 과세 사업자에 대하여는 판매 목적 타사업장 반출재화에 대한 세금계산서 발급 등 번거로움을 배제하기 위하여 재화의 공급으로 보지 않는다.
③ 사업용 자산을 상속세 및 증여세법 및 지방세법에 따라 물납하는 것은 재화의 공급으로 보지 않는다.
④ 위탁자로부터 수탁자에게, 신탁의 종료로 수탁자로부터 위탁자에게, 수탁자가 변경되어 새로운 수탁자에게 신탁재산을 이전하는 경우의 소유권 이전하는 경우 형식적 소유권 이전에 불과하여 재화의 공급으로 보지 않는다.

답 ⑤

025 부가가치세법상 용역의 공급에 대한 설명으로 옳지 않은 것은? 2012년 국가직 9급

① 사업자가 법률상의 모든 원인에 의하여 역무를 제공하는 것은 용역의 공급으로 본다.
② 사업자가 거래상대방으로부터 인도받은 재화에 주요 자재를 전혀 부담하지 아니하고 단순히 가공만 하여 주는 것은 용역의 공급으로 본다.
③ 사업자가 대가를 받지 아니하고 특수관계자가 아닌 타인에게 용역을 공급하는 것은 용역의 공급으로 본다.
④ 고용관계에 의하여 근로를 제공하는 것은 용역의 공급으로 보지 아니한다.

▎용역의 공급 이론형 Level 1

사업자가 대가를 받지 아니하고 타인에게 용역을 공급하는 것은 거래 포착도 어려우며, 주로 인적 역무로서 행위이므로 조세정책상 과세거래로 보지 아니한다. 다만, 사업자가 특수관계인에게 사업용 부동산의 임대용역을 공급하는 것은 용역의 공급으로 본다.

(선지분석)
① 용역의 공급은 역무를 제공하는 것으로 본다.
② 단순 가공만 하는 경우 역무를 제공하는 것으로 본다.
④ 근로의 제공은 종속적이므로 사업상 독립적으로 공급하는 것에 해당하지 않는다.

답 ③

해커스공무원 이훈엽 세법 단원별 기출문제집

026 부가가치세법상 재화의 수입에 대한 설명으로 옳지 않은 것은? 2022년 국가직 9급

① 재화의 수입시기는 관세법에 따른 수입신고가 수리된 때로 한다.

② 외국으로부터 국가, 지방자치단체에 기증되는 재화의 수입에 대하여는 부가가치세를 면제한다.

③ 재화의 수입에 대한 부가가치세의 과세표준은 그 재화에 대한 관세의 과세가격과 관세, 개별소비세, 주세, 교육세, 농어촌특별세 및 교통·에너지·환경세를 합한 금액으로 한다.

④ 재화를 수입하는 자의 부가가치세 납세지는 수입자의 주소지로 한다.

| 재화의 수입 이론형 Level 1

재화를 수입하는 자의 부가가치세 납세지는 관세법에 따라 수입을 신고하는 세관의 소재지로 한다.

답 ④

---

027 부가가치세법상 재화 및 용역의 공급에 대한 설명으로 옳지 않은 것은? 2015년 국가직 9급

① 건설업의 건설업자가 건설자재의 전부 또는 일부를 부담하는 것은 용역의 공급이다.

② 사업자가 위탁가공을 위하여 원자재를 국외의 수탁가공사업자에게 대가 없이 반출하는 것(영세율이 적용되는 것 제외)은 재화의 공급으로 본다.

③ 민사집행법에 따른 경매에 따라 재화를 인도하거나 양도하는 것은 재화의 공급으로 보지 않는다.

④ 사업자가 특수관계인이 아닌 타인에게 대가를 받지 않고 용역을 공급하는 것은 용역의 공급으로 보지 않는다.

| 재화 및 용역의 공급 이론형 Level 1

사업자가 위탁가공을 위하여 원자재를 국외의 수탁가공사업자에게 대가 없이 반출하는 것은 재화의 공급으로 보지 아니한다. 다만, 원료를 대가 없이 국외의 수탁가공사업자에게 반출하여 가공한 재화를 양도하는 경우에는 재화의 공급으로 보되 영세율을 적용한다.

> 📄 용역의 공급에 해당하는 대표적인 것들(부가가치세법 제11조, 부가가치세법 시행령 제25조 참조)
> 1. 역무를 제공하는 것(예 개인서비스업)
> 2. 시설물, 권리 등 재화를 사용하게 하는 것(예 특허권대여)
> 3. 건설의 경우 건설업자가 건설자재의 전부 또는 일부를 부담하는 것
> 4. 산업상·상업상·과학상 지식·경험·숙련에 관한 정보(know - how)를 제공하는 것
> 5. 자기가 주요자재를 전혀 부담하지 않고 상대방으로부터 인도받은 재화를 단순히 가공만 하는 것
> 6. 사업자가 특수관계인에게 사업용 부동산의 임대용역을 무상으로 공급하는 경우

답 ②

028 부가가치세법령상 재화 또는 용역의 공급에 대한 설명으로 옳지 않은 것은?

① 재화의 공급은 계약상 또는 법률상의 모든 원인에 따라 재화를 인도하거나 양도하는 것으로 한다.
② 사업자가 자기의 과세사업과 관련하여 취득한 재화로서 부가가치세법 제38조에 따른 매입세액이 공제된 재화를 자기의 면세사업을 위하여 직접 사용하는 것은 재화의 공급으로 보지 아니한다.
③ 산업상·상업상 또는 과학상의 지식·경험 또는 숙련에 관한 정보를 제공하는 것은 용역의 공급으로 본다.
④ 사업용 자산을 상속세 및 증여세법 제73조 및 지방세법 제117조에 따라 물납하는 것은 재화의 공급으로 보지 아니한다.

| 재화 또는 용역의 공급 | 이론형 Level 1 |

사업자가 자기의 과세사업과 관련하여 취득한 재화로서 부가가치세법 제38조에 따른 매입세액이 공제된 재화를 자기의 면세사업을 위하여 직접 사용하는 것은 재화의 공급으로 본다. ∵ 면세전용

답 ②

---

029 부가가치세법상 과세대상 거래에 대한 설명으로 옳지 않은 것은?

① 재화의 공급은 계약상 또는 법률상의 모든 원인에 따라 재화를 인도하거나 양도하는 것으로 한다.
② 용역의 공급은 계약상 또는 법률상의 모든 원인에 따른 것으로서 역무를 제공하는 것과 시설물, 권리 등 재화를 사용하게 하는 것 중 어느 하나에 해당하는 것으로 한다.
③ 수출신고가 수리된 물품으로서 선적되지 아니한 물품을 보세구역에서 반입하는 것은 재화의 수입에 해당한다.
④ 고용관계에 따라 근로를 제공하는 것은 용역의 공급으로 보지 아니한다.

| 과세대상 거래 | 이론형 Level 1 |

수출신고가 수리된 물품으로서 선적되지 아니한 물품을 보세구역에서 반입하는 것은 재화의 수입에 해당하지 아니한다.

답 ③

---

030 부가가치세법령상 재화 또는 용역의 공급에 대한 설명으로 옳지 않은 것은?

① 자기가 주요자재의 일부를 부담하고 상대방으로부터 인도받은 재화를 가공하여 새로운 재화를 만드는 가공계약에 따라 재화를 인도하는 것은 용역의 공급에 해당한다.
② 건설업의 경우 건설업자가 건설자재의 전부를 부담하더라도 용역의 공급으로 본다.
③ 사업자가 자신의 용역을 자기의 사업을 위하여 대가를 받지 아니하고 공급함으로써 다른 사업자와의 과세형평이 침해되는 경우에는 자기에게 용역을 공급하는 것으로 본다.
④ 고용관계에 따라 근로를 제공하는 것은 용역의 공급으로 보지 아니한다.

| 재화 또는 용역의 공급 | 이론형 Level 1 |

자기가 주요자재의 전부 또는 일부를 부담하고 상대방으로부터 인도받은 재화를 가공하여 새로운 재화를 만드는 가공계약에 따라 재화를 인도하는 것은 재화의 공급에 해당한다.

답 ①

031 부가가치세법상 재화의 간주공급에 해당하지 않는 것은?

① 사업자가 자기의 사업과 관련하여 생산한 재화를 실비변상적이거나 복리후생적인 목적이 아닌 직원의 개인적인 목적으로 무상 사용·소비하는 경우(단, 매입 시 매입세액이 공제되지 아니한 재화는 제외함)

② 사업자가 자기의 사업과 관련하여 생산하거나 취득한 재화를 면세사업을 위하여 사용·소비한 경우(단, 매입 시 매입세액이 공제되지 아니한 경우는 제외함)

③ 운수업을 영위하는 사업자가 운수사업용으로 법령에서 정한 소형승용자동차를 구입하여 매입세액을 공제받은 후 이를 임직원의 업무용으로 사용하는 경우(단, 당초 구입 시 매입세액이 공제되지 아니한 경우는 제외함)

④ 사업자가 자기의 사업과 관련하여 생산하거나 취득한 재화를 사업을 위하여 대가를 받지 아니하고 다른 사업자에게 인도 또는 양도하는 견본품

▌재화의 간주공급

이론형 Level 1

사업자가 자기의 사업과 관련하여 생산하거나 취득한 재화를 사업을 위하여 대가를 받지 아니하고 다른 사업자에게 인도 또는 양도하는 견본품은 재화의 공급으로 보지 않는다.

(선지분석)
① 매입세액공제받은 재화를 개인적 사용·소비하는 경우에 해당한다.
② 매입세액공제받은 재화를 면세사업 사용·소비하는 경우에 해당한다.
③ 매입세액공제받은 승용차를 영업 외 용도로 사용·소비하는 경우에 해당한다.

답 ④

032 부가가치세법상 재화와 용역의 공급에 관한 설명이다. 옳은 것은?

① 재화의 인도대가로 다른 용역을 제공받는 교환계약에 따라 재화를 인도하는 것은 재화의 공급으로 보지 않는다.

② 사업자가 과학상의 지식·경험 또는 숙련에 관한 정보를 제공하는 것은 용역의 공급으로 본다.

③ 건설업의 경우 건설업자가 건설자재의 전부를 부담하는 경우 재화의 공급으로 본다.

④ 사업자가 저작권을 양도하는 것은 용역의 공급으로 본다.

⑤ 민사집행법에 따른 경매로 재화를 인도하는 것은 재화의 공급으로 본다.

▌재화와 용역의 공급

이론형 Level 1

(선지분석)
① 재화의 인도 대가로서 다른 재화를 인도받거나 용역을 제공받는 교환계약에 따라 재화를 인도하거나 양도하는 것은 재화의 공급으로 본다. 이 경우 과세표준은 자기가 공급한 재화의 시가이다.
③ 건설업은 주요자재 부담 여부에 관계없이 용역의 공급으로 본다.
④ 저작권의 양도는 권리의 양도에 해당하므로 재화의 공급으로 본다. 만일, 저작권을 대여하는 경우에는 용역의 공급으로 본다.
⑤ 민사집행법 또는 국세징수법에 따른 경매·공매로 재화를 인도하는 것은 재화의 공급으로 보지 않는다.

답 ②

033 부가가치세법상 재화 또는 용역의 공급에 관한 설명으로 옳지 않은 것은?

① 사업자가 거래상대방으로부터 인도받은 재화에 주요자재를 전혀 부담하지 않고 단순가공만 하여 대가를 받는 것은 용역의 공급으로 본다.
② 대학이 사업용 부동산을 그 대학의 산학협력단에 대가를 받지 않고 임대하는 것은 용역의 공급으로 보지 않는다.
③ 건설업의 경우 건설업자가 건설자재의 전부 또는 일부를 부담하고 대가를 받는 것은 용역의 공급으로 본다.
④ 사업자가 가공계약에 따라 거래상대방으로부터 인도받은 재화에 주요자재의 일부를 부담하고 새로운 재화를 만들어 인도하면 재화의 공급으로 본다.
⑤ 사업자가 자기가 생산한 재화를 자기의 고객에게 사업을 위하여 증여한 것으로서 법령에 따른 자기적립마일리지로만 전부를 결제 받은 경우 재화의 공급으로 본다.

| **재화 또는 용역의 공급** | 이론형 Level 2 |

자기적립마일리지 등으로만 전부를 결제받고 공급하는 재화는 과세되는 재화의 공급으로 보지 않는다.

답 ⑤

034 부가가치세법령상 재화공급의 특례에 대한 설명으로 옳지 않은 것은?

① 사업자가 자기의 과세사업과 관련하여 생산하거나 취득한 재화로서 매입세액이 공제된 재화를 자기의 면세사업을 위하여 직접 사용하거나 소비하는 것은 재화의 공급으로 본다.
② 사업자가 자기의 과세사업과 관련하여 생산하거나 취득한 재화로서 매입세액이 공제된 재화를 사업을 위하여 증여하는 것 중 재난 및 안전관리 기본법의 적용을 받아 특별재난지역에 공급하는 물품을 증여하는 것은 재화의 공급으로 보지 아니한다.
③ 사업자가 폐업할 때 자기의 과세사업과 관련하여 생산하거나 취득한 재화로서 매입세액이 공제된 재화 중 남아있는 재화는 자기에게 공급하는 것으로 본다.
④ 저당권의 목적으로 부동산을 제공하는 것은 재화의 공급으로 본다.

| **재화공급의 특례** | 이론형 Level 1 |

질권, 저당권 또는 양도담보의 목적으로 동산, 부동산 및 부동산상의 권리를 제공하는 것은 재화의 공급으로 보지 않는다.

참고 형식적인 소유권 이전에 불과함

답 ④

035 부가가치세법령상 과세거래에 해당하는 것은?

① 사업장이 둘 있는 사업자(사업자단위과세사업자와 주사업장 총괄납부사업자에 모두 해당하지 아니함)가 자기의 사업과 관련하여 생산한 재화로서 매입세액이 불공제된 재화를 판매할 목적으로 자기의 다른 사업장에 반출하는 경우

② 사업자가 민사집행법에 따른 경매(같은 법에 따른 강제경매, 담보권 실행을 위한 경매와 민법·상법 등 그 밖의 법률에 따른 경매 포함)에 따라 재화를 인도하거나 양도하는 경우

③ 사업자가 대가를 받지 않고 특수관계인 외의 자에게 사업용 부동산의 임대용역을 공급하는 경우

④ 사업자가 사업을 위하여 증여하는 것으로서 부가가치세법 시행령에 따른 자기적립마일리지 등으로만 전부를 결제받고 재화를 공급하는 경우

과세거래

이론형 Level 1

판매 목적 타사업장 반출재화는 자금부담을 완화하기 위한 목적으로 공급으로 의제하는 규정으로서 반출한 재화의 매입세액공제 여부에 관계없이 공급으로 본다. 다만, 자금상의 부담이 없는 주사업장 총괄납부사업자 및 사업자 단위과세사업자는 반출재화에 대한 세금계산서 발급 등 번거로움을 배제하기 위하여 판매 목적 타사업장 반출하는 재화에 대하여는 재화의 공급으로 보지 아니한다.

(선지분석)

② 각종 법에 따른 경매는 부가가치세법상 공급이 아니다. 사적 경매(예 옥션, 이베이)는 부가가치세법상 공급에 해당한다.

③ 사업자가 대가를 받지 않고 특수관계인인 자에게 사업용 부동산의 임대용역을 공급하는 경우 부가가치세법상 과세거래에 해당한다.

④ 사업자가 마일리지 등으로 대금의 전부 또는 일부를 결제받은 경우의 공급가액은 ⓐ 마일리지 등 외의 수단으로 결제받은 금액, ⓑ 자기적립마일리지 등 외의 마일리지로 결제받은 부분에 대하여 재화 또는 용역을 공급받는 자 외의 자로부터 보전받았거나 보전받을 금액을 합한 금액으로 한다.

답 ①

036 부가가치세법상 과세대상 거래에 대한 설명으로 옳지 않은 것은?

① 재화의 공급은 계약상 또는 법률상의 모든 원인에 따라 재화를 인도하거나 양도하는 것으로 한다.

② 용역의 공급은 계약상 또는 법률상의 모든 원인에 따른 것으로서 역무를 제공하는 것과 시설물, 권리 등 재화를 사용하게 하는 것 중 어느 하나에 해당하는 것으로 한다.

③ 수출신고가 수리된 물품으로서 선적되지 아니한 물품을 보세구역에서 반입하는 것은 재화의 수입에 해당한다.

④ 고용관계에 따라 근로를 제공하는 것은 용역의 공급으로 보지 아니한다.

과세대상 거래

이론형 Level 1

수출신고가 수리된 물품으로서 선적되지 아니한 물품을 보세구역에서 반입하는 것은 재화의 수입에 해당하지 아니한다.

답 ③

037 부가가치세법령상 부가가치세가 과세되는 것만을 모두 고르면?

> ㄱ. 개인 과세사업자가 특수관계인에게 사업용 부동산인 상가를 무상으로 임대하는 경우
> ㄴ. 과세사업자가 사업용 과세재화를 자기적립마일리지 외의 마일리지만으로 전부를 결제받고 공급하는 경우
> ㄷ. 과세사업자가 사업용 건물을 상속세 및 증여세법 및 지방세법에 따라 물납하는 경우
> ㄹ. 부동산임대업자가 주택(국민주택규모 초과)을 유상으로 임대하는 경우

① ㄱ, ㄴ
② ㄱ, ㄹ
③ ㄴ, ㄷ
④ ㄷ, ㄹ

│ 과세 대상 거래   이론형 Level 2

부가가치세가 과세되는 것은 ㄱ, ㄴ이다.

(선지분석)

ㄷ, ㄹ은 과세되지 않는다.
ㄷ. 물납은 공급으로 보지 않는 특례에 해당한다.
ㄹ. 주택의 임대는 면세에 해당한다.

답 ①

---

038 부가가치세법령상 재화의 공급으로 보지 아니하는 것만을 모두 고르면? (단, 자기생산·취득재화는 매입세액이 공제된 재화임)

> ㄱ. 사업자가 자기생산·취득재화를 「재난 및 안전관리 기본법」의 적용을 받아 특별재난지역에 공급하는 물품
> ㄴ. 사업 개시일 이전에 사업자등록을 신청한 자가 사실상 사업을 시작하지 아니하게 되는 경우 자기생산·취득재화 중 남아 있는 재화
> ㄷ. 「자본시장과 금융투자업에 관한 법률」에 따른 집합투자기구의 집합투자업자가 다른 집합투자업자에게 위탁자의 지위를 이전하는 경우

① ㄱ, ㄴ
② ㄱ, ㄷ
③ ㄴ, ㄷ
④ ㄱ, ㄴ, ㄷ

│ 재화의 공급으로 보지 아니하는 것   이론형 Level 2

ㄱ, ㄷ은 부가가치세법령상 재화의 공급으로 보지 않는다.
ㄱ. 사업자가 자기생산·취득재화를 재난 및 안전관리 기본법의 적용을 받아 특별재난지역에 공급하는 물품
　∵ 국가적 재난 복구사업을 지원하는 경우
ㄷ. 「자본시장과 금융투자업에 관한 법률」에 따른 집합투자기구의 집합투자업자가 다른 집합투자업자에게 위탁자의 지위를 이전하는 경우
　∵ 신탁재산에 대한 실질적인 소유권의 변동이 있다고 보기 어려움

답 ②

039 부가가치세법상 과세대상으로 옳은 것은?

2018년 회계사

① 사업자가 상속재산인 사업용 건물을 상속세 및 증여세법에 따라 물납한 경우
② 소매업을 운영하는 사업자가 외국의 소매업자로부터 구입한 운동화를 우리나라의 보세구역으로 반입한 경우
③ 골프장 경영자가 골프장 이용자로부터 일정기간 거치 후 반환하지 아니하는 입회금을 받은 경우
④ 선주와 화주와의 계약에 따라 화주가 조기선적을 하고 선주로부터 조출료를 받은 경우
⑤ 장난감대여업을 운영하는 사업자가 대여한 장난감의 망실에 대하여 변상금을 받은 경우

| 과세대상   이론형 Level 2

(선지분석)
① 사업용 자산을 상속세 및 증여세법에 따라 물납하는 것은 재화의 공급으로 보지 않는다.
② 외국에서 보세구역으로 재화를 반입하는 것은 재화의 수입에 해당하지 않는다.
④ 선주와 화주와의 계약에 따라 화주가 조기선적을 하고 선주로부터 받는 조출료는 용역제공에 대한 대가가 아니므로 과세대상이 아니나, 선주가 지연선적으로 인하여 화주로부터 받는 체선료는 항행용역의 제공에 따른 대가이므로 항행용역대가에 포함된다.
⑤ 대여한 재화의 망실에 따라 받는 변상금은 손해배상금으로서 재화 또는 용역의 공급과는 관계가 없다.

답 ③

040 부가가치세법상 부가가치세 과세대상에 해당하는 것은 모두 몇 개 인가?

2019년 세무사

> ㄱ. 소유재화의 파손, 훼손, 도난 등으로 인하여 가해자로부터 받는 손해배상금
> ㄴ. 외상매출채권의 양도
> ㄷ. 공동사업자 구성원이 각각 독립적으로 사업을 영위하기 위하여 공동사업용 건물의 분할등기(출자지분의 현물반환)로 소유권이 이전되는 건축물
> ㄹ. 수표·어음 등의 화폐대용증권
> ㅁ. 온라인 게임에 필요한 사이버 화폐인 게임머니를 계속적·반복적으로 판매하는 것
> ㅂ. 재화 또는 용역에 대한 대가 관계가 없이 잔여 임대기간에 대한 보상으로서 받는 이주보상비

① 1개   ② 2개
③ 3개   ④ 4개
⑤ 5개

| 부가가치세 과세대상   이론형 Level 2

부가가치세 과세대상에 해당하는 것은 2개(ㄷ, ㅁ)이다.
ㄷ. 공동사업자 구성원이 각각 독립적으로 사업을 영위하기 위하여 공동사업용 건물의 분할등기(출자지분의 현물반환)로 소유권이 이전되는 건축물은 과세대상에 해당한다. 단, 출자자가 자기의 출자지분을 타인에게 양도하거나 법인 또는 공동사업자가 출자지분을 현금으로 반환하는 것은 재화의 공급에 해당하지 아니하는 것이나, 법인 또는 공동사업자가 출자지분을 현물로 반환하는 것은 재화의 공급에 해당한다.
ㅁ. 온라인 게임에 필요한 사이버 화폐인 게임머니를 계속적·반복적으로 판매하는 것은 과세대상에 해당한다.

답 ②

부가가치세법상 과세대상에 관한 설명이다. 옳은 것은?

① 외국 선박에 의하여 공해(公海)에서 잡힌 수산물을 국내로 반입하는 거래는 과세대상이 아니다.

② 사업자가 아닌 개인이 중고자동차를 사업자에게 판매하는 거래는 과세대상이지만, 사업자가 아닌 개인이 소형승용차를 외국으로부터 수입하는 거래는 과세대상이 아니다.

③ 사업자가 사업을 위하여 재난 및 안전관리 기본법의 적용을 받아 특별재난지역에 물품을 증여하는 경우는 과세대상이 아니다.

④ 사업자가 민사집행법에 따른 경매로 재화를 공급하는 경우는 과세대상이지만, 국세징수법에 따른 공매로 재화를 공급하는 경우는 과세대상이 아니다.

⑤ 사업자가 주요자재를 전혀 부담하지 아니하고 인도받은 재화를 단순히 가공만 해 주는 경우는 과세대상이 아니다.

│ 과세대상

이론형 Level 2

(선지분석)

① 외국 선박에 의하여 공해(公海)에서 잡힌 수산물을 국내로 반입하는 거래는 재화의 수입에 해당한다.

② 사업자가 아닌 개인이 중고자동차를 사업자에게 판매하는 거래는 과세대상이 아니며, 사업자가 아닌 개인이 소형승용차를 외국으로부터 수입하는 거래는 과세대상이다.

④ 사업자가 민사집행법에 따른 경매 및 국세징수법에 따른 공매로 재화를 공급하는 경우는 과세대상이 아니다.

⑤ 사업자가 주요자재를 전혀 부담하지 아니하고 인도받은 재화를 단순히 가공만 해주는 경우는 용역의 공급으로서 과세대상이다.

답 ③

042 부가가치세법상 부수재화의 공급에 관한 설명으로 옳지 않은 것은?

① 해당 대가가 주된 거래인 재화의 공급대가에 통상적으로 포함되어 공급되는 재화는 주된 재화의 공급에 포함되는 것으로 본다.

② 거래의 관행으로 보아 통상적으로 주된 재화의 공급에 부수하여 공급되는 것으로 인정되는 재화는 주된 재화의 공급에 포함되는 것으로 본다.

③ 주된 사업과 관련하여 우연히 또는 일시적으로 공급되는 재화의 공급은 별도의 공급으로 보지 아니한다.

④ 주된 사업과 관련하여 주된 재화의 생산 과정에서 필연적으로 생기는 과세대상 재화의 공급에 대한 과세 여부는 주된 사업의 과세 여부에 따른다.

| 부수재화의 공급   이론형 Level 1

주된 사업에 부수되는 것으로서 주된 사업과 관련하여 우연히 또는 일시적으로 공급되는 재화 또는 용역의 공급은 별도의 공급으로 본다. 다만, 우연히 또는 일시적으로 공급되는 재화 또는 용역이 면세대상인 경우 주된 사업의 과세·면세 여부와 무관하게 면세대상에 해당한다.

> **부가가치세법 제14조 【부수 재화 및 부수 용역의 공급】** ① 주된 재화 또는 용역의 공급에 부수되어 공급되는 것으로서 다음 각 호의 어느 하나에 해당하는 재화 또는 용역의 공급은 주된 재화 또는 용역의 공급에 포함되는 것으로 본다.
> 1. 해당 대가가 주된 재화 또는 용역의 공급에 대한 대가에 통상적으로 포함되어 공급되는 재화 또는 용역
> 2. 거래의 관행으로 보아 통상적으로 주된 재화 또는 용역의 공급에 부수하여 공급되는 것으로 인정되는 재화 또는 용역
> ② 주된 사업에 부수되는 다음 각 호의 어느 하나에 해당하는 재화 또는 용역의 공급은 별도의 공급으로 보되, 과세 및 면세 여부 등은 주된 사업의 과세 및 면세 여부 등을 따른다.
> 1. 주된 사업과 관련하여 우연히 또는 일시적으로 공급되는 재화 또는 용역
> 2. 주된 사업과 관련하여 주된 재화의 생산 과정이나 용역의 제공 과정에서 필연적으로 생기는 재화

답 ③

043 부가가치세법상 부수재화 및 부수용역의 공급과 관련된 설명으로 옳지 않은 것은?

① 주된 재화 또는 용역의 공급에 부수되어 공급되는 것으로서 거래의 관행으로 보아 통상적으로 주된 재화 또는 용역의 공급에 부수하여 공급되는 것으로 인정되는 재화 또는 용역의 공급은 주된 재화 또는 용역의 공급에 포함되는 것으로 본다.

② 주된 재화 또는 용역의 공급에 부수되어 공급되는 것으로서 해당 대가가 주된 재화 또는 용역의 공급에 대한 대가에 통상적으로 포함되어 공급되는 재화 또는 용역의 공급은 주된 재화 또는 용역의 공급에 포함되는 것으로 본다.

③ 면세되는 재화 또는 용역의 공급에 통상적으로 부수되는 재화 또는 용역의 공급은 그 면세되는 재화 또는 용역의 공급에 포함되는 것으로 본다.

④ 주된 사업에 부수되는 주된 사업과 관련하여 주된 재화의 생산 과정에서 필연적으로 생기는 재화의 공급은 별도의 공급으로 보지 아니한다.

| 부수재화 및 부수용역의 공급   이론형 Level 1

주된 사업에 부수되는 주된 사업과 관련하여 주된 재화의 생산 과정이나 용역의 제공 과정에서 필연적으로 생기는 재화의 공급은 별도의 공급으로 보되, 과세 및 면세 여부 등은 주된 사업의 과세 및 면세 여부 등을 따른다.

답 ④

044 부가가치세법상 재화의 공급시기(폐업 전에 공급한 재화의 공급시기가 폐업일 이후에 도래하는 경우에는 제외)로 옳지 않은 것은?

① 현금판매, 외상판매 또는 할부판매의 경우에는 재화가 인도되거나 이용 가능하게 되는 때
② 전력이나 그 밖에 공급단위를 구획할 수 없는 재화를 계속적으로 공급하는 경우에는 대가의 각 부분을 받기로 한 때
③ 재화의 공급으로 보는 가공의 경우에는 재화의 가공이 완료된 때
④ 무인판매기를 이용하여 재화를 공급하는 경우에는 해당 사업자가 무인판매기에서 현금을 꺼내는 때

재화의 공급시기	이론형 Level 1

재화의 공급으로 보는 가공의 경우에는 <u>가공된 재화를 인도하는 때</u>를 공급시기로 한다. 용역의 공급으로 보는 가공의 경우에는 재화의 가공이 완료되는 때를 공급시기로 한다.

(선지분석)
① 지문에서 할부판매로만 주어진다면 단기할부판매를 의미한다.

답 ③

---

045 부가가치세법상 재화의 공급시기에 관한 설명으로 옳지 않은 것은?

① 폐업 전에 공급한 재화의 공급시기가 폐업일 이후에 도래하는 경우에는 그 폐업일을 공급시기로 본다.
② 재화의 할부판매의 경우에는 대가의 각 부분을 받기로 한 때를 공급시기로 본다.
③ 상품권 등을 현금 또는 외상으로 판매하고 그 후 당해 상품권 등에 의하여 현물과 교환하는 경우에는 재화가 실제로 인도되는 때를 공급시기로 본다.
④ 완성도기준지급조건부로 재화를 공급하는 경우에는 대가의 각 부분을 받기로 한 때를 공급시기로 본다.

재화의 공급시기	이론형 Level 1

재화의 할부판매의 경우에는 재화가 인도되거나 이용가능하게 되는 때를 공급시기로 한다. → 할부판매라고만 나오면 단기할부판매를 의미한다. 한편, 장기할부판매의 경우 대가의 각 부분을 받기로 한 때가 공급시기이다.

(선지분석)
① 재화의 공급과 관련한 계약체결이 폐업 전에 이루어지고 폐업일 이후에 당해 재화가 이용가능하게 되는 경우에는 폐업일을 공급시기로 보는 것이며, 폐업 시 잔존재화로 과세하지 않는다. 이는 폐업일 이후에는 사업자가 아니므로 과세할 수 없기 때문이다.
③ 상품권이 인도되는 때는 공급시기로 보지 않는다.

답 ②

046 부가가치세법령상 용역의 공급시기에 대한 설명으로 옳은 것은? (단, 폐업은 고려하지 않음)

① 역무의 제공이 완료되는 때 또는 대가를 받기로 한 때를 공급시기로 볼 수 없는 경우에는 예정신고기간 또는 과세기간의 종료일을 공급시기로 본다.
② 사업자가 용역의 공급시기가 되기 전에 세금계산서를 발급하고 그 세금계산서 발급일부터 7일 이내에 대가를 받으면 그 대가를 받은 때를 용역의 공급시기로 본다.
③ 사업자가 다른 사업자와 상표권 사용계약을 할 때 사용대가 전액을 일시불로 받고 상표권을 사용하게 하는 용역을 둘 이상의 과세기간에 걸쳐 계속적으로 제공하고 그 대가를 선불로 받는 경우에는 예정신고기간 또는 과세기간의 종료일을 공급시기로 본다.
④ 완성도기준지급조건부로 용역을 공급하는 경우 역무의 제공이 완료되는 날 이후 받기로 한 대가의 부분에 대해서는 대가의 각 부분을 받기로 한 때를 용역의 공급시기로 본다.

▌ 용역의 공급시기

(선지분석)
① 역무의 제공이 완료되는 때 또는 대가를 받기로 한 때를 공급시기로 볼 수 없는 경우에는 역무의 제공이 완료되고 그 공급가액이 확정되는 때를 공급시기로 본다.
② 사업자가 용역의 공급시기가 되기 전에 세금계산서를 발급하고 그 세금계산서 발급일부터 7일 이내에 대가를 받으면 그 세금계산서를 용역의 공급시기로 본다.
④ 완성도기준지급조건부로 용역을 공급하는 경우 역무의 제공이 완료되는 날 이후 받기로 한 대가의 부분에 대해서는 역무의 제공이 완료되는 날을 그 용역의 공급시기로 본다.

답 ③

---

047 부가가치세법령상 세금계산서를 발급하는 때를 재화 또는 용역의 공급시기로 보는 경우에 해당하지 않는 것은? (단, 재화 또는 용역의 공급시기 및 세금계산서는 법령에 따른 것으로 봄)

① 사업자가 부가가치세법 시행령 제28조 제3항 제4호에 따라 전력이나 그 밖에 공급단위를 구획할 수 없는 재화를 계속적으로 공급하는 경우의 공급시기가 되기 전에 세금계산서를 발급하는 경우
② 사업자가 부가가치세법 제15조 또는 제16조에 따른 재화 또는 용역의 공급시기가 되기 전에 재화 또는 용역에 대한 대가의 전부 또는 일부를 받고, 그 받은 대가에 대하여 세금계산서를 발급하는 경우
③ 사업자가 부가가치세법 시행규칙 제17조에 따른 장기할부판매로 재화를 공급하는 경우의 공급시기가 되기 전에 세금계산서를 발급하는 경우
④ 대가를 지급하는 사업자가 거래 당사자 간의 계약서 등에 대금 청구시기와 지급시기를 따로 적고, 대금 청구시기와 지급시기 사이의 기간이 60일인 경우로서 재화 또는 용역을 공급하는 사업자가 그 재화 또는 용역의 공급시기가 되기 전에 세금계산서를 발급하고 그 세금계산서 발급일부터 7일이 지난 후에 대가를 받는 경우

> **부가가치세법 제17조【재화 및 용역의 공급시기의 특례】** ③ 제2항에도 불구하고 대가를 지급하는 사업자가 다음 각
> 호의 어느 하나에 해당하는 경우에는 재화 또는 용역을 공급하는 사업자가 그 재화 또는 용역의 공급시기가 되기
> 전에 제32조에 따른 세금계산서를 발급하고 그 세금계산서 발급일부터 7일이 지난 후 대가를 받더라도 해당 세금
> 계산서를 발급한 때를 재화 또는 용역의 공급시기로 본다.
> 1. 거래 당사자 간의 계약서·약정서 등에 대금 청구시기(세금계산서 발급일을 말한다)와 지급시기를 따로 적고,
> 　 대금 청구시기와 지급시기 사이의 기간이 30일 이내인 경우
> 2. 세금계산서 발급일이 속하는 과세기간(공급받는 자가 제59조 제2항에 따라 조기환급을 받은 경우에는 세금계
> 　 산서 발급일부터 30일 이내)에 재화 또는 용역의 공급시기가 도래하는 경우

답 ④

048

다음은 부가가치세법상 재화 및 용역의 공급시기의 특례에 관한 규정이다. (가) ~ (다)에 들어갈 내용을
바르게 연결한 것은?

2023년 국가직 9급

> **제17조【재화 및 용역의 공급시기의 특례】** ③ 제2항에도 불구하고 다음 각 호의 어느 하나에 해당하는 경우에는
> 재화 또는 용역을 공급하는 사업자가 그 재화 또는 용역의 공급시기가 되기 전에 제32조에 따른 세금계산서를
> 발급하고 그 세금계산서 발급일부터 ⎡　(가)　⎤ 일이 지난 후 대가를 받더라도 해당 세금계산서를 발급한 때를 재
> 화 또는 용역의 공급시기로 본다.
> 1. 거래 당사자 간의 계약서·약정서 등에 대금 청구시기(세금계산서 발급일을 말한다)와 지급시기를 따로 적고,
> 　 대금 청구시기와 지급시기 사이의 기간이 ⎡　(나)　⎤ 일 이내인 경우
> 2. 재화 또는 용역의 공급시기가 세금계산서 발급일이 속하는 과세기간 내(공급받는 자가 제59조 제2항에 따라
> 　 조기환급을 받은 경우에는 세금계산서 발급일부터 ⎡　(다)　⎤ 일 이내)에 도래하는 경우

	(가)	(나)	(다)
①	7	20	30
②	7	30	30
③	10	20	15
④	10	30	15

■ 재화 및 용역의 공급시기의 특례　　　　　　　　　　　　　　　　　　　이론형 Level 1

(가)~(다)에 들어갈 내용으로 옳은 것은 다음과 같다.

(가) 7일

(나) 30일

(다) 30일

답 ②

049 부가가치세법상 재화 또는 용역의 공급시기에 관한 설명으로 옳지 않은 것은? 2014년 국가직 7급

① 사업자가 재화 또는 용역의 공급시기가 되기 전에 재화 또는 용역에 대한 대가의 전부 또는 일부를 받고, 이와 동시에 그 받은 대가에 대하여 세금계산서를 발급하면 그 세금계산서를 발급하는 때를 재화 또는 용역의 공급시기로 본다.

② 사업자가 재화 또는 용역의 공급시기가 되기 전에 세금계산서를 발급하고 그 세금계산서 발급일부터 7일 이내에 대가를 받으면 해당 대가를 받은 때를 재화 또는 용역의 공급시기로 본다.

③ 사업자가 보세구역 안에서 보세구역 밖의 국내에 재화를 공급하는 경우가 재화의 수입에 해당할 때에는 수입신고 수리일을 재화의 공급시기로 본다.

④ 공급단위를 구획할 수 없는 용역을 계속적으로 공급하는 경우에는 대가의 각 부분을 받기로 한 때를 용역의 공급시기로 본다.

┃ 재화 또는 용역의 공급시기 이론형 Level 1

사업자가 재화 또는 용역의 공급시기가 되기 전에 세금계산서를 발급하고 그 세금계산서 발급일부터 7일 이내에 대가를 받으면 해당 <u>세금계산서를 발급한 때</u>를 재화 또는 용역의 공급시기로 본다.

(선지분석)
① 선세금계산서 발급 특례규정에 대한 옳은 내용이다.

답 ②

050 부가가치세법령상 용역의 공급시기에 대한 설명으로 옳지 않은 것은? 2021년 국가직 9급

① 장기할부조건부로 용역을 공급하는 경우에는 대가의 각 부분을 받기로 한 때로 한다.

② 사업자가 부동산 임대용역을 공급하고 전세금 또는 임대보증금을 받는 경우(부가가치세법 시행령 제65조에 따라 계산한 금액을 공급가액으로 함)에는 예정신고기간 또는 과세기간의 종료일로 한다.

③ 중간지급조건부로 용역을 공급하는 경우 역무의 제공이 완료되는 날 이후 받기로 한 대가의 부분에 대해서는 역무의 제공이 완료되는 날 이후 그 대가를 받는 때로 한다.

④ 헬스클럽장 등 스포츠센터를 운영하는 사업자가 연회비를 미리 받고 회원들에게 시설을 이용하게 하는 것을 둘 이상의 과세기간에 걸쳐 계속적으로 제공하고 그 대가를 선불로 받는 경우에는 예정신고기간 또는 과세기간의 종료일로 한다.

┃ 공급시기 이론형 Level 1

중간지급조건부로 용역을 공급하는 경우로서 역무의 제공이 완료되는 날 이후 받기로 한 대가의 부분에 대해서는 역무의 제공이 완료되는 날을 그 용역의 공급시기로 본다.

답 ③

051 부가가치세법상 공급시기에 관한 설명으로 옳지 않은 것은?

① 반환조건부 판매, 동의조건부 판매, 그 밖의 조건부 판매 및 기한부 판매의 경우에는 그 조건이 성취되거나 기한이 지나 판매가 확정되는 때를 공급시기로 본다.

② 현금판매의 경우 재화가 인도되거나 이용가능하게 되는 때를 공급시기로 본다.

③ 무인판매기를 이용하여 재화를 공급하는 경우 해당 사업자가 무인판매기에서 현금을 꺼내는 때를 재화의 공급시기로 본다.

④ 기획재정부령이 정하는 장기할부판매의 경우에는 대가의 각 부분을 받기로 한 때를 공급시기로 본다.

⑤ 재화의 수입시기는 당해 재화가 보세창고에 입고된 때로 한다.

▎**공급시기**   이론형 Level 1

재화의 수입시기는 과세표준의 계산이 가능한 시점인 관세법에 따른 수입신고가 수리된 때로 한다.

답 ⑤

052 부가가치세법상 재화 또는 용역의 공급시기에 관한 설명이다. 옳은 것은?

① 상품권을 현금으로 판매하고 그 후 상품권이 현물과 교환되는 경우에는 상품권이 판매되는 때를 재화의 공급시기로 한다.

② 재화의 공급으로 보는 가공의 경우에는 재화의 가공이 완료된 때를 재화의 공급시기로 한다.

③ 사업자가 재화 또는 용역의 공급시기가 되기 전에 세금계산서를 발급하고 그 세금계산서 발급일부터 7일 이내에 대가를 받으면 해당 대가를 받은 때를 재화 또는 용역의 공급시기로 본다.

④ 사업자가 보세구역 안에서 보세구역 밖의 국내에 재화를 공급하는 경우가 재화의 수입에 해당할 때에는 수입신고 수리일을 재화의 공급시기로 본다.

⑤ 재화를 위탁판매수출하는 경우에는 외국에서 해당 재화가 인도되는 때를 재화의 공급시기로 본다.

▎**재화 또는 용역의 공급시기**   이론형 Level 2

(선지분석)

① 상품권을 현금으로 판매하고 그 후 상품권이 현물과 교환되는 경우에는 재화가 실제로 인도되는 때를 공급시기로 본다.

② 재화의 공급으로 보는 가공의 경우에는 재화를 인도하는 때를 공급시기로 본다.

③ 사업자가 재화 또는 용역의 공급시기가 되기 전에 세금계산서를 발급하고 그 세금계산서 발급일부터 7일 이내에 대가를 받으면 해당 세금계산서를 발급한 때를 재화 또는 용역의 공급시기로 본다.

⑤ 재화를 위탁판매수출하는 경우에는 수출재화의 공급가액이 확정되는 때를 공급시기로 본다.

답 ④

053 부가가치세법상 공급시기에 관한 설명이다. 옳지 않은 것은?

① 사업자가 재화의 공급시기가 되기 전에 세금계산서를 발급하고, 그 세금계산서 발급일로부터 7일 이내에 대가를 받으면 해당 대가를 받은 때를 재화의 공급시기로 본다.

② 사업자가 재화의 공급시기가 되기 전에 재화에 대한 대가의 전부 또는 일부를 받고, 그 받은 대가에 대하여 세금계산서를 발급하면 그 세금계산서를 발급하는 때를 그 재화의 공급시기로 본다.

③ 사업자가 폐업 전에 공급한 재화의 공급시기가 폐업일 이후에 도래하는 경우에는 그 폐업일을 공급시기로 본다.

④ 사업자가 장기할부판매로 재화를 공급하는 경우 공급시기가 되기 전에 세금계산서를 발급하면 그 발급한 때를 그 재화의 공급시기로 본다.

⑤ 재화의 공급으로 보는 가공의 경우 가공된 재화를 인도하는 때를 공급시기로 본다.

| 공급시기 | 이론형 Level 2 |

사업자가 재화의 공급시기가 되기 전에 세금계산서를 발급하고, 그 세금계산서 발급일로부터 7일 이내에 대가를 받으면 해당 세금계산서를 발급한 때를 재화의 공급시기로 본다.

답 ①

054 부가가치세법상 총칙규정에 대한 설명으로 옳은 것은?

2012년 국가직 9급

① 부가가치세는 재화 또는 용역의 공급 및 용역의 수입에 대하여 과세한다.

② 재화란 재산가치의 유무와 관계없이 유체물과 무체물을 포함한다.

③ 국가와 지방자치단체는 부가가치세의 납세의무자가 아니다.

④ 주된 거래인 재화의 공급에 필수적으로 부수되는 용역의 공급은 주된 거래인 재화의 공급에 포함된다.

| 총칙규정 | 이론형 Level 1 |

📄 용역의 수입에 대해 소비지국과세원칙을 구현하기 위한 부가가치세법상 제도

1. 면세사업자 등의 대리납부제도
2. 국외사업자의 위탁매매인 등을 통하여 국내에 용역 공급 시 특례
3. 전자적 용역을 공급하는 국외사업자의 용역 공급에 관한 특례

(선지분석)

① 부가가치세는 재화 또는 용역의 공급 및 재화의 수입에 대하여 과세하며 용역의 수입은 과세대상이 아니다.
   ∵ 용역의 수입은 과세포착 불가

② 재화란 재산가치가 있는 유체물과 무체물을 포함한다.

③ 부가가치세법상 납세의무자는 사업자와 재화를 수입하는 자 중 어느 하나에 해당하는 자로서 개인, 법인(국가ㆍ지방자치단체와 지방자치단체조합을 포함), 법인격 없는 사단 또는 그 밖의 단체를 말한다.

답 ④

03 영세율과 면세

055 부가가치세법상 영세율제도에 관한 설명으로 옳지 않은 것은?　　　　　2009년 국가직 9급 변형

① 영세율제도는 매출액에 영세율이 적용되지만 매입세액은 전액 환급받는다는 점에서 매출세액은 면제되나 매입세액은 공제·환급되지 아니하는 면세제도와 구별된다.

② 영세율 적용대상이 되는 재화나 용역을 공급하는 사업자가 외국법인인 경우의 영세율 적용은 상호면세주의에 따른다.

③ 우리나라에 상주하는 외교공관 등에 재화 또는 용역을 공급하는 경우에는 영세율을 적용한다.

④ 사업자가 국외에서 건설공사를 도급받은 사업자로부터 당해 건설공사를 재도급받아 국외에서 건설용역을 제공하고 그 대가를 원도급자인 국내사업자로부터 받는 경우에는 영세율을 적용하지 아니한다.

▌영세율제도
이론형 Level 1

사업자가 국외에서 건설공사를 도급받아 국외에서 건설용역을 제공하는 경우 해당 용역을 제공받는 자, 대금결제수단에 관계없이 영세율이 적용된다.

(선지분석)

① 영세율은 완전면세제도고, 면세는 부분면세에 해당한다.

② 상호면세주의: 사업자가 비거주자 또는 외국법인인 경우에는 해당 국가에서 대한민국 거주자 또는 내국법인에 대하여 동일하게 면세하는 경우에만 영의 세율을 적용한다.

답 ④

---

056 부가가치세법상 영세율 및 대리납부에 대한 설명으로 옳지 않은 것은?　　　　　2013년 국가직 7급

① 원료를 대가 없이 국외의 수탁가공사업자에게 반출하여 가공한 재화를 양도하는 경우에 그 원료의 반출은 영의 세율을 적용하지 아니한다.

② 사업자가 비거주자 또는 외국법인인 경우에는 그 외국에서 대한민국의 거주자 또는 내국법인에 대하여 동일한 면세를 하는 경우에만 영의 세율을 적용한다.

③ 영세율이 적용되는 법인사업자의 경우에는 원칙적으로 부가가치세 예정신고를 하여야 한다.

④ 국내사업장이 없는 비거주자 또는 외국법인으로부터 용역 또는 무체물을 공급받는 자는 그 대가를 지급하는 때에는 부가가치세를 징수하고 대리납부하여야 한다.

▌영세율 및 대리납부
이론형 Level 1

원료를 대가 없이 국외의 수탁가공사업자에게 반출하여 가공한 재화를 양도하는 경우 영의 세율을 적용한다.

답 ①

057 부가가치세법상 국내에 사업장이 있는 사업자가 행하는 재화 또는 용역의 공급에 대한 영세율 적용과 관련한 설명으로 옳지 않은 것은?

2018년 국가직 9급

① 내국물품을 외국으로 반출하는 것에 대해서는 영세율이 적용된다.
② 국외에서 공급하는 용역에 대해서는 영세율이 적용된다.
③ 항공기에 의하여 여객을 국내에서 국외로 수송하는 것에 대해서는 영세율이 적용되지 않는다.
④ 외화를 획득하기 위한 것으로서 우리나라에 상주하는 국제연합과 이에 준하는 국제기구(우리나라가 당사국인 조약과 그 밖의 국내법령에 따라 특권과 면제를 부여받을 수 있는 경우에 한함)에 재화 또는 용역을 공급하는 것에 대해서는 영세율을 적용한다.

▌ 영세율　　　　　　　　　　　　　　　　　　　　　　　　　이론형 Level 1

선박 또는 항공기에 의한 외국항행용역의 공급에 대하여는 영세율을 적용한다. 외국항행용역은 선박 또는 항공기에 의하여 여객이나 화물을 국내에서 국외로, 국외에서 국내로 또는 국외에서 국외로 수송하는 것을 말한다.

(선지분석)
① 내국물품의 외국반출에 대하여 영세율이 적용된다.
② 용역의 국외공급에 대하여 영세율이 적용된다.
④ 국제연합 등에 공급하는 재화·용역에 대하여 영세율이 적용된다. ∵ 외화획득 장려

답 ③

---

058 부가가치세법령상 영세율제도에 대한 설명으로 옳지 않은 것은?

2020년 국가직 9급

① 대한민국 선박에 의하여 잡힌 수산물을 외국으로 반출하는 것은 영세율을 적용한다.
② 사업자가 대통령령으로 정한 중계무역방식으로 수출하는 경우로서 국내 사업장에서 계약과 대가 수령 등 거래가 이루어지는 것은 영세율을 적용한다.
③ 외교공관 등의 소속 직원으로서 해당 국가로부터 공무원 신분을 부여받은 자 중 내국인에게 대통령령으로 정하는 방법에 따라 재화 또는 용역을 공급하는 경우에는 영세율을 적용한다.
④ 선박 또는 항공기에 의하여 여객이나 화물을 국내에서 국외로, 국외에서 국내로 또는 국외에서 국외로 수송하는 것에 대하여는 영세율을 적용한다.

▌ 영세율　　　　　　　　　　　　　　　　　　　　　　　　　이론형 Level 1

외교공관 등의 소속 직원으로서 해당 국가로부터 공무원 신분을 부여받은 자 또는 외교부장관으로부터 이에 준하는 신분임을 확인받은 자 중 내국인이 아닌 자에게 대통령령으로 정하는 방법에 따라 재화 또는 용역을 공급하는 경우에는 영세율을 적용한다. 동 규정은 외화획득사업에 대한 영세율 규정이기 보다는 외교관에 대한 부가가치세 면세를 목적으로 한 영세율규정이므로 외화로 받은 경우에만 영세율을 적용하는 것이 아니다.

답 ③

059 영세율에 관한 설명으로 옳지 않은 것은?

① 사업자가 법령으로 정한 내국신용장 또는 구매확인서에 의하여 재화[금지금(金地金)은 제외]를 공급하는 경우 영세율을 적용한다.
② 간이과세자는 과세사업자에 해당하므로 영세율을 적용받을 수 있다.
③ 수출업자가 국내에서 수출품생산업자와의 계약에 따라 수출을 대행하고 수출대행수수료를 받는 경우 영세율을 적용하지 아니한다.
④ 사업자가 국내사업장이 있는 외국법인으로부터 국내 건설용역을 수주하여 공급하고 그 대가를 외국법인의 본점으로부터 받는 경우 영세율을 적용하지 아니한다.
⑤ 영세율이 적용되는 재화나 용역을 공급하는 사업자는 사업자등록, 세금계산서 발급, 신고·납부 등의 의무사항을 이행하지 않아도 되고, 그 의무를 이행하지 않더라도 가산세 등 불이익처분을 받지 않는다.

| 영세율 | 이론형 Level 2 |

영세율이 적용되는 재화나 용역을 공급하는 사업자는 부가가치세법상 사업자이므로 사업자등록, 세금계산서 발급, 신고·납부 등의 의무사항을 이행하여야 하며, 그 의무를 이행하지 않으면 가산세 등 불이익처분을 받는다.

답 ⑤

060 부가가치세법상 영세율에 관한 설명으로 옳지 않은 것은?

2019년 세무사 변형

① 관세법에 따른 수입신고 수리 전의 물품으로서 보세구역에 보관하는 물품을 외국으로 반출할 경우(국내 사업장에서 계약과 대가 수령 등 거래가 이루어짐) 영세율 적용이 된다.
② 수출용 완제품을 공급한 후라도 내국신용장이 그 공급시기가 속하는 과세기간이 끝난 후 25일 이내에 개설된 경우에는 영세율이 적용된다.
③ 국내사업장을 둔 사업자가 해외에서 도로건설용역을 제공하는 경우 외화로 대금을 수령할 경우에만 영세율을 적용받는다.
④ 금지금을 내국신용장 또는 구매확인서에 의하여 공급하는 경우 영세율을 적용하지 아니한다.
⑤ 관광진흥법 시행령에 따른 일반여행업자가 외국인 관광객에게 공급하는 관광알선용역(그 대가를 외국환은행에서 원화로 받음)에는 영세율을 적용한다.

| 영세율 | 이론형 Level 2 |

국내에 사업장을 가지고 있는 사업자가 국외에서 용역을 제공하는 경우에는 해당 용역을 제공받는 자는 대금결제수단에 관계없이 영세율이 적용된다.

답 ③

061 부가가치세법상 영세율에 관한 설명이다. 옳지 않은 것은?

① 관세법에 따른 수입신고 수리 전의 물품으로서 보세구역에 보관하는 물품을 외국으로 반출하는 경우 영세율을 적용한다.

② 수출업자와 직접 도급계약에 따라 수출재화를 임가공하고 부가가치세를 별도로 적은 세금계산서를 발급한 경우 영세율을 적용하지 않는다.

③ 외국을 항행하는 원양어선에 재화를 공급하고 부가가치세를 별도로 적은 세금계산서를 발급한 경우 영세율을 적용하지 않는다.

④ 사업자가 대한적십자사에 공급하는 재화(대한적십자사가 그 목적사업을 위하여 당해 재화를 외국으로 무상 반출하는 경우에 한함)는 영세율을 적용한다.

⑤ 관광진흥법에 따른 종합여행업자가 외국인 관광객에게 공급하는 관광알선용역은 대가수령방법과 관계없이 영세율을 적용한다.

│ 영세율   이론형 Level 2

관광알선용역의 제공 대가는 외국환은행에서 원화로 받거나, 외화 현금으로 받은 것 중 국세청장이 정하는 관광알선 수수료명세표와 외화매입증명서에 의하여 외국인 관광객과의 거래임이 확인되는 것에 한하여 영세율이 적용된다.

답 ⑤

---

062 부가가치세가 면세되는 거래에 해당되는 것은?

① 지방자치단체조합이 그 소속 직원의 복리후생을 위하여 구내에서 식당을 직접 경영하여 공급하는 음식용역

② 철도건설법에 규정하는 고속철도에 의한 여객운송용역

③ 우정사업운영에 관한 특례법에 의한 우정사업조직이 우편법에 규정된 부가우편역무 중 소포우편물을 방문접수하여 배달하는 용역

④ 항공법에서 규정하는 항공기에 의한 여객운송용역

│ 면세   이론형 Level 1

음식용역에 대해서는 원칙적으로 용역의 공급으로서 과세 거래에 해당한다. 다만, 국가, 지방자치단체, 지방자치단체조합이 그 소속 직원의 복리후생을 위하여 구내에서 식당을 직접 경영하여 공급하는 음식용역은 면세에 해당한다.

(선지분석)

②, ③, ④ 과세거래에 해당한다.

> 📄 **국가 등이 공급하는 재화·용역 중 과세거래(부가가치세법 시행령 제46조 참조)**
> 1. 우정사업조직이 소포우편물을 방문접수하여 배달하는 용역과 기획재정부령으로 정하는 우편주문판매를 대행하는 용역
> 2. 고속철도에 의한 여객운송용역(KTX)
> 3. 부동산임대업, 도매·소매업, 음식점업, 숙박업, 골프장, 스키장운영업, 기타 스포츠시설 운영업
> 4. 의료·보건용역 중 쌍꺼풀수술, 코성형수술, 유방확대·축소술, 지방흡인술, 주름살제거술에 해당하는 진료용역, 수의사의 애완동물 진료용역

답 ①

063 부가가치세법상 면세 대상인 재화 또는 용역이 아닌 것은?

① 장애인복지법에 따른 장애인보조견 훈련용역
② 수의사법에 규정하는 수의사의 애완견 식품판매
③ 여성용 생리처리 위생용품
④ 도서대여용역

| 면세

이론형 Level 1

수의사가 제공하는 애완동물진료용역은 과세한다. 다만, 각종 법에 따른 수의사의 동물진료용역은 면세한다.

의료용역의 원칙과 예외	
의료보건용역	**수의사가 제공하는 용역**
1. 원칙: 면세 2. 예외: 과세 　(1) 미용 목적 성형수술 　(2) 미용 목적 피부 관련 시술	1. 원칙: 면세 　**예** 각종 법에 따른 진료용역 2. 예외: 과세 　**예** 애완동물 진료용역

(선지분석)
① 면세용역에 해당한다.
③ 면세재화에 해당한다.
④ 도서에는 도서에 부수하여 도서의 내용을 담은 음반·녹음테이프·비디오테이프를 첨부하여 통상 하나의 공급단위로 하는 것과 전자출판물을 포함한다. 다만, 음악산업진흥 법률, 영화 및 비디오물 진흥 법률, 게임산업진흥 법률의 적용을 받는 부수재화는 과세한다.

답 ②

---

064 부가가치세법상 부가가치세가 면세되는 경우에 해당하지 않는 것은?

① 수돗물
② 공중전화
③ 일반택시 운송사업
④ 국가에 무상으로 공급하는 용역

| 면세

이론형 Level 1

여객운송용역은 면세한다. 다만 항공기, 시외우등고속버스, 전세버스, 택시, 특수자동차, 특종선박, 고속철도에 의한 여객운송용역은 과세한다.

여객운송용역 면세 및 과세(부가가치세법 제26조 제1항 제7호, 부가가치세법 시행령 제37조 제1호 참조)
1. 원칙: 면세 2. 예외: 과세 　(1) 항공기에 의한 여객운송용역 　(2) 우등고속버스에 의한 여객운송사업, 전세버스운송사업 　(3) 일반택시운송사업 및 개인택시운송사업 　(4) 자동차대여사업 　(5) 특종선박 　(6) 고속철도에 의한 여객운송용역

(선지분석)
① 수돗물은 면세, 전기는 과세한다.
② 공중전화는 면세, 휴대폰전화는 과세한다.
④ 국가에 무상으로 공급하는 용역은 면세하나 국가에 유상으로 공급하는 용역은 과세한다.

답 ③

V

해커스공무원 이훈엽 세법 단원별 기출문제집

065

부가가치세법상 면세에 관한 설명으로 옳지 않은 것은?

① 토지의 양도와 임대는 면세대상이다.
② 면세포기신고를 한 사업자는 신고한 날로부터 3년간은 부가가치세의 면제를 받지 못한다.
③ 가공되지 아니한 식료품으로서 곡류, 서류 및 특용작물류는 면세대상에 해당된다.
④ 거주자가 수취하는 소액물품으로서 관세가 면제되는 재화의 수입에 대하여는 부가가치세를 면제한다.

| 면세 | 이론형 Level 1 |

<u>토지의 양도</u>는 <u>면세</u>에 해당하나, <u>토지의 임대</u>는 부동산 임대용역으로 과세한다.

(선지분석)
② 면세포기 후에는 면세재적용 제한규정이 적용된다.
③ 미가공식료품은 면세에 해당한다.

답 ①

부가가치세법상 재화 또는 용역의 공급에 대한 면세제도와 관련한 설명으로 옳지 않은 것은?

① 국가나 지방자치단체가 공급하는 재화 또는 용역이라고 하여 모두 부가가치세가 면제되는 것은 아니다.
② 국가나 지방자치단체에 재화 또는 용역을 공급하는 거래는 거래의 유·무상을 불문하고 모두 부가가치세가 면제된다.
③ 음악발표회는 영리를 목적으로 하지 않아야 부가가치세가 면제되는 예술행사가 된다.
④ 도로교통법 제2조 제32호의 자동차운전학원에서 수강생에게 지식·기술 등을 가르치는 것은 부가가치세가 면제되는 교육용역에 포함되지 않는다.

| 면세 | 이론형 Level 1 |

국가나 지방자치단체에 재화 또는 용역을 공급하는 거래는 <u>무상</u>으로 공급하는 재화 또는 용역에 대하여만 부가가치세를 면제한다.

(선지분석)
① 국가 등이 공급하는 우체국, KTX 등은 부가가치세가 과세된다.
③ 영리성이 있는 음악발표회 및 이와 유사한 행사는 모두 과세한다.
④ 자동차운전학원과 무도학원에서 가르치는 교육용역은 부가가치세를 과세한다.

📄 교육용역 면세 및 과세	
면세	주무관청의 허가 또는 인가를 받거나 주무관청에 등록 또는 신고된 학교, 학원·강습소 등에서 지식·기술 등을 가르치는 것
과세	1. 주무관청의 허가 또는 인가를 받지 않은 교육용역 2. 체육시설의 설치·이용에 관한 법률에 따른 무도학원(볼룸댄스 학원) 3. 도로교통법에 따른 자동차운전학원

답 ②

067 부가가치세법상 면세에 대한 설명으로 옳은 것만을 모두 고른 것은?

> ㄱ. 면세사업만을 경영하는 자는 부가가치세법에 따른 사업자등록의무가 없다.
> ㄴ. 국가나 지방자치단체에 유상 또는 무상으로 공급하는 용역에 대하여는 부가가치세를 면제한다.
> ㄷ. 면세의 포기를 신고한 사업자는 신고한 날부터 3년간 부가가치세를 면제받지 못한다.
> ㄹ. 부가가치세가 면세되는 미가공 식료품에는 김치, 두부 등 기획재정부령으로 정하는 단순가공식료품이 포함된다.

① ㄱ, ㄴ, ㄷ   ② ㄱ, ㄴ, ㄹ
③ ㄱ, ㄷ, ㄹ   ④ ㄴ, ㄷ, ㄹ

▌면세

이론형 Level 1

옳은 것은 ㄱ, ㄷ, ㄹ이다.

ㄱ. 면세사업자는 부가가치세법상 납세의무자에 해당하지 않는다.

ㄷ. 면세포기 사업자의 면세 재적용 제한에 대한 옳은 내용이다.

> 📄 **면세포기**
>
> 1. 개념: 면세사업자가 부가가치세 면세를 포기하고 과세를 적용받는 것
> 2. 대상
>   (1) 영세율이 적용되는 재화·용역
>   (2) 공익단체 중 학술 등 연구단체가 그 연구와 관련하여 실비 또는 무상으로 공급하는 재화 또는 용역
> 3. 절차
>   (1) 면세포기: 면세를 포기하려는 사업자는 관할 세무서장에게 면세포기신고를 하여야 하고, 지체없이 사업자등록을 하여야 한다(시기 제한 ×).
>   (2) 면세재적용: 면세포기를 신고한 사업자는 신고한 날부터 3년간은 면세를 적용받지 못한다. 3년이 지난 뒤, 다시 면세를 받으려면 면세적용신고서와 함께 발급받은 사업자등록증을 제출하여야 한다.

ㄹ. 미가공식료품에는 소금(천일염포함)을 포함한다.

(선지분석)

ㄴ. 국가나 지방자치단체에 <u>무상으로</u> 공급하는 용역에 대하여만 부가가치세를 면제한다. 유상으로 공급하는 용역은 과세한다.

답 ③

068 부가가치세법령상 부가가치세가 면세되는 것만을 모두 고르면?

> ㄱ. 우정사업 운영에 관한 특례법에 따른 우정사업조직이 제공하는 우편법 제1조의2 제3호의 소포우
>   편물을 방문접수하여 배달하는 용역의 공급
> ㄴ. 거주자가 받는 소액물품으로서 관세가 면제되는 재화의 수입
> ㄷ. 협동조합기본법 제85조 제1항에 따라 설립인가를 받은 사회적협동조합이 직접 제공하는 간병·
>   산후조리·보육 용역의 공급

① ㄴ

② ㄱ, ㄷ

③ ㄴ, ㄷ

④ ㄱ, ㄴ, ㄷ

│ 면세   이론형 Level 1

부가가치세가 면세되는 것은 ㄴ, ㄷ이다.

(선지분석)

ㄱ. 우정사업 운영에 관한 특례법에 따른 우정사업조직이 제공하는 우편법의 소포우편물을 방문접수하여 배달하는
   용역은 과세된다.

답 ③

---

069 부가가치세법령상 면세제도에 대한 설명으로 옳지 않은 것은?

① 기업매수의 중개 및 은행업에 관련된 전산시스템과 소프트웨어의 판매·대여 용역은 부가가치
  세 면세 용역이 아니다.
② 국가에 공급하는 재화 또는 용역에 대하여는 유상 또는 무상을 불문하고 부가가치세가 면제된다.
③ 면세재화의 공급이 영세율 적용 대상인 경우에는 면세의 포기를 신고하고 부가가치세법에 따른
  사업자등록을 하여 영세율을 적용받을 수 있다.
④ 면세의 포기를 적법하게 신고한 사업자는 신고한 날부터 3년간 부가가치세를 면제받지 못한다.

│ 면세   이론형 Level 1

국가·지방자치단체·지방자치단체조합 등의 국가조직 또는 공익단체에 무상으로 공급하는 재화 및 용역은 면세
한다.
∵ 공공의 이익을 위한 조직에 공급되는 것임

답 ②

070 부가가치세법상 면세에 관한 설명이다. 옳지 않은 것은?

□□□

① 시내버스에 의한 여객운송용역은 면세대상이지만, 시외우등고속버스에 의한 여객운송용역은 과세대상이다.

② 국민주택규모 이하 주택의 임대용역은 면세대상이지만, 국민주택규모를 초과하는 주택의 임대용역은 과세대상이다.

③ 약사가 제공하는 의약품의 조제용역은 면세대상이지만, 약사가 조제하지 않고 단순히 판매하는 의약품은 과세대상이다.

④ 도서의 공급은 면세대상이지만, 도서에 게재되는 광고의 공급은 과세대상이다.

⑤ 면세재화의 공급이 영세율 적용대상인 경우에는 면세의 포기를 신고하고 과세사업자등록을 하여 영세율을 적용받을 수 있다.

| 면세 | 이론형 Level 1 |

주택의 임대용역은 국민주택규모에 관계없이 모두 면세대상이다. 자기소유의 주택이 없이 임차를 하는 경우는 저소득층인 것이 일반적이며, 대부분 개인간의 거래이므로 거래의 편리성을 위해서도 면세규정을 둘 필요가 있다.

답 ②

071 부가가치세법상 면세에 관한 설명이다. 옳은 것만을 모두 고른 것은?

□□□

ㄱ. 상시주거용(사업을 위한 주거용 제외)으로 사용하는 건물의 임대용역에 대해서는 부가가치세를 면제한다.

ㄴ. 도서, 신문, 잡지, 관보, 뉴스통신 진흥에 관한 법률에 따른 뉴스통신, 방송 및 광고에 대해서는 부가가치세를 면제한다.

ㄷ. 은행업에 관련된 전산시스템과 소프트웨어의 판매·대여 용역에 대해서는 부가가치세를 면제한다.

ㄹ. 공익사업을 위하여 주무관청의 승인을 받아 금품을 모집하는 단체에 무상 또는 유상으로 공급하는 재화 또는 용역에 대해서는 부가가치세를 면제한다.

ㅁ. 수입신고한 물품으로서 수입신고 수리 전에 변질된 것에 대해서는 관세가 경감되는 비율만큼 부가가치세를 면제한다.

① ㄱ, ㄴ
② ㄱ, ㅁ
③ ㄴ, ㄹ
④ ㄱ, ㄷ, ㅁ
⑤ ㄴ, ㄷ, ㄹ

| 면세 | 이론형 Level 2 |

옳은 것은 ㄱ, ㅁ이다.

(선지분석)

ㄴ. 광고에 대해서는 부가가치세를 과세한다.

ㄷ. 은행업에 관련된 전산시스템과 소프트웨어의 판매·대여 용역은 부가가치세를 과세한다.

ㄹ. 공익사업을 위하여 주무관청의 승인을 받아 금품을 모집하는 단체에 무상으로 공급하는 재화 또는 용역에 대해서만 부가가치세를 면제한다.

답 ②

072 다음 자료를 이용하여 부가가치세가 과세되는 건물과 토지의 임대면적을 상황별로 계산하면?

□□□

> [상황 1]
> 1. 주택과 점포로 겸용되는 1층 건물을 임대하였다.
> 2. 주택면적 80m², 점포면적 120m², 건물의 부수토지 3,000m²
> 3. 이 건물은 도시지역 밖에 소재하고 있다.
>
> [상황 2]
> 1. A씨는 도시지역 안에 소재하는 토지 위에 주택과 점포로 겸용되는 단층건물을 갑씨에게 임대하였다.
> 2. 주택면적은 60m²이고, 점포면적은 40m²이다.
> 3. 동 건물의 부수토지는 1,200m²이다.

	상황 1	상황 2
①	점포 120m², 토지 1,800m²	점포 100m², 토지 200m²
②	점포 120m²	점포 40m², 토지 480m²
③	토지 1,800m²	점포 40m², 토지 700m²
④	토지 2,200m²	점포 없음, 토지 200m²
⑤	점포 120m², 토지 2,200m²	점포 없음, 토지 700m²

▌주택 부수토지

[상황 1] 점포 > 주택인 경우로 건물 중 주택 부분만 주택으로 보아 면세한다.

구분	주택	점포
건물	80m²	120m²
부수토지	800m²	2,200m²

주택 부수토지: Min[ⓐ 3,000m² × 80m² / 200m² = 1,200m², ⓑ 80m² × 10배 = 800m²] = 800m²

[상황 2] 점포 ≤ 주택인 경우로 건물 전부를 주택으로 보고 면세한다.

구분	주택	점포
건물	100m²	0m²
부수토지	500m²	700m²

주택 부수토지: Min[ⓐ 1,200m² × 100m² / 100m² = 1,200m², ⓑ 100m² × 5배 = 500m²] = 500m²

답 ⑤

□□□ **다음의 부가가치세법상 면세포기에 대한 설명 중 가장 옳은 것은?**

① 면세를 포기하고자 하는 사업자는 관할 세무서장으로부터 포기신고에 대한 승인을 받아야 한다.

② 면세를 포기하고자 하는 사업자는 확정신고 또는 예정신고기한으로부터 20일 이전에 면세포기의 신고를 하여야 한다.

③ 영세율이 적용되는 재화 또는 용역 및 학술연구단체·기술연구단체가 학술연구 또는 기술연구와 관련하여 공급하는 재화 또는 용역을 제외한 재화 또는 용역에 대해서만 면세포기를 할 수 있다.

④ 면세포기신고를 한 사업자는 신고한 날로부터 2년간은 다시 면세사업자가 될 수 없다.

⑤ 면세되는 2 이상의 사업을 영위하는 사업자는 면세포기대상이 되는 재화 또는 용역의 공급 중 면세포기를 하고자 하는 재화 또는 용역의 공급만을 구분하여 면세포기를 할 수 있다.

│ 면세포기 이론형 Level 1

───────────────────────────

(선지분석)

① 면세포기를 하고자 하는 사업자는 면세포기신고서에 의하여 관할 세무서장에게 신고하고, 지체 없이 사업자등록을 하여야 한다. 이 경우 승인은 필요 없다.

② 면세포기에는 시기의 제한이 없으므로 과세기간 중 언제든지 가능하다.

③ 영세율이 적용되는 재화 또는 용역 및 학술연구단체·기술연구단체가 학술연구 또는 기술연구와 관련하여 공급하는 재화 또는 용역에 대해서만 면세포기를 할 수 있다.

④ 면세포기신고를 한 사업자는 신고한 날로부터 3년간은 다시 면세사업자가 될 수 없다.

답 ⑤

074 부가가치세법상 영세율과 면세에 대한 설명으로 옳지 않은 것은? 2010년 국가직 9급

① 부가가치세가 면제되는 재화 또는 용역의 공급이 영세율 적용의 대상이 되는 경우, 부가가치세의 면제를 받지 아니하고자 하는 사업자는 면세포기신고를 할 수 있으며 신고한 날로부터 3년간은 부가가치세의 면제를 받지 못한다.

② 영세율은 사업자가 비거주자나 외국법인인 경우에는 그 외국에서 대한민국의 거주자 또는 내국법인에 대하여 동일한 면세를 하는 경우에만 적용한다.

③ 토지의 공급은 면세되나 주택과 이에 부수되는 토지의 임대용역을 제외한 토지의 임대용역의 공급은 과세된다.

④ 임대주택에 부가가치세가 과세되는 사업용건물이 함께 설치된 경우에는 주택면적과 사업용건물면적의 상대적인 크기에 상관없이 주택부분에 대하여는 면세하고 사업용 건물에 대하여는 과세한다.

영세율과 면세   이론형 Level 1

임대주택에 부가가치세가 과세되는 사업용건물이 함께 설치된 경우에는 건물의 주택면적이 더 큰 경우 전부 주택으로 보고, 주택면적이 작거나 같은 경우 주택에 해당하는 부분만 주택으로 본다.

겸용주택		
개념	부가가치세가 과세되는 사업용 건물이 함께 설치되어 있는 주택	
면세여부판정	주택면적 > 사업용 건물면적	주택면적 ≤ 사업용 건물면적
건물	건물 전부를 주택으로 보아 면세	주택부분만 주택으로 보아 면세
주택부수토지	$Min($ⓐ, ⓑ$)$ ⓐ 총 토지면적 ⓑ 주택부수토지 한계면적	$Min($ⓐ, ⓑ$)$ ⓐ 총 토지면적 $\times \dfrac{주택면적}{건물면적}$ ⓑ 주택부수토지 한계면적

(선지분석)
① 면세포기규정에 대한 설명이다.
② 영세율의 상호면세주의규정에 대한 설명이다.
③ 토지의 공급은 면세되고, 토지의 임대는 과세된다.

답 ④

075

부가가치세법상 과세표준에 관한 설명으로 옳지 않은 것은?

2010년 국가직 7급

① 환입된 재화의 가액은 과세표준에 포함하지 않는다.
② 할부판매의 이자상당액은 과세표준에 포함하지 않는다.
③ 재화 또는 용역을 공급한 후의 그 공급가액에 대한 대손금은 과세표준에서 공제하지 않는다.
④ 재화의 수입에 대한 부가가치세의 과세표준은 관세의 과세가격과 관세 · 개별소비세 · 주세 · 교육세 · 농어촌특별세 및 교통 · 에너지 · 환경세를 합한 금액으로 한다.

과세표준

이론형 Level 1

할부판매의 이자상당액은 당초 재화 등의 공급가액으로서 과세표준에 <u>포함</u>한다.

> 📄 **공급가액에 포함하는 것**
>
> 1. 할부판매 · 장기할부판매의 이자상당액
> 2. 대가의 일부로 받는 운송비, 포장비, 하역비, 운송보험료, 산재보험료 등
> 3. 개별소비세 등이 과세되는 재화 · 용역의 경우에는 개별소비세, 주세, 교통 · 에너지 환경세, 교육세 · 농어촌특별세

(선지분석)
① 환입일이 속하는 과세기간의 과세표준에서 공제한다.
③ 대손세액공제로서 매출세액에서 차감한다.
④ 재화의 수입에 대한 과세표준규정에 대한 설명이다.

답 ②

076

부가가치세법상 옳지 않은 것은?

2011년 국가직 9급

① 하치장설치신고서를 하치장 관할 세무서장에게 제출한 경우에는 하치장도 사업장으로 볼 수 있다.
② 재화와 용역을 공급하고 받은 대가에 공급가액과 세액이 별도 표시되지 아니한 경우에는 해당 거래금액의 110분의 100을 과세표준으로 한다.
③ 부동산임대에 따른 간주임대료에 대하여는 세금계산서를 교부하거나 교부받을 수 없다.
④ 재화 또는 용역의 공급대가로 외국통화를 받은 경우 공급시기 도래 후에 원화로 환산하는 것은 공급시기의 기준환율 또는 재정환율에 의하여 환산한 금액을 과세표준으로 한다.

사업장

이론형 Level 1

하치장은 하치장설치신고에 관계없이 사업장으로 보지 않는다.

(선지분석)
④ 재화 또는 용역의 공급대가로 외국통화를 받은 경우 공급시기가 되기 전에 원화로 환가한 경우 그 환가한 금액을 과세표준으로 한다.

답 ①

077 부가가치세법상 과세표준의 계산에 관한 설명으로 옳지 않은 것은?

① 외상판매 및 할부판매의 경우에는 공급한 재화의 총가액을 과세표준으로 한다.

② 장기할부판매의 경우에는 계약에 따라 받기로 한 대가의 각 부분을 과세표준으로 한다.

③ 통상적으로 용기를 당해 사업자에게 반환할 것을 조건으로 그 용기대금을 공제한 금액으로 공급하는 경우에는 그 용기대금은 과세표준에 포함하지 아니한다.

④ 공급받는 자에게 도달된 이후에 파손된 재화의 가액은 과세표준에서 제외된다.

▎과세표준의 계산

이론형 Level 1

공급받는 자에게 도달하기 전에 파손·훼손되거나 멸실한 재화의 가액은 공급가액에 포함하지 않는다.

(선지분석)

① 할부판매만 나온 경우 단기할부판매를 의미한다.

② 장기할부판매의 과세표준에 대한 옳은 내용이다.

③ 용기를 회수할 수 없어 용기대금을 변상금형식으로 변제받은 경우 과세표준에 포함한다.

> 📄 공급가액에 포함하지 않는 것(부가가치세법 제29조 제5항 참조)
> 1. 부가가치세
> 2. 매출에누리, 매출환입, 매출할인액
> 3. 공급받는 자에게 도달하기 전에 파손·훼손되거나 멸실한 재화의 가액
> 4. 재화·용역의 공급과 직접 관련되지 않는 국고보조금·공공보조금
> 5. 공급에 대한 대가의 지급이 지연되어 받는 연체이자
> 6. 반환조건부 용기대금·포장비용

답 ④

078 부가가치세법상 과세표준에 대한 설명으로 옳은 것만으로 묶인 것은?

> ㄱ. 사업자가 2과세기간 이상에 걸쳐 부동산임대용역을 공급하고 그 대가를 선불 또는 후불로 받는 경우에는 그 선불 또는 후불로 받은 금액을 과세표준으로 한다.
> ㄴ. 과세사업과 면세사업에 공통으로 사용되는 재화를 공급하는 경우에 재화를 공급하는 날이 속하는 과세기간의 총공급가액 중 면세공급가액의 비율이 5% 미만인 경우 당해 재화의 공급가액을 과세표준으로 한다.
> ㄷ. 대외무역법에 의한 위탁가공무역방식으로 수출하는 경우에는 완성된 제품의 인도가액을 과세표준으로 한다.
> ㄹ. 계약 등에 의하여 확정된 대가의 지급지연으로 인하여 지급받는 연체이자는 과세표준에서 공제하지 아니한다.

① ㄷ
② ㄱ, ㄴ
③ ㄴ, ㄷ
④ ㄴ, ㄹ

│ 과세표준

옳은 것은 ㄷ이다.

(선지분석)

ㄱ. 사업자가 2과세기간 이상에 걸쳐 부동산임대용역을 공급하고 그 대가를 선불 또는 후불로 받는 경우에는 해당 금액을 계약기간의 개월수로 나눈 금액의 각 과세대상기간의 합계액을 공급가액으로 한다(초월산입, 말월불산입).

ㄴ. 과세사업과 면세사업에 공통으로 사용되는 재화를 공급하는 경우에 재화를 공급하는 날의 <u>직전과세기간</u>의 총공급가액 중 면세공급가액의 비율이 5% 미만인 경우 당해 재화의 공급가액을 과세표준으로 한다.

ㄹ. 계약 등에 의하여 확정된 대가의 지급지연으로 인하여 지급받는 연체이자는 공급가액에 포함하지 않는다.

> 📄 **부동산임대용역에 대한 공급가액**
>
> 1. 임대료
>   (1) 원칙: 해당 과세기간에 수입할 임대료를 공급가액으로 함
>   (2) 특례: 사업자가 둘 이상의 과세기간에 걸쳐 부동산임대용역을 공급하고 그 대가를 선불 또는 후불로 받는 경우에는 다음의 금액을 공급가액으로 함
>
> $$공급가액 = 선불\ 또는\ 후불로\ 받는\ 임대료 \times \frac{각\ 과세대상기간의\ 개월수}{계약기간의\ 개월수}$$
>
> 2. 간주임대료: 사업자가 부동산임대용역을 공급하고 전세금 또는 임대보증금을 받는 경우에는 다음의 금액을 공급가액으로 봄
>
> $$공급가액 = 해당\ 기간의\ 전세금\ 등 \times 정기예금이자율 \times \frac{과세대상기간일수}{365}$$
>
> 3. 관리비
>   (1) 청소비, 난방비 등 순수관리비는 공급가액에 포함함
>   (2) 전기료, 수도료 등 공공요금은 공급가액에 포함하지 아니함

답 ①

079
□□□

부가가치세법상 과세표준에 대한 설명으로 옳지 않은 것은? (단, 부가가치세는 포함되지 않음)

2012년 국가직 9급 변형

① 용역의 공급에 대하여 금전으로 대가를 받는 경우에는 그 대가
② 용역의 공급에 대하여 금전 이외의 대가를 받는 경우에는 자기가 공급한 용역의 시가
③ 폐업하는 경우 재고재화에 대하여는 그 재화의 시가
④ 특수관계인에게 공급하는 용역에 대하여 부당하게 낮은 대가를 받은 경우에는 그 대가

│ 과세표준   이론형 Level 1

용역의 공급에 대하여 부당하게 낮은 대가를 받은 경우에는 <u>자기가 공급한 재화 또는 용역의 시가</u>를 과세표준으로 한다.

📄 부당행위계산의 부인에 해당하는 경우 공급가액

구분		공급가액
재화의 공급	부당하게 낮은 대가를 받은 경우	공급한 재화의 시가
	대가를 받지 않은 경우	
용역의 공급	부당하게 낮은 대가를 받은 경우	공급한 용역의 시가
	대가를 받지 않은 경우로서 특수관계인에게 부동산임대용역을 공급하는 경우	공급한 용역의 시가
	대가를 받지 않은 경우	공급에 해당하지 않음

📄 폐업시잔존재화(간주공급)의 과세표준
1. 비상각자산: 시가
2. 상각자산: 간주시가 = 취득가액 × (1 − 감가율 × 경과과세기간수)

답 ④

080
□□□

부가가치세법상 과세표준에 관한 설명으로 옳지 않은 것은?

2008년 국가직 7급

① 사업자가 토지와 그 토지에 정착된 건물 또는 구축물 등을 함께 공급하는 경우에는 건물 또는 구축물 등의 실지거래가액을 공급가액으로 함이 원칙이다.
② 기부채납의 경우에는 당해 기부채납의 근거가 되는 법률에 의해 기부채납된 가액(부가가치세가 포함된 경우 이를 제외)을 과세표준으로 한다.
③ 사업자가 중간지급조건부로 재화를 공급하고 계약에 따라 대가의 각 부분을 받을 때 하자보증을 위해 공급받는 자에게 보관시키는 하자보증금은 과세표준에서 공제한다.
④ 과세사업에 사용한 건물을 면세사업에 일부 사용하는 경우 면세사업에 일부 사용한 날이 속한 과세기간의 면세공급가액이 총공급가액의 5% 미만인 경우 과세표준이 없는 것으로 본다.

하자보증을 위해 공급받는 자에게 보관시키는 하자보증금은 과세표준에서 공제하지 않는다.

> 📄 **과세표준에서 공제하지 않는 것**
>
> 1. 사업자가 재화 또는 용역을 공급받는 자에게 지급하는 판매장려금
>   - **비교** 판매장려물품은 시가 or 간주시가로 과세(∵ 사업상 증여)
>   지급받은 판매장려금은 공급가액에 포함하지 않음
> 2. 사업자가 완성도기준지급 또는 중간지급조건부로 재화 또는 용역을 공급하고 계약에 따라 대가의 각 부분을 받을 때 일정금액을 하자보증을 위하여 공급받는 자에게 보관시키는 하자보증금
> 3. 대손금은 대손세액공제로 공제 가능

(선지분석)

① 부동산 일괄공급에 대한 공급가액 중 실지거래가액이 구분되는 경우이다.
② 기부채납의 경우 사업자가 건물 등을 신축하여 국가 등에 기부채납하고 그 대가로 일정기간 동 건물 등에 대한 무상사용·수익권을 얻는 것은 부가가치세 과세대상이다.
④ 면세일부전용 시 안분생략규정에 해당한다.

답 ③

---

081 부가가치세법상 과세표준에 관한 설명으로 옳지 않은 것은?   2013년 국가직 9급

① 재화의 수입에 대한 부가가치세의 과세표준은 그 재화에 대한 관세의 과세가격과 관세, 개별소비세, 주세, 교육세, 농어촌특별세 및 교통·에너지·환경세를 합한 금액으로 한다.
② 사업자가 재화 또는 용역을 공급받는 자에게 지급하는 장려금이나 이와 유사한 금액 및 대손금액은 과세표준에서 공제하지 아니한다.
③ 재화 또는 용역의 공급과 관련하여 금전 외의 대가를 받는 경우에는 해당 대가의 시가를 공급가액으로 한다.
④ 장기할부판매의 경우에는 계약에 따라 받기로 한 대가의 각 부분을 공급가액으로 한다.

재화 또는 용역의 공급과 관련하여 금전 외의 대가를 받는 경우에는 그 대가로 받은 현물 등의 가액이 아니라 자기가 공급한 재화 또는 용역의 시가가 공급가액이다.

(선지분석)

① 재화의 수입에 대한 과세표준에 대한 옳은 내용이다.
② 과세표준에서 공제하지 않는 항목에 대한 옳은 내용이다.

> 📄 **재화 또는 용역의 공급가액(부가가치세법 제29조 제3항 참조)**
>
> 1. 금전으로 대가를 받는 경우: 그 대가
> 2. 금전 외의 대가를 받는 경우(교환 포함): 자기가 공급한 재화 또는 용역의 시가
> 3. 사업자가 재화 또는 용역을 공급하고 그 대가로 받은 금액에 부가가치세가 포함되어 있는지가 분명하지 않은 경우: 그 대가로 받은 금액에 100/110을 곱한 금액

답 ③

082 부가가치세법상 일반과세자의 과세표준에 대한 설명으로 옳지 않은 것은? 2015년 국가직 7급 변형

① 사업자가 재화 또는 용역을 공급하고 그 대가로 받은 금액에 부가가치세가 포함되어 있는지가 분명하지 아니한 경우에는 그 대가로 받은 금액에 110분의 100을 곱한 금액을 공급가액으로 한다.

② 재화의 수입에 대한 부가가치세의 과세표준은 그 재화에 대한 관세의 과세가격과 관세, 개별소비세, 주세, 교육세, 농어촌특별세 및 교통·에너지·환경세를 합한 금액으로 한다.

③ 사업자가 고객에게 매출액의 일정 비율에 해당하는 마일리지를 적립해 주고, 향후 그 고객이 재화를 공급받고 그 대가의 전부를 자기적립마일리지로 결제하는 경우 해당 마일리지는 과세표준에 포함한다.

④ 재화공급의 대가로 외국통화를 받고 이를 법률에 따른 재화의 공급시기가 되기 전에 원화로 환가한 경우에는 환가한 금액을 공급가액으로 한다.

과세표준	이론형 Level 1

사업자가 고객에게 매출액의 일정 비율에 해당하는 마일리지를 적립해 주고, 향후 그 고객이 재화를 공급받고 그 대가의 전부를 자기적립마일리지로 결제하는 경우 해당 마일리지상당액은 과세표준에 포함하지 않는다.

(선지분석)
① 대가로 받은 금액에 부가가치세가 포함되어 있는지 불분명한 경우에 대한 옳은 내용이다.
② 재화의 수입에 대한 과세표준에 대한 옳은 내용이다.
④ 공급시기 이후에 외국통화나 그 밖의 외국환 상태로 보유하고 있거나 지급받는 경우에는 공급시기의 기준환율 또는 재정환율에 따라 계산한 금액을 공급가액으로 한다.

답 ③

---

083 부가가치세법상 일반과세자의 과세표준으로 보는 공급가액에 대한 설명으로 옳지 않은 것은? 2016년 국가직 9급

① 자기가 공급한 재화에 대해 금전 외의 대가를 받는 경우에는 부가가치세를 포함한 그 대가를 공급가액으로 한다.

② 폐업하는 경우에는 폐업 시 남아 있는 재화의 시가를 공급가액으로 한다.

③ 완성도기준지급조건부로 재화를 공급하는 경우에는 계약에 따라 받기로 한 대가의 각 부분을 공급가액으로 한다.

④ 조세의 부담을 부당하게 감소시킬 것으로 인정되는 경우로서 특수관계인에게 아무런 대가를 받지 아니하고 재화를 공급하는 경우에는 공급한 재화의 시가를 공급가액으로 본다.

과세표준	이론형 Level 1

자기가 공급한 재화에 대해 금전 외의 대가를 받는 경우에는 자기가 공급한 재화의 시가를 공급가액으로 한다.

(선지분석)
④ 재화의 무상·저가공급 시 부당행위계산부인규정에 따른 공급가액에 대한 옳은 내용이다.

답 ①

084 부가가치세법상 과세표준에 포함되는 금액에 해당하지 않는 것으로만 묶인 것은? 2009년 국가직 9급 변형

ㄱ. 환입된 재화의 가액

ㄴ. 재화·용역의 공급과 직접 관련되지 않는 국고보조금

ㄷ. 재화 또는 용역을 공급한 후의 그 공급가액에 대한 대손금

ㄹ. 폐업하는 경우의 재고재화의 시가

ㅁ. 공급받는 자에게 도달하기 전에 파손·훼손 또는 멸실된 재화의 가액

① ㄱ, ㄴ, ㄷ

② ㄱ, ㄴ, ㄹ

③ ㄱ, ㄴ, ㅁ

④ ㄴ, ㄷ, ㅁ

| 과세표준 | 이론형 Level 1 |

부가가치세법상 과세표준에 포함되는 금액에 해당하지 않는 것은 ㄱ, ㄴ, ㅁ이다.

(선지분석)

ㄷ. 대손금은 과세표준에서 공제하지 않는다.

ㄹ. 폐업하는 경우의 재고재화의 시가는 간주공급으로 과세한다.

답 ③

085 부가가치세법령상 과세표준과 관련된 설명으로 옳은 것은? 2020년 국가직 7급

① 부가가치세법상 대손금액은 과세표준에서 공제한다.

② 공급에 대한 대가의 지급이 지체되었음을 이유로 받는 연체이자는 공급가액에 포함한다.

③ 통상적으로 용기 또는 포장을 해당 사업자에게 반환할 것을 조건으로 그 용기대금과 포장비용을 공제한 금액으로 공급하는 경우에는 그 용기대금과 포장비용은 공급가액에 포함하지 아니한다.

④ 사업자가 재화를 공급받는 자에게 지급하는 장려금은 과세표준에서 공제한다.

| 과세표준 | 이론형 Level 1 |

(선지분석)

① 부가가치세법상 대손금액은 과세표준에서 공제하지 아니한다.

② 공급에 대한 대가의 지급이 지체되었음을 이유로 받는 연체이자는 공급가액에 포함하지 아니한다.

④ 사업자가 재화를 공급받는 자에게 지급하는 장려금은 과세표준에서 공제하지 아니한다.

답 ③

086 부가가치세법상 과세표준에 관한 설명으로 옳지 않은 것은?

2017년 세무사

① 사업자가 법령에 따른 특수관계인에게 대가를 받지 않고 과세되는 사업용 부동산 임대용역을 공급하는 경우 공급가액에 포함되지 아니한다.

② 완성도기준지급조건부로 용역을 공급하는 경우 계약에 따라 받기로 한 대가의 각 부분을 과세 표준으로 한다.

③ 위탁가공무역 방식으로 수출하는 경우 완성된 제품의 인도가액을 과세표준으로 한다.

④ 기부채납의 경우 해당 기부채납의 근거가 되는 법률에 따라 기부채납된 가액을 과세표준으로 하되 기부채납된 가액에 부가가치세가 포함된 경우 그 부가가치세는 제외한다.

⑤ 재화의 공급과 직접 관련된 국고보조금과 공공보조금은 과세표준에 포함된다.

│ 과세표준   이론형 Level 1

사업자가 특수관계인에게 대가를 받지 않고 과세되는 사업용 부동산의 임대용역을 공급하는 경우 원칙적으로 부당 행위계산의 부인에 해당하므로 공급한 용역의 시가를 공급가액으로 본다.

답 ①

---

087 과세표준에 관한 설명으로 옳지 않은 것은?

2011년 세무사

① 재화의 공급에 대하여 부당하게 낮은 대가를 받거나 대가를 받지 않은 경우에는 자기가 공급한 재화의 시가를 과세표준으로 한다. 이 때 시가가 불분명한 경우에는 상속세 및 증여세법 규정에 따라 평가한 가액을 우선 적용하여야 한다.

② 사업자가 고객에게 매출액의 2%에 해당하는 마일리지를 적립해주고 향후 고객이 재화를 공급 받고 그 대가의 일부를 적립된 마일리지로 결제하는 경우 해당 마일리지 상당액은 과세표준에 포함하지 않는다.

③ 공급받는 자에게 도달하기 전에 파손, 훼손 또는 멸실된 재화의 가액은 과세표준에 포함하지 아니한다.

④ 재화의 수입에 대한 과세표준은 관세의 과세가격과 관세 · 개별소비세 · 주세 · 교육세 · 농어촌특 별세 및 교통 · 에너지 · 환경세를 합한 금액으로 한다.

⑤ 재화의 공급에 대한 대가를 미국 달러화로 받고 부가가치세법상의 공급시기 도래 전에 전액 원 화로 환가한 경우에는 그 환가한 금액을 과세표준으로 한다.

│ 과세표준   이론형 Level 2

┌───┐
│ 📄 **부가가치세법상 재화 또는 용역의 시가(부가가치세법 시행령 제62조 참조)**
│ 1. 사업자가 특수관계인이 아닌 자와 해당 거래와 유사한 상황에서 계속적으로 거래한 가격 또는 제3자 간에 일반적으로 거래된 가격
│ 2. 1.의 가격이 없는 경우 사업자가 그 대가로 받은 재화 또는 용역의 가격(공급받는 사업자가 특수관계인이 아닌 자와 해당 거래와 유사한 상황에서 계속적으로 거래한 해당 재화 및 용역의 가격 또는 제3자 간에 일반적으로 거래된 가격)
│ 3. 1. 또는 2.에 따른 가격이 없거나 시가가 불분명한 경우에는 소득세법 시행령 또는 법인세법 시행령에 따른 가격
└───┘

답 ①

088 부가가치세법령상 공급가액에 대한 설명으로 옳은 것만을 모두 고르면? (단, 특수관계인과의 거래는 아닌 것으로 가정함)

> ㄱ. 개별소비세, 주세 및 교통·에너지·환경세가 부과되는 재화는 개별소비세, 주세 및 교통·에너지·환경세의 과세표준에 해당 개별소비세, 주세, 교육세, 농어촌특별세 및 교통·에너지·환경세 상당액을 공제한 금액을 공급가액으로 한다.
>
> ㄴ. 기부채납의 경우에는 해당 기부채납의 근거가 되는 법률에 따라 기부채납된 가액으로 하되, 기부채납된 가액에 부가가치세가 포함된 경우 그 부가가치세는 제외한다.
>
> ㄷ. 재화나 용역을 공급할 때 그 품질이나 수량, 인도조건 또는 공급대가의 결제방법이나 그 밖의 공급조건에 따라 통상의 대가에서 일정액을 직접 깎아 주는 금액은 공급가액에 포함하지 아니한다.
>
> ㄹ. 사업자가 재화 또는 용역을 공급하고 그 대가로 받은 금액에 부가가치세가 포함되어 있는지가 분명하지 아니한 경우에는 그 대가로 받은 금액을 공급가액으로 한다.

① ㄱ, ㄴ   ② ㄴ, ㄷ

③ ㄱ, ㄷ, ㄹ   ④ ㄴ, ㄷ, ㄹ

| 공급가액

이론형 Level 2

옳은 것은 ㄴ, ㄷ이다.

선지분석

ㄱ. 개별소비세, 주세 및 교통·에너지·환경세가 부과되는 재화에 대해서는 개별소비세, 주세 및 교통·에너지·환경세의 과세표준에 해당 개별소비세, 주세, 교육세, 농어촌특별세 및 교통·에너지·환경세 상당액을 <u>합계한</u> 금액을 공급가액으로 한다.

ㄹ. 사업자가 재화 또는 용역을 공급하고 그 대가로 받은 금액에 부가가치세가 포함되어 있는지가 분명하지 아니한 경우에는 그 대가로 받은 금액에 110분의 100을 곱한 금액을 공급가액으로 한다.

답 ②

089 부가가치세 과세표준의 계산에 관한 설명으로 옳지 않은 것은? (단, 모든 거래는 과세거래로 가정함)

2011년 국가직 7급

① 종업원에게 장부가액 1,200,000원, 시가 1,600,000원의 상품을 무상 제공한 경우 과세표준은 1,600,000원이다.

② 당해 과세기간 중에 매월 3,000,000원씩 24개월 동안 지급받는 조건의 장기할부매출에서 할부매출 후 4개월이 경과되었으나 대금은 8,000,000원만 수령한 경우 과세표준은 12,000,000원이다.

③ 당해 과세기간 중에 이루어진 공급가액 43,000,000원의 매출 중에서 매출환입 3,000,000원과 매출에누리 2,000,000원이 있는 경우 과세표준은 38,000,000원이다.

④ 장부가액 6,000,000원, 시가 7,200,000원의 보유 재고자산을 거래처의 장부가액 4,000,000원, 감정가액 7,000,000원인 기계설비와 교환한 경우 과세표준은 7,000,000원이다.

| 과세표준 | 이론형 Level 1 |

교환의 경우 금전 외의 대가를 받은 경우 해당하므로 자기가 공급한 재화의 시가를 과세표준으로 한다. 따라서 공급한 재고자산의 시가인 7,200,000원이 과세표준이다.

(선지분석)

① 종업원에게 상품을 무상 제공한 경우 간주공급 중 개인적 공급에 해당한다. 간주공급의 공급가액은 비상각자산인 경우 시가, 감가상각자산은 간주시가로 과세한다(상품은 비상각자산에 해당).

② 장기할부판매의 과세표준은 계약에 따라 받기로 한 대가의 각 부분이다. 매월 300만 원씩 받기로 약정하였으므로 수령금액(800만 원)과 관계없이 받기로 한 부분 300만 원 × 4회 = 1,200만 원이 과세표준이다.

③ 매출환입과 매출에누리는 과세표준에 포함하지 않는다.

답 ④

---

090 부가가치세법령상 과세표준에 포함되는 공급가액에 대한 설명으로 옳지 않은 것은? (단, 법령에 따른 특수관계인과의 거래가 아님)

2019년 국가직 7급

① 사업자가 제품을 10,000,000원에 외상으로 판매하였으나, 그 공급에 대한 대가를 약정기일 전에 받았다는 이유로 500,000원을 할인하여 9,500,000원을 받았다면, 부가가치세 과세표준에 포함되는 공급가액은 9,500,000원이다.

② 사업자가 제품을 10,000,000원에 외상으로 판매하였으나, 제품의 품질이 주문한 수준에 떨어진다는 이유로 1,000,000원을 에누리하여 9,000,000원을 받았다면, 부가가치세 과세표준에 포함되는 공급가액은 9,000,000원이다.

③ 사업자가 부가가치세법 시행규칙 제17조에 따른 장기할부판매의 경우로서 기업회계기준에 따라 이자상당액 500,000원을 현재가치할인차금, 10,000,000원을 장기매출채권, 9,500,000원을 매출로 회계처리하였다면, 부가가치세 과세표준에 포함되는 공급가액은 9,500,000원이다.

④ 사업자가 취득 후 40개월 사용한 차량 A(취득원가 20,000,000원, 장부가액 14,000,000원, 시가 10,000,000원)를 유사 차량 B(시가 12,000,000원)와 교환한 경우에는 부가가치세 과세표준에 포함되는 차량 A의 공급가액은 10,000,000원이다.

| 공급가액 | 이론형 Level 2 |

장기할부판매 또는 할부판매 경우의 이자상당액은 공급가액에 포함하는 항목이므로 장기매출채권을 9,500,000원으로 처리하였더라도 10,000,000원을 공급가액으로 보아야 한다.

답 ③

091 부가가치세법령상 과세표준에 대한 설명으로 옳은 것은? (단, 제시된 금액은 부가가치세가 포함되지 않은 금액임)

① 시가 500원, 원가 450원인 재화를 공급하고 시가 480원인 재화를 대가로 받을 경우 과세표준은 480원이다.

② 특수관계인에게 시가 1,000원인 사업용 부동산 임대용역(부가가치세법 시행령에서 제외하는 사업용 부동산 임대용역은 아님)을 무상으로 제공한 경우 용역의 공급으로 보지 않으므로 과세표준은 없다.

③ 사업을 위하여 대가를 받지 않고 다른 사업자에게 인도한 견본품의 시가가 200원, 원가가 150원일 경우 과세표준은 150원이다.

④ 재화의 공급에 해당되는 폐업 시 남아 있는 재화(감가상각자산은 아님)의 시가가 1,000원, 원가가 800원일 경우 과세표준은 1,000원이다.

과세표준계산	이론형 Level 2

(선지분석)

① 공급가액 500원 ∵ 금전 외의 대가를 받는 경우 자기가 공급한 재화 또는 용역의 시가를 공급가액으로 본다.

② 공급가액 1,000원 ∵ 사업자가 특수관계인에게 사업용 부동산의 임대용역을 공급하는 경우 공급한 재화 또는 용역의 시가를 공급가액으로 본다.

③ 공급가액 없음 ∵ 사업을 위하여 대가를 받지 아니하고 다른 사업자에게 인도하거나 양도하는 견본품은 재화의 공급으로 보지 아니한다.

답 ④

---

092 다음은 과세사업자인 (주)B의 20X3년 제1기 과세기간의 부가가치세 신고자료이다. 20X3년 제1기 과세기간의 부가가치세 과세표준은? (단, 제시된 금액은 부가가치세가 포함되지 않은 금액임) 2017년 국가직 9급 변형

- 과세재화의 외상판매액: 20,000,000원(매출에누리 1,000,000원이 차감되지 않은 금액임)
- 거래처로부터 받은 판매장려금: 500,000원
- 사업을 위하여 대가를 받지 아니하고 다른 사업자에게 인도한 견본품(원가): 2,000,000원(시가 2,500,000원)
- 업무용 소형승용차(매입세액을 공제받지 못함) 매각액: 1,500,000원(장부가액 1,000,000원)
- 과세재화의 할부판매액: 10,000,000원(20X3년 1월 31일에 제품을 인도하고, 대금은 20X3년 1월 31일부터 10회로 분할하여 매월 말일에 1,000,000원씩 받기로 함)

① 26,500,000원   ② 29,000,000원

③ 30,500,000원   ④ 33,000,000원

과세표준	계산형

ⓐ 과세재화의 외상판매액: 20,000,000원 − 1000,000원 = 19,000,000원
매출에누리는 공급가액에서 차감한다.

ⓑ 업무용 소형승용차 매각(일반적인 공급): 1,500,000원
참고 업무용 소형승용차의 비영업용으로 전환(간주공급)이 아님을 주의함

ⓒ 과세재화의 할부판매액(단기할부판매): 10,000,000원
단기할부판매의 공급시기는 인도일

∴ 합계: 19,000,000원 + 1,500,000원 + 10,000,000원 = 30,500,000원

참고 판매장려금은 과세표준에서 공제하지 않음. 사업을 위하여 대가를 받지 아니하고 제공하는 견본품은 공급이 아님

답 ③

093 다음은 일반과세자인 (주)국세의 20X3년 제1기 과세기간의 자료이다. 20X3년 제1기 과세기간의 부가가치세 과세표준을 계산하면? (단, 제시된 금액은 부가가치세가 포함되지 않은 금액임)

2019년 국가직 9급 변형

- 총매출액: 5천만 원(이 금액에는 환입된 재화의 가액 5백만 원이 포함되어 있음)
- 과세사업에 사용하던 기계장치의 매각금액: 2천만 원(장부가액 1천5백만 원)
- 양도담보의 목적으로 제공한 토지: 3백만 원

① 5천5백만 원
② 6천5백만 원
③ 6천8백만 원
④ 7천만 원

과세표준 계산   계산형

㉠ 총매출액: 5천만 원 - 5백만 원 = 4천5백만 원
㉡ 기계장치 매각금액: 2천만 원
㉢ 양도담보제공: 공급으로 보지 않는 특례
∴ 합계: 6천5백만 원

답 ②

---

094 다음 자료를 이용할 경우, 부가가치세법령상 20X3년 제2기 과세표준에 포함되는 금액은?

2020년 국가직 9급 변형

구분	금액	인도 시점	대가 수취 시점
전력을 계속적으로 공급	5,000,000원	20X3년 6월 25일	20X3년 7월 25일
재화의 외상판매	3,000,000원	20X3년 6월 25일	20X3년 7월 25일
기획재정부령으로 정하는 장기할부판매	4,000,000원	20X3년 7월 25일	20X4년 7월 25일
재화의 공급시기가 되기 전에 재화의 대가 전부를 받고 즉시 세금계산서를 발급	6,000,000원	20X3년 7월 25일	20X3년 6월 25일

* 장기할부판매는 매년 동일한 시점(5년간)에 대가를 수취하고 있음
* 대가(의 각 부분)를 받기로 한 때와 대가 수취 시점은 동일하며, 제시된 금액은 부가가치세가 포함되지 않은 금액임

① 5,000,000원
② 7,000,000원
③ 9,000,000원
④ 11,000,000원

과세표준   계산형

📄 각 거래 형태별 공급시기

1. 전력이나 그 밖에 공급단위를 구획할 수 없는 재화를 계속적으로 공급하는 경우: 대가의 각 부분을 받기로 한 때 → 20X3년 7월 25일
2. 재화를 외상판매하는 경우: 재화가 인도되는 때 → 20X3년 6월 25일
3. 기획재정부령으로 정하는 장기할부판매의 경우: 대가의 각 부분을 받기로 한 때 → 20X4년 7월 25일
4. 재화의 공급시기 되기 전에 재화의 대가 전부를 받고 (즉시) 세금계산서를 발급하는 경우: 그 세금계산서를 발급하는 때 → 20X3년 6월 25일

답 ①

095 다음은 부가가치세법상 과세사업을 영위하는 (주)민국의 20X1년 거래내역이다. 제1기 예정신고기간(1.1. ~ 3.31.)의 부가가치세 과세표준은? (단, 아래에서 제시한 금액은 부가가치세를 포함하지 않음)

> (1) 1월 10일: 매출액 50,000,000원
>
> (2) 1월 20일: 수출액 30,000,000원
>
> (3) 1월 30일: 대표이사 개인의 주택 수리비로 사용한 재화(매입세액공제 받음) 시가: 6,000,000원,
> 원가: 4,000,000원
>
> (4) 기계장치의 양도에 따른 60,000,000원의 대금수령은 다음과 같다. (기계장치 인도는 잔금 수령
> 일에 이루어지며, 계약금, 중도금, 잔금은 계약서에 기재되어 있음)
> - 계약금(1월 15일): 5,000,000원
> - 중도금(3월 30일): 20,000,000원
> - 잔금(8월 31일): 35,000,000원

① 81,000,000원 ② 108,000,000원

③ 111,000,000원 ④ 116,000,000원

⑤ 146,000,000원

과세표준		계산형

구분	금액	비고
(1) 1월 10일	50,000,000원	–
(2) 1월 20일	30,000,000원	–
(3) 1월 30일	6,000,000원	간주공급, 시가
(4) 1월 15일, 3월 30일	25,000,000원	중간지급조건부
합계	111,000,000원	–

답 ③

096 관세법에 따른 보세구역 내에서 부가가치세 과세대상 재화만을 공급하는 일반과세자인 사업자 甲의 20X2년 제1기 과세기간 동안의 재화공급에 대한 자료가 다음과 같을 때, 사업자 甲이 징수하여야 할 부가가치세는?

> (1) 보세구역 내에서의 재화 공급가액 3,000,000원
> (2) 보세구역에서 국외로 수출한 재화 공급가액 2,000,000원
> (3) 보세구역에서 국내로의 재화 공급가액 3,000,000원(이 재화에 대해 세관장이 기징수한 부가가 치세는 200,000원임)

① 300,000원　　　　　　　　　　② 400,000원
③ 500,000원　　　　　　　　　　④ 600,000원

| 수입시 과세표준 | | 계산형 |

구분	부가가치세	비고
(1) 보세구역 내에서의 재화 부가가치세	300,000원	3,000,000원 × 10%
(2) 보세구역에서 국외로 수출	0원	영세율
(3) 보세구역에서 국내로의 재화 부가가치세	100,000원	(3,000,000 − 2,000,000) × 10%
합계	400,000원	

답 ②

---

097 과세사업을 영위하는 (주)한국이 미국에 $ 20,000의 제품을 수출한 경우, 부가가치세법령상 (주)한국의 20X1년 제2기 과세기간의 부가가치세 과세표준은? 2021년 국가직 7급 변형

> • 10월 1일 선수금으로 $ 10,000를 송금받아 당일에 1 $당 1,000원에 환가하였다.
> • 10월 15일 수출물품을 선적하였고, 당일의 기준환율은 1 $당 1,100원이다.
> • 10월 30일 수출대금 잔액 $ 10,000를 외화로 송금받아 1 $당 1,200원에 환가하였다.

① 20,000,000원　　　　　　　　② 21,000,000원
③ 22,000,000원　　　　　　　　④ 24,000,000원

| 과세표준 | 계산형 |

$10,000 × 1,000원 + $10,000 × 1,100원 = 21,000,000원

답 ②

098
☐☐☐ (주)서울은 한국에서 제조한 A제품을 미국에 USD 1,000에 수출하면서 A제품을 선적하기 전에 수출대금을 먼저 수령하여 원화로 환가(換價)하였다. 부가가치세법령상 2023년 제1기 부가가치세 신고 시 과세표준에 포함할 금액은?

2024년 국가직 9급

구 분	기준환율
A제품 제조일(2023.1.10.)	USD 1 = 1,100원
수출대금 수령 및 원화 환가일(2023.1.12.)	USD 1 = 1,150원
A제품 선적일(2023.1.16.)	USD 1 = 1,200원
A제품 미국 도착일(2023.1.18.)	USD 1 = 1,250원

① 1,100,000원   ② 1,150,000원
③ 1,200,000원   ④ 1,250,000원

▌외화의 환산   계산형

$1,000 × 1,150원 = 1,150,000원

대가를 외국통화나 그 밖의 외국환으로 받은 경우로서 공급시기가 되기 전에 원화로 환가(換價)한 경우 환가한 금액을 그 대가로 한다.

답 ②

099
☐☐☐ 2023.10.2.에 일반과세자 甲은 과세사업용 상가건물을 60,000,000원에 취득하였다. 그 중 토지분은 10,000,000원이며, 건물매입분에 대해서는 매입세액 공제를 받았다. 상가건물은 과세사업에 사용하다가 2025.10.1.부터 그 중 일부를 면세사업에 사용하게 되었다. 다음 자료를 이용하여 2025년 제2기 甲의 부가가치세 과세표준을 구하면 얼마인가?

구분	2025년 1기	2025년 2기
과세공급가액	50,000,000원	40,000,000원
면세공급가액	없음	60,000,000원

① 16,000,000원   ② 24,000,000원
③ 56,000,000원   ④ 64,000,000원
⑤ 80,000,000원

▌면세 일부 전용   계산형

ⓐ 과세공급가액: 40,000,000원
ⓑ 면세전용: 50,000,000원 × (1 − 5% × 4) × 60/100 = 24,000,000원
∴ 합계: 40,000,000원 + 24,000,000원 = 64,000,000원

답 ④

100 □□□ 과세사업을 영위하던 甲씨는 2025년 4월 1일부터 과세사업과 면세사업을 겸영하기로 하고 재화를 면세사업에도 공통으로 사용하게 되었다. 甲씨의 2025년 제1기 확정신고시 면세전용과 관련된 부가가치세 과세표준은 얼마인가?

(1) 2025.4.1. 현재 보유하고 있는 자산 내역은 다음과 같다.

구분	취득일	취득원가	시가	면세전용내역
기계장치	2024.1.1.	100,000,000원	150,000,000원	일부전용
상품	2024.9.1.	10,000,000원	12,000,000원	완전전용

(2) 과세사업과 면세사업의 공급가액비율

구분	2024-1기	2024-2기	2025-1기
과세사업	53%	50%	60%
면세사업	47%	50%	40%

① 30,000,000원 ② 32,000,000원
③ 37,000,000원 ④ 42,000,000원

│ 과세표준 계산형

구분	공급가액	비고
기계장치	20,000,000원	100,000,000원 × (1 − 25% × 2) × 40%
상품	12,000,000원	시가
합계	32,000,000원	−

답 ②

101 과세사업을 영위하는 (주)대한은 2025.3.5.에 폐업하였다. 폐업 시 보유자산이 다음과 같을 때 폐업에 따른 부가가치세 과세표준은 얼마인가?

(단위: 원)

구분	취득일자	시가	장부가액	취득가액
상품	2024.10.5.	6,000,000	4,000,000	5,000,000
기계설비	2024.4.25.	9,000,000	5,000,000	10,000,000
구축물	2022.7.29.	30,000,000	10,000,000	20,000,000
토지	2022.7.29.	15,000,000	12,000,000	12,000,000

① 20,000,000원 ② 25,000,000원
③ 26,000,000원 ④ 45,000,000원
⑤ 60,000,000원

폐업시 잔존재화 계산형

구분	금액	비고
상품	6,000,000원	–
기계설비	5,000,000원	10,000,000원 × (1 – 25% × 2)
구축물	15,000,000원	20,000,000원 × (1 – 5% × 5)
토지	–	면세
합계	26,000,000원	–

답 ③

---

102 일반과세자 (주)대한의 20×2년 제1기 부가가치세 과세표준에 포함될 재화의 공급가액은 얼마인가? (단, 제시된 금액은 부가가치세를 포함하지 않은 금액이다)

(1) 과세사업자인 (주)대한은 20×2년 4월 10일에 토지와 건물을 100,000,000원에 다음과 같이 함께 양도하고 그 대금을 모두 수령하였다.

구분	실지거래가액	공급계약일 현재	
		감정가액	기준시가
토지	–	20,000,000원	16,000,000원
건물	–	20,000,000원	24,000,000원

(2) 가액은 20×1년 4월 10일에 법률에 따라 감정평가법인이 평가한 감정평가가액을 말한다.

① 40,000,000원 ② 50,000,000원
③ 60,000,000원 ④ 100,000,000원

과세표준 계산형

구분	공급가액	비고
토지	40,000,000원	100 × 40%
건물	60,000,000원	100 × 60%

공급시기 직전 과세기간부터 공급시기가 속한 과세기간 종료일까지의 감정가액이 아니므로 기준시가로 안분하며, 과세되는 건물의 공급가액이 과세되는 과세표준이다.

답 ③

103 부가가치세법상 대손세액공제에 대한 설명으로 옳지 않은 것은? (단, 폐업은 고려하지 않기로 함)

2017년 국가직 9급

① 재화 또는 용역의 공급자가 대손세액을 매출세액에서 차감한 경우 공급자의 관할 세무서장은 대손세액공제 사실을 공급받는 자의 관할 세무서장에게 통지하여야 한다.
② 대손세액공제를 받은 사업자가 그 대손금액의 전부 또는 일부를 회수한 경우에는 회수한 대손금액에 관련된 대손세액을 회수한 날이 속하는 과세기간의 매출세액에 더한다.
③ 대손세액공제를 적용받고자 하는 사업자는 대손사실을 증명하는 서류와 함께 해당 신고서를 예정신고 또는 확정신고 시 세무서장에게 제출(국세정보통신망에 의한 제출을 포함)하여야 한다.
④ 법인세법 시행령 제19조의2 제1항 및 소득세법 시행령 제55조 제2항에 따른 대손금으로 인정되는 경우 대손세액공제를 적용받을 수 있다.

대손세액공제

이론형 Level 1

대손세액공제를 적용받고자 하는 사업자는 대손사실을 증명하는 서류와 함께 해당 신고서를 확정신고 시 세무서장에게 제출(국제정보통신망에 의한 제출을 포함)하여야 한다. 따라서 예정신고 시에는 대손세액공제를 적용하지 않고, 증명서류 미첨부 시에도 대손세액공제를 적용하지 않는다.

답 ③

104 부가가치세법상 대손세액공제제도에 관한 설명으로 옳지 않은 것은?

2009년 국가직 7급

① 공제되는 대손세액은 대손금액에 110분의 10을 곱한 금액이다.
② 대손세액공제의 범위는 사업자가 부가가치세가 과세되는 재화 또는 용역을 공급한 후 그 공급일로부터 10년이 경과된 날이 속하는 과세기간에 대한 확정신고기한까지 법정사유로 인하여 확정되는 대손세액으로 한다.
③ 사업자가 대손금액의 전부 또는 일부를 회수한 경우에는 회수한 대손금액에 관련된 대손세액을 회수한 날이 속하는 과세기간의 매출세액에 가산한다.
④ 재화 또는 용역을 공급받은 사업자가 대손세액의 전부 또는 일부를 법의 규정에 의하여 매입세액으로 공제받은 경우로서 공급자의 대손이 당해 공급을 받은 사업자의 폐업 전에 확정되는 때에는 관련 대손세액 상당액을 대손이 확정된 날이 속하는 과세기간의 매입세액에 가산한다.

대손세액공제제도

이론형 Level 1

재화 또는 용역을 공급받은 사업자가 대손세액에 해당하는 금액의 전부 또는 일부를 매입세액으로 공제받은 경우로서 그 사업자가 폐업하기 전에 재화 또는 용역을 공급하는 자가 대손세액공제를 받은 경우에는 그 재화 또는 용역을 공급받은 사업자는 관련 대손세액에 해당하는 금액을 대손이 확정된 날이 속하는 과세기간에 자신의 매입세액에서 뺀다.

답 ④

부가가치세법상 대손세액공제에 대한 설명으로 옳지 않은 것은? 2011년 국가직 9급 변형

① 법인세법 또는 소득세법에 의한 대손사유로 인하여 재화 또는 용역에 대한 외상매출금, 기타 채권의 전부 또는 일부를 회수할 수 없는 경우에 대손세액공제가 적용가능하다.

② 대손세액공제를 받기 위해서는 부가가치세가 과세되는 재화 또는 용역을 공급한 후 그 공급일로부터 10년이 되는 날이 속하는 과세기간에 대한 확정신고기한까지 대손세액공제요건이 확정되어야 한다.

③ 대손세액은 부가가치세를 포함한 대손금액의 110분의 10으로 한다.

④ 공급하는 자의 경우에는 대손이 확정된 날이 속하는 과세기간의 확정신고 시 대손세액을 매입세액에 가산한다.

▎대손세액공제 이론형 Level 1

공급하는 자의 경우에는 대손이 확정된 날이 속하는 과세기간의 <u>매출세액에서 대손세액을 뺀다.</u>

(선지분석)

③ 대손세액공제의 범위는 아래와 같다.

구분	대손확정 시	대손회수·변제
공급하는 자	대손세액공제 = 매출세액에서 차감	대손세액가산 = 매출세액에 가산
공급받는 자	대손처분 받은 세액 = 매입세액에서 차감	변제대손세액 = 매입세액에 가산

답 ④

부가가치세법상 일반과세자인 사업자에게 적용되는 대손세액공제에 관한 설명으로 옳지 않은 것은? 2013년 회계사

① 사업자가 부가가치세가 과세되는 재화 또는 용역을 공급하는 경우 공급을 받는자의 소득세법 및 법인세법상 대손사유로 그 재화·용역의 공급에 대한 외상매출금이나 그 밖의 매출채권(부가가치세 포함)의 전부 또는 일부가 대손되어 회수할 수 없는 경우에는 대손금액의 110분의 10을 그 대손이 확정된 날이 속하는 과세기간의 매출세액에서 뺄 수 있다.

② 대손세액공제의 범위는 사업자가 부가가치세가 과세되는 재화 또는 용역을 공급한 후 그 공급일부터 10년이 경과된 날이 속하는 과세기간에 대한 확정신고기한까지 법상 대손사유로 인하여 확정되는 대손세액으로 한다.

③ 재화 또는 용역을 공급받은 사업자가 대손세액의 전부 또는 일부를 매입세액으로 공제받은 경우로서 공급자의 대손이 그 공급을 받은 사업자가 폐업하기 전에 확정되는 경우에는 관련 대손세액에 해당하는 금액을 그 공급받은 사업자의 폐업일이 속하는 과세기간의 매입세액에서 뺀다.

④ 재화 또는 용역의 공급자가 대손세액을 매출세액에서 차감한 경우 공급자의 관할 세무서장은 대손세액공제사실을 공급받는 자의 관할 세무서장에게 통지하여야 한다.

⑤ 대손세액공제를 받은 사업자가 그 대손금액의 전부 또는 일부를 회수한 경우에는 회수한 대손금액에 관련된 대손세액을 회수한 날이 속하는 과세기간의 매출세액에 더한다.

▎대손세액공제 이론형 Level 2

재화 또는 용역을 공급받은 사업자가 대손세액의 전부 또는 일부를 매입세액으로 공제 받은 경우로서 공급자의 대손이 그 공급을 받은 사업자가 폐업하기 전에 확정되는 경우에는 관련 대손세액에 해당하는 금액을 대손이 확정된 날이 속하는 과세기간의 매입세액에서 차감한다. 즉, 폐업일이 속하는 과세기간을 기준으로 하지는 않는다.

답 ③

다음의 거래에 대한 각 사업자의 부가가치세법상 처리를 설명한 것으로 옳은 것은?

□□□

> (1) ㈜A는 2024년 11월 1일에 ㈜B에게 제품을 11,000,000원(부가가치세 포함)에 판매하고 약속어음을 받았다.
>
> (2) ㈜B가 발행한 약속어음이 부도가 발생함에 따라 ㈜A는 2025년 1월 20일에 금융회사에서 부도확인을 받았다. ㈜A는 ㈜B의 재산에 대하여 저당권을 설정하고 있지 않다.
>
> (3) ㈜A는 대손처리한 ㈜B에 대한 채권 중 5,500,000원(부가가치세 포함)을 2024년 3월 10일에 ㈜B로부터 회수하였다.

① ㈜A는 2025년 제1기 부가가치세 확정신고 시 1,000,000원을 대손세액공제 받을 수 있다.
② ㈜A는 2025년 제2기 부가가치세 예정신고 시 1,000,000원을 대손세액공제 받을 수 있다.
③ ㈜A는 2026년 제1기 부가가치세 예정신고 시 과세표준에 5,000,000원을 더한다.
④ ㈜B는 2026년 제1기 부가가치세 확정신고 시 1,000,000원을 매입세액에서 뺀다.
⑤ ㈜B는 2026년 제1기 부가가치세 확정신고 시 500,000원을 매입세액에 더한다.

| **대손세액공제** | | | 이론형 Level 2 |

구분	대손확정: 2025년 제2기	회수 또는 변제: 2026년 제1기
공급자 - ㈜A	1,000,000 매출세액 차감	500,000 매출세액 가산
매입자 - ㈜B	1,000,000 매입세액 차감	500,000 매입세액 가산

- 부도발생일로부터 6개월 이상 지난 어음상의 채권은 대손사유에 해당한다. 따라서 부도확인을 받은 2025년 1월 20일로부터 6개월 이상 지난 시점인 2025년 제2기에 대손이 확정된 날이다.
- 대손세액공제는 확정신고 시에만 적용받을 수 있다.

답 ⑤

108 부가가치세법상 세금계산서제도에 대한 설명으로 옳은 것은? 2012년 국가직 7급

① 납세의무자는 사업자등록을 하지 않더라도 세금계산서를 발급할 수 있다.

② 사업자가 자기의 사업과 관련하여 취득한 재화를 자기의 사업을 위하여 직접 사용하는 경우 세금계산서를 발급하여야 한다.

③ 세관장은 수입되는 재화에 대하여 대통령령이 정하는 바에 따라 세금계산서를 수입자에게 발급하여야 한다.

④ 사업자가 재화 또는 용역의 공급시기가 도래하기 전에 세금계산서를 발급하고 그 세금계산서 발급일부터 10일 이내에 대가를 지급받는 경우에는 정당한 세금계산서를 발급한 것으로 본다.

| 세금계산서제도 | 이론형 Level 1 |

(선지분석)

① 납세의무자는 사업자등록을 하지 않으면 세금계산서를 발급할 수 없다.

② 사업자가 자기의 사업과 관련하여 취득한 재화를 자기의 사업을 위하여 직접 사용하는 경우 세금계산서 발급의무가 없다.

④ 사업자가 재화 또는 용역의 공급시기가 되기 전에 세금계산서를 발급하고 그 세금계산서 발급일부터 7일 이내에 대가를 받으면 해당 세금계산서를 발급한 때를 재화 또는 용역의 공급시기로 본다.

답 ③

109 부가가치세법상 세금계산서에 관한 설명으로 옳지 않은 것은? 2013년 국가직 9급

① 영세율이 적용되는 재화의 공급이 법령에서 정하는 내국신용장에 의한 수출인 경우 세금계산서 발급의무가 면제된다.

② 택시운송 사업자, 노점 또는 행상을 하는 자가 공급하는 재화나 용역의 경우 세금계산서 발급의무가 면제된다.

③ 관할 세관장은 수입되는 재화에 대하여 부가가치세를 징수할 때에는 수입세금계산서를 수입하는 자에게 발급하여야 한다.

④ 수용으로 인하여 재화가 공급되는 경우 해당 사업시행자가 세금계산서를 발급할 수 있다.

| 세금계산서 | 이론형 Level 1 |

내국신용장 또는 구매확인서에 의하여 공급하는 재화와 한국 국제협력단, 한국국제보건의료재단 및 대한적십자사에 공급하는 재화는 국내사업자들 간의 거래인 점을 감안하여 영세율 세금계산서를 발급하여야 한다.

답 ①

110 부가가치세법상 세금계산서에 대한 설명으로 옳지 않은 것은?

① 전자세금계산서를 발급하였을 때에는 그 발급일의 다음 날까지 전자세금계산서 발급명세를 국세청장에게 전송해야 하며 이 경우 해당 전자세금계산서 보존의무는 면제된다.

② 전자세금계산서 발급의무가 없는 사업자도 전자세금계산서를 발급할 수 있으며 필요적 기재사항을 착오로 잘못 적은 경우에는 수정전자세금계산서를 발급할 수 있다(단, 해당 사업자가 과세표준 또는 세액이 경정될 것을 미리 알고 있는 경우 제외).

③ 관계 증명서류 등에 따라 실제거래사실이 확인되는 경우로서 해당 거래일을 작성연월일로 하여 세금계산서를 발급하는 경우 재화 또는 용역의 공급일이 속하는 달의 다음 달 10일(그 날이 공휴일 또는 토요일인 경우 바로 다음 영업일)까지 세금계산서를 발급할 수 있다.

④ 수탁자가 직접 재화를 인도하는 위탁판매(위탁자를 알 수 없는 경우에 해당하지 않음)의 경우 수탁자가 자신의 명의로 세금계산서를 발급해야 하며 이 경우 위탁자의 등록번호를 덧붙여 적어야 한다.

| 세금계산서 | 이론형 Level 1 |

수탁자가 재화를 인도할 때에는 수탁자가 위탁자의 명의로 세금계산서를 발급하며, 위탁자가 직접 재화를 인도하는 때에는 위탁자가 세금계산서를 발급할 수 있다. 이 경우 수탁자의 등록번호를 덧붙여 적어야 한다.

답 ④

111 부가가치세법령상 세금계산서에 대한 설명으로 옳은 것은?

① 사업자가 재화 또는 용역의 공급시기가 되기 전에 세금계산서를 발급하고 그 세금계산서 발급일부터 7일 이내에 대가를 받으면 해당 세금계산서를 발급한 때를 재화 또는 용역의 공급시기로 본다.

② 계약의 해제로 재화 또는 용역이 공급되지 아니한 경우 수정세금계산서의 작성일은 처음 세금계산서 작성일로 한다.

③ 법인사업자와 직전 연도의 사업장별 재화 및 용역의 공급대가의 합계액이 1억 원 이상인 개인사업자는 세금계산서를 발급하려면 전자세금계산서를 발급하여야 한다.

④ 전자세금계산서를 발급하여야 하는 사업자가 아닌 사업자는 전자세금계산서를 발급할 수 없다.

| 세금계산서 | 이론형 Level 1 |

(선지분석)

② 계약의 해제로 재화 또는 용역이 공급되지 아니한 경우에는 계약이 해제된 때에 그 작성일은 계약해제일로 적고 비고란에 처음 세금계산서 작성일을 덧붙여 적은 후 붉은색 글씨로 쓰거나 음(陰)의 표시를 하여 발급한다.

④ 전자세금계산서를 발급하여야 하는 사업자가 아닌 사업자도 전자세금계산서를 발급하고 전자세금계산서 발급명세를 전송할 수 있다.

답 ①, ③

부가가치세법상 세금계산서 교부에 관한 설명으로 옳은 것은 몇 개인가?

> ㄱ. 위탁판매에 의한 판매의 경우에 수탁자가 재화를 인도하는 때에는 수탁자가 세금계산서를 교부하며, 위탁자가 직접 재화를 인도하는 때에는 위탁자가 세금계산서를 교부할 수 있다.
> ㄴ. 수용으로 인하여 재화가 공급되는 경우에는 당해 사업시행자가 세금계산서를 교부할 수 있다.
> ㄷ. 위탁매입에 의한 매입의 경우에는 공급자가 수탁자를 공급받는 자로 하여 세금계산서를 교부한다.
> ㄹ. 소매업의 경우에는 공급받는 자가 세금계산서의 교부를 요구하지 아니하는 경우에는 세금계산서를 교부하지 아니할 수 있다.

① 1개 ② 2개
③ 3개 ④ 4개

┃ 세금계산서

이론형 Level 1

옳은 것은 3개(ㄱ, ㄴ, ㄹ)이다.

ㄱ. 수탁자가 재화를 인도할 때에는 수탁자가 위탁자의 명의로 세금계산서를 발급하며, 위탁자가 직접 재화를 인도하는 때에는 위탁자가 세금계산서를 발급할 수 있다. 이 경우 수탁자의 등록번호를 덧붙여 적어야 한다.

ㄴ. 수용으로 인하여 재화가 공급되는 경우에는 당해 사업시행자가 세금계산서를 교부할 수 있다(부가가치세법 시행령 제69조 제4항).

ㄹ. 소매업은 세금계산서 발급금지 업종이 아니기 때문에 공급받는 사업자가 사업자등록증을 제시하고 세금계산서 발급을 요구하면 세금계산서를 발급하여야 한다.

> 📄 **세금계산서 및 영수증 발급의무의 면제되는 재화 및 용역(부가가치세법 시행령 제71조 제1항 참조)**
> 1. 택시운송 사업자, 노점·행상을 하는 사람, 무인판매기를 이용하여 재화·용역을 공급하는 자 등
> 2. 소매업 또는 미용·욕탕·유사서비스업을 경영하는 자가 공급하는 재화 또는 용역
> 3. 공인인증기관이 공인인증서를 발급하는 용역
> 4. 간편사업자등록을 한 사업자가 국내에 공급하는 전자적 용역
> 5. 재화의 간주공급(판매목적 타사업장 반출은 제외)
> 6. 부동산 임대용역 중 간주임대료
> 7. 영세율 적용대상 거래 중 일정한 재화·용역
> 8. 국내사업장이 없는 비거주자 또는 외국법인에게 공급하는 재화·용역

(선지분석)

ㄷ. 위탁매입의 경우 공급자가 위탁자를 공급받는 자로 하여 세금계산서를 발급한다. 이 경우 수탁자의 등록번호를 덧붙여 적어야 한다.

답 ③

113 □□□ 부가가치세법령상 공급할 때 세금계산서 발급의무가 면제되는 재화 또는 용역에 해당하지 않는 것은?

2020년 국가직 9급

① 미용, 욕탕 및 유사 서비스업을 경영하는 자가 공급하는 재화 또는 용역
② 원료를 대가 없이 국외의 수탁가공 사업자에게 반출하여 가공한 재화를 양도하는 경우에 그 원료의 반출로서 국내 사업장에서 계약과 대가 수령 등 거래가 이루어지는 것
③ 물품 등을 무환(無換)으로 수출하여 해당 물품이 판매된 범위에서 대금을 결제하는 계약에 의한 수출로서 국내 사업장에서 계약과 대가 수령 등 거래가 이루어지는 것
④ 국외에서 공급하는 용역으로서, 공급받는 자가 국내사업장이 없는 비거주자 또는 외국법인인 경우

| 세금계산서 발급의무의 면제 | 이론형 Level 1 |

> **부가가치세법 시행령 제71조【세금계산서 발급의무의 면제 등】** ① 법 제33조 제1항에서 "세금계산서를 발급하기 어렵거나 세금계산서의 발급이 불필요한 경우 등 대통령령으로 정하는 경우"란 다음 각 호의 어느 하나에 해당하는 재화 또는 용역을 공급하는 경우를 말한다.
> 2. 소매업 또는 미용, 욕탕 및 유사 서비스업을 경영하는 자가 공급하는 재화 또는 용역. 다만, 소매업의 경우에는 공급받는 자가 세금계산서 발급을 요구하지 아니하는 경우로 한정한다.
> 4. 위탁판매수출 등 국내사업장에서 계약과 대가 수령 등 이루어지는 것. 단, 원료를 대가 없이 국외의 수탁가공 사업자에게 반출하여 가공한 재화를 양도하는 경우에 그 원료의 반출은 제외한다.
> 9. 그 밖에 국내사업장이 없는 비거주자 또는 외국법인에 공급하는 재화 또는 용역. 다만, 그 비거주자 또는 외국법인이 해당 외국의 개인사업자 또는 법인사업자임을 증명하는 서류를 제시하고 세금계산서 발급을 요구하는 경우는 제외한다.

답 ②

---

114 □□□ 부가가치세법상 세금계산서의 발급에 관한 설명으로 옳지 않은 것은?

2010년 국가직 7급

① 거래처별로 1역월의 공급가액을 합계하여 해당 달의 말일을 작성연월일로 하여 세금계산서를 발급하는 경우에는 해당 재화 또는 용역의 공급일이 속하는 달의 다음달 10일까지 세금계산서를 발급할 수 있다.
② 재화 또는 용역의 공급시기가 도래하기 전에 세금계산서를 발급하고 그 세금계산서 발급일로부터 7일 이내에 대가를 지급받는 경우에는 적법하게 세금계산서를 발급한 것으로 본다.
③ 세관장은 수입되는 재화에 대해 관세청장이 정하는 바에 따라 세금계산서를 수입업자에게 발급하여야 한다.
④ 관계 증명서류 등에 따라 실제거래사실이 확인되는 경우로서 해당 거래일을 작성연월일로 하여 세금계산서를 발급하는 경우에는 해당 재화 또는 용역의 공급일이 속하는 과세기간의 확정신고기한까지 세금계산서를 발급할 수 있다.

| 세금계산서 | 이론형 Level 1 |

관계 증명서류 등에 따라 실제거래사실이 확인되는 경우로서 해당 거래일을 작성연월일로 하여 세금계산서를 발급하는 경우에는 해당 재화 또는 용역의 공급일이 속하는 달의 다음 달 10일까지 세금계산서를 발급할 수 있다.

답 ④

115 부가가치세법상 위탁매매에 대한 설명으로 옳지 않은 것은?

① 위탁매매 또는 대리인에 의한 매매를 할 때에는 위탁자 또는 본인이 직접 재화를 공급하거나 공급받은 것으로 본다. 다만, 위탁자 또는 본인을 알 수 없는 경우로서 법령이 정하는 경우에는 그러하지 아니하다.

② 위탁판매의 경우에 수탁자가 재화를 인도하는 때에는 수탁자가 수탁자 명의로 세금계산서를 발급한다.

③ 위탁매입의 경우에는 공급자가 위탁자를 공급받는 자로 하여 세금계산서를 발급한다.

④ 대법원 판례에 따르면 부가가치세법상 위탁매매에 관한 재화의 공급자 간주 규정은 준위탁매매인에 의한 용역의 공급에도 유추 적용된다.

| 위탁매매 | 이론형 Level 1 |

위탁판매 또는 대리인에 의한 판매의 경우 수탁자 또는 대리인이 재화를 인도할 때에는 수탁자 또는 대리인이 위탁자 또는 본인의 명의로 세금계산서를 발급하며, 위탁자 또는 본인이 직접 재화를 인도하는 때에는 위탁자 또는 본인이 세금계산서를 발급할 수 있다. 이 경우 <u>수탁자 또는 대리인의 등록번호를</u> 덧붙여 적어야 한다.

답 ②

116 부가가치세법상 세금계산서에 관한 설명이다. 옳은 것은?

① 세금계산서 발급의무가 있는 사업자가 공급대가 10만 원의 재화를 공급하고 세금계산서 발급시기에 세금계산서를 발급하지 아니한 경우, 공급받은 자는 관할 세무서장의 확인을 받아 세금계산서를 발행할 수 있다.

② 전자세금계산서를 발급하였을 때에는 전자세금계산서 발급일에 지체없이 전자세금계산서 발급명세를 국세청장에게 전송하여야 한다.

③ 세금계산서의 기재사항 중 공급연월일은 필요적 기재사항이다.

④ 소매업 또는 미용, 욕탕 및 유사 서비스업을 경영하는 과세사업자는 공급받는 자가 세금계산서의 발급을 요구하더라도 세금계산서의 발급의무가 면제된다.

⑤ 세금계산서의 필요적 기재사항이 착오 외의 사유로 잘못 적힌 경우에는 관할 세무서장이 부가가치세의 과세표준과 납부세액을 경정하여 통지하기 전까지 세금계산서를 수정하여 발급할 수 있다.

| 세금계산서 | 이론형 Level 2 |

(선지분석)

② 전자세금계산서발급일의 다음 날까지 전자세금계산서 발급명세를 국세청장에게 전송하여야 한다.

③ 공급연월일은 임의적 기재사항이다. 공급시기가 속하는 달의 말에 세금계산서를 작성하여 발급할 수 있기 때문에 공급시기(공급연월일)는 임의적 기재사항이 된다.

④ 미용, 욕탕 및 유사 서비스업을 경영하는 과세사업자는 공급받는 자가 세금계산서의 발급을 요구하더라도 세금계산서의 발급의무가 면제된다.

⑤ 세금계산서의 필요적 기재사항 등이 착오 외의 사유로 잘못 적힌 경우 재화나 용역의 공급일이 속하는 과세기간에 대한 확정신고기한까지 세금계산서를 수정하여 발급할 수 있다.

답 ①

117 부가가치세법상 세금계산서에 관한 설명으로 옳은 것은?

① 위탁에 의하여 재화를 공급하는 위탁판매의 경우에는 수탁자가 수탁자의 명의로 세금계산서를 발급하며, 이 경우 위탁자의 등록 번호를 덧붙여 적어야 한다.

② 공급시기가 20X3년 8월 25일인 재화의 공급대가를 20X3년 7월 25일에 수령한 경우 20X3년 7월 20일자로 세금계산서를 발급할 수 있다.

③ 세금계산서 교부의무가 있는 일반과세자로부터 재화를 공급받은 간이과세자는 공급하는자가 세금계산서를 발급하지 아니한 경우 매입자발행 세금계산서를 발급할 수 없다.

④ 사업자는 15일 단위로 거래처별 공급가액을 합하여 그 기간이 속하는 달의 말일을 작성연월일로 하여 세금계산서를 발급할 수 있다.

⑤ 미용업을 영위하는 과세사업자가 미용용역을 제공하는 경우에 세금계산서 발급 의무가 면제되지만 공급받은 자가 사업자등록증을 제시하고 세금계산서 발급을 요구하는 경우에는 세금계산서를 발급할 수 있다.

| 세금계산서 이론형 Level 2

사업자가 재화 또는 용역의 공급시기(8월 25일)가 되기 전에 세금계산서를 발급하고 그 세금계산서 발급일(7월 20일)부터 7일 이내에 대가를 받으면(7월 25일) 해당 세금계산서를 발급한 때를 재화 또는 용역의 공급시기로 본다.

(선지분석)

① 위탁에 의하여 재화를 공급하는 위탁판매의 경우에는 수탁자가 위탁자의 명의로 세금계산서를 발급하며, 이 경우 수탁자의 등록 번호를 덧붙여 적어야 한다.

③ 세금계산서 교부의무가 있는 일반과세자로부터 재화를 공급받은 간이과세자는 공급하는 자가 세금계산서를 발급하지 아니한 경우 매입자발행 세금계산서를 발급할 수 있다.

④ 사업자는 15일 단위로 거래처별 공급가액을 합하여 그 기간의 종료일을 작성연월일로 하여 세금계산서를 발급할 수 있다.

⑤ 미용업을 영위하는 과세사업자가 미용용역을 제공하는 경우에 세금계산서 발급의무가 면제되며 공급받은 자가 사업자등록증을 제시하고 세금계산서 발급을 요구하는 경우에도 세금계산서를 발급할 수 없다. 다만, 감가상각자산의 공급에 대해서는 세금계산서를 발급하여야 한다.

답 ②

---

118 부가가치세법상 세금계산서에 관한 설명이다. 옳지 않은 것은?

① 자기생산·취득재화가 공급의제되는 경우 세금계산서 발급의무 없으나, 판매목적 타사업장 반출로서 공급의제되는 경우에는 세금계산서를 발급하여야 한다.

② 부동산임대용역 중 간주임대료에 해당하는 부분에 대하여는 세금계산서를 발급하지 않는다.

③ 내국신용장에 의하여 영세율이 적용되는 재화의 공급은 세금계산서 발급의무가 있다.

④ 직전 연도 공급가액이 과세 2억 원, 면세 2억 원이며 사업장이 하나인 개인사업자가 당해연도 제2기 과세기간에 세금계산서를 발급하려면 전자세금계산서를 발급하여야 한다.

⑤ 세금계산서를 발급한 후 계약의 해제로 재화가 공급되지 않아 수정세금계산서를 작성하고자 하는 경우 그 작성일에는 처음 세금계산서 작성일을 기입한다.

| 세금계산서 이론형 Level 2

세금계산서를 발급한 후 계약의 해제로 재화가 공급되지 않아 수정세금계산서를 작성하고자 하는 경우 그 작성일에는 계약해제일을 기입한다.

답 ⑤

119

부가가치세법상 세금계산서 및 가산세에 관한 설명이다. 옳지 않은 것은?

① 관할 세무서장은 개인사업자가 전자세금계산서 의무발급자에 해당하는 경우, 전자세금계산서를 발급하여야 하는 기간 1개월 전까지 그 사실을 해당 개인사업자에게 통지하여야 한다.

② 전자세금계산서 의무발급 사업자가 전자세금계산서를 발급하였을 때에는 전자세금계산서 발급일의 다음 날까지 전자세금계산서 발급명세를 국세청장에게 전송하여야 한다.

③ 전자세금계산서를 발급하고 전자세금계산서 발급명세를 해당 재화의 공급시기가 속하는 과세기간 마지막 날의 다음 달 11일까지 국세청장에게 전송한 경우에는 해당 확정신고 시 매출처별 세금계산서합계표를 제출하지 아니할 수 있다.

④ 전자세금계산서 의무발급 사업자가 세금계산서의 발급시기가 지난 후 해당 재화 또는 용역의 공급시기가 속하는 과세기간에 대한 확정신고 기한까지 세금계산서를 발급하지 아니한 경우에는 그 공급가액의 1%의 가산세가 적용된다.

⑤ 전자세금계산서를 발급한 사업자가 국세청장에게 전자세금계산서 발급명세를 전송한 경우에는 세금계산서를 5년간 보존해야 하는 의무가 면제된다.

| **세금계산서 및 가산세** | 이론형 Level 2 |

전자세금계산서 의무발급 사업자가 세금계산서의 발급시기가 지난 후 해당 재화 또는 용역의 공급시기가 속하는 과세기간에 대한 확정신고기한까지 세금계산서를 발급하지 아니한 경우에는 그 공급가액의 2%의 가산세가 적용된다.

답 ④

120

부가가치세법상 세금계산서에 관한 설명으로 옳은 것은?

① 법인사업자와 직전 연도의 사업장별 재화 및 용역의 공급가액(면세공급가액 포함)의 합계액이 8,000만 원 이상인 개인사업자는 세금계산서를 발급하려면 전자세금계산서를 발급하여야 한다.

② 계약의 해제로 재화 또는 용역이 공급되지 아니한 경우 수정세금계산서의 작성일은 처음 세금계산서 작성일로 적고, 비고란에 계약해제일을 덧붙여 적은 후 붉은색 글씨로 쓰거나 음(陰)의 표시를 하여 발급할 수 있다.

③ 처음 공급한 재화가 환입된 경우에는 재화가 환입된 날을 작성일로 적고 비고란에 처음 세금계산서 작성일을 덧붙여 적은 후 붉은색 글씨로 쓰거나 음(陰)의 표시를 하여 발급할 수 있다.

④ 전자세금계산서 발급명세 전송기한이 지난 후 재화 또는 용역의 공급시기가 속하는 과세기간에 대한 확정신고기한까지 국세청장에게 전자세금계산서 발급명세를 전송하는 경우 그 공급가액의 0.5%를 납부세액에 더하거나 환급세액에서 뺀다.

⑤ 매입자발행 세금계산서를 발행하려는 자는 거래건당 공급가액이 100만 원 이상인 거래에 한하여 해당 재화 또는 용역의 공급시기가 속하는 과세기간의 종료일부터 6개월 이내에 신청인 관할 세무서장에게 거래사실의 확인을 신청하여야 한다.

| **세금계산서** | 이론형 Level 2 |

(선지분석)
② 계약 해제일을 수정세금계산서 발급일로 한다.
④ 지연전송은 0.3%, 미전송은 0.5%를 적용한다(해당 사안은 지연전송에 해당함).
⑤ 거래건당 공급대가가 5만 원 이상인 경우에 한하여 매입자발행세금계산서 발급대상이다.

답 ①, ③

121 부가가치세법상 매입세액공제에 대한 설명으로 옳지 않은 것은?

① 공제대상 매입세액은 자기의 사업을 위하여 사용된 재화 또는 용역의 공급 및 재화의 수입에 대한 세액에 한한다.
② 비영업용 소형승용자동차의 구입과 임차 및 유지에 관한 매입세액은 공제하지 아니한다.
③ 부가가치세가 면제되는 재화를 공급하는 사업의 투자에 관련된 매입세액은 공제하지 아니한다.
④ 과세사업에 사용된 토지의 형질변경에 관련된 매입세액은 공제하지 아니한다.

▌매입세액공제

이론형 Level 1

공제대상 매입세액은 자기의 사업을 위하여 사용하였거나 사용할 목적으로 공급받은 재화 또는 용역 및 재화의 수입에 대한 세액에 한한다. 이는 과세사업에 이미 사용된 것 뿐 아니라, 아직 사용하지 않았지만 앞으로 사용될 예정인 것도 공제대상임을 의미한다. 이처럼 매입세액을 사용시점이 아닌 공급받은 시기에 공제하는 취지는 사업자가 부담한 매입세액을 조기에 회수하여 투자를 촉진하는 데 있다.

답 ①

---

122 부가가치세법령상 매입세액과 관련된 설명으로 옳은 것은?

① 매입세액에서 대손세액에 해당하는 금액을 뺀(관할 세무서장이 결정 또는 경정한 경우 포함) 사업자가 대손금액을 변제한 경우에는 대통령령으로 정하는 바에 따라 변제한 대손금액에 관련된 대손세액에 해당하는 금액을 변제한 날이 속하는 과세기간의 매입세액에 더한다.
② 면세사업을 위한 투자에 관련된 매입세액은 공제한다.
③ 건축물이 있는 토지를 취득하여 그 건축물을 철거하고 토지만 사용하는 경우 철거한 건축물의 취득 및 철거비용과 관련된 매입세액은 공제한다.
④ 사업자가 면세농산물을 원재료로 하여 제조한 재화의 공급에 대하여 부가가치세가 과세되는 경우(면세를 포기하고 영세율을 적용받는 경우 포함)에는 면세농산물을 공급받을 때 매입세액이 있는 것으로 보아 의제매입세액을 공제한다.

▌매입세액

이론형 Level 1

(선지분석)
② 면세사업을 위한 투자에 관련된 매입세액은 공제하지 아니한다.
③ 건축물이 있는 토지를 취득하여 그 건축물을 철거하고 토지만 사용하는 경우 철거한 건축물의 취득 및 철거비용과 관련된 매입세액은 공제하지 아니한다.
④ 사업자가 면세농산물을 원재료로 하여 제조한 재화의 공급에 대하여 부가가치세가 과세되는 경우(면세를 포기하고 영세율을 적용받는 경우 제외)에는 면세농산물을 공급받을 때 매입세액이 있는 것으로 보아 의제매입세액을 공제한다.

답 ①

123 부가가치세법상 매입세액공제제도에 관한 설명으로 옳지 않은 것은?
□□□

① 사업자 갑이 사업자 을로부터 재화를 구입하고 세금계산서는 거래상대방인 을 이외의 사업자 병으로부터 교부받은 경우 이에 의한 매입세액은 갑의 매출세액에서 공제하지 아니한다.

② 재화의 공급시기 이후 당해 공급시기가 속하는 과세기간에 대한 확정신고기한까지 교부받은 세금계산서의 매입세액은 공제받을 수 있다.

③ 사업자등록을 하기 전의 매입세액이라도 등록신청일부터 역산하여 20일 이내의 것은 공제받을 수 있다.

④ 건축물이 있는 토지를 취득하여 그 건축물을 철거하고 토지만을 사용하는 경우에는 철거한 건축물의 취득 및 철거비용에 관련된 매입세액은 매출세액에서 공제하지 아니한다.

| **매입세액공제제도** | 이론형 Level 1 |

사업자 등록을 신청하기 전의 매입세액은 매출세액에서 공제하지 않는다. 다만, 공급시기가 속하는 과세기간이 끝난 후 20일 이내에 등록을 신청한 경우 등록신청일부터 공급시기가 속하는 과세기간 기산일까지 역산한 기간 이내의 매입세액은 매출세액에서 공제한다.

(선지분석)

① 실제 공급자와 세금계산서의 공급자가 다른 경우 매입세액공제를 받을 수 없다. 다만, 공급받는 자가 명의위장사실을 알지 못하였고 알지 못한 데에 과실이 없다는 것을 입증한다면 매입세액 공제를 받을 수 있다(대판 2009.6.11, 2009두1808).

답 ③

124 부가가치세법상 매입세액공제가 허용되는 경우로 옳은 것은?
□□□

① 발급받은 세금계산서의 필요적 기재사항 중 일부가 적히지 않았으며 거래사실도 확인되지 않는 경우

② 재화 또는 용역의 공급시기 이후에 발급받은 세금계산서로서 해당 공급시기가 속하는 과세기간에 대한 확정신고기한까지 발급받은 경우

③ 토지의 취득 및 형질변경, 공장부지 및 택지의 조성 등에 관련된 매입세액

④ 사업과 직접 관련이 있는 기업업무추진비에 관련된 매입세액

| **매입세액공제** | 이론형 Level 1 |

재화 또는 용역의 공급시기 이후에 발급받은 세금계산서로서 해당 공급시기가 속하는 과세기간에 대한 확정신고기한까지 발급받은 경우 매입세액공제가 허용된다. 다만, 이 경우 매입처별 세금계산서합계표 불성실가산세(0.5%)가 적용된다.

(선지분석)

① 세금계산서의 필요적 기재사항 중 일부가 착오로 사실과 다르게 적혔으나 그 세금계산서에 적힌 나머지 필요적 기재사항 또는 임의적 기재사항으로 보아 거래사실이 확인되는 경우에는 매입세액공제가 허용된다.

③ 토지와 관련된 매입세액의 경우에는 공제되지 아니한다.

④ 기업업무추진비도 사업을 위해 사용될 수 있으나, 개인적인 목적과 사업목적을 실무상 구분하기 매우 어렵기 때문에 일률적으로 사업과 관련 없는 지출로 보아 매입세액은 공제되지 아니한다.

답 ②

125 부가가치세법상 매입세액공제에 대한 설명으로 옳지 않은 것은?

① 사업자가 면세농산물 등을 원재료로 하여 제조·가공한 재화 또는 창출한 용역의 공급에 대하여 부가가치세가 과세되는 경우(법에 따라 면세를 포기하고 영세율을 적용받는 경우에는 제외) 면세농산물 등을 공급받거나 수입할 때 매입세액이 있는 것으로 보아 공제할 수 있다.

② 토지의 가치를 현실적으로 증가시켜 토지의 취득원가를 구성하는 비용에 관련된 매입세액은 매출세액에서 공제하지 아니한다.

③ 재화의 공급시기 이후 해당 공급시기가 속하는 과세기간 내에 세금계산서를 교부받았다 하더라도 세금계산서는 공급시기에 교부받아야 하므로 매입세액공제를 받을 수 없다.

④ 사업자등록을 신청하기 전이라도 공급시기가 속하는 과세기간이 끝난 후 20일 이내에 등록을 신청한 경우 등록신청일부터 공급시기가 속하는 과세기간 기산일까지 역산한 기간 이내의 매입세액은 매출세액에서 공제한다.

▌ 매입세액공제

이론형 Level 1

재화 또는 용역의 공급시기 이후에 발급받은 세금계산서로서 해당 공급시기가 속하는 과세기간에 대한 확정신고기한까지 발급받은 경우 매입세액공제가 허용된다. 다만, 매입처별세금계산서합계표불성실가산세(0.5%)가 적용된다.

답 ③

---

126 다음은 제조업을 영위하는 일반과세자 (주)E의 20X1년 제1기 부가가치세 과세기간 중의 거래내역이다. 20X1년 제1기 부가가치세 납부세액을 계산할 때 공제 가능한 매입세액 총액은? (단, 거래대금을 지급하고 세금계산서를 적법하게 수취한 것으로 가정함)

> • 4월 18일: 배기량이 3,000cc인 승용자동차의 구입과 관련된 매입세액 100만 원
> • 4월 22일: 사업에 사용할 목적으로 매입한 원료 매입세액 100만 원. 세금계산서의 필요적 기재사항 중 일부가 착오로 사실과 다르게 기재되었으나 그 세금계산서에 적힌 나머지 임의적 기재사항으로 보아 거래사실이 확인됨
> • 5월 12일: 법인세법 제25조에 따른 기업업무추진비의 지출과 관련된 매입세액 100만 원
> • 6월 10일: 공장부지의 조성과 관련된 매입세액 100만 원
> • 6월 20일: 사업에 사용할 목적으로 매입하였으나 과세기간 말 현재 사용하지 않은 재료의 매입세액 100만 원

① 100만 원　　　　　　　　② 200만 원
③ 300만 원　　　　　　　　④ 400만 원

▌ 매입세액

계산형

• 4월 18일: 제조업을 영위하는 법인이 구입한 승용차는 비영업용 승용차로서 해당 매입세액은 불공제 대상이다.
• 4월 22일: 세금계산서의 필요적 기재사항 중 일부가 착오로 사실과 다르게 기재되었으나 그 세금계산서에 적힌 나머지 임의적 기재사항으로 보아 거래사실이 확인되는 경우 매입세액공제가 허용된다.
• 5월 12일: 기업업무추진비 및 이와 유사한 비용으로서 소득세법 또는 법인세법상 기업업무추진비에 해당하는 지출에 대한 매입세액은 불공제 대상이다.
• 6월 10일: 토지의 조성 등을 위한 자본적 지출에 관련된 매입세액으로서 공장부지 및 택지조성 관련 매입세액은 매입세액 불공제 대상이다.
• 6월 20일: 매입세액공제 시기는 사용시점이 아니라 구입시점이다.
따라서 합계는 100만 원(4월 22일) + 100만 원(6월 20일) = 200만 원이다.

답 ②

127 일반과세자로 제조업을 영위하는 (주)갑의 20X1년 제2기 매입거래이다. (주)갑의 20X1년 제2기 매입세액 공제액으로 옳은 것은?

2020년 회계사 변형

> (1) 공급가액 9,000,000원의 원재료를 구입하고 착오로 공급가액 10,000,000원의 세금계산서를 수령하였으나 기타의 기재사항으로 보아 그 거래사실과 금액이 동일 과세기간에 확인되었다.
> (2) 업무용소형승용차의 대여료를 지급하고 공급가액 2,000,000원의 세금계산서를 수령하였다.
> (3) 종업원 식대를 지급하고 간이과세자(영수증 발급 적용기간에 해당함)로부터 공급대가 1,320,000원의 신용카드매출전표를 수령하였다.
> (4) 직원 사택의 수리비를 지급하고 공급가액 4,000,000원의 세금계산서를 수령하였다.
> (5) 관세의 과세가격이 10,000,000원인 원재료를 수입하였는데, 이에 대한 관세는 800,000원이며 세관장이 발행한 수입세금계산서를 수령하였다. 관세와 부가가치세를 제외한 세금은 없다.

① 2,100,000원
② 2,280,000원
③ 2,300,000원
④ 2,380,000원
⑤ 2,500,000원

│ 매입세액공제액   계산형

[원재료 9,000,000원 + 직원 사택수리비 4,000,000원 + 원재료(10,000,000원 + 800,000원)] × 10% = 2,380,000원

답 ④

부가가치세법령상 매입세액공제에 대한 설명으로 옳지 않은 것은?

① 세금계산서의 필요적 기재사항 중 일부가 착오로 사실과 다르게 적혔으나 그 세금계산서에 적힌 나머지 필요적 기재사항 또는 임의적 기재사항으로 보아 거래사실이 확인되는 경우의 매입세액은 매출세액에서 공제한다.

② 재화를 공급받고 실제로 그 재화를 공급한 사업장이 아닌 사업장을 적은 세금계산서를 발급받은 경우 그 사업장이 사업자단위 과세 사업자에 해당하는 사업장인 경우로서 그 재화를 실제로 공급한 사업자가 부가가치세 확정신고를 통하여 해당 과세기간에 대한 납부세액을 신고하고 납부하였다면 그 매입세액은 매출세액에서 공제한다.

③ 토지의 조성 등을 위한 자본적 지출에 관련된 것으로서 토지의 가치를 현실적으로 증가시켜 토지의 취득원가를 구성하는 비용에 관련된 매입세액은 매출세액에서 공제하지 아니한다.

④ 부가가치세법 제8조에 따른 사업자등록을 신청하기 전의 매입세액은 그 공급시기가 속하는 과세기간이 끝난 후 30일 이내에 등록을 신청한 경우에는 해당 세액을 매출세액에서 공제할 수 있다.

▌매입세액공제 이론형 Level 1

30일 이내가 아닌, 20일 이내에 등록을 신청한 경우여야 한다.

> 📄 **사업자등록 전 매입세액**
>
> 1. 원칙: 불공제
> 2. 과세기간 끝난 후 20일 이내에 등록 신청 시: 등록신청일부터 공급시기가 속하는 과세기간 기산일까지 역산한 기간 이내의 매입세액은 공제

(선지분석)

①
> 📄 **세금계산서 미수령·부실기재분 매입세액**
>
> 1. 원칙: 불공제
> 2. 필요적 기재사항 중 일부가 착오로 사실과 다르게 적혔으나 그 세금계산서에 적힌 나머지 필요적 기재사항 또는 임의적 기재사항으로 보아 거래사실이 확인되는 경우: 공제

② 세금계산서 미수령·부실기재분 중 공제대상 매입세액에 대한 옳은 설명이다.

③ 토지 관련 매입세액은 불공제대상이다.

답 ④

129 부가가치세법상 매입세액에 관한 설명으로 옳지 않은 것은? 2016년 세무사

① 건축물이 있는 토지를 취득하여 그 건축물을 철거하고 토지만 사용하는 경우에는 철거한 건축물의 취득 및 철거 비용과 관련된 매입세액은 매출세액에서 공제한다.

② 재화 또는 용역의 공급시기 이후에 발급받은 세금계산서라 하더라도 해당 공급시기가 속하는 과세기간에 대한 확정신고기한까지 세금계산서를 발급받는다면 당해 매입세액은 매출세액에서 공제한다.

③ 사업자가 그 업무와 관련 없는 자산의 취득시 부담한 매입세액은 매출세액에서 공제하지 아니한다.

④ 면세사업을 위한 투자에 관련된 매입세액은 매출세액에서 공제하지 아니한다.

⑤ 공급시기가 속하는 과세기간이 끝난 후 20일 이내에 사업자등록을 신청한 경우 등록신청일부터 공급시기가 속하는 과세기간 기산일(제5조 제1항에 따른 기산일을 말함)까지 역산한 기간 내의 매입세액은 매출세액에서 공제할 수 있다.

| 매입세액 | 이론형 Level 1 |

건축물이 있는 토지를 취득하여 그 건축물을 철거하고 토지만 사용하는 경우에는 철거한 건축물의 취득 및 철거 비용과 관련된 매입세액은 매출세액에서 공제하지 않는다.

답 ①

130 부가가치세법상 매입세액공제 및 납부세액에 관한 설명으로 옳은 것은? 2018년 회계사

① 건축물이 있는 토지를 취득하여 그 건축물을 철거하고 토지만 사용하는 경우에 철거한 건축물의 취득 및 철거 비용과 관련된 매입세액은 공제하지 아니한다.

② 면세농산물을 공급받아 과세재화와 면세재화를 공급하는 사업자가 당기 중에 매입하였으나 사용하지 않은 면세농산물은 의제매입세액공제를 적용하지 아니한다.

③ 일반과세자가 간이과세를 적용받게 되면 일반과세자인 경우에 공제받지 못한 매입세액을 추가적으로 공제하기 위하여 간이과세자의 납부세액에서 차감한다.

④ 2023년 6월 25일에 사업을 개시하고 2023년 7월 15일 사업자등록 신청을 한 도매업자가 2023년 6월 28일에 매입한 상품에 대한 매입세액은 공제받을 수 없다.

⑤ 과세사업에만 사용하던 감가상각대상 재화를 면세사업에만 사용하게 된 경우에는 불공제되는 매입세액을 계산하여 납부세액에 가산한다.

| 매입세액공제 및 납부세액 | 이론형 Level 2 |

(선지분석)

② 겸영사업자의 기말 재고자산은 공급가액 비율로 안분하여 공제한다.

③ 재고납부세액: 일반과세자로서 공제받은 매입세액 중 일부를 다시 납부세액에 가산한다.

④ 공급시기가 속하는 과세기간이 끝난 후 20일 이내에 사업자등록을 신청한 경우 등록신청일부터 공급시기가 속하는 과세기간 기산일까지 역산한 기간 내의 매입세액은 공제받을 수 있다.

⑤ 과세사업에 사용하던 감가상각자산을 면세사업에 전용한 때는 공급으로 본다. 즉, 매입세액에서 조정하지 않고 과세표준에서 조정한다.

답 ①

131

부가가치세법상 의제매입세액계산에 관한 설명으로 옳지 않은 것은? 2009년 국가직 7급 변형

① 수입되는 면세농산물 등에 대하여 의제매입세액을 계산함에 있어서의 그 수입가액은 관세의 과세가격과 관세를 합한 금액으로 한다.

② 매입세액으로서 공제한 면세농산물 등을 그대로 양도하는 때에는 그 공제한 금액을 납부세액에 가산하여야 한다.

③ 매입세액을 공제받고자 하는 제조업을 영위하는 사업자가 농·어민으로부터 면세농산물 등을 직접 공급받는 경우에는 의제매입세액 공제신고서만을 제출한다.

④ 의제매입세액으로서 공제할 수 있는 금액은 일반적으로 면세농산물등의 가액에 102분의 2(제조업의 경우로서 중소기업 및 개인사업자인 경우에는 104분의 4)를 곱하여 계산한다.

▌의제매입세액계산 이론형 Level 1

수입되는 면세농산물 등에 대하여 의제매입세액을 계산할 때 그 수입가액은 관세의 과세가격으로 한다. 관세는 포함하지 아니한다.

답 ①

132

부가가치세법상 예정 또는 확정신고 시에 공제받지 못한 의제매입세액을 공제받기 위하여 서류를 제출하는 경우에 해당하는 것만을 모두 고르면? 2014년 국가직 9급

> ㄱ. 해당 서류를 경정청구서와 함께 제출하여 경정기관이 경정하는 경우
> ㄴ. 해당 서류와 함께 신용카드매출전표등수취명세서를 경정기관의 확인을 거쳐 정부에 제출하는 경우
> ㄷ. 해당 서류를 기한 후 과세표준신고서와 함께 제출하여 관할 세무서장이 결정하는 경우
> ㄹ. 해당 서류를 과세표준수정신고서와 함께 제출하는 경우

① ㄱ, ㄷ
② ㄴ, ㄷ
③ ㄱ, ㄴ, ㄹ
④ ㄱ, ㄴ, ㄷ, ㄹ

▌의제매입세액 이론형 Level 1

ㄱ, ㄴ, ㄷ, ㄹ 모두 서류를 제출하여야 한다.

> 📄 **관련 서류 미비로 공제받지 못한 의제매입세액의 하자 치유**
>
> 사업자가 예정신고시에 의제매입세액공제 관련 서류를 제출하지 못하여 공제받지 못한 의제매입세액은 확정신고 시에 제출하여 공제받을 수 있으며, 예정 또는 확정신고 시에 공제받지 못한 의제매입세액은 해당 서류를 다음과 같이 제출하는 경우 의제매입세액을 공제받을 수 있음
> 1. 과세표준수정신고서와 함께 제출하는 경우
> 2. 경정청구서와 함께 제출하여 경정기관이 경정하는 경우
> 3. 기한 후 과세표준신고서와 함께 제출하여 관할 세무서장이 결정하는 경우
> 4. 과세관청의 경정 시 발급받은 계산서 또는 신용카드매출전표 등 수취명세서를 경정기관의 확인을 거쳐 정부에 제출하는 경우

답 ④

133

부가가치세법상 일반과세자(면세를 포기하고 영세율을 적용받는 경우는 제외)가 면세농산물 등에 대해 의제매입세액공제를 받는 것에 대한 설명으로 옳지 않은 것은?

2015년 국가직 7급

① 의제매입세액공제는 면세원재료를 사용하여 과세재화·용역을 공급하는 경우에 발생하는 누적효과를 제거하거나 완화시키기 위한 취지에서 마련된 제도이다.

② 의제매입세액은 면세농산물 등을 공급받은 날이 속하는 과세기간이 아니라, 그 농산물을 이용하여 과세대상 물건을 생산한 후 공급하는 시점이 속하는 과세기간의 매출세액에서 공제한다.

③ 의제매입세액의 공제를 받은 면세농산물 등을 그대로 양도 또는 인도하는 때에는 그 공제한 금액을 납부세액에 가산하거나 환급세액에서 공제하여야 한다.

④ 제조업을 경영하는 사업자가 법령에서 규정하는 농어민으로부터 면세농산물 등을 직접 공급받는 경우 의제매입세액공제를 받기 위해서는 세무서장에게 의제매입세액 공제신고서만 제출하면 된다.

의제매입세액공제	이론형 Level 1

의제매입세액의 공제시기는 면세 농산물 등을 공급받은 날이 속하는 예정신고 또는 확정신고 시 매입세액으로 공제된다.

답 ②

134

부가가치세법령상 납부세액 등에 대한 설명으로 옳은 것은?

2023년 국가직 9급

① 사업자는 부가가치세가 과세되는 재화를 공급하고 외상매출금(부가가치세를 포함한 것을 말한다)의 일부가 공급을 받은 자의 파산으로 대손되어 회수할 수 없는 경우에는 대손금액에 100분의 10을 곱한 금액을 매출세액에서 뺄 수 있다.

② 건축물이 있는 토지를 취득하여 그 건축물을 철거하고 토지만 사용하는 경우에는 철거한 건축물의 취득 및 철거 비용과 관련된 매입세액은 매출세액에서 공제하지 아니한다.

③ 사업자가 자기의 사업을 위하여 사용할 목적으로 공급받은 재화에 대한 부가가치세액은 해당 재화를 사업에 사용한 날이 속하는 과세기간의 매출세액에서 공제한다.

④ 사업자가 과세사업과 면세사업등을 겸영하는 경우에 과세사업과 면세사업등에 관련된 매입세액의 계산은 실지귀속과 관계없이 총공급가액에 대한 면세공급가액의 비율 등 대통령령으로 정하는 기준을 적용하여 안분 계산한다.

납부세액	이론형 Level 1

(선지분석)

① 100분의 10 → 110분의 10

③ 매입세액은 재화 또는 용역을 공급받는 시기가 속하는 과세기간의 매출세액에서 공제한다.

④ 사업자가 과세사업과 면세사업등을 겸영(兼營)하는 경우에 과세사업과 면세사업등에 관련된 매입세액의 계산은 실지귀속(實地歸屬)에 따라 하되, 실지귀속을 구분할 수 없는 매입세액은 총공급가액에 대한 면세공급가액의 비율 등 대통령령으로 정하는 기준을 적용하여 대통령령으로 정하는 바에 따라 안분(按分)하여 계산한다.

답 ②

06 겸영사업자

135
□□□
제조업을 영위하는 (주)A는 과세사업과 면세사업에 공통으로 사용하던 재화를 20X1년 8월 15일에 480,000원(부가가치세 불포함)에 공급하였다. 다음 (주)A의 공급가액 내역을 이용하여 해당 재화의 공급에 대한 부가가치세 과세표준을 계산하면?

2017년 국가직 9급 변형

(단위: 원)

구분	20X1년 1기	20X1년 2기
과세공급가액	18,000,000	24,000,000
면세공급가액	2,000,000	6,000,000
합계	20,000,000	30,000,000

① 384,000원
② 403,200원
③ 432,000원
④ 480,000원

공통사용재화 공급
계산형

재화의 공급가액이 50만 원 미만이므로 안분계산을 생략하고 해당 재화의 공급가액 전부를 과세표준으로 한다.

> 📄 **과세사업과 면세사업 등에 공통으로 사용된 재화의 공급가액 계산**
>
> 과세사업과 면세사업 등에 공통적으로 사용된 재화를 공급하는 경우에는 다음과 같이 계산한 금액을 공급가액으로 함
>
> $$공급가액 = 해당\ 재화의\ 공급가액 \times 직전과세기간의\ \frac{과세공급가액}{총공급가액}$$

단, 다음 중 어느 하나에 해당하는 경우에는 해당 재화의 공급가액 전부를 과세표준으로 함
1. 재화를 공급하는 날이 속하는 과세기간의 직전 과세기간 총공급가액 중 면세공급가액이 5% 미만인 경우. 다만, 해당 재화의 공급가액이 5천만 원 이상인 경우는 안분해야 함
2. 재화의 공급가액이 50만 원 미만인 경우는 공급단위별로 판단함
3. 재화를 공급하는 날이 속하는 과세기간에 신규로 사업을 시작하여 직전 과세기간이 없는 경우에 해당함

답 ④

136 2025.3.5. 일반과세자 甲은 면세사업과 과세사업에 공통으로 사용한 트럭을 10,000,000원에 매각하였다. 2025년 1기 과세표준에 포함되는 공급가액은 얼마인가?

> (1) 2024년 2기 총공급가액 100,000,000원(면세공급가액 60,000,000원 포함)
> (2) 2025년 1기 총공급가액 80,000,000원(면세공급가액 60,000,000원 포함)

① 2,500,000원 ② 4,000,000원
③ 6,000,000원 ④ 7,500,000원
⑤ 10,000,000원

┃ 공통사용재화 공급   계산형

공급가액 = 10,000,000원 × 40,000,000원 / 100,000,000원 = 4,000,000원
공통사용재화를 공급한 날이 속하는 과세기간의 직전 과세기간의 과세공급가액비율로 안분한다.
∵ 공급 시 세금계산서 발급 문제로 인함

답 ②

137 부가가치세법령상 홍길동은 과세사업과 면세사업을 겸영하고 있는데 과세사업과 면세사업으로 실지귀속을 구분할 수 없는 20X1년 제2기의 공통매입세액은 1천만 원이다. 홍길동의 20X1년 제1기와 제2기의 과세 및 면세사업의 공급가액은 다음과 같다. 공통매입세액 중 20X1년 제2기 과세기간에 공제받을 수 있는 금액은? (단, 매입세액의 공제요건은 충족하고, 20X1년 제2기 중 공통으로 사용되는 재화를 공급한 것은 없음)

2019년 국가직 9급 변형

구분	20X1년 제1기	20X1년 제2기	합계
과세사업	8천만 원	4천만 원	1억 2천만 원
면세사업	2천만 원	6천만 원	8천만 원
합계	1억 원	1억 원	2억 원

① 2백만 원 ② 4백만 원
③ 6백만 원 ④ 8백만 원

┃ 공통매입세액   계산형

$$10,000,000원 \times \frac{40,000,000원}{100,000,000원} = 4,000,000원$$

공통매입세액 안분계산: 과세사업과 면세사업 등을 겸영하는 경우로서 공통매입세액이 있는 경우 면세사업 등에 관련된 매입세액(불공제 매입세액)은 다음 계산식에 따라 안분하여 계산한다.

> $$불공제 \ 매입세액 = 공통매입세액 \times 해당과세기간의 \ \frac{면세공급가액}{총공급가액}$$

답 ②

138 소매업을 영위하는 (주)한국은 과세사업과 면세사업을 겸영하고 있다. 20X1년 제1기 과세 및 면세사업의 □□□ 공급가액과 매입세액이 다음과 같을 때, 확정신고 시 공제받을 수 없는 매입세액은? (단, 모든 거래에 대한 세금계산서 및 계산서는 적법하게 발급받았으며, 주어진 자료 이외의 다른 사항은 고려하지 않음)

2022년 국가직 9급 변형

(단위: 만 원)

구분	공급가액	매입세액
과세사업	300	25
면세사업	200	10
과세·면세공통(실지귀속 불분명)	–	20
합계	500	55

① 8만 원 ② 10만 원
③ 18만 원 ④ 30만 원

▌공통매입세액 계산형

면세사업	100,000원	–
공통매입세액 중 면세사업분	80,000원	20만 원 × 200/500
계	180,000원	–

답 ③

139 다음은 과세사업과 면세사업을 겸영하는 일반과세자 K(개인)의 20X1년 제2기(20X1.7.1. ~ 20X1.12.31.) 부가가치세 관련 자료이다. 20X1년 제2기에 매출세액에서 공제되는 매입세액은? (단, 모든 거래에 대한 세금계산서 및 계산서는 적법하게 발급받았음)

2023년 국가직 7급 변형

• 매입세액

구분	세액
과세사업	30,000,000원
면세사업	30,000,000원
과세·면세공통(실지귀속 불분명)	10,000,000원*
합계	70,000,000원

* 20X1년 제2기에 구입하여 20X1년 제2기에 전부 공급한 기계장치에 대한 매입세액임

• 공급가액

구분	과세사업	면세사업
20X1년 제1기	960,000,000원	40,000,000원
20X1년 제2기	800,000,000원	200,000,000원

① 35,000,000원　　　　　　② 38,000,000원
③ 39,600,000원　　　　　　④ 40,000,000원

겸영사업자　　　　　　　　　　　　　　　　　　　　　　계산형

구분	매입세액	비고
과세사업	30,000,000	
공통	9,600,000	10,000,000 × 960/1,000
합계	39,600,000	

과세사업과 면세사업 등 공통사용재화를 공급하는 경우 과세표준계산은 직전 과세기간의 공급가액비율로 계산하며 공통매입세액 중 공제되는 비율도 공급받는 과세기간 중의 공급가액 비율이 아닌 직전 과세기간의 공급가액비율로 계산한다. 한편, 공통매입세액이 5백만 원 이상인 경우에는 비율기준(5%)과 관계없이 안분계산을 하여야 한다.

답 ③

---

140 과세사업과 면세사업을 겸영하는 (주)서울은 20X1.11.30.에 사업용 건물을 5억 원(부가가치세 제외)에 매입하였다. (주)서울의 과세기간별 공급가액과 매입가액에 관한 자료가 다음과 같을 때 20X1년 제2기 과세기간의 부가가치세 확정신고시 위 사업용 건물의 구입과 관련하여 공제받을 수 있는 매입세액은 얼마인가?

(1) 20X1년 제1기 과세기간의 면세공급가액은 1억 원이고, 총공급가액은 5억 원이다.
(2) 20X1년 제2기 과세기간의 면세공급가액은 5억 원이고, 총공급가액은 10억 원이다.
(3) 20X1년 제2기 과세기간의 면세사업등에 관련된 매입가액은 3,000만 원이고, 총매입가액은 5,000만 원이다.

① 25,000,000원　　　　　　② 30,000,000원
③ 50,000,000원　　　　　　④ 70,000,000원

공통매입세액　　　　　　　　　　　　　　　　　　　　　계산형

50,000,000원 × 5억 원 / 10억 원 = 25,000,000원

답 ①

141 다음은 과세재화와 면세재화를 제조 및 판매하고 있는 甲회사의 20X1년도 제2기 부가가치세 과세기간에 대한 자료이다. 한편, 20X1년도 제2기 과세기간의 매입가액에 대한 부가가치세는 모두 매입세액공제대상이다. 20X1년도 제2기 甲회사의 부가가치세 납부세액은? 2012년 국가직 7급 변형

---

(1) 공급가액
    ㉠ 20X1년 제1기
      • 총공급가액: 200,000,000원
      • 면세공급가액: 100,000,000원
    ㉡ 20X1년 제2기
      • 총공급가액: 200,000,000원
      • 면세공급가액: 80,000,000원
(2) 매입가액
    • 과세재화용 원재료: 65,000,000원
    • 면세재화용 원재료: 35,000,000원
    • 과세사업과 면세사업에 공통으로 사용되는 부재료: 25,000,000원

---

① 2,000,000원
③ 4,000,000원
② 2,250,000원
④ 4,250,000원

겸영사업자 종합 계산형

구분	금액	비고
매출세액	12,000,000원	(200,000,000원 − 80,000,000원) × 10%
매입세액	−	−
ⓐ 원재료	(−) 6,500,000원	65,000,000원(과세사업용) × 10%
ⓑ 부재료	(−) 1,500,000원	25,000,000원 × 10% × 120,000,000원 / 200,000,000원
납부세액	4,000,000원	−

답 ③

---

142 20×2년 제1기(20×2.1.1. ~ 20×2.6.30.) 부가가치세 관련 자료이다. (주)A의 부가가치세 과세표준에 포함될 재화의 공급가액으로 옳은 것은?

---

(1) (주)A는 과세사업과 면세사업에 공통으로 사용하던 차량과 비품을 다음과 같이 매각하였다.

구분	취득가액	공급일자	공급가액
차량	40,000,000원	20×2.4.1.	20,000,000원
비품	1,000,000원	20×2.5.1.	400,000원

(2) 과세사업과 면세사업의 공급가액비율

구분	20×1년 제2기	20×2년 제1기
과세사업	50%	60%
면세사업	50%	40%

---

① 10,200,000원
③ 12,200,000원
② 10,400,000원
④ 12,400,000원

구분	공급가액	비고
차량	10,000,000원	20,000,000원 × 50%
비품	400,000원	500,000원 미만 안분생략
합계	10,400,000원	–

답 ②

143 면세사업을 영위하던 甲씨는 2025년 4월 1일부터 면세사업과 과세사업을 겸영하기로 하고 재화를 과세사업에도 공통으로 사용하게 되었다. 甲씨의 2025년 제1기 확정신고시 과세전환과 관련하여 공제받을 수 있는 매입세액은 얼마인가?

(1) 2025.4.1. 현재 보유하고 있는 자산 내역은 다음과 같다.

(단위: 1,000,000원)

구분	취득일	취득원가	불공제매입세액
건물	2024.1.1.	100	10
원재료	2024.9.1.	10	1

(2) 과세사업과 면세사업의 공급가액비율

구분	2024-1기	2024-2기	2025-1기
과세사업	53%	50%	60%
면세사업	47%	50%	40%

① 5,000,000원　　　　　　② 5,400,000원
③ 6,200,000원　　　　　　④ 6,600,000원

(단위: 1,000,000원)

구분	매입세액	비고
건물	54	100 × (1 − 5% × 2) × 60%
원재료	–	비상각자산 계산 ×
합계	54	

답 ②

144
☐☐☐ 과세사업과 면세사업을 겸영하는 (주)A의 자료이다. 20×2년 제1기 부가가치세 확정신고 시 납부세액 재계산으로 인하여 납부세액에 가산할 금액으로 옳은 것은? (단, 제시된 금액은 부가가치세를 포함하지 않은 금액임)

(1) (주)A는 20×1년 4월 15일에 과세사업과 면세사업에 공통으로 사용하기 위하여 기계장치를 1,000,000,000원(부가가치세 제외)에 구입하고, 매입세액은 공급가액 비율로 안분하여 공제하였다.
(2) 과세사업과 면세사업의 공급가액비율

구분	과세사업	면세사업
20×1년 제1기	60%	40%
20×1년 제2기	56%	44%
20×2년 제1기	50%	50%

① 3,000,000원   ② 4,000,000원
③ 5,000,000원   ④ 6,000,000원

| 납부세액　　　　　　　　　　　　　　　　　　　　　　　　　　　　　　　　　계산형

납부세액 재계산: $100{,}000{,}000 \times (1 - 25\% \times 2) \times (50\% - 40\%) = 5{,}000{,}000$

답 ③

145
☐☐☐ 과세사업과 면세사업을 겸영하는 (주)A의 자료이다. 20×1년 제1기 부가가치세 확정신고시 매입세액공제액으로 옳은 것은? (단, 모든 거래에 대한 세금계산서는 적법하게 발급받았으며, 예정신고는 적법하게 이루어졌음)

(1) 20×1.1.1. ~ 20×1.6.30. 과세사업과 면세사업에 공통으로 사용하기 위한 매입(실지 귀속을 구분할 수 없음)세액 자료는 다음과 같다.

구분	1월 ~ 3월	4월 ~ 6월
공통매입세액	100	200

(2) 과세사업과 면세사업의 공급가액비율

구분	20×1년 1월 ~ 3월	20×1년 1월 ~ 6월
과세사업	70%	80%
면세사업	30%	20%

① 10   ② 160
③ 170   ④ 240

| 매입세액공제액　　　　　　　　　　　　　　　　　　　　　　　　　　　　　계산형

예정신고시 매입세액: $100 \times 70\% = 70$
확정신고시 매입세액: ⓐ + ⓑ
ⓐ $200 \times 80\% = 160$
ⓑ $100 \times 80\% - 70 = 10$

답 ③

146 일반과세자인 김길동씨는 음식점업(과세유흥장소 외 음식점업으로서 개인사업)을 경영하고 있다. 다음의
□□□ 자료에 의해서 김길동씨의 20X1년도 제1기분 부가가치세 차가감 납부할 세액을 계산하면?

2008년 국가직 7급 변형

> (1) 제1기분 공급대가 330,000,000원
> (2) 공급대가에는 여신전문금융업법 상 신용카드매출전표발행금액 120,000,000원(부가가치세 포함)
>   이 포함됨
> (3) 세금계산서 수취분 공제가능 매입세액 20,000,000원
> (4) 면세농산물 등 매입가액 21,600,000원(전액 과세용으로 사용되며, 한도는 고려하지 아니함)

① 8,800,000원   ② 8,400,000원

③ 7,600,000원   ④ 6,840,000원

▌차가감납부세액   계산형

구분	금액	비고
매출세액	30,000,000원	330,000,000원 × 100/110 × 10%
매입세액	–	–
㉠ 세금계산서	(–) 20,000,000원	–
㉡ 의제매입세액	(–) 1,600,000원	21,600,000원 × 8/108
납부세액	= 8,400,000원	–
신용카드세액공제	(–) 1,560,000원	Min[120,000,000 × 1.3%, 연간 1천만 원]
차가감납부세액	= 6,840,000원	–

답 ④

07 부가가치세의 납세절차

147 부가가치세법상 세금계산서를 교부하지 않는 경우에 세금계산서 불성실가산세를 적용받게 되는 경우로서
옳은 것은?　　　　　　　　　　　　　　　　　　　　　　　　　　　　　　2016년 국가직 7급

① 국내에서 국내사업장이 없는 외국법인에게 재화를 공급하고 그 대금은 외화로 직접 송금 받아
외국환은행에 매각한 경우(재화는 외국법인이 지정하는 국내사업자에게 인도되고 이는 해당 사
업자의 과세사업에 사용)
② 수출업자와 직접 도급계약에 의하여 수출하는 재화의 임가공용역을 공급하는 경우
③ 부동산임대사업자가 수령한 임대보증금에 대한 간주임대료를 계산하는 경우
④ 면세사업자가 면세재화를 과세사업자에게 공급하는 경우

| ■ 세금계산서 불성실가산세 | 이론형 Level 1 |

수출재화임가공용역거래는 세금계산서 발급의무가 있는 거래에 해당한다.

> 📄 **세금계산서 발급의무가 있는 영세율 적용대상**
> 1. 내국신용장·구매확인서에 의해 공급하는 재화
> 2. 한국국제협력단, 한국국제보건의료재단 및 대한적십자사에 공급하는 재화
> 3. 원료를 대가 없이 국외수탁가공사업자에게 반출하여 가공한 재화를 양도하는 경우
> 4. 수출재화임가공용역

답 ②

---

148 부가가치세의 신고와 납부에 관한 설명 중 옳지 않은 것은?　　　　　　2007년 국가직 7급 변형

① 개인사업자에 대하여는 각 예정신고기간마다 직전 과세기간 납부세액의 50퍼센트에 상당하는
금액을 결정하여 징수함이 원칙이다.
② 사업장이 둘 이상인 사업자(사업장이 하나이나 추가로 사업장을 개설하려는 사업자를 포함함)
로서 주사업장 총괄 납부 사업자가 되려는 자는 그 납부하려는 과세기간 개시 20일 전에 주된
사업장의 관할 세무서장에게 신청하여야 한다.
③ 국내사업장이 없는 비거주자 또는 외국법인으로부터 국외에서 용역을 공급받는 자가 당해 용역
을 과세사업에 제공하는 경우에는 부가가치세법상 대리납부의무가 있다.
④ 사업자는 각 과세기간에 대한 과세표준과 납부세액 또는 환급세액을 그 과세기간이 끝난 후 25
일(폐업하는 경우 폐업일이 속한 달의 다음 달 25일) 이내에 납세지 관할 세무서장에게 신고함
이 원칙이다.

| ■ 신고와 납부 | 이론형 Level 1 |

국내사업장이 없는 비거주자 등으로부터 용역 등을 공급받는 자는 과세사업자를 제외하고 국내에서 용역 등을 제공
받는 자이면 대리납부의무가 있다. 다만, 과세사업자인 경우에도 매입세액이 공제되지 아니하는 용역 등을 공급받는
경우에는 대리납부의무가 있다.

답 ③

149 **부가가치세법상 세액공제 및 신고·납부에 관한 설명으로 옳은 것은?** 2018년 회계사

① 간이과세자가 부가가치세가 과세되는 재화·용역을 공급하고 신용카드매출전표를 발급한 경우에는 업종에 따라 그 발급금액에 공제율을 차등 적용한다.

② 일반과세자 중 사업장을 기준으로 직전 사업연도 공급가액 합계액이 10억 원 이하인 영수증 발급대상 개인사업자가 부가가치세가 과세되는 재화·용역을 공급하고 신용카드매출전표를 발급한 경우에는 한도없이 그 발급금액의 일정률을 공제 한다.

③ 국내사업장이 없는 외국법인으로부터 재화를 공급받은 면세사업자는 그 대가를 지급하는 때에 부가가치세를 징수하여야 한다.

④ (주)A가 생산한 제품인 보온병을 직원에게 기념품으로 무상 지급하고 세금계산서를 발급하지 아니한 경우에도 세금계산서 불성실가산세가 적용되지 아니한다.

⑤ 국내사업장이 없는 비거주자로부터 용역의 공급을 받는 자는 공급받은 용역의 과세사업사용여부에 관계없이 부가가치세를 징수하여 납부하여야 한다.

│ 세액공제 및 신고·납부 이론형 Level 2

개인적 공급(간주공급)의 경우 세금계산서 발급 의무가 면제되므로, 세금계산서를 발급하지 않은 경우에도 세금계산서 불성실 가산세가 적용되지 않는다.

(선지분석)

① 간이과세자가 부가가치세가 과세되는 재화·용역을 공급하고 신용카드매출전표를 발급한 경우에는 업종에 구분 없이 그 발급금액에 동일한 공제율을 곱하여 계산한 금액을 공제한다.

② 일반과세자의 신용카드 등의 사용에 따른 세액공제 등은 연간 1,000만 원을 한도로 한다.

③ 국내사업장이 없는 외국법인으로부터 용역(재화 ×)을 공급받은 면세사업자는 그 대가를 지급하는 때에 부가가치세를 징수하여야 한다.

⑤ 국내사업장이 없는 비거주자로부터 용역의 공급을 받는 자(공급받는 그 용역 등을 과세사업에 제공하는 경우는 제외하되, 매입세액이 공제되지 않은 용역 등을 공급받는 경우는 포함)는 공급 받은 용역의 부가가치세를 징수하여 납부하여야 한다.

답 ④

150 부가가치세법상 신고 및 납부에 관한 설명으로 옳은 것은?

① 예정신고를 한 사업자는 확정신고 및 납부 시 예정신고한 과세표준과 납부한 납부세액 또는 환급받은 환급세액도 포함하여 신고하여야 한다.
② 일반과세자인 개인사업자가 사업 부진으로 인하여 예정신고기간의 공급가액이 직전 과세기간 공급가액의 3분의 1에 미달하여 예정신고납부를 한 경우에는 예정고지세액의 결정은 없었던 것으로 본다.
③ 사업장이 둘 이상인 사업자가 주된 사업장의 관할 세무서장에게 주사업장 총괄납부를 신청한 경우에는 납부할 세액을 주된 사업장에서 총괄하여 신고하여야 한다.
④ 사업자가 물품을 제조하기 위한 원재료를 수입하면서 부가가치세의 납부유예를 미리 신청하는 경우에는 관할 세무서장은 해당 재화를 수입할 때 부가가치세의 납부를 유예할 수 있다.
⑤ 간이과세자는 사업부진으로 인하여 예정부과기간의 공급대가의 합계액이 직전 과세기간의 공급대가 합계액의 3분의 1에 미달하여도 예정부과기간의 과세표준과 납부세액을 예정부과기한까지 사업장 관할 세무서장에 신고할 수 없다.

▌신고 및 납부

이론형 Level 2

선지분석
① 예정신고를 한 사업자는 확정신고 및 납부시 예정신고한 과세표준과 납부한 납부세액 또는 환급받은 환급세액은 신고하지 않는다.
③ 주사업장 총괄납부 사업자도 신고는 각 사업장별로 하여야 한다.
④ 수입부가가치세 납부유예신청에 관한 관할은 관할 세무서장이 아니라 세관장이다.
⑤ 간이과세자는 사업부진으로 인하여 예정부과기간의 공급대가의 합계액이 직전 과세기간의 공급대가의 합계액의 3분의 1에 미달한 경우 예정부과기간의 과세표준과 납부세액을 예정부과기한까지 사업장 관할 세무서장에게 신고할 수 있다.

답 ②

151 부가가치세법상 신고와 납부에 대한 설명으로 옳지 않은 것은?

① 국외사업자로부터 권리를 공급받는 경우에는 공급받는 자의 국내에 있는 사업장의 소재지 또는 주소지를 해당 권리가 공급되는 장소로 본다.
② 국외사업자로부터 국내에서 용역을 공급받는 자(공급받은 그 용역을 과세사업에 제공하는 경우는 제외하되, 매입세액이 공제되지 않은 용역을 공급받는 경우는 포함)는 그 대가를 지급하는 때에 그 대가를 받은 자로부터 부가가치세를 징수하여야 한다.
③ 국외사업자가 부가가치세법에 따른 사업자등록의 대상으로서 위탁매매인을 통하여 국내에서 용역을 공급하는 경우에는 국외사업자가 해당 용역을 공급한 것으로 본다.
④ 국외사업자가 전자적 용역을 국내에 제공하는 경우(사업자등록을 한 자의 과세사업 또는 면세사업에 대하여 용역을 공급하는 경우는 제외)에는 사업의 개시일부터 20일 이내에 간편사업자등록을 하여야 한다.

▌신고와 납부

이론형 Level 1

국외사업자가 부가가치세법에 따른 사업자등록의 대상으로서 위탁매매인을 통하여 국내에서 용역을 공급하는 경우에는 위탁매매인이 해당 용역을 공급한 것으로 본다.

답 ③

152 부가가치세법상 대리납부제도에 대한 설명으로 옳지 않은 것은? 2015년 국가직 9급 변형

① 사업의 포괄적 양도에 따라 그 사업을 양수받는 자는 그 대가를 지급하는 때에 그 대가를 받은 자로부터 부가가치세를 징수하여 납부할 수 있다.

② 부가가치세 대리납부신고서는 과세표준신고서로 보기 때문에 대리납부한 세액이 과다한 경우 경정청구를 할 수 있다.

③ 국내사업장이 없는 비거주자로부터 부가가치세 면세대상 용역을 공급받는 자는 부가가치세 대리납부의무가 없다.

④ 국내사업장이 없는 외국법인으로부터 용역을 공급받는 자의 대리납부시기는 용역제공이 완료되는 때이다.

| 대리납부 이론형 Level 1

대리납부할 부가가치세액은 제공받는 용역 등의 공급시기에 관계없이 그 대가를 지급하는 때에 징수한다.

(선지분석)

② 부가가치세 대리납부 시 과다하게 납부한 대리납부세액에 대하여 사업자가 국세기본법에 따른 환급청구나 경정청구를 한 경우 관할 세무서장은 이를 확인하여 과다납부한 세액을 환급하여야 한다.

답 ④

153 외국법인 A로부터 용역을 공급받는 자인 B의 대리납부에 관한 설명으로 옳은 것을 모두 고른 것은? (단, 각 지문은 상호독립적이며, 대리납부에 관한 특례규정은 고려하지 않음) 2020년 세무사

> ㄱ. 국내사업장이 없는 A로부터 용역의 공급을 받는 B는 공급받는 용역(매입세액공제대상임)을 과세사업에 사용한 경우에는 대리납부의무가 있다.
> ㄴ. 국내사업장이 없는 A로부터 부가가치세 과세대상 용역을 공급받는 면세사업을 영위하는 사업자 B는 대리납부의무가 있다.
> ㄷ. 국내사업장이 없는 A로부터 부가가치세법상 매입세액이 공제되지 아니하는 용역을 공급받는 과세사업자 B는 대리납부의무가 있다.
> ㄹ. 대리납부 적용요건을 충족하는 용역을 공급받는 사업자 B는 용역의 공급시기에 관계없이 그 대가를 지급하는 때에 부가가치세액을 징수한다.

① ㄱ, ㄴ   ② ㄱ, ㄷ

③ ㄴ, ㄷ   ④ ㄴ, ㄹ

⑤ ㄴ, ㄷ, ㄹ

| 대리납부 이론형 Level 2

옳은 것은 ㄴ, ㄷ, ㄹ이다.

ㄷ. 과세사업자임에도 불구하고 매입세액이 공제되지 않는 경우에는 대리납부의무가 있다.

(선지분석)

ㄱ. 과세사업에 사용하지 않은 경우에 한하여 대리납부의무가 있다.

답 ⑤

154 부가가치세법상 환급에 대한 설명으로 옳지 않은 것은?

① 사업자가 사업설비 확장을 위해 토지를 취득하는 경우 사업장 관할 세무서장은 일반환급절차에도 불구하고 환급세액을 조기환급할 수 있다.

② 환급세액은 원칙적으로 각 과세기간별로 그 확정신고기한 경과 후 30일 내에 사업자에게 환급하여야 한다.

③ 결정·경정에 의하여 추가로 발생한 환급세액은 지체없이 사업자에게 환급하여야 한다.

④ 제1기 과세기간의 경우에는 3월과 6월은 조기환급기간이 될 수 없다.

| **환급** | 이론형 Level 1 |

사업자가 사업설비 확장을 위해 토지를 취득하는 경우는 조기 환급을 받을 수 없다. 토지는 면세재화이기 때문에 부담한 부가가치세가 없기 때문이다.

> 📑 **조기환급대상(부가가치세법 제59조 제2항 참조)**
> 1. 사업자가 영세율을 적용받는 경우
> 2. 사업자가 사업 설비(감가상각자산)를 신설·취득·확장 또는 증축하는 경우
> 3. 사업자가 재무구조개선계획을 이행 중인 경우

답 ①

---

155 부가가치세법상 조기환급에 대한 설명으로 옳지 않은 것은?

① 사업자가 법령에 따른 영세율을 적용받는 경우 납세지 관할 세무서장은 환급세액을 조기에 환급할 수 있다.

② 조기환급신고를 받은 세무서장은 각 조기환급기간별로 해당 조기환급신고기한이 지난 후 25일 이내에 사업자에게 환급하여야 한다.

③ 조기환급을 받으려는 사업자가 법령에 의한 부가가치세 확정신고서를 각 납세지 관할 세무서장에게 제출한 경우에는 법률에 따라 조기환급을 신고한 것으로 본다.

④ 사업자가 법령으로 정하는 사업 설비를 신설·취득·확장 또는 증축하는 경우에는 납세지 관할 세무서장은 환급세액을 조기에 환급할 수 있다.

| **조기환급** | 이론형 Level 1 |

조기환급신고를 받은 세무서장은 각 조기환급기간별로 해당 조기환급신고기한이 지난 후 <u>15일</u> 이내에 사업자에게 환급하여야 한다.

> 📑 **조기환급신고(부가가치세법 시행령 제107조 참조)**
> 1. 예정·확정신고기간별 조기환급을 받으려는 사업자가 예정·확정신고서를 제출한 경우에는 조기환급을 신고한 것으로 봄
> 2. 예정·확정신고서를 제출함으로써 조기환급신고가 갈음되기 때문에 별도에 조기환급에 관한 신고서를 제출할 필요가 없음
> 3. 이미 신고한 조기환급분은 제외함

답 ②

156 부가가치세법상 환급 및 조기환급에 대한 설명으로 옳지 않은 것은? 2016년 국가직 7급

① 납세지 관할 세무서장은 각 과세기간별로 그 과세기간에 대한 환급세액을 확정신고한 사업자에게 그 확정신고기한이 지난 후 30일 이내(조기환급 제외)에 대통령령으로 정하는 바에 따라 환급하여야 한다.

② 조기환급세액은 영세율이 적용되는 공급분에 관련된 매입세액·시설투자에 관련된 매입세액 또는 국내공급분에 대한 매입세액을 구분하여 사업장별로 해당 매출세액에서 매입세액을 공제하여 계산한다.

③ 납세지 관할 세무서장은 결정 또는 경정에 의하여 추가로 발생한 환급세액이 있는 경우에는 지체 없이 사업자에게 환급하여야 한다.

④ 조기환급을 신고할 때 이미 신고한 과세표준과 납부한 납부세액 또는 환급받은 환급세액은 예정신고 및 확정신고 대상에서 제외하며, 조기환급신고를 할 때 매출·매입처별 세금계산서합계표를 제출한 경우에는 예정신고 또는 확정신고와 함께 매출·매입처별 세금계산서합계표를 제출한 것으로 본다.

│ 환급 및 조기환급 이론형 Level 1

조기환급세액은 영세율 적용분 매입세액, 시설투자 관련분 매입세액, 국내공급분에 대한 매입세액을 <u>구분하지 아니하고</u> 사업장별로 해당 매출세액에서 매입세액을 공제하여 계산한다.

답 ②

157 부가가치세법령상 환급 및 조기환급에 대한 설명으로 옳지 않은 것은? 2021년 국가직 9급

① 조기환급신고를 할 때 매출·매입처별 세금계산서합계표를 제출한 경우에는 예정신고 또는 확정신고를 할 때 함께 제출하여야 하는 매출·매입처별 세금계산서합계표를 제출한 것으로 본다.

② 사업자는 각 과세기간에 대한 과세표준과 납부세액 또는 환급세액을 그 과세기간이 끝난 후 25일(폐업하는 경우 폐업일이 속한 달의 다음 달 25일) 이내에 납세지 관할 세무서장에게 신고하여야 하며, 조기에 환급을 받기 위하여 신고한 사업자는 이미 신고한 과세표준과 환급받은 환급세액도 신고하여야 한다.

③ 관할 세무서장은 결정·경정에 의하여 추가로 발생한 환급세액이 있는 경우에는 지체 없이 사업자에게 환급하여야 한다.

④ 조기환급이 적용되는 사업자가 조기환급신고기한에 조기환급기간에 대한 과세표준과 환급세액을 관할 세무서장에게 신고하는 경우에는 조기환급기간에 대한 환급세액을 각 조기환급기간별로 해당 조기환급신고기한이 지난 후 15일 이내에 사업자에게 환급하여야 한다.

│ 환급 및 조기환급 이론형 Level 1

예정신고를 한 사업자 또는 조기에 환급을 받기 위하여 신고한 사업자는 이미 신고한 과세표준과 납부한 납부세액 또는 환급받은 환급세액은 확정신고대상에서 제외한다.
∵ 동일한 세액이 이중으로 신고되지 않도록 하기 위함

답 ②

158 부가가치세법상 부가가치세의 결정·경정·징수와 환급에 관한 설명으로 옳지 않은 것은?

2010년 국가직 9급

① 재화의 수입에 대한 부가가치세는 세관장이 관세징수의 예에 의하여 징수한다.

② 조기환급사유에 해당하는 경우를 제외하고 환급세액은 각 과세기간별로 그 확정신고기한 경과 후 30일 내에 사업자에게 환급하여야 한다.

③ 추계하는 경우를 제외하고 각 과세기간에 대한 과세표준과 납부세액을 결정하는 경우에는 세금계산서·장부 또는 그 밖의 증명자료를 근거로 하여야 한다.

④ 사업장별로 사업자등록을 하지 않은 경우에는 과세표준과 납부세액 또는 환급세액을 조사하여 결정 또는 경정하고 국세징수의 예에 따라 징수할 수 있다.

▌결정·경정·징수와 환급
이론형 Level 1

사업자가 사업자등록을 하지 아니하는 경우에는 사업장 관할 세무서장이 조사하여 등록할 수 있으며, 결정·경정 사유에는 해당하지 아니한다.

답 ④

---

159 부가가치세법상 일반과세자의 부가가치세 신고와 환급에 관한 설명이다. 옳지 않은 것은?

2019년 회계사 변형

① 20X1년 제1기 확정신고 시에는 20X1년 1월 1일부터 20X1년 6월 30일까지의 과세기간에 대한 과세표준과 납부세액 중 예정신고 또는 조기환급신고시 이미 신고한 부분을 제외한 부분을 20X1년 7월 25일까지 신고하여야 한다.

② 20X1년 제1기 과세기간에 대한 환급세액을 20X1년 7월 15일에 신고한 경우, 조기환급이 아니면 20X1년 7월 25일이 지난 후 30일 이내에 환급하여야 한다.

③ 예정신고기간에 대한 환급세액은 조기환급의 경우를 제외하고는 바로 환급되지 않으며, 확정신고시 납부세액에서 차감한다.

④ 20X1년 1월에 사업용 기계를 취득하여 20X1년 2월 25일에 조기환급신고를 한 경우, 20X1년 2월 25일이 지난 후 15일 이내에 환급하여야 한다.

⑤ 관할 세무서장의 경정에 따라 20X1년 9월 9일 환급세액이 발생한 경우, 20X1년 9월 9일이 지난 후 30일 이내에 환급하여야 한다.

▌신고와 환급
이론형 Level 2

관할 세무서장은 결정·경정에 의하여 추가로 발생한 환급세액이 있는 경우 지체없이 사업자에게 환급하여야 한다.

답 ⑤

160

부가가치세법상 환급에 관한 설명으로 옳지 않은 것은?

① 조기환급의 경우 환급세액은 조기환급 관련 신고기한이 지난 후 15일 이내에 환급하여야 한다.

② 일반과세자이든 간이과세자이든 환급규정이 적용된다.

③ 납세지 관할 세무서장은 사업자가 부가가치세법상 영세율을 적용받는 경우에 해당하여 환급을 신고한 때에는 대통령령으로 정하는 바에 따라 사업자에게 환급세액을 조기환급할 수 있다.

④ 사업자가 사업 설비를 신설·취득·확장 또는 증축하는 경우 조기환급은 세법상 감가상각자산에 한해 받을 수 있다.

⑤ 조기환급이 아닌 경우의 환급세액은 확정신고한 사업자에게 확정신고기한이 지난 후 30일 이내에 환급하여야 한다.

> **│ 환급** 이론형 Level 2
>
> 간이과세자의 경우 매입세금계산서 등 세액공제액, 전자신고세액공제 및 신용카드매출전표 등발급세액공제액 합계액이 각 과세기간의 납부세액을 초과하는 경우에는 그 초과하는 부분은 없는 것으로 본다. 간이과세자의 경우 원칙적으로 환급규정이 적용되지 않는다. 다만, 예정부과액이 또는 납부의무가 면제되는 간이과세자가 자진납부한 사실이 확인되는 경우 관할 세무서장은 납부한 금액을 환급하여야 한다.
>
> 답 ②

161

부가가치세의 신고, 환급 및 대리납부 등에 관한 설명으로 옳지 않은 것은?

① 소규모법인 사업자가 아닌 법인사업자(신규사업개시자 아님)는 각 과세기간 중 예정신고기간이 끝난 후 25일 이내에 각 예정신고기간에 대한 과세표준과 납부세액 또는 환급세액을 납세지 관할 세무서장에게 신고하여야 한다.

② 사업자가 영세율 등 조기환급기간에 대한 과세표준과 환급세액을 정부에 신고하는 경우에는 조기환급기간에 대한 환급세액을 조기환급기간별로 당해 조기환급신고기한 경과 후 25일 이내에 사업자에게 환급하여야 한다.

③ 대리납부의무자가 부가가치세를 납부하지 아니한 경우에는 사업장 또는 주소지 관할 세무서장은 그 납부하지 아니한 세액에 그 세액의 100분의 10에 해당하는 금액을 더하여 국세징수의 예에 따라 징수한다.

④ 국내사업장이 없는 외국법인으로부터 용역을 공급받는 자가 공급받은 그 용역을 과세사업에 제공하는 경우에는 대리납부의무가 없다.

> **│ 신고, 환급 및 대리납부** 이론형 Level 1
>
> 사업자가 영세율 등 조기환급기간에 대한 과세표준과 환급세액을 정부에 신고하는 경우에는 조기환급기간에 대한 환급세액을 조기환급기간별로 당해 조기환급신고기한 경과 후 <u>15일 이내</u>에 사업자에게 환급하여야 한다.
>
> **(선지분석)**
>
> ③ 본 세액의 100분의 10(국세기본법 제47조의5상 '대리납부할 세액의 10%')에 상당하는 가산금액을 일반적으로 '대리납부 불성실가산세'라고 하는데, 일반가산세 규정과는 별도로 규정되어 있다.
>
> 답 ②

162

부가가치세법령상 국외사업자의 전자적 용역 공급에 대한 설명으로 옳지 않은 것은? 2017년 국가직 7급

① 간편사업자등록을 한 사업자가 국내에 전자적 용역을 공급하는 경우에는 국내사업자와 동일하게 세금계산서 및 영수증을 발급하여야 한다.

② 국내사업장이 없는 비거주자 또는 외국법인이 정보통신망 등을 이용하여 전자적 용역의 거래가 가능하도록 오픈마켓이나 그와 유사한 것을 운영하고 관련 서비스를 제공하는 자를 통하여 국내에 전자적 용역을 공급하는 경우(국내사업자의 용역 등 공급 특례가 적용되는 경우는 제외)에는 그 오픈마켓을 운영하고 관련 서비스를 제공하는 자가 해당 전자적 용역을 국내에서 공급한 것으로 본다.

③ 간편사업자등록을 한 자의 국내로 공급되는 전자적 용역의 공급시기는 구매자가 공급하는 자로부터 전자적 용역을 제공받은 때와 구매자가 전자적 용역을 구매하기 위하여 대금의 결제를 완료한 때 중 빠른 때로 한다.

④ 국내사업장이 없는 비거주자 또는 외국법인이 국내에 이동통신단말장치 또는 컴퓨터 등을 통하여 구동되는 전자적 용역을 공급하는 경우(부가가치세법, 소득세법 또는 법인세법에 따라 사업자등록을 한 자의 과세사업 또는 면세사업에 대하여 용역을 공급하는 경우는 제외)에는 국내에서 해당 전자적 용역이 공급되는 것으로 본다.

▌전자적 용역 공급 이론형 Level 1

간편사업자등록을 한 사업자가 국내에 공급하는 전자적 용역에 대해서는 세금계산서 및 영수증 발급의무를 <u>면제</u>한다.

📄 국내 전자적 용역이 공급되는 경우 부가가치세 과세방법

공급자	오픈마켓을 통한 공급	
	국내오픈마켓 사업자(KT, SKT 등)	국외오픈마켓 사업자(구글 등)
국외사업자	국내 위탁매매인 또는 대리인이 공급하는 것으로 봄	국외 오픈마켓 사업자가 간편사업자등록을 하고 신고·납부
국내사업자	국내사업자 직접 공급한 것으로 보아 신고·납부	

답 ①

163

세금계산서상 공급가액의 100분의 2에 해당하는 금액을 납부세액에 더하거나 환급세액에서 빼는 경우에 해당하는 것을 모두 고른 것은? 2013년 세무사

ㄱ. 사업자가 재화 또는 용역을 공급받고 실제로 재화 또는 용역을 공급하는 자가 아닌 자의 명의로 세금계산서를 발급받은 경우

ㄴ. 사업자가 발급한 세금계산서의 필요적 기재사항의 전부 또는 일부가 착오 또는 과실로 적혀 있지 아니하거나 사실과 다른 경우

ㄷ. 재화 또는 용역을 공급받지 아니하고 세금계산서를 발급받은 경우

ㄹ. 세금계산서의 발급시기가 지난 후 해당 재화 또는 용역의 공급시기가 속하는 과세기간에 대한 확정신고기한까지 세금계산서를 발급하는 경우

① ㄱ
② ㄱ, ㄴ
③ ㄱ, ㄷ
④ ㄴ, ㄷ
⑤ ㄷ, ㄹ

ㄱ. 위장 발급의 경우에는 2%의 가산세를 적용한다.

(선지분석)

ㄴ. 사업자가 발급한 세금계산서의 필요적 기재사항의 전부 또는 일부가 착오 또는 과실로 적혀 있지 아니하거나 사실과 다른 경우에는 부실기재로서 1%의 가산세를 적용한다. 다만, 세금계산서의 필요적 기재사항 중 일부가 착오나 과실로 적혔으나 해당 세금계산서의 그 밖의 필요적 기재사항 또는 임의적 기재사항으로 보아 거래사실이 확인되는 경우에는 사실과 다른 세금계산서로 보지 아니한다.

ㄷ. 가공수취의 경우 3%의 가산세를 적용한다.

ㄹ. 지연발급의 경우 1%의 가산세를 적용한다.

답 ①

164

부가가치세법상 일반과세자의 가산세 계산으로 옳지 않은 것은?   2016년 회계사 변형

① 20X1년 3월 25일에 사업을 개시하고 20X1년 6월 24일에 사업자등록을 신청한 경우에는 20X1년 3월 25일부터 20X1년 6월 23일까지의 공급가액에 1%를 곱한 금액

② 20X1년 3월 25일에 타인의 명의로 사업자등록을 하여 사업을 하다가 20X1년 4월 25일에 그 사실이 확인된 경우에는 20X1년 3월 25일부터 20X1년 4월 24일까지의 공급가액에 2%를 곱한 금액

③ 재화를 공급하고 실제로 재화를 공급하는 자가 아닌 자의 명의로 세금계산서를 발급한 경우에는 그 공급가액에 2%를 곱한 금액

④ 재화를 공급받고 실제로 재화를 공급하는 자가 아닌 자의 명의로 세금계산서를 발급받은 경우에는 그 공급가액에 2%를 곱한 금액

⑤ 재화를 공급받지 아니하고 세금계산서를 발급받은 경우에는 그 세금계산서에 적힌 공급가액에 3%를 곱한 금액

가산세   이론형 Level 2

명의위장가산세 금액은 실제 사업 확인일의 전날까지 공급가액합계액 × 1%로 한다.

(선지분석)

① 미등록 가산세 금액은 등록신청일의 전날까지 공급가액합계액 × 1%로 한다.

③ 위장발급 세금계산서 금액은 그 공급가액 × 2%로 한다.

④ 위장수취 세금계산서 금액은 그 공급가액 × 2%로 한다.

⑤ 가공매입 세금계산서 금액은 세금계산서 등에 적힌 금액 × 3%로 한다.

답 ②

08 간이과세제도

165

부가가치세법상 세금계산서와 영수증에 대한 설명으로 옳지 않은 것은?   2008년 국가직 9급 변형

① 일부 간이과세자는 세금계산서를 교부하지 못하며 영수증을 교부하여야 한다.

② 간이과세자는 세금계산서를 교부받아도 세금계산서에 기재된 부가가치세액의 전부를 자기가 납부할 부가가치세에서 공제받을 수는 없다.

③ 세금계산서는 '공급자 보관용', '공급받는자 보관용', '세무서 제출용'으로 이루어져 있다.

④ 재화를 직접 수출하는 경우에는 세금계산서 교부의무가 면제된다.

| 세금계산서와 영수증   이론형 Level 1

세금계산서는 공급자 보관용, 공급받는자 보관용으로 이루어져 있다.

(선지분석)

① 직전연도 공급대가 4,800만 원 미만인 간이과세자는 세금계산서 대신 영수증을 발급하여야 한다.

② 간이과세자는 공급대가 × 0.5%만큼 세액공제를 받는다.

답 ③

166

부가가치세법령상 간이과세자로 보는 사업자에 해당하는 것은?   2024년 국가직 9급

① 부동산매매업을 경영하는 자로서 직전 연도의 공급대가의 합계액이 5천만 원인 개인사업자

② 전기·가스사업을 경영하는 자로서 직전 연도의 공급대가의 합계액이 6천만 원인 개인사업자

③ 도배, 실내 장식사업을 경영하는 자로서 직전 연도의 공급대가의 합계액이 7천만 원인 개인사업자

④ 특별시에서 「개별소비세법」 제1조 제4항에 해당하는 과세유흥장소를 경영하는 자로서 직전 연도의 공급대가의 합계액이 5천만 원인 개인사업자

| 간이과세자 범위   이론형 Level 1

도배, 실내 장식을 경영하는 자로서 직전 연도의 공급대가 합계액이 8천만 원에 미달하는 개인사업자는 간이과세자로 본다.

(선지분석)

① 부동산매매업자는 공급대가에 관계없이 간이과세자로 보지 아니한다.

② 전기·가스·증기 및 수도 사업자는 공급대가에 관계없이 간이과세자로 보지 아니한다.

④ 과세유흥장소를 경영하는 사업자로서 해당 업종의 직전 연도의 공급대가의 합계액이 4천800만 원 이상인 사업자는 간이과세로 보지 아니한다.

답 ③

167 부가가치세법상 간이과세자에 대한 설명으로 옳지 않은 것은?　　　　2011년 국가직 9급 변형

① 간이과세자는 예정부과기한에 대한 세액은 고지하여 부과하고 확정신고 시 당해 과세기간 전체의 세액을 신고납부한다.

② 간이과세자가 부가가치세의 면제를 받아 공급받은 농산물 등을 원재료로 하여 제조 또는 가공한 재화를 공급하는 경우에는 음식점업과 제조업에 한하여 의제매입세액공제를 받을 수 있다.

③ 간이과세자의 세금계산서 제출 세액공제 금액은 교부받은 세금계산서에 기재된 공급대가에 0.5%를 곱하여 계산한다.

④ 직전 연도의 공급대가의 합계액이 4천 800만 원 미만인 자는 세금계산서 대신 영수증을 발급하여야 한다.

| 간이과세자　　　　　　　　　　　　　　　　　　　　　　　이론형 Level 1

간이과세자의 의제매입세액공제제도는 폐지되어 적용이 불가능하다. 그 이유는 업종별 부가가치율에 이미 의제매입세액공제 효과만큼이 포함되어 있음에도 불구하고 의제매입세액공제를 다시 해주는 것은 이중혜택 관점이 있기 때문이다.

답 ②

168 부가가치세법상 간이과세제도에 관한 설명으로 옳지 않은 것은?　　　　2013년 국가직 7급

① 간이과세자가 일반과세자로 변경된 경우 그 변경 당시의 재고품 등에 대하여 매입세액공제가 허용된다.

② 간이과세자도 부가가치세법상 사업개시일부터 20일 이내에 사업자등록의무가 있다.

③ 간이과세자가 간이과세자에 관한 규정의 적용을 포기하고 일반과세자에 관한 규정을 적용받으려는 경우, 적용받으려는 달의 전달의 마지막 날까지 납세지 관할 세무서장에게 신고하여야 한다.

④ 부동산매매업을 경영하는 개인사업자로서 직전 연도의 공급대가의 합계액이 4천800만 원에 미달하는 자는 간이과세자에 관한 규정을 적용받을 수 있다.

| 간이과세제도　　　　　　　　　　　　　　　　　　　　　　이론형 Level 1

부동산매매업을 경영하는 개인사업자는 과세표준 양성화를 위하여 간이과세를 적용받을 수 없다. 따라서 부동산매매업자는 공급대가와 관계없이 간이과세자에 관한 규정을 적용받을 수 없다.

답 ④

169 부가가치세법상 간이과세에 대한 설명으로 옳지 않은 것은?

2013년 국가직 7급 변형

① 간이과세자는 의제매입세액공제를 받을 수 없다.
② 휴업자·폐업자 및 과세기간 중 과세유형을 전환한 간이과세자에 대하여는 그 과세기간 개시일부터 휴업일·폐업일 및 과세유형 전환일까지의 공급대가의 합계액을 12개월로 환산한 금액을 기준으로 납세의무의 면제 여부를 판정하며, 이 경우 1개월 미만의 끝수가 있을 때에는 이를 1개월로 한다.
③ 모든 간이과세자는 재화 또는 용역을 공급하는 경우 영수증을 교부하여야 하며, 상대방이 사업자등록증을 제시하고 세금계산서의 교부를 요구하는 경우에는 세금계산서를 교부할 수 있다.
④ 간이과세자가 일반과세자에 관한 규정을 적용받기 위하여 간이과세포기신고를 한 경우에는 그 적용받으려는 달의 1일부터 3년이 되는 날이 속하는 과세기간까지는 일반과세자에 관한 규정을 적용받아야 한다.

| 간이과세 | 이론형 Level 1 |

📄 영수증 발급대상 간이과세자(부가가치세법 제36조 제1항 참조)
간이과세자 중 다음 중 어느 하나에 해당하는 자는 세금계산서를 발급하는 대신 영수증을 발급하여야 함
1. 직전 연도의 공급대가의 합계액이 4천800만 원 미만인 자
2. 신규로 사업을 시작하는 개인사업자로서 간이과세자로 하는 최초의 과세기간 중에 있는 자

답 ③

---

170 부가가치세법상 간이과세에 대한 설명으로 옳지 않은 것은?

① 간이과세자가 부동산매매업을 신규로 겸영하는 경우에는 해당 사업의 개시일이 속하는 과세기간의 다음 과세기간부터 간이과세자에 관한 규정을 적용하지 않는다.
② 간이과세자의 납부세액은 공급대가에 해당 업종별 부가가치율과 10퍼센트를 곱하여 계산하며, 둘 이상의 업종을 겸영하면 각각의 업종별로 계산한 금액의 합계액으로 한다.
③ 일반과세자가 간이과세자로 변경된 후 다시 일반과세자로 변경되는 경우에는 간이과세자로 변경된 때에 재고납부세액을 납부하지 않은 재고품 등에 대해서는 재고품 등의 신고와 재고매입세액공제에 관한 규정을 적용하지 않는다.
④ 일반과세자가 간이과세자로 변경되는 경우 재고매입세액을 납부세액에 가산하여 납부해야 하며, 가산대상은 매입세액을 공제받은 것으로서 변경 당시의 재고품 및 감가상각자산에 한한다.

| 간이과세 | 이론형 Level 1 |

일반과세자가 간이과세자로 변경되면 변경 당시의 재고품, 건설 중인 자산 및 감가상각자산(매입세액 공제 받은 경우만 해당)에 대하여 대통령령으로 정하는 바에 따라 계산한 금액을 납부세액에 더하여야 한다.

📄 재고매입세액 및 재고납부세액 대상 자산
변경되는 날 다음의 자산으로서 매입세액 공제대상인 것 → 매입세액불공제대상 자산은 제외
예 토지, 비영업용 소형승용자동차
1. 재고품(상품, 제품, 재료 등) not 저장품
2. 건설 중인 자산
3. 감가상각자산(건물·구축물은 취득·건설·신축 후 10년 이내의 것, 그 밖의 감가상각자산은 취득·제작 후 2년 이내의 것)

답 ④

해커스공무원 학원·인강 gosi.Hackers.com

171 부가가치세법상 간이과세에 관한 설명으로 옳지 않은 것은? 2017년 회계사 변형

① 20X1년 1월 음식점을 개업한 개인사업자 A(타사업장 없음)는 사업자등록을 하면서 간이과세 적용신고서를 제출하였다. A는 매출금액에 관계없이 20X1년은 간이과세자 규정을 적용받는다.

② 사업개시일부터 간이과세를 적용받고 있는 간이과세자 B는 20X1년 과세기간에 대한 공급대가의 합계액이 4,700만 원인 경우 20X1년 부가가치세 납부세액의 납부의무를 면제받는다.

③ 20X1년 납부의무가 면제되는 간이과세자 C는 20X1년 부가가치세 23,000원을 납부하였다. 이 경우 관할 세무서장은 납부금액에 대한 환급의무를 지지 아니한다.

④ 과세사업만을 영위하는 간이과세자 D는 매입세액공제대상 재화를 매입하면서 정상적인 세금계산서를 발급받아 당해 과세기간신고를 하면서 매입처별 세금계산서합계표를 제출하였다. 이 경우 세금계산서 등을 발급받은 재화와 용역의 공급대가의 0.5%를 곱한 금액을 납부세액에서 공제한다.

⑤ 간이과세자 E의 20X1년도 부가가치세신고 과세표준은 해당 과세기간(20X1.1.1.~20X1.12.31.)의 공급대가의 합계액으로 한다.

┃ 간이과세 이론형 Level 2

납부의무가 면제되는 사업자가 자진 납부한 사실이 확인되면 납세지 관할 세무서장은 납부한 금액을 환급하여야 한다.

(선지분석)
① 간이과세 적용신고서를 제출하였으므로 최초의 과세기간에는 간이과세자가 되며, 사업 첫 해에 매출이 1억 400만 원을 초과하는 경우 다음 해의 7월 1일부터 일반과세자로 전환된다.
② 간이과세자의 해당 과세기간에 대한 공급대가의 합계액이 4,800만 원 미만이면 납부의무를 면제한다.

답 ③

---

172 부가가치세법상 간이과세의 포기에 관한 설명이다. 옳지 않은 것은? 2016년 회계사

① 간이과세자가 간이과세를 포기하고 일반과세자에 관한 규정을 적용받으려는 경우 간이과세포기신고서를 납세지 관할 세무서장에게 제출하면 된다.

② 간이과세자가 간이과세포기신고서를 제출한 경우 제출일이 속하는 달의 다음 달 1일부터 일반과세자에 관한 규정을 적용받게 된다.

③ 간이과세자는 간이과세를 포기하지 않으면 수출에 대하여 영세율을 적용받을 수 없다.

④ 간이과세포기신고서를 제출한 개인사업자는 일반과세자에 관한 규정을 적용받으려는 달의 1일부터 3년이 되는 날이 속하는 과세기간까지는 간이과세자에 관한 규정을 적용받지 못한다.

⑤ 간이과세포기신고서를 제출한 개인사업자가 3년이 지난 후 다시 간이과세를 적용받으려면 그 적용받으려는 과세기간 개시 10일 전까지 간이과세적용신고서를 관할 세무서장에게 제출하여야 한다.

┃ 간이과세 이론형 Level 2

간이과세자도 과세사업자에 해당하므로 수출에 대하여 영세율을 적용받을 수 있다. 면세사업자가 영세율 적용을 받기 위해선 면세포기를 하여야 하는 것과 구분된다.

답 ③

173

부가가치세법령상 일반과세자와 간이과세자를 비교하여 설명한 내용으로 옳지 않은 것은?

① 법정요건을 충족하는 경우 일반과세자에 대해서는 업종제한 없이 면세농산물 등에 대한 의제매입세액공제특례가 적용될 수 있으나, 간이과세자는 적용되지 아니한다.
② 재화 또는 용역의 공급에 대한 일반과세자의 부가가치세 과세표준은 해당 과세기간에 공급한 재화 또는 용역의 공급가액을 합한 금액으로 하는데 반하여, 간이과세자의 과세표준은 해당 과세기간의 공급대가의 합계액으로 한다.
③ 일반과세자의 경우에는 세금계산서 관련 가산세가 적용되지만, 간이과세자의 경우 세금계산서 관련 가산세가 적용되는 경우는 없다.
④ 법정요건을 충족하는 경우 일반과세자와 간이과세자 모두에 대해 영세율이 적용될 수 있다.

｜ 간이과세   이론형 Level 1

직전 연도의 공급대가의 합계액이 4,800만 원 이상인 간이과세자는 원칙적으로 세금계산서를 발급하여야 하며, 세금계산서를 발급하지 않은 경우 가산세가 적용된다.

답 ③

174

부가가치세법령상 간이과세자에게 허용되지 않는 것은? (단, 법령상의 해당 요건은 충족함)

① 재화의 수출에 대한 영세율 적용
② 신용카드 등의 사용에 따른 세액공제
③ 간이과세자에 관한 규정의 적용 포기
④ 법령에 따라 공제받을 금액이 각 과세기간의 납부세액을 초과하는 경우 그 초과부분의 환급

｜ 간이과세   이론형 Level 1

간이과세자의 경우 공제받을 금액의 합계액이 각 과세기간의 납부세액을 초과하는 경우에는 그 초과하는 부분은 없는 것으로 보아 그 초과부분의 환급은 발생하지 아니한다. 단, 예정고지세액에 대한 환급을 받을 수 있다.

답 ④

VI

상속세 및
증여세법

001 상속세 및 증여세법상 상속세의 과세대상 및 납세의무에 관한 설명으로 옳은 것은? 2010년 국가직 9급
□□□

① 상속재산에는 피상속인의 일신에 전속하는 것으로서 피상속인의 사망으로 인하여 소멸되는 것도 포함된다.
② 피상속인의 사망으로 인하여 지급받는 생명보험의 보험금으로서 피상속인이 보험계약자인 보험계약에 의하여 지급받는 것은 상속재산에서 제외된다.
③ 수유자가 영리법인인 경우에는 상속세를 납부할 의무가 있다.
④ 비거주자가 사망한 경우에는 상속개시일 현재 국내에 있는 비거주자의 모든 상속재산에 대하여 상속세를 부과한다.

┃ 상속세의 과세대상 및 납세의무 이론형 Level 1

▤ 상속세 과세대상

구분	상속세 과세대상
피상속인이 거주자	국내·국외에 있는 모든 상속재산
피상속인이 비거주자	국내에 있는 모든 상속재산

참고 거주자란 국내에 주소를 두거나 183일 이상 거소를 둔 사람을 말하며, 비거주자란 거주자가 아닌 사람을 말함

(선지분석)
① 상속재산에는 피상속인의 일신에 전속하는 것으로서 피상속인의 사망으로 인하여 소멸되는 것은 상속재산에 포함하지 않는다.
② 피상속인의 사망으로 인하여 지급받는 생명보험의 보험금으로서 피상속인이 보험계약자인 보험계약에 의하여 지급받는 것은 상속재산에 포함한다.
③ 수유자가 영리법인인 경우에는 상속세를 납부할 의무가 없다. 유증 등에 대해 법인세가 부과되기 때문이다.

▤ 영리법인의 과세대상

구분	과세대상	납세의무자	과세세목
영리법인	상속	–	–
	유증	수유자	법인세(자산수증이익)
	사인증여		법인세(자산수증이익)

답 ④

002 상속세 및 증여세법상 상속세에 관한 설명으로 옳지 않은 것은? 2013년 국가직 9급
□□□

① 상속인 또는 수유자는 각자가 받았거나 받을 재산을 한도로 연대하여 상속세를 납부할 의무를 진다.
② 피상속인이 신탁한 재산은 상속재산으로 보지만, 수익자의 증여재산가액으로 하는 해당 신탁의 이익을 받을 권리의 가액은 상속재산으로 보지 아니한다.
③ 상속개시일 전 10년 이내에 피상속인이 상속인이 아닌 자에게 진 증여채무는 상속재산의 가액에서 빼지 아니한다.
④ 피상속인의 사망으로 인하여 받는 생명보험의 보험금으로서 피상속인이 보험계약자인 보험계약에 의하여 받는 것은 상속재산으로 본다.

ⓐ 상속개시일 전 10년 이내에 피상속인이 상속인에게 진 증여채무, ⓑ 상속개시일 전 5년 이내에 피상속인이 상속인 아닌 자에게 진 증여채무는 상속에 범위에 포함한다.

(선지분석)

① 상속세·증여세 연대납세의무

구분	연대 납세의무자	한도	사유
상속세	상속인, 수유자	각자가 받았거나 받을 재산	–
증여세	증여자	–	1. 수증자 = 비거주자 2. 주소나 거소 불분명 + 조세채권 확보 곤란 3. 무자력상태 + 조세채권 확보 곤란 4. 명의신탁재산 증여의제

④ 간주상속재산 중 보험금(상속세 및 증여세법 제8조 참조)
1. 피상속인의 사망으로 인하여 받는 생명보험의 보험금으로서 피상속인이 보험계약자인 보험계약에 의하여 받는 것
2. 피상속인이 보험료의 일부만 납부한 경우의 상속재산

$$지급받은\ 보험금\ 총액 \times \frac{피상속인이\ 부담한\ 보험료}{피상속인의\ 사망시까지\ 납입된\ 보험료의\ 총\ 합계액}$$

답 ③

003 상속세 및 증여세법상 상속공제에 관한 설명으로 옳지 않은 것은? 2014년 국가직 7급 변형

① 부와 모가 동시에 사망하였을 경우 상속세의 과세는 부와 모의 상속재산에 대하여 각각 개별로 계산하여 과세하며, 이 경우 배우자상속공제는 적용되지 아니한다.

② 상속인 및 동거가족 중 장애인에 대해서는 장애인 1명당 1,000만 원에 기대여명(통계법에 따라 통계청장이 승인하여 고시하는 통계표상의 기대여명)의 연수를 곱하여 계산한 금액을 공제한다.

③ 피상속인의 배우자가 단독으로 상속받는 경우에는 기초공제와 그 밖의 인적공제액을 합친 금액으로만 공제하며, 일괄공제는 선택할 수 없다.

④ 인적공제대상자가 상속인으로서 상속을 포기한 경우라면 그 상속포기인에 대하여는 인적공제를 적용하지 않는다.

상속공제 이론형 Level 1

그 밖의 인적공제는 인적공제대상자가 상속의 포기 등으로 상속을 받지 아니하는 경우에도 적용한다.

(선지분석)

② 장애인공제 적용 시 1년 미만의 기간은 1년으로 한다. 기대여명이란 특정연령의 생존자가 앞으로 생존할 것으로 기대되는 평균 생존 연수를 뜻한다.

③ 일괄공제
1. 원칙: 기초공제 2억 원과 그 밖의 인적공제액의 합계액과 5억 원 중 큰 금액
2. 상속세 과세표준의 신고가 없거나 기한 후 신고가 없는 경우: 5억 원
3. 피상속인의 배우자가 단독으로 상속받는 경우: 기초공제 2억 원 + 그 밖의 인적공제

답 ④

004 상속세 과세가액을 계산할 때 가산(또는 산입)하지 않는 것은? (단, 피상속인과 상속인 모두 거주자이며, 증여재산은 상속세 및 증여세법상 비과세, 과세가액불산입 및 합산배제증여재산에 해당하지 아니함)

2016년 국가직 9급

① 피상속인이 상속개시일 8년 전에 상속인에게 증여한 재산가액
② 피상속인이 상속개시일 4년 전에 상속인이 아닌 자에게 증여한 재산가액
③ 피상속인이 상속개시일 6개월 전에 토지를 처분하고 받은 금액 3억 원의 용도가 객관적으로 명백하지 아니한 경우 그 금액
④ 피상속인이 상속개시일 1년 6개월 전에 부담한 금융회사에 대한 채무 4억 원의 용도가 객관적으로 명백하지 아니한 경우 그 금액

상속세 과세가액
이론형 Level 1

상속인이 부담한 채무를 합친 금액이 상속개시일 1년 이내에 2억 원 이상이거나, 2년 이내에 5억 원 이상인 경우에 해당하지 않으므로 상속세 과세가액에 산입하지 않는다.

> **상속세 및 증여세법 제15조 【상속개시일 전 처분재산 등의 상속 추정 등】** ① 피상속인이 재산을 처분하였거나 채무를 부담한 경우로서 다음 각 호의 어느 하나에 해당하는 경우에는 이를 상속받은 것으로 추정하여 제13조에 따른 상속세 과세가액에 산입한다.
> 2. 피상속인이 부담한 채무를 합친 금액이 상속개시일 전 1년 이내에 2억 원 이상인 경우와 상속개시일 전 2년 이내에 5억 원 이상인 경우로서 대통령령으로 정하는 바에 따라 용도가 객관적으로 명백하지 아니한 경우

(선지분석)

①, ② | 📄 상속세 과세가액에 가산하는 사전증여재산(증여일 현재의 시가로 평가함)
1. 상속개시일 전 10년 이내에 피상속인이 상속인에게 증여한 재산가액
2. 상속개시일 전 5년 이내에 피상속인이 상속인이 아닌 자에게 증여한 재산가액

③ 피상속인이 재산을 처분한 경우로서 피상속인이 재산을 처분하여 받은 금액이나 피상속인의 재산에서 인출한 금액이 상속개시일 전 1년 이내에 재산 종류별로 계산하여 2억 원 이상인 경우와 상속개시일 전 2년 이내에 재산 종류별로 계산하여 5억 원 이상인 경우로서 용도가 객관적으로 명백하지 아니한 경우 이를 상속받은 것으로 추정하여 상속세 과세가액에 산입한다.

답 ④

005 상속세 및 증여세법에 대한 설명으로 옳지 않은 것은?

2017년 국가직 9급

① 상속재산에 가산한 증여재산에 대한 증여 당시의 증여세산출세액을 상속세산출세액에서 공제하는 것은 이중과세를 방지하기 위함이다.
② 영리법인은 유증 또는 사인증여로 취득한 재산에 대해 상속세를 납부할 의무가 있다.
③ 피상속인이나 상속인 전원이 외국에 주소를 둔 경우에는 상속개시일이 속하는 달의 말일부터 9개월 이내에 납세지 관할 세무서장에게 상속세의 과세가액 및 과세표준을 신고하여야 한다.
④ 기초공제와 배우자 상속공제 외의 인적공제는 그 공제요건에 해당하는 자가 상속의 포기 등으로 상속을 받지 아니하는 경우에도 적용한다.

상속세 과세대상 등
이론형 Level 1

상속세 납부의무가 있는 상속인 중 특별연고자와 수유자에서 영리법인은 제외한다. 영리법인이 상속 또는 증여받은 재산의 가액은 그 법인의 각 사업연도의 소득을 구성하는 익금이기 때문이다.

답 ②

006 상속세 및 증여세법상 거주자인 피상속인의 사망으로 상속이 개시되는 경우 상속재산에 대한 설명으로 옳지 않은 것은?

2017년 국가직 7급

① 공무원연금법 또는 사립학교교직원 연금법에 따라 지급되는 유족연금, 유족연금부가금, 유족연금일시금, 유족일시금 또는 유족보상금은 상속재산으로 보지 아니한다.
② 상속개시일 전 8년 전에 피상속인이 상속인에게 증여한 재산가액은 상속개시 당시의 시가로 평가하여 상속재산에 가산한다.
③ 피상속인이 신탁으로 인하여 타인으로부터 신탁의 이익을 받을 권리를 소유하고 있는 경우에는 그 이익에 상당하는 가액을 상속재산에 포함한다.
④ 피상속인의 사망으로 인하여 받는 생명보험 또는 손해보험의 보험금으로서 피상속인이 보험계약자인 보험계약(피상속인이 사망 시까지 보험료 전액을 납입함)에 의하여 받는 것은 상속재산으로 본다.

| **상속재산** | 이론형 Level 1 |

상속개시일 전 10년 이내에 피상속인이 상속인에게 증여한 재산가액과 상속개시일 전 5년 이내에 피상속인이 상속인 이외의 자에게 증여한 재산의 가액은 상속세 과세가액에 가산한다. 이 경우 상속재산의 가액에 가산하는 증여재산의 가액은 증여일 현재의 시가에 따른다.

답 ②

---

007 상속세 및 증여세법상 상속세 비과세 항목이다. 옳지 않은 것은?

2010년 CPA

① 정당법에 따른 정당에 사인증여한 재산
② 종중에 속한 금양임야로서 3억 원 이내의 상속재산
③ 지방자치단체에 사인증여한 재산
④ 문화재보호법에 따른 도지정문화재인 상속재산
⑤ 사변 또는 이에 준하는 비상사태로 인하여 토벌 또는 경비 등 작전업무의 수행 중 입은 부상 또는 질병으로 인한 사망으로 상속이 개시되는 경우의 상속재산

| **비과세되는 상속재산** | 이론형 Level 1 |

📄 **상속세 비과세 항목(상속세 및 증여세법 제11조, 제12조 참조)**
1. 국가·지방자치단체·공공단체에 유증(사인증여 포함)한 재산
2. 상속재산 중 상속인이 상속세 과세표준신고기한 내에 국가·지방자치단체 또는 공공단체에 증여한 재산
3. 정당에 유증 등을 한 재산
4. 사내근로복지기금·우리사주조합 및 근로복지진흥기금에 유증 등을 한 재산
5. 사회통념상 인정되는 이재구호금품, 치료비, 불우한 자를 돕기 위하여 유증한 재산
6. 문화재보호법의 규정에 따른 국가지정문화재 및 시·도지정문화재와 해당 문화재 또는 문화재자료가 속하는 보호구역 안의 토지
7. 민법상 제사를 주재하는 상속인을 기준으로 다음에 해당하는 재산

구분	비과세 한도
㉠ 피상속인이 제사를 주재하고 있던 선조의 분묘에 속한 9,900m² 이내의 금양임야 ㉡ 분묘에 속한 1980m² 이내의 묘토인 농지	㉠ + ㉡의 재산가액의 합계액이 2억 원을 초과하는 경우에는 2억 원을 한도로 함
㉢ 족보와 제구	㉢의 재산가액의 합계액이 1,000만 원을 초과하는 경우에는 1,000만 원을 한도로 함

8. 전사자 등에 대한 상속세 비과세

답 ②

008 상속세 및 증여세법상 상속재산에 대한 설명으로 옳지 않은 것은?

2021년 국가직 9급

① 국민연금법에 따라 지급되는 유족연금은 상속재산으로 본다.

② 피상속인이 신탁으로 인하여 타인으로부터 신탁의 이익을 받을 권리를 소유하고 있는 경우에는 그 이익에 상당하는 가액을 상속재산에 포함한다.

③ 피상속인의 사망으로 인하여 받는 생명보험의 보험금으로서 피상속인이 보험계약자인 보험계약에 의하여 받는 것은 상속재산으로 본다.

④ 수익자연속신탁의 수익자가 사망함으로써 타인이 새로 신탁의 수익권을 취득하는 경우 그 타인이 취득한 신탁의 이익을 받을 권리의 가액은 사망한 수익자의 상속재산에 포함한다.

▌상속재산

이론형 Level 1

국민연금법에 따라 지급되는 유족연금은 비과세대상이다.

정답 ①

---

009 상속세 및 증여세법상 상속세 과세가액의 계산에 관한 설명으로 옳지 않은 것은?

2013년 CPA

① 상속개시일 전 10년 이내에 피상속인이 상속인에게 진 증여채무는 상속재산의 가액에서 빼지 아니한다.

② 상속재산 중 상속인이 상속세 과세표준신고기한 이내에 국가, 지방자치단체 또는 공공단체에 증여한 재산에 대해서는 상속세를 부과하지 아니한다.

③ 상속세 과세가액 계산시 상속재산의 가액에서 빼는 장례비용은 15,000,000원을 초과할 수 없다.

④ 상속재산의 가액에 가산하는 증여재산가액은 상속개시 당시가 아닌 증여일 현재의 시가에 따른다.

⑤ 피상속인에게 지급될 퇴직금이 피상속인의 사망으로 인하여 지급되는 경우 그 금액은 상속재산으로 보지 아니한다.

▌상속세 과세가액

이론형 Level 2

피상속인에게 지급될 퇴직금, 퇴직수당, 공로금, 연금 또는 이와 유사한 것이 피상속인의 사망으로 인하여 지급되는 경우 그 금액은 상속재산으로 본다.

(선지분석)

③ 장례비용(ⓐ + ⓑ)은 최대 1,500만 원이다.

ⓐ 봉안시설 또는 자연장지의 사용에 소요된 금액(최대 500만 원)

ⓑ 장례비: ⓐ 외의 피상속인의 사망일로부터 장례일까지 장례에 직접 소요된 금액(최소 500만 원, 최대 1,000만 원)

답 ⑤

010 다음은 상속세 과세표준에 관한 설명이다. 옳지 않은 것은?

① 상속인이 받은 생명보험 또는 손해보험의 보험금으로서 피상속인이 보험계약자이거나 보험료를 불입한 보험계약에 의한 것은 상속재산에 포함한다.
② 상속세 과세표준이 50만 원 미만이면 상속세를 부과하지 아니한다.
③ 피상속인이 국가·지방자치단체 및 금융기관이 아닌 자에 대하여 부담한 채무로서 상속인이 실제로 부담한 사실이 확인되지 아니한 것은 이를 상속재산가액에서 차감하지 아니한다.
④ 상속재산가액에 가산하는 증여재산의 가액은 증여일 현재의 시가에 의한다.
⑤ 상속공제액의 종합한도는 상속세 과세가액(증여재산 포함)에서 상속인이 아닌 자에게 유증한 재산의 가액을 차감한 잔액을 한도로 한다.

│ 상속세 과세표준　　　　　　　　　　　　　　　　　　　이론형 Level 2

상속공제의 한도는 상속세 과세가액에서 선순위 상속인 아닌 자에게 유증 등을 한 재산가액, 선순위 상속인의 상속포기로 그 다음 순위의 상속인이 상속받은 재산가액 및 상속세 과세가액에 가산한 증여재산가액(증여재산공제 및 재해손실공제액 차감한 금액)을 뺀 금액을 한도로 한다. 단, 상속세 과세가액에 가산한 증여재산가액은 상속세 과세가액이 5억 원을 초과하는 경우에만 뺀다.

(선지분석)
② 상속세의 과세최저한에 대한 옳은 내용이다.

③ 상속재산가액에서 차감하는 채무(상속세 및 증여세법 시행령 제10조 제1항 참조)

1. 국가·지방자치단체·금융회사 등에 대한 채무: 해당 기관에 대한 채무임을 확인할 수 있는 서류
2. 그 외의 자에 대한 채무: 채무부담계약서, 채권자확인서 등에 따라 그 사실을 확인할 수 있는 서류

답 ⑤

---

011 「상속세 및 증여세법」상 거주자의 사망으로 상속이 개시된 경우 상속세 과세표준에 대한 설명으로 옳지 않은 것은? (단, 공제 적용의 한도와 피상속인의 배우자가 단독으로 상속받는 경우는 고려하지 아니함)

① 「상속세 및 증여세법」 제67조 또는 「국세기본법」 제45조의3에 따른 신고가 없는 경우에는 상속세 과세가액에서 5억 원을 공제한다.
② 「정당법」에 따른 정당에 유증(遺贈) 등을 한 재산에 대해서는 상속세를 부과하지 아니한다.
③ 상속세의 과세표준이 50만 원 미만이면 상속세를 부과하지 아니한다.
④ 상속개시일 전 10년 이내에 피상속인이 상속인에게 진 증여채무는 상속재산의 가액에서 뺀다.

│ 상속세 과세표준　　　　　　　　　　　　　　　　　　　이론형 Level 2

상속개시일 전 10년 이내에 피상속인이 상속인에게 진 증여채무와 상속개시일 전 5년 이내에 피상속인이 상속인이 아닌 자에게 진 증여채무는 상속재산가액에서 빼지 아니한다.

답 ④

012 상속세 및 증여세법상 거주자의 사망으로 상속이 개시되는 경우 상속공제에 대한 설명으로 옳은 것만을 모두 고르면?

2023년 국가직 9급

> ㄱ. 배우자가 실제 상속받은 금액이 없거나 상속받은 금액이 5억 원 미만이면 5억 원을 공제한다.
> ㄴ. 상속개시일 현재 상속재산가액 중 순금융재산의 가액이 2천만 원인 경우에는 2천만 원을 상속세 과세가액에서 공제한다.
> ㄷ. 상속인(배우자는 제외한다) 및 동거가족 중 미성년자에 대해서는 2천만 원에 19세가 될 때까지의 연수를 곱하여 계산한 금액을 상속세 과세가액에서 공제한다.
> ㄹ. 법령의 요건을 모두 갖춘 경우에는 상속주택가액의 100분의 100에 상당하는 금액을 상속세 과세가액에서 공제하되, 그 공제할 금액은 5억 원을 한도로 한다.

① ㄱ

② ㄱ, ㄴ

③ ㄷ, ㄹ

④ ㄴ, ㄷ, ㄹ

▌상속공제

이론형 Level 1

옳은 것은 ㄱ, ㄴ이다.

(선지분석)

ㄷ. 미성년자(태아를 포함한다)에 대해서는 1천만 원에 19세가 될 때까지의 연수를 곱하여 계산한 금액을 상속세 과세가액에서 공제한다.

ㄹ. 상속주택가액의 100분의 100에 상당하는 금액을 상속세 과세가액에서 공제한다. 다만, 그 공제할 금액은 6억 원을 한도로 한다.

답 ②

013 상속세에 대한 설명이다. 옳지 않은 것은?

2008년 CPA

① 거주자 또는 비거주자의 사망으로 상속이 개시되어 상속세 연부연납의 허가를 받은 경우에는 분납할 수 없다.

② 거주자의 사망으로 상속이 개시되는 경우 상속세과세가액 계산시 총상속재산가액에서 차감하는 장례비용은 봉안시설 또는 자연장지의 사용에 소요된 금액의 사용에 소요된 금액을 포함하여 최대 1천5백만 원이다.

③ 거주자 또는 비거주자의 사망으로 상속이 개시되는 경우 최대 2억 원의 금융재산상속공제를 적용한다.

④ 거주자의 사망으로 상속이 개시되었으나 상속세 신고기한 이내에 상속세과세표준신고가 없는 경우에는 기초공제와 기타인적공제를 적용할 수 없다.

▌상속세 종합

이론형 Level 2

비거주자의 사망으로 상속이 개시되는 경우 상속공제 중 기초공제 2억 원만을 적용하므로 다른 인적공제와 물적공제는 적용하지 아니한다.

(선지분석)

① 납부할 금액이 1천만 원을 초과하는 경우에는 그 납부할 금액의 일부를 납부기한이 지난 후 2개월 이내에 분할 납부할 수 있다. 다만, 연부연납을 허가받은 경우에는 그러하지 아니하다.

④ 상속세 신고기한 이내에 상속세과세표준신고가 없는 경우에는 기초공제와 그 밖의 인적공제를 적용하지 않고 5억 원을 공제한다.

답 ③

014 상속세에 대한 설명이다. 옳지 않은 것은?

① 비거주자의 사망으로 상속이 개시되는 경우 상속재산가액에서 장례비용은 공제하지 않는다.
② 거주자의 사망으로 상속이 개시된 경우 피상속인의 동거자녀가 미성년자이면서 장애인인 경우 자녀공제, 미성년자공제 및 장애인공제를 모두 적용받을 수 있다.
③ 거주자의 사망으로 상속이 개시되는 경우 상속재산가액 중 상속세법상 최대주주가 보유하고 있는 주식은 금융재산상속공제대상에 포함되지 않는다.
④ 동거주택상속공제의 최대금액은 6억 원을 초과할 수 없다.
⑤ 가업상속공제의 최대금액은 300억 원을 초과할 수 없다.

상속세

이론형 Level 2

피상속인이 30년 이상 계속 경영한 경우에는 가업상속공제의 최대금액은 1,000억 원까지 가능하다.

📄 가업상속공제액

가업상속공제액 = Min[ⓐ 가업상속재산가액, ⓑ 한도]	
피상속인의 가업 계속 경영 연수	한도
10년 이상	400억 원
20년 이상	600억 원
30년 이상	1,000억 원

(선지분석)
① 피상속인이 비거주자인 경우 기초공제(2억 원)만 공제하고, 다른 상속공제는 공제하지 않는다.
② 인적공제 중 중복적용 가능한 경우로, ⓐ 자녀공제 + 미성년자공제, ⓑ 장애인공제 + 다른 인적공제(자녀공제 · 연로자공제 · 미성년자공제 · 배우자상속공제)가 있다.
③ 공제대상 금융재산에 포함하지 않는 경우로, ⓐ 최대주주가 보유하고 있는 주식, ⓑ 상속세 과세표준신고기한까지 신고하지 않은 타인 명의 금융재산이 있다.
④ 동거주택상속공제액은 Min[ⓐ 동거주택가액, ⓑ 6억 원]이다.

답 ⑤

015 상속세에 관한 설명이다. 옳은 것은?

① 상속세는 상속재산의 소재지를 관할하는 세무서장이 과세한다.
② 민법에 따라 적법하게 상속을 포기한 자도 그 상속재산 중 받았거나 받을 재산의 비율에 따라 상속세의 납부의무를 진다.
③ 비거주자의 사망으로 상속세를 납부하는 경우 이중과세를 방지하기 위한 외국납부세액공제는 상속재산의 소재지에 상관없이 적용받을 수 있다.
④ 비거주자가 사망한 경우에는 국내외에 있는 비거주자의 모든 상속재산이 과세대상이다.
⑤ 법인이 유증 또는 사인증여를 받은 경우 비영리법인은 상속세의 납부의무가 면제되고 영리법인 만이 상속세의 납부의무를 진다.

▮ 상속세

이론형 Level 2

민법상 상속포기자의 경우 상속인의 지위를 상실하지만, 상증세법에서는 상속 포기자도 상속세 납세의무자에 포함 한다. 이는 상속인들이 피상속인의 재산을 사전에 승계받고 상속을 포기함으로써 세부담을 회피하는 것을 방지하기 위함이다.

(선지분석)
① 상속세는 피상속인의 주소지를 관할하는 세무서장이 과세한다.
③ 비거주자의 사망으로 상속세를 납부하는 경우 이중과세를 방지하기 위한 외국납부세액공제는 외국에 있는 상속 재산에 대하여 적용받을 수 있다.

④ 📄 **피상속인의 거주자·비거주자별 상속세 과세대상(상속세 및 증여세법 제3조 참조)**

1. 거주자: 국내·외 모든 상속재산
2. 비거주자: 국내 모든 상속재산

⑤ 📄 **유증 또는 사인증여 시 상증세 납세의무**

구분	상속세	증여세
영리법인	법인세(순자산증가설)	법인세(순자산증가설)
비영리법인	상속세(열거주의)	증여세(열거주의)

답 ②

016 상속세 및 증여세법상 상속세에 관한 설명으로 옳지 않은 것은?

① 상속개시일 현재 피상속인이 거주자인 경우 모든 상속재산에 대하여 상속세를 부과한다.
② 피상속인의 상속인이 그 배우자 단독인 경우 일괄공제를 적용받을 수 있다.
③ 피상속인이 신탁으로 인하여 타인으로부터 신탁의 이익을 받을권리를 소유하고 있는 경우에는 그 이익에 상당하는 가액을 상속재산에 포함한다.
④ 납세지 관할 세무서장은 상속세 납부세액이 2천만 원을 초과하는 경우 납세의무자의 신청을 받 아 연부연납을 허가할 수 있다.
⑤ 전쟁이나 이에 준하는 공무의 수행 중 입은 부상 또는 질병으로 인한 사망으로 상속이 개시되는 경우에는 상속세를 부과하지 아니한다.

▮ 상속세

이론형 Level 2

피상속인의 배우자가 단독으로 상속받는 경우에는 기초공제 2억 원과 그 밖의 인적공제를 적용받을 수 있고, 상속세 과세표준의 신고가 없거나 기한 후 신고가 없는 경우에는 일괄공제 5억 원 적용을 적용받을 수 있다.

544 해커스공무원 학원·인강 gosi.Hackers.com

① 📄 피상속인의 거주자·비거주자별 상속세 과세대상

1. 거주자: 국내·외 모든 상속재산
2. 비거주자: 국내 모든 상속재산

④ 📄 상속세 납부기준

구분	금액기준	납부기한
분납	1,000만 원 초과	납부기한 후 2개월 이내
연부연납	2,000만 원 초과	5년 이내(일반적인 경우)
물납	2,000만 원 초과	수납일까지(허가일부터 30일 이내)

답 ②

---

017 상속세 및 증여세법에 관한 설명으로 옳은 것은?　　　2018년 CPA

① 상속개시일 전 10년 이내에 피상속인이 상속인에게 증여한 재산가액은 상속세 과세가액에 가산하며 상속개시일 현재의 가액으로 평가한다.
② 국가나 지방자치단체에 유증한 재산에 대해서는 상속세를 부과하지 아니한다.
③ 정당법에 따른 정당에 유증을 한 재산에 대해서는 상속세를 부과한다.
④ 수증자가 비거주자인 경우 또는 수증자의 주소 및 거소가 분명하지 아니한 경우에도 수증자의 주소지를 관할하는 세무서장이 증여세를 과세한다.
⑤ 증여재산을 증여세 과세표준 신고기한이 지난 후 5개월 이내에 증여자에게 반환하거나 증여자에게 다시 증여하는 경우에는 그 반환하거나 다시 증여하는 것에 대해서는 증여세를 부과하지 아니한다.

상속세 및 증여세법	이론형 Level 2

국가나 지방자치단체에 유증한 재산은 비과세 상속재산에 해당한다.

선지분석

① 상속세 과세가액에 가산하는 사전증여재산은 증여일 현재의 시가로 평가한다.
③ 정당법에 따른 정당에 유증·사인증여한 재산은 상속세를 부과하지 아니한다.

④ 📄 증여세의 과세관할

과세관할 세무서장	사유
수증자의 주소지	일반적인 경우
증여자의 주소지	1. 수증자가 비거주자인 경우 2. 수증자의 주소 및 거소가 불분명한 경우
증여재산의 소재지	1. 수증자와 증여자가 모두 비거주자인 경우 2. 수증자와 증여자의 모두의 주소 또는 거소가 분명하지 않은 경우 3. 수증자가 비거주자이거나 주소 또는 거소가 분명하지 않고, 증여자가 법에 정한 사유에 해당하는 경우

⑤ 📄 증여재산의 반환 및 재증여(금전제외)

반환시기	당초증여	반환
증여세 신고기한	증여세 과세 ×	증여세 과세 ×
증여세신고기한 후 3개월 이내	증여세 과세 ○	증여세 과세 ×
증여세신고기한 후 3개월 이후	증여세 과세 ○	증여세 과세 ○

답 ②

018 세법상 납세의무자에 대한 설명으로 옳지 않은 것은?

① 법인세법상 비영리외국법인이란 외국법인 중 외국의 정부·지방자치단체 및 영리를 목적으로 하지 아니하는 법인(법인으로 보는 단체를 포함)을 말한다.

② 상속세 및 증여세법상 수증자가 증여일 현재 비거주자인 경우에는 국내에 있는 수증재산과 거주자로부터 증여받은 국외 예금이나 국외적금 등의 수증재산에 대해서만 증여세를 납부할 의무를 진다.

③ 소득세법상 공동사업에 관한 소득금액을 계산하는 경우에는 원칙적으로 해당 공동사업자별로 납세의무를 진다.

④ 소득세법상 해당 과세기간 종료일 10년 전부터 국내에 주소나 거소를 둔 기간의 합계가 5년 이하인 외국인 거주자에게는 과세대상 소득 중 국외에서 발생한 소득의 경우 국내에서 지급되거나 국내로 송금된 소득에 대해서만 과세한다.

세법상 납세의무자

이론형 Level 1

수증자가 비거주자인 경우 증여세 과세대상이 되는 국내에 있는 모든 증여재산에 대해서만 증여세를 납부할 의무가 있다. 국세조정에 관한 법률에 따르면 거주자가 비거주자에게 국외에 있는 재산(국외예금이나 국외적금 등은 제외함)을 증여하는 경우 그 증여자는 증여세를 납부할 의무가 있다.

(선지분석)
① 법인세법상 비영리외국법인에 대한 옳은 내용이다.
③ 소득세법상 공동사업장에 대한 옳은 내용이다.
④ 소득세법상 외국인 단기 거주자 특례에 대한 옳은 내용이다.

답 ②

019 세법상 납세의무에 대한 설명으로 옳지 않은 것은?

① 국세기본법상 납세의무자란 세법에 따라 국세를 납부할 의무(국세를 징수하여 납부할 의무는 제외함)가 있는 자를 말한다.

② 법인이 설립무효 또는 설립취소의 판결을 받은 경우에도 당해 판결의 확정 시까지 발생한 소득에 대하여는 법인세를 납부하여야 한다.

③ 우리나라의 경우 상속세에 있어서는 유산과세형을 채택하고 있기 때문에 상속재산관리인이 존재하는 경우 그가 상속세의 납세의무자가 된다.

④ 사업 목적이 영리이든 비영리이든 관계없이 사업상 독립적으로 재화 또는 용역을 공급하는 자는 부가가치세를 납부할 의무가 있다.

세법상 납세의무

이론형 Level 1

우리나라 상속세는 피상속인의 상속재산 총액을 기준으로 과세표준 및 상속세액을 계산(유산과세형)하고, 이 때 납세의무는 원칙적으로 각 상속인 및 수유자가 부담한다. 다만, 상속인이 확정되지 아니하였거나 상속인이 상속재산에 대해 처분의 권한이 없는 경우에는 상속재산관리인, 추정상속인 등에 대해 상속인 또는 수유자에 관한 규정을 적용할 수 있다.

📄 **유산과세형과 취득과세형의 구분**

구분	유산과세형	취득과세형
과세대상	피상속인의 유산총액	상속인의 취득가액
납세의무자	각 상속인	각 상속인
장점	세수증대, 세무행정 간편성	응능부담의 원칙실현, 부의 분산
우리나라 과세유형	상속세 (취득과세형 요소가미)	취득세

상속세는 유산과세형으로 세금을 계산하지만 납세의무자는 상속분에 따라 각 상속인이 연대납세의무를 짐. 따라서 상속세는 유산과세형에 징세편의성을 위해 취득과세형 요소를 가미하고 있다고 볼 수 있음

선지분석

① 국세기본법상 납세의무자에 대한 옳은 내용이다.

답 ③

02 증여세

020 상속세 및 증여세법상 증여세의 과세대상에 대한 설명으로 옳지 않은 것은? 2012년 국가직 9급 변형

☐☐☐

① 수증자가 거주자인 경우에는 그가 증여받은 모든 재산이 증여세 과세대상이 된다.

② 수증자가 비거주자인 경우에는 그가 증여받은 재산 중 국내에 있는 모든 재산이 증여세 과세대상이 된다.

③ 증여란 그 행위 또는 거래의 명칭·형식·목적 등과 관계없이 직접 또는 간접적인 방법으로 타인에게 무상으로 유형·무형의 재산 또는 이익을 이전(현저히 낮은 대가를 받고 이전하는 경우를 포함함)하거나 타인의 재산가치를 증가시키는 것을 말한다. 다만, 유증, 사인증여, 유언대용신탁 및 수익자연속신탁은 제외한다.

④ 영리법인이 재산을 증여받은 경우에는 증여세와 법인세가 모두 부과된다.

▌증여세의 과세대상 이론형 Level 1

영리법인이 증여를 받는 경우에는 증여세의 납세의무가 없다. 영리법인은 순자산증가설에 따라 증여재산가액을 각 사업연도 소득금액에 포함하여 법인세가 과세되는데, 증여세도 과세한다면 이중과세 문제가 발생하기 때문이다. 반면, 비영리법인은 증여세의 납세의무가 있다. 비영리법인은 법인세법에 열거된 수익사업에 대하여만 법인세를 과세하며, 목적사업과 관련하여 무상으로 받은 자산은 이에 포함되지 않아 법인세를 과세하지 아니하기 때문에 증여세를 과세하여도 이중과세의 문제가 없다.

답 ④

021 상속세 및 증여세법상 수증자가 증여세를 납부할 능력이 없다고 인정되는 때 증여세의 일부 또는 전부를 면제해 주는 경우에 해당하지 않는 것은? 2012년 국가직 9급

☐☐☐

① 보험금의 증여

② 저가양수·고가양도에 따른 이익의 증여

③ 채무면제에 따른 증여

④ 부동산 무상사용에 따른 이익의 증여

▌증여세 면제 이론형 Level 1

보험금의 증여는 수증자가 증여세를 납부할 능력이 없어도 일부 또는 전부 면제하는 데 해당하지 않는다.

(선지분석)

②, ③, ④ 다음의 규정은 증여세가 과세되는 경우라도 수증자가 증여세를 납부할 능력이 없다고 인정되는 경우로서 강제징수를 하여도 증여세에 대한 조세채권을 확보하기 곤란한 경우에는 그에 상당하는 증여세의 전부 또는 일부를 면제한다.

> 📄 증여세의 전부 또는 일부 면제 사유(상속세 및 증여세법 제4조의2 제5항 참조)
> 1. 저가양수 또는 고가양도에 따른 이익의 증여
> 2. 채무면제 등에 따른 이익의 증여
> 3. 부동산 무상사용에 따른 이익의 증여
> 4. 금전 무상대출 등에 따른 이익의 증여

답 ①

022 상속세 및 증여세법상 증여추정에 대한 설명으로 옳지 않은 것은? 2016년 국가직 7급

① 파산선고로 인하여 재산이 처분된 경우에는 배우자 또는 직계존비속에 대한 증여추정 규정을 적용하지 아니한다.
② 甲 소유의 빌딩을 국세징수법에 따른 공매를 통하여 甲의 자녀가 취득하는 경우 증여로 추정하지 않는다.
③ 미성년자인 거주자 甲이 20억 원인 상가를 취득한 경우에 자금출처로 입증된 금액이 16억 원인 경우 증여추정대상금액은 2억 원이다.
④ 특수관계인에게 양도한 재산을 그 특수관계인이 양수일부터 3년 이내에 당초 양도자의 배우자에게 다시 양도한 경우에는 증여로 추정될 수 있다.

증여추정 이론형 Level 1

재산 취득자의 직업, 연령 등으로 볼 때 재산을 자력으로 취득하였다고 인정하기 어려운 경우로서 입증된 금액의 합계액이 취득재산의 가액에 미달하는 경우 그 재산을 취득한 때에 그 재산의 취득자금을 그 재산 취득자가 증여받은 것으로 추정하여 이를 그 재산 취득자의 증여재산가액으로 한다. 다만, 입증되지 아니하는 금액이 취득재산의 가액의 20%에 상당하는 금액과 2억 원 중 적은 금액에 미달하는 경우를 제외한다.
ⓐ 증여추정 적용요건: 입증하지 못한 금액 > Min[재산취득가액 × 20%, 2억 원]
ⓑ 증여재산가액: 입증하지 못한 금액(20억 원 – 16억 원 = 4억 원)

(선지분석)

①, ② | 배우자 또는 직계존비속에게 양도한 재산의 증여추정의 배제(상속세 및 증여세법 제44조 제3항 참조)
1. 법원의 결정으로 경매절차에 따라 처분된 경우
2. 파산선고로 인하여 처분된 경우
3. 국세징수법에 따라 공매된 경우
4. 증권시장을 통하여 유가증권이 처분된 경우. 다만, 불특정 다수인 간의 거래에 의하여 처분된 것으로 볼 수 없는 경우로서 대통령령으로 정하는 경우는 제외한다.
5. 배우자등에게 대가를 받고 양도한 사실이 명백히 인정되는 경우로서 대통령령으로 정하는 경우

④ 단, 당초 양도자 및 양수자가 부담한 소득세법에 따른 결정세액을 합친 금액이 양수자가 그 재산을 양도한 당시의 재산가액을 당초 그 배우자등이 증여받은 것으로 추정할 경우의 증여세액보다 큰 경우에는 증여세를 부과하지 아니한다.

답 ③

023 거주자 甲은 아들인 거주자 乙에게 2025년 4월 20일 소유하던 상가를 증여하였으며, 乙은 증여세 과세표준 신고를 하지 아니하였다. 이와 관련한 설명으로 옳은 것은 모두 몇 개인가? (단, 세무서장으로부터 과세표준과 세액을 결정받지 아니함)

2011년 국가직 7급 변형

- 2025년 7월 25일 당사자 간의 합의에 따라 乙이 甲에게 상가를 반환하는 경우에는 처음부터 증여가 없었던 것으로 본다.
- 2025년 10월 10일 乙이 甲에게 상가를 반환하는 경우에는 그 반환하는 상가에 대하여 증여세를 부과하지 아니한다.
- 2025년 10월 15일 乙이 甲에게 상가를 다시 증여하는 경우에는 그 증여하는 상가에 대하여 증여세를 부과하지 아니한다.

① 0개   ② 1개
③ 2개   ④ 3개

| 증여재산의 반환   이론형 Level 1

수증자가 증여재산(금전은 제외)을 당사자 간의 합의에 따라 증여세 과세표준 신고기한까지 증여자에게 반환하는 경우(반환하기 전에 과세표준과 세액을 결정받은 경우는 제외)에는 처음부터 증여가 없었던 것으로 보며, 증여세 과세표준 신고기한이 지난 후 3개월 이내에 증여자에게 반환하거나 증여자에게 다시 증여하는 경우에는 그 반환하거나 다시 증여하는 것에 대해서는 증여세를 부과하지 아니한다.

📄 증여재산의 반환 및 재증여(금전 제외)

구분(금전 외)	증여세 신고기한 이내	신고기한 지난 후 3개월 이내	신고기한 지난 후 3개월 이후
당초증여	증여세 과세 ×	증여세 과세 ○	증여세 과세 ○
반환 및 재증여	증여세 과세 ×	증여세 과세 ×	증여세 과세 ○

답 ④

---

024 증여세 납세의무가 없는 자는? (단, 증여일 현재 증여자, 수증자 모두 거주자임)   2008년 국가직 7급

① 특수관계자가 아닌 타인으로부터 2천만 원의 채무를 면제받은 자
② 작은 아버지로부터 시가 1억 원의 재산을 8천만 원에 매입한 조카
③ 특수관계자가 아닌 타인이 계약하고 불입한 생명보험의 보험금(상속재산이 아님) 1억 원을 수취한 자
④ 아버지의 상가건물을 무상이용하여 무상사용이익 2억 원(5년간 환산액임)을 얻은 딸

| 증여세 납세의무   이론형 Level 1

특수관계인 간에 재산을 시가보다 낮은 가액으로 양수한 경우로서 다음의 요건을 충족한 경우에는 해당 재산의 양수일을 증여일로 하여 그 대가와 시가의 차액에서 기준금액을 뺀 금액을 그 이익을 얻은 자의 증여재산가액으로 한다.
ⓐ 적용요건: 시가 - 대가 ≥ Min[시가 × 30%, 3억 원]
ⓑ 과세요건 충족여부: 1억 원 - 8천만 원 ≤ Min[1억 원 × 30% = 3천만 원, 3억 원]
∴ 적용요건에 해당하지 않으므로 증여세를 과세하지 아니한다.

① 채무면제 등에 따른 증여로, 증여세를 납부하여야 한다.

③ 보험금의 증여로, 증여세를 납부하여야 한다.

④ 부동산 무상사용에 따른 이익의 증여에 해당하는 사례로 이는 타인의 부동산을 무상으로 사용하는 경우로서 그 부동산 무상사용이익이 1억 원 이상(무상 담보의 경우 담보제공에 따른 이익은 1천만 원 이상)인 경우에는 무상사용을 개시한 날(담보이용을 개시한 날)에 당해 이익에 상당하는 가액을 부동산 무상사용자(부동산을 담보로 이용한 자)의 증여재산가액으로 한다.

참고 증여재산가액: 각 연도 부동산 무상사용 이익 × 5년 연가계수

답 ②

025 다음은 증여세 납세의무 및 과세표준계산에 관한 설명이다. 옳은 것은?

2007년 CPA

① 증여세는 수증자가 납세의무를 지며 수증자가 증여세를 납부하지 못할 경우 증여자는 항상 연대납세의무를 진다.

② 영리법인도 증여세를 납부할 의무가 있다.

③ 상속재산에 대한 공동상속인 사이의 최초 등기에 의하여 법정상속재산을 초과하여 재산을 취득하는 경우 그 초과분을 증여로 본다.

④ 거주자가 배우자로부터 증여를 받는 경우 수증자를 기준으로 당해 증여 전 10년 이내에 공제받은 금액과 해당 증여가액에서 공제받을 금액의 합계액이 6억 원을 초과하는 경우 그 초과분을 공제하지 아니한다.

⑤ 수증자가 증여받은 재산을 증여세 과세표준신고기한 경과 후 3월 이내에 증여자에게 반환하는 경우 처음부터 증여가 없었던 것으로 본다.

증여세 납세의무 및 과세표준계산

이론형 Level 2

① 증여자는 다음 중 어느 하나에 해당하는 경우에만 수증자가 납부할 증여세를 연대하여 납부할 의무가 있다.
  ㉠ 수증자가 비거주자인 경우
  ㉡ 수증자의 주소나 거소가 분명하지 아니한 경우로서 증여세에 대한 조세채권을 확보하기 곤란한 경우
  ㉢ 수증자가 증여세를 납부할 능력이 없다고 인정되는 경우로서 강제징수를 하여도 증여세에 대한 조세채권을 확보하기 곤란한 경우

② 📄 영리·비영리법인의 증여세 납부의미

구분	유증·사인증여	증여
영리법인	법인세(순자산증가설)	법인세(순자산증가설)
비영리법인	상속세(열거주의)	증여세(열거주의)

③ 📄 상속세 협의분할에 대한 증여세 과세

구분	특정상속인이 당초 분할 시 법정상속분을 초과하여 취득한 경우	특정상속인이 재분할 시 당초 상속분을 초과하여 취득한 경우
증여세 신고기한 이내	증여세 ×	증여세 ×
증여세 신고기한 이후	증여세 ×	증여세 ○

⑤ 증여세 과세표준 신고기한이 지난 후 3개월 이내에 증여자에게 반환하거나 증여자에게 다시 증여하는 경우에는 그 반환하거나 다시 증여하는 것에 대해서는 증여세를 부과하지 아니한다.

답 ④

026

상속세 및 증여세법상 부의 무상이전에 대한 과세에 관한 설명이다. 옳지 않은 것은?   2010년 CPA

① 비영리법인의 고유목적사업과 관련한 자산수증이익은 법인세를 과세하지 않고 상속세나 증여세로 과세한다.

② 비거주자가 사망한 경우 상속인·수유자 또는 특별연고자는 국내에 있는 비거주자의 모든 상속재산에 대하여 납세의무를 진다.

③ 유증은 상속세 과세대상이 됨에 반하여 사인증여는 증여세 과세대상이 된다.

④ 공동상속의 경우 상속인 각자가 받은 상속재산을 초과하여 대신 납부한 상속세액에 대하여는 다른 상속인에게 증여한 것으로 보아 증여세가 과세된다.

⑤ 증여재산에 대해 소득세법에 의한 소득세가 수증자에게 부과되는 때에는 증여세를 부과하지 아니한다. 이 경우 소득세법 또는 다른 법률에 의해 소득세가 비과세 또는 감면되는 경우에도 마찬가지이다.

│ 상속세 및 증여세   이론형 Level 2

유증과 사인증여는 모두 상속세 과세대상이 된다. 유증과 사인증여는 증여자의 사망 후 재산상의 이익이 무상으로 이전되는 과정에서 그 성질이 동일하기 때문이다.

답 ③

027

증여세에 대한 설명이다. 옳지 않은 것은?   2011년 CPA 변형

① 수증자가 비거주자인 경우에는 증여자는 수증자와 연대하여 해당 증여세를 납부할 의무를 진다.

② 성년인 거주자 갑이 직계존속인 할아버지와 아버지로부터 각각 현금 5천만 원을 동시에 증여받은 경우 각각의 증여세 과세표준의 총합계액은 5천만 원이다(갑은 생애처음으로 증여를 받았음).

③ 연부연납의 허가를 받은 경우에는 분할납부할 수 없다.

④ 최대주주의 주식(비중소기업 주식에 해당하며, 결손금이 없는 기업임)을 증여한 경우 일반적 평가액에 지분율에 관계없이 30%를 할증하여 평가한다.

⑤ 특수관계자에게 시가 5억 원인 유형자산을 정당한 사유 없이 9억 원에 양도한 경우 양도자의 증여재산가액은 2억 5천만 원이다.

│ 증여세 종합   이론형 Level 2

거주자가 직계존속으로부터 증여를 받은 경우에는 5천만 원을 증여세 과세가액에서 공제한다. 다만, 2 이상의 증여가 동시에 있는 경우에는 각각의 증여세과세가액에 대하여 안분하여 공제한다.

구분	할아버지	아버지
증여세 과세가액	5천만 원	5천만 원
증여재산 공제액	5천만 원 × 5천 / (5천 + 5천) = 2천5백만 원	5천만 원 × 5천 / (5천 + 5천) = 2천5백만 원
증여세 과세표준	2천5백만 원	2천5백만 원

(선지분석)

④ 최대주주 등의 주식 등을 평가함에 있어서 시가로 인정되는 가액 또는 보충적 평가액에 20%를 가산한다. 다만, 중소기업 및 평가기준일이 속하는 사업연도 전 3년 이내의 사업연도부터 계속하여 결손금이 있는 법인의 주식 등은 할증평가대상에서 제외된다.

⑤ 특수관계인에게 고가양도에 따른 이익의 증여에 해당하여 증여재산가액은 2억 5천만 원이다.
ⓐ 과세요건 충족여부: 대가 9억 원 - 시가 5억 원 ≥ Min[5억 원 × 30%, 3억 원]
ⓑ 증여재산가액: (대가 9억 원 - 시가 5억 원) - Min[5억 원 × 30%, 3억 원] = 2억 5천만 원

답 ④

028 상속세 및 증여세법상 증여세 과세에 관한 설명으로 옳지 않은 것은? 2013년 CPA

① 증여를 받은 후 그 증여받은 재산(금전 포함)을 당사자 간의 합의에 따라 증여세 과세표준신고
기한 이내에 반환하는 경우에는 처음부터 증여가 없었던 것으로 본다. 다만, 반환하기 전에 상
속세 및 증여세법에 따라 과세표준과 세액을 결정받은 경우에는 그러하지 아니하다.

② 증여재산에는 수증자에게 귀속되는 재산으로서 금전으로 환산할 수 있는 모든 경제적 이익을
포함한다.

③ 수증자가 증여일 현재 비거주자인 경우에는 국내에 있는 수증재산에 대해서만 증여세를 납부할
의무를 진다.

④ 수증자가 증여받은 토지를 증여세 과세표준신고기한이 지난 후 3개월 이내에 증여자에게 반환
하거나 증여자에게 다시 증여하는 경우에는 그 반환하거나 다시 증여하는 것에 대하여 증여세
를 부과하지 아니한다.

▌증여세 이론형 Level 2

반환재산에 대하여 처음부터 증여로 보지 않는 규정은 증여재산이 금전인 경우에는 적용되지 않는다. 당초 증여받은
금전과 반환하는 금전의 동일성 여부를 확인하기 어렵고, 금전은 증여와 반환이 용이하여 증여세신고기한 이내에
증여와 반환을 반복하여 증여세를 회피하는 데 악용될 우려가 크기 때문이다.

답 ①

---

029 상속세 및 증여세법에 대한 설명이다. 옳지 않은 것은? 2009년 CPA

① 증여자의 사망으로 인하여 효력이 발생하는 증여에는 상속세가 과세된다.

② 민법규정에 의한 특별연고자에 대한 상속재산의 분여에 대하여는 상속세가 과세된다.

③ 상속세 및 증여세법에서 증여라 함은 그 행위 또는 거래의 명칭·형식·목적 등에 불구하고 경
제적 가치를 계산할 수 있는 유형·무형의 재산을 타인에게 직접 또는 간접적인 방법에 의하여
무상으로 이전(현저히 저렴한 대가로 이전하는 경우를 포함)하는 것 또는 기여에 의하여 타인의
재산가치를 증가시키는 것을 말한다.

④ 토지의 실제소유자와 명의자가 다른 경우 국세기본법상 실질과세원칙에도 불구하고 그 재산의
가액을 명의자가 실제소유자로부터 증여받은 것으로 본다.

⑤ 특수관계자로부터 1억 원 이상의 금전을 무상으로 대부받은 경우에는 대부금액에 적정이자율을
적용하여 계산한 금액을 당해 금전을 대부받은 자의 증여재산가액으로 한다.

▌상속세 및 증여세 이론형 Level 2

토지와 건물의 명의신탁은 증여의제 규정을 적용하지 아니한다. 1995년 7월 1일부터 부동산 실명제가 시행됨에
따라 토지와 건물의 명의신탁은 해당 법률에 의해 형사처벌되기 때문이다.

(선지분석)

⑤ **📄 금전 무상대출 등에 따른 이익의 증여**

타인으로부터 금전을 무상으로 또는 적정 이자율보다 낮은 이자율로 대출받은 경우에는 그 금전을 대출받은 날에
다음의 금액을 그 금전을 대출받은 자의 증여재산가액으로 함. 단, 증여이익이 1,000만 원 미만인 경우는 제외
1. 무상으로 대출받은 경우: 대출금액 × 적정이자율
2. 적정 이자율보다 낮은 이자율로 대출받은 경우: 대출금액 × 적정이자율 − 실제지급한 이자상당액

답 ④

030 상속세 및 증여세법상 증여세에 관한 설명으로 옳지 않은 것은?

2017년 CPA

① 증여세의 과세대상이 되는 증여재산에 대하여 수증자에게 소득세가 부과되는 경우 증여세와 소득세 중 큰 금액을 부과한다.

② 수증자가 증여재산을 당사자 간의 합의에 따라 증여세과세표준 신고기한으로부터 6개월이 지난 후 증여자에게 반환하는 경우 당초의 증여 및 반환 모두에 대하여 증여세가 부과된다.

③ 친구로부터 받은 증여재산에 담보된 채무로서 수증자가 인수한 금액은 증여재산가액에서 차감한다.

④ 토지를 증여받아 증여세 납부의무가 있는 자는 증여받은 날이 속하는 달의 말일부터 3개월 이내에 증여세과세가액 및 과세표준을 납세지 관할 세무서장에게 신고하여야 한다.

⑤ 미성년자가 직계존속으로부터 생애 처음 증여를 받는 경우 증여세 과세가액에서 공제하는 증여재산공제액은 최대 2천만 원이다.

증여세

이론형 Level 2

증여재산에 대하여 수증자에게 소득세 또는 법인세가 부과되는 경우에는 증여세를 부과하지 아니한다. 소득세 또는 법인세가 소득세법, 법인세법 또는 다른 법률에 따라 비과세되거나 감면되는 경우에도 또한 같다.

선지분석

③ 📄 부담부증여 시 채무인수액의 공제

1. 배우자 · 직계존비속 외의 경우: 증여세 과세가액에서 공제
2. 배우자 · 직계존비속 간의 경우: 채무액은 인수되지 않은 것으로 추정함. 다만, 수증자가 부담하는 사실이 객관적으로 입증되는 경우에는 증여세 과세가액에서 공제함

④ 📄 상속세 및 증여세 신고 · 납부기한

상속세	상속개시일이 속하는 달의 말일부터 6개월 이내 (피상속인이나 상속인이 외국에 주소를 둔 경우 9개월)
증여세	증여받은 날이 속하는 달의 말일부터 3개월 이내

⑤ 직계존속[수증자의 직계존속과 혼인(사실혼은 제외) 중인 배우자를 포함]으로부터 증여를 받은 경우 증여세 과세가액에서 5천만 원을 공제한다. 다만, 미성년자가 직계존속으로부터 증여를 받은 경우에는 2천만 원으로 한다.

답 ①

031

□□□

상속세 및 증여세법상 증여재산의 범위에 대한 설명이다. 옳지 않은 것은?

① 상속개시 후 상속재산에 대하여 민법에 따른 채권자대위권의 행사에 의하여 공동상속인들의 법정상속분대로 등기된 상속재산을 상속인 사이의 협의분할에 따라 재분할하는 경우, 특정상속인이 당초 상속분을 초과하여 취득하는 재산가액은 당해 분할에 의하여 상속분이 감소된 상속인으로부터 증여받은 재산가액에 포함한다.

② 상속개시 후 상속재산에 대하여 등기에 의하여 각 상속인의 상속분이 확정되어 등기된 후 상속세 과세표준신고기한 이내에 재분할에 의하여 특정상속인이 당초 상속분을 초과하여 취득하는 재산가액은, 당해 분할에 의하여 상속분이 감소된 상속인으로부터 증여받은 재산가액에 포함하지 아니한다.

③ 수증자가 증여받은 토지를 증여세 과세표준신고기한 경과 후 3월 이내에 증여자에게 다시 증여하는 경우, 당초증여에는 증여세가 부과되지만 재차증여에 대하여는 증여세를 부과하지 아니한다.

④ 수증자가 증여받은 현금을 당사자 사이의 합의에 따라 증여세 과세표준 신고기한 이내에 증여자에게 반환하는 경우, 당초증여와 반환에 대하여 모두 증여세가 과세된다.

⑤ 수증자가 증여받은 토지를 당사자 사이의 합의에 따라 증여세 과세표준 신고기한 이내에 증여자에게 반환하는 경우, 반환하기 전에 증여세 과세표준과 세액의 결정을 받은 경우를 제외하고는 처음부터 증여가 없었던 것으로 본다.

▌증여재산의 범위

민법에 따라 채권자대위권의 행사에 의하여 공동상속인들의 법정상속분대로 등기 등이 된 상속재산을 상속인 사이의 협의분할에 의하여 재분할하는 경우에는 증여세를 부과하지 아니한다.

선지분석

② 📄 상속재산의 협의분할

구분	특정상속인이 당초 분할 시 법정상속분을 초과하여 취득한 경우	특정상속인이 재분할 시 당초 상속분을 초과하여 취득한 경우
증여세 신고기한 이내	증여세 ×	증여세 ×
증여세 신고기한 이후	증여세 ×	증여세 ○

④ 금전은 반환기간에 관계없이 당초증여 및 반환에 대하여 모두 과세된다.

답 ①

032 증여세와 소득세의 상관관계에 대한 설명으로 옳지 않은 것은?

① 소득세의 과세대상인 소득의 개념을 순자산증가설로 이해하면 수증자산도 소득세의 과세대상이 될 수 있다.

② 상속세 및 증여세법은 기본적으로 수증자에게 증여세가 과세되는 경우에는 소득세를 부과하지 않도록 규정하고 있다.

③ 특수관계인에게 양도한 재산을 그 특수관계인(이하 "양수자"라 함)이 양수일부터 3년 이내에 당초 양도자의 배우자 등에게 다시 양도한 경우에는 양수자가 그 재산을 양도한 당시의 재산가액을 그 배우자 등이 증여받은 것으로 추정하여 이를 배우자 등의 증여재산가액으로 한다. 다만, 당초 양도자 및 양수자가 부담한 소득세법에 따른 결정세액을 합친 금액이 그 배우자 등이 증여받은 것으로 추정할 경우의 증여세액보다 큰 경우에는 그러하지 아니하다.

④ 거주자가 양도일부터 소급하여 10년 이내에 그 배우자로부터 증여받은 토지를 양도한 경우에 양도차익을 계산함에 있어서 취득가액을 그 배우자의 취득가액으로 하여 계산할 수 있는 경우가 있는데, 이 경우 거주자가 증여받은 자산에 대하여 납부한 증여세는 그 거주자의 양도차익 계산에서 필요경비로 산입한다.

| 증여세와 소득세   이론형 Level 1

증여재산에 대하여 수증자에게 소득세법에 따른 소득세, 법인세법에 따른 법인세가 부과되는 경우에는 증여세를 부과하지 아니한다(소득과세 우선의 원칙).

(선지분석)

③ 📄 특수관계인에게 우회양도 시 증여추정규정

참고 양도 시까지 기간 판단
1. 이월과세: 증여일부터 10년 이내 양도
2. 증여 후 양도행위의 부인: 증여일부터 10년 이내 양도
3. 우회양도 시 증여추정: 양수일로부터 3년 이내 양도

④ 📄 이미 납부한 증여세의 처리
1. 배우자·직계존비속에 대한 이월과세: 양도차익 계산 시 필요경비로 산입
2. 증여 후 양도행위의 부인: 부과를 취소하고 수증자에게 환급

답 ②

03 상속세 및 증여세의 납세절차

033 상속세 및 증여세법에 대한 설명으로 옳은 것은?

① 상속세의 연부연납은 관할 세무서장의 허가 없이 신청요건을 갖추기만 하면 허용한다.
② 증여세의 납세의무자는 수증자이므로 수증자가 납부할 증여세에 대하여 증여자가 연대납부의 무를 지는 경우는 없다.
③ 상속세의 경우 부과과세방식의 조세이므로 법령에서 상속인에게 상속세 과세표준 등을 신고·납부할 협력의무를 요구하지 않는다.
④ 상속세의 물납에 충당하는 재산은 부동산뿐만 아니라 주식(상장주식 및 비상장주식)으로도 가능하다.

상속세 및 증여세의 납세절차

이론형 Level 1

물납에 충당할 수 있는 부동산 및 유가증권은 다음과 같다.

> 📄 **물납에 충당할 수 있는 부동산 및 유가증권(상속세 및 증여세법 시행령 제74조 참조)**
>
> 1. 국내에 소재하는 부동산
> 2. 국채, 공채, 주권 및 내국법인이 발행한 채권, 증권과 그 밖에 유가증권. 다만, 다음 중 어느 하나에 해당하는 유가증권은 물납대상에서 제외함
>   (1) 거래소에 상장된 것. 다만 최초로 거래소에 상장되어 물납허가통지서 발송일 전일 현재 법률에 따라 처분이 제한된 경우에는 그렇지 않음
>   (2) 거래소에 상장되어 있지 아니한 법인의 주식 등. 다만, 상속의 경우로서 그 밖의 다른 상속재산이 없거나 상속재산으로 상속세 물납에 충당하더라도 부족액이 있는 경우에는 그렇지 않음

선지분석

① 상속세의 연부연납은 납부할 세액이 2천만 원을 초과하는 경우로서 납세자가 관할 세무서장에게 신청하여 허가를 받아야만 가능하다.

> 📄 **납부방법에 따른 금액기준과 납부기한**
>
> | 구분 | 금액기준 | 납부기한 |
> | --- | --- | --- |
> | 분납 | 1,000만 원 초과 | 납부기한 후 2개월 이내 |
> | 연부연납 | 2,000만 원 초과 | 5년 이내(일반적인 경우) |
> | 물납 | 2,000만 원 초과 | 수납일까지(허가일부터 30일 이내) |

② 증여자는 수증자가 다음 어느 하나에 해당하는 경우 수증자가 납부할 증여세를 연대하여 납부할 의무를 진다.

> 📄 **증여자가 연대납부 의무를 지는 사유(상속세 및 증여세법 제4조의2 제6항 참조)**
>
> 1. 주소나 거소가 분명하지 아니한 경우로서 조세채권을 확보하기 곤란한 경우
> 2. 증여세를 납부할 능력이 없다고 인정되는 경우로서 체납으로 인하여 강제징수를 하여도 조세채권을 확보하기 곤란한 경우
> 3. 수증자가 비거주자인 경우

③ 상속세와 증여세는 정부부과세목이나 상속인과 수증자에게 상속세 또는 증여세의 신고·납부할 협력의무를 두고 있다.

답 ④

해커스공무원 이론+세법 단원별 기출문제집

03 상속세 및 증여세의 납세절차 557

034 상속세 및 증여세법상 물납에 충당할 수 있는 재산에 대한 설명으로 옳지 않은 것은? 2011년 국가직 9급

① 물납하는 재산의 충당순위는 세무서장이 인정하는 정당한 사유가 없는 한 국채 및 공채를 우선하여 신청 및 허가하여야 한다.

② 세무서장은 물납신청을 받은 재산이 관리·처분상 부적당하다고 인정하는 경우에는 그 재산에 대한 물납허가를 하지 않거나 관리·처분이 가능한 다른 물납대상 재산으로의 변경을 명할 수 있다.

③ 한국거래소에 상장된 주식은 제한 없이 물납재산으로 제공할 수 있다.

④ 상속의 경우로서 비상장주식을 제외하고 상속재산으로 상속세 물납에 충당하더라도 부족하면 비상장주식으로 물납이 가능하다.

┃ 물납   이론형 Level 1

거래소에 상장된 유가증권은 물납에 충당할 수 있는 재산에서 제외한다. 상장주식은 현금화가 용이하므로 상속인이 처분 후 현금으로 납부할 수 있기 때문이다. 다만, 최초로 거래소에 상장되어 물납허가통지서 발송일 전일 현재 자본시장과 금융투자업에 관한 법률에 따라 처분이 제한된 경우에는 물납에 충당할 수 있다.

(선지분석)

① 📄 **물납하는 재산의 충당순위(상속세 및 증여세법 시행령 제74조 제2항 참조)**
1. 국채 및 공채
2. 물납 충당이 가능한 한국거래소에 상장된 유가증권
3. 6.을 제외한 국내 소재 부동산
4. 1., 2., 5.를 제외한 유가증권
5. 물납충당이 가능한 비상장주식 등
6. 상속개시일 현재 상속인이 거주하는 주택 및 부수토지

답 ③

---

035 국세를 물납하는 것에 대한 설명으로 옳지 않은 것은? 2015년 국가직 7급 변형

① 물납에 의하여 납세의무가 소멸하기 위해서는 물납을 허용하는 법률규정이 있어야 가능하다.

② 법인세는 물납이 허용되지 않는다.

③ 국세를 물납한 후 그 부과의 전부 또는 일부를 취소하거나 감액하는 경정 결정에 따라 환급을 하면서 해당 물납재산으로 환급하는 경우에는 국세환급가산금에 관한 국세기본법 규정을 적용하지 않는다.

④ 상속세는 물납이 허용되며, 이때 물납할 수 있는 재산의 종류는 부동산에 한한다.

┃ 물납   이론형 Level 1

📄 **물납에 충당할 수 있는 부동산 및 유가증권(상속세 및 증여세법 시행령 제74조 참조)**
1. 국내에 소재하는 부동산
2. 국채, 공채, 주권 및 내국법인이 발행한 채권, 증권과 그 밖에 기획재정부령이 정하는 유가증권. 다만, 다음 중 어느 하나에 해당하는 유가증권은 제외함
   (1) 거래소에 상장된 것. 다만 최초로 거래소에 상장되어 물납허가통지서 발송일 전일 현재 법률에 따라 처분이 제한된 경우에는 그렇지 않음
   (2) 거래소에 상장되어 있지 아니한 법인의 주식. 다만, 상속의 경우로서 그 외의 다른 상속재산이 없거나 상속재산으로 상속세 물납에 충당하더라도 부족액이 있는 경우에는 그렇지 않음

(선지분석)

② 법 개정으로 인해 현재 상속세만이 물납이 가능하다. 증여세의 물납제도는 2016년 1월 1일부터 폐지되었다.

③ 물납재산 환급 시 국세환급가산금 배제규정에 대한 옳은 내용이다.

답 ④

036 상속세 및 증여세법령상 물납에 대한 설명으로 옳은 것은?

① 법령에 따라 물납에 충당하는 재산은 세무서장이 인정하는 정당한 사유가 없는 한 국내에 소재하는 부동산을 국채 및 공채보다 먼저 신청 및 허가하여야 한다.

② 세무서장은 법령에 의하여 물납신청을 받은 재산이 지상권·지역권·전세권·저당권 등 재산권이 설정되어 관리·처분상 부적당하다고 인정하는 경우에는 물납허가를 하지 아니할 수 있다.

③ 국외에 소재하는 부동산도 물납에 충당할 수 있다.

④ 재산을 분할하거나 재산의 분할을 전제로 하여 물납신청을 하는 경우에는 물납을 신청한 재산의 가액이 분할 전보다 감소되더라도 물납을 허가할 수 있다.

물납	이론형 Level 1

(선지분석)

① 📄 **물납하는 재산의 충당순위(상속세 및 증여세법 시행령 제74조 제2항 참조)**
물납에 충당하는 재산은 세무서장이 인정하는 정당한 사유가 없는 한 다음의 순서에 따라 신청 및 허가하여야 함
1. 국채 및 공채
2. 물납 충당이 가능한 한국거래소에 상장된 유가증권
3. 6.을 제외한 국내 소재 부동산
4. 1., 2., 5.를 제외한 유가증권
5. 물납충당이 가능한 비상장주식 등
6. 상속개시일 현재 상속인이 거주하는 주택 및 부수토지

③ 물납에 충당할 수 있는 부동산은 국내에 소재하는 것으로 한정한다.

④ 재산을 분할하거나 재산의 분할을 전제로 하여 물납신청을 하는 경우에는 물납을 신청한 재산의 가액이 분할 전보다 감소되지 아니하는 경우에만 물납을 허가할 수 있다.

답 ②

037 상속세 및 증여세법상 연부연납과 물납에 관한 설명이다. 옳지 않은 것은? 2015년 CPA

① 상속세 과세표준과 세액의 결정통지를 받은 자가 연부연납을 신청하고자 할 경우 해당 납부고지서의 납부기한까지 연부연납신청서를 제출할 수 있다.

② 납세지 관할 세무서장은 물납허가일부터 30일 이내의 범위에서 물납재산의 수납일을 지정하여야 한다.

③ 납세지 관할 세무서장은 물납신청을 받은 재산에 저당권이 설정되어 관리·처분상 부적당하다고 인정하는 경우에는 그 재산에 대한 물납허가를 하지 않을 수 있다.

④ 납세지 관할 세무서장이 상속세의 연부연납을 허가하는 경우 납세의무자는 담보를 제공하여야 한다.

⑤ 납세지 관할 세무서장은 상속재산 중 법령에 따른 부동산과 유가증권의 가액이 해당 재산가액의 1/2을 초과하고 상속세 납부세액이 1천만 원을 초과할 경우 물납을 허가할 수 있다.

▌ 연부연납과 물납
이론형 Level 2

> 📄 **물납요건(상속세 및 증여세법 제73조의 제1항 참조)**
> 1. 상속재산 중 부동산과 유가증권의 가액이 해당 상속재산가액의 2분의 1을 초과할 것
> 2. 상속세 납부세액이 2천만 원을 초과할 것
> 3. 상속세 납부세액이 상속재산가액 중 금융재산의 가액을 초과할 것

(선지분석)

①
> 📄 **연부연납신청(상속세 및 증여세법 시행령 제67조 제1항 참조)**
> 1. 과세표준을 신고하는 경우: 상속세 과세표준신고 또는 증여세 과세표준신고와 함께 신청서를 제출함
> 2. 과세표준과 세액 결정통지를 받은 자: 해당 납부고지서의 납부기한까지 그 신청서를 제출함

답 ⑤

038

상속세 및 증여세법상 상속재산의 평가에 대한 설명으로 옳지 않은 것은?   2014년 국가직 9급

① 신탁의 이익을 받을 권리에 대해서는 해당 권리의 성질, 내용, 남은 기간 등을 기준으로 법령으로 정하는 방법으로 그 가액을 평가한다.

② 서화에 대해서는 해당 재산의 종류, 규모, 거래상황 등을 고려하여 법령으로 정하는 방법으로 평가한다.

③ 지가가 급등하지 않은 지역으로서 개별공시지가가 없는 토지(구체적인 판단기준은 대통령령으로 정함)의 가액은 납세지 관할 세무서장이 인근 유사 토지의 개별공시지가를 고려하여 법령으로 정하는 방법으로 평가한 금액으로 한다.

④ 양도담보재산은 그 재산이 담보하는 채권액을 그 재산의 가액으로 평가한다.

| **상속재산의 평가**   이론형 Level 1

양도담보재산은 당해 재산이 담보하는 채권액과 평가기준일 현재의 시가(시가를 산정하기 어려울 때에는 보충적 평가방법에 의한 평가액) 중 큰 금액으로 평가한다.

답 ④

039

상속세 또는 증여세가 부과되는 재산의 평가원칙에 대한 설명이다. 옳은 것은?   2008년 CPA

① 상속세가 부과되는 재산의 가액은 상속세과세표준신고일 현재의 시가에 의한다.

② 한국증권거래소에서 평가기준일 이전 2월의 기간 중 거래실적이 있는 국채는 평가기준일 전 2월간 공표된 매일의 최종시세가액의 평균액으로 평가한다.

③ 한국증권거래소에서 거래되는 주식은 평가기준일 이전 2월간에 공표된 매일의 한국증권거래소의 최종시세가액의 평균액으로 평가한다.

④ 상속재산의 가액에 가산하는 증여재산의 가액은 증여일 현재의 시가에 의한다.

| **재산의 평가원칙**   이론형 Level 1

(선지분석)

① 상속세나 증여세가 부과되는 재산의 가액은 상속개시일 또는 증여일(평가기준일) 현재의 시가에 따른다.

② 상장된 국채 중 평가기준일 이전 2월의 기간동안 거래실적이 있는 경우 평가기준일 이전 2개월간의 평균액과 평가기준일 이전 최근일의 최종시세가액 중 큰 금액으로 평가한다.

③ 상장주식은 평가기준일 이전·이후 각 2개월 동안 공표된 매일의 거래소 최종 시세가액(거래실적 유무를 따지지 아니함)의 평균액에 의하여 평가한다.

답 ④

040

상속세 및 증여세법상 재산의 평가에 관한 설명이다. 옳지 않은 것은?

① 매입한 무체재산권의 가액은 취득가액에서 취득한 날부터 평가기준일까지의 법인세법상 감가상각비를 뺀 금액과 장래의 경제적 이익 등을 고려하여 평가한 금액 중 큰 금액으로 한다.

② 존속기간이 불확정한 권리의 가액은 평가기준일 현재의 권리의 성질, 목적물의 내용연수 기타 제반사항을 감안한 적정한 가액에 의한다.

③ 단독주택(부수토지 포함)은 시장·군수·구청장이 결정·공시한 개별주택가격으로 평가한다.

④ 무기정기금을 받을 권리는 각 연도에 받을 정기금액을 현재가치로 환산한 가액의 합계액으로 평가한다.

⑤ 소송 중의 권리는 평가기준일 현재의 분쟁관계의 진상을 조사하고 소송진행의 상황을 감안한 적정가액으로 평가한다.

│ 재산의 평가 　　　　　　　　　　　　　　　　　　　　　　　　　이론형 Level 2

무기정기금을 받을 권리: 1년분 정기금액의 20배에 상당하는 금액

답 ④

041

상속세 및 증여세법상 주식의 평가에 관한 설명이다. 옳은 것은?

① 유가증권시장에서 거래되는 주식은 평가기준일 현재의 최종시세가액에 의한다.

② 사업개시 후 3년 미만인 비상장법인 주식의 시가를 산정하기 어려워 상속세 및 증여세법에서 규정하고 있는 보충적평가방법을 적용하는 경우 그 주식의 가액은 순자산가치만으로 평가한다.

③ 비상장주식의 1주당 순자산가치를 산정함에 있어서 해당 법인의 자산가액은 시가와 장부가액 중 적은 금액으로 한다.

④ 비상장주식의 1주당 순손익가치를 산정함에 있어서 최근 3년간의 순손익액의 가중평균액은 과거 순손익액과 장래의 추정이익 중 적은 금액을 기준으로 계산한다.

⑤ 최대주주의 주식에 대하여 할증평가를 하는 경우 할증비율은 최대주주의 지분율에 관계없이 30%가 적용된다.

│ 주식의 평가 　　　　　　　　　　　　　　　　　　　　　　　　　이론형 Level 2

[선지분석]

① 상장주식의 평가는 평가기준일 이전·이후 각 2개월 동안 공표된 종가평균액으로 한다.

③ 　📄 **순자산가치의 산정함에 있어 자산 평가액**

　　1. 원칙: 평가기준일 현재 시가
　　2. 시가가 없는 경우: 상증법상 보충적 평가방법
　　3. 보충적 평가방법이 장부가액보다 적은 경우: 장부가액, 정당한 사유가 있는 경우에는 그러하지 아니함

④ 비상장주식의 1주당 순손익가치를 산정함에 있어서 최근 3년간의 순손익액의 가중평균액은 원칙적으로 평가기준일 이전 3년간 순손익액을 가중평균액으로 계산한다.

⑤ 최대주주 등의 주식 등에 대하여 할증평가를 하는 경우 시가로 인정되는 가액 또는 보충적 평가액에 20%를 가산한다.

답 ②

2025 대비 최신개정판

해커스공무원

이훈엽
세법 단원별 기출문제집

개정 4판 1쇄 발행 2024년 9월 2일

지은이	이훈엽 편저
펴낸곳	해커스패스
펴낸이	해커스공무원 출판팀
주소	서울특별시 강남구 강남대로 428 해커스공무원
고객센터	1588-4055
교재 관련 문의	gosi@hackerspass.com
	해커스공무원 사이트(gosi.Hackers.com) 교재 Q&A 게시판
	카카오톡 플러스 친구 [해커스공무원 노량진캠퍼스]
학원 강의 및 동영상강의	gosi.Hackers.com
ISBN	979-11-7244-138-8 (13360)
Serial Number	04-01-01

공무원 교육 1위,
해커스공무원 gosi.Hackers.com

해커스공무원

· **해커스공무원 학원 및 인강**(교재 내 인강 할인쿠폰 수록)
· 해커스 스타강사의 **공무원 세법 무료 특강**
· 다회독에 최적화된 **회독용 답안지**
· 정확한 성적 분석으로 약점 극복이 가능한 **합격예측 온라인 모의고사**(교재 내 응시권 및 해설강의 수강권 수록)